Enfoques

Curso intermedio de lengua española

José A. Blanco

María Isabel García
Boston University

VISTA
HIGHER LEARNING

Boston, Massachusetts

Publisher: José A. Blanco

Editorial Director: Denise St. Jean

Director of Operations: Stephen Pekich

Art Director: Linda Jurras

Staff Editors: Armando Brito, Gustavo Cinci, Francisco de la Rosa, Sarah Kenney, Kristen Odlum, Paola Ríos Schaaf, Alicia Spinner

Contributing Writers and Editors: Sharon Alexander, Sabrina Celli, Deborah Coffey, María del Pilar Gaspar, Gabriela Ferland, Martín L. Gaspar, María Rosa Jacks, Constance Marina, Solivia Márquez, Claudi Mimó, Lourdes Murray, Cristina Pérez, Alex Santiago

Senior Designer: Polo Barrera

Design Team: Anne K. Alvarez, Linde Gee

Illustrator: Pere Virgili

Photographer: Martín Bernetti

Production Team: Mauricio Henao, Kristin Mehring

Printed in the United States of America.

Student Text ISBN 1-59334-150-4
Instructor's Annotated Edition ISBN 1-59334-151-2

Library of Congress Control Number: 2003107687

1 2 3 4 5 6 7 8 9-VH-07 06 05 04 03

Introduction

Bienvenido a ENFOQUES, a new intermediate Spanish program designed to provide you with an active and rewarding learning experience as you continue to strengthen your language skills and develop your cultural competency.

Here are some of the features you will encounter in **ENFOQUES:**

- An emphasis on authentic language and practical vocabulary for you to use in communicating in real-life situations

- Clear, comprehensive grammar explanations that graphically highlight important concepts you need to learn

- Abundant guided and communicative activities that will help you develop confidence in your ability to communicate in Spanish

- Two video-based sections—one directly connected to the **ENFOQUES Sitcom Video** and one related to the **ENFOQUES Film Collection Video**

- Literary and cultural readings in each lesson that recognize and celebrate the diversity of the Spanish-speaking world and its people

- Ongoing development of your reading, writing, and listening skills

- Consistent integration of important cultural concepts and insights into the daily lives of native Spanish speakers

- A complete set of print and technology ancillaries to make learning Spanish easier for you

In addition, **ENFOQUES** incorporates features unique to textbooks published by Vista Higher Learning that distinguish them from other college-level intermediate Spanish textbooks:

- A visually dramatic and more cohesive manner of integrating video with the student textbook

- On-the-spot student annotations to highlight important grammatical and lexical information

- A wealth of full-color photos, illustrations, realia, charts, and graphs to help you learn

- A unique, highly structured, easy-to-navigate interior design and lesson organization

ENFOQUES has twelve lessons, each organized exactly the same way. Lessons 1, 3, 5, 7, 9, and 11 also contain an additional **Videoteca** section. To familiarize yourself with the textbook's organization and features, turn to page x and take the **ENFOQUES**-at-a-glance tour.

Table of Contents

	CONTEXTOS	FOTONOVELA	ENFOQUES

Table of Contents

	CONTEXTOS	FOTONOVELA	ENFOQUES

Table of Contents

	CONTEXTOS	FOTONOVELA	ENFOQUES

ESTRUCTURA	LECTURAS	VIDEOTECA

CONTEXTOS
introduces the lesson theme and vocabulary in meaningful contexts and practices it in diverse formats and engaging contexts.

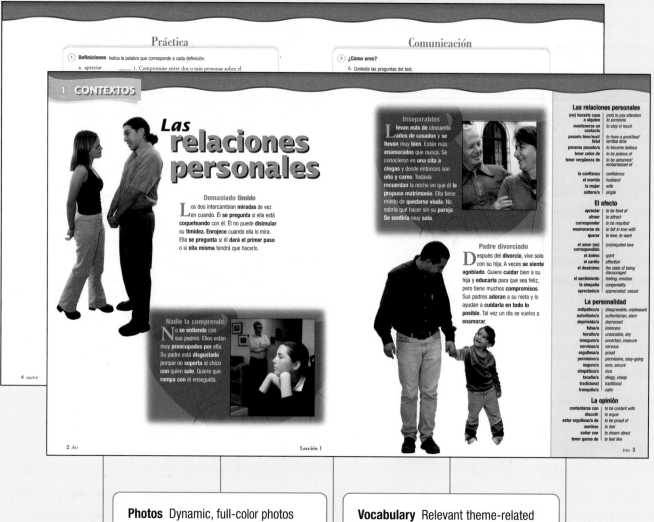

Photos Dynamic, full-color photos visually illustrate each context and help you understand the written text.

Vocabulary Relevant theme-related vocabulary appears in context in boldfaced type. Easy-to-study thematic lists present additional useful vocabulary.

Práctica This set of guided exercises uses a variety of formats to reinforce the new vocabulary.

Comunicación These open-ended activities have you use the words and expressions creatively in interesting and entertaining ways as you interact with a partner, a small group, or the entire class.

Student Sidebars These marginal notes highlight useful lexical and other linguistic information.

FOTONOVELA

is a fun-filled situational comedy based on the everyday lives and adventures of a magazine staff.

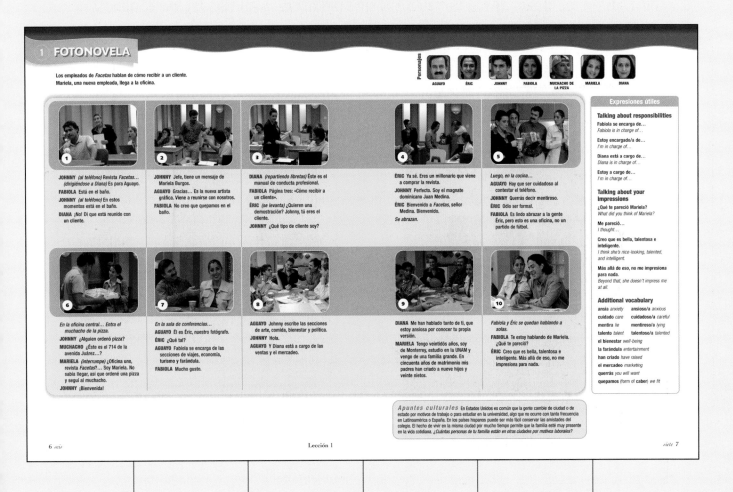

Personajes The photo-based conversations take place among a cast of recurring characters—six people who work for a magazine called *Facetas* in Mexico City.

Sitcom Video The **Fotonovela** episodes appear in the textbook's video program. To learn more about the video, turn to page xxiv in this at-a-glance tour.

Conversations The engaging conversations incorporate vocabulary from the **Contextos** section and preview grammar structures you will study in the **Estructura** section in a comprehensible context.

Apuntes culturales A short paragraph provides important cultural information related to the **Fotonovela**.

Expresiones útiles New, active words and expressions are organized by language or grammatical function, so you can concentrate on using them for real-life, practical purposes.

Comprensión & Ampliación
reinforce and expand upon the Fotonovela.

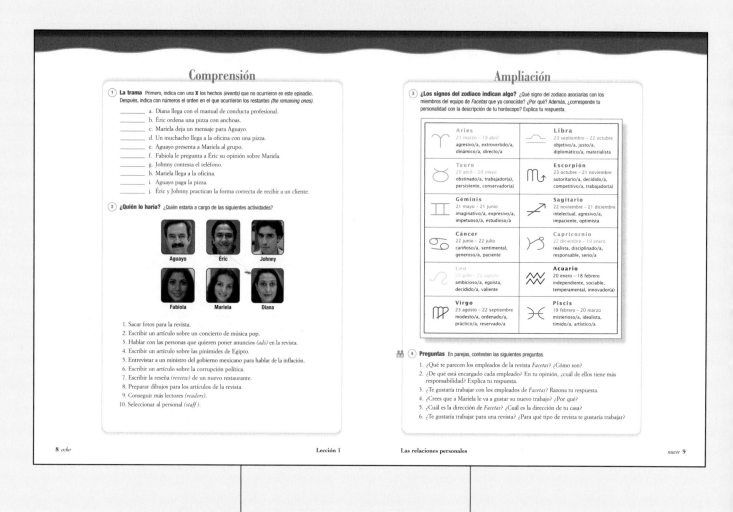

Comprensión These exercises check your basic understanding of the **Fotonovela** conversations.

Ampliación Communicative activities take a step further, asking you to apply or react to the content in a personalized way.

ENFOQUES

explores cultural topics introduced in **Fotonovela**.

Enfoques Readings expand on cultural concepts presented in the **Fotonovela**.

Coméntalo Short boxes in **Enfoques** allow students to react to the cultural content.

ESTRUCTURA
uses graphic design to facilitate learning Spanish grammar.

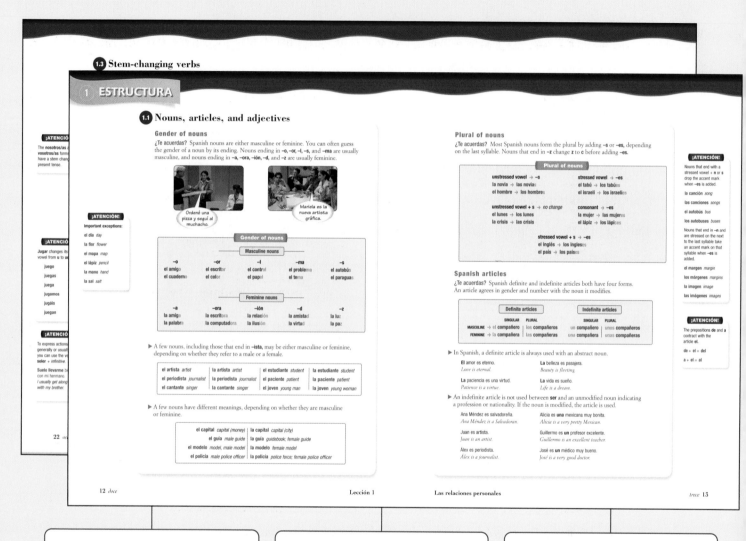

Charts and Diagrams Colorful, easy-to-understand charts and diagrams highlight key grammatical structures and forms, as well as important related vocabulary.

Graphics-intensive Design Photos from the Sitcom Video link the lesson's video episode and **Fotonovela** section with the grammar explanations.

Grammar Explanations Explanations are written in clear, comprehensible language for ready understanding and easy reference.

Student Sidebars This feature calls attention to important grammar points related to the information you are studying.

ESTRUCTURA

provides activities for controlled practice
and communication.

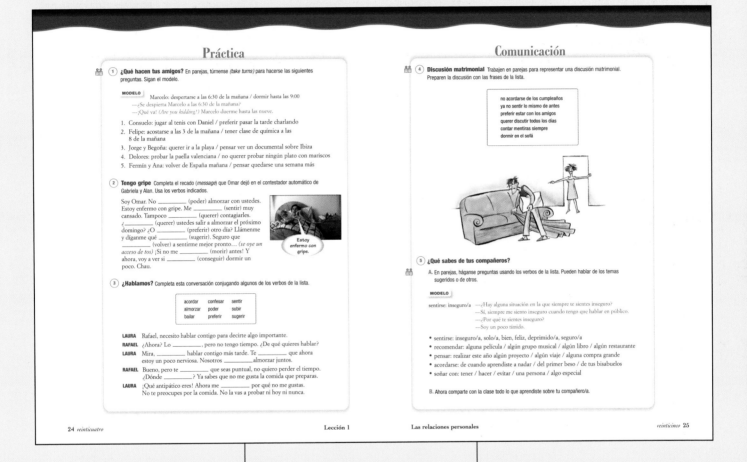

Práctica

1. **¿Qué hacen tus amigos?** En parejas, túrnense *(take turns)* para hacerse las siguientes preguntas. Sigan el modelo.

MODELO

> Marcelo: despertarse a las 6:30 de la mañana / dormir hasta las 9:00
> —¿Se despierta Marcelo a las 6:30 de la mañana?
> —¡Qué va! *(Are you kidding!)* Marcelo duerme hasta las nueve.

1. Consuelo: jugar al tenis con Daniel / preferir pasar la tarde charlando
2. Felipe: acostarse a las 3 de la mañana / tener clase de química a las 8 de la mañana
3. Jorge y Begoña: querer ir a la playa / pensar ver un documental sobre Ibiza
4. Dolores: probar la paella valenciana / no querer probar ningún plato con mariscos
5. Fermín y Ana: volver de España mañana / pensar quedarse una semana más

2. **Tengo gripe** Completa el recado *(message)* que Omar dejó en el contestador automático de Gabriela y Alan. Usa los verbos indicados.

Soy Omar. No _____ (poder) almorzar con ustedes. Estoy enfermo con gripe. Me _____ (sentir) muy cansado. Tampoco _____ (querer) contagiarles. ¿_____ (querer) ustedes salir a almorzar el próximo domingo? ¿O _____ (preferir) otro día? Llámenme y díganme qué _____ (sugerir). Seguro que _____ (volver) a sentirme mejor pronto... *(se oye un acceso de tos)* ¡Si no me _____ (morir) antes! Y ahora, voy a ver si _____ (conseguir) dormir un poco. Chau.

> Estoy enfermo con gripe.

3. **¿Hablamos?** Completa esta conversación conjugando algunos de los verbos de la lista.

acordar	confesar	sentir
almorzar	poder	subir
bailar	preferir	sugerir

LAURA Rafael, necesito hablar contigo para decirte algo importante.
RAFAEL ¿Ahora? Lo _____, pero no tengo tiempo. ¿De qué quieres hablar?
LAURA Mira, _____ hablar contigo más tarde. Te _____ que ahora estoy un poco nerviosa. Nosotros _____ almorzar juntos.
RAFAEL Bueno, pero te _____ que seas puntual, no quiero perder el tiempo. ¿Dónde _____? Ya sabes que no me gusta la comida que preparas.
LAURA ¡Qué antipático eres! Ahora me _____ por qué no me gustas. No te preocupes por la comida. No la vas a probar ni hoy ni nunca.

Comunicación

4. **Discusión matrimonial** Trabajen en parejas para representar una discusión matrimonial. Preparen la discusión con las frases de la lista.

> no acordarse de los cumpleaños
> ya no sentir lo mismo de antes
> preferir estar con los amigos
> querer discutir todos los días
> contar mentiras siempre
> dormir en el sofá

5. **¿Qué sabes de tus compañeros?**

A. En parejas, háganse preguntas usando los verbos de la lista. Pueden hablar de los temas sugeridos o de otros.

MODELO

sentirse: inseguro/a —¿Hay alguna situación en la que siempre te sientes inseguro?
—Sí, siempre me siento inseguro cuando tengo que hablar en público.
—¿Por qué te sientes inseguro?
—Soy un poco tímido.

- sentirse: inseguro/a, solo/a, bien, feliz, deprimido/a, seguro/a
- recomendar: alguna película / algún grupo musical / algún libro / algún restaurante
- pensar: realizar este año algún proyecto / algún viaje / alguna compra grande
- acordarse: de cuando aprendiste a nadar / del primer beso / de tus bisabuelos
- soñar con: tener / hacer / evitar / una persona / algo especial

B. Ahora comparte con la clase todo lo que aprendiste sobre tu compañero/a.

Práctica The first set of activities provides a wide range of directed exercises in contexts that combine current and previously learned vocabulary with the grammar point you are studying.

Comunicación The second set of activities prompts creative expression using the lesson's grammar and vocabulary. These activities take place with a partner, in small groups, or with the entire class.

A conversar

develops your oral communication skills, and A escribir focuses on your writing skills.

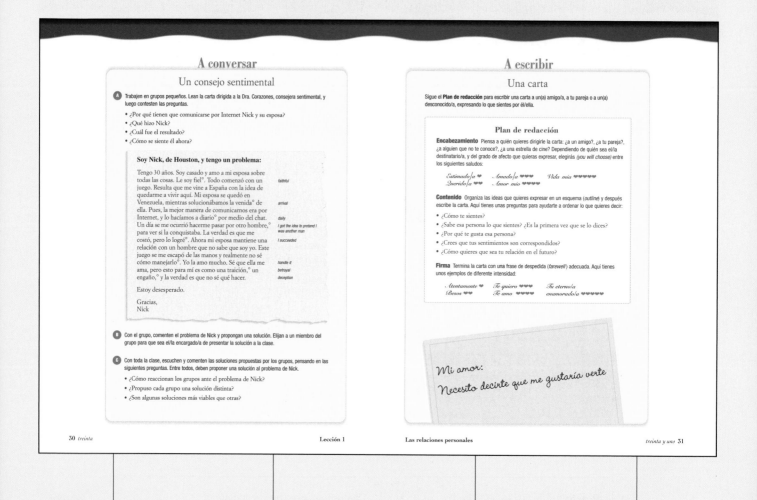

A conversar Step-by-step tasks and problem-solving situations engage you in discussion in pairs, small groups, or with the entire class.

Thematic Readings and Realia These texts serve as both springboards for discussion and frameworks to help you use language creatively.

Writing Activity The section provides an engaging, real-life writing task—letters, e-mails, anecdotes, etc.—spun off from the themes and ideas of the lesson.

Plan de redacción Specialized instructions guide you step-by-step through the writing process.

The opening page to LECTURAS
introduces the first part of each lesson in a visually dramatic way.

Los enamorados, 1923.
Pablo Picasso. España.

La única fuerza y la única verdad que hay en esta vida es el amor.

— José Martí

32 *treinta y dos*

Lección 1

Fine Art A fine art piece by a Spanish-speaking artist illustrates an aspect of the lesson's theme and exposes you to a broad spectrum of works created by male and female artists from different areas of the Spanish-speaking world.

Quotation Quotations by Spanish speakers from around the world and across the ages provide thought-provoking insights into the lesson's theme.

ENFOQUES-at-a-glance

The first reading in LECTURAS
is a literary selection that expands on the lesson's theme while using its
vocabulary and grammatical structures.

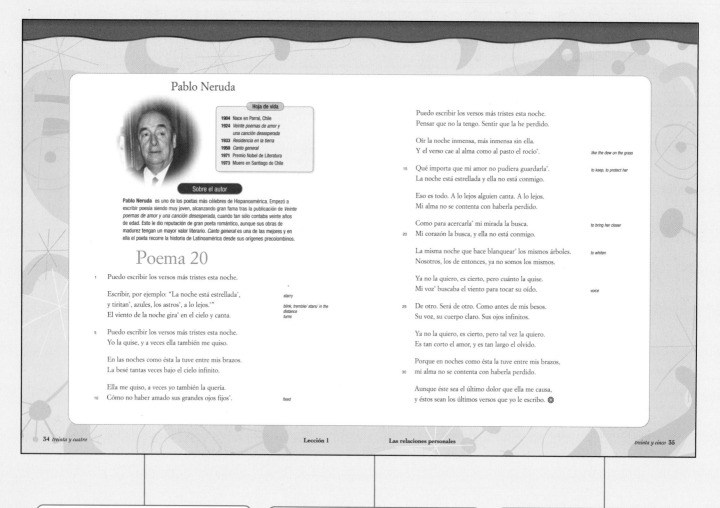

Pablo Neruda

Hoja de vida

1904 Nace en Parral, Chile
1924 *Veinte poemas de amor y una canción desesperada*
1933 *Residencia en la tierra*
1950 *Canto general*
1971 Premio Nobel de Literatura
1973 Muere en Santiago de Chile

Sobre el autor

Pablo Neruda es uno de los poetas más célebres de Hispanoamérica. Empezó a escribir poesía siendo muy joven, alcanzando gran fama tras la publicación de *Veinte poemas de amor y una canción desesperada*, cuando tan sólo contaba veinte años de edad. Esto le dio reputación de gran poeta romántico, aunque sus obras de madurez tengan un mayor valor literario. *Canto general* es una de las mejores y en ella el poeta recorre la historia de Latinoamérica desde sus orígenes precolombinos.

Poema 20

1 Puedo escribir los versos más tristes esta noche.

Escribir, por ejemplo: "La noche está estrellada°,
y tiritan°, azules, los astros°, a lo lejos.°"
El viento de la noche gira° en el cielo y canta.

5 Puedo escribir los versos más tristes esta noche.
Yo la quise, y a veces ella también me quiso.

En las noches como ésta la tuve entre mis brazos.
La besé tantas veces bajo el cielo infinito.

Ella me quiso, a veces yo también la quería.
10 Cómo no haber amado sus grandes ojos fijos°.

starry
blink, tremble/ stars/ in the distance
turns

fixed

Puedo escribir los versos más tristes esta noche.
Pensar que no la tengo. Sentir que la he perdido.

Oír la noche inmensa, más inmensa sin ella.
Y el verso cae al alma como al pasto el rocío°.

15 Qué importa que mi amor no pudiera guardarla°.
La noche está estrellada y ella no está conmigo.

Eso es todo. A lo lejos alguien canta. A lo lejos.
Mi alma no se contenta con haberla perdido.

Como para acercarla° mi mirada la busca.
20 Mi corazón la busca, y ella no está conmigo.

La misma noche que hace blanquear° los mismos árboles.
Nosotros, los de entonces, ya no somos los mismos.

Ya no la quiero, es cierto, pero cuánto la quise.
Mi voz° buscaba el viento para tocar su oído.

25 De otro. Será de otro. Como antes de mis besos.
Su voz, su cuerpo claro. Sus ojos infinitos.

Ya no la quiero, es cierto, pero tal vez la quiero.
Es tan corto el amor, y es tan largo el olvido.

Porque en noches como ésta la tuve entre mis brazos,
30 mi alma no se contenta con haberla perdido.

Aunque éste sea el último dolor que ella me causa,
y éstos sean los últimos versos que yo le escribo. ✦

like the dew on the grass
to keep, to protect her
to bring her closer
to whiten
voice

Hoja de vida A short box highlights biographical information about the authors.

Sobre el autor This biographical paragraph focuses your attention on important information about the authors and their works.

Open Design The type size, open space, numbered lines, and marginal glosses were specially designed to make the readings inviting and highly accessible to you.

The second reading in LECTURAS
presents a profile of a notable Spanish speaker whose accomplishments
are connected to the lesson's theme.

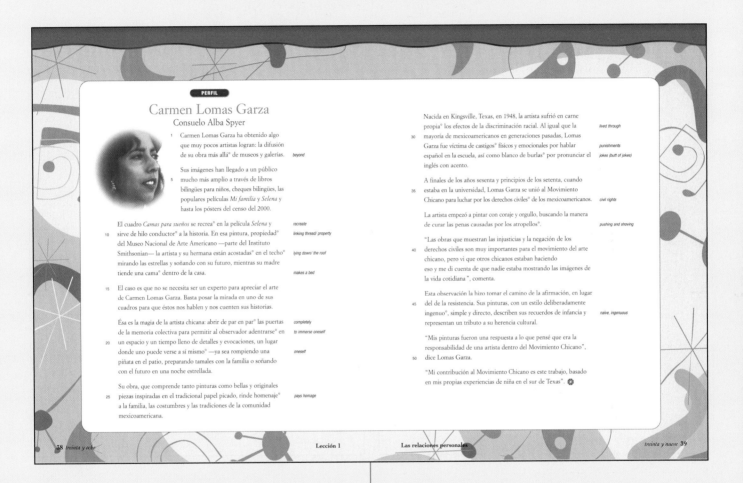

> **PERFIL**
>
> ## Carmen Lomas Garza
> Consuelo Alba Spyer
>
> 1 Carmen Lomas Garza ha obtenido algo
> muy pocos artistas logran: la difusión
> de su obra más allá° de museos y galerías.   *beyond*
>
> 5 Sus imágenes han llegado a un público
> mucho más amplio a través de libros
> bilingües para niños, cheques bilingües, las
> populares películas *Mi familia* y *Selena* y
> hasta los pósters del censo del 2000.
>
> 10 El cuadro *Camas para sueños* se recrea° en la película *Selena* y   *recreate*
> sirve de hilo conductor° a la historia. En esa pintura, propiedad°   *linking thread/ property*
> del Museo Nacional de Arte Americano —parte del Instituto
> Smithsonian— la artista y su hermana están acostadas° en el techo°   *lying down/ the roof*
> mirando las estrellas y soñando con su futuro, mientras su madre
> tiende una cama° dentro de la casa.   *makes a bed*
>
> 15 El caso es que no se necesita ser un experto para apreciar el arte
> de Carmen Lomas Garza. Basta posar la mirada en uno de sus
> cuadros para que éstos nos hablen y nos cuenten sus historias.
>
> Ésa es la magia de la artista chicana: abrir de par en par° las puertas   *completely*
> de la memoria colectiva para permitir al observador adentrarse° en   *to immerse oneself*
> 20 un espacio y un tiempo lleno de detalles y evocaciones, un lugar
> donde uno puede verse a sí mismo° —ya sea rompiendo una   *oneself*
> piñata en el patio, preparando tamales con la familia o soñando
> con el futuro en una noche estrellada.
>
> Su obra, que comprende tanto pinturas como bellas y originales
> 25 piezas inspiradas en el tradicional papel picado, rinde homenaje°   *pays homage*
> a la familia, las costumbres y las tradiciones de la comunidad
> mexicoamericana.
>
> Nacida en Kingsville, Texas, en 1948, la artista sufrió en carne
> propia° los efectos de la discriminación racial. Al igual que la   *lived through*
> 30 mayoría de mexicoamericanos en generaciones pasadas, Lomas
> Garza fue víctima de castigos° físicos y emocionales por hablar   *punishments*
> español en la escuela, así como blanco de burlas° por pronunciar el   *jokes (butt of jokes)*
> inglés con acento.
>
> A finales de los años sesenta y principios de los setenta, cuando
> 35 estaba en la universidad, Lomas Garza se unió al Movimiento
> Chicano para luchar por los derechos civiles° de los mexicoamericanos.   *civil rights*
>
> La artista empezó a pintar con coraje y orgullo, buscando la manera
> de curar las penas causadas por los atropellos°.   *pushing and shoving*
>
> "Las obras que muestran las injusticias y la negación de los
> 40 derechos civiles son muy importantes para el movimiento del arte
> chicano, pero vi que otros chicanos estaban haciendo
> eso y me di cuenta de que nadie estaba mostrando las imágenes de
> la vida cotidiana ", comenta.
>
> Esta observación la hizo tomar el camino de la afirmación, en lugar
> 45 del de la resistencia. Sus pinturas, con un estilo deliberadamente
> ingenuo°, simple y directo, describen sus recuerdos de infancia y   *naive, ingenuous*
> representan un tributo a su herencia cultural.
>
> "Mis pinturas fueron una respuesta a lo que pensé que era la
> responsabilidad de una artista dentro del Movimiento Chicano",
> 50 dice Lomas Garza.
>
> "Mi contribución al Movimiento Chicano es este trabajo, basado
> en mis propias experiencias de niña en el sur de Texas". ❀
>
> 58 *treinta y ocho*   **Lección 1**   **Las relaciones personales**   *treinta y nueve* 59

Open Design The same open interior design used with the first selection, including numbered lines and marginal glosses, helps make the **Perfil** readings accessible to you.

Antes de leer and Después de leer

provide in-depth pre- and post-reading support for each selection in Lecturas.

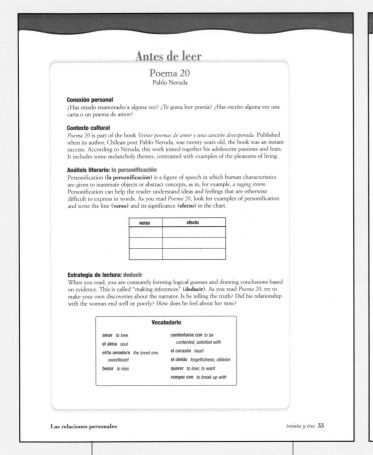

Antes de leer

Poema 20
Pablo Neruda

Conexión personal
¿Has estado enamorado/a alguna vez? ¿Te gusta leer poesía? ¿Has escrito alguna vez una carta o un poema de amor?

Contexto cultural
Poema 20 is part of the book *Veinte poemas de amor y una canción desesperada*. Published when its author, Chilean poet Pablo Neruda, was twenty years old, the book was an instant success. According to Neruda, this work joined together his adolescent passions and fears. It includes some melancholy themes, contrasted with examples of the pleasures of living.

Análisis literario: la personificación
Personification (**la personificación**) is a figure of speech in which human characteristics are given to inanimate objects or abstract concepts, as in, for example, *a raging storm*. Personification can help the reader understand ideas and feelings that are otherwise difficult to express in words. As you read *Poema 20*, look for examples of personification and write the line (**verso**) and its significance (**efecto**) in the chart.

verso	efecto

Estrategia de lectura: deducir
When you read, you are constantly forming logical guesses and drawing conclusions based on evidence. This is called "making inferences" (**deducir**). As you read *Poema 20*, try to make your own discoveries about the narrator. Is he telling the truth? Did his relationship with the woman end well or poorly? How does he feel about her now?

Vocabulario

amar *to love*
el alma *soul*
el/la amado/a *the loved one, sweetheart*
besar *to kiss*

contentarse con *to be contented, satisfied with*
el corazón *heart*
el olvido *forgetfulness; oblivion*
querer *to love; to want*
romper con *to break up with*

Las relaciones personales   *treinta y tres* 33

Después de leer

Poema 20
Pablo Neruda

(1) **Comprensión** Contesta las siguientes preguntas.
1. ¿Quién habla en este poema?
2. ¿De quién habla el poeta?
3. ¿Cuál es el tema del poema?
4. ¿Qué momento del día es?
5. ¿Sigue el poeta enamorado? Da un ejemplo del poema.

(2) **Analizar** Lee el poema otra vez para contestar las siguientes preguntas.
1. ¿Qué personificaciones hay en el poema y qué efecto transmiten? Explica tu respuesta.
2. ¿Tienen importancia las repeticiones en el poema? Explica por qué.

(3) **Interpretar** Contesta las siguientes preguntas.
1. ¿Cómo se siente el poeta? Da algún ejemplo del poema.
2. ¿Es importante que sea de noche? Razona tu respuesta.
3. Explica con tus propias palabras el siguiente verso: "Es tan corto el amor, y es tan largo el olvido".
4. En un momento dado el poeta afirma: "Yo la quise, y a veces ella también me quiso" y, un poco más adelante, escribe: "Ella me quiso, a veces yo también la quería". Explica el significado de estos versos y su importancia en el poema.

(4) **Ampliar** Trabajen en parejas para imaginar cómo es la mujer del poema. Hablen sobre:
• Su apariencia física
• Su personalidad
• Sus aficiones.

(5) **Imaginar** En parejas, imaginen la historia de amor entre el poeta y su amada. Preparen un diálogo en el que ellos se despiden para siempre. Inspírense en algunos de los versos del poema.

36 *treinta y seis*   Lección 1

Conexión personal Personalized questions prompt you to think about the theme of the reading as it relates to your own life and experiences.

Contexto cultural Culturally relevant background information about the reading introduces the selection.

Post-reading Activities These exercises check your understanding of key ideas and guide you in analizing, interpreting, and reacting in a personalized way to the reading's content.

Estrategia de lectura A reading strategy for you to apply as you read the selection builds your reading skills.

Vocabulario A vocabulary box lists words and expressions key to the reading.

Análisis literario Explanations of literary techniques give you the support you need to analyze literature in Spanish. This section spotlights a technique central to the reading and contains an activity to help you apply it.

Atando cabos

synthesizes Lecturas and further develops your oral communication skills.

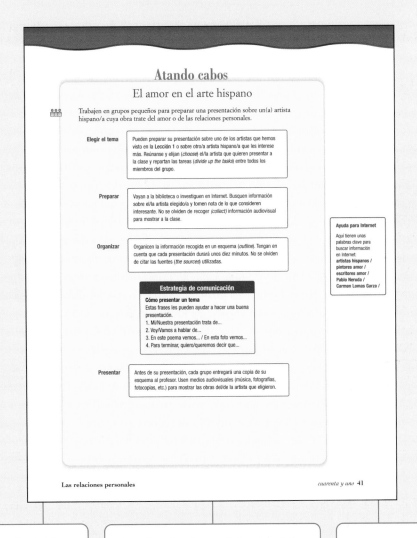

Atando cabos

El amor en el arte hispano

Trabajen en grupos pequeños para preparar una presentación sobre un(a) artista hispano/a cuya obra trate del amor o de las relaciones personales.

Elegir el tema
Pueden preparar su presentación sobre uno de los artistas que hemos visto en la **Lección 1** o sobre otro/a artista hispano/a que les interese más. Reúnanse y elijan (*choose*) el/la artista que quieren presentar a la clase y repartan las tareas (*divide up the tasks*) entre todos los miembros del grupo.

Preparar
Vayan a la biblioteca o investiguen en Internet. Busquen información sobre el/la artista elegido/a y tomen nota de lo que consideren interesante. No se olviden de recoger (*collect*) información audiovisual para mostrar a la clase.

Organizar
Organicen la información recogida en un esquema (*outline*). Tengan en cuenta que cada presentación durará unos diez minutos. No se olviden de citar las fuentes (*the sources*) utilizadas.

Ayuda para Internet
Aquí tienen unas palabras clave para buscar información en Internet:
**artistas hispanos /
pintores amor /
escritores amor /
Pablo Neruda /
Carmen Lomas Garza /**

Estrategia de comunicación

Cómo presentar un tema
Estas frases les pueden ayudar a hacer una buena presentación.
1. Mi/Nuestra presentación trata de...
2. Voy/Vamos a hablar de...
3. En este poema vemos... / En esta foto vemos...
4. Para terminar, quiero/queremos decir que...

Presentar
Antes de su presentación, cada grupo entregará una copia de su esquema al profesor. Usen medios audiovisuales (música, fotografías, fotocopias, etc.) para mostrar las obras del/de la artista que eligieron.

Las relaciones personales — *cuarenta y uno* 41

Oral Presentation The section involves you with a small group in researching, preparing, and giving oral presentations on cultural topics and Spanish speakers related to **Lecturas.**

Step-by-step Support A series of steps guides you through the presentation from choosing the topic, to finding the information you need, to organizing your research results, to final advice about how to present your work.

Ayuda para Internet This convenient box provides key words to help you find information related to your oral presentation on the Internet.

Estrategia de comunicación Speaking-related tips, techniques, and key words and expressions help you improve your oral presentation skills.

VIDEOTECA

appears in every odd-numbered lesson, integrating pre-viewing, while-viewing, and post-viewing activities for a short subject film.

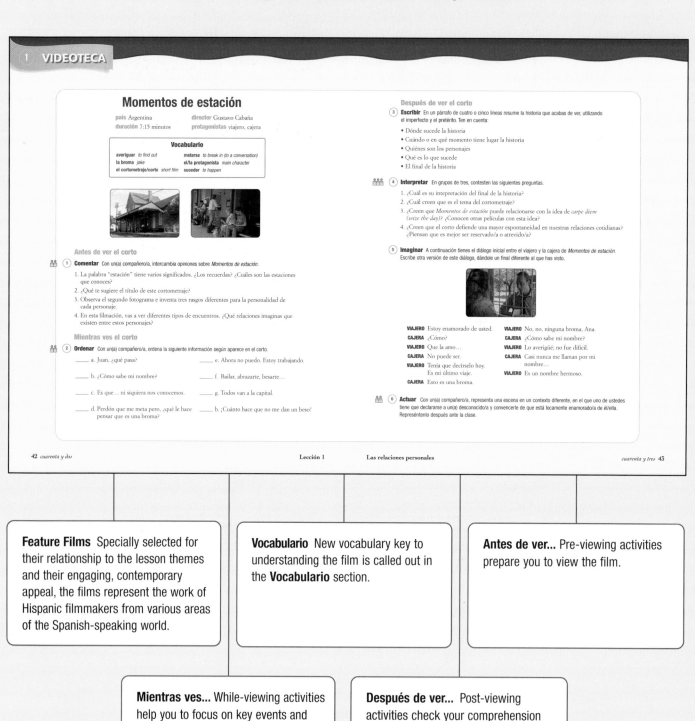

Feature Films Specially selected for their relationship to the lesson themes and their engaging, contemporary appeal, the films represent the work of Hispanic filmmakers from various areas of the Spanish-speaking world.

Vocabulario New vocabulary key to understanding the film is called out in the **Vocabulario** section.

Antes de ver... Pre-viewing activities prepare you to view the film.

Mientras ves... While-viewing activities help you to focus on key events and ideas as you watch the film.

Después de ver... Post-viewing activities check your comprehension and guide you in interpreting the film and reacting to it.

VOCABULARIO

summarizes the active vocabulary in each lesson.

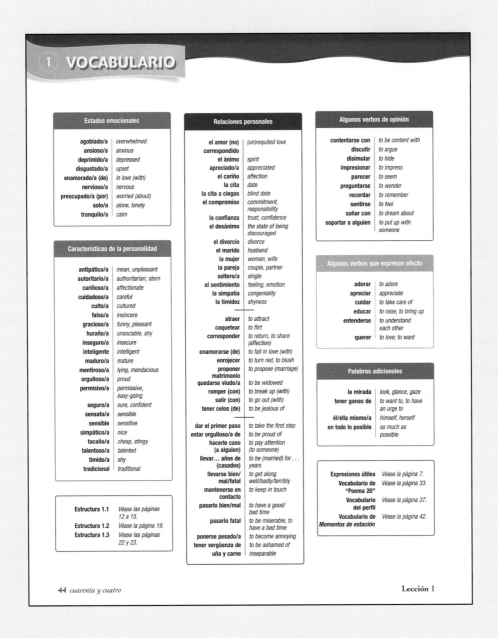

1 VOCABULARIO

Estados emocionales

agobiado/a	overwhelmed
ansioso/a	anxious
deprimido/a	depressed
disgustado/a	upset
enamorado/a (de)	in love (with)
nervioso/a	nervous
preocupado/a (por)	worried (about)
solo/a	alone, lonely
tranquilo/a	calm

Características de la personalidad

antipático/a	mean, unpleasant
autoritario/a	authoritarian; stern
cariñoso/a	affectionate
cuidadoso/a	careful
culto/a	cultured
falso/a	insincere
gracioso/a	funny, pleasant
huraño/a	unsociable, shy
inseguro/a	insecure
inteligente	intelligent
maduro/a	mature
mentiroso/a	lying, mendacious
orgulloso/a	proud
permisivo/a	permissive, easy-going
seguro/a	sure, confident
sensato/a	sensible
sensible	sensitive
simpático/a	nice
tacaño/a	cheap, stingy
talentoso/a	talented
tímido/a	shy
tradicional	traditional

Estructura 1.1	Véase las páginas 12 a 15.
Estructura 1.2	Véase la página 19.
Estructura 1.3	Véase las páginas 22 y 23.

Relaciones personales

el amor (no) correspondido	(un)requited love
el ánimo	spirit
apreciado/a	appreciated
el cariño	affection
la cita	date
la cita a ciegas	blind date
el compromiso	commitment, responsibility
la confianza	trust; confidence
el desánimo	the state of being discouraged
el divorcio	divorce
el marido	husband
la mujer	woman, wife
la pareja	couple, partner
soltero/a	single
el sentimiento	feeling, emotion
la simpatía	congeniality
la timidez	shyness

atraer	to attract
coquetear	to flirt
corresponder	to return, to share (affection)
enamorarse (de)	to fall in love (with)
enrojecer	to turn red, to blush
proponer matrimonio	to propose (marriage)
quedarse viudo/a	to be widowed
romper (con)	to break up (with)
salir (con)	to go out (with)
tener celos (de)	to be jealous of

dar el primer paso	to take the first step
estar orgulloso/a de	to be proud of
hacerle caso (a alguien)	to pay attention (to someone)
llevar... años de (casados)	to be (married) for . . . years
llevarse bien/ mal/fatal	to get along well/badly/terribly
mantenerse en contacto	to keep in touch
pasarlo bien/mal	to have a good/ bad time
pasarlo fatal	to be miserable, to have a bad time
ponerse pesado/a	to become annoying
tener vergüenza de	to be ashamed of
uña y carne	inseparable

Algunos verbos de opinión

contentarse con	to be content with
discutir	to argue
disimular	to hide
impresionar	to impress
parecer	to seem
preguntarse	to wonder
recordar	to remember
sentirse	to feel
soñar con	to dream about
soportar a alguien	to put up with someone

Algunos verbos que expresan afecto

adorar	to adore
apreciar	appreciate
cuidar	to take care of
educar	to raise, to bring up
entenderse	to understand each other
querer	to love; to want

Palabras adicionales

la mirada	look, glance, gaze
tener ganas de	to want to, to have an urge to
él/ella mismo/a	himself, herself
en todo lo posible	as much as possible

Expresiones útiles	Véase la página 7.
Vocabulario de "Poema 20"	Véase la página 33.
Vocabulario del perfil	Véase la página 37.
Vocabulario de *Momentos de estación*	Véase la página 42.

ENFOQUES Sitcom Video

An episode in the format of a situational comedy accompanies each lesson in **ENFOQUES**. These episodes portray the everyday lives and adventures of the owner and five employees of the lifestyle magazine *Revista Facetas* based in Mexico City.

The **Fotonovela** section in each textbook lesson is actually an abbreviated version of the dramatic episode featured in the video. Therefore, each **Fotonovela** section can be done before you see the corresponding video episode, after it, or as a section that stands alone in its own right.

Besides providing entertainment, the video serves as a useful learning tool. As you watch the episodes, you will observe the characters interacting in various situations and using real-world language that reflects the vocabulary and grammar you are studying. In addition, because language learning is an ongoing, cumulative process, you will find that the dramatic segments carefully combine new vocabulary and grammar with previously taught language as the video progresses.

The Cast

Here are the main characters you will meet when you watch the **ENFOQUES** video:

Mariela Burgos

José Raúl Aguayo

Juan (Johnny) Medina

Diana González

Éric Vargas

Fabiola Ledesma

ENFOQUES Film Collection

The **ENFOQUES** Film Collection contains the short subject films by Hispanic filmmakers that are the basis for the pre-, while-, and post-viewing activities in each **Videoteca** section in each odd-numbered lesson. These films offer entertaining and thought-provoking opportunities to build your listening comprehension skills and your cultural knowledge of Spanish speakers and the Spanish-speaking world.

Film Synopses

Lección 1: *Momentos de estación*

Momentos de estación proves that anything can happen at a train station. A commuter purchases his train ticket every day, never once telling the ticket window employee about his feelings for her. He suddenly takes advantage of the moment and tells her …causing a spiraling effect for those around them.

Lección 3: *Adiós mamá*

In this award-winning short film, a man is grocery shopping alone on an ordinary day when a chance meeting makes him the focus of an elderly woman's existential conflict, with a surprising result.

Lección 5: *La hora de comer*

The gathering of a "traditional" family at the dinner table probes the members' roles and relationships, exploring issues like lack of communication and *machismo*.

Lección 7: *Correo celestial*

In this humorous film, a young man receives a chain letter. If he sends it to twenty-one people within nine days he will have good luck. On the other hand, if he fails to send it within the allotted time period, he will be struck with bad luck. What is his fate?

Lección 9: *El milagro*

The inhabitants of a small village have been invited to participate in a miracle, an extraordinary event that will not happen again for another 1000 years. Margarita, like everyone else, wants to attend, but her husband, Alfonso, thinks that it is all a farce.

Lección 11: *Lluvia*

Three young couples at different stages of their relationships (one has just met; another has been together for a long time, but is having problems; and the other ended the relationship a year earlier but may consider rekindling the flame) find their emotions and viewpoints influenced by a nocturnal meteor shower.

Student Ancillaries

Student Activities Manual
The Student Activities Manual consists of three parts: the Workbook, the Lab Manual, and the Video Manual. The Workbook activities provide additional practice of the vocabulary and grammar for each textbook lesson. The Lab Manual activities for each textbook lesson focus on pronunciation and building your listening comprehension skills in Spanish. The Video Manual includes pre-viewing, while-viewing, and post-viewing activities to help you understand and explore further each module of the **ENFOQUES** Sitcom Video.

Lab Audio Program
The Lab Audio Program contains the recordings to be used in conjunction with the activities of the Lab Manual. It comes in two versions: high-fidelity audio CDs or an audio CD-ROM containing compressed MP3 files that can be played in the CD-ROM drive of your computer.

Sitcom Video
This text-specific video includes twelve dramatic episodes done in the style of a situational comedy that are fully integrated with the lessons in your textbook.

Video & Interactive CD-ROM
Free-of-charge with each copy of **ENFOQUES**, this dual-platform CD-ROM provides useful reference tools and highly interactive, visually captivating multimedia materials and activities. Also included is the complete Sitcom Video with videoscripts and enhanced navigation tools.

Website (vistahigherlearning.com)
The **ENFOQUES** website, accessed through **vistahigherlearning.com,** supports you and your instructor with a wide range of online resources—additional activities, cultural information and links, teaching suggestions, lesson plans, course syllabi, and more—that directly correlate to your textbook and go beyond it.

Instructor Ancillaries

In addition to the student ancillaries, all of which are available to the instructor, the following supplements are also available.

Instructor's Annotated Edition
The Instructor's Annotated Edition (IAE) provides a wealth of information designed to support classroom teaching. The IAE contains answers to exercises overprinted on the page, cultural information, suggestions for implementing and extending student activities, supplemental activities, and cross-references to student and instructor ancillaries.

Instructor's Resource Manual
The Instructor's Resource Manual contains the written transcript of the audio recordings of the Lab Audio Program, the videoscript for the Sitcom Video, the filmscripts for the Film Collection Video, English translations of the **Fotonovela** conversations, additional activities with answers when applicable, and additional teaching suggestions.

Student Activities Manual Answer Key
This component includes answer keys for all workbook, lab, and video activities in the Student Activities Manual with discrete answers.

Testing Program with Audio CD
The Testing Program contains a quiz for each of the textbook's twelve lessons and exams for Lessons 1–3, 4–6, 7–9, and 10–12. All quizzes and exams include sections on listening comprehension, vocabulary, grammar, and communication. Reading sections are also provided. Listening scripts, answer keys, and an audio CD of the listening sections are also included.

Test Files CD-ROM for Windows® and Macintosh®
This CD-ROM contains the quizzes, exams, listening scripts, answer keys, and reading sections of the printed Testing Program as Microsoft Word® files, so instructors can readily customize the tests and exams for their courses.

Film Collection Video
This text-specific video contains the short-subject films by Hispanic filmmakers that are the basis for the pre-, while-, and post-viewing activities in the **Videoteca** section of each odd-numbered lesson in **ENFOQUES**.

Reviewers

Vista Higher Learning expresses its sincere appreciation to the college professors nationwide who, through their review of manuscript and designed pages, helped us and our authors consolidate the concept and contents of **ENFOQUES**. Their insights, ideas, and comments were invaluable to the final product.

R. McKenna Brown
Virginia Commonwealth University

Janan Fallon
Georgia Perimeter College

Thomas P. Finn
Ohio Northern University

Mari Carmen García
Modesto Junior College, CA

Tania E. Garmy
University of Tulsa, OK

Virginia Gibbs
Luther College, IA

Orlando R. Kelm
University of Texas at Austin

Mary Yetta McKelva
Grayson County College, TX

María D. Martínez
University of Southern California

Marwan N. Nahas
Fort Hays State University, KS

Eric Narvaez
Normandale Community College, MN

Marilyn Palatinus
Pellissippi State Technical Community College, TN

Luisa C. Pérez
Emporia State University, KS

Marianne J. Verlinden
College of Charleston, GA

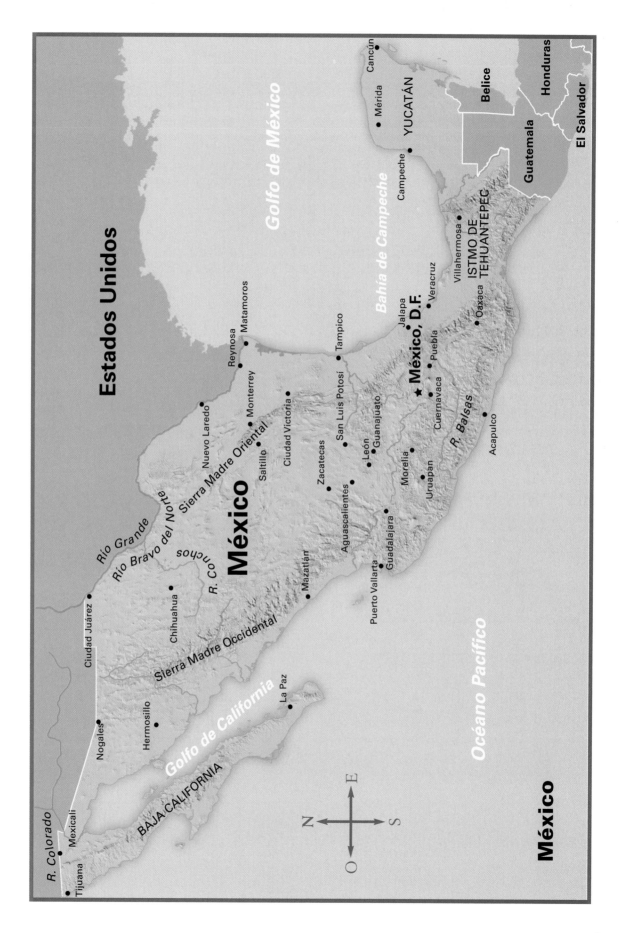

México

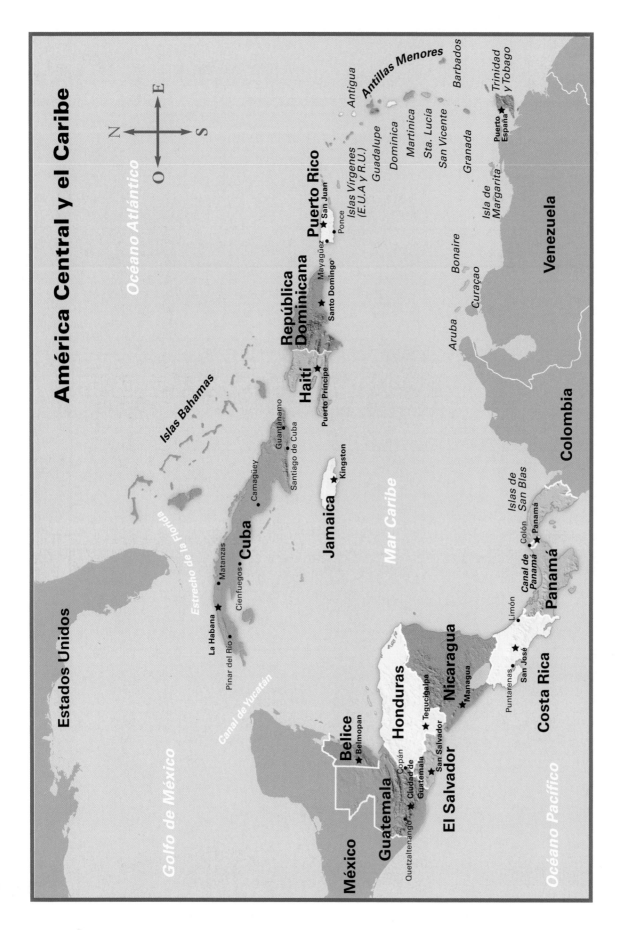

América Central y el Caribe

N
E
O
S

Estados Unidos

Golfo de México

Océano Atlántico

México

Guatemala

Quetzaltenango
Ciudad de Guatemala
Copán

Belice
Belmopan

Honduras
Tegucigalpa

El Salvador
San Salvador

Nicaragua
Managua

Costa Rica
San José
Puntarenas

Panamá
Limón
Colón
Panamá

Canal de Panamá

Islas de San Blas

Océano Pacífico

Canal de Yucatán

Estrecho de la Florida

Islas Bahamas

Cuba
La Habana
Pinar del Río
Matanzas
Cienfuegos
Camagüey
Santiago de Cuba
Guantánamo

Jamaica
Kingston

Mar Caribe

Haití
Puerto Príncipe

República Dominicana
Santo Domingo

Puerto Rico
San Juan
Mayagüez
Ponce

Islas Vírgenes
(E.U.A y R.U.)

Antillas Menores

Antigua
Guadalupe
Dominica
Martinica
Sta. Lucía
San Vicente
Granada
Barbados

Trinidad y Tobago
Puerto España

Isla de Margarita

Bonaire
Curaçao
Aruba

Venezuela

Colombia

América del Sur

xxxi

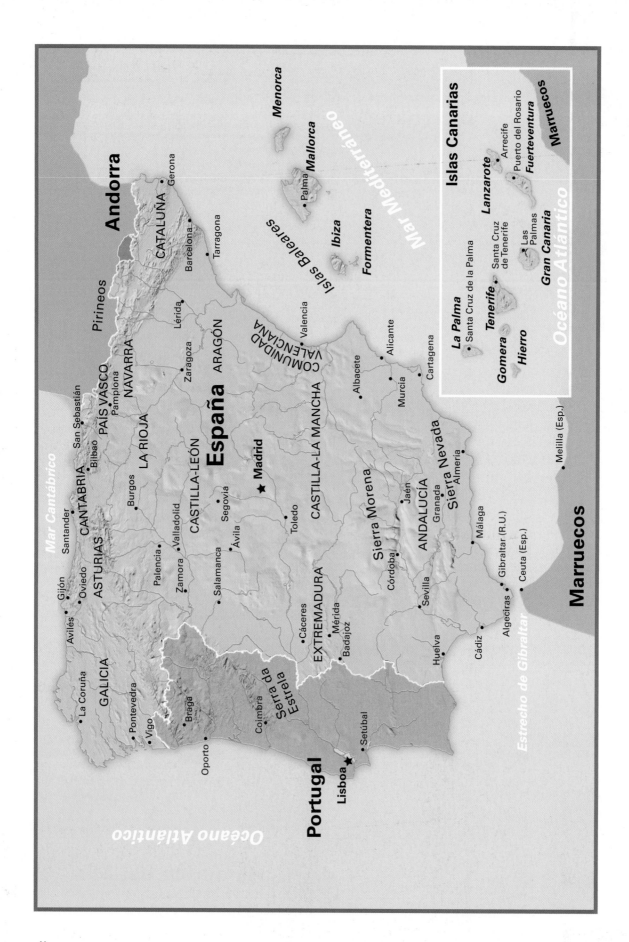

Las relaciones personales

Las relaciones personales

Demasiado tímido

Los dos intercambian **miradas** de vez en cuando. Él **se pregunta** si ella está **coqueteando** con él. Él no puede **disimular** su **timidez. Enrojece** cuando ella lo mira. Ella **se pregunta** si él **dará el primer paso** o si **ella misma** tendrá que hacerlo.

Nadie la comprende

No **se entiende** con sus padres. Ellos están muy **preocupados por** ella. Su padre está **disgustado** porque no **soporta** al chico **con** quien **sale**. Quiere que **rompa con** él enseguida.

Inseparables

Llevan **más de** cincuenta **años de casados** y **se llevan** muy **bien**. Están más **enamorados** que nunca. Se conocieron en **una cita a ciegas** y desde entonces son **uña y carne**. Todavía **recuerdan** la noche en que él **le propuso matrimonio**. Ella tiene miedo de **quedarse viuda**. No sabría qué hacer sin su **pareja**. **Se sentiría** muy **sola**.

Padre divorciado

Después del **divorcio**, vive solo con su hija. A veces **se siente agobiado**. Quiere **cuidar** bien a su hija y **educarla** para que sea feliz, pero tiene muchos **compromisos**. Sus padres **adoran** a su nieta y lo ayudan a **cuidarla en todo lo posible**. Tal vez un día se vuelva a **enamorar**.

Las relaciones personales

(no) hacerle caso a alguien	(not) to pay attention to someone
mantenerse en contacto	to stay in touch
pasarlo bien/mal/fatal	to have a good/bad/terrible time
ponerse pesado/a	to become tedious
tener celos de	to be jealous of
tener vergüenza de	to be ashamed/embarrassed of
la confianza	confidence
el marido	husband
la mujer	wife
soltero/a	single

El afecto

apreciar	to be fond of
atraer	to attract
corresponder	to be requited
enamorarse de	to fall in love with
querer	to love; to want
el amor (no) correspondido	(un)requited love
el ánimo	spirit
el cariño	affection
el desánimo	the state of being discouraged
el sentimiento	feeling, emotion
la simpatía	congeniality
apreciado/a	appreciated; valued

La personalidad

antipático/a	disagreeable, unpleasant
autoritario/a	authoritarian, stern
deprimido/a	depressed
falso/a	insincere
huraño/a	unsociable, shy
inseguro/a	uncertain, insecure
nervioso/a	nervous
orgulloso/a	proud
permisivo/a	permissive, easy-going
seguro/a	sure, secure
simpático/a	nice
tacaño/a	stingy, cheap
tradicional	traditional
tranquilo/a	calm

La opinión

contentarse con	to be content with
discutir	to argue
estar orgulloso/a de	to be proud of
sentirse	to feel
soñar con	to dream about
tener ganas de	to feel like

Práctica

1 **Definiciones** Indica la palabra que corresponde a cada definición.

a. apreciar

b. cita

c. cuidar

d. deprimido/a

e. distinto/a

f. educar

g. huraño/a

h. pareja

i. timidez

_____ 1. Compromiso entre dos o más personas sobre el lugar, la fecha y la hora en que deberán encontrarse.

_____ 2. Que sufre de depresión, tristeza o desánimo.

_____ 3. Enseñar a una persona o a un animal a comportarse según ciertas normas.

_____ 4. Que no es igual, que tiene otras cualidades o características.

_____ 5. Conjunto formado por dos personas o cosas que se complementan o son semejantes como, por ejemplo, hombre y mujer.

_____ 6. Estimar o reconocer el valor de algo o de alguien.

2 **Contrarios** Don Paco y doña Paquita son gemelos *(twins)*, pero tienen personalidades muy distintas. Aquí tienes algunas descripciones de los gemelos. Completa las descripciones con el adjetivo correspondiente a doña Paquita.

MODELO

Don Paco siempre es muy responsable, pero doña Paquita es…
Don Paco siempre es muy responsable, pero doña Paquita es irresponsable.

1. Don Paco es un hombre sincero, pero doña Paquita es…

2. Don Paco es muy generoso con su dinero, pero doña Paquita es…

3. No sabes lo sociable que es don Paco, pero doña Paquita es…

4. Don Paco era permisivo con sus hijos, pero doña Paquita era…

5. Don Paco siempre ha sido tranquilo, pero doña Paquita es…

6. Todos piensan que don Paco es moderno, pero que doña Paquita es…

7. ¡Qué simpático es don Paco! Pero doña Paquita es tan…

Comunicación

③ ¿Cómo eres?

A. Contesta las preguntas del test.

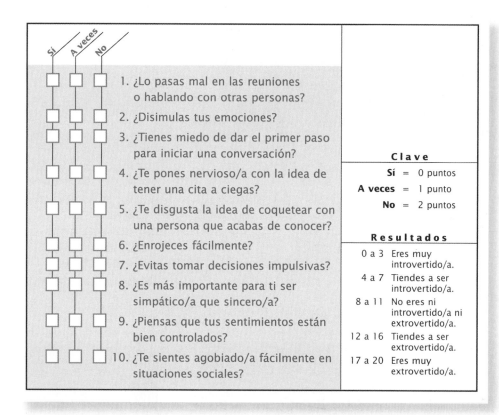

Sí	A veces	No		
☐	☐	☐	1. ¿Lo pasas mal en las reuniones o hablando con otras personas?	
☐	☐	☐	2. ¿Disimulas tus emociones?	
☐	☐	☐	3. ¿Tienes miedo de dar el primer paso para iniciar una conversación?	
☐	☐	☐	4. ¿Te pones nervioso/a con la idea de tener una cita a ciegas?	**Clave**
☐	☐	☐	5. ¿Te disgusta la idea de coquetear con una persona que acabas de conocer?	**Sí** = 0 puntos **A veces** = 1 punto **No** = 2 puntos
☐	☐	☐	6. ¿Enrojeces fácilmente?	**Resultados**
☐	☐	☐	7. ¿Evitas tomar decisiones impulsivas?	0 a 3 Eres muy introvertido/a.
☐	☐	☐	8. ¿Es más importante para ti ser simpático/a que sincero/a?	4 a 7 Tiendes a ser introvertido/a.
☐	☐	☐	9. ¿Piensas que tus sentimientos están bien controlados?	8 a 11 No eres ni introvertido/a ni extrovertido/a.
☐	☐	☐	10. ¿Te sientes agobiado/a fácilmente en situaciones sociales?	12 a 16 Tiendes a ser extrovertido/a. 17 a 20 Eres muy extrovertido/a.

B. Ahora suma *(add up)* los puntos. ¿Cuál es el resultado del test? ¿Estás de acuerdo? Explica tu respuesta.

④ Problemas y consejos

A. En parejas, lean las siguientes situaciones y elijan una. Tienen que añadir más detalles a la situación que eligieron. ¿Quiénes son los personajes? ¿Cuál es su relación? ¿Dónde se encuentran? ¿Cuánto tiempo llevan juntos? ¿Cuándo se originó el problema?

1. Intercambian miradas. Él se pregunta si ella está coqueteando con él.
2. Quiere mucho a su marido/mujer, pero él/ella es muy pesado/a. Tiene celos de todo el mundo. Él/ella no soporta los celos de su pareja.
3. Hacen una buena pareja, pero él nunca le va a proponer matrimonio.
4. Se conocieron en una cita a ciegas y se llevaron fatal.
5. Se quieren, pero siempre están discutiendo por cualquier cosa.

B. Ahora, cada pareja debe presentar su situación al resto de la clase para que sus compañeros les den un consejo. ¿Tiene solución el problema? ¿Habría *(could there be)* más de una solución?

Los empleados de *Facetas* hablan de cómo recibir a un cliente.
Mariela, una nueva empleada, llega a la oficina.

JOHNNY *(al teléfono)* Revista *Facetas*… *(dirigiéndose a Diana)* Es para Aguayo.

FABIOLA Está en el baño.

JOHNNY *(al teléfono)* En estos momentos está en el baño.

DIANA ¡No! Di que está reunido con un cliente.

JOHNNY Jefe, tiene un mensaje de Mariela Burgos.

AGUAYO Gracias… Es la nueva artista gráfica. Viene a reunirse con nosotros.

FABIOLA No creo que quepamos en el baño.

DIANA *(repartiendo libretas)* Éste es el manual de conducta profesional.

FABIOLA Página tres: «Cómo recibir a un cliente».

ÉRIC *(se levanta)* ¿Quieren una demostración? Johnny, tú eres el cliente.

JOHNNY ¿Qué tipo de cliente soy?

En la oficina central… Entra el muchacho de la pizza.

JOHNNY ¿Alguien ordenó pizza?

MUCHACHO ¿Éste es el 714 de la avenida Juárez…?

MARIELA *(interrumpe)* ¿Oficina uno, revista *Facetas*?… Soy Mariela. No sabía llegar, así que ordené una pizza y seguí al muchacho.

JOHNNY ¡Bienvenida!

En la sala de conferencias…

AGUAYO Él es Éric, nuestro fotógrafo.

ÉRIC ¿Qué tal?

AGUAYO Fabiola se encarga de las secciones de viajes, economía, turismo y farándula.

FABIOLA Mucho gusto.

AGUAYO Johnny escribe las secciones de arte, comida, bienestar y política.

JOHNNY Hola.

AGUAYO Y Diana está a cargo de las ventas y el mercadeo.

Personajes

AGUAYO

ÉRIC

JOHNNY

FABIOLA

MUCHACHO DE
LA PIZZA

MARIELA

DIANA

4

ÉRIC Ya sé. Eres un millonario que viene a comprar la revista.

JOHNNY Perfecto. Soy el magnate dominicano Juan Medina.

ÉRIC Bienvenido a *Facetas*, señor Medina. Bienvenido.

Se abrazan.

5

Luego, en la cocina…

AGUAYO Hay que ser cuidadoso al contestar el teléfono.

JOHNNY Querrás decir mentiroso.

ÉRIC Odio ser formal.

FABIOLA Es lindo abrazar a la gente Éric, pero esto es una oficina, no un partido de fútbol.

9

DIANA Me han hablado tanto de ti, que estoy ansiosa por conocer tu propia versión.

MARIELA Tengo veintidós años, soy de Monterrey, estudio en la UNAM y vengo de una familia grande. En cincuenta años de matrimonio mis padres han criado a nueve hijos y veinte nietos.

10

Fabiola y Éric se quedan hablando a solas.

FABIOLA Te estoy hablando de Mariela. ¿Qué te pareció?

ÉRIC Creo que es bella, talentosa e inteligente. Más allá de eso, no me impresiona para nada.

Expresiones útiles

Talking about responsibilities

Fabiola se encarga de…
Fabiola is in charge of…

Estoy encargado/a de…
I'm in charge of…

Diana está a cargo de…
Diana is in charge of…

Estoy a cargo de…
I'm in charge of…

Talking about your impressions

¿Qué te pareció Mariela?
What did you think of Mariela?

Me pareció…
I thought…

Creo que es bella, talentosa e inteligente.
I think she's nice-looking, talented, and intelligent.

Más allá de eso, no me impresiona para nada.
Beyond that, she doesn't impress me at all.

Additional vocabulary

ansia *anxiety*	**ansioso/a** *anxious*
cuidado *care*	**cuidadoso/a** *careful*
mentira *lie*	**mentiroso/a** *lying*
talento *talent*	**talentoso/a** *talented*

el bienestar *well-being*
la farándula *entertainment*
han criado *have raised*
el mercadeo *marketing*
querrás *you will want*
quepamos (form of **caber**) *we fit*

Apuntes culturales En Estados Unidos es común que la gente cambie de ciudad o de estado por motivos de trabajo o para estudiar en la universidad, algo que no ocurre con tanta frecuencia en Latinoamérica o España. En los países hispanos puede ser más fácil conservar las amistades del colegio. El hecho de vivir en la misma ciudad por mucho tiempo permite que la familia esté muy presente en la vida cotidiana. *¿Cuántas personas de tu familia están en otras ciudades por motivos laborales?*

Comprensión

1 **La trama** Primero, indica con una **X** los hechos *(events)* que no ocurrieron en este episodio. Después, indica con números el orden en el que ocurrieron los restantes *(the remaining ones)*.

_____ a. Diana llega con el manual de conducta profesional.

_____ b. Éric ordena una pizza con anchoas.

_____ c. Mariela deja un mensaje para Aguayo.

_____ d. Un muchacho llega a la oficina con una pizza.

_____ e. Aguayo presenta a Mariela al grupo.

_____ f. Fabiola le pregunta a Éric su opinión sobre Mariela.

_____ g. Johnny contesta el teléfono.

_____ h. Mariela llega a la oficina.

_____ i. Aguayo paga la pizza.

_____ j. Éric y Johnny practican la forma correcta de recibir a un cliente.

2 **¿Quién lo haría?** ¿Quién estaría a cargo de las siguientes actividades?

Aguayo   Éric   Johnny

Fabiola   Mariela   Diana

1. Sacar fotos para la revista.
2. Escribir un artículo sobre un concierto de música pop.
3. Hablar con las personas que quieren poner anuncios *(ads)* en la revista.
4. Escribir un artículo sobre las pirámides de Egipto.
5. Entrevistar a un ministro del gobierno mexicano para hablar de la inflación.
6. Escribir un artículo sobre la corrupción política.
7. Escribir la reseña *(review)* de un nuevo restaurante.
8. Preparar dibujos para los artículos de la revista.
9. Conseguir más lectores *(readers)*.
10. Seleccionar al personal *(staff)*.

Ampliación

3 **¿Los signos del zodíaco indican algo?** ¿Qué signo del zodíaco asociarías con los miembros del equipo de *Facetas* que ya conociste? ¿Por qué? Además, ¿corresponde tu personalidad con la descripción de tu horóscopo? Explica tu respuesta.

Aries 21 marzo – 19 abril agresivo/a, extrovertido/a, dinámico/a, directo/a		**Libra** 23 septiembre – 22 octubre objetivo/a, justo/a, diplomático/a, materialista	
Tauro 20 abril – 20 mayo obstinado/a, trabajador(a), persistente, conservador(a)		**Escorpión** 23 octubre – 21 noviembre autoritario/a, decidido/a, competitivo/a, trabajador(a)	
Géminis 21 mayo – 21 junio imaginativo/a, expresivo/a, impetuoso/a, estudioso/a		**Sagitario** 22 noviembre – 21 diciembre intelectual, agresivo/a, impaciente, optimista	
Cáncer 22 junio – 22 julio cariñoso/a, sentimental, generoso/a, paciente		**Capricornio** 22 diciembre – 19 enero realista, disciplinado/a, responsable, serio/a	
Leo 23 julio – 22 agosto ambicioso/a, egoísta, decidido/a, valiente		**Acuario** 20 enero – 18 febrero independiente, sociable, temperamental, innovador(a)	
Virgo 23 agosto – 22 septiembre modesto/a, ordenado/a, práctico/a, reservado/a		**Piscis** 19 febrero – 20 marzo misterioso/a, idealista, tímido/a, artístico/a	

4 **Preguntas** En parejas, contesten las siguientes preguntas.

1. ¿Qué te parecen los empleados de la revista *Facetas*? ¿Cómo son?

2. ¿De qué está encargado cada empleado? En tu opinión, ¿cuál de ellos tiene más responsabilidad? Explica tu respuesta.

3. ¿Te gustaría trabajar con los empleados de *Facetas*? Razona tu respuesta.

4. ¿Crees que a Mariela le va a gustar su nuevo trabajo? ¿Por qué?

5. ¿Cuál es la dirección de *Facetas*? ¿Cuál es la dirección de tu casa?

6. ¿Te gustaría trabajar para una revista? ¿Para qué tipo de revista te gustaría trabajar?

México D.F., una megametrópolis

Paseo de la Reforma

El Zócalo

Ruinas aztecas en el D.F.

Las oficinas de *Facetas* se encuentran en la capital de México, conocida como México D.F. (Distrito Federal). A continuación, vas a aprender por qué esta ciudad es una de las más importantes del mundo hispanohablante.

México D.F. es una verdadera megametrópolis. Hoy en día, es considerada la ciudad más grande de toda América Latina y una de las más grandes del mundo. Es la cuarta ciudad más populosa después de Tokio, Seúl y Nueva York. La ciudad atrae a miles de inmigrantes y turistas por ser el centro cultural, político y económico de México.

México D.F. fue construida sobre la antigua Tenochtitlán, capital del imperio azteca, la cual fue fundada en 1325 sobre un islote. En 1521, los conquistadores españoles al mando de Hernán Cortés, destruyeron esta majestuosa ciudad y fundaron lo que hoy es la moderna capital del país.

En el centro de la ciudad está la llamada Plaza de la Constitución, conocida también como El Zócalo. Durante el período azteca El Zócalo era el corazón de la ciudad, y hoy día aún sigue siéndolo. Alrededor de El Zócalo, se encuentran la Catedral Metropolitana y el Palacio Nacional, actual sede del gobierno mexicano. Es aquí donde tienen lugar las mayores celebraciones nacionales y los desfiles militares importantes.

El centro histórico de la ciudad, ubicado en los alrededores de El Zócalo, es un microcosmo de arte, monumentos, tiendas y magníficos restaurantes, bares y cantinas. La variada comida tradicional mexicana es servida en las fondas. Y si tienes ganas de ir de compras, ¡no te pierdas los centros comerciales y las boutiques!

Ciudades más grandes del mundo*	
1. Tokio (Japón)	34,5
2. Nueva York (EE.UU)	21,4
3. Seúl (Corea)	20,3
4. México D.F. (México)	19,6
5. Bombay (India)	19,0
6. São Paulo (Brasil)	18,5
*Población en millones de habitantes	

Revistas para todos los gustos

Facetas, la revista para la cual trabajan los personajes de la **Fotonovela**, es una revista ficticia publicada en la Ciudad de México. En la vida real, sin embargo, existen revistas de todo tipo en los países de habla española.

el islote	*islet*
alrededor	*around*
la sede	*seat*
el desfile	*parade*
ubicado	*located*
la fonda	*restaurant*
hojear	*page through*
el chisme	*gossip*
presunto	*alleged*
renunciar	*to give up*

¿Te interesan las revistas serias o prefieres relajarte hojeando una revista divertida? La oferta de revistas en español comprende desde las más generales, hasta las más especializadas. Incluso, muchas de las revistas que se publican en los Estados Unidos, como *Time, Newsweek* y *Vogue*, tienen versiones en español. A continuación vas a conocer algunas revistas importantes de Latinoamérica y España.

Si te gustan los chismes y estar al día con los últimos romances de tus estrellas favoritas, *Hola* es tu revista. Se publica en España, y se especializa en la farándula nacional e internacional. Aquí puedes leer sobre quién acompañó a tu actor/actriz preferido/a en esa ocasión especial, cómo iba vestida Penélope Cruz, o criticar a la presunta novia del príncipe Felipe.

Semana es una excelente revista colombiana de interés general, muy parecida a *Time* y *Newsweek*. En ella se publican excelentes artículos sobre política interna e internacional, economía, cultura y opinión. En su versión *on-line*, la sección titulada "Conexión Colombia" sirve para que los colombianos en el exterior se mantengan en contacto con su país.

Si, por el contrario, quieres enterarte de la actualidad socio-político-económica sin renunciar a sonreír y a divertirte, aquí tienes una original revista peruana. Con su estilo polémico, sarcástico e irónico, *Caretas* ataca la corrupción y denuncia abusos.

Coméntalo

Reúnete con varios compañeros/as de clase y conversa sobre los siguientes temas.

1. ¿Les gustaría visitar México D.F. ¿Por qué?
2. ¿Qué cosas les gustaría hacer mientras están de visita en México D.F.?
3. ¿Conoces alguna revista en español? Comparte tu experiencia leyendo esta revista con tus compañeros/as.
4. ¿Cuál de las tres revistas que se describen te parece que es la más interesante? Explica por qué.

1.1 Nouns, articles, and adjectives

Gender of nouns

¿Te acuerdas? Spanish nouns are either masculine or feminine. You can often guess the gender of a noun by its ending. Nouns ending in **–o, –or, –l, –s,** and **–ma** are usually masculine, and nouns ending in **–a, –ora, –ión, –d,** and **–z** are usually feminine.

Ordené una pizza y seguí al muchacho.

Mariela es la nueva artista gráfica.

Gender of nouns				
Masculine nouns				
–o	**–or**	**–l**	**–ma**	**–s**
el amigo	el escritor	el control	el problema	el autobús
el cuaderno	el color	el papel	el tema	el paraguas
Feminine nouns				
–a	**–ora**	**–ión**	**–d**	**–z**
la amiga	la escritora	la relación	la amistad	la luz
la palabra	la computadora	la ilusión	la virtud	la paz

▶ A few nouns, including those that end in **–ista,** may be either masculine or feminine, depending on whether they refer to a male or a female.

el artista *artist*	**la artista** *artist*	**el estudiante** *student*	**la estudiante** *student*
el periodista *journalist*	**la periodista** *journalist*	**el paciente** *patient*	**la paciente** *patient*
el cantante *singer*	**la cantante** *singer*	**el joven** *young man*	**la joven** *young woman*

▶ A few nouns have different meanings, depending on whether they are masculine or feminine.

el capital *capital (money)*	**la capital** *capital (city)*
el guía *male guide*	**la guía** *guidebook; female guide*
el modelo *model, male model*	**la modelo** *female model*
el policía *male police officer*	**la policía** *police force; female police officer*

Plural of nouns

¿Te acuerdas? Most Spanish nouns form the plural by adding **–s** or **–es,** depending on the last syllable. Nouns that end in **–z** change **z** to **c** before adding **–es.**

> ### Plural of nouns
>
> | unstressed vowel → –s | stressed vowel → –es |
> |---|---|
> | la novia → las novias | el tabú → los tabúes |
> | el hombre → los hombres | el israelí → los israelíes |
>
> | unstressed vowel + s → *no change* | consonant → –es |
> |---|---|
> | el lunes → los lunes | la mujer → las mujeres |
> | la crisis → las crisis | el lápiz → los lápices |
>
> stressed vowel + s → –es
> el inglés → los ingleses
> el país → los países

¡ATENCIÓN!

Nouns that end with a stressed vowel + **n** or **s** drop the accent mark when **–es** is added.

la canción *song*

las canciones *songs*

el autobús *bus*

los autobuses *buses*

Nouns that end in **–n** and are stressed on the next to the last syllable take an accent mark on that syllable when **–es** is added.

el margen *margin*

los márgenes *margins*

la imagen *image*

las imágenes *images*

Spanish articles

¿Te acuerdas? Spanish definite and indefinite articles both have four forms. An article agrees in gender and number with the noun it modifies.

> | | Definite articles | | Indefinite articles | |
> |---|---|---|---|---|
> | | SINGULAR | PLURAL | SINGULAR | PLURAL |
> | MASCULINE → | el compañero | los compañeros | un compañero | unos compañeros |
> | FEMININE → | la compañera | las compañeras | una compañera | unas compañeras |

▶ In Spanish, a definite article is always used with an abstract noun.

El amor es eterno.
Love is eternal.

La belleza es pasajera.
Beauty is fleeting.

La paciencia es una virtud.
Patience is a virtue.

La vida es sueño.
Life is a dream.

¡ATENCIÓN!

The prepositions **de** and **a** contract with the article **el.**

de + el = del

a + el = al

▶ An indefinite article is not used between **ser** and an unmodified noun indicating a profession or nationality. If the noun is modified, the article is used.

Ana Méndez es salvadoreña.
Ana Méndez is a Salvadoran.

Alicia es **una** mexicana muy bonita.
Alicia is a very pretty Mexican.

Juan es artista.
Juan is an artist.

Guillermo es **un** profesor excelente.
Guillermo is an excellent teacher.

Álex es periodista.
Álex is a journalist.

José es **un** médico muy bueno.
José is a very good doctor.

Descriptive adjectives

▶ Most Spanish adjectives agree both in number and gender with the nouns they modify.

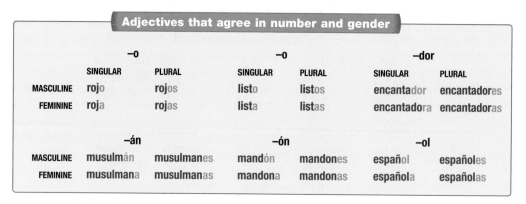

	Adjectives that agree in number and gender					
	−o		**−o**		**−dor**	
	SINGULAR	PLURAL	SINGULAR	PLURAL	SINGULAR	PLURAL
MASCULINE	rojo	rojos	listo	listos	encantador	encantadores
FEMININE	roja	rojas	lista	listas	encantadora	encantadoras
	−án		**−ón**		**−ol**	
MASCULINE	musulmán	musulmanes	mandón	mandones	español	españoles
FEMININE	musulmana	musulmanas	mandona	mandonas	española	españolas

▶ Some adjectives, such as adjectives ending in **−a, −e, −í, −ú,** or a consonant, agree only in number with the nouns they modify.

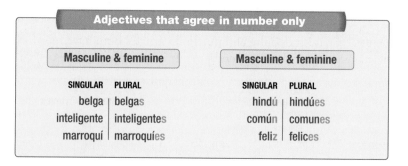

Adjectives that agree in number only			
Masculine & feminine		**Masculine & feminine**	
SINGULAR	PLURAL	SINGULAR	PLURAL
belga	belgas	hindú	hindúes
inteligente	inteligentes	común	comunes
marroquí	marroquíes	feliz	felices

Position and agreement

▶ Descriptive adjectives generally follow the noun they modify.

las parejas **felices**
the happy couples

los celos **incontrolables**
uncontrollable jealousy

unos amigos **excelentes**
some excellent friends

un libro **apasionante**
a great book

▶ When an adjective modifies two nouns of the same gender, the adjective is plural. When an adjective modifies two nouns, and one of them is masculine, the adjective is masculine plural.

la literatura y la cultura español**as**
Spanish literature and culture

una suegra y un suegro maravillos**os**
a wonderful mother-in-law and father-in-law

la poesía y la pintura argentin**as**
Argentinian poetry and painting

una chica y un chico simpátic**os**
a nice girl and boy

▶ A few adjectives have a shortened form when they precede a masculine singular noun.

bueno	→	buen	alguno	→	algún	primero	→	primer
malo	→	mal	ninguno	→	ningún	tercero	→	tercer

Hoy tengo un **mal** día.
Today I am having a bad day.

Ese niño es muy **malo.**
That boy is very bad.

Mi **primer** novio y yo somos amigos todavía.
My first boyfriend and I are still friends.

La familia es lo **primero.**
Family comes first.

▶ Before a singular noun, **grande** changes to **gran**. Its meaning also changes.

Before the noun		After the noun	
la gran ciudad	*the great city*	**la ciudad grande**	*the big city*
el gran libro	*the great book*	**el libro grande**	*the big book*

Es la nueva
artista gráfica.

Vengo de una
familia grande.

▶ Some adjectives change their meaning depending on their position. When the adjective follows the noun, the meaning is more literal. When it precedes the noun, the meaning is more figurative.

	Before the noun	After the noun
antiguo/a	**mi antiguo novio** *my old/former boyfriend*	**el edificio antiguo** *the ancient building*
cierto/a	**una cierta actitud** *a certain attitude*	**una respuesta cierta** *a right answer*
mismo/a	**el mismo problema** *the same problem*	**el artículo mismo** *the article itself*
nuevo/a	**un nuevo profesor** *a new/different professor*	**un coche nuevo** *a (brand) new car*
pobre	**los pobres estudiantes** *the unfortunate students*	**los estudiantes pobres** *the students who are poor*
viejo/a	**una vieja amiga** *a friend of long-standing*	**un libro viejo** *an old book*

Práctica

1 ¿Qué opinas? Trabajen en parejas para completar los minidiálogos con los artículos apropiados.

1. —Para ti, ¿cuál es _____ cualidad más importante en _____ relaciones de pareja?
   —Para mí, es _____ sinceridad; aunque también son importantes _____ sensibilidad y _____ madurez.

2. —¿Quién es mejor amigo: _____ pesimista o _____ optimista?
   —Pues, _____ verdad es que mis amigos son pesimistas.

3. —¿Crees que _____ jóvenes de hoy tienen _____ mismos sueños que sus padres?
   —Sí, sueñan con _____ mundo mejor. Desean _____ paz internacional y quieren encontrar _____ solución _____ problema _____ desempleo.

4. —¿Qué metas (*goals*) personales te propones alcanzar este año?
   —Las de todo el mundo: conseguir mejores notas que las _____ semestre pasado, llevar _____ vida sana y divertirme con _____ amigos.

2 Cambiar Escribe en plural las palabras que están en singular y en singular las que están en plural.

1. la nueva compañera

2. unos buenos amigos

3. el joven simpático

4. unas malas relaciones

5. la universidad internacional

6. una comunidad universitaria

7. el profesor alemán

8. el documental japonés

9. el árbol genealógico

10. unos padres divorciados

11. una pareja ideal

12. las presiones familiares

3 Las opiniones de Marina Completa cada frase con los cuatro adjetivos que la siguen.

1. Marina busca una compañera de cuarto…
   (tranquilo, ordenado, honesto, puntual)

2. Se lleva bien con las personas…
   (sincero, serio, alegre, trabajador)

3. Marina tiene unos padres…
   (guapo, simpático, inteligente, conservador)

4. Quiere ver programas de televisión más…
   (emocionante, divertido, dramático, didáctico)

5. Marina tiene un novio…
   (talentoso, nervioso, artístico, irlandés)

Marina

Comunicación

4 ¿Qué buscas en los amigos?

A. Marca las cinco cualidades que más te gustan de tus amigos y amigas. Luego, ordena las listas, colocando *(placing)* la cualidad más importante en primer lugar y la menos importante en el último.

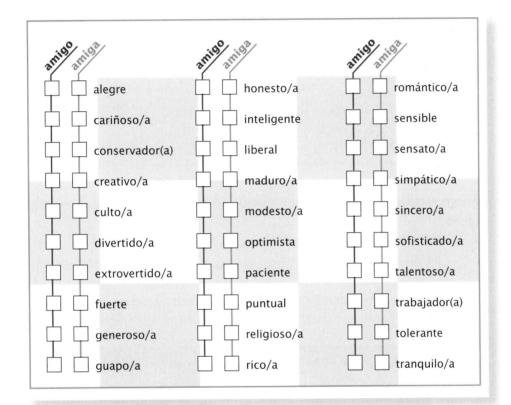

amigo	amiga		amigo	amiga		amigo	amiga	
☐	☐	alegre	☐	☐	honesto/a	☐	☐	romántico/a
☐	☐	cariñoso/a	☐	☐	inteligente	☐	☐	sensible
☐	☐	conservador(a)	☐	☐	liberal	☐	☐	sensato/a
☐	☐	creativo/a	☐	☐	maduro/a	☐	☐	simpático/a
☐	☐	culto/a	☐	☐	modesto/a	☐	☐	sincero/a
☐	☐	divertido/a	☐	☐	optimista	☐	☐	sofisticado/a
☐	☐	extrovertido/a	☐	☐	paciente	☐	☐	talentoso/a
☐	☐	fuerte	☐	☐	puntual	☐	☐	trabajador(a)
☐	☐	generoso/a	☐	☐	religioso/a	☐	☐	tolerante
☐	☐	guapo/a	☐	☐	rico/a	☐	☐	tranquilo/a

> **¡ATENCIÓN!**
>
> **cariñoso/a** *affectionate*
> **culto/a** *cultured*
> **maduro/a** *mature*
> **sensato/a** *sensible*
> **sensible** *sensitive*

B. Ahora, compara tu lista con la de un(a) compañero/a. ¿Eligió *(did he/she choose)* las mismas cualidades que tú? Explícale a tu compañero/a por qué son importantes las cualidades que elegiste.

5 ¿Quién es?
Elige uno/a de los famosos de la lista. Escribe todos los adjetivos que se te ocurran para describir a esa persona. Luego, descríbesela a un(a) compañero/a, sin decir su nombre, para que él/ella adivine *(guess)* de quién hablas.

Antonio Banderas	Salma Hayek	Regis Philbin
George W. Bush	Enrique Iglesias	Sammy Sosa
Penélope Cruz	Jay Leno	Martha Stewart
Gloria Estefan	Ricky Martin	Oprah Winfrey

1.2 Present tense of regular and irregular verbs

Regular –ar, –er, –ir verbs

¿Te acuerdas? The present tense of regular verbs is formed by dropping the infinitive ending **–ar, –er,** or **–ir** and adding personal endings.

Present of regular -ar, -er and -ir verbs		
	hablar	**beber**	**vivir**
yo	hablo	bebo	vivo
tú	hablas	bebes	vives
él/ella/Ud.	habla	bebe	vive
nosotros/as	hablamos	bebemos	vivimos
vosotros/as	habláis	bebéis	vivís
ellos/ellas/Uds.	hablan	beben	viven

▶ The present tense is used to express actions and situations that are going on at the present time.

Maribel **pone** la mesa.

Maribel is setting the table.

Juan **sirve** el vino.

Juan is serving the wine.

▶ The present tense is also used to describe habitual actions and to express general truths.

Estudio español, contabilidad y estadística.

I study Spanish, accounting, and statistics.

Las telenovelas **son** aburridas.

Soap operas are boring.

Es lindo abrazar a la gente, Éric.

Johnny escribe las secciones de arte, comida, bienestar y política.

▶ The present tense may also be used to describe actions that will take place in the near future.

Salen esta tarde en el vuelo 917.

They are leaving this afternoon on flight 917.

¿Vamos al cine el viernes?

Are we going to the movies Friday?

▶ Because context and the verb ending make the subject clear, subject pronouns are normally omitted in Spanish. They are used when one wants to emphasize or clarify the subject.

—¿**Son** de Perú?

Are they from Peru?

—No, **ella** es de Perú, pero **él** es del Chile.

No, she is from Peru, but he is from Chile.

Irregular *yo* forms

¿Te acuerdas? Several important **–er** and **–ir** verbs have irregular **yo** forms in the present tense. Their other present tense forms are regular.

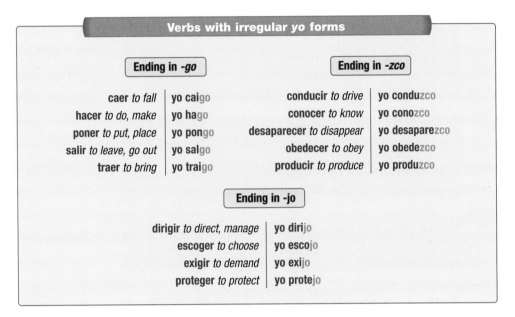

Verbs with irregular yo forms

Ending in -*go*

caer *to fall*	yo cai**go**
hacer *to do, make*	yo ha**go**
poner *to put, place*	yo pon**go**
salir *to leave, go out*	yo sal**go**
traer *to bring*	yo trai**go**

Ending in -*zco*

conducir *to drive*	yo condu**zco**
conocer *to know*	yo cono**zco**
desaparecer *to disappear*	yo desapare**zco**
obedecer *to obey*	yo obede**zco**
producir *to produce*	yo produ**zco**

Ending in -jo

dirigir *to direct, manage*	yo diri**jo**
escoger *to choose*	yo esco**jo**
exigir *to demand*	yo exi**jo**
proteger *to protect*	yo prote**jo**

> **¡ATENCIÓN!**
>
> Some verbs have irregular **yo** forms that do not follow the patterns in the previous charts.
>
> | | |
> |---|---|
> | caber *to fit* | yo quepo |
> | saber *to know* | yo sé |
> | ver *to see* | yo veo |

▶ Verbs with endings similar to **conocer**, **hacer**, **poner**, and **traer** also have irregular **yo** forms.

reconocer *to recognize*	yo recono**zco**		oponer *to oppose*	yo opon**go**
deshacer *to undo*	yo desha**go**		proponer *to propose*	yo propon**go**
rehacer *to re-make, re-do*	yo reha**go**		suponer *to suppose*	yo supon**go**
satisfacer *to satisfy*	yo satisfa**go**		atraer *to attract*	yo atrai**go**
componer *to make up*	yo compon**go**		contraer *to contract*	yo contrai**go**
valer *to be worth*	yo val**go**		distraer *to distract*	yo distrai**go**

Irregular verbs

¿Te acuerdas? Other commonly used verbs in Spanish are irregular in the present tense.

dar	**decir**	**estar**	**ir**	**oír**	**ser**	**tener**	**venir**
to give	*to say*	*to be*	*to go*	*to hear*	*to be*	*to have*	*to come*
doy	digo	estoy	voy	oigo	soy	tengo	vengo
das	dices	estás	vas	oyes	eres	tienes	vienes
da	dice	está	va	oye	es	tiene	viene
damos	decimos	estamos	vamos	oímos	somos	tenemos	venimos
dais	decís	estáis	vais	oís	sois	tenéis	venís
dan	dicen	están	van	oyen	son	tienen	vienen

Práctica

1 **¿Qué hacen los amigos?** Escribe cinco oraciones completas usando los sujetos y los verbos de las siguientes columnas.

Sujetos
yo
tú
un(a) buen(a) amigo/a
nosotros/as
los malos amigos

Verbos
compartir
creer
deber
desear
enseñar
explicar
prestar

1. _____
2. _____
3. _____
4. _____
5. _____

2 **¿Qué hace Raúl?** A Raúl le gusta hacer todo diferente. Primero, lee lo que hacen sus amigos, y luego indica lo que él haría. Usa las palabras de la lista.

MODELO

Luisa siempre sale por las noches. Pues yo…
Luisa siempre sale por las noches. Pues yo nunca salgo por las noches.

bajo/a	nunca
barato/a	siempre
bien	ya

1. Gilberto siempre conduce muy bien. Pues yo…
2. Ana todavía no conoce a los vecinos. Pues yo…
3. Felipe casi siempre trae su almuerzo. Pues yo…
4. Mis compañeros ven la televisión todas las noches. Pues yo…
5. José nunca da buenos consejos. Pues yo…
6. Mi novia siempre me corrige cuando hablo. Pues yo…
7. Los vecinos siempre ponen la radio muy alta. Pues yo…
8. Mi novia siempre escoge los restaurantes más caros. Pues yo…

3 **Un apartamento infernal** Beto tiene quejas *(complaints)* de su apartamento. Completa sus declaraciones con los siguientes verbos.

caber	estar	ir	ser
dar	hacer	oír	tener

Mi apartamento _____ en el quinto piso. El edificio no _____ ascensor y para llegar al apartamento, _____ que subir cinco pisos. El apartamento es tan pequeño que mis cosas no _____ en él. Las paredes _____ muy delgadas. A todas horas _____ la radio o la televisión de algún vecino. El apartamento sólo _____ una ventana que _____ a la pared de otro edificio y, por eso, el apartamento siempre _____ oscuro. ¡_____ a buscar otro apartamento!

Comunicación

4 **¿Qué haces?** En parejas, háganse preguntas basadas en los siguientes temas o en otros que les parezcan interesantes.

1. salir / con amigos todas las noches
2. decir / mentiras
3. obedecer / las señales de tráfico
4. conducir / después de beber bebidas alcohólicas
5. tener / miedo de ser antipático/a con los amigos
6. dar / consejos sobre asuntos / que no conocer bien
7. venir / a clase tarde con frecuencia
8. escoger / el regalo perfecto para el cumpleaños de tu novio/a
9. corregir / los errores en las composiciones de los compañeros
10. traer / un diccionario a la clase de español

5 **¿Estás de acuerdo?** En parejas, completen las oraciones con los verbos indicados. Luego, comenten si están de acuerdo o no con cada afirmación y por qué.

decir	sobrevivir
exigir	tener
saber	valer
ser	

1. Los buenos amigos siempre _____ la verdad, aunque *(although)* esto nos hace daño a veces.
2. Un buen amigo nunca _____ dinero prestado a otro amigo.
3. Los amigos nunca _____ buenos socios *(partners)* en un negocio.
4. Un buen amigo _____ más que un millón de dólares.
5. Se puede _____ cómo es una persona por los amigos que _____ .
6. Las amistades no _____ las separaciones largas.

6 **¿Cómo son tus amigos?**

A. Describe a un(a) buen(a) amigo/a tuyo/a. ¿Cómo es? ¿Está de acuerdo contigo en todo? ¿Siempre se ríe de los chistes que le cuentas? ¿Se divierten ustedes siempre cuando están juntos? ¿Siempre sigue tus consejos? ¿Te miente a veces? ¿Te pide dinero? ¿Ustedes se quieren?

B. Luego, con cinco compañeros, comparte tu descripción. Juntos, escriban una lista con cinco cosas que los buenos amigos hacen con frecuencia y cinco cosas que no hacen casi nunca. ¿Coincidieron los grupos en las acciones que eligieron?

1.3 Stem-changing verbs

¿Te acuerdas? Some verbs change their stressed stem vowel in the present tense. In **–ar** and **–er** verbs, **e** changes to **ie** and **o** changes to **ue**. In a few **–ir** verbs, **e** changes to **i**.

Stem-changing verbs		
e → ie	**o → ue**	**e → i**
pensar *to think*	**poder** *to be able to, can*	**pedir** *to ask for*
pienso	puedo	pido
piensas	puedes	pides
piensa	puede	pide
pensamos	podemos	pedimos
pensáis	podéis	pedís
piensan	pueden	piden

Verbs like *pensar*	Verbs like *poder*	Verbs like *pedir*
comenzar *to begin*	**acordarse** *to remember*	**despedirse** *to say goodbye*
confesar *to confess*	**acostarse** *to go to bed*	**impedir** *to impede*
defender *to defend*	**almorzar** *to have lunch*	**reír** *to laugh*
despertar *to wake up*	**colgar** *to hang*	**repetir** *to repeat*
divertirse *to have fun*	**contar** *to tell; to count*	**servir** *to serve*
empezar *to begin*	**costar** *to cost*	**sonreír** *to smile*
encender *to light; to turn on*	**dormir** *to sleep*	**vestirse** *to get dressed*
entender *to understand*	**encontrar** *to find*	
negar *to refuse*	**morir** *to die*	
perder *to lose*	**mostrar** *to show*	
preferir *to prefer*	**mover** *to move*	
querer *to want; to love*	**probar** *to try*	
referirse *to refer*	**recordar** *to remember*	
sentarse *to sit*	**resolver** *to solve*	
sentir *to feel; to be sorry*	**soler** *to be in the habit of*	
sugerir *to suggest*	**soñar** *to dream*	
tropezar *to trip*	**volver** *to return*	

Verbs ending in *–gir, –guir, –uir,* and *–cer*

▶ Verbs ending in **–gir** change **g** to **j** in the **yo** form. Verbs ending in **–cer** change **c** to **z** in the **yo** form.

–gir	–cer	Like *elegir*
elegir *to choose*	**torcer** *to twist*	**corregir** *to correct*
elijo	tuerzo	
eliges	tuerces	
elige	tuerce	
elegimos	torcemos	
elegís	torcéis	
eligen	tuercen	

Diana corrige a Johnny.

¿Quién elige las películas para los artículos, tú o Aguayo?

▶ Verbs ending in **–guir** drop the **u** after **g** in the **yo** form. Verbs ending in **–uir** add a **y** between the stem vowel and the personal ending when the stem vowel is stressed.

–guir	–uir
seguir *to follow*	**incluir** *to include*
sigo	incluyo
sigues	incluyes
sigue	incluye
seguimos	incluimos
seguís	incluís
siguen	incluyen

Like *seguir*	Like *incluir*
conseguir *to obtain*	**construir** *to construct*
	destruir *to destroy*
	influir *to influence*

Práctica

1 **¿Qué hacen tus amigos?** En parejas, túrnense *(take turns)* para hacerse las siguientes preguntas. Sigan el modelo.

MODELO
Marcelo: despertarse a las 6:30 de la mañana / dormir hasta las 9:00
—¿Se despierta Marcelo a las 6:30 de la mañana?
—¡Qué va! *(Are you kidding!)* Marcelo duerme hasta las nueve.

1. Consuelo: jugar al tenis con Daniel / preferir pasar la tarde charlando
2. Felipe: acostarse a las 3 de la mañana / tener clase de química a las 8 de la mañana
3. Jorge y Begoña: querer ir a la playa / pensar ver un documental sobre Ibiza
4. Dolores: probar la paella valenciana / no querer probar ningún plato con mariscos
5. Fermín y Ana: volver de España mañana / pensar quedarse una semana más

2 **Tengo gripe** Completa el recado *(message)* que Omar dejó en el contestador automático de Gabriela y Alan. Usa los verbos indicados.

Soy Omar. No _____ (poder) almorzar con ustedes. Estoy enfermo con gripe. Me _____ (sentir) muy cansado. Tampoco _____ (querer) contagiarles. ¿_____ (querer) ustedes salir a almorzar el próximo domingo? ¿O _____ (preferir) otro día? Llámenme y díganme qué _____ (sugerir). Seguro que _____ (volver) a sentirme mejor pronto... *(se oye un acceso de tos)* ¡Si no me _____ (morir) antes! Y ahora, voy a ver si _____ (conseguir) dormir un poco. Chau.

> Estoy enfermo con gripe.

3 **¿Hablamos?** Completa esta conversación conjugando algunos de los verbos de la lista.

acordar	confesar	sentir
almorzar	poder	subir
bailar	preferir	sugerir

LAURA Rafael, necesito hablar contigo para decirte algo importante.

RAFAEL ¿Ahora? Lo _____, pero no tengo tiempo. ¿De qué quieres hablar?

LAURA Mira, _____ hablar contigo más tarde. Te _____ que ahora estoy un poco nerviosa. Nosotros _____ almorzar juntos.

RAFAEL Bueno, pero te _____ que seas puntual, no quiero perder el tiempo. ¿Dónde _____? Ya sabes que no me gusta la comida que preparas.

LAURA ¡Qué antipático eres! Ahora me _____ por qué no me gustas. No te preocupes por la comida. No la vas a probar ni hoy ni nunca.

Comunicación

4 **Discusión matrimonial** Trabajen en parejas para representar una discusión matrimonial. Preparen la discusión con las frases de la lista.

> no acordarse de los cumpleaños
> ya no sentir lo mismo de antes
> preferir estar con los amigos
> querer discutir todos los días
> contar mentiras siempre
> dormir en el sofá

5 **¿Qué sabes de tus compañeros?**

A. En parejas, háganse preguntas usando los verbos de la lista. Pueden hablar de los temas sugeridos o de otros.

MODELO

sentirse: inseguro/a   —¿Hay alguna situación en la que siempre te sientes inseguro?
                —Sí, siempre me siento inseguro cuando tengo que hablar en público.
                —¿Por qué te sientes inseguro?
                —Soy un poco tímido.

- sentirse: inseguro/a, solo/a, bien, feliz, deprimido/a, seguro/a
- recomendar: alguna película / algún grupo musical / algún libro / algún restaurante
- pensar: realizar este año algún proyecto / algún viaje / alguna compra grande
- acordarse: de cuando aprendiste a nadar / del primer beso / de tus bisabuelos
- soñar con: tener / hacer / evitar / una persona / algo especial

B. Ahora comparte con la clase todo lo que aprendiste sobre tu compañero/a.

1.4 Ser and estar

¿Te acuerdas? **Ser** and **estar** are both translated as *to be*, but they are not interchangeable. **Ser** is used in certain specific cases, **estar** in others.

Uses of *ser*

Nationality and place of origin	Mi amiga es uruguaya. Soy de la Florida.
Profession or occupation	El Sr. López es periodista. La Sra. López es psiquiatra.
Characteristics of people, animals, and things	Los ratones son pequeños. El clima de Miami es caluroso.
Generalizations	La amistad es importante. Las relaciones personales son complejas.
Possession	Esta maleta vieja es de mis abuelos. La guitarra es del tío Guillermo.
Material of composition	El suéter es de pura lana. La llave es de metal.
Time, date, or season	Son las doce de la mañana. ¡Ya es otoño!
Where and when an event takes place	La fiesta es en el apartamento de Carlos. La fiesta es el sábado a las nueve.

Uses of *estar*

Location or spatial relationships	La clínica está en la próxima calle. El libro de poemas está en la mesa.
Health	¿Cómo estás? Estoy enfermo.
Physical states and conditions	Todas las ventanas están limpias. Daniel está muy cansado hoy.
Emotional states	¿Marisa está contenta con Javier? No, está aburrida.
Certain weather expressions	Está nublado. Está despejado.
On-going actions (progressive tenses)	El pastelero está haciendo un pastel delicioso. Paula está escribiendo invitaciones para su boda.
Results of actions (past participles)	La ventana está rota. La tienda está cerrada.

Ser and *estar* with adjectives

¿Te acuerdas? Both **ser** and **estar** can be used with many descriptive adjectives, but in each case the meaning is different.

Julio **es alto.**
Julio is tall. (that is, a tall person)

Dolores **es alegre.**
Dolores is cheerful. (that is, a cheerful person)

—¡Ay, qué **alto estás,** Andrés!
How tall you're getting, Andrés!

—¡Uf! El jefe **está alegre** hoy. ¿Qué le pasa?
The boss is cheerful today. What's up?

▶ **Ser** is usually used with adjectives to describe inherent, expected qualities. **Estar** is usually used with adjectives to describe temporary or changeable conditions, or a change in appearance or condition.

▶ Some adjectives have different meanings depending on whether they are used with **ser** or **estar.**

Ser and *estar* with adjectives	
ser + adjectives	**estar** + adjectives
La clase de contabilidad es aburrida.	Estoy aburrida **con la clase.**
The accounting class is boring.	*I am bored with the class.*
Ese chico es listo.	Estoy listo **para todo.**
That boy is smart.	*I'm ready for anything.*
Don Quijote fue loco y sabio **al mismo tiempo.**	¿**Estás** loco? ¡**No podemos hacer eso!**
Don Quijote was mad and wise at the same time.	*Are you kidding? We can't do that!*
La actriz es mala.	**La actriz** está mala.
The actress is bad.	*The actress is ill.*
El coche es seguro.	**Juana no** está segura **de la noticia.**
The car is safe.	*Juana isn't sure of the news.*
Los aguacates son verdes.	**Esta banana** está verde.
Avocados are green.	*This banana is not ripe.*
Javier es **muy** vivo.	¿**Todavía** está vivo **el autor?**
Javier is very lively.	*Is the author still living?*
Lourdes es **una mujer muy** guapa.	**Manuel** está **muy** guapo **hoy.**
Lourdes is a very attractive woman.	*Manuel looks great today.*

¡ATENCIÓN!

Estar, not **ser**, is used with **muerto/a.**

Bécquer, el autor de las *Rimas*, está **muerto.**
Bécquer, the author of Rimas, *is dead.*

Práctica

1 **La boda de Emilio y Jimena** Empareja cada frase de la primera columna con la terminación más lógica de la segunda.

1. La boda es _____
2. La iglesia está _____
3. El cielo está _____
4. La madre de Emilio está _____
5. El padre de Jimena está _____
6. En mi opinión, las bodas son _____
7. Todos los invitados están _____
8. El mariachi que toca en la boda es _____

a. de la Ciudad de México.
b. deprimido por los gastos.
c. en la avenida Justo Contreras.
d. esperando a que entren la novia *(bride)* y su padre.
e. contenta con la novia.
f. a las tres de la tarde.
g. muy divertidas.
h. totalmente despejado.

2 **La luna de miel** Completa el párrafo en el que se describe la luna de miel *(honeymoon)* de Jimena y Emilio. Usa formas de **ser** y **estar**.

Emilio y Jimena van a pasar su luna de miel en Cancún. Cancún _____ un lugar precioso. La isla de Cancún _____ cerca de la costa de Yucatán. Hoy día la isla _____ conectada al continente por un puente. El clima _____ tropical. Casi siempre _____ despejado. Jimena _____ entusiasta de la natación y el esquí acuático. Ella _____ dispuesta *(inclined)* a pasar toda la semana en la playa. Emilio, por su parte, _____ interesado en la cultura maya. Quiere visitar las ruinas. En Cancún _____ casi obligatorio que los turistas visiten las ruinas mayas que _____ a unos kilómetros de la isla. A los dos les gustaría probar la comida maya. Cada día van a probar un plato diferente. Algunos de los platos típicos que piensan probar _____ el pipián, la cochinita pibil y el tikin xic. Después de pasar una semana en Cancún, la pareja va a _____ cansada pero muy contenta.

Comunicación

3 **Entrevista**

A. En parejas, miren las fotos de las cuatro personalidades latinas y lean las descripciones que las acompañan.

Jennifer López es una actriz y cantante de origen puertorriqueño. Actuó en la película *La familia* y desempeñó el papel principal en la película musical *Selena*. Además de ser talentosa, tiene fama de ser ambiciosa y competitiva.

Enrique Iglesias nació en Madrid pero se crió en Miami. Aunque quería ser cantante desde los 16 años, nunca le confió su ambición a su padre, el cantante Julio Iglesias. Su primer disco tuvo un gran éxito y ha ganado varios premios. Canta tanto en inglés como en español.

El beisbolista dominicano Sammy Sosa se hizo famoso por competir en 1998 con Mark McGuire para superar el récord de bateo. Es uno de los mejores bateadores de las Grandes Ligas. La Fundación Sammy Sosa, establecida por él, ayuda a los niños pobres de la República Dominicana.

Celia Cruz nació en La Habana, Cuba, y ha desarrollado una magnífica carrera musical cantando salsa. Ha llegado a ser conocida como "la reina de la salsa". A pesar de su fama mundial, Celia Cruz es muy humilde. Su mayor deseo es poder regresar a Cuba para visitar la tumba de su madre.

B. Ahora, preparen una entrevista imaginaria con una de estas personalidades. Escriban diez preguntas, usando los verbos **ser** y **estar** al menos cinco veces. Para la entrevista, pueden usar información que no está en las descripciones. Después de responder a todas las preguntas, presenten la entrevista ante la clase, haciendo uno/a el papel de la personalidad y el/la otro/a el del/de la entrevistador(a).

A conversar

Un consejo sentimental

A Trabajen en grupos pequeños. Lean la carta dirigida a la Dra. Corazones, consejera sentimental, y luego contesten las preguntas.

- ¿Por qué tienen que comunicarse por Internet Nick y su esposa?
- ¿Qué hizo Nick?
- ¿Cuál fue el resultado?
- ¿Cómo se siente él ahora?

Soy Nick, de Houston, y tengo un problema:

Tengo 30 años. Soy casado y amo a mi esposa sobre todas las cosas. Le soy fiel°. Todo comenzó con un juego. Resulta que me vine a España con la idea de quedarme a vivir aquí. Mi esposa se quedó en Venezuela, mientras solucionábamos la venida° de ella. Pues, la mejor manera de comunicarnos era por Internet, y lo hacíamos a diario° por medio del chat. Un día se me ocurrió hacerme pasar por otro hombre,° para ver si la conquistaba. La verdad es que me costó, pero lo logré°. Ahora mi esposa mantiene una relación con un hombre que no sabe que soy yo. Este juego se me escapó de las manos y realmente no sé cómo manejarlo°. Yo la amo mucho. Sé que ella me ama, pero esto para mí es como una traición,° un engaño,° y la verdad es que no sé qué hacer.

Estoy desesperado.

Gracias,
Nick

faithful

arrival

daily

I got the idea to pretend I was another man

I succeeded

handle it

betrayal

deception

B Con el grupo, comenten el problema de Nick y propongan una solución. Elijan a un miembro del grupo para que sea el/la encargado/a de presentar la solución a la clase.

C Con toda la clase, escuchen y comenten las soluciones propuestas por los grupos, pensando en las siguientes preguntas. Entre todos, deben proponer una solución al problema de Nick.

- ¿Cómo reaccionan los grupos ante el problema de Nick?
- ¿Propuso cada grupo una solución distinta?
- ¿Son algunas soluciones más viables que otras?

A escribir

Una carta

Sigue el **Plan de redacción** para escribir una carta a un(a) amigo/a, a tu pareja o a un(a) desconocido/a, expresando lo que sientes por él/ella.

Plan de redacción

Encabezamiento Piensa a quién quieres dirigirle la carta: ¿a un amigo?, ¿a tu pareja?, ¿a alguien que no te conoce?, ¿a una estrella de cine? Dependiendo de quién sea el/la destinatario/a, y del grado de afecto que quieras expresar, elegirás *(you will choose)* entre los siguientes saludos:

Estimado/a ❤ *Amado/a* ❤❤❤ *Vida mía* ❤❤❤❤❤
Querido/a ❤❤ *Amor mío* ❤❤❤❤

Contenido Organiza las ideas que quieres expresar en un esquema (*outline*) y después escribe la carta. Aquí tienes unas preguntas para ayudarte a ordenar lo que quieres decir:

- ¿Cómo te sientes?
- ¿Sabe esa persona lo que sientes? ¿Es la primera vez que se lo dices?
- ¿Por qué te gusta esa persona?
- ¿Crees que tus sentimientos son correspondidos?
- ¿Cómo quieres que sea tu relación en el futuro?

Firma Termina la carta con una frase de despedida (*farewell*) adecuada. Aquí tienes unos ejemplos de diferente intensidad:

Atentamente ❤ *Te quiero* ❤❤❤ *Tu eterno/a*
Besos ❤❤ *Te amo* ❤❤❤❤ *enamorado/a* ❤❤❤❤❤

Mi amor:
Necesito decirte que me gustaría verte

Los enamorados, 1923.
Pablo Picasso. España.

> *La única fuerza y la única verdad que hay en esta vida es el amor.*
>
> — José Martí

Antes de leer

Poema 20
Pablo Neruda

Conexión personal

¿Has estado enamorado/a alguna vez? ¿Te gusta leer poesía? ¿Has escrito alguna vez una carta o un poema de amor?

Contexto cultural

Poema 20 is part of the book *Veinte poemas de amor y una canción desesperada*. Published when its author, Chilean poet Pablo Neruda, was twenty years old, the book was an instant success. According to Neruda, this work joined together his adolescent passions and fears. It includes some melancholy themes, contrasted with examples of the pleasures of living.

Análisis literario: la personificación

Personification (**la personificación**) is a figure of speech in which human characteristics are given to inanimate objects or abstract concepts, as in, for example, *a raging storm*. Personification can help the reader understand ideas and feelings that are otherwise difficult to express in words. As you read *Poema 20*, look for examples of personification and write the line (**verso**) and its significance (**efecto**) in the chart.

verso	efecto

Estrategia de lectura: deducir

When you read, you are constantly forming logical guesses and drawing conclusions based on evidence. This is called "making inferences" (**deducir**). As you read *Poema 20*, try to make your own discoveries about the narrator. Is he telling the truth? Did his relationship with the woman end well or poorly? How does he feel about her now?

Vocabulario

amar *to love*

el alma *soul*

el/la amado/a *the loved one, sweetheart*

besar *to kiss*

contentarse con *to be contented, satisfied with*

el corazón *heart*

el olvido *forgetfulness; oblivion*

querer *to love; to want*

romper con *to break up with*

Pablo Neruda

Hoja de vida

1904	Nace en Parral, Chile
1924	*Veinte poemas de amor y una canción desesperada*
1933	*Residencia en la tierra*
1950	*Canto general*
1971	Premio Nobel de Literatura
1973	Muere en Santiago de Chile

Sobre el autor

Pablo Neruda es uno de los poetas más célebres de Hispanoamérica. Empezó a escribir poesía siendo muy joven, alcanzando gran fama tras la publicación de *Veinte poemas de amor y una canción desesperada,* cuando tan sólo contaba veinte años de edad. Esto le dio reputación de gran poeta romántico, aunque sus obras de madurez tengan un mayor valor literario. *Canto general* es una de las mejores y en ella el poeta recorre la historia de Latinoamérica desde sus orígenes precolombinos.

Poema 20

1 Puedo escribir los versos más tristes esta noche.

Escribir, por ejemplo: "La noche está estrellada°,   *starry*
y tiritan°, azules, los astros°, a lo lejos.°"   *blink, tremble/ stars/ in the distance*
El viento de la noche gira° en el cielo y canta.   *turns*

5 Puedo escribir los versos más tristes esta noche.
Yo la quise, y a veces ella también me quiso.

En las noches como ésta la tuve entre mis brazos.
La besé tantas veces bajo el cielo infinito.

Ella me quiso, a veces yo también la quería.
10 Cómo no haber amado sus grandes ojos fijos°.   *fixed*

Puedo escribir los versos más tristes esta noche.
Pensar que no la tengo. Sentir que la he perdido.

Oír la noche inmensa, más inmensa sin ella.
Y el verso cae al alma como al pasto el rocío°.   *like the dew on the grass*

15   Qué importa que mi amor no pudiera guardarla°.   *to keep, to protect her*
La noche está estrellada y ella no está conmigo.

Eso es todo. A lo lejos alguien canta. A lo lejos.
Mi alma no se contenta con haberla perdido.

Como para acercarla° mi mirada la busca.   *to bring her closer*
20   Mi corazón la busca, y ella no está conmigo.

La misma noche que hace blanquear° los mismos árboles.   *to whiten*
Nosotros, los de entonces, ya no somos los mismos.

Ya no la quiero, es cierto, pero cuánto la quise.
Mi voz° buscaba el viento para tocar su oído.   *voice*

25   De otro. Será de otro. Como antes de mis besos.
Su voz, su cuerpo claro. Sus ojos infinitos.

Ya no la quiero, es cierto, pero tal vez la quiero.
Es tan corto el amor, y es tan largo el olvido.

Porque en noches como ésta la tuve entre mis brazos,
30   mi alma no se contenta con haberla perdido.

Aunque éste sea el último dolor que ella me causa,
y éstos sean los últimos versos que yo le escribo. ✺

Después de leer

Poema 20
Pablo Neruda

(1) Comprensión Contesta las siguientes preguntas.

1. ¿Quién habla en este poema?

2. ¿De quién habla el poeta?

3. ¿Cuál es el tema del poema?

4. ¿Qué momento del día es?

5. ¿Sigue el poeta enamorado? Da un ejemplo del poema.

(2) Analizar Lee el poema otra vez para contestar las siguientes preguntas.

1. ¿Qué personificaciones hay en el poema y qué efecto transmiten? Explica tu respuesta.

2. ¿Tienen importancia las repeticiones en el poema? Explica por qué.

(3) Interpretar Contesta las siguientes preguntas.

1. ¿Cómo se siente el poeta? Da algún ejemplo del poema.

2. ¿Es importante que sea de noche? Razona tu respuesta.

3. Explica con tus propias palabras el siguiente verso: "Es tan corto el amor, y es tan largo el olvido".

4. En un momento dado el poeta afirma: "Yo la quise, y a veces ella también me quiso" y, un poco más adelante, escribe: "Ella me quiso, a veces yo también la quería". Explica el significado de estos versos y su importancia en el poema.

(4) Ampliar Trabajen en parejas para imaginar cómo es la mujer del poema. Hablen sobre:

- Su apariencia física
- Su personalidad
- Sus aficiones.

(5) Imaginar En parejas, imaginen la historia de amor entre el poeta y su amada. Preparen un diálogo en el que ellos se despiden para siempre. Inspírense en algunos de los versos del poema.

Antes de leer

Carmen Lomas Garza

Conexión personal

¿Hay costumbres que consideras típicas de tu familia? ¿Cuáles son? ¿Por qué son importantes para ti?

Barbacoa para cumpleaños, 1993.
Carmen Lomas Garza.

Contexto cultural

Chicano and *Chicana*, terms which originally had a derogatory meaning, were appropriated in the 1960s and 1970s by Mexican-American activists in the Brown Power movement as an assertion of pride. Chicanos trace their roots back to both Hispanic and Native American cultures. The term is a synonym of Mexican-American (**mexicoamericano**), but connotes a more political stance. Chicano pride expresses itself not only in the movement for political and social change, but also in a fundamental consciousness of many graphic artists, playwrights, poets, and novelists who call themselves Chicanos.

Vocabulario

apreciar *to appreciate*

la costumbre *custom*

la herencia cultural *cultural heritage*

la magia *magic, allure*

la infancia *childhood*

el orgullo *pride*

el recuerdo *memory*

soñar con *to dream about*

la vida cotidiana *everyday life*

Carmen Lomas Garza
Consuelo Alba Spyer

1 Carmen Lomas Garza ha obtenido algo
que muy pocos artistas logran: la difusión
de su obra más allá° de museos y galerías.   *beyond*

Sus imágenes han llegado a un público
5 mucho más amplio a través de libros
bilingües para niños, cheques bilingües, las
populares películas *Mi familia* y *Selena* y
hasta los pósters del censo del 2000.

El cuadro *Camas para sueños* se recrea° en la película *Selena* y   *recreate*
10 sirve de hilo conductor° a la historia. En esa pintura, propiedad°   *linking thread/ property*
del Museo Nacional de Arte Americano —parte del Instituto
Smithsonian— la artista y su hermana están acostadas° en el techo°   *lying down/ the roof*
mirando las estrellas y soñando con su futuro, mientras su madre
tiende una cama° dentro de la casa.   *makes a bed*

15 El caso es que no se necesita ser un experto para apreciar el arte
de Carmen Lomas Garza. Basta posar la mirada en uno de sus
cuadros para que éstos nos hablen y nos cuenten sus historias.

Ésa es la magia de la artista chicana: abrir de par en par° las puertas   *completely*
de la memoria colectiva para permitir al observador adentrarse° en   *to immerse oneself*
20 un espacio y un tiempo lleno de detalles y evocaciones, un lugar
donde uno puede verse a sí mismo° —ya sea rompiendo una   *oneself*
piñata en el patio, preparando tamales con la familia o soñando
con el futuro en una noche estrellada.

Su obra, que comprende tanto pinturas como bellas y originales
25 piezas inspiradas en el tradicional papel picado, rinde homenaje°   *pays homage*
a la familia, las costumbres y las tradiciones de la comunidad
mexicoamericana.

Nacida en Kingsville, Texas, en 1948, la artista sufrió en carne
propia° los efectos de la discriminación racial. Al igual que la   *lived through*
30   mayoría de mexicoamericanos en generaciones pasadas, Lomas
Garza fue víctima de castigos° físicos y emocionales por hablar   *punishments*
español en la escuela, así como blanco de burlas° por pronunciar el   *jokes (butt of jokes)*
inglés con acento.

A finales de los años sesenta y principios de los setenta, cuando
35   estaba en la universidad, Lomas Garza se unió al Movimiento
Chicano para luchar por los derechos civiles° de los mexicoamericanos.   *civil rights*

La artista empezó a pintar con coraje y orgullo, buscando la manera
de curar las penas causadas por los atropellos°.   *pushing and shoving*

"Las obras que muestran las injusticias y la negación de los
40   derechos civiles son muy importantes para el movimiento del arte
chicano, pero vi que otros chicanos estaban haciendo
eso y me di cuenta de que nadie estaba mostrando las imágenes de
la vida cotidiana", comenta.

Esta observación la hizo tomar el camino de la afirmación, en lugar
45   del de la resistencia. Sus pinturas, con un estilo deliberadamente
ingenuo°, simple y directo, describen sus recuerdos de infancia y   *naïve, ingenuous*
representan un tributo a su herencia cultural.

"Mis pinturas fueron una respuesta a lo que pensé que era la
responsabilidad de una artista dentro del Movimiento Chicano",
50   dice Lomas Garza.

"Mi contribución al Movimiento Chicano es este trabajo, basado
en mis propias experiencias de niña en el sur de Texas". ✻

Después de leer

Carmen Lomas Garza

1 Comprensión Después de leer el texto, decide si las siguientes oraciones son **ciertas** o **falsas**. Corrige las frases falsas.

	Cierto	Falso
1. Las imágenes de Lomas Garza no han llegado a un público muy amplio.	☐	☐
2. En el cuadro *Camas para sueños*, la madre está soñando con su futuro.	☐	☐
3. La obra de Lomas Garza refleja las costumbres y las tradiciones de la comunidad mexicoamericana.	☐	☐
4. Para curar sus penas, la artista empezó a pintar con coraje y orgullo.	☐	☐
5. Durante los años sesenta y setenta, muchos artistas chicanos mostraban las imágenes de la vida cotidiana.	☐	☐
6. Sus pinturas tienen un estilo deliberadamente complicado y difícil.	☐	☐

2 Interpretar Contesta las siguientes preguntas con frases completas.
1. ¿Dónde se pueden apreciar algunas de las obras de Lomas Garza?
2. ¿Qué temas se tratan en su obra?
3. Explica brevemente la relación que existe entre la vida personal de la artista y su arte.
4. ¿Te gusta la pintura de Lomas Garza? Explica tu respuesta.

3 Analizar Mira el cuadro de la página 37 y relaciónalo con la siguiente frase: "Su obra… rinde homenaje a la familia, las costumbres y las tradiciones de la comunidad mexicoamericana". ¿Cómo "rinde homenaje" la artista a su comunidad en ese cuadro?

4 Comunicar Trabajen en parejas para preparar una entrevista a Carmen Lomas Garza. Uno/a de ustedes es la artista y el/la otro/a es el/la periodista. Usen el vocabulario que han aprendido en la lectura.

5 Escribir Imagina que eres un(a) artista. Escribe un pequeño párrafo en el que explicas de qué temas trata tu obra y por qué.

Atando cabos

El amor en el arte hispano

Trabajen en grupos pequeños para preparar una presentación sobre un(a) artista hispano/a cuya obra trate del amor o de las relaciones personales.

Elegir el tema

Pueden preparar su presentación sobre uno de los artistas que hemos visto en la **Lección 1** o sobre otro/a artista hispano/a que les interese más. Reúnanse y elijan (*choose*) el/la artista que quieren presentar a la clase y repartan las tareas (*divide up the tasks*) entre todos los miembros del grupo.

Preparar

Vayan a la biblioteca o investiguen en Internet. Busquen información sobre el/la artista elegido/a y tomen nota de lo que consideren interesante. No se olviden de recoger *(collect)* información audiovisual para mostrar a la clase.

Organizar

Organicen la información recogida en un esquema (*outline*). Tengan en cuenta que cada presentación durará unos diez minutos. No se olviden de citar las fuentes (*the sources*) utilizadas.

Estrategia de comunicación

Cómo presentar un tema
Estas frases les pueden ayudar a hacer una buena presentación.
1. Mi/Nuestra presentación trata de...
2. Voy/Vamos a hablar de...
3. En este poema vemos... / En esta foto vemos...
4. Para terminar, quiero/queremos decir que...

Presentar

Antes de su presentación, cada grupo entregará una copia de su esquema al profesor. Usen medios audiovisuales (música, fotografías, fotocopias, etc.) para mostrar las obras del/de la artista que eligieron.

Ayuda para Internet

Aquí tienen unas palabras clave para buscar información en Internet:
artistas hispanos / pintores amor / escritores amor / Pablo Neruda / Carmen Lomas Garza /

Momentos de estación

país Argentina   **director** Gustavo Cabaña

duración 7:15 minutos   **protagonistas** viajero, cajera

Vocabulario

averiguar *to find out*   **meterse** *to break in (to a conversation)*

la broma *joke*   **el/la protagonista** *main character*

el cortometraje/corto *short film*   **suceder** *to happen*

Antes de ver el corto

1 **Comentar** Con un(a) compañero/a, intercambia opiniones sobre *Momentos de estación*.

1. La palabra "estación" tiene varios significados. ¿Los recuerdas? ¿Cuáles son las estaciones que conoces?

2. ¿Qué te sugiere el título de este cortometraje?

3. Observa el segundo fotograma e inventa tres rasgos diferentes para la personalidad de cada personaje.

4. En esta filmación, vas a ver diferentes tipos de encuentros. ¿Qué relaciones imaginas que existen entre estos personajes?

Mientras ves el corto

2 **Ordenar** Con un(a) compañero/a, ordena la siguiente información según aparece en el corto.

_____ a. Juan, ¿qué pasa?

_____ b. ¿Cómo sabe mi nombre?

_____ c. Es que... ni siquiera nos conocemos.

_____ d. Perdón que me meta pero, ¿qué le hace pensar que es una broma?

_____ e. Ahora no puedo. Estoy trabajando.

_____ f. Bailar, abrazarte, besarte...

_____ g. Todos van a la capital.

_____ h. ¡Cuánto hace que no me dan un beso!

3 Escribir En un párrafo de cuatro o cinco líneas resume la historia que acabas de ver, utilizando el imperfecto y el pretérito. Ten en cuenta:

- Dónde sucede la historia
- Cuándo o en qué momento tiene lugar la historia
- Quiénes son los personajes
- Qué es lo que sucede
- El final de la historia

4 Interpretar En grupos de tres, contesten las siguientes preguntas.

1. ¿Cuál es su intepretación del final de la historia?
2. ¿Cuál creen que es el tema del cortometraje?
3. ¿Creen que *Momentos de estación* puede relacionarse con la idea de *carpe diem (seize the day)*? ¿Conocen otras películas con esta idea?
4. ¿Creen que el corto defiende una mayor espontaneidad en nuestras relaciones cotidianas? ¿Piensan que es mejor ser reservado/a o atrevido/a?

5 Imaginar A continuación tienes el diálogo inicial entre el viajero y la cajera de *Momentos de estación*. Escribe otra versión de este diálogo, dándole un final diferente al que has visto.

VIAJERO	Estoy enamorado de usted.	**VIAJERO**	No, no, ninguna broma, Ana.
CAJERA	¿Cómo?	**CAJERA**	¿Cómo sabe mi nombre?
VIAJERO	Que la amo…	**VIAJERO**	Lo averigüé; no fue difícil.
CAJERA	No puede ser.	**CAJERA**	Casi nunca me llaman por mi nombre…
VIAJERO	Tenía que decírselo hoy. Es mi último viaje.	**VIAJERO**	Es un nombre hermoso.
CAJERA	Esto es una broma.		

6 Actuar Con un(a) compañero/a, representa una escena en un contexto diferente, en el que uno de ustedes tiene que declararse a un(a) desconocido/a y convencerle de que está locamente enamorado/a de él/ella. Represéntenlo después ante la clase.

Estados emocionales

agobiado/a	overwhelmed
ansioso/a	anxious
deprimido/a	depressed
disgustado/a	upset
enamorado/a (de)	in love (with)
nervioso/a	nervous
preocupado/a (por)	worried (about)
solo/a	alone, lonely
tranquilo/a	calm

Características de la personalidad

antipático/a	mean, unpleasant
autoritario/a	authoritarian; stern
cariñoso/a	affectionate
cuidadoso/a	careful
culto/a	cultured
falso/a	insincere
gracioso/a	funny, pleasant
huraño/a	unsociable, shy
inseguro/a	insecure
inteligente	intelligent
maduro/a	mature
mentiroso/a	lying, mendacious
orgulloso/a	proud
permisivo/a	permissive, easy-going
seguro/a	sure, confident
sensato/a	sensible
sensible	sensitive
simpático/a	nice
tacaño/a	cheap, stingy
talentoso/a	talented
tímido/a	shy
tradicional	traditional

Estructura 1.1	Véase las páginas 12 a 15.
Estructura 1.2	Véase la página 19.
Estructura 1.3	Véase las páginas 22 y 23.

Relaciones personales

el amor (no) correspondido	(un)requited love
el ánimo	spirit
apreciado/a	appreciated
el cariño	affection
la cita	date
la cita a ciegas	blind date
el compromiso	commitment, responsibility
la confianza	trust; confidence
el desánimo	the state of being discouraged
el divorcio	divorce
el marido	husband
la mujer	woman, wife
la pareja	couple, partner
soltero/a	single
el sentimiento	feeling, emotion
la simpatía	congeniality
la timidez	shyness

atraer	to attract
coquetear	to flirt
corresponder	to return, to share (affection)
enamorarse (de)	to fall in love (with)
enrojecer	to turn red, to blush
proponer matrimonio	to propose (marriage)
quedarse viudo/a	to be widowed
romper (con)	to break up (with)
salir (con)	to go out (with)
tener celos (de)	to be jealous of

dar el primer paso	to take the first step
estar orgulloso/a de	to be proud of
hacerle caso (a alguien)	to pay attention (to someone)
llevar… años de (casados)	to be (married) for . . . years
llevarse bien/ mal/fatal	to get along well/badly/terribly
mantenerse en contacto	to keep in touch
pasarlo bien/mal	to have a good/ bad time
pasarlo fatal	to be miserable, to have a bad time
ponerse pesado/a	to become annoying
tener vergüenza de	to be ashamed of
uña y carne	inseparable

Algunos verbos de opinión

contentarse con	to be content with
discutir	to argue
disimular	to hide
impresionar	to impress
parecer	to seem
preguntarse	to wonder
recordar	to remember
sentirse	to feel
soñar con	to dream about
soportar a alguien	to put up with someone

Algunos verbos que expresan afecto

adorar	to adore
apreciar	appreciate
cuidar	to take care of
educar	to raise, to bring up
entenderse	to understand each other
querer	to love; to want

Palabras adicionales

la mirada	look, glance, gaze
tener ganas de	to want to, to have an urge to
él/ella mismo/a	himself, herself
en todo lo posible	as much as possible

Expresiones útiles	Véase la página 7.
Vocabulario de "Poema 20"	Véase la página 33.
Vocabulario del perfil	Véase la página 37.
Vocabulario de *Momentos de estación*	Véase la página 42.

Las diversiones

Las diversiones

Mejor en casa

Finalmente ella decidió no ir al **concierto**. La **entrada** era demasiado cara y su **asiento** estaba muy lejos del **escenario**. Prefiere poner un **disco compacto** y escuchar tranquilamente el **recital** de su **grupo musical** favorito.

Desde la ventana

Jorge pasa horas enteras viendo el **maratón** desde su ventana. **Le entretiene** ver a los **atletas** corriendo hacia la **meta** uno tras otro. **A él no le gusta** mucho ir al **gimnasio** y hace años que no va al **club deportivo.** Desde su ventana **aprovecha** para practicar **atletismo** sentado en una silla.

Un chico popular

Roberto tiene muchos amigos. En el **bar** todos lo conocen. Nunca paga su **boleto** cuando va a la **discoteca.** Pero hoy está **haciendo cola,** por primera vez en su vida, para entrar al **zoológico** con su hermano pequeño. Van a **disfrutar** juntos de una tarde en el zoológico.

Prefiere el teatro

A Micaela le **aburre** la **Copa del Mundo.** Es lo único que pasan en las **cadenas de televisión.** A su alrededor todos **festejan** cuando su **equipo marca** un **gol.** Todos **gritan** y se quejan del **árbitro.** A ella le parece más **divertido** el **teatro.**

Los deportes

el campeón/ la campeona	champion
el/la entrenador(a)	trainer
las Olimpiadas	Olympics
el torneo	tournament
la victoria	victory
aplaudir	to applaud
empatar	to tie (games)
vencer	to defeat

Los pasatiempos

la afición	love, liking, hobby
el ajedrez	chess
la apuesta	bet
el canal de televisión	television channel
el/la coleccionista	collector
el dominó	dominoes
la lotería	lottery
el ocio	leisure
apostar	to bet
coleccionar	to collect
ser aficionado/a	to be a fan

Actividades de recreo

el billar	pool
el/la cantante	singer
el conjunto (musical)	(musical) ensemble
el estreno	premiere; debut
la función	(movie; theater) performance
el paseo	stroll
el picnic	picnic
el repertorio	repertoire
bailar	to dance
brindar	to toast
dar un paseo	to take a stroll/walk
ir de copas	to go have a drink
reunirse	to get together
salir (a comer)	to go out (to eat)

Lugares de recreo

el boliche	bowling
el cine	movie theater
el circo	circus
el club (nocturno)	(night) club
el espectáculo	show
la feria	fair
el festival	festival
el parque de atracciones	amusement park
la sala de conciertos	concert hall
la taquilla	box office

Práctica

1 A divertirse A distintas edades a casi todos nos gusta hacer ciertas cosas. ¿Qué crees que les divierte más a estas personas? Hay dos respuestas que no necesitas para completar la actividad.

_____ 1. Susanita, 11 años   a. Dibujar en las paredes

_____ 2. José, 70 años   b. Bailar en la discoteca

_____ 3. Carlos, 45 años   c. Jugar al dominó en la plaza

_____ 4. Maribel, 21 años   d. Perder las apuestas

_____ 5. Magdalena, 2 años   e. Salir a comer con su familia

                                  f. Hacer cola

                                  g. Ir al parque de atracciones

2 Me gustas Miguel quiere invitar a Elena a salir. Como él es muy inseguro, supone que ella le dirá que no a todo lo que le proponga. Completa las preguntas de Miguel con las palabras de la lista. Hay dos palabras que no se necesitan para completar la actividad.

aplaudir	cine	entiendo	grupo musical	salir
boliche	coleccionista	función	sala de conciertos	zoológico

1. ¿Quieres ir a jugar al _____?

2. ¿Prefieres ir al _____ a ver una película romántica? Hay una _____ a las 7, otra a las 9 y otra a las 11…

3. ¿Te gustaría ir a la _____ ? Hoy toca mi _____ favorito.

4. ¿O prefieres ir al _____ a ver cómo dan de comer a los leones?

5. Elena, ¿tú quieres _____ conmigo? ¿No? Ya _____.

3 Lo mejor En un periódico local ha aparecido una lista con las mejores diversiones de la ciudad. Complétala con las siguientes palabras. Hay dos palabras que no se necesitan para completar la actividad.

apuesta	espectáculo	grupo musical	picnic
billar	gimnasio	parque de atracciones	sala de conciertos

Músculos: Mejor _____

Grease on Ice: Mejor _____ sobre hielo

Los mariachis de Jalisco: Mejor _____ en vivo

Parque Central: Mejor parque para ir de _____

La Gran Montaña Rusa *(roller coaster)*: Mejor _____

Teatro San Martín: Mejor _____

Comunicación

4 **Diversiones** Trabajen en parejas.

A. Primero, sin consultar con tu compañero/a, señala las actividades que crees que le gustan.

☐ Jugar al ajedrez   ☐ Ir de copas

☐ Practicar deportes en un club   ☐ Jugar a la lotería

☐ Ir al estreno de una película   ☐ Bailar en una discoteca

☐ Ver el canal musical en televisión   ☐ Coleccionar cosas

☐ Escuchar música rock   ☐ Salir a cenar con los amigos

B. Ahora habla con tu compañero/a para confirmar tus predicciones. Sigue el modelo.

MODELO

—Creo que te gusta jugar al ajedrez.

—Es verdad, juego siempre que puedo. /—Te equivocas, me aburre. ¿Y a ti?

5 **La ciudad ideal** Imagina que puedes vivir en cualquier ciudad: ¿qué cosas te gustaría que tuviera?

A. Primero, indica con una puntuación *(score)* del uno al ocho qué consideras importante y qué no.

_____ Bar   _____ Circo   _____ Club nocturno   _____ Discoteca

_____ Gimnasio _____ Museo   _____ Sala de conciertos   _____ Zoológico

B. En grupos de cuatro, sumen las puntuaciones. ¿Cuál es el resultado? ¿Por qué creen que se dio ese resultado?

C. Ahora comparen su resultado con el de otros grupos de la clase. ¿Coinciden?

6 **Un día libre** Tienes un día libre y te gustaría aprovecharlo hasta el último minuto.

A. A partir de la información de los recortes *(clippings)* de prensa, planea qué cosas quieres hacer por la mañana, por la tarde y por la noche.

Circo de los Hermanos Trapecio
Todos los días, 2 espectaculares funciones (2 y 5 p.m.)

■ **Televisión** ■
8:00   El entrenador Leonardo Picos cuenta sus secretos
11:00   Noticias por la mañana
15:00   Copa del Mundo: Francia-Brasil
18:00   Recital de Maná. En vivo desde Lima.

Cine
7 y 9 p.m. El regreso de los zombis
2 y 11 p.m. "Todo sobre mi madre"

Parque de la Ciudad: abierto de 8 a.m. a 8 p.m.

Teatro
¡Últimas funciones!
7 p.m. Romeo y Julieta

Club nocturno El Tropezón
Hoy, desde las 9... ¡Salsa en vivo!

Gimnasio "En forma"
Abierto de 9 a 23

Bar La casa latina:
Los mejores tragos de la ciudad.
Abierto hasta las 2.

B. Con otros/as dos compañeros/as, decidan qué actividades podrían hacer juntos.

C. Una vez que hayan planeado su día, cuéntenle al resto de la clase lo que piensan hacer. ¿Va a encontrarse su grupo con algún otro?

Los empleados de *Facetas* hablan de las diversiones. Johnny trata de ayudar a Éric.
Mariela habla de sus planes.

1

2

3

JOHNNY ¿Y a ti? ¿Qué te pasa?

ÉRIC Estoy deprimido.

JOHNNY Anímate, es fin de semana.

ÉRIC A veces me siento solo e inútil.

JOHNNY ¿Solo? No, hombre, yo estoy aquí; pero inútil…

ÉRIC No tienes idea de lo que es vivir solo.

JOHNNY No, pero me lo estoy imaginando. El problema de vivir solo es que siempre te toca lavar los platos.

ÉRIC Las chicas piensan que soy aburrido.

JOHNNY No seas pesimista.

ÉRIC Soy un optimista con experiencia. Lo he intentado todo: el cine, la discoteca, el teatro… Nada funciona.

JOHNNY Tienes que contarles chistes. Si las haces reír, ¡boom! Se enamoran.

ÉRIC ¿De veras?

JOHNNY Seguro.

6

7

8

Mariela viene a hablar con ellos.

FABIOLA ¿Conseguiste qué?

MARIELA Los últimos boletos para el concierto de rock de esta noche.

FABIOLA ¿Cómo se llama el grupo?

MARIELA Distorsión.

Luego, en el escritorio de Diana…

ÉRIC Diana, ¿te puedo contar un chiste?

DIANA Estoy algo ocupada.

ÉRIC Es que se lo tengo que contar a una mujer.

DIANA Hay dos mujeres más en la oficina.

ÉRIC Temo que se rían cuando se lo cuente.

DIANA ¡Es un chiste!

ÉRIC Temo que se rían de mí y no del chiste.

DIANA ¿Qué te hace pensar que yo me voy a reír del chiste y no de ti?

ÉRIC No sé. Tú eres una persona seria.

DIANA ¿Y por qué se lo tienes que contar a una mujer?

ÉRIC Es un truco para conquistarlas.

Diana se ríe muchísimo.

AGUAYO

ÉRIC

JOHNNY

FABIOLA

MARIELA

DIANA

4

JOHNNY ¿Te sabes el chiste de la fiesta de puntos? Es un clásico...

Todos están divirtiéndose y pasándola bien. Y entonces entra un asterisco... y todos lo miran asombrados. Y el asterisco les dice: —¿Qué? ¿Nunca han visto un punto despeinado?

5

Más tarde, Fabiola y Aguayo hablan de Mariela en secreto.

FABIOLA Te lo dije.

AGUAYO ¿Me dijiste qué?

FABIOLA Que no parecía muy normal.

9

Más tarde...

MARIELA Deséenme suerte.

AGUAYO ¿Suerte? ¿En qué?

MARIELA Esta noche le voy a quitar la camisa al guitarrista de Distorsión.

ÉRIC Si crees que es tan fácil quitarle la camisa a un tipo, ¿por qué no practicas conmigo?

Mariela intenta quitarle la camisa a Éric.

10

Al final del día, en la cocina...

AGUAYO ¿Alguien quiere café?

JOHNNY ¿Lo hiciste tú o sólo lo estás sirviendo?

AGUAYO Sólo lo estoy sirviendo.

JOHNNY Yo quiero una taza.

ÉRIC Yo quiero una taza.

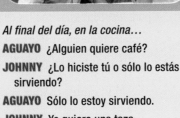

Expresiones útiles

Talking about whose turn it is

Siempre te toca lavar los platos.
It's always your turn to wash the dishes.

A Johnny le toca hacer el café.
It's Johnny's turn to make coffee.

¿A quién le toca pagar la cuenta?
Whose turn is it to pay the bill?

¿Todavía no me toca?
Is it my turn yet?

Encouraging other people

¡Anímate! *Cheer up! (sing.)*

¡Anímense! *Cheer up! (pl.)*

No seas pesimista.
Don't be pessimistic. (sing.)

No sean pesimistas.
Don't be pessimistic. (pl.)

Wishing someone well

¡Buen fin de semana!
Have a nice weekend!

¡Pásalo bien!
Have a good time! (sing.)

¡Pásenlo bien!
Have a good time! (pl.)

¡Que te diviertas!
Have fun! (sing.)

¡Que se diviertan!
Have fun! (pl.)

Additional vocabulary

chiste *joke*   **contar** *to tell*
inútil *useless*

Apuntes culturales La comercialización y el éxito internacional de la salsa, el merengue, el bolero y el tango han hecho que se asocie la música latinoamericana con estos ritmos, pero la música de Latinoamérica es mucho más variada. Además de la música de raíces folklóricas, existe un gran mercado para el pop, el rock, el jazz y la fusión. Algunos grupos famosos que cultivan estos estilos musicales en español son Aterciopelados (Colombia), Soda Stereo (Argentina) y Los Amigos Invisibles (Venezuela). *¿Conoces a algún otro cantante o grupo musical que cante en español?*

Comprensión

(1) ¿Cierto o falso? Decide si las siguientes frases son **ciertas** o **falsas**. Corrige las falsas.

Cierto	Falso	
☐	☐	1. Éric está deprimido.
☐	☐	2. Para Johnny el fin de semana es un clásico.
☐	☐	3. Éric opina que él es optimista.
☐	☐	4. Diana se ríe del chiste de Éric.
☐	☐	5. Mariela quiere quitarle la camisa al guitarrista de Distorsión.
☐	☐	6. Mariela quiere quitarle la camisa a Éric.
☐	☐	7. Aguayo preparó el café.
☐	☐	8. Johnny quiere beber café porque no lo preparó Aguayo.

(2) Seleccionar Selecciona la respuesta que explica de qué hablan Johnny y Éric.

1. ¿Qué <u>te</u> pasa? ➜ ¿Qué te pasa _____?
   a. a Johnny   b. al fin de semana   c. a ti

2. Tienes que contar<u>les</u> chistes. ➜ Les tienes que contar chistes _____.
   a. a los amigos   b. a todas las chicas   c. a Mariela y Diana

3. Tengo que contárse<u>lo</u> a una mujer. ➜ Tengo que contarle a una mujer _____.
   a. un chiste   b. un concierto de rock   c. un cuento

4. Temo que se rían cuando <u>se</u> lo cuente. ➜ Temo que _____ se rían cuando se lo cuente.
   a. Mariela y Aguayo   b. las mujeres   c. Diana, Fabiola y Mariela

5. No, pero me <u>lo</u> estoy imaginando. ➜ No, pero me estoy imaginando _____.
   a. el fin de semana   b. lo que es vivir solo   c. lavar los platos

(3) Buscar Busca en la **Fotonovela** las frases que expresan lo opuesto a estas oraciones e indica con cuáles estás de acuerdo. Compara tus respuestas con las de un(a) compañero/a.

1. Si haces reír a las chicas, ellas creen que no eres serio.

2. Las chicas piensan que soy divertido.

3. El problema de vivir solo es que nunca te toca lavar los platos.

4. Tú sí que sabes lo que es vivir solo.

5. No tengo nada que hacer.

6. Soy un pesimista con experiencia.

Ampliación

4 **Consejos** Un amigo le da consejos a Éric para salir con una chica, pero él no acepta ninguno. Lee los consejos y emparéjalos *(match them)* con las respuestas de Éric.

Consejos del amigo

1. ¡Anímate! Tienes que ir con ella a conciertos de rock.
2. Pregúntale si quiere mirar el maratón.
3. Llévala al cine.
4. Invítala al parque de atracciones.
5. Puedes invitarla a bailar.
6. ¿Y si van juntos a un restaurante muy elegante?

Respuestas de Éric

_____ a. Siempre me quedo dormido viendo películas.
_____ b. No conozco ninguna discoteca.
_____ c. Ay, no tengo tanto dinero.
_____ d. No me gustan los deportes.
_____ e. Va a mirar al guitarrista y no a mí.
_____ f. Las alturas *(heights)* me dan miedo.

5 **Recomendaciones** En parejas preparen cinco recomendaciones más para Éric y dramaticen la situación: uno/a de ustedes es Éric y el/la otro/a es su amigo/a. Luego intercambien los papeles.

6 **Diálogo** Un estudiante dice que es muy bueno vivir solo, pero otro no está de acuerdo. En parejas, dramaticen el diálogo. Utilicen las palabras y frases de la lista.

MODELO

—Si vives solo, puedes escuchar la música que quieres.
—Lo malo es que, cuando vives solo, tienes menos discos.
—Sí, pero…

comer todo lo que quieres	escuchar música toda la noche
organizar tus horarios	manejar tu propio dinero
lavar los platos	elegir el programa de televisión
pagar todos los impuestos *(taxes)*	cocinar siempre
invitar a amigos	sentirte solo/a
salir y regresar a cualquier hora	cuidarte cuando estás enfermo/a

7 **Opinar** Trabajen en grupos. Lean las siguientes afirmaciones. Opinen si están de acuerdo o no, y por qué. Si es posible, den ejemplos de personas que conozcan o de algo que les pasó a ustedes.

Las personas tímidas adoran el teatro.
Los tacaños *(cheapskates)* no se divierten.
Los hombres inteligentes no tienen citas a ciegas.
Las chicas antipáticas no practican deportes.
A los adultos no les gustan los parques de atracciones.
Para conquistar una chica es bueno ser gracioso.
Si estás enamorado, te vuelves irresponsable.

El nuevo rock latino

Mariela, la joven diseñadora de *Facetas*, tiene boletos para un concierto de su grupo favorito, *Distorsión*. Este grupo musical no existe, pero aquí te presentamos algunos de los más destacados representantes del nuevo rock latino.

En los últimos años, la música latina se ha convertido en un verdadero fenómeno de masas. Son muchos los artistas hispanos que han conseguido un extraordinario éxito en el mercado internacional: Shakira, Alejandra Guzmán, Enrique Iglesias, Ricky Martin y el grupo La Ley, entre otros.

¿Por qué la música latina le gusta tanto al público norteamericano? Lo que está claro es que lo latino está de moda. ¿Quieres saber algo más sobre algunos de estos artistas?

El célebre guitarrista mexicano Carlos Santana

Carlos Santana

triunfó en el festival de Woodstock de 1969 con su estilo original, una fusión entre el rock y los ritmos afrocubanos. Ha obtenido numerosos premios y, en 1998, recibió su estrella en el Camino de la Fama en Hollywood. Su álbum *Supernatural* recibió ocho premios Grammy.

Shakira

La joven colombiana Shakira saltó a la fama mundial con el disco *Pies descalzos*. A los 14 años grabó su primer álbum. En 1998 recibió el premio a la mejor artista latina. Su inconfundible voz, su estilo fresco y su vitalidad la han convertido en una estrella internacional.

El grupo mexicano Maná está considerado como la mejor banda de rock latino. El álbum *Falta Amor* recibió diez discos de oro, cinco de platino, dos de doble platino y uno de triple platino. Preocupado por los problemas del planeta, el grupo fundó la organización ecológica *Selva Negra*.

Maná

el éxito	*success*
el premio	*award*
saltar	*to jump*
grabar	*to record*
el oro	*gold*
desanimarse	*to become discouraged*

¿Quién da el primer paso?

¿Amigos o novios?

En este episodio de *Facetas*, Johnny le enseña a Éric cómo conseguir una cita. Aquí tienes algunos consejos para saber cómo comportarte en una situación romántica.

Imagina que estás en un país hispano. Acabas de conocer a una persona interesante y quieres salir con ella. ¿Cómo vas a pedirle una cita? ¿Quién tiene que dar el primer paso? Aquí tienes unos simples consejos.

1. En Hispanoamérica ya no hay reglas fijas para salir con alguien. No se puede dar una regla común, pues, la personalidad y la situación de cada uno determinarán en parte su conducta en una cita. Pero, en general, te podemos aconsejar lo siguiente:

2. Ten en cuenta que el hombre ya no toma siempre la iniciativa. Si eres un hombre, puedes invitar a la muchacha al cine o a cenar a un restaurante, dependiendo de tu situación económica.

3. ¿Bailas bien? Practica, pues es muy común salir a bailar como parte del ritual de conquista.

4. No seas impaciente porque crear una relación afectiva estable requiere su tiempo.

5. Averigua lo que le gusta hacer a esa persona para organizar algo divertido en la próxima cita. Pregúntale: "Oye, ¿qué vas a hacer el sábado? Podríamos ir juntos a ver una película y luego a cenar. ¿Qué te parece?" Así de fácil.

6. Intenta ser natural y espontáneo/a, no trates de ser otra persona. Sé tú mismo/a. La sinceridad siempre impresiona.

7. No te desanimes si la cosa no funciona, otra vez será. Siempre hay ocasiones para conocer nuevas personas y encontrar a tu "media naranja".

Coméntalo

Reúnete con varios compañeros/as de clase y conversa sobre los siguientes temas.

1. ¿Creen que hay alguna diferencia en la forma de conquistar en diferentes culturas? Si creen que sí, ¿en qué consisten?
2. ¿Creen que el hombre debe tomar la iniciativa? ¿Por qué?
3. Últimamente hay muchos músicos y cantantes latinos que están en el mercado norteamericano, ¿pueden nombrar algunos? ¿Les gusta su música?
4. ¿Por qué crees que cada vez se oye más música en español?

2.1 Progressive forms

The present progressive

¿Te acuerdas? The present progressive narrates an action in progress. It is formed with the present tense of **estar** and the present participle (**el gerundio**) of the main verb.

Éric **está sacando** una foto.	Aguayo **está bebiendo** café.	Fabiola **está escribiendo** el artículo.
Éric is taking a photo.	*Aguayo is drinking coffee.*	*Fabiola is writing the article.*

¿Lo hiciste tú?

Sólo lo estoy sirviendo.

▶ The present participle of regular **–ar, –er,** and **–ir** verbs is formed as follows:

INFINITIVE	STEM	ENDING	PRESENT PARTICIPLE
bailar	bail–	–ando	**bail**ando
comer	com–	–iendo	**com**iendo
aplaudir	aplaud–	–iendo	**aplaud**iendo

▶ Stem-changing verbs that end in **–ir** also change their stem vowel when they form the present participle.

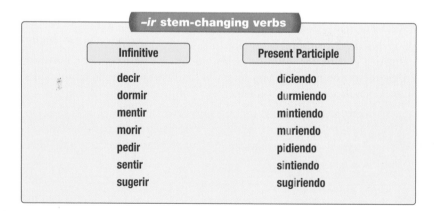

–ir stem-changing verbs

Infinitive	Present Participle
decir	d**i**ciendo
dormir	d**u**rmiendo
mentir	m**i**ntiendo
morir	m**u**riendo
pedir	p**i**diendo
sentir	s**i**ntiendo
sugerir	sug**i**riendo

▶ **Ir, poder, reír, ser,** and **sonreír** have irregular present participles (**yendo, pudiendo, riendo, siendo, sonriendo**). **Ir** and **poder** are seldom used in the present progressive.

Marisa está **sonriendo** todo el rato.	Maribel está **siendo** muy divertida.
Marisa is smiling all the time.	*Maribel is being a lot of fun.*

Present participles with –*yendo* ending

Infinitive	Stem	Ending	Present Participle
construir	constru–	–yendo	construyendo
leer	le–	–yendo	leyendo
oír	o–	–yendo	oyendo
traer	tra–	–yendo	trayendo

¡ATENCIÓN!

Other tenses may have progressive forms as well. These tenses emphasize that an action was/will be in progress.

PAST (pp. 96-97)
Estuve buscándola toda la tarde.
I was looking for her all afternoon.

FUTURE (pp. 228-229)
Muy pronto estaré terminando el proyecto.
I'll be finishing the project very soon.

▶ When the stem of an **–er** or **–ir** verb ends in a vowel, the **–i–** of the present participle ending changes to **–y–**, and the participle ending is **–yendo**.

▶ The present progressive with **estar** is used less than its equivalent in English. In Spanish, it emphasizes that an action is *in progress*.

ACTION OVER A PERIOD OF TIME	ACTION IN PROGRESS
Lourdes estudia economía.	Ahora mismo, Lourdes **está haciendo** cola en el teatro.
Lourdes is studying economics.	*Right now, Lourdes is waiting in line at the theater.*

Other verbs with the present participle

¿Te acuerdas? Spanish expresses various shades of progressive action by using verbs such as **seguir, ir, venir,** and **andar** with the present participle.

▶ **Seguir** with the present participle expresses the idea of *to keep doing something.*

Emilio **sigue hablando** de sus vacaciones.
Emilio keeps talking about his vacation.

Mercedes **sigue comprando** discos de Shakira.
Mercedes keeps buying Shakira's albums.

▶ **Ir** with the present participle indicates a gradual or repeated process. It often conveys the English idea of *more and more.*

Cada día que pasa **voy disfrutando** más de esta clase.
I'm enjoying this class more and more every day.

Ana y Juan **van acostumbrándose** al horario.
Ana and Juan are getting more and more used to the schedule.

▶ **Venir** with present participle indicates a gradual action that accumulates or increases over time.

Hace años que **viene diciendo** cuánto le gusta el béisbol.
He's been saying how much he likes baseball for years.

Vengo insistiendo en lo mismo desde el principio.
I have been insisting on the same thing from the beginning.

▶ **Andar** with the participle conveys the idea of *going around doing something* or of *always doing something.*

José siempre **anda quejándose** de eso.
José is always complaining about that.

Román **anda buscando** un asiento.
Román wanders around looking for a seat.

Práctica

1 **Una conversación telefónica** Daniel es nuevo en la ciudad y no sabe cómo llegar al estadio de fútbol. Decide llamar a su ex novia Alicia para que le explique cómo encontrarlo. Completa el diálogo con la forma del gerundio *(present participle)* correspondiente al verbo entre paréntesis.

ALICIA ¿Aló?

DANIEL Hola Alicia, soy Daniel; estoy buscando el estadio de fútbol y necesito que me ayudes… Llevo _____ (caminar) más de media hora por el centro y sigo perdido.

ALICIA ¿Dónde estás?

DANIEL No estoy muy seguro, no encuentro el nombre de la calle. Pero estoy _____ (ver) un centro comercial a mi izquierda y más allá parece que están _____ (construir) un estadio de fútbol. _____ (hablar) de fútbol, ¿dónde tengo mis tickets? ¡He perdido mis entradas!

ALICIA Madre mía, ¡sigues _____ (ser) un desastre…! Algún día te va a pasar algo serio.

DANIEL Siempre andas _____ (pensar) lo peor.

ALICIA Y tú siempre estás _____ (olvidarse) de todo.

DANIEL Ya estamos _____ (discutir) otra vez.

2 **Organizar un festival** El señor Ramírez es un director de espectáculos muy despistado *(absent-minded)*. Ahora quiere organizar un festival, y todos los artistas que quiere contratar están ocupados. Su secretario le está contando lo que hacen en esos momentos. En parejas, dramaticen la situación: el Sr. Ramírez hace preguntas y el secretario responde. En las preguntas y en las respuestas, utilicen formas de gerundio *(present participle)*.

MODELO

Elga Navarro / descansar
—¿Qué está haciendo Elga Navarro?
—Elga Navarro está descansando en una clínica.

1. Juliana Paredes / bailar

4. Héctor Rojas / jugar a las cartas

2. Emilio Soto / casarse   3. Aurora Gris / recoger un premio

Comunicación

 (3) **Una cita** Trabajen en parejas para concertar *(agree on)* una cita. Aquí tienen sus agendas. Representen una conversación en la que intentan buscar una hora del día en la que pueden verse. Sigan el modelo.

MODELO

ALEXA ¿Nos vemos a las diez de la mañana para desayunar?

GUILLE No puedo, voy a estar durmiendo. ¿Qué te parece a las 12?

ALEXA Es imposible porque …

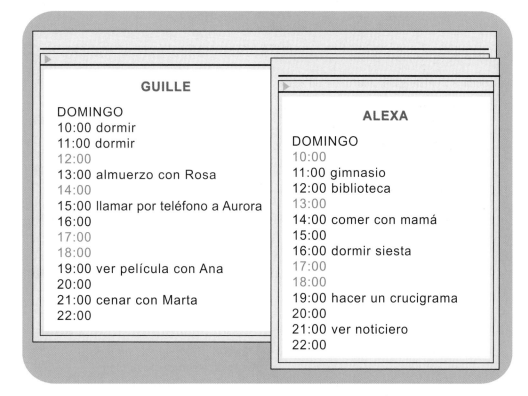

GUILLE

DOMINGO
10:00 dormir
11:00 dormir
12:00
13:00 almuerzo con Rosa
14:00
15:00 llamar por teléfono a Aurora
16:00
17:00
18:00
19:00 ver película con Ana
20:00
21:00 cenar con Marta
22:00

ALEXA

DOMINGO
10:00
11:00 gimnasio
12:00 biblioteca
13:00
14:00 comer con mamá
15:00
16:00 dormir siesta
17:00
18:00
19:00 hacer un crucigrama
20:00
21:00 ver noticiero
22:00

 (4) **Excusas** En parejas, tienen que representar una conversación telefónica. Uno/a de ustedes llama al/a la otro/a para invitarlo/a a salir. El plan es muy aburrido, así que tienen que inventarse excusas para no ir.

2.2 Object pronouns

¿Te acuerdas? Pronouns are words that take the place of nouns. They may be indirect objects or direct objects.

INDIRECT OBJECT

Carla siempre **me** da boletos para el circo.
Carla always gives me tickets to the circus.

DIRECT OBJECT

Ella **los** consigue gratis.
She gets them for free.

Object pronouns	
Indirect Object	**Direct Object**
SINGULAR	
me	me
te	te
le	lo/la
PLURAL	
nos	nos
os	os
les	los/las

Position of object pronouns

▶ In affirmative sentences, object pronouns appear before the conjugated verb. In negative sentences, the pronoun is placed between **no** and the verb.

INDIRECT OBJECT

Pablo no **nos** llama por teléfono.

No **nos** quiere llevar al concierto.

DIRECT OBJECT

Siempre **los** veo en los partidos de fútbol.

Nunca **los** saludo.

▶ When the verb is an infinitive construction, object pronouns may either be attached to the infinitive or placed before the conjugated verb.

INDIRECT OBJECT

Debes pedir**le** el dinero de la apuesta.

Le debes pedir el dinero de la apuesta.

DIRECT OBJECT

Voy a hacer**lo** enseguida.

Lo voy a hacer enseguida.

▶ When the verb is progressive, object pronouns may either be attached to the present participle or placed before the conjugated verb.

INDIRECT OBJECT

Está dándo**les** los discos.

Les está dando los discos.

DIRECT OBJECT

Está buscándo**las** por el parque.

Las está buscando por el parque.

Double object pronouns

▶ When both indirect and direct object pronouns are used in a sentence, the indirect object pronoun precedes the direct object pronoun.

Me mandaron **los boletos** por correo urgente.

Te exijo **una respuesta** ahora.

Me los mandaron por correo urgente.

Te la exijo ahora.

▶ **Le** and **les** change to **se** when they are used with **lo, los, la,** or **las.**

Le da **los libros.**

Le enseña **las invitaciones** a Elena.

Se los da.

Se las enseña.

Prepositional pronouns

Prepositional pronouns	
mí *me, myself*	**nosotros/as** *us, ourselves*
ti *you, yourself*	**vosotros/as** *you, yourselves*
Ud. *you, yourself*	**Uds.** *you, yourselves*
él *him, it*	**ellos** *them*
ella *her, it*	**ellas** *them*
sí *himself, herself, itself*	**sí** *themselves*

▶ Except for **mí, ti,** and **sí** these pronouns are the same as the subject pronouns.

—Me encanta ir de compras.

—A **mí** también, pero no tengo dinero.

—¡A **mí** no me queda un centavo!

—A **nosotros** nos queda dinero.

▶ When a third person subject refers to himself, herself, or itself, the pronoun **sí** is used. In this case, the adjective **mismo/a** is usually added to clarify the object.

José se lo regala a **él.**

José gave it to him (someone else).

José se lo regala a **sí mismo.**

José gave it to himself.

▶ When **mí, ti,** and **sí** are used with **con,** they become **conmigo, contigo,** and **consigo.**

¿Quieres ir **conmigo** al museo?

Do you want to go to the museum with me?

Laura siempre lleva su computadora portátil **consigo.**

Laura always brings her laptop with her.

¡ATENCIÓN!

When object pronouns are attached to infinitives, participles, or commands, a written accent is often required to maintain proper word stress.

INFINITIVE
cantármela

PRESENT PARTICIPLE
escribiéndole

COMMAND
acompáñeme

For more information on commands, see pages 188-189.

Práctica

1 **Dos buenas amigas**

Dos amigas, Rosa y Marina, están
en un bar hablando de unos conocidos.
Selecciona las personas de la lista que
corresponden con el pronombre que está
subrayado *(underlined)*.

> a Antoñito
> a Antoñito y Maite
> a Maite
> a mí
> a nosotras
> a ti
> a ustedes

ROSA Siempre <u>lo</u> veo bailando en la discoteca Club 49.   1. _____
₁

MARINA ¿<u>Te</u> saluda?   2. _____
₂

ROSA Nunca. Yo creo que no <u>me</u> saluda porque tiene
miedo de que se lo diga a su novia.   3. _____
₃

MARINA ¿Su novia? Hace siglos que no sé nada de ella. Un día
de éstos <u>la</u> tengo que llamar.   4. _____
₄

ROSA ¿Quieres que <u>los</u> invitemos a ir con nosotras a la
fiesta del viernes?   5. _____
₅

MARINA Sí. Es una buena idea. A ver qué <u>nos</u> dice Antoñito de
su afición a las discotecas.   6. _____
₆

2 **Una fiesta muy ruidosa** Martín y Luisa han organizado una fiesta muy
ruidosa *(noisy)* en su casa y un vecino ha llamado a la policía. El policía les aconseja lo que deben
hacer y lo que no, para no tener más problemas. Reescribe los consejos cambiando las palabras
subrayadas por los pronombres de complemento directo e indirecto adecuados.

1. Traten amablemente <u>a la policía</u>.
2. Me tienen que enseñar <u>las cédulas de identidad</u>.
3. Tienen que pedirle <u>perdón a sus vecinos</u>.
4. No pueden contratar a un <u>grupo musical</u> sin permiso.
5. Tienen que poner <u>la música</u> muy baja.
6. No pueden organizar <u>fiestas</u> nunca más.

3 **Una pareja menos** Completa las frases con una de las siguientes expresiones: **conmigo,
contigo, consigo.**

ANTOÑITO Ya estamos otra vez. _____ siempre tengo problemas.

MAITE ¿Qué te crees tú? ¿Que yo siempre me divierto _____?

ANTOÑITO Tú eres la que siempre quiere ir _____ a la discoteca.

MAITE Eso no es verdad. A mí no me gusta salir _____. Ni loca.

ANTOÑITO No te preocupes. Muchas chicas quieren estar _____.
Siempre veo a Rosa en el Club 49. A ella seguro que le gusta.

MAITE ¿A Rosa? A ella no le gusta ni estar _____ misma. Es una falsa.

Comunicación

4 **Perspectivas** Quino es un conocidísimo dibujante argentino. En esta historieta nos cuenta algo que les ocurre a un abuelo y a su nieto. En las oraciones aparecen pronombres directos e indirectos. Escribe otra vez esas frases reemplazando estos pronombres por el nombre al que sustituyen. Luego, en parejas, expliquen lo que ocurre en las imágenes. Utilicen pronombres directos e indirectos.

galloped with tireless spirit through each and every corner of this land...

5 **Los Simpson** Es fin de semana y la familia Simpson, compuesta por Homero, Marge, Bart, Lisa y Maggie Simpson, está pasando el día en un zoológico. Trabajen en grupos para representar una conversación entre los miembros de la familia. Utilicen la mayor cantidad posible de pronombres.

2.3 Reflexive verbs

¿Te acuerdas? In a reflexive construction, the subject of the verb both performs and receives the action. In other words, the action of the verb is reflected back to the subject. Reflexive verbs always use reflexive pronouns (**me, te, se, nos, os, se**).

REFLEXIVE VERB
Elena **se lava** la cara.

VERB
Elena **lava** los platos.

Reflexive verbs	
lavarse	
to wash (oneself)	
yo	me lavo
tú	te lavas
él/ella/Ud.	se lava
nosotros/as	nos lavamos
vosotros/as	os laváis
ellos/ellas/Uds.	se lavan

▶ Many of the verbs used to describe daily routines and personal care in Spanish are reflexive.

acostarse *to go to bed*	**dormirse** *to go to sleep*	**peinarse** *to comb (one's hair)*
afeitarse *to shave*	**ducharse** *to take a shower*	**ponerse** *to put on (clothing)*
bañarse *to take a bath*	**lavarse** *to wash (oneself)*	**secarse** *to dry off*
cepillarse *to brush (one's hair)*	**levantarse** *to get up*	**quitarse** *to take off (clothing)*
despertarse *to wake up*	**maquillarse** *to put on makeup*	**vestirse** *to get dressed*

Jorge **se quita** la camisa.   Raquel **se cepilla** los dientes.

▶ In Spanish, most transitive verbs can be used as reflexive verbs to indicate that the subject of the verb performs the action to or for himself or herself. When this occurs, the reflexive verbs have different meanings than their non-reflexive counterparts.

Félix divierte a los invitados con sus chistes.
Félix amuses the guests with his jokes.

Ana acuesta a los niños antes de la fiesta.
Ana puts the children to bed before the party.

Félix **se divierte** en la fiesta.
Félix has fun at the party.

Ana siempre **se acuesta** tarde.
Ana always goes to bed late.

▶ Many verbs change meaning when they are used with a reflexive pronoun.

aburrir *to bore*	**aburrirse** *to be bored*
acordar *to agree*	**acordarse (de)** *to remember*
comer *to eat*	**comerse** *to eat up*
dormir *to sleep*	**dormirse** *to fall asleep*
ir *to go*	**irse (de)** *to go away (from)*
llevar *to carry*	**llevarse** *to carry away*
mudar *to change*	**mudarse** *to move (change residence)*
poner *to put*	**ponerse** *to put on (clothing)*
quitar *to take away*	**quitarse** *to take off (clothing)*

▶ Some Spanish verbs and expressions are always reflexive, even though their English equivalents may not be. Many of these are followed by the prepositions **a, de,** and **en.**

acercarse (a) *to approach*	**fijarse (en)** *to take notice (of)*
arrepentirse (de) *to repent (of)*	**morirse (de)** *to die (of)*
atreverse (a) *to dare (to)*	**olvidarse (de)** *to forget (about)*
convertirse (en) *to become*	**preocuparse (de)** *to worry (about)*
darse cuenta (de) *to realize*	**quejarse (de)** *to complain (about)*
enterarse (de) *to find out (about)*	**sorprenderse (de)** *to be surprised (about)*

▶ In the plural, reflexive verbs can express reciprocal actions, that is, actions done *to one another* or *to each other.*

Los dos **se miran** a través del salón de clases.
The two look at each other across the classroom.

Luis y Lola **se saludan** al entrar en el salón.
Luis and Lola greet one another when they enter the classroom.

▶ *To get* or *become* is frequently expressed in Spanish by the reflexive verb **ponerse** + [*adjective*].

¡Vamos a esperar un poco! Me estoy **poniendo nervioso**.
Let's wait a little. I'm getting nervous.

Pilar se **pone muy roja** delante de Carlos.
*Pilar really blushes (**lit.** becomes very red) in front of Carlos.*

¡ATENCIÓN!

When used with infinitives and present participles, reflexive pronouns follow the same rules of placement as object pronouns. For information see pages 60-61.

Práctica

1) Los lunes por la mañana Completa el siguiente párrafo sobre lo que hacen Carlos y Elena los lunes por la mañana. Utiliza la forma correcta de estos verbos reflexivos.

acostarse	ducharse	mudarse	secarse
afeitarse	irse	quitarse	vestirse
despertarse	levantarse	romperse	

Los domingos por la noche, Carlos y Elena _____ tarde y por la mañana tardan
                                              1
mucho en _____. Carlos es el que _____ primero, _____ el
            2   3   4
pijama y _____ con agua fría. Después de unos minutos, entra en el cuarto de baño
            5
Elena, y Carlos _____ la barba. Mientras Elena termina de ducharse y de
                   6
_____ el pelo, Carlos prepara el desayuno. Después los dos van a la habitación,
   7
_____ con ropa elegante y _____ a sus trabajos.
   8   9

2) Todos los sábados

A. En parejas, describan, según los dibujos, la rutina que sigue Silvia todos los sábados.

B. Imaginen cómo sigue el sábado de Silvia. Utilicen verbos reflexivos.

Comunicación

(3) **¿Y tú?** En parejas, túrnense para hacerse las siguientes preguntas. Contesten con oraciones completas.

1. ¿A qué hora te despiertas normalmente los sábados por la mañana? ¿Por qué?
2. ¿Te duermes en las clases?
3. ¿A qué hora te acuestas normalmente los fines de semana?

4. ¿Qué te pones para salir los fines de semana? ¿Y tus amigos?
5. ¿Cuándo te vistes elegantemente?
6. ¿Te diviertes cuando vas a una discoteca?

7. ¿De qué se quejan tus amigos normalmente?
8. ¿Conoces a alguien que se preocupe constantemente por todo?
9. ¿Te arrepientes a menudo de las cosas que haces?

(4) **En un café** Imagina que estás en un café y que ves a tu antiguo/a novio/a besándose con alguien a quien no conoces. ¿Qué haces? Trabajen en grupos de tres para representar la escena. Utilicen cuatro verbos de la lista como mínimo.

acercarse	convertirse	olvidarse
acordarse	darse cuenta	preocuparse
arrepentirse	enterarse	quejarse
atreverse	irse	sorprenderse

Las diversiones   *sesenta y siete* **67**

2.4 *Gustar* and similar verbs

Using the verb gustar

¿Te acuerdas? The most common way to express likes and dislikes in Spanish is with the verb **gustar.** Many verbs of opinion follow the pattern of **gustar.**

Me encanta el
grupo Distorsión.

No me gusta nada
la música rock.

▶ Though **gustar** is translated *to like* in English, its literal meaning is *to please.*
Gustar is normally preceded by an indirect object pronoun indicating *the person who is pleased.* It is followed by a noun indicating *the thing that pleases.*

INDIRECT OBJECT PRONOUN		SUBJECT
Me	**gusta**	**la película.**
I	*like*	*the movie. (literally: The movie pleases me.)*
¿Te	**gustan**	**los conciertos de rock?**
Do you	*like*	*rock concerts? (literally: Do rock concerts please you?)*

▶ Because *the thing that pleases* is the subject, **gustar** agrees in person and number with it. Most commonly the subject is third person singular or plural.

SINGULAR SUBJECT	PLURAL SUBJECT
Nos gust**a** el fútbol.	Me gust**an** los discos de Fito Páez.
We like soccer.	*I like Fito Páez' albums.*

▶ **Gustar** may be followed by an infinitive. The singular form of **gustar** is used even if there is more than one infinitive.

No **nos gusta llegar** tarde. **Les gusta cantar** y **bailar.**

▶ **Me gustaría...** is frequently used to express a softened request.

¿Te gustaría ver esa película? **Me gustaría** una ensalada, por favor.
Would you like to see that movie? *I would like a salad, please.*

Verbs like *gustar*

Verbs like *gustar*	
aburrir *to bore*	**fascinar** *to fascinate; to love (inanimate objects)*
caer bien/mal *to (not) get along well with; to (not) suit*	**importar** *to be important to; to matter*
disgustar *to upset*	**interesar** *to be interesting to; to interest*
doler *to hurt; to ache*	**molestar** *to bother; to annoy*
encantar *to like very much; to love (inanimate objects)*	**preocupar** *to worry*
faltar *to lack; to need*	**quedar** *to be left over; to fit (clothing)*

Me fascina el cine.
I love the movies.

¿**Te molesta** si voy contigo?
Will it bother you if I come along?

A Felipe **le disgusta** esa situación.
That situation upsets Felipe.

Me duele la muela.
My tooth hurts.

▶ The construction **a** + [*prepositional pronoun*] or **a** + [*noun*] can be used to emphasize who is pleased, bothered, etc.

A ella no le gusta bailar, pero **a él** sí.
She doesn't like to dance, but he does.

A Felipe le molesta ir de compras.
Shopping bothers Felipe.

▶ **Faltar** and **quedar** express what someone lacks or has left. Also, **quedar** is used to talk about how clothing fits or looks on someone.

Le falta dinero.
He's short of money.

Me faltan dos pesos.
I need two pesos.

Nos quedan cinco libros.
We have five books left.

La falda **te queda** bien.
The skirt fits you well.

¿Qué te hace falta en la vida?

Discoteca Paladio

Práctica

1 **Completar** Miguel y César son compañeros de cuarto y tienen algunos problemas. Hoy se han reunido para discutirlos. Completa las frases con la forma correcta del verbo entre paréntesis.

MIGUEL Mira, César, _____ (encantar) vivir contigo, pero la verdad es que _____ (preocupar) algunas cosas.

CÉSAR De acuerdo. A mí también _____ (disgustar) algunas cosas de ti.

MIGUEL Bueno, para empezar no _____ (gustar) que pongas la música tan alta cuando vienen tus amigos. Tus amigos _____ (caer) muy bien pero, a veces, hacen mucho ruido y no me dejan dormir.

CÉSAR Sí claro, lo entiendo. Pues mira, Miguel, a mí _____ (molestar) que no laves los platos después de comer. Además, tampoco bajas la basura.

MIGUEL Es verdad. Pues... vamos a intentar cambiar esas cosas. ¿Te parece?

CÉSAR _____ (encantar) la idea. Yo bajo la música cuando vengan mis amigos y tú lavas los platos y sacas la basura más a menudo.

2 **¿Qué te gusta?** En parejas, pregúntense si les gustan o no las siguientes cosas.

Jennifer López	dormir los fines de semana
salir con tus amigos	la música *house*
las películas de misterio	los discos de Britney Spears
practicar algún deporte	ir a discotecas
Benicio del Toro	las películas extranjeras

3 **¿Qué te gustaría hacer este fin de semana?** En parejas, pregúntense si les gustaría hacer las actividades relacionadas con las fotos. Utilicen los verbos **aburrir, disgustar, encantar, fascinar** y **interesar.** Sigan el modelo:

MODELO

—¿Te gustaría ir al parque de atracciones?
—Sí, me encantaría.

1. 2. 3.

4. 5. 6.

Comunicación

4 **Extrañas aficiones** Trabajen en grupos pequeños. Miren las ilustraciones e imaginen qué les gusta, interesa o molesta a estas personas.

5 **Preguntar** En parejas, utilicen el modelo para preguntarse, por turnos, sobre los siguientes temas.

> **MODELO**
> a tu padre / fascinar
> —¿Qué crees que le fascina a tu padre?
> —Pues, no sé. Creo que le fascina dormir.

1. al presidente / preocupar
2. a tu hermano/a / encantar
3. a ti / gustar hacer los fines de semana
4. a tus padres / gustar
5. a tu profesor(a) de español / disgustar
6. a tu mejor amigo/a / importar
7. a tu novio/a / molestar
8. a tu compañero/a de clase / disgustar

A conversar

Tu tiempo libre

A Haz una lista de las actividades que te gusta hacer indicando la frecuencia con que las haces.

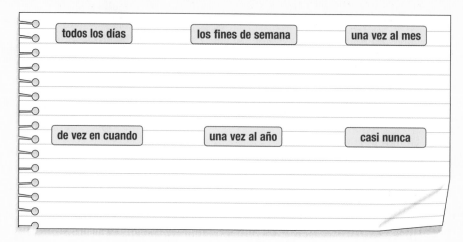

todos los días   los fines de semana   una vez al mes

de vez en cuando   una vez al año   casi nunca

B Ahora, explica cómo disfrutas de tus ratos de ocio normalmente.

- ¿Los pasas relajándote (*relaxing*) o haciendo algo que requiere mucho esfuerzo físico?
- ¿Haces algo útil o algo sólo para divertirte?
- ¿Qué es lo que más te gusta hacer?
- Esta actividad, ¿es fácil o difícil? ¿Por qué?

C En grupos de cuatro, comparen las actividades de las listas. Decidan a qué categoría corresponden.

Categorías

¿Qué tipo de actividad es? un deporte, un pasatiempo, un ejercicio de mejoramiento personal (*self-improvement*), un proyecto de utilidad

¿En qué forma se participa? como espectador(a), como participante activo/a

¿Cómo es? relajante, agotadora (*strenuous*), emocionante pero no agotadora

¿Con quién se hace? solo/a, con un compañero/a, con un grupo

¿En qué estación se hace? primavera, verano, otoño, invierno, todo el año

¿Dónde se hace? en casa, en un estadio, al aire libre

D Comenten lo siguiente.

- ¿Qué actividades tienen todos en común? ¿Hay algunas actividades que hace sólo un estudiante?
- ¿Cuál es la actividad más relajante que hace un miembro del grupo? ¿La más agotadora?
- ¿Cuál es la actividad más común? ¿La menos común?
- Respecto a las diversiones, ¿es variado el grupo o tienen todos mucho en común?

A escribir

Un correo electrónico

Sigue el **Plan de redacción** para escribir un correo electrónico sobre los gustos de otras personas. Imagina que tus padres vienen a visitarte a la ciudad y llevas varios días planeando el fin de semana. Estás un poco nervioso/a porque tu novio/a es un desastre y crees que se le van a olvidar todos los planes que has organizado para todos durante el fin de semana. Mándale un correo electrónico a tu novio/a recordándoselo.

Plan de redacción

Un saludo informal Elige uno de los siguientes saludos para encabezar tu correo: **Hola, Qué tal, Qué onda, Cómo te va, Cómo estás…**

Contenido Organiza tus ideas para que no se te olvide nada.

1. Escribe una breve introducción para recordarle a tu novio/a lo que les gusta a tus padres y lo que no. Puedes utilizar las siguientes expresiones: **les gusta, les fascina, les encanta, les aburre, no les gusta, les molesta, les interesa.**

2. Recuérdale que a tu madre le gusta la gente bien vestida y que tiene que arreglarse un poco para la ocasión. Utiliza expresiones como: quitarse el arete *(piercing)* de la nariz, afeitarse, vestirse mejor, peinarse, etc.

3. Dile que se van a encontrar en el restaurante de siempre.

Despedida Elige una de las siguientes despedidas: **Hasta luego, Chao/Chau, Adiós.**

Hola María:
¿Te acuerdas de que mis padres llegan este fin de semana y que tenemos que salir todos juntos? Quería recordarte que mis padres detestan los bares llenos de gente, a ellos les gusta más salir a pasear.>

>
>

Altamar, 2000.
Graciela Rodo Boulanger. Bolivia.

No está la felicidad en vivir, sino en saber vivir.

— Diego de Saavedra Fajardo

Antes de leer

Idilio
Mario Benedetti

Conexión personal
Lee las siguientes afirmaciones. Señala la casilla *(box)* que corresponda a tu opinión personal.

De acuerdo	En desacuerdo	
☐	☐	1. La televisión entretiene a los niños pequeños.
☐	☐	2. La televisión sirve de niñera *(babysitter)* mientras los padres hacen sus quehaceres.
☐	☐	3. La televisión proporciona un escape de las preocupaciones diarias.
☐	☐	4. Los programas educativos de la televisión son útiles para los niños.

Contexto cultural
Television channels have always been tools for propaganda. Nowadays, satellite systems, global communication networks, state-run broadcasts, and privately-owned channels compete for the attention of viewers. This competition diminishes the power of any one media group to form public opinion; at the same time, it intensifies the struggle for viewership.

Análisis literario: la parábola
A parable **(la parábola)** is a short narrative that illustrates a moral lesson. Parables are an ancient form of literature cultivated as a teaching device, fundamental to many religions. Parables also appear in modern secular literature. Their moral lesson may be explicit, or the reader may need to infer it. What do you think the moral lesson of "Idilio" is?

Estrategia de lectura: propósito del autor
Just as an effective writer knows the audience he or she is addressing, an active reader needs to determine a writer's purpose **(el propósito)** in writing a selection. As you read "Idilio," consider what might have motivated Benedetti to write this modern parable.

Vocabulario

colocar *to place (an object)*

hondo/a *deep*

por primera/última vez *for the first/last time*

redondo/a *round*

señalar *to point to; to signal*

Mario Benedetti

Hoja de vida

1920 Nace en Tacuarembó, Uruguay
1960 *Montevideanos* (cuentos)
1960 *La tregua* (novela)
1982 *Viento del exilio* (poesía)
1999 Premio Reina Sofía de Poesía
Iberoamericana

Sobre el autor

Mario Benedetti sufrió un largo exilio, repartido entre Argentina, Perú, Cuba y España, que dejó una profunda huella *(mark)* en su vida personal y su obra literaria. Su volumen de cuentos *Montevideanos,* de tono costumbrista, le consagró como escritor aunque ha cultivado todos los géneros. Su estilo tiene diferentes matices *(nuances):* cotidiano y existencial en *Poemas de oficina,* o político-social en varias de sus novelas como *La tregua, Gracias por el fuego* o *Primavera con una esquina rota.* La ausencia, el retorno y el recuerdo son algunas de las constantes en la temática del escritor.

Idilio

1   La noche en que colocan a Osvaldo (tres años recién
cumplidos) por primera vez frente a un televisor
(se exhibe un drama británico de hondas resonancias),
queda hipnotizado, la boca entreabierta°, los ojos   *half-opened*
5   redondos de estupor.

La madre lo ve tan entregado al sortilegio° de las   *surrendered*
imágenes que se va tranquilamente a la cocina. Allí,   *to the magic*
mientras friega ollas y sartenes°, se olvida del niño.   *washes pots and pans*

Horas más tarde se acuerda, pero piensa: "Se habrá

10   dormido". Se seca las manos y va a buscarlo al living.

La pantalla está vacía°, pero Osvaldo se mantiene en   *empty, blank*
la misma postura y con igual mirada extática.

—Vamos. A dormir —conmina° la madre.   *orders*

—No —dice Osvaldo con determinación.

15   —¿Ah, no? ¿Se puede saber por qué?

—Estoy esperando.

—¿A quién?

—A ella.

Y señaló el televisor.

20   —Ah. ¿Quién es ella?

—Ella.

Y Osvaldo vuelve a señalar la pantalla. Luego sonríe,
candoroso°, esperanzado, exultante.   *innocent, naïve*

—Me dijo: "querido". ❋

Después de leer

Idilio
Mario Benedetti

1 **Comprensión** Contesta las siguientes preguntas utilizando oraciones completas.

1. ¿Cómo se llama el protagonista de esta historia?

2. ¿Cómo se queda el niño cuando está por primera vez delante del televisor?

3. ¿Qué hace la madre mientras Osvaldo mira la televisión?

4. Cuando la madre va a buscarlo horas más tarde, ¿cómo está la pantalla?

5. ¿Qué piensa Osvaldo que le dice la televisión?

2 **Interpretar** Piensa sobre las siguientes preguntas.

1. La madre se olvida por unas horas del hijo. ¿Qué importancia tiene esto en la historia?

2. Según Osvaldo, ¿quién le dijo "querido"? ¿Qué explicación le das a esta situación?

3. ¿Qué crees que intenta decirnos el autor Mario Benedetti al escribir este cuento?

4. ¿Crees que existen personas en la vida moderna que podrían establecer una relación de dependencia con la televisión? ¿Puedes dar algún ejemplo?

5. El cuento también nos hace reflexionar sobre la influencia de la televisión en los niños. Cuando eras niño/a, ¿veías mucha televisión? ¿Crees que los niños de hoy en día ven en exceso la televisión? ¿Por qué?

3 **Imaginar** En parejas, imaginen que una madre de familia se entrevista con el director de la programación infantil de una importante cadena de televisión. ¿Qué tipo de programas preferiría la madre? ¿Y el director? ¿Por qué? Hablen de los programas de la lista, y de otros que se les ocurran *(others that occur to you)*.

	Madre	Director de programas
Películas de acción		
Dibujos animados		
Programas educativos		
Deportes		
Videos musicales/Documentales		

4 **Escribir** Escribe un pequeño párrafo sobre el efecto que tiene la televisión en los adultos y en los niños. Presenta ejemplos para apoyar tu tesis.

Antes de leer

Shakira

Conexión personal

¿Escuchas música latina? Cuando piensas en la música latina, ¿en qué tipo de música piensas? Haz una lista de los estilos de música latina que conoces y/o el nombre de los artistas y grupos musicales latinos con los que estás familiarizado/a.

Contexto cultural

When non-Hispanic Americans think of popular Latin music, mariachi bands, salsa dancers, or flamenco artists probably come to mind. Latin music, however, is much more varied. Some types of music, like **boleros** *(romantic songs)* and **música rock** are universal in the Spanish-speaking world. Some musical forms, on the other hand, are associated with specific countries or regions. How many of the following types of dance music can you match to the country they are associated with? Compare your results with your classmates.

_____ 1. el tango   a. Spain

_____ 2. el merengue   b. Cuba

_____ 3. el chachachá   c. Argentina

_____ 4. la cumbia   d. The Dominican Republic

_____ 5. el flamenco   e. Colombia

Vocabulario

el canal de televisión *television channel*   **el/la cantante** *singer*

Shakira

1   Shakira es conocida prácticamente por todos nosotros. Hemos oído sus canciones en el radio, nos ha deleitado° *delighted* con su presencia en todos los canales de la televisión y, últimamente, podemos verla en los anuncios de Pepsi. Pero,

5   ¿quién es realmente Shakira?

Esta estrella del rock nació en Barranquilla, una hermosísima ciudad costera° de Colombia. Es hija de *coastal* madre colombiana y padre de
10 descendencia libanesa y ambas culturas han influido en la joven por igual. Su nombre, Shakira, en árabe significa "mujer llena de gracia" y se puede decir
15 tranquilamente que su nombre no *deceive* engaña°. Desde muy niña sus dotes° artísticas se *talent* hicieron evidentes: escribió su primera canción a los ocho años. Con 13 años ya había firmado un contrato con Sony para grabar un álbum con las canciones que había compuesto
20 hasta entonces. Este disco, *Magia*, la llevó a la fama en su país natal. Una vez terminados los estudios de secundaria, y cuando tan sólo tenía 15 años, grabó° el álbum llamado *Pies* *recorded* *descalzos*. Con este disco alcanzó el número uno en las listas, y su éxito le dio proyección internacional a su carrera.

25 Dueña de un arrollador° carisma, la cantante del momento *overwhelming* tiene un estilo tan distintivo que se hace difícil de definir.

El mismo Gabriel García Márquez, tras una entrevista entre los dos colombianos universales, escribió que "la música de Shakira tiene una estampa personal que no se parece a la

30 de nadie más, y ninguna persona de cualquier edad puede cantar y bailar como ella, con esa sensualidad inocente que pareciera ser un invento suyo".

Algo que viene distinguiendo claramente a esta cantante de otros artistas célebres de su edad es el compromiso que

35 adquiere° con sus creaciones. La música para ella es una *the commitment that she acquires*
forma de expresar sus inquietudes y sentimientos. Más de una vez ha declarado que le preocupa tremendamente proteger su creatividad de las presiones económicas. El deseo de componer y cantar una música más personal la ha llevado

40 muchas veces a rechazar° ofertas de las compañías *to refuse*
discográficas para hacer una música más comercial. Cuando le preguntan, Shakira no duda en afirmar que su música es la unión de sus pasiones: el rock, la cultura libanesa y la cultura latina.

45 Ahora esta mujer inteligente y apasionada ha entrado en el mercado norteamericano. El disco en cuestión se llama *Laundry Service* y contiene canciones escritas tanto en inglés como en español. Sólo queda desearle la mejor de las suertes. Se la merece. ✳

Después de leer

Shakira

(1) Comprensión Contesta las siguientes preguntas con oraciones completas.

1. ¿Dónde nació Shakira?

2. ¿Qué significa su nombre en árabe?

3. ¿Cuántos años tenía cuando grabó su primer álbum?

4. ¿Qué dijo Gabriel García Márquez sobre Shakira?

5. ¿Qué le preocupa tremendamente a Shakira?

6. Según Shakira, su música es la fusión de varias pasiones. ¿Cuáles son?

(2) Interpretar Contesta las siguientes preguntas utilizando oraciones completas.

1. ¿Conoces algún disco de Shakira? ¿Cuál es el que más te gusta?

2. ¿Qué otros cantantes latinos conoces? ¿Te gustan?

3. ¿Crees que es fácil tener éxito en el mercado discográfico norteamericano?

4. En tu opinión, ¿qué es la música comercial? ¿Crees que la música que se oye hoy día es muy comercial? ¿Puedes mencionar algunos grupos que hacen este tipo de música?

(3) Reflexionar La música es muy importante en los países hispanos, y en los últimos años la música latina lo está comenzando a ser también en EE.UU. ¿A qué crees que se debe esto? Explica tu respuesta.

(4) Entrevista Trabajen en parejas para preparar una entrevista a un(a) cantante famoso/a. Uno/a de ustedes será el/la cantante y el/la otro/a será el/la periodista. Cuando terminen, tienen que representar la entrevista ante la clase.

Gloria Estefan

Ricky Martin

Shakira

Celia Cruz

Marc Anthony

Atando cabos

La música y el deporte

Trabajen en grupos pequeños para preparar una presentación sobre un cantante o deportista latino famoso.

Elegir el tema

Pueden preparar una presentación sobre Shakira, o pueden elegir un cantante o un deportista famoso que les agrade. Decidan en grupo de quién quieren hablar en su presentación.

Preparar

Investiguen a través de su computadora o en la biblioteca. Una vez que tengan la información necesaria, elijan los puntos más importantes y ayúdense con material auditivo o audiovisual para ofrecer una visión más amplia de lo que quieren comentar en clase.

Organizar

Hagan un esquema *(outline)* que los ayude a clarificar y planear con mayor exactitud su presentación.

Estrategia de comunicación

Cómo expresar opiniones

Las siguientes frases pueden ayudarles a expresarse de forma más adecuada.
1. En el día de hoy, voy/vamos a hablar de...
2. La música latina está consiguiendo en los últimos años...
3. Creo que...
4. Se puede decir...
5. Para finalizar, me/nos gustaría...

Presentar

Unos días antes de su presentación, hablen con el profesor para informarle que van a usar en clase un video, una cinta o un disco compacto. De esta forma, podrán utilizar estos medios para explicar con mayor exactitud el tema que se va a tratar en clase.

Ayuda para Internet

Pueden acceder a la información utilizando las siguientes palabras clave: **música latina / cantantes hispanos / Enrique Iglesias / Luis Miguel / Rosario / fútbol / béisbol / jugadores famosos hispanos / liga / deportes / negocio / baloncesto / básquetbol / tenis**

Los deportes y términos afines

el/la árbitro	referee
el/la atleta	athlete
el atletismo	track-and-field events
el campeón/ la campeona	champion
el club deportivo	sports club
la Copa del Mundo	World Cup
el/la entrenador(a)	trainer
el equipo	team
el gimnasio	gymnasium
el maratón	marathon
la meta	finish line
las Olimpiadas	Olympics
el torneo	tournament
la victoria	victory
empatar	to tie (games)
marcar (un gol/ un punto)	to score (a goal/ a point)
vencer	to defeat

La vida social (verbos)

aburrirse	to be bored
aplaudir	to applaud
aprovechar	to make good use of; to take advantage of
atrasar	to delay
bailar	to dance
brindar	to make a toast
disfrutar	to enjoy
divertirse	to have fun; to enjoy oneself
entretenerse	to amuse oneself
estar relacionado/a	to have good connections
festejar	to celebrate
gritar	to shout
gustar	to like
hacer cola	to wait in line
ir de copas	to go have a drink
poner un disco compacto	to play a CD
reunirse	to get together; to gather
salir (a comer)	to go out (to eat)

Lugares de diversión

el cine	movie theater, cinema
el circo	circus
la feria	fair
el festival	festival
el parque de atracciones	amusement park
el zoológico	zoo

Los pasatiempos y términos afines

la afición	love, liking, hobby
el ajedrez	chess
la apuesta	bet
el boliche	bowling
la cadena de televisión	television network
el canal de televisión	television channel
el/la coleccionista	collector
el dominó	dominoes
el horario	schedule
la lotería	lottery
el ocio	leisure
el paseo	stroll
el picnic	picnic
apostar	to bet
coleccionar	to collect
dar un paseo	to take a stroll/walk
ser aficionado/a	to be a fan of

La vida nocturna

el bar	bar
el billar	pool
el boleto	admission ticket
el bullicio	hurly burly
el/la cantante	singer
el club (nocturno)	(night) club
el concierto	concert
el conjunto (musical)	(musical) group, band
la discoteca	disco
el grupo (musical)	(musical) group
divertido	fun

El teatro

el asiento	seat
la entrada	admission ticket
el escenario	scenery; stage
el espectáculo	show
el estreno	premiere; debut
la función	performance (movie; theater)
teatro	theater
el recital	recital
el repertorio	repertoire
la sala de conciertos	concert hall
la taquilla	box office

Expresiones útiles	Véase la página 51.
Vocabulario de "Idilio"	Véase la página 75.
Vocabulario del perfil	Véase la página 79.

Estructura 2.2	Véase la página 61.
Estructura 2.3	Véase las páginas 64 y 65.
Estructura 2.4	Véase la página 69.

La vida diaria

La vida diaria

Cálculos

Camila **fue de compras al supermercado,** decidida a gastar lo menos posible. Buscó **gangas** y **eligió** productos **baratos.** Para **lograr** gastar poco, esta vez sólo llevó **dinero en efectivo. Dejó** en su casa **la tarjeta de crédito.** Lamentablemente, tampoco trajo la calculadora…

El rebelde

De niño le enseñaron a taparse la boca al **bostezar,** a **masticar** con la boca cerrada y a atender su **aseo personal.** A sus padres **les asombra** la ropa que se pone, pues ahora no **se arregla** nunca para salir. **¡Qué pena!** En realidad él se viste así **a propósito.**

La escoba, mi enemiga

Para Juan, **hacer la limpieza** de su **espacioso** apartamento **suele** ser una **pesadilla.** Hoy se dedicó el día entero a **limpiarlo:** **quitó el polvo** de los **muebles, pasó la aspiradora, barrió** el piso, el **balcón** y la **escalera.** Ahora la pesadilla ha terminado, pero está tan cansado que se ha quedado dormido junto a su enemiga, la **escoba.**

A comer

Carlos invitó a su novia a cenar y decidió **cocinar** un plato especial para ella. Tuvo que **freír** cebollas, **hervir** pescado y **calentar** unos frijoles **congelados.** Cuando su novia llegó y lo vio cocinando por primera vez en tres años, **se extrañó** tanto que no **se atrevió** a comer. Carlos, apenado pero **hambriento,** disfrutó solo de su cena.

La casa y los electrodomésticos

el buzón	mailbox
el foco	lightbulb
el hogar	home; fireplace
los quehaceres	chores
apagar	to turn off
colgar (ue)	to hang
encender	to turn on
lavar	to wash
levantar	to pick up
tocar el timbre	to ring the doorbell

Las compras

el centro comercial	mall
el reembolso	refund
el vestidor	fitting room
seleccionar	to select; to pick out
auténtico/a	real; genuine
costoso/a	costly; expensive

Acciones y percepciones

el asombro	amazement; astonishment
la soledad	solitude; loneliness
averiguar	to find out; to check
cuidarse	to take care of oneself
gozar de algo	to enjoy something
asombroso/a	astonishing

La vida diaria

el asunto	matter; topic
la costumbre	custom; habit
el propósito	purpose
el ruido	noise
cotidiano/a	everyday
por casualidad	by accident; by chance

Práctica

(1) Los trabajos de la casa Completa las siguientes oraciones con los verbos de la lista. Hay dos verbos que no se usan.

averiguar	cocinar	extrañar	lavar
barrer	colgarla	pasar	quitar

a. _____ la cocina, el balcón y el pasillo.

b. _____ la aspiradora por el resto de la casa.

c. _____ los camarones antes de que vengan los invitados.

d. _____ el polvo de los muebles.

e. _____ la ropa que está sobre el sofá y _____ en su lugar.

(2) El preguntón Estás cuidando a tu hermano pequeño y él te está haciendo muchas preguntas. Contéstale con frases completas.

1. ¿Puedo comerme este pedazo de papel?

2. ¿Es importante el aseo personal?

3. ¿Las escaleras se barren de abajo para arriba?

4. ¿Puedo freír este juguete para ver qué pasa?

5. ¿Te puedo ayudar con los quehaceres de la casa?

6. ¿Es auténtico ese cuadro de Picasso colgado en la pared?

(3) Un día agitado Completa el siguiente párrafo con las palabras de la lista. Hay dos palabras que no se usan.

Esa mañana me desperté muy tarde. Tomé un poco de café, me comí una tostada casi sin _____ y salí a la calle. Cuando iba para la oficina, empecé a pensar que la cafetera estaba encendida. No _____ a dejarla así, entonces regresé para _____. Al entrar al apartamento pasé frente a un espejo y noté, con _____, que me había maquillado sólo la mitad (*half*) derecha de la cara. _____ muy rápido y, por fin, _____ salir a la calle, con la extraña sensación de que me estaba olvidando de algo.

apagarla
asombro
costumbre
encendí
logré
masticarla
me arreglé
me atreví

Comunicación

4 La rutina diaria

A. Imaginemos cómo era la rutina diaria de estas personas durante el año pasado. En grupos de cuatro, cada uno de ustedes elige <u>uno</u> de los siguientes personajes:

Elia, nació en 1921	Ana, nació en el año 1982
Esteban, nació en el año 1940	Carlos, nació en el año 2000

B. Ahora imaginen qué cosas hace su personaje en un día cualquiera y cuéntenle a los demás su experiencia. Los que escuchan deben hacer preguntas para obtener más información. Encontrarán palabras y expresiones útiles en el banco de palabras.

MODELO

ESTEBAN: Me levanto muy temprano y voy directamente a jugar al golf.
COMPAÑERO: ¿Y no te aburres?
ESTEBAN: No, me encanta jugar al golf.

acostarse	cepillarse el pelo	leer el periódico
afeitarse	ir en carro	ponerse lentes de contacto
salir al aire libre	ducharse	ir al/a la psicólogo/a
aliviar el estrés	ir al/a la dentista	hacer gimnasia
almorzar	enviar una carta	ir a caballo (to ride a horse)

5 Todos los días

A. Ordena los siguientes placeres cotidianos de acuerdo a cuánto los disfrutas:

_____ ir de compras   _____ disfrutar de un día de sol

_____ arreglarte para salir   _____ recibir una nueva tarjeta de crédito

_____ comer con mucha hambre   _____ ir a dormir estando muy cansado/a

B. Compara tus respuestas con las de tu compañero/a. ¿Qué es lo que más disfrutan?

MODELO

—A mí lo que más me gusta es comer cuando tengo mucha hambre.
—A mí también. ¿Qué sigue en tu lista? Yo prefiero ir de compras.

C. Compartan su respuesta con el resto de la clase. ¿Hay algo que les guste mucho a todos? ¿Cuál es el gran placer cotidiano de la clase?

6 En busca de un compañero de cuarto

Has decidido compartir un apartamento con otra persona. Para llevarte bien con tu futuro/a compañero/a de apartamento, debes decirle qué esperas de él/ella. Ordena los temas que quieres comentar, del más al menos importante.

☐ las fiestas   ☐ la tranquilidad   ☐ el orden   ☐ la limpieza   ☐ la música

Los empleados de *Facetas* comentan los sucesos en la oficina un lunes típico.

FABIOLA Odio los lunes.

DIANA Cuando tengas tres hijos, un marido y una suegra, odiarás los fines de semana.

FABIOLA ¿Discutes a menudo con tu familia?

DIANA Siempre tenemos discusiones, la mitad las ganan mis hijos y mi esposo… Mi suegra gana la otra mitad.

FABIOLA ¿Te ayudan con las tareas del hogar?

DIANA Ayudan, pero casi no hay tiempo para nada. Hoy tengo que ir de compras con la mayor de mis hijas.

FABIOLA ¿Y por qué no va ella sola?

DIANA Hay tres grupos que gastan el dinero ajeno, Fabiola: los políticos, los ladrones y los hijos… Los tres necesitan supervisión.

FABIOLA Tengan cuidado en las tiendas. Hace dos meses andaba de compras, y me robaron la tarjeta de crédito.

DIANA ¿Y fuiste a la policía?

FABIOLA No.

DIANA ¿Lo dices así, tranquilamente? Te van a arruinar.

FABIOLA No creas. El que me la robó la usa menos que yo.

FABIOLA Tengo una agenda muy llena para el almuerzo.

DIANA Yo tengo una reunión con un cliente.

ÉRIC Tengo que… Tengo que ir al banco. Sí. Voy a pedir un préstamo.

JOHNNY Yo tengo que ir al dentista. No voy desde la última vez… Necesito una limpieza.

Aguayo y Mariela se quedan solos.

Diana regresa del almuerzo con unos dulces.

DIANA Les traje unos dulces para premiar su esfuerzo.

AGUAYO Gracias. Los probaría todos, pero estoy a dieta.

DIANA ¡Qué bien! Yo también estoy a dieta.

MARIELA ¡Pero si estás comiendo!

DIANA Sí, pero sin ganas.

AGUAYO
 ÉRIC
 JOHNNY
 FABIOLA
 MARIELA
 DIANA

4

En la oficina de Aguayo…

MARIELA ¿Necesita ayuda?

AGUAYO No logro hacer que funcione.

MARIELA Creo que Diana tiene una pequeña caja de herramientas.

AGUAYO ¡Cierto!

5

Más tarde, en la cocina…

AGUAYO El señor de la limpieza dejó un recado diciendo que estaba enfermo. Voy a pasar la aspiradora a la hora del almuerzo. Si alguien desea ayudar…

9

Fabiola y Johnny llegan a la oficina. Mariela está terminando de limpiar.

MARIELA Si gustan, quedan dos dulces en la cocina. Están riquísimos… *(habla para sí misma refiriéndose a la botella de aerosol)* Y no hubiera sido mala idea echarles un poco de esto.

10

Johnny y Fabiola vuelven de la cocina.

JOHNNY Qué descortés eres, Fabiola. Si yo hubiera llegado primero, te habría dejado el dulce grande a ti.

FABIOLA ¿De qué te quejas, entonces? Tienes lo que querías y yo también.

Expresiones útiles

Agreeing or disagreeing with a prior statement

Lo mismo digo yo. *The same here.*

¡Cierto! *Sure!*

¡Por supuesto! *Of course!*

¡Cómo no! *Of course!*

No creas. *Don't you believe it.*

¡Qué va! *Of course not!*

¡Ni modo! *No way!*

Expressing strong dislikes

¡Odio… ! *I hate…!*

¡No me gusta nada… ! *I don't like . . . at all!*

Detesto… *I detest…*

No soporto… *I can't stand…*

Estoy harto/a de… *I am fed up with…*

Additional vocabulary

ajeno *somebody else's*

andar *to be (doing something), to walk*

caja de herramientas *toolbox*

ladrón/ladrona *thief*

la mitad *half*

premiar *to give a prize*

Apuntes culturales Los horarios de las tiendas, correos y bancos de los países de habla hispana son diferentes a los de los Estados Unidos. Los bancos suelen abrir de las diez de la mañana a las tres de la tarde, y no abren los sábados. Siguiendo la tradición de la siesta, muchas tiendas cierran para el almuerzo, abren a las cuatro o cinco y cierran muy tarde. Con las vacaciones sucede algo curioso. Como todos suelen tomar vacaciones al mismo tiempo, hay meses en que la actividad de todo un país o ciudad disminuye. *En tu opinión ¿qué establecimiento tiene el horario de atención más inapropiado?*

Comprensión

(1) Relacionar Escribe oraciones que conecten las frases de las dos columnas usando **porque**.

1. Diana odia los fines de semana… _____
2. Diana quiere ir de compras con su hija… _____
3. Fabiola dice que tengan cuidado en las tiendas… _____
4. Fabiola no fue a la policía… _____
5. Aguayo pasará la aspiradora… _____
6. Aguayo no prueba los dulces… _____

a. está a dieta.
b. el ladrón usa la tarjeta de crédito menos que ella.
c. hace dos meses le robaron la tarjeta de crédito.
d. el señor que limpia está enfermo.
e. no quiere que gaste mucho dinero.
f. durante esos días discute mucho con su familia.

(2) ¿Cierto o falso? Decide si lo que afirman las siguientes oraciones es **cierto** o **falso**. Corrige las oraciones falsas.

	Cierto	Falso
1. Fabiola tiene tres hijos, un marido y una suegra.	☐	☐
2. A Fabiola le robaron la tarjeta de crédito.	☐	☐
3. Éric fue al banco por la mañana.	☐	☐
4. Aguayo probará los dulces más tarde.	☐	☐
5. Aunque está a dieta, Diana prueba los dulces.	☐	☐
6. Mariela echó un poco de aerosol a los dulces.	☐	☐
7. Diana tiene una caja de herramientas.	☐	☐
8. Johnny le dejó el dulce grande a Fabiola.	☐	☐

(3) Seleccionar Selecciona la oración más adecuada para reemplazar lo dicho por los personajes de la **Fotonovela**.

1. Odio los lunes.
   a. No soporto los lunes.   b. No detesto los lunes.   c. Me gustan los lunes.

2. Tengo una agenda muy llena para el almuerzo.
   a. Tengo un almuerzo.   b. Tengo muchas tareas a la hora del almuerzo.   c. No tengo mi agenda.

3. Tienes lo que quieres.
   a. Tu deseo se cumplió.   b. Tienes razón.   c. Te quiero.

Ampliación

4 **Razones falsas** Aguayo les pide a sus compañeros que lo ayuden a limpiar la oficina, pero ellos le dicen que no pueden y le mienten. ¿Qué preguntas puedes hacerles a éstos para descubrir sus mentiras? Escribe las preguntas. Después, en grupos de cinco, dramaticen la situación: uno/a de ustedes es Aguayo y los/las otros/as son los compañeros. Luego, cambien los papeles.

5 **Excusas** En parejas, escriban una excusa cortés y una respuesta descortés para evitar hacer lo que les piden.

> MODELO
>
> En casa, la madre le pide a la hija: "Tienes que ir al banco a depositar el cheque."
> Excusa cortés: "Lo siento, tengo que estudiar para un examen."
> Respuesta descortés: "¡Detesto ir al banco! ¡No quiero ir!"

1. En la oficina, un compañero le pide a otro: "Por favor, responde el teléfono".
2. En la clase de español, un compañero le pregunta a otro: "¿Qué significa esa palabra?"
3. En casa, un hermano le pide a su hermana: "¿Llevas mi ropa al lavadero?"
4. En un restaurante, una amiga le pide a otra: "¿Puedes pagar mi café?"
5. En la calle, una persona le pregunta a otra la hora.
6. En la fábrica, un empleado le pide permiso al jefe para salir más temprano.

6 **Opinar** Trabajen en grupos. Discutan sobre las siguientes preguntas. Si es posible, den ejemplos de situaciones de la vida diaria.

1. ¿Debemos dar excusas falsas? ¿Por qué?
2. ¿Es mejor decir la verdad siempre? ¿Por qué?

7 **Acuerdos y desacuerdos** Johnny y Fabiola son amigos. En la columna de Fabiola están algunas respuestas que ella le dio a Johnny en el pasado. En parejas, discutan y escriban en la primera columna qué dijo Johnny probablemente para que Fabiola le contestara así. Comparen sus respuestas con las de otros/as compañeros/as.

Johnny

Fabiola

1. _____
2. _____
3. _____
4. _____
5. _____
6. _____

a. —No creas, detesta ir al teatro.
b. —¡Por supuesto! Es el mejor.
c. —¡Cómo no! Lo voy a hacer con mucho gusto.
d. —¡Ni modo! No quiero ir contigo.
e. —Lo mismo digo yo.
f. —¡Qué va! A ella no le gusta.

De compras en las tiendas de departamentos

Los empleados de *Facetas* aprovechan la hora del almuerzo para hacer diligencias. Cuando necesitan comprar algo, van a las tiendas de departamentos porque son el mejor sitio para ir de compras cuando tienes poco tiempo.

Si quieres comprar un regalo original, y no tienes una idea clara de lo que buscas ni mucho tiempo a tu disposición, ¿adónde prefieres ir: a una tienda tradicional o a una tienda de departamentos? En éstas últimas, seguramente, encontrarás lo que buscabas.

En los países de habla hispana existen muchas tiendas de departamentos donde puedes encontrar realmente de todo. Además, puedes disfrutar de una excelente comida en un restaurante, planear tus vacaciones en la agencia de viajes e incluso ir a la peluquería y, todo esto, sin salir del edificio.

En general, estos establecimientos siguen el modelo estadounidense. La satisfacción y la fidelidad al cliente son lo primero; el servicio es excelente; la gran oferta de productos y el horario de apertura son más amplios que los de las tiendas tradicionales. El trato entre el cliente y el vendedor es, sin embargo, más impersonal y frío. La gran ventaja para el cliente es la comodidad, porque en un mismo sitio está todo lo que necesita. Al fin y al cabo, hoy día, la prioridad para muchos es el ahorro del tiempo.

Si estás en España, no te pierdas *El Corte Inglés*, el sitio de compras por excelencia, donde puedes pasarte un día entero sin darte cuenta. La atención al cliente es personalizada y el sistema de pago es flexible. En esta tienda de departamentos se venden muchos productos: ropa, comida,

De compras

computadoras, libros, discos compactos, etc. Cuenta incluso con una fundación privada dedicada a actividades culturales y deportivas.

Si estás de viaje por Hispanoamérica, no dejes de visitar Falabella, la tienda de departamentos más grande de Suramérica, con sucursales en Chile, Argentina y Perú.

la apertura	opening
amplio	wide
el trato	relationship
el ahorro	saving
la sucursal	branch
la empresa	company

Anuncio de El Corte Inglés

El almuerzo y sus horarios

Almuerzo con los amigos

Los empleados de *Facetas* tienen dos horas para almorzar. Aunque esta costumbre está cambiando, todavía algunas empresas en los países hispanos dan dos o tres horas a sus empleados para el almuerzo.

Los horarios del almuerzo varían de país a país. ¿Crees que puedes almorzar en España a las 12 del mediodía? Seguramente será muy difícil comer en un restaurante a esa hora. Allí el almuerzo se sirve entre la una y las tres de la tarde. En Argentina, Chile, Colombia y México, por otro lado, se almuerza generalmente entre las 12 y las 2 de la tarde.

Por lo general, se puede decir que en el mundo hispano las familias se siguen reuniendo para el almuerzo, pues éste es un buen momento para socializar. En muchos países, por ejemplo, los miembros de las familias suelen vivir cerca y se reúnen los fines de semana para almorzar.

- Aunque la costumbre de dormir una breve siesta se va perdiendo, debido al cambio de horarios de muchas empresas, todavía se mantiene con vigor en muchos países.

- Unos platos españoles que se están haciendo muy populares son las típicas tapas, que consisten en pequeños aperitivos hechos con una gran variedad de ingredientes.

- Un hábito muy común en México consiste en desayunar un café. Aproximadamente a las 11 de la mañana se come una buena ración de tacos. A esta comida se le llama almuerzo. La comida principal se da entre las 2 y las 4 de la tarde.

- El ubicuo pan se sustituye por otros alimentos en muchas regiones hispanas. En Venezuela y Colombia, por ejemplo, muchas veces se reemplaza por las arepas, mientras que en México se acompaña la comida con las tortillas.

Coméntalo

Reúnete con varios compañeros/as de clase y conversa sobre los siguientes temas.

1. ¿Les gusta ir de compras?¿Por qué?
2. ¿Dónde prefieren comprar: en las tiendas tradicionales o en las tiendas de departamentos?
3. ¿Qué comidas típicas de los países hispanos conocen? Hagan una lista y compártanla con la clase.
4. ¿Les gustaría comer todos los días con la familia o los amigos? ¿Por qué?

3.1 The preterite tense

¿Te acuerdas? Spanish has two simple tenses to indicate actions in the past: the preterite and the imperfect. The preterite is used to describe actions or states that began or were completed at a definite time in the past.

▶ The preterite tense of regular verbs is formed by dropping the infinitive ending (**–ar, –er, –ir**) and adding personal endings. The endings of regular **–er** and **–ir** verbs are identical in the preterite tense.

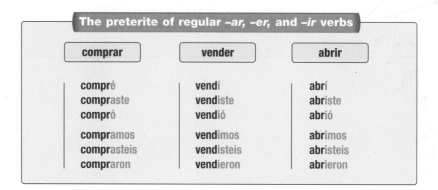

▶ Verbs that end in **–car, –gar,** and **–zar** have a spelling change in the **yo** form of the preterite. Otherwise they are regular.

▶ **Caer, creer, leer,** and **oír** change **–i–** to **–y–** in the **él, ella,** and **usted** forms and in the **ellos, ellas,** and **ustedes** forms of the preterite. They also require a written accent on the **–i–** in all other forms.

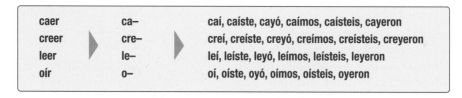

▶ Verbs with infinitives ending in **–uir** change **–i–** to **–y–** in the **él, ella,** and **usted** forms and in the **ellos, ellas,** and **ustedes** forms of the preterite.

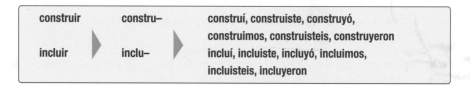

▶ Stem-changing **–ir** verbs also have a stem change in the **él, ella,** and **usted** form and in the **ellos, ellas,** and **ustedes** form of the preterite. Stem changing **–ar** and **–er** verbs are regular.

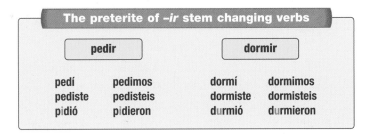

The preterite of *–ir* stem changing verbs

pedir		dormir	
pedí	pedimos	dormí	dormimos
pediste	pedisteis	dormiste	dormisteis
pidió	pidieron	durmió	durmieron

¡ATENCIÓN!

–ir stem-changing verbs include:

conseguir	repetir
consentir	seguir
hervir	sentir
morir	servir
preferir	

▶ A number of **–er** and **–ir** verbs have irregular preterite stems. Notice that none of these verbs takes a written accent on the preterite endings.

Preterite of irregular verbs

INFINITIVE	U-STEM	PRETERITE FORMS
andar	anduv–	anduve, anduviste, anduvo, anduvimos, anduvisteis, anduvieron
estar	estuv–	estuve, estuviste, estuvo, estuvimos, estuvisteis, estuvieron
haber	hub–	hube, hubiste, hubo, hubimos, hubisteis, hubieron
poder	pud–	pude, pudiste, pudo, pudimos, pudisteis, pudieron
poner	pus–	puse, pusiste, puso, pusimos, pusisteis, pusieron
saber	sup–	supe, supiste, supo, supimos, supisteis, supieron
tener	tuv–	tuve, tuviste, tuvo, tuvimos, tuvisteis, tuvieron

INFINITIVE	I-STEM	PRETERITE FORMS
hacer	hic–	hice, hiciste, hizo, hicimos, hicisteis, hicieron
querer	quis–	quise, quisiste, quiso, quisimos, quisisteis, quisieron
venir	vin–	vine, viniste, vino, vinimos, vinisteis, vinieron

INFINITIVE	J-STEM	PRETERITE FORMS
conducir	conduj–	conduje, condujiste, condujo, condujimos, condujisteis, condujeron
decir	dij–	dije, dijiste, dijo, dijimos, dijisteis, dijeron
traducir	traduj–	traduje, tradujiste, tradujo, tradujimos, tradujisteis, tradujeron
traer	traj–	traje, trajiste, trajo, trajimos, trajisteis, trajeron

¡ATENCIÓN!

Ser, ver, ir, and **dar** also have irregular preterites. The preterite forms of **ser** and **ir** are identical.

ser/ir
fui, fuiste, fue, fuimos, fuisteis, fueron

dar
di, diste, dio, dimos, disteis, dieron

ver
vi, viste, vio, vimos, visteis, vieron

▶ Notice that the stem of **decir (dij–)** not only ends in **j,** but the stem vowel **e** changes to **i.** In the **él, ella,** and **usted** form of **hacer (hizo), c** changes to **z** to maintain the pronunciation. Most verbs that end in **–cir** have **j**-stems in the preterite.

Práctica

(1) Quehaceres Escribe la forma correcta del pretérito de los verbos indicados.

1. El sábado pasado mis compañeros de apartamento y yo _____ (hacer) la limpieza semanal.

2. Jorge _____ (barrer) el suelo de la cocina.

3. Yo _____ (pasar) la aspiradora por el salón.

4. Mariela y Felisa _____ (quitar) los sillones para limpiarlos y después los _____ (volver) a poner en su lugar.

5. Yo _____ (lavar) toda la ropa sucia y la _____ (poner) en el armario.

6. Nosotros _____ (terminar) con todo en menos de una hora.

7. Luego, Mariela _____ (abrir) el refrigerador.

8. Ella _____ (ver) que no había nada de comer. ¿Cómo _____ (ser) posible?

9. Felisa _____ (decir) que iría al supermercado. Todos nosotros _____ (decidir) acompañarla.

10. Yo _____ (apagar) las luces y nos _____ (ir) al mercado.

(2) ¿Ya lo hiciste? En parejas, imaginen que acaban de volver del supermercado. Uno/a de ustedes hace preguntas un poco impertinentes. El/La otro/a contesta que ya lo hizo.

> **MODELO**
>
> sacar las bolsas del carro
> —¿Sacaste las bolsas del carro?
> —Sí. Ya saqué las bolsas del carro.

1. traer las bolsas a la cocina
2. poner las latas en el armario
3. poner el helado en el refrigerador
4. abrir el paquete de galletas
5. hervir agua para hacer café
6. poner la cantidad apropiada de café
7. sacar el cartón de leche
8. encontrar el azúcar

(3) ¿Qué hicieron? Combina palabras y frases de cada columna para narrar lo que hicieron las siguientes personas.

yo	asombrarse de	anoche
mi compañero/a de cuarto	atreverse a	anteayer
mis amigos	conseguir	ayer
el/la profesor(a) de español	dar	la semana pasada
mi novio/a	decir	una vez
	estar	dos veces
	extrañarse de	
	ir	
	pedir	
	tener que	

Comunicación

4 **La semana pasada** Averigua lo que hicieron tus compañeros de clase durante la semana pasada. Pasea por el salón de clases haciéndoles las siguientes preguntas a tus compañeros. Anota el nombre del primero que conteste que sí a las preguntas.

MODELO ir al cine
—¿Fuiste al cine durante la semana pasada?
—Sí, fui al cine y vi la última película de Spielberg.
—No, no fui al cine.

Actividades	Nombre
asistir a un partido de fútbol	_____
conseguir una buena nota en una prueba	_____
conducir tu carro a la universidad	_____
dar un consejo a un(a) amigo/a	_____
dormirse en una clase o laboratorio	_____
estar enfadado/a con un amigo/a	_____
estudiar toda la noche para un examen	_____
hacer una tarea dos veces	_____
ir a la oficina de un(a) profesor(a)	_____
pedir dinero prestado	_____
perder algo importante	_____
tener que comer en un restaurante cada noche	_____
ver tres programas de televisión seguidos	_____

5 **Una fiesta** En parejas, túrnense para comentar la última fiesta que dieron o a la que asistieron.

- cuál fue la ocasión
- cuándo fue
- quiénes fueron y quiénes no pudieron ir
- qué se sirvió
- quién lo preparó
- qué tipo de música había
- qué hicieron los invitados

6 **¿Qué haces en el hogar?**

A. Haz una lista de diez quehaceres que hiciste el mes pasado en tu apartamento, casa o residencia.

B. En parejas, túrnense para preguntarse si hicieron los mismos quehaceres.

C. Describan a la clase lo que hizo su compañero/a. Luego, la clase decide quién es el/la más trabajador(a).

3.2 The imperfect tense

¿Te acuerdas? The imperfect tense in Spanish is used to narrate past events without focusing on their beginning, end, or completion.

El recado decía que él estaba enfermo.

Siempre tenía problemas con la aspiradora.

▶ The imperfect tense of regular verbs is formed by dropping the infinitive ending (**–ar, –er, –ir**) and adding personal endings. **–Ar** verbs take the endings **–aba, –abas, –aba, –ábamos, –abais, –aban. –Er** and **–ir** verbs take **–ía, –ías, –ía, –íamos, –íais, –ían.**

The imperfect of regular –ar, –er, and –ir verbs		
caminar	**deber**	**abrir**
camin**aba**	deb**ía**	abr**ía**
camin**abas**	deb**ías**	abr**ías**
camin**aba**	deb**ía**	abr**ía**
camin**ábamos**	deb**íamos**	abr**íamos**
camin**abais**	deb**íais**	abr**íais**
camin**aban**	deb**ían**	abr**ían**

¡ATENCIÓN!

The imperfect of **hay** is **había.** There is no plural form.

Había tres cartas en el buzón.
There were three letters in the mailbox.

Sólo había un vestidor en la tienda.
There was only one fitting room in the store.

▶ **Ir, ser,** and **ver** are the only verbs that are irregular in the imperfect.

ir	iba, ibas, iba, íbamos, ibais, iban
ser	era, eras, era, éramos, erais, eran
ver	veía, veías, veía, veíamos, veíais, veían

▶ The imperfect tense narrates *what was going on* at a certain time in the past. It often indicates what was happening in the background.

Mi hermana y yo nos llevábamos muy mal, especialmente cuando **íbamos** de compras.
Ella siempre **elegía** las cosas que no me **iban a** gustar…
My sister and I did not get along very well, especially when we went shopping.
She always chose things that I wouldn't like…

Práctica y Comunicación

 1 **Antes** En parejas, túrnense *(take turns)* para hacerse preguntas usando las frases. Sigan el modelo.

> **MODELO** levantarse tarde los lunes
> —¿Te levantas tarde los lunes?
> —Ahora sí, pero antes nunca me levantaba tarde los lunes.
> —Ahora no, pero antes siempre me levantaba tarde los lunes.

1. hacer los quehaceres del hogar
2. cocinar para los amigos
3. ir de compras al centro comercial
4. pagar con tarjeta de crédito
5. preocuparse por el futuro

2 **Antes y ahora** En parejas, comparen cómo ha cambiado la vida de Andrés en los últimos años. ¿Cómo era antes? ¿Cómo es ahora?

ANTES

AHORA

 3 **¿Y ustedes?**

A. Busca a los/las compañeros/as que hacían estas cosas cuando eran niños/as. Escribe el nombre del/de la primero/a que conteste afirmativamente cada pregunta.

Nombre	¿Qué hacían?
_____	tenía miedo de los monstruos y fantasmas de los cuentos.
_____	lloraba todo el tiempo.
_____	siempre hacía la cama.
_____	era muy travieso/a *(mischievous)*.
_____	rompía los juguetes.
_____	le hacía muchos regalos a sus padres.
_____	comía muchos dulces.

B. Ahora, comparte con la clase los resultados de tu búsqueda.

3.3 The preterite and the imperfect

¿Te acuerdas? Although the preterite and imperfect both express past actions or states, the two tenses have different uses and, therefore, are not interchangeable.

¿Cómo lograste encender la aspiradora? Antes no funcionaba.

Fácil... Me acordé de mi ex.

Uses of the preterite

▶ To express actions or states viewed by the speaker as completed.

Compraste los muebles hace un mes.
You bought the furniture a month ago.

Mis amigas **fueron** al centro comercial ayer.
My girlfriends went to the mall yesterday.

▶ To express the beginning or end of a past action.

La telenovela **empezó** a las ocho.
The soap opera began at eight o'clock.

El café **se acabó** enseguida.
The coffee ran out right away.

▶ To narrate a series of past actions.

Me levanté, **limpié** la casa y **fui** al cine.
I got up, cleaned the house, and went to the movies.

Se sentó, **puso** las noticias y **se durmió**.
He sat down, turned on the news, and fell asleep.

Uses of the imperfect

▶ To describe an ongoing past action without reference to beginning or end.

Se acostaba muy temprano.
He went to bed very early.

Juan **tenía** pesadillas constantemente.
Juan constantly had nightmares.

▶ To express habitual past actions.

Me gustaba jugar fútbol los domingos.
I used to like to play soccer on Sundays.

Solían comprar las verduras en el mercado.
They used to shop for vegetables in the market.

▶ To describe mental, physical, and emotional states or conditions.

Sólo **tenía** quince años en aquel entonces.
He was only fifteen years old then.

Estaba tan hambriento que quería comerme un pollo entero.
I was so hungry that I wanted to eat a whole chicken.

▶ To tell time.

Eran las ocho y media de la mañana.
It was eight-thirty a.m.

Era la una en punto.
It was exactly one o'clock.

The preterite and imperfect used together

▶ In narrative in the past, the imperfect narrates *what was going on* or *what was happening in the background*, when it was interrupted by another action, expressed by the preterite.

Mientras **estudiaba sonó** la alarma contra incendios. Me **levanté** de un salto y **miré** el reloj. **Eran** las 11:30. **Salí** corriendo de mi cuarto. En el pasillo **había** más estudiantes. La alarma **seguía** sonando. **Bajamos** las escaleras y, al llegar a la calle, me **di** cuenta de que **hacía** un poco de frío. No **tenía** un suéter. De repente, la alarma **dejó** de sonar. No **había** ningún incendio.

*While I **was studying** the fire alarm **went off**. I **jumped up** and **looked** at the clock. It was 11:30. I **ran out** of my room. In the hall **there were** more students. The alarm **continued** to blare. We **rushed** down the stairs and, when we got to the street, I **realized** that it **was** a little cold. I **didn't have** a sweater. Suddenly, the alarm **stopped**. **There was** no fire.*

¡ATENCIÓN!

Here are some transitional words useful for clarity when narrating past events.

primero *first*

al principio *in the beginning*

antes (de) *before*

después (de) *after*

mientras *while*

entonces *then*

luego *then, next*

siempre *always*

al final *finally*

la última vez *the last time*

Different meanings in the imperfect and preterite

Quise encender la aspiradora, pero no pude.

Supe que el señor que limpia está enfermo.

▶ The verbs **querer, poder, saber,** and **conocer** have different meanings when they are used in the preterite. Notice also the meanings of **no querer** and **no poder** in the preterite.

INFINITIVE	IMPERFECT	PRETERITE
querer	**Quería acompañarte.** *I wanted to come with you.*	**Quise acompañarte.** *I tried to come with you (but failed).* **No quise acompañarte.** *I refused to come with you.*
poder	**Ana podía hacerlo.** *Ana could do it.*	**Ana pudo hacerlo.** *Ana succeeded in doing it.* **Ana no pudo hacerlo.** *Ana could not do it.*
saber	**Ernesto sabía la verdad.** *Ernesto knew the truth.*	**Por fin Ernesto supo la verdad.** *Ernesto finally discovered the truth.*
conocer	**Yo ya conocía a Andrés.** *I already knew Andrés.*	**Yo conocí a Andrés en la fiesta.** *I met Andrés at the party.*

Práctica

1 **Interrupciones** Elena y Francisca tenían invitados a cenar y lo estaban preparando todo. Completa las oraciones con el imperfecto o el pretérito.

averiguar	freír	ofrecer	salir
bostezar	haber	pasar	ser
decir	levantar	preparar	terminar
estar	llamar	quitar	tocar

1. _____ las ocho cuando Francisca y Elena se _____ para preparar todo.

2. Elena _____ la aspiradora cuando Felipe la _____ preguntando la hora de la cena. Le _____ que _____ a las diez y media.

3. Francisca _____ las tapas en la cocina. Todavía_____ temprano. _____ varias veces mientras _____ las papas en aceite.

4. Elena _____ el polvo de los muebles, cuando su madre _____ la puerta. ¡_____ una visita sorpresa!

5. Su madre se _____ a ayudar. Elena _____ que sí.

6. Cuando Francisca _____ de hacer las tapas, _____ si _____ suficientes refrescos. No había. Francisca _____ al supermercado.

7. Cuando por fin _____ los preparativos, ya _____ las nueve y media. Todo _____ listo.

2 **La última vez** Indica cuándo hiciste por última vez las siguientes cosas. Utiliza algunas de las palabras y frases de la lista. Sigue el modelo.

MODELO
> llorar viendo una película
> —La última vez que lloré viendo una película fue en 1998. La película fue *Gandhi*.

1. escribir un correo electrónico	5. perder una llave
2. decir una mentira	6. oír una buena/mala noticia
3. olvidar algo importante	7. tener una sorpresa
4. perderte en una ciudad	desagradable/agradable

ayer	en el año 19..	nunca
anteayer	el mes pasado	cuando estaba de vacaciones
anoche	cuando era niño	

Comunicación

③ **Cuatro fechas importantes**

A. Escribe cuatro fechas importantes en tu vida. ¿Qué te pasó? ¿Dónde estabas? ¿Con quién?

Fecha	¿Qué pasó?	¿Con quién estabas?	¿Dónde estabas?	¿Qué tiempo hacía?
el 6 de agosto de 1998.	Tuve un accidente de carro.	Estaba con un amigo.	Estábamos en la autopista que va a Cuernavaca.	Llovía mucho.

B. Intercambia tu información con tres compañeros/as. Ellos te van a hacer preguntas sobre lo que pasó.

④ **La mañana de Herlinda**

A. En parejas observen los dibujos.

1.

2.

3.

4.

B. Escriban lo que le pasó a Herlinda. Utilicen el pretérito y el imperfecto en la narración.

C. Con dos parejas más, túrnense para presentar las historias que han escrito. Hagan preguntas a sus compañeros sobre sus historias.

3.4 Adverbs

¿Te acuerdas? Adverbs describe *how*, *when*, and *where* actions take place. They can modify verbs, adjectives, and even other adverbs.

▶ Many Spanish adverbs are formed by adding the suffix **–mente** to the feminine singular form of an adjective. The **–mente** ending is equivalent to the English ending *–ly*.

ADJECTIVE	FEMININE FORM	SUFFIX	ADVERB
básico	básica	–mente	básicamente *basically*
cuidadoso	cuidadosa	–mente	cuidadosamente *carefully*
enorme	enorme	–mente	enormemente *enormously*
hábil	hábil	–mente	hábilmente *cleverly; skillfully*

▶ Adverbs generally follow the verbs they modify and precede the adjectives they modify.

Isabel cocina **maravillosamente**.
Isabel cooks wonderfully.

Está **completamente** feliz en su nuevo hogar.
She is completely happy in her new home.

▶ If two or more adverbs modify the same verb, only the final adverb in the sentence or phrase uses the suffix **–mente.**

Se marchó **lenta** y **silenciosamente**.
He left slowly and silently.

Tocaron el timbre **rápida** e **insistentemente**.
They rang the bell rapidly and insistently.

▶ The construction **con** + [*noun*] is often used instead of long adverbs that end in **–mente.**

cuidadosamente = con cuidado

frecuentemente = con frecuencia

Common adverbs and adverbial phrases

a escondidas *secretly; clandestinely*	**apenas** *hardly; scarcely*	**de improviso** *unexpectedly*
a menudo *frequently; often*	**así** *like this; so*	**de vez en cuando** *now and then*
a tiempo *on time*	**bastante** *sufficiently*	**en aquel entonces** *at that time*
a veces *sometimes*	**casi** *almost*	**en el acto** *immediately; on the spot*
	de costumbre *usually*	

▶ The adverbs **poco** and **bien** frequently modify adjectives. In these cases, **poco** is often the equivalent of the English prefix *un–*, while **bien** conveys the meaning of *well, very, rather* or *quite.*

La situación está **poco** clara.
The situation is unclear.

La cena estuvo **bien** rica.
Dinner was very tasty.

Práctica y Comunicación

 1 **Instrucciones para ser feliz** Elige el adjetivo apropiado para cada ocasión y después completa la oración con el adverbio correspondiente a ese adjetivo. Hay dos adjetivos que no se usan.

cuidadoso
triste
tranquilo
enorme
frecuente
inmediato
malo

1. Tienes que amar a tu pareja _____.

2. Tienes que salir por la noche _____.

3. Debes gastar el dinero _____.

4. Si le haces daño a alguien, debes pedir perdón _____.

5. Desayuna todas las mañanas _____.

 2 **¿Cuántas veces?** Trabajen en parejas. Usen los elementos de las dos columnas para preguntarse con qué frecuencia hacían estas cosas el año pasado.

ACTIVIDAD

limpiar tu habitación
desayunar sólo café
comer hamburguesas
hacer un examen sin estudiar
afeitarte la cabeza
llegar temprano a clase

FRECUENCIA

nunca
casi nunca
a veces
con frecuencia
casi siempre
siempre

3 **Conversar** En parejas, tienen que escribir un diálogo inspirado en la ilustración. Ellos se acaban de conocer y quieren saber qué hábitos y gustos tiene el/la otro/a. Utilicen adverbios en su conversación. Cuando hayan terminado, representen la conversación delante de la clase.

A conversar

La vida, antes y ahora

 A Trabajen en grupos pequeños para leer el texto.

Nací y me crié en Clemente, Argentina. Mi abuelo árabe Elías Chaina llegó a ese lugar a principios de siglo allá por 1910, y se instaló, quizás porque esas piedras y lo desértico de la estepa° patagónica le recordaban a su querido Harajel, allá en el monte libanés.

steppe

A ese lugar fue llegando gente de muchas partes, de los cuales la mayoría venía siguiendo las vías del ferrocarril°. Así se fueron mezclando° con las familias que habitaban la zona.

railways/integrating

Y entre locomotoras, piedras y vías se fueron mezclando y formaron el pueblo. Ahí nomás, bien cerquita de las vías del ferrocarril. Todos juntitos.

Vivieron en ese lugar trabajando, luchando° por la vida, criaron° a sus hijos, pensaron en un futuro, soñaron° y albergaron esperanzas°.

struggling/raised
dreamt/had hopes

Ésta es una parte de la historia.

La llegada y el desarrollo° del ferrocarril marcaron un momento importante en el crecimiento° y prosperidad en nuestro país. La expansión de sus vías permitió un inmenso progreso en todos los terrenos, fundamentalmente en la comunicación.

development
growth

 B Con el grupo, contesten las siguientes preguntas.

1. ¿De dónde era el abuelo?
2. ¿Cómo era el pueblo?
3. ¿Qué importancia tuvo el tren para el desarrollo del pueblo?
4. ¿Cómo fue la vida de sus abuelos?

 C Con el grupo, completen la siguiente tabla. Tienen que comparar su vida con la vida que vivieron sus abuelos cuando tenían la edad que tienen ustedes ahora.

	Sus Abuelos	Ustedes
Las relaciones sentimentales		
Los fines de semana		
Las comodidades del hogar		
La importancia de la comunicación		
El trabajo fuera de casa		

 D Con toda la clase, discutan sobre las siguientes preguntas.

- ¿Qué sociedad es mejor, la de ustedes o la de sus abuelos? ¿Por qué?
- ¿Es importante el amor en el matrimonio? ¿Por qué?
- ¿Era la gente más feliz en el pasado? Razonen sus respuestas.

A escribir

Una anécdota del pasado

Sigue el **Plan de redacción** para contar una anécdota que te haya ocurrido en el pasado. Haz una lista de sucesos divertidos, dramáticos, etc. que te ocurrieron y que rompieron tu rutina diaria. Selecciona el que te parezca más interesante y escribe una composición. Recuerda que debes utilizar el pretérito para las acciones y el imperfecto para las descripciones.

Acciones	Descripciones

Plan de redacción

Título Elige un título que capte la atención del lector. Puede ser un título breve, de una palabra, o puede ser una frase. Si prefieres una frase, ésta tiene que sugerir el contenido de tu historia, pero no tiene que dar mucha información.

Presentación Empieza tu composición explicando qué estaba pasando cuando ocurrió el suceso.

- cuándo ocurrió
- dónde estabas
- explica si estabas con alguien o estabas solo/a
- cuenta lo que pasó

Anécdota Cuenta la anécdota. Usa expresiones como las siguientes.

al final	finalmente
al principio	hace un mes
después	luego
entonces	todo empezó

Conclusión Termina tu historia resumiendo muy brevemente qué pasó y lo que sentiste en esa ocasión.

La siesta, 1943.
Antonio Berni. Argentina.

*Tras el vivir y el soñar, está lo que
más importa: el despertar.*

— Antonio Machado

Antes de leer

Anónimo
Esther Díaz Llanillo

Conexión personal
Todos, en alguna ocasión, nos hemos sentido solos. Algunos sociólogos opinan que la soledad es cada vez más frecuente entre los habitantes de las grandes ciudades norteamericanas. ¿Crees que es verdad? ¿Cuándo prefieres estar solo? ¿Cuándo prefieres estar con otras personas?

Prefiero estar solo/a cuando...	Gozo de la compañía de otros cuando...

Contexto cultural
"Anónimo" is set in contemporary Cuba. Shortly after the Cuban Revolution, the Cuban government established a system of neighborhood vigilance committees; these committees were made up of people who received better housing and access to consumer goods, in return for keeping tabs on their neighbors. Can you find any details that suggest this atmosphere in the story?

Análisis literario: el suspenso
An author uses suspense (**el suspenso**) to create tension and excitement for the reader. As you read "Anónimo," note how the preterite contrasts with the imperfect to produce elements of suspense.

Estrategia de lectura: sacar conclusiones
A reader draws conclusions (**sacar conclusiones**) by gathering information and then making an inference. These conclusions may be based on details presented in the text or on the reader's previous inferences. Personal experience, prior knowledge of the author's work or contemporaries, or familiarity with a particular type of literature can also help a reader draw conclusions about the piece he or she is reading.

Vocabulario

adivinar *to guess*	**el peldaño** *step*
la amenaza *menace*	**el/la remitente** *sender*
asombrar *to amaze*	**el sobre** *envelope*
estrecho/a *narrow*	**vigilar** *to watch*

Esther Díaz Llanillo

Hoja de vida

1934 Nace en La Habana, Cuba

1964 Su obra es publicada en la antología *Nuevos cuentos cubanos*

1998 Publica en la antología *Cubana*

2000 Publica en la antología *Cuentistas cubanas contemporáneas*

Sobre el autor

Esther Díaz Llanillo es colaboradora habitual en muchas revistas especializadas de literatura como *Casa de las Américas* y *Gaceta de Cuba*. Se doctoró en Filosofía y Letras y actualmente trabaja en la biblioteca de la Universidad de La Habana. Sus cuentos aparecen con frecuencia en las antologías de cuentistas cubanas.

Anónimo

1   Aquella mañana se levantó temprano y, sin calzarse, casi dormido, avanzó hacia la cocina hambriento.

    Era la suya una habitación peculiar; vivía en una buhardilla°, al final de una larga escalera que trepaba por la parte posterior de la casa, como

5   una culebra°, los peldaños eran tan estrechos que uno temía haber sobrepasado las proporciones normales de un ser humano, pues podía resbalar y caerse con suma facilidad; por otra parte, la escalera vibraba sospechosamente a cada paso, y esto, unido a la insegura barandilla de hierro°, hacía pensar que la vida del que se atrevía a utilizarla se hallaba

10   en constante peligro. Como el cartero no compartía estos arrestos°, ni por vocación de su oficio, solía dejarle la correspondencia junto al primer apartamento de la planta baja del edificio, en una cajita de madera incrustada en la pared°.

attic apartment

snake

iron banister

didn't share his energy

set in the wall

Le gustaba vivir allí, donde nadie lo molestaba, ni ruidos ni personas.

15 No me atrevía a asegurar que aquello pudiera considerarse un hogar en el sentido exacto de la palabra: un cuadrilátero aprisionado entre cuatro paredes; dentro de él, a la izquierda de la puerta, otro cuadrilátero más pequeño hacía de baño en condiciones tan reducidas que nos asombraba que cupiera en él un ser humano. Al final de un rectángulo, con

20 pretensiones de corredor, estaba la sala-cuarto-cocina. De primera intención, lo que se percibía era una hornilla eléctrica° sobre una mesa donde se amontonaban° platos, cubiertos°, un vaso, una taza con lápices, un portarretrato con el asombroso perfil de Michele Morgan° y una fina capa° de polvo de varios días. La cama era a la vez sofá. En las paredes

25 de madera había fotografías de otras actrices, un cartel de propaganda y programas de teatro.

Cuando me dieron aquella noticia de él, traté de reconstruir los hechos colocándome en su lugar; me basé en lo que pude adivinar de él en tan poco tiempo, pues trabajamos juntos en la misma oficina durante

30 cuatro meses, ambos como mecanógrafos°, y no creo que este trabajo nos diera grandes oportunidades de conocernos. Sin embargo, creo poder reconstruir lo que pasó en aquellos días...

Esa mañana se levantó temprano, según dije. Al encender la hornilla para calentar el café le asombró descubrir un pequeño sobre blanco

35 debajo de la puerta. Le extrañó que alguien se hubiera tomado el trabajo de subirlo hasta allí. Cogió el sobre y leyó: "Sr. Juan Ugarte Ruedas", escrito a mano, con una letra temblorosa e irregular. Inmediatamente rompió uno de los extremos y extrajo la carta, que decía con la misma letra del sobre: "Nombre: Juan Ugarte Ruedas. Edad: 34 años. Señas:

40 Una pequeña marca tras la oreja derecha, producto de una caída cuando niño. Gustos: Prefiere leer al acostarse; suele tardar en dormirse imaginando todas las peripecias° de un viaje a Francia que en realidad no puede costear°. Detalle°: Ayer, alrededor de las once p.m., se cortó levemente el índice de la mano derecha tratando de abrir una lata de

45 conservas. Anónimo". Aquello le intrigó. ¿Qué propósito podía perseguir

hotplate

were piled / silverware

English actress of the 1940s and 1950s
layer

typists

adventures

afford / Detail

quien le mandaba la carta, que por ende° le jugaba la broma de firmarla   *therefore; consequently*
Anónimo, como si ya no fuera evidente que se trataba de un anónimo?
Por otra parte, ¿cómo sabía Anónimo todos aquellos detalles de su vida?
Su primera preocupación fue averiguar si le había contado a alguien esos
50   detalles; no lo recordaba.

En éstas y otras cavilaciones° pasó toda la jornada°, salvo° las horas   *musings / day / except*
de oficina y de almuerzo, pues tenía la costumbre de ser reservado
con todos, hasta consigo mismo, cuando estaba con los demás. Por la
noche, como es lógico, reanudó° estos pensamientos y llegó a la   *resumed*
55   conclusión de que recibiría otro algún día, quizá más pronto de lo que
esperaba; tuvo un sueño intranquilo y por primera vez se olvidó de su
viaje a Francia antes de dormirse.

Al día siguiente, octubre 13, recibió otra carta misteriosa. Como la
anterior, venía fechada° y escrita con letra irregular y nerviosa; decía: *dated*
60   "Padre: Regino Ugarte, cafetero. Madre: Silvia Ruedas, prostituta.
El primero ha muerto; la segunda huyó del hogar cuando usted tenía
nueve años y se dio a la mala vida; usted desconoce su paradero° y no   *whereabouts*
le interesa saberlo. Educación: autodidacta° desde los quince años.   *self-taught*
Preocupaciones: Teme que los demás lean sus pensamientos. Anónimo".
65   Durante varios días estuvo recibiendo comunicaciones de Anónimo
que revelaban detalles de su pasado, de su vida cotidiana y de sus
procesos mentales que sólo hubiera podido saber él mismo o alguien que
tuviera poderes extraordinarios. Esto no le aterraba°, sino el   *terrified*
pensar que en realidad aquel hombre estuviera empleando algún
70   procedimiento simple y directo para saberlo; es decir, que lo vigilara
constantemente.

Las cartas de Anónimo empezaron por adivinar sus deseos y luego
descubrieron sus preocupaciones, sacaron a relucir su pasado y quizá
aventurarían su futuro, lo cual lo intranquilizó. Frases como "ayer no
75   pudo dormir en casi toda la noche", "esta mañana, durante el almuerzo,
estuvo a punto de contárselo todo a su amigo, pero se detuvo pensando
que él fuera el remitente", "ha decidido usted no abrir más estas cartas,

pero no puede dejar de hacerlo, ya ve, ha abierto la de hoy", "su trabajo estuvo deficiente ayer, no cesa de pensar en mí"; eran para sobresaltar a

80 cualquiera°. Finalmente, Anónimo envió en tres cartas seguidas° este mismo mensaje: "Usted teme una amenaza"; al cuarto día lo varió por "la amenaza está al formularse"; y después por "sé que ha dejado de leer mis cartas durante varios días; ésta es la penúltima; por tanto, la leerá; mañana sabrá cuál es la amenaza. Anónimo".

were enough to make anybody jump / in a row

85 Por último, pensó que no tenía el valor suficiente para leer la última carta, pero el deseo de saber en qué consistía la amenaza y la esperanza de que al saberla podría escapar de ella lo llevaron a abrirla y leyó: "Morirá mañana. Anónimo".

Al finalizar el mensaje llegó a la conclusión de que no le quedaba más

90 remedio que acudir° a la Policía, pues no sabiendo en qué condiciones moriría, ni dónde, ni cuándo, no podría evitar el hecho. Llevó los anónimos a la Estación de Policía y fue cuidadosamente vigilado. Siguió trabajando como si nada hubiera sucedido, y por la noche, a eso de las ocho, llegó a la casa.

to turn to; go to

95 Sabía que estaba bien protegido, no podía temer nada, salvo la pérdida de su soledad, pero por poco tiempo, hasta que se descubriera al autor de los anónimos; después sería nuevamente independiente y feliz.

Se acostó más tranquilo; tardó un poco en dormirse, quizá planeó otra vez el viaje a Francia. Al día siguiente apareció muerto frente a su

100 cuarto, la puerta abierta, el cuerpo atravesado en el umbral°, un sobre abierto junto a él y una carta ensangrentada en la mano derecha. La única palabra visible era "ya", y después: "Anónimo". Tenía abiertas las venas° del brazo, la sangre había rodado° por los escalones. Nadie la había visto hasta que el vecino de los bajos notó el largo hilillo° rojo bajo sus zapatos.

lying across the threshold

veins

run

stream; thread

105 Se hicieron múltiples indagaciones° sin resultados positivos. No obstante, por sugerencia mía, se ha comparado la letra de Anónimo con la del muerto: coinciden en sus rasgos° esenciales. ✳

investigations

characteristics

Después de leer

Anónimo
Esther Díaz Llanillo

1) Comprensión Decide si las siguientes oraciones son **ciertas** o **falsas**. Corrige las frases falsas.

	Cierto	Falso
1. Juan vivía en la planta baja de una casa grande.	☐	☐
2. El cartero le llevaba la correspondencia justo a la puerta.	☐	☐
3. Los peldaños eran peligrosos porque eran muy estrechos.	☐	☐
4. En las paredes de su habitación tenía fotos de jugadores de fútbol.	☐	☐
5. Juan era mecanógrafo.	☐	☐
6. A Juan no le gustaba su casa porque era muy ruidosa.	☐	☐
7. Juan hablaba muy poco con los demás.	☐	☐
8. El protagonista recibió varias cartas anónimas.	☐	☐
9. El narrador de la historia es el padre de Juan.	☐	☐
10. Juan temía que los demás leyeran sus pensamientos.	☐	☐
11. Soñaba todas las noches con comprarse una casita en la playa.	☐	☐
12. La letra de las cartas no se parecía a la de Juan.	☐	☐

2) Interpretar Contesta las siguientes preguntas.

1. ¿Cómo era la personalidad del protagonista?
2. ¿Con qué soñaba Juan cada noche antes de acostarse?
3. ¿Crees que Juan estaba satisfecho con su vida y su trabajo? ¿Por qué?
4. ¿Cuál es la relación que, al final de la lectura, se sugiere que existe entre Juan y las cartas? ¿Crees que es posible esa relación?

3) Deducir Imagina que eres el detective responsable de solucionar este caso junto con dos ayudantes. Cada uno de ustedes tiene una teoría diferente. Trabajen para preparar las diferentes versiones, haciendo una lista con los posibles motivos o razones para ello.

Teoría 1: El protagonista fue asesinado por su compañero de oficina.
Teoría 2: El protagonista se suicidó.
Teoría 3: El protagonista fue asesinado por el cartero.

Motivos: por celos, por dinero, por estar deprimido, por envidia, por equivocación…

Jorge Ramos

Conexión personal

¿Cómo consigues las noticias del día? ¿Lees regularmente un periódico? ¿Lees las noticias en Internet? ¿Prefieres el noticiero televisivo? Con un(a) compañero/a, comenta tus preferencias y explica tus razones.

Contexto cultural

Univisión Communications, Inc. is the largest Spanish-language television broadcasting network serving Spanish speakers in the United States, owning three different channels and broadcasting to 280 million cable viewers. Programming includes news broadcasts, talk shows, documentaries, and television for children. Soap operas dominate primetime slots throughout the week, while variety shows on the weekend target the family audience and feature comedy sketches and musical performances.

Horario Univisión

Horario	Programa
7:00 p.m. – 8:00 p.m.	El Gran Final de Salomé (Especial)
8:00 p.m. – 9:00 p.m.	El Juicio de Salomé (Especial)
9:00 p.m. – 10:00 p.m.	Los Metiches
10:00 p.m. – 11:00 p.m.	Ver Para Creer
11:00 p.m. – 11:30 p.m.	Primer Impacto Extra
11:30 p.m. – 12:00 a.m.	Noticiero Univisión – Fin de Semana
12:00 a.m. – 1:00 a.m.	Tras la Verdad
1:00 a.m. – 2:00 a.m.	Los Archivos de Cristina
2:00 a.m. – 3:00 a.m.	Los Archivos de Aquí y Ahora

Vocabulario

el noticiero *news broadcast*   **el premio** *prize*

Jorge Ramos

Las noticias
de todos los días

1   Desde el 3 de noviembre de 1986, es el conductor titular° del   *anchor man*
    Noticiero Univisión en los Estados Unidos. De hecho, es el
    personaje de la televisión hispana en los Estados Unidos que
    más tiempo ha estado en el aire de manera ininterrumpida en
5   un mismo programa o noticiero, y es considerado uno de los
    hispanos más influyentes de Norteamérica *(Hispanic Trends)*.

    Jorge Gilberto Ramos Ávalos
    nació en la Ciudad de México el
    16 de marzo de 1958. Es el mayor
10 de cinco hermanos, aunque es el
    único que decidió emigrar a los
    Estados Unidos. Está casado con
    Lisa Bolívar y tiene dos hijos:
    Paola y Nicolás.

15 Estudió la carrera de Comunicación en la Universidad
    Iberoamericana (1977–1981) y se graduó con la tesis *La mujer*
    como figura comunicativa de la publicidad comercial en la televisión
    mexicana. Ya en los Estados Unidos, estudió un curso
    especializado en televisión y periodismo de la Universidad de
20 California en Los Ángeles (UCLA) y más tarde, obtuvo una
    maestría en relaciones internacionales de la Universidad de Miami.

    Se inició en el periodismo casi por casualidad. Formó parte de
    un reducido° grupo de estudiantes que asistió a un curso de   *small*
    periodismo en las estaciones de radio de México XEW y
25 XEX. Poco después fue productor y escritor del *Noticiario de*
    América Latina, que enlazaba° las principales estaciones de   *linked*
    radio del continente.

    Dio el paso a la televisión para trabajar como redactor° en   *editor*
    el noticiero *Antena Cinco* y luego como investigador y reportero

30 en el programa *60 Minutos,* ambos de la cadena Televisa. Sin
embargo, su estancia° en la televisión mexicana fue corta. Tras un   *stay, tenure*
incidente con la censura, decidió irse a vivir a los Estados Unidos
y llegó a la ciudad de Los Ángeles en enero de 1983.

Combinando su tiempo entre la universidad (UCLA) y los oficios
35 de mesero° y cajero, sobrevivió su primer año. El primero de enero   *waiter*
de 1984 obtuvo su primer trabajo como reportero en KMEX,
la estación afiliada de Univisión en Los Ángeles. En 1985 fue
designado para trabajar con el campeón olímpico Felipe "el Tibio"
Muñoz* en un noticiero matutino llamado *Primera Edición.*

40 Como conductor del *Noticiero Univisión,* Ramos ha cubierto tres
guerras (El Salvador, el Golfo Pérsico° y Kosovo), numerosos   *Persian*
eventos históricos (la caída del muro de Berlín, el fin del
apartheid en Sudáfrica, la desintegración de la Unión Soviética,
las elecciones en casi todo el continente, etc.) y ha entrevistado
45 a algunas de las figuras políticas y culturales más importantes de
nuestros tiempos (Clinton, Castro, George W. Bush, Carlos
Fuentes, Mario Vargas Llosa…).

Además de su tarea en el *Noticiero Univisión,* que se transmite en
los Estados Unidos y en doce países de América Latina, Ramos
50 colabora con dos cadenas internacionales de radio (Caracol en
Estados Unidos y ACIR en México), escribe una columna
semanal en más de 30 diarios del hemisferio, colabora con análisis
y comentarios en Internet (Univision.com) y ha publicado tres
libros en Grijalbo: *Detrás de la máscara, Lo que vi* y *La otra cara*
55 *de América.*

Ha recibido, individualmente o en grupo, siete premios Emmy,
el máximo reconocimiento de la televisión en los Estados Unidos.
Los dos últimos, que ganó en 1999, fueron los primeros entregados
por la Asociación Nacional de Televisión y Artes (N.A.T.A.S.) a un
60 noticiero en español en los Estados Unidos. ✳

* Felipe Muñoz, conocido como "el Tibio", fue medalla de oro en los 200 metros
pecho en los Juegos Olímpicos de México en 1968.

Después de leer

Jorge Ramos

(1) Comprensión Contesta las siguientes preguntas con tus propias palabras.

1. ¿De qué trataba la tesis que escribió Jorge Ramos para graduarse de la universidad?
2. ¿Qué trabajos tuvo en la cadena Televisa?
3. ¿Crees que fue difícil su primer año en este país? Explica por qué.
4. Además de trabajar en el *Noticiero Univisión,* ¿qué otras cosas hace Jorge Ramos?
5. ¿Por qué fueron significativos los dos premios Emmy que ganó en 1999?

(2) Organizar Ordena en forma cronológica la siguiente información sobre Jorge Ramos.

_____ a. Trabajó de mesero y de cajero.

_____ b. Fue censurado en la televisión mexicana.

_____ c. Ganó dos premios Emmy en 1999.

_____ d. Entrevistó al presidente Clinton, entre otros.

_____ e. Empezó como conductor titular del *Noticiero Univisión.*

_____ f. Nació en la Ciudad de México en 1958.

_____ g. Fue productor y escritor del *Noticiario de América Latina.*

_____ h. Trabajó como investigador y reportero en el programa *60 Minutos.*

_____ i. Se graduó de la Universidad Iberoamericana.

_____ j. Vino a los Estados Unidos.

(3) Debatir Trabajen en grupos de cuatro personas. Dos de ustedes tienen que defender la posición de un periódico de investigación, serio y muy reconocido; los otros dos defienden la de un periódico sensacionalista, que vende muchísimo. Cada grupo deberá exponer cinco razones para defender el tipo de periódico en el que trabaja y otras cinco para atacar al otro.

Atando cabos

Un día en la historia

Trabajen en grupos pequeños para preparar la presentación sobre un día en la vida de un personaje histórico.

Elegir el tema

Aquí tienen una lista de varios personajes hispanos que pueden investigar: Moctezuma, Sor Juana Inés de la Cruz, Juana la Loca, Zapata, Bolívar. Pueden elegir un personaje que no esté en la lista.

Preparar

En grupo, sigan los siguientes pasos:

1. Elijan un personaje y busquen información sobre él. No olviden anotar el periodo histórico en el que vivió, su nacionalidad, su oficio y otros detalles de importancia.

2. Vayan a la bibioteca o investiguen en Internet. Busquen información sobre el personaje histórico elegido y tomen nota de lo que consideren interesante. No se olviden de recoger *(collect)* información audiovisual para mostrar a la clase.

3. Imagínense un día de la vida cotidiana del personaje elegido, desde que se levantaba por la mañana hasta que se acostaba por la noche, teniendo en cuenta la época en la que vivió. Utilicen el pretérito y el imperfecto para las descripciones.

> **Ayuda para Internet**
>
> Aquí tienen unas palabras clave para buscar información en Internet: **personajes hispanos / historia América Latina / Bolívar / Sor Juana Inés de la Cruz / Guerra Independencia/ Moctezuma**

Organizar

Organicen la información recogida en un esquema *(outline)*. Tengan en cuenta que cada presentación durará 10 minutos. No se olviden de citar las fuentes *(the sources)* que han utilizado.

Estrategia de comunicación

Hablar del pasado

1. Hoy vamos a hablar de…
2. Nació en...
3. A él/ella le gustaba …
4. Murió en…

Presentar

Antes de su presentación, cada grupo entregará *(will hand in)* una copia de su esquema al profesor. Usen medios audiovisuales (música, fotografías, etc.) para presentar al personaje que eligieron.

Adiós mamá

país México   **director** Ariel Gordon

duración 7 minutos   **protagonistas** hombre joven, señora

Vocabulario

afligirse *to get upset*   **parecerse** *to look like*

el choque *crash*   **el timbre** *tone*

la facción *feature*   **titularse** *to graduate*

Antes de ver el corto

 (1) **Comentar** Trabaja con un(a) compañero/a para intercambiar opiniones sobre *Adiós mamá*.

1. ¿Les gusta hablar con desconocidos en algunas ocasiones? ¿En la calle, en el supermercado, en la cafetería?

2. Según su título, ¿de qué creen que va a tratar el corto?

Mientras ves el corto

(2) **Adivinar** Haz una lista de las cualidades que crees que tienen los personajes.

(3) **Ordenar** Numera las frases según van apareciendo en la historia.

_____ a. ¿Podría llamarme mamá y decirme adiós cuando me vaya?

_____ b. Es tímido y de pocas palabras.

_____ c. Por favor, no llore.

_____ d. Se parece a mi hijo.

_____ e. ¡Y a mí qué!

_____ f. Murió en un choque.

_____ g. Son 3.468,20 pesos.

_____ h. ¡Adiós mamá!

4 Comprensión Contesta las siguientes preguntas.

1. ¿Dónde están los personajes?

2. ¿A quién se parece físicamente el joven?

3. ¿Por qué no pudo despedirse la señora de su hijo?

4. ¿Qué favor le pide la mujer?

5. ¿Qué pasa al final?

5 Ampliar En parejas, contesten las siguientes preguntas.

1. ¿Les ha pasado algo parecido alguna vez?

2. Si alguien se les acercara en el supermercado y les pidiera este tipo de favor, ¿qué harían?

6 Escribir Escribe un resumen de unas cinco o seis líneas del corto. Utiliza el pretérito y el imperfecto.

7 Interpretar

A. En parejas, intenten memorizar el siguiente diálogo y luego represéntenlo delante de la clase.

SEÑORA Tiene los mismos ojos de él. ¿Lo puedo tocar?

JOVEN No. No, no, perdón.

SEÑORA Él también diría eso. Es tímido y de pocas palabras como usted. Sé que no me lo va a creer, pero tienen el mismo timbre de voz.

JOVEN ¿Y a mí qué?

SEÑORA Murió en un choque. El otro conductor iba borracho. Si él viviera, tendría la misma edad que usted. Se habría titulado y probablemente tendría una familia. Yo sería abuela.

JOVEN Por favor, no llore.

SEÑORA ¿Sabe? Usted es su doble. Dios lo ha mandado. Bendito sea el Señor que me ha permitido ver de nuevo a mi hijo.

JOVEN No se aflija señora, la vida sigue. Usted tiene que seguir.

SEÑORA ¿Le puedo pedir un favor?

JOVEN Bueno.

SEÑORA Nunca tuve la oportunidad de despedirme de él. Su muerte fue tan repentina. Al menos podría llamarme mamá y decirme adiós cuando me vaya. Sé que piensa que estoy loca, pero es que necesito sacarme esto de aquí adentro... ¡Adiós querido!

JOVEN ¡Adiós mamá!

B. Ahora, preparen un final diferente para la historia. Después, compártanla con sus compañeros.

La vida diaria y términos afines

el aseo personal	personal care
el asunto	matter; topic
la costumbre	custom; habit
el propósito	purpose
arreglarse	to get ready
cuidarse	to take care of oneself
proporcionar	to provide; to supply
cotidiano/a	everyday

La casa, los electrodomésticos y otros términos afines

el balcón	balcony
el buzón	mailbox
la escalera	staircase
la escoba	broom
el foco	lightbulb
el hogar	home; fireplace
los muebles	furniture
los quehaceres	chores
apagar	to turn off
barrer	to sweep
calentar	to warm up
cocinar	to cook
encender	to turn on
freír	to fry
hacer la limpieza	to do the cleaning
hervir	to boil
lavar	to wash
limpiar	to clean
pasar la aspiradora	to vacuum
quitar el polvo	to dust
tocar el timbre	to ring the doorbell
congelado/a	frozen
espacioso/a	spacious

Las compras y otros términos afines

el centro comercial	mall
el dinero en efectivo	cash
la ganga	bargain
el reembolso	refund
el supermercado	supermarket
la tarjeta de crédito	credit card
el vestidor	fitting room
ir de compras	to go shopping
seleccionar	to select; to pick out
auténtico/a	real; genuine
barato/a	cheap
costoso/a	costly; expensive

Acciones (verbos)

averiguar	to find out; to check
bostezar	to yawn
colgar (ue)	to hang up
dejar	to leave (something behind)
elegir	to choose
emprender	to undertake; to embark on
levantar	to pick up
masticar	to chew
soler	to tend to

Expresiones adverbiales temporales

a menudo	frequently; often
a tiempo	on time
a veces	sometimes
de vez en cuando	now and then
en aquel entonces	at that time
en el acto	immediately; on the spot

Otros adverbios y expresiones adverbiales

a escondidas	secretly; clandestinely
a propósito	on purpose
apenas	hardly; scarcely
así	like this; so
bastante	sufficiently
casi	almost
de costumbre	usually
hábilmente	skillfully
de improviso	unexpectedly
por casualidad	by chance

Percepciones, condiciones y términos afines

el asombro	amazement; astonishment
la pesadilla	nightmare
el ruido	noise
la soledad	solitude; loneliness
atreverse	to dare
extrañarse de algo	to be surprised about something
gozar de algo	to enjoy something
lograr	to attain; to achieve
asombroso/a	astonishing
hambriento/a	hungry
¡Qué pena!	What a pity!

Expresiones útiles	Véase la página 91.
Vocabulario de "Anónimo"	Véase la página 111.
Vocabulario del perfil	Véase la página 117.
Vocabulario de *Adiós Mamá*	Véase la página 122.

Estructura 3.1	Véase las páginas 96 y 97.
Estructura 3.3	Véase la página 103.
Estructura 3.4	Véase la página 106.

Los viajes

Los viajes

Los impuntuales

Unos pasajeros **desembarcaron** para visitar la ciudad, fueron a **dar un paseo** y luego tomaron un taxi para volver al **crucero**. Pero un accidente de **tránsito** los **retrasó**. El capitán está furioso, porque debe esperar a que todos vuelvan a **embarcar** antes de continuar **navegando**. Mientras espera, él **admira** las **olas**, que son mucho más puntuales.

La alegría de llegar

Esperanza se quitó el **cinturón de seguridad** y bajó del avión al terminar un largo **itinerario** para **regresar** a su país. **Extrañaba** a su familia y ellos habían preparado una **bienvenida** especial para ella. Pero Esperanza tropezó con algunos obstáculos: **los auxiliares de vuelo** tardaron en abrir la puerta y **el agente de aduanas** tardó mucho en cobrarle un impuesto. Ahora, finalmente, Esperanza puede festejar su **llegada**.

El aventurero

Milagros quiso convencer a su hijo Hernán de que no es **recomendable** que **se marche** a buscar **aventuras**. Pero Hernán estaba decidido a explorar **peligrosas selvas** tropicales y lugares exóticos. En el último momento Hernán se ha dado cuenta de que su mamá tiene razón: su pasaporte está **vencido**. Le conviene **quedarse**.

A disfrutar

Un **congestionamiento** le impidió llegar a su **destino** a tiempo. Como llegó tan tarde, en el hotel **cancelaron** su reservación. Silvina sabe que, como es **temporada alta,** los hoteles **están llenos** y esta noche no conseguirá un lugar donde **alojarse**. Pero ella no **se queja**. Quiere disfrutar de sus vacaciones y eso hará, aunque esta noche tenga que descansar en un **rincón**.

La seguridad y los accidentes

el aviso	notice; warning
el choque	collision
las medidas de seguridad	security measures
el seguro	insurance
ponerse (el cinturón)	to fasten (the seatbelt)
quitarse (el cinturón)	to unfasten (the seatbelt)
reducir (la velocidad)	to slow down (speed)
prohibido/a	forbidden

Los viajes

la despedida	farewell
el excursionismo	sightseeing
la frontera	frontier
el horario	timetable
las horas de visita	visiting hours
el transporte público	public transportation
la vuelta	return (trip)
comprar boletos	to buy tickets
preparar maletas	to pack suitcases
recorrer	to go across; to travel
reservar	to reserve
a bordo	on board

Los servicios

el/la camarero/a	waiter, waitress
el/la mesero/a	waiter, waitress
el piloto	pilot
el servicio de habitación	room service
los servicios	facilities
turístico/a	tourist(y)
bien cuidado/a	well-kept

Práctica

1 Frases deshechas

A. Conecta las palabras de las columnas para formar estos términos.

1. _____ congestionamiento
2. _____ horas
3. _____ transporte
4. _____ auxiliar
5. _____ medidas

a. público
b. de visita
c. de tránsito
d. de seguridad
e. de vuelo

B. Ahora, con los términos que has formado, completa las siguientes oraciones:

a. El _____ les explicó a los pasajeros cómo ponerse el cinturón de seguridad.

b. Como no le gusta conducir, utiliza el _____.

c. En los aeropuertos se están tomando nuevas _____.

d. Las _____ del hospital eran muy estrictas.

e. El agente de policía solucionó el _____.

2 Eva
Ordena la secuencia de algunas cosas que hace Eva al viajar. Luego, escribe un pequeño párrafo describiendo cómo fue el viaje de Eva.

Ponerse el cinturón   Comprar el boleto   Preparar las maletas   Despedirse

3 Quejas
Don David se queja de todo. Adonde vaya, siempre escribe algo en los libros de quejas.

A. Completa las siguientes oraciones que escribió.

camarero	habitación	horario	transporte

a. El servicio de _____ es muy malo. Nunca tengo toallas limpias.

b. El _____ público en esta ciudad nunca llega a tiempo.

c. El _____ del museo es horrible. Nadie puede ver todas las esculturas.

d. El _____ me trajo el café demasiado caliente.

B. Escribe la letra de la oración que corresponde a los lugares de los que se quejaba.

_____ Hotel   _____ Municipalidad   _____ Restaurante   _____ Museo

Comunicación

4 Problemas

A. En parejas, representen una de estas situaciones. Busquen una solución para el problema. Recuerden que para convencer a la otra persona, deben explicar detalles y dar excusas o razones para hacer algo o impedir que la otra persona haga algo.

Situación 1

ESTUDIANTE 1 Eres un(a) huésped en un hotel que está muy sucio. No te gusta el servicio de habitación y además hace demasiado calor en tu cuarto.

ESTUDIANTE 2 Tu tío te ha dejado a cargo de su hotel. No sabes qué hacer. Además, es temporada alta y como el hotel está lleno tienes mucho que hacer.

Situación 2

ESTUDIANTE 1 Eres un agente del gobierno apostado *(assigned to)* en la frontera. Nadie puede cruzar sin su pasaporte.

ESTUDIANTE 2 Después de viajar por muchas horas, llegas con tu marido/mujer a la frontera. Aunque traes identificación, olvidaste tu pasaporte.

Situación 3

ESTUDIANTE 1 Ibas manejando y has tenido un accidente. Te bajas del carro para hablar con el/la otro/a conductor(a). No tienes los papeles del seguro.

ESTUDIANTE 2 Ibas manejando y has tenido un accidente con otro carro. No llevabas el cinturón de seguridad puesto y te has roto una pierna.

B. ¿Cómo solucionaron la situación? ¿Tuvo que intervenir alguien para ayudarlos? Una vez que consideren que han llegado a una solución, explíquenle al resto de la clase qué decidieron hacer.

5 ¡Bienvenidos!

A. Imagina que trabajas en la Secretaría de Turismo de tu ciudad. Tienes que organizar una visita turística de tres días. Para prepararla, piensa en la siguiente información:

- ¿Quiénes son los turistas?
- ¿A qué aeropuerto/puerto/estación llegan los turistas?
- ¿En qué hotel/pensión se alojan?
- ¿Qué excursiones pueden hacer?
- ¿Hay lugares exóticos para visitar?
- ¿Adónde pueden ir con un guía?
- ¿Pueden navegar en algún mar/río?
- ¿Hay algún museo/parque/edificio para visitar?
- ¿Pueden practicar algún deporte?

B. Ahora imagina que un compañero/a es un/a turista que quiere visitar tu ciudad y te pide información sobre alojamiento y transporte. Con la información que tienes, explícale todo lo que puede hacer en tres días. Luego intercambien los papeles.

Los viajes

Diana le da unos boletos de avión y varios documentos a Fabiola y a Éric.

DIANA Aquí están los boletos para Venezuela, la guía de la selva amazónica y los pasaportes... Después les doy la información del hotel.

ÉRIC Gracias.

FABIOLA Gracias.

ÉRIC ¿Me dejas ver tu pasaporte?

FABIOLA No me gusta cómo estoy en la foto. Me hicieron esperar tanto que salí con cara de enojo.

ÉRIC No te preocupes... Ésa es la cara que vas a poner cuando estés en la selva.

DIANA Es necesario que memoricen esto. A ver, repitan: tenemos que salir por la puerta 12.

FABIOLA, ÉRIC y JOHNNY Tenemos que salir por la puerta 12.

DIANA El autobús del hotel nos va a recoger a las 8:30.

FABIOLA, ÉRIC El autobús del hotel nos va a recoger a las 8:30.

ÉRIC Sí, pero en el Amazonas, Fabiola. ¡Amazonas!

MARIELA Es tan arriesgado que van a tener guía turístico y el alojamiento más lujoso de la selva.

ÉRIC Mientras ella escribe su artículo en la seguridad del hotel, yo voy a estar explorando y tomando fotos. Debo estar protegido.

Juegan que están en la selva.

JOHNNY *(con la cara pintada)* ¿Cuál es el chiste? Los soldados llevan rayas... Lo he visto en las películas.

ÉRIC Intentémoslo nuevamente.

JOHHNY Esta vez soy un puma que te ataca desde un árbol.

ÉRIC Mejor.

Antes de despedirse, Éric guarda cosas en su maleta.

AGUAYO Por la seguridad de todos creo que debes dejar tu machete, Éric.

ÉRIC ¿Por qué debo dejarlo? Es un machete de mentiras.

DIANA Pero te puede traer problemas reales.

AGUAYO Todos en la selva te lo van a agradecer.

Personajes

 AGUAYO
 ÉRIC
 JOHNNY
 FABIOLA
 MARIELA
 DIANA

4

5

DIANA ... El último número que deben recordar es cuarenta y ocho dólares con cincuenta centavos.

FABIOLA, ÉRIC Cuarenta y ocho dólares con cincuenta centavos.

JOHNNY Y ese último número, ¿para qué es?

DIANA Es lo que van a tener que pagar por llegar en taxi al hotel si olvidan los dos números primeros.

ÉRIC *(Entra vestido de explorador.)* Fuera, cobardes, la aventura ha comenzado.

MARIELA ¿Quién crees que eres... México Jones?

ÉRIC No. Soy Cocodrilo Éric, el fotógrafo más valiente de la selva. Listo para enfrentar el peligro.

FABIOLA ¿Qué peligro? Vamos a hacer un reportaje sobre ecoturismo... ¡Ecoturismo!

9

10

ÉRIC ¿Alguien me puede ayudar a cerrar la maleta?

JOHNNY ¿Qué rayos hay acá dentro?

AGUAYO Es necesario que dejes algunas cosas.

ÉRIC Imposible. Todo lo que llevo es de primerísima necesidad.

JOHNNY ¿Cómo? ¿Esto?

Johnny saca un látigo de la maleta.

Diana cierra la maleta con cinta adhesiva.

DIANA Listo... ¡Buen viaje!

MARIELA Debe ser emocionante conocer nuevas culturas.

AGUAYO Espero que disfruten en Venezuela y que traigan el mejor reportaje que puedan.

JOHNNY Y es importante que no traten de mostrarse ingeniosos, ni cultos; sólo sean ustedes mismos.

Expresiones útiles

Asking permission

¿Me dejas ver tu pasaporte?
Will you let me see your passport? (fam.)

Déjeme ver su pasaporte, por favor.
Let me see your passport, please. (form.)

Con permiso/Perdone que lo moleste (form.) *Excuse me./Pardon me for bothering you.*

Expressing reassurance

No te preocupes. *Don't worry. (fam.)*

No se preocupe usted.
Don't worry. (form.)

Cálmate. (fam.)/Cálmese. (form.)
Calm down.

Expressing obligation

Tendrás que dejar algunas cosas.
You'll have to leave some things behind. (fam.)

Tendrá usted que dejar algunas cosas.
You'll have to leave some things behind. (form.)

Deberás dejar algunas cosas.
You should leave some things behind. (fam.)

Deberá usted dejar algunas cosas.
You should leave some things behind. (form.)

Additional vocabulary

el enojo *anger*	**la raya** *warpaint,*
el centavo *cent*	*stripe*
enfrentar *to confront*	**lanzar** *to throw*
arriesgado/a *risky*	**lujoso/a** *luxurious*
¿Qué rayos...? *What on earth...?*	

Apuntes culturales El ecoturismo está creciendo en América Latina. Se puede elegir entre ayudar a las tortugas marinas en Costa Rica, aprender cómo se vive en el Altiplano de Bolivia o colaborar en la preservación de campos de cactus en Yucatán. Los ecoturistas suelen provenir de Europa y Estados Unidos. Los jóvenes latinoamericanos, acostumbrados al turismo tradicional y al turismo de aventura, están empezando a valorar el respeto al medio ambiente y a las culturas locales. *¿En qué lugares de América Latina te parece que es más necesario el ecoturismo?*

ciento treinta y uno **131**

Comprensión

1 **¿Presente o futuro?** Según la **Fotonovela**, decide si lo que afirman estas oraciones, ocurre **en el presente** u ocurrirá **en el futuro.** Luego completa las oraciones con la forma adecuada del verbo.

	Presente	Futuro
1. Fabiola _____ (poner) cara de enojo en la selva.	☐	☐
2. El autobús los _____ (recoger) a las 8:30.	☐	☐
3. Fabiola y Éric _____ (hacer) un reportaje sobre el ecoturismo.	☐	☐
4. Fabiola _____ (escribir) su artículo en el hotel.	☐	☐
5. Éric _____ (explorar) la selva y _____ (tomar) fotos.	☐	☐
6. Aguayo le _____ (decir) a Éric que deje su machete.	☐	☐
7. Diana _____ (ayudar) a Éric a cerrar la maleta.	☐	☐
8. Johnny y Mariela _____ (despedir) a Fabiola y Éric.	☐	☐

2 **Modificar** Escribe de otra manera las siguientes oraciones. Utiliza expresiones de obligación: **tener que** o **deber.**

1. Tenemos que salir por la puerta 12.

2. Creo que debes dejar el machete.

3. No traten de mostrarse ingeniosos, ni cultos.

4. Sólo sean ustedes mismos.

3 **Preguntas** A continuación hay oraciones que equivalen a comentarios de la **Fotonovela**. Busca la oración de la **Fotonovela** que corresponde con cada uno. Sigue el modelo.

> **MODELO** Oración: Ayúdenme a cerrar la maleta.
> Fotonovela: ¿Alguien me puede ayudar a cerrar la maleta?

1. No tengo que dejar el machete.

2. Déjame ver tu pasaporte.

3. No entiendo para qué sirve ese número.

4. Dime qué hay dentro de la maleta.

5. No estoy haciendo una broma.

6. Este látigo no es de primera necesidad.

7. No hay ningún peligro.

4 **¿Cómo son? ¿Cómo están?** Describe a Éric, Fabiola, Diana y Aguayo usando **ser** y **estar** y los adjetivos de la lista. Luego, comparte tus oraciones con tus compañeros/as.

ansioso/a	gracioso/a	contento/a
tranquilo/a	responsable	nervioso/a
preocupado/a	irresponsable	desordenado/a

Ampliación

 5 **El reportaje de Fabiola** Lee la introducción del reportaje de Fabiola. Luego, en parejas, contesten las preguntas por escrito. Compartan sus respuestas con sus compañeros/as.

El ecoturismo en Venezuela

Todos los años, muchas personas viajan a lugares exóticos para conocer paisajes y culturas diferentes. A veces, el contacto de los turistas con las personas del lugar produce buenas relaciones y aprecio. Otras veces, el turismo molesta a las comunidades indígenas y destruye el medio ambiente.

En la selva del Amazonas, al sur de Venezuela, viven 60.000 indígenas. Muchas agencias de viaje han llevado a un número excesivo de turistas a las aldeas indígenas. Algunos turistas han entrado en casas privadas y en lugares sagrados. Por eso, muchos indígenas no quieren compartir su mundo con los de "afuera".

Algunos grupos indígenas trataron de dar una buena solución para ellos mismos y para los turistas. Así nacieron los campamentos de ecoturismo.

1. ¿Para qué van a lugares exóticos miles de turistas?
2. ¿Qué consecuencias positivas y negativas tiene el turismo en lugares exóticos?
3. ¿Quiénes son los responsables de estas consecuencias negativas?
4. ¿Por qué los campamentos de ecoturismo son una solución?

6 **¿Te gusta el ecoturismo?** Para responder a esta pregunta, completa este test. Escribe 2 si tu respuesta es afirmativa, 0 si tu respuesta es negativa y 1 si tu respuesta es "más o menos".

1. ¿Has ido de campamento alguna vez? ____
2. ¿Te gusta dormir en carpa? ____
3. ¿Sabes prender fuego? ____
4. ¿Sabes cocinar? ____

5. ¿Comes comidas exóticas? ____
6. ¿Te gusta caminar mucho? ____
7. ¿Tienes buena salud? ____
8. ¿Puedes estar una semana sin bañarte? ____

RESULTADOS entre 0 y 5 puntos: No intentes hacer ecoturismo.
entre 6 y 11 puntos: Puedes hacer ecoturismo.
entre 12 y 16 puntos: ¿Qué esperas para hacer ecoturismo?

7 **¿Con quién prefieres viajar?** Contesta las siguientes preguntas en una hoja de papel y entrega la hoja al/a la profesor(a). Tú recibirás la hoja de un(a) compañero/a. Lee la hoja y explica a la clase la información. Explica si harías un viaje de ecoturismo con ese/a compañero/a.

1. ¿A qué lugares prefieres viajar?
2. ¿Qué te gusta hacer durante tus vacaciones?
3. ¿En qué transporte prefieres viajar?
4. Escribe cuatro cosas que no soportas y cuatro que te gustan cuando viajas.

Ecoturismo en el Amazonas

> Éric y Fabiola van a hacer un reportaje sobre el ecoturismo en la selva amazónica. A continuación encontrarás información sobre la Amazonia y sus ofertas turísticas.

Si te gusta pasar tus vacaciones en contacto con la naturaleza y quieres alejarte de las rutas conocidas en busca de algo distinto, debes considerar una visita al Amazonas.

El río Amazonas, que nace en el Perú y desemboca en Brasil, tiene 6.275 kilómetros de longitud. Este río encuentra a su paso casi seiscientas islas. En este territorio selvático, llamado Amazonia, viven muchas comunidades indígenas.

La selva virgen amazónica es un importante

El Amazonas: Un paraíso terrenal

Indígenas del Amazonas

destino para los ecoturistas. Este tipo de turismo ecológico permite conocer, respetar y, en consecuencia proteger los recursos naturales de nuestro planeta. El contacto con las comunidades indígenas contribuye a su desarrollo económico, sin violar su entorno ni destruir su cultura tradicional.

Hay muchas empresas que organizan viajes de ecoturismo. Puedes hacer una excursión sencilla a uno de los extraordinarios parques nacionales; o pasear por la selva para observar las plantas medicinales y la fauna. Además, puedes pescar, participar en la preparación de alimentos, como el

queso, descansar en los tranquilos cruceros, visitar alguna isla y bañarte en las limpias aguas de los ríos.

Pero si eres más aventurero y atrevido, puedes construir campamentos en la selva virgen, aprender las nociones de supervivencia y practicar deportes extremos, como la escalada, el paracaidismo y el *rafting*.

Turistas en el Amazonas

alejarse	to get away
desembocar	flows into
el desarrollo	development
el entorno	environment
la supervivencia	survival
el paracaidismo	parachuting
el desnivel	unevenness
atravesar	to cross
la ciénaga	swamp
el junco	reed
la embarcación	vessel

Algunos medios de transporte en Hispanoamérica

Diana ha contratado un taxi para que recoja a Éric y a Fabiola en el aeropuerto. Hay muchos y muy variados medios de transporte en Hispanoamérica. Aquí puedes leer un poco más sobre ellos.

Cuando estás visitando un país, siempre es interesante recorrer la región usando los mismos medios que los utilizados por los habitantes de la zona. Aunque en los pueblos costeros de la Amazonia y el Caribe es muy común trasladarse en canoas o piraguas, el transporte más económico y popular es el autobús. En las zonas rurales de Colombia son típicas las "chivas", simpáticos autobuses de múltiples colores, sin cristales en las ventanas, con piso y asientos de madera.

Viajando en "chiva"

En las montañas de los Andes, se prefiere la mula al caballo, ya que ésta reacciona con más facilidad ante el peligro que representan los desniveles del terreno. En los Llanos, región que se encuentra entre Colombia y Venezuela, el caballo es más usado porque atraviesa con facilidad las grandes ciénagas de la región.

En el Perú, en el lago Titicaca, se utilizan los barcos hechos exclusivamente de juncos. Se llaman *totoras* y los historiadores han determinado que son un tipo de embarcación muy antigua, que no ha sufrido mayores cambios en su desarrollo desde hace miles de años.

El tren normalmente es lento, pero puede ser divertido porque hay suficiente tiempo para conversar. Si estás en México, coge el tren de Chihuahua a Los Mochis, el único medio de transporte que recorre la Sierra Madre. Es uno de los viajes más espectaculares, por la belleza del paisaje.

Por los lagos y ríos de América del Sur

Coméntalo

Reúnete con varios compañeros/as de clase y conversa sobre los siguientes temas.

1. ¿Les gustaría ir al Amazonas? ¿Por qué?
2. Si fueran a la Amazonia, ¿qué clase de actividades les gustaría realizar?
3. Cuando están de vacaciones, ¿hacen las cosas típicas de los turistas o les gusta adaptarse a las costumbres de los habitantes del lugar?
4. ¿Cuál sería su viaje ideal?

4.1 Past participles and the present and past perfect tenses

¿Te acuerdas? Spanish past participles can be used as adjectives or in combination with the verb **haber** to express actions that *have occurred* (the present perfect tense) or *had occurred* (the past perfect tense).

Past participles

▶ Regular past participles are formed by adding **–ado** to the stem of **–ar** verbs and **–ido** to the stem of **–er** and **–ir** verbs.

Ya tengo los documentos arreglados.

Debo estar protegido.

Infinitive	Stem	Suffix	Past Participle
comprar	compr–	–ado	compr**ado**
beber	beb–	–ido	beb**ido**
recibir	recib–	–ido	recib**ido**

▶ The past participles of **–er** and **–ir** verbs whose stems end in **a, e,** or **o,** carry a written accent on the **i** in the **–ido** ending. Those whose stems end in **u** do not.

ca-er → caído   le-er → leído   o-ír → oído   constru-ir → construido

▶ Several verbs have irregular past participles.

abrir	abierto	morir	muerto
cubrir	cubierto	poner	puesto
decir	dicho	resolver	resuelto
descubrir	descubierto	romper	roto
escribir	escrito	ver	visto
hacer	hecho	volver	vuelto

▶ Past participles are frequently used as adjectives. As adjectives, they agree in number and gender with the noun or pronoun they modify.

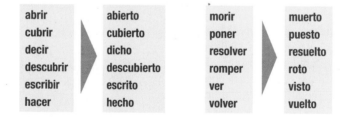

cerrar → cerrado/a
to close, closed

La agencia ya está **cerrada**.
The agency is already closed.

resolver → resuelto
to solve, solved

El problema del transporte está **resuelto**.
The transportation problem is solved.

The present perfect tense

▶ The present perfect tense is formed with the present of the auxiliary verb **haber** and a past participle. The past participle does not change in form when it is part of the present perfect tense. It only changes in form when used as an adjective.

The present perfect tense		
he comprado	he bebido	he recibido
has comprado	has bebido	has recibido
ha comprado	ha bebido	ha recibido
hemos comprado	hemos bebido	hemos recibido
habéis comprado	habéis bebido	habéis recibido
han comprado	han bebido	han recibido

▶ In Spanish, as in English, the present perfect expresses what someone *has done* or what *has occurred.* It generally refers to an action that was very recently completed or to a past time that is seen by the speaker as relatively close to the present.

Susana **ha viajado** a Sevilla tres veces.
Susana has traveled to Seville three times.

¿**Has preparado** las maletas esta tarde?
Have you packed the suitcases this afternoon?

The past perfect tense

▶ The past perfect tense is formed with the imperfect of **haber** and a past participle. As in English, it expresses what someone *had done* or what *had occurred* before another action, event, or state in the past.

The past perfect tense		
había viajado	había perdido	había incluido
habías viajado	habías perdido	habías incluido
había viajado	había perdido	había incluido
habíamos viajado	habíamos perdido	habíamos incluido
habíais viajado	habíais perdido	habíais incluido
habían viajado	habían perdido	habían incluido

Ya **había estado** en Guatemala antes, pero **he vuelto** porque me gustó muchísimo.
I had already been to Guatemala before, but I have returned because I liked it a lot.

Cuando lo vi, Enrique ya **había comprado** regalos para todos.
When I saw him, Enrique had already bought gifts for everybody.

¡ATENCIÓN!

To express that something *has just occurred* or that someone *has just done something,* **acabar de** + *infinitive,* not the present perfect, is used.

Acabo de comprar los boletos de ida y vuelta.
I've just bought round-trip tickets.

Juan y Carla acaban de llegar de su luna de miel por el Caribe.
Juan and Carla have just arrived from their honeymoon in the Caribbean.

¡ATENCIÓN!

Antes de, nunca, todavía, and **ya** are often used with the past perfect to indicate that one action occurred before another.

Cuando llegué a la estación, el tren ya había salido. *When I arrived at the station, the train had already left.*

Práctica

(1) ¿Participio regular o irregular? Fabiola y Éric acaban de llegar al aeropuerto de Caracas. Completa el diálogo con las formas del participio adecuadas. Nota: hay dos verbos irregulares.

FABIOLA El avión llegó _____ (retrasar). Tenemos que darnos prisa.

ÉRIC Estoy _____ (morir). Hemos _____ (correr) todo el día.

FABIOLA Entiendo. Yo también estoy _____ (cansar).

ÉRIC Ja, ja. También estoy _____ (marear). Necesito sentarme.

FABIOLA Imposible. Ya te lo he _____ (decir). No tenemos tiempo.

ÉRIC De este sillón no me muevo.

(2) ¿Cuál es la forma correcta? Fabiola les envía a sus compañeros de trabajo una postal desde la selva amazónica. Completa la postal con los participios correspondientes.

¡Hola amigos!
Éric y yo ya estamos _____ en el Hotel Tropical. Llegamos ayer por la tarde. Estábamos muy _____ y Éric se quedó _____ en la recepción del hotel. Ahora estoy _____ bajo un árbol. Éric está _____ en una hamaca. Nos espera una semana _____. Hoy por la tarde, visitaremos una tienda de artesanías que sólo está _____ los fines de semana. Por la noche, iremos a un baile tradicional _____ por los indios waraos.
Un abrazo para todos.
Fabiola.

abrir
acostar
alojar
cansar
dormir
ocupar
preparar
sentar

(3) ¿Presente perfecto o pasado perfecto? Éric envía un correo electrónico a sus compañeros de trabajo. Selecciona las formas verbales adecuadas y completa las oraciones. Hay dos que no tienes que usar.

habían preparado	he llegado	he visto	había recibido
he decidido	había salido	hemos reducido	ha salido

> ¿Qué tal, compañeros?
> Hace sólo dos días que _____, y esta mañana _____ que no quiero regresar. Al principio nos fue mal porque cuando desembarcamos, el autobús ya _____. En el hotel, no _____ nuestras habitaciones, pues el guía no _____ el mensaje de nuestra llegada. Ayer todo cambió. Hoy _____ lugares muy hermosos. Esto es increíble.
> Saludos a todos.
> Éric.

Comunicación

4 **Historia del mar** La siguiente nota de enciclopedia cuenta una famosa historia del mar: la desaparición de toda la tripulación del barco *Marie Celeste*. Completa la nota con los verbos conjugados en presente perfecto o pasado perfecto.

La extraña historia del *Marie Celeste*

En diciembre de 1872, la tripulación del barco *Dei Gratia* encontró en el océano Atlántico al barco *Marie Celeste*. Navegaba a toda velocidad. Pero no había gente.

Un mes antes, el *Marie Celeste* _____ (salir) de Nueva York hacia Génova. Llevaba alcohol industrial. Cuando la tripulación del *Dei Gratia* lo encontró, _____ (desaparecer) toda la tripulación. El bote salvavidas y otras cosas _____ (desaparecer) también. Pero el alcohol estaba allí. Nunca pudieron saber qué pasó.

Desde entonces, la gente _____ (dar) muchas explicaciones sobre el hecho. Algunos _____ (decir) que la tripulación dejó el barco porque creyó que iba a hundirse. Otros _____ (contar) historias exóticas. La desaparición de la tripulación del *Marie Celeste* es una de las más famosas historias del mar.

5 **Ordenar los hechos (events)** Indica con números el orden de los hechos de la nota de enciclopedia.

_____ El *Marie Celeste* navega a toda velocidad sin tripulación.

_____ La tripulación desaparece.

_____ El *Dei Gratia* encuentra al *Marie Celeste*.

_____ La gente explica la desaparición de la tripulación.

_____ El *Marie Celeste* sale de Nueva York.

6 **Un viaje accidentado** Éric y Fabiola fueron de excursión en canoa. Fabiola llevó su grabadora. Al día siguiente, Éric escribió un e-mail a sus compañeros y contó, enojado, lo que había pasado. En parejas, lean la grabación de Fabiola. Después escriban el e-mail de Éric. Usen por lo menos dos formas del presente perfecto y dos formas del pasado perfecto.

"... Estamos recorriendo el río Amazonas. Yo estoy en la última canoa. Éric subió a la segunda. Todo es bello, verde, tropical y exótico. Estamos en un lugar de rápidos. Éric no está sentado. Saca fotos. El guía le grita (*shouts*) que se siente. Éric se enoja y se sienta. Ahora Éric se levanta nuevamente. ¡Cuidado! No se cayó, pero la cámara se ensucia. El guía le grita. Éric está enojado. ¡Se cayó al agua! Dos turistas lo ayudan. Pierde su sombrero. Se lo lleva el río. Vamos a la costa. El guía baja a Éric. Tiene que esperar allí. Pasaremos por él cuando estemos de regreso..."

4.2 Por and para

¿Te acuerdas? Spanish has two prepositions that are generally translated as *for*, **por** and **para**. These prepositions are not interchangeable. The following charts explain how each is used.

Tenemos que salir por la puerta 12.

Vamos para el hotel a las 8:30.

Para is used to indicate...

Destination *(toward, in the direction of)*	Salimos **para** la Costa Brava este fin de semana. *We are leaving for the Costa Brava this weekend.*
Deadline or a specific time in the future *(by, for)*	Necesito los pasajes **para** mañana. *I need the tickets by tomorrow.*
Purpose or goal + *infinitive* *(in order to)*	Viajamos a Perú **para** visitar las ruinas de Machu Picchu. *We traveled to Peru in order to visit the ruins of Machu Picchu.*
Purpose + *noun* *(for, used for)*	Compré una maleta nueva **para** el viaje. *I bought a new suitcase for the trip.*
Recipient *(for)*	El asiento cerca de la ventanilla es **para** ti, Roberto. *The seat by the window is for you, Roberto.*
Comparison with others or opinion *(for, considering)*	**Para** ser tan jóvenes, han viajado mucho. *For being so young, they have traveled a lot.* **Para** mí, una semana de vacaciones es suficiente. *For me, one week of vacation is enough.*
Employment *(for)*	Un amigo mío trabaja **para** esta aerolínea. *A friend of mine works for this airline.*

Expressions with *para*

no estar para bromas *to be in no mood for jokes*

no ser para tanto *to not be so important*

para colmo *to top it off*

para que sepas *just so you know*

para siempre *forever*

Por la seguridad de todos, creo que debes dejar tu machete, Éric.

Y esto, ¿para qué es?

Por is used to indicate...

Motion or a general location *(along, through, around, by)*	Hay balnearios **por** toda la costa pacífica. *There are beach resorts all along the Pacific coast.*
Duration of an action *(for, during, in)*	Vivieron en Managua **por** un año entero. *They lived in Managua for an entire year.*
Reason or motive for an action *(because of, on account of, on behalf of)*	No compré los boletos **por** no tener suficiente dinero. *I didn't buy the tickets because I didn't have enough money.*
Object of a search *(for, in search of)*	Paso **por** ti mañana. *I'll pick you up tomorrow.*
Means by which *(by, by way of, by means of)*	Hizo una llamada **por** teléfono celular desde el avión. *He made a call by cell phone from the plane.*
Exchange or substitution *(for, in exchange for)*	Puedes comprar esta excursión **por** sólo 50 pesos. *You can buy this trip for only 50 pesos.*
Unit of measure *(per, by)*	El autobús iba a 60 millas **por** hora. *The bus was going 60 miles per hour.*
Agent (passive voice) *(by)*	La Guía de Puerto Montt fue escrita **por** Luis Cabrera. *The Puerto Montt Guidebook was written by Luis Cabrera.*

Expressions with *por*

por allí/aquí *around there/here*

por casualidad *by chance/accident*

por ejemplo *for example*

por eso *therefore, for that reason*

por fin *finally*

por lo general *in general*

por lo menos *at least*

por lo tanto *therefore*

por lo visto *apparently*

por más/mucho que *no matter how much*

por otro lado/otra parte *on the other hand*

por primera vez *for the first time*

por si acaso *just in case*

por supuesto *of course*

Práctica

1 **Definir y adivinar** ¿Para qué sirven las siguientes cosas? Trabajen en parejas. Uno/a con la lista A y otro/a con la lista B. Cada uno tiene que definir las palabras de su lista, explicando para qué sirven. Después, lean las definiciones a su compañero/a para que las adivinen. Sigan el modelo.

> **MODELO** itinerario
>
> **itinerario:** sirve para planear un viaje, no perderse y no perder tiempo.

A
maleta   tarjeta de crédito
bandera   cinturón de seguridad
autobús

B
mapa   museo
multa   gimnasio
frontera

2 **Completar** Completa la siguiente carta de un viajero enamorado con **para** y **por**.

> Mi amada Catalina:
>
> _____ fin llegamos a tierra. La ciudad es hermosa. Todavía no paseé _____ el bosque, porque debo ir con un guía. Puedo contratar uno _____ pocos dólares. En los tres meses del viaje pensé en ti _____ lo menos cada minuto. _____ no morir de tristeza miraba tu foto todo el tiempo. ¿Te acuerdas cuando nos vimos _____ primera vez?
>
> ¡Ay, Catalina! _____ mucho que lo intento, no dejo de pensar en ti. _____ mí, la vida sin ti es sólo dolor. ¿Tendré que esperar seis meses _____ verte nuevamente? Hice este viaje _____ ganar dinero y casarme contigo. Todo lo hago _____ ti y _____ que tengamos un futuro juntos.
>
> Te amaré _____ siempre.
>
> José

3 **Otra manera** Lee la primera oración y completa la segunda versión usando **por** o **para**.

1. Cuando voy a Chile, siempre visito Valparaíso.
   Paso _____ Valparaíso cuando voy a Chile.

2. El hotel era muy bueno. Pagué sólo 100 dólares.
   Conseguí la habitación _____ sólo 100 dólares.

3. Fui allí porque quería visitar a mi hermana.
   Yo quería ir allí _____ ver a mi hermana.

4. Mi familia le envió muchos regalos a ella.
   Mi familia envió muchos regalos _____ ella.

5. Disfruté mucho de las vacaciones. Mi hermana se alegró mucho de mi visita.
   Mi hermana se puso muy feliz _____ mi visita.

Comunicación

4 **Medios de transporte** Comenten en parejas cuáles son los mejores medios de transporte para determinadas ocasiones y por qué. Usen los ejemplos de la lista y sigan el modelo.

MODELO
viajar en una ciudad
Para viajar en una ciudad, el mejor medio de transporte es el metro porque es más rápido.

ir de vacaciones	viajar con niños
mirar el paisaje	divertirse
ahorrar dinero	ir lejos
ir a trabajar	hacer ejercicio
leer en el viaje	mudarse de hogar

5 **Viaje infernal** ¿Estuviste alguna vez en peligro durante un viaje? ¿Viste un accidente? ¿Perdiste las maletas? ¿Equivocaste el día del viaje? ¿Llegaste tarde? ¿Olvidaste los boletos? ¿Tuviste que esperar mucho en el aeropuerto? ¿Te molestó otro pasajero o el/la auxiliar de vuelo? Cuenta a tus compañeros un viaje con problemas. Primero escribe un plan de lo que vas a contar. En tu relato debes usar por lo menos cinco de las siguientes expresiones.

por casualidad	por lo tanto	para colmo
por eso	por lo menos	para siempre
por fin	por supuesto	no fue para tanto

MODELO

Para empezar, el avión se retrasó y por eso…

Los viajes

4.3 Comparatives and superlatives

¿Te acuerdas? Spanish and English use comparisons to indicate which of two people or things has a lesser, equal, or greater degree of a quality. Both languages use superlatives to express the highest or lowest degree of a quality.

Comparisons of inequality

▶ With adjectives, adverbs, nouns, and verbs, the following constructions are used to make comparisons of inequality.

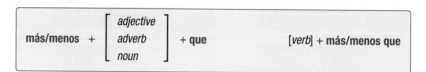

ADJECTIVE

Este hotel es **más elegante que** el otro.
This hotel is more elegant than the other one.

ADVERB

El carro es **menos rápido que** el metro.
The car is less rapid than the subway.

NOUN

Tienes **menos dinero que** yo.
You have less money than I do.

VERB

Mi hermano **viaja más que** yo.
My brother travels more than I do.

Comparisons of equality

▶ The following constructions are used to make comparisons of equality.

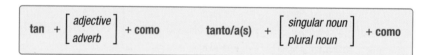

El vuelo de regreso es **tan** largo **como** el de ida.
The return flight is as long as the flight over.

Cuando viajo a la ciudad, tengo **tantas** maletas **como** tú.
When I travel to the city, I have as many suitcases as you.

▶ The following construction is used for comparisons of equality with verbs.

[verb] + **tanto como**

Mi amiga Yolanda ha viajado **tanto como** yo.
My friend Yolanda has travelled as much as I have.

Guillermo ha disfrutado **tanto como** yo en sus vacaciones.
Guillermo has enjoyed his vacation as much as I have.

¡ATENCIÓN!

Before a number (or equivalent expression), *more/less than* is expressed by **más/menos de.**

Un boleto de ida y vuelta va a costar más de mil dólares. *A round-trip ticket will cost more than a thousand dollars.*

Te consigo una respuesta en menos de media hora. *I'll get you an answer in less than half an hour.*

¡ATENCIÓN!

Tan and **tanto** can also be used for emphasis, rather than to compare, with these meanings:

tan *so*

tanto *so much*

tantos/as *so many*

¡Tu viaje es tan largo! *Your trip is so long!*

¡Viajas tanto! *You travel so much!*

¿Siempre traes tantas maletas? *Do you always bring so many suitcases?*

Superlatives

▶ The following construction is used to form superlatives. The noun is preceded by the appropriate definite article, and **de** is the equivalent of *in* or *of*.

> el/la/los/las + *noun* + más/menos + *adjective* + de

Ésta es **la playa más bonita de** la costa argentina.
This is the prettiest beach on the coast of Argentina.

Es **el hotel menos caro del** barrio.
It is the least expensive hotel in the neighborhood.

▶ The noun may also be omitted from a superlative construction.

—Me gustaría comer en un buen restaurante.
—*I would like to eat at a good restaurant.*

—Las Dos Palmas es **el más elegante de** la ciudad.
—*Las Dos Palmas is the most elegant one in the city*

Irregular comparatives and superlatives

Irregular comparative and superlative forms

Adjective	Comparative form	Superlative form
bueno/a *good*	mejor *better*	el/la mejor *best*
malo/a *bad*	peor *worse*	el/la peor *worst*
grande *big*	mayor *bigger*	el/la mayor *biggest*
pequeño/a *small*	menor *smaller*	el/la menor *smallest*
joven *young*	menor *younger*	el/la menor *youngest*
viejo/a *old*	mayor *older*	el/la mayor *oldest*

▶ When **bueno** or **malo** refer to a person's character, and not to the quality of a thing, the regular comparative and superlative forms may be used but are less common than the irregular forms.

Estas vacaciones son **mejores** que las últimas.
This vacation is better than the last one.

Isabela es **más buena** con los niños que Carlota.
Isabela is better with the children than Carlota.

▶ When **grande** and **pequeño** refer to size and not age or quality, the regular comparative and superlative forms are used.

Ernesto es **mayor** que yo.
Ernesto is older than I am.

Ése es **más grande** que éste.
That one is bigger than this one.

▶ When **mayor** and **menor** mean older or younger, they follow the noun they modify.

Lucía es mi hermana **menor**.
Lucía is my younger sister.

Hoy hubo un **menor** número de turistas.
Today there was a smaller number of tourists.

¡ATENCIÓN!

Absolute superlatives
The suffix **–ísimo/a** is added to adjectives and adverbs to form the absolute *superlative*. This form is the equivalent of *extremely* or *very* before an adjective or adverb in English.

malo → malísimo
mucha → muchísima
difícil → dificilísimo
fáciles → facilísimos

Adjectives and adverbs with stems ending in **c, g,** or **z,** change spelling to **qu, gu,** and **c** in the absolute superlative.

rico → riquísimo
larga → larguísima
feliz → felicísimo

Adjectives that end in **–n** or **–r** form the absolute by adding **–císimo.**

joven → jovencísimo
trabajador → trabajadorcísimo

¡ATENCIÓN!

Bien and **mal**
The adverbs **bien** and **mal** also have irregular comparatives.

bien *well* → mejor *better*

mal *badly* → peor *worse*

La comida de México es mejor que la de aquí.
The food in Mexico is better than the food here.

Práctica

1 **Demasiadas deudas** Ágata trabaja en una agencia de viajes y su amiga Elena en un hotel. Llena los espacios en blanco utilizando las palabras de la lista.

como	más
que	muchísimas
baratísimos	menos

ELENA Tengo _____ deudas. Mi trabajo me gusta pero necesito ganar _____ dinero.

ÁGATA ¿Por qué no mandas tu currículum a mi empresa? No es tan importante _____ la tuya, pero paga mejor.

ELENA Sí, la verdad es que tú trabajas _____ horas que yo, pero ganas más.

ÁGATA Lo bueno es que a ti los boletos te salen _____.

ELENA Ya, pero a ti los hoteles te salen más baratos _____ a mí.

2 **El peor viaje de su vida** El sábado pasado Rosa y Alberto se fueron de viaje a Puerto Rico pero tuvieron muchos problemas. En esta carta, Rosa nos cuenta lo que les pasó. Completa las frases de la izquierda con las correspondientes de la derecha y pon números para ordenar los hechos de manera cronológica.

MODELO

el sábado pasado mi novio y yo ⟶ hicimos el peor viaje de nuestra vida.

___ Yo me levanté más temprano que Alberto

___ Para empezar, el avión salió tres horas más tarde de lo previsto

___ Finalmente el avión aterrizó sin problemas,

___ Los auxiliares de vuelo tenían tanto miedo

___ Una hora antes de llegar a San Juan

pero el vuelo fue peor que una pesadilla.

el avión comenzó a moverse muchísimo.

como nosotros, y eso nos puso mucho más nerviosos.

y llegué antes que él al aeropuerto.

y perdimos la conexión a San Juan.

3 **Una anécdota** En parejas inventen una historia utilizando las palabras de la lista.

tan	malísimo
mejor que	como
mayor	de los peores

Comunicación

4 **El Caribe o Buenos Aires** Gabriel y Carmen están planeando su viaje de novios. Gabriel prefiere irse al Caribe y a Carmen le gustaría visitar Buenos Aires.

A. En parejas, decidan qué actividades de la lista corresponden a cada lugar.

- Hay muchas cosas que hacer
- Hay pocas cosas que hacer
- Hace mal tiempo
- Hace buen tiempo
- Hay restaurantes de países diferentes
- Sólo está el restaurante del hotel
- Hay mucha gente
- No hay nadie
- Se pueden aprender muchas cosas
- Te puedes relajar

B. Después, miren el cuadro y dramaticen un diálogo entre Carmen y Gabriel. Cada uno tiene que dar las razones por las cuales prefieren ir a esos lugares. Utilicen comparativos y superlativos.

Caribe	Buenos Aires

5 **Nos vamos de viaje** Ustedes también tendrán preferencias a la hora de elegir un destino para sus vacaciones. Primero en parejas y después en grupo, discutan sobre un lugar donde les gustaría ir, justificando sus razones mediante oraciones con superlativos o comparativos.

4.4 Present subjunctive

¿Te acuerdas? The verb forms you have reviewed so far have been in the indicative mood. The indicative is used to state facts and express actions or states the speaker considers to be real or definite. In this lesson you will review the present subjunctive mood. The subjunctive expresses the speaker's attitude toward events, as well as actions or states, that the speaker views as uncertain or hypothetical.

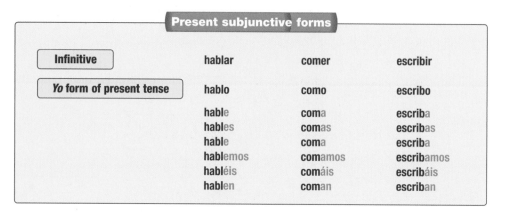

Present subjunctive forms

Infinitive	hablar	comer	escribir
Yo form of present tense	hablo	como	escribo
	hable	coma	escriba
	hables	comas	escribas
	hable	coma	escriba
	hablemos	comamos	escribamos
	habléis	comáis	escribáis
	hablen	coman	escriban

¡ATENCIÓN!

A list of stem-changing verbs can be found on pages 20–21.

▶ Verbs with irregular **yo** forms show that same irregularity *throughout* the forms of the present subjunctive.

Infinitive	Yo form	Subjunctive	Infinitive	Yo form	Subjunctive
conocer	conozco	conozca	seguir	sigo	siga
decir	digo	diga	tener	tengo	tenga
hacer	hago	haga	traer	traigo	traiga
oír	oigo	oiga	venir	vengo	venga
poner	pongo	ponga	ver	veo	vea

▶ **–Ar** and **–er** verbs that have stem changes in the present tense have the same changes in the present subjunctive. Remember that the **nosotros/as** and **vosotros/as** forms do not change.

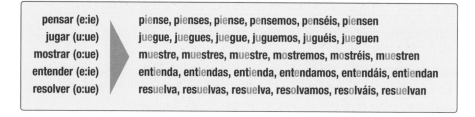

pensar (e:ie)	piense, pienses, piense, pensemos, penséis, piensen
jugar (u:ue)	juegue, juegues, juegue, juguemos, juguéis, jueguen
mostrar (o:ue)	muestre, muestres, muestre, mostremos, mostréis, muestren
entender (e:ie)	entienda, entiendas, entienda, entendamos, entendáis, entiendan
resolver (o:ue)	resuelva, resuelvas, resuelva, resolvamos, resolváis, resuelvan

► **–Ir** verbs that have stem-changes in the present tense have the same changes in the present subjunctive. In addition, the **nosotros/as** and **vosotros/as** forms undergo a stem-change.

pedir (e:i)	pida, pidas, pida, pidamos, pidáis, pidan
sentir (e:ie)	sienta, sientas, sienta, sintamos, sintáis, sientan
dormir (o:ue)	duerma, duermas, duerma, durmamos, durmáis, duerman

► The following five verbs are irregular in the present subjunctive.

dar	dé, des, dé, demos, deis, den
estar	esté, estés, esté, estemos, estéis, estén
ir	vaya, vayas, vaya, vayamos, vayáis, vayan
saber	sepa, sepas, sepa, sepamos, sepáis, sepan
ser	sea, seas, sea, seamos, seáis, sean

The subjunctive after impersonal expressions

► One of the uses of the subjunctive is in subordinate clauses following impersonal expressions. The subordinating conjunction **que** joins the clauses.

Impersonal expression		Subordinate clause
Es necesario	**que**	**compres** el boleto hoy.

► The following expressions always trigger the subjunctive.

Es bueno *It's good*	**Es mejor** *It's better*
Es importante *It's important*	**Es necesario** *It's necessary*
Es imposible *It's impossible*	**Es una lástima** *It's too bad*
Es malo *It's bad*	**Es urgente** *It's urgent*

Es una lástima que Mariel no vaya con nosotras.
It's too bad that Mariel won't be going with us.

No es tan importante que Horacio devuelva la guía.
It's not so important that Horacio returns the guide.

► Impersonal expressions that indicate certainty trigger the indicative in the subordinate clause. However, when these expressions are negative, expressing doubt about the action or condition in the subordinate clause, they therefore trigger the subjunctive.

Es cierto *It is certain*	**No es cierto** *It is not true*
Es evidente *It is evident*	**No es evidente** *It is not evident*
Es seguro *It is sure*	**No es seguro** *It is not sure*
Es verdad *It is true*	**No es verdad** *It is not true*

Es verdad que tengo sed, pero **no es verdad** que tenga hambre.
It's true that I am thirsty, but it's not true that I'm hungry.

¡ATENCIÓN!

Verbs whose infinitives end in **–car, –gar,** and **–zar,** undergo spelling changes in the present subjunctive.

sacar: saque, etc.

jugar: juegue, etc.

almorzar: almuerce, etc.

¡ATENCIÓN!

A more complete discussion of the uses of the subjunctive voice can be found in **Lección 5**, pages 176–187.

Práctica

1. **Pórtate bien** Los padres de Álvaro se van de viaje y le dejan una nota a su hijo con algunas cosas que tiene que hacer. Completa la nota utilizando el presente del subjuntivo de los verbos entre paréntesis.

> No te olvides
>
> Sabemos que es imposible que _____ (acostarse) temprano
> pero es importante que _____ (levantarse) antes de las 8:00
> y que _____ (desayunar) bien. El martes es necesario que
> _____ (ir) a casa de tu tía Julia y le _____ (llevar)
> nuestro regalo. Antes de ir es urgente que _____ (pasar) a recoger
> la tarta de cumpleaños que hemos encargado en la pastelería Mallorca.
> Y bueno, hijo, es una lástima que no _____ (poder) venir
> con nosotros.
>
> Cuídate mucho.
>
> Tus padres

2. **Demasiado despistado** Ayer fue el cumpleaños de la novia de Álvaro y él se olvidó por completo. Ahora ella está enfadada. Martín y él conversan sobre el tema. Completa el diálogo con el subjuntivo o el indicativo.

MARTÍN Bueno, Álvaro, la verdad es que, a veces, _____ (ser) demasiado despistado. ¿No crees?

ÁLVARO Ya, bueno, pero no es cierto que yo no la _____ (querer).

MARTÍN Si sabes que para ella es importante que _____ (recordar) su cumpleaños, deberías recordarlo.

ÁLVARO Es una lástima que yo _____ (ser) tan despistado.

MARTÍN Sí, pero también es cierto que tú la _____ (querer) mucho. Es urgente que le _____ (escribir) disculpándote y la _____ (invitar) a cenar.

ÁLVARO Tienes razón. Ahora mismo me voy a casa a escribirle un correo electrónico.

3. En parejas piensen en las obligaciones de los padres para con los hijos y viceversa y llenen el siguiente cuadro con frases impersonales que requieran el subjuntivo.

Las obligaciones de los padres y de los hijos

los padres	los hijos
Es importante que los padres escuchen a sus hijos.	

Comunicación

4) **Roberto está enamorado** Roberto invita a Lucía a cenar en su casa una noche. Ellos se acaban de conocer y son muy diferentes, así que Roberto va a tener que cambiar muchas cosas para gustarle a Lucía. Un amigo común nos ha dado algunas pistas de cómo es Roberto y cómo es el hombre ideal de Lucía. Mira los siguientes dibujos y aconséjale a Roberto qué hacer esa noche. Piensa cómo debe vestirse, qué comida debe preparar, los discos que debe elegir como música de fondo, etc.

MODELO

Es importante que te peines bien esa noche.

ROBERTO

HOMBRE IDEAL

5) **Pareja ideal** En grupos pequeños piensen en su pareja ideal y comenten cómo debe ser. Escriba cada uno/a de ustedes por lo menos cuatro frases impersonales que requieran el subjuntivo. Usen las frases de la lista.

Es cierto	Es necesario
Es importante	Es urgente
Es mejor	Es verdad

6) **Buen viaje** Trabajan para una persona muy famosa y tienen que organizar su próximo viaje. Representen un diálogo con el/la agente de viajes en el que le explican las exigencias de la estrella.

MODELO

AGENTE DE VIAJES ¿Cómo desea su habitación?

ESTRELLA Es importantísimo que la habitación esté llena de flores blancas.

A conversar

El amor y la distancia

A En parejas, lean las historias. Luego, respondan a las preguntas.

Historia 1

Carla es mexicana y vive en la Ciudad de México. Francisco es uruguayo y vive en Montevideo. Hace dos años, Francisco viajó becado a México para estudiar. Permaneció allí un año. Un mes después de su llegada conoció a Carla en la Universidad Autónoma de México y se enamoraron. Cuando la beca de Francisco finalizó, él regresó a su país. Hoy continúan con su noviazgo por medio de Internet.

¿Por qué Carla y Francisco tienen que usar Internet para continuar con su noviazgo?

Historia 2

Alejandra es una profesora argentina de biología. Hace dos años, se anotó en una lista de correo electrónico sobre ecología. Así comenzó a charlar sobre el tema con un grupo. Al poco tiempo, de ese grupo sólo quedaron ella y Jorge, un profesor español. De la ecología pasaron a hablar de otros temas. Jorge viajó a Buenos Aires. Quería conocerla. Alejandra se enamoró de él. Él le propuso casamiento. Ella aún lo está pensando.

¿Cuáles serán las dudas de Alejandra?

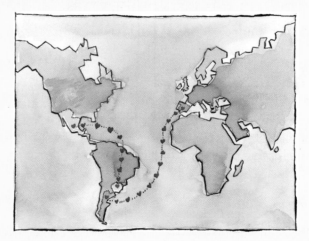

B ¿Alguien conoce una historia del mismo tipo? Cuéntenla a sus compañeros de clase.

C Trabajen ahora en grupos pequeños. Piensen en finales posibles para las dos historias. Luego elijan una historia y compartan el final que escogieron con sus compañeros/as.

D Con toda la clase, discutan sobre los problemas del amor a distancia. Para esto, tengan en cuenta las siguientes preguntas:

¿Es posible mantener una buena relación de amor a distancia?

¿La tecnología favorece el contacto entre la gente? ¿Por qué?

¿Es fácil abandonar tu país? ¿Por qué? ¿Qué debes dejar? ¿Qué puedes ganar?

A escribir

Consejos de viaje

Sigue el **Plan de redacción** para escribir unos consejos de viaje. Imagina que trabajas en una agencia de viajes y tienes que organizar un tour para unos/as amigos/as tuyos/as que van a visitar una ciudad o un país que tú conoces bastante bien. Haz una lista de los lugares y cosas que les recomiendas que hagan. Ten en cuenta la personalidad de tus amigos/as y elige bien qué sitios crees que les van a gustar más.

Destinos					
Lugar	Comida	Clima	Diversiones	Interés cultural	Otros

Plan de redacción

Contenido Recuerda que tienes que tener en cuenta el clima que hace en ese lugar, la ropa que deben llevar, el hotel donde pueden alojarse y los espectáculos culturales a los que pueden asistir. También es importante que les recomiendes algún restaurante o alguna comida típica del lugar. No olvides utilizar oraciones de subjuntivo en todas tus recomendaciones. Aquí tienes algunos ejemplos a seguir.

- Es importante que...
- Te/Les recomiendo que...
- Es bueno que...
- Es probable que...
- Es mejor que...
- Es necesario que...

Conclusión Termina la lista de consejos deseándoles a tus amigos/as que tengan un buen viaje.

Etatis XX (Hecho a los 20 años), 1996.
Jacqueline Brito Jorge. Cuba.

*El hombre inteligente viaja para enriquecer
después su vida en los días sedentarios,
que son más numerosos.*

— Enrique Larreta

Antes de leer

El viaje
Cristina Fernández Cubas

Conexión personal
¿Cuál es el viaje más largo que has hecho? ¿Cuál fue el destino? ¿Cuál fue el punto de partida? ¿Lo pasaste bien? En parejas, túrnense para contarse los detalles más importantes de sus viajes.

Contexto cultural
Cloistered convents and monasteries are closed religious communities of nuns and monks. Cloistered life includes daily work, prayer, reading, meditation, and participation in religious services; additionally, it enforces varying degrees of isolation from the outside world. Formerly, this separation, particularly for convents, was almost absolute.

The population of cloistered religious communities has decreased dramatically in recent years, although the communities themselves are still common throughout Spain. These convents and monasteries usually subsist with the help of the adjacent towns and parishes, in part through donations, and also through providing their own specialty services. Nuns such as *las mínimas* in Sevilla, for example, take in ironing, and *las monjas de la Magdalena* in Granada sell Madeline cakes and *empanadillas*.

Análisis literario: la anécdota
An anecdote (**la anécdota**) is a brief and sometimes amusing account about a person or an event. Anecdotes are told to entertain or to make a larger point. While you read "El viaje," think about the narrator's purpose in recording the anecdote.

Estrategia de lectura: deducir
Making inferences (**deducir**) about a literary piece helps a reader draw conclusions about the author's purpose. A reader makes inferences by guessing or making presumptions on the basis of what he or she has read and/or what is known from experience. As you read "El viaje," what inferences can you make on the basis of the content and what you know or have experienced personally?

Vocabulario

alcanzar *to reach; to achieve; to succeed in*

abadesa *abbess*

barrio *neighborhood*

dar a *to face*

despedirse *to say goodbye*

el marco *frame*

las reglas *rules*

el timbre *doorbell*

Cristina Fernández Cubas

Hoja de vida

1945 Nace en Arenys de Mar, España
1980 *Mi hermana Elba* (cuentos)
1985 *El año de Gracia* (novela)
1990 *El ángulo del horror* (cuentos)
1994 *Con Agatha en Estambul* (cuentos)
2001 *Cosas que ya no existen* (novela)

Sobre el autor

Cristina Fernández Cubas no es una autora muy prolífica. Su obra, hasta el momento, está compuesta por una pieza teatral, cuatro libros de relatos y dos novelas. Desde que publicó su primera novela en 1980, Cristina Fernández Cubas es para muchos una escritora de culto que se mantiene al margen de las estrategias comerciales del mundo editorial y también de las polémicas literarias. Se mueve con comodidad tanto en la novela como en los relatos cortos. La autora admite que ambos géneros tienen para ella algo en común: la intensidad. El cuento "El viaje" fue publicado en la antología *Dos veces cuento* (1998), realizada por José Luis González.

El viaje

1   Un día la madre de una amiga me contó una curiosa
anécdota. Estábamos en su casa, en el barrio antiguo de
Palma de Mallorca, y desde el balcón interior, que daba a un
pequeño jardín, se alcanzaba a ver la fachada° del vecino   *façade*
5   convento de clausura°. La madre de mi amiga solía visitar a   *cloistered convent*
la abadesa; le llevaba helados para la comunidad y
conversaban durante horas a través de la celosía°. Estábamos   *lattice*
ya en una época en que las reglas de clausura eran menos

estrictas de lo que fueron antaño°, y nada impedía a la

10 abadesa que, si así lo hubiera deseado, interrumpiera en más
de una ocasión su encierro° y saliera al mundo. Pero ella se
negaba en redondo°. Llevaba casi treinta años entre aquellas
cuatro paredes y las llamadas del exterior no le interesaban
lo más mínimo. Por eso la señora de la casa creyó que

15 estaba soñando cuando una mañana sonó el timbre y una
silueta oscura se dibujó al trasluz° en el marco de la puerta.
"Si no le importa", dijo la abadesa tras los saludos de rigor,
"me gustaría ver el convento desde fuera". Y después, en
el mismo balcón en el que fue narrada la historia se quedó

20 unos minutos en silencio. "Es muy bonito", concluyó. Y,
con la misma alegría con la que había llamado a la puerta,
se despidió y regresó al convento. Creo que no ha vuelto a
salir, pero eso ahora no importa. El viaje de la abadesa me
sigue pareciendo, como entonces, uno de los viajes más

25 largos de todos los viajes largos de los que tengo noticias. ✳

years ago

isolation

absolutely refused

outlined in the shadow

Después de leer

El viaje
Cristina Fernández Cubas

(1) Comprensión Contesta las siguientes preguntas.

1. ¿En qué ciudad española ocurre la anécdota?

2. ¿Quién le había contado la anécdota a la narradora?

3. ¿Qué se veía desde el balcón de la madre de su amiga?

4. ¿Cuántos años llevaba la abadesa sin salir del convento?

5. ¿Qué decidió hacer la abadesa una mañana?

6. ¿Qué es lo que quería ver la abadesa desde la casa de su amiga?

7. ¿Cómo pensó la abadesa que era el convento?

8. ¿Qué hizo ella después de ver el convento desde el balcón?

(2) Interpretar Responde a las siguientes preguntas.

1. Según la narradora, la abadesa no sentía ningún interés por salir al exterior. ¿Por qué crees que no le interesaba el mundo exterior?

2. ¿Cuál es, en tu opinión, el viaje de la religiosa?

3. ¿Por qué al final del cuento la narradora piensa que el viaje de la abadesa es uno de los viajes más largos de los que ella ha tenido noticias?

4. ¿Por qué crees que la narradora de este cuento encuentra esta anécdota curiosa?

5. ¿Crees que una persona puede viajar sin moverse de casa?

(3) Analizar Se suele decir que los viajes ayudan a conocer el mundo y conocerse a uno mismo. En esta lectura hay personas, como la abadesa, que viajan sin necesidad de ir a muchos sitios. En parejas, discutan sobre lo que aprendió la abadesa en ese viaje tan corto.

(4) Recordar ¿Qué aportan los viajes? Describe en un párrafo de unas cuatro o cinco oraciones alguna experiencia que hayas vivido al realizar un viaje. Recuerda que la distancia o la duración del trayecto no es tan importante. Después, comparte tu descripción con los demás compañeros de la clase. Utiliza el presente perfecto y el pluscuamperfecto.

Antes de leer

Catalina de Erauso

Conexión personal

¿Has querido desaparecer alguna vez y empezar tu vida de nuevo en otro sitio como otra persona? ¿Adónde pensaste ir? ¿Qué planeabas hacer en ese nuevo sitio? Escribe un breve párrafo.

Contexto cultural

During the sixteenth and seventeenth centuries, the lives of women were dictated by social convention and law. In general, a woman was in the absolute control of her father until she married, at which point she passed into the absolute control of her husband. Almost all education was denied to women. Because of these restrictions, life in a convent, free of fathers and husbands, was often an attractive alternative.

The convent was the only realm of society where women had the freedom to pursue an intellectual life. Much of the literature written by women during this period comes from nuns, such as Sor Juana Inés de la Cruz (Mexico), Santa Teresa de Ávila (Spain), and Sor María Manuela (Peru). However, for women placed in convents against their will, convents were little better than prisons. As you read the biography of Catalina de Erauso, you will learn about a nun who was in no way typical.

Vocabulario

el acontecimiento *event*	**el guión** *script*
el desafío *challenge*	**luchar** *to fight*
desconocido/a *stranger, unknown, unfamiliar*	**la monja** *nun*
el ejército *army*	**el valor** *bravery*

Catalina de Erauso: la monja alférez

1   La historia de Catalina de Erauso, más conocida como la
    monja alférez°, ha despertado durante los últimos tiempos,   *second lieutenant*
    y con razón, muchísimo interés. Los acontecimientos
    extraordinarios que rodearon° su vida hacen que su historia   *surrounded*
5   parezca extraída del alocado° guión de una película de   *wild, crazy*
    aventuras. Aquí les presentamos una breve biografía, quizás
    mezclada con un poco de leyenda.

    Catalina de Erauso nació en San Sebastián, España, en 1592.
    Cuando tenía 4 años de edad, su familia la internó en un
10 convento. La muchacha no podía resistir la vida que su
    destino le ofrecía y decidió cambiarla radicalmente. Se
    escapó cuando tenía 15 años de edad. Para no ser
    reconocida, Catalina se vistió de hombre, vestido que ya
    nunca abandonó, y se marchó para América, donde se

15   iniciaron sus aventuras. Vivió en Perú por unos años, y en
este país se alistó en el ejército°. Como soldado, luchó con   *she enlisted in the army*
valentía° en muchos combates. En 1619 fue a Chile, para   *bravery*
luchar en la Guerra de Arauco, y la ascendieron de categoría
por su valor, lo que la convirtió en alférez.

20   Uno de los hechos más extraordinarios de su vida ocurrió en
1615. En ese año, la joven estaba en Concepción, y allí,
accidentalmente, se batió en duelo° con su hermano. Habían   *she fought a duel*
pasado muchos años desde la última vez que se vieron y,
como Catalina iba vestida de hombre, los hermanos no se
25   reconocieron, y se enfrentaron en desafío°. Catalina le   *duel*
disparó a su hermano, hiriéndolo de muerte°. Cuenta la   *mortally wounding him*
leyenda que cuando ella lo reconoció, corrió a buscar auxilio,
pero ya era demasiado tarde.

   Cuando fue herida de gravedad en otro duelo, tuvo que
30   confesar que era una mujer y, entonces, decidió regresar a
España. Pasaron algunos años, en los que viajó a Italia.
Durante ese tiempo, el rey Felipe IV le dio una pensión°   *pension*
como premio por su valor. Finalmente, Catalina sintió el
deseo de volver a América. En 1650, cuando llegó al puerto
35   de Veracruz, México, desapareció y ya nunca más se volvió a
saber de ella. Se especula que murió ahogada°, pero hay   *drowned*
quien piensa que empezó una nueva vida, esta vez como una
desconocida. ❋

Después de leer

Catalina de Erauso

1 Comprensión Decide si las siguientes oraciones son **ciertas** o **falsas.** Corrige las falsas.

	Cierto	Falso
1. La historia de Catalina de Erauso ha despertado mucho interés en los últimos años.	☐	☐
2. Ella nació en Madrid en 1592.	☐	☐
3. A los cuatro años ella decidió ser monja y se internó en un convento.	☐	☐
4. La muchacha no pudo resistir su destino y decidió cambiarlo.	☐	☐
5. Se escapó a los quince años, se vistió de hombre y se fue a vivir al Perú.	☐	☐
6. Allí se alistó en el ejército, pero no era muy valiente.	☐	☐
7. En 1615, accidentalmente, se batió en duelo con su hermano y lo mató.	☐	☐
8. Nunca se descubrió que Catalina era mujer.	☐	☐
9. En 1650, Catalina de Erauso regresó a América y nunca más se volvió a saber de ella.	☐	☐

2 Interpretar Contesta las siguientes preguntas.

1. ¿Por qué Catalina de Erauso también es conocida como "la monja alférez"?
2. ¿Qué tiene de extraordinario la vida de Catalina de Erauso? Razona tu respuesta.
3. ¿Qué podía haber hecho Catalina de Erauso de no haberse vestido de hombre?

3 Inventar Imagina que es verdad que la monja alférez volvió a América para comenzar una nueva vida. Inventa su historia con un(a) compañero/a, utilizando los tiempos del pasado que conoces: pasado simple, el presente perfecto y el pluscuamperfecto. Menciona los siguientes puntos:

- Las razones por las que ella quiso volver a América
- Qué tipos de trabajos tuvo
- Cómo fue su vida y su muerte

4 Entrevistar Trabajen en parejas. Imaginen que uno/a de ustedes es un amigo/a de la monja alférez y le da consejos para que lleve una vida más tranquila.

MODELO

AMIGO/A: Es mejor que vivas en el convento.

MONJA ALFÉREZ: Eso no es verdad. Es necesario que me vaya.

Atando cabos

El viaje de novios

Trabajen en grupos pequeños para preparar una presentación sobre un viaje de novios.

Elegir el tema

> Elijan una de estas parejas y preparen una presentación sobre el viaje de luna de miel que han tenido.

a   b   c   d

Preparar

> Investiguen en Internet para decidir de qué van a hablar en su presentación. Tengan en cuenta las personalidades de los novios, adónde fueron, qué actividades hicieron y qué lugares visitaron. Una vez que tengan la información necesaria sobre el lugar de destino, elijan los aspectos más interesantes del viaje para la presentación.

Organizar

> Escriban un esquema que los ayude a exponer con mayor exactitud su presentación. No olviden utilizar los puntos gramaticales de la lección al menos una vez: los superlativos, el presente perfecto, el pluscuamperfecto, el presente de subjuntivo.

Estrategia de comunicación

Cómo contar un viaje
Las siguientes frases pueden ayudarles a expresarse de forma más adecuada.
1. Hemos decidido que el sitio ideal para ellos…
2. Es importante que…
3. Este lugar fue el mejor porque...
4. Este viaje fue carísimo/aburridísimo/ peligrosísimo…
5. Antes de llegar a este lugar, ellos…

Presentar

> Utilicen fotografías o folletos publicitarios para ilustrar su presentación. Usen material audiovisual para ofrecer una idea más completa del viaje.

Ayuda para Internet

Pueden intentar acceder a la información utilizando las siguientes palabras clave:
viajes de novios / cruceros / viajes de aventura / España / Argentina / turismo / Ecuador / viajes organizados / Costa Rica / Cuba

La seguridad y los accidentes

el aviso	notice; warning
el choque	collision
el cinturón de seguridad	seatbelt
el congestionamiento	traffic jam
las medidas de seguridad	security measures
peligroso/a	dangerous
ponerse (el cinturón)	to fasten (the seatbelt)
prohibido/a	forbidden
reducir (la velocidad)	to slow down (the speed)
el seguro	insurance
el tránsito	traffic
vencido/a	expired
vigente	valid

Los viajes

a bordo	on board
la aventura	adventure
el/la aventurero/a	adventurer
la bienvenida	welcome
el buceo	scuba-diving
el crucero	cruise ship
la cueva	cave
la despedida	farewell
el destino	destination
el excursionismo	sightseeing
la frontera	frontier
el horario	timetable
las horas de visita	visiting hours
la isla	island
el itinerario	itinerary
la llegada	arrival
el manantial	spring
las olas	waves
el rincón	corner
la selva	jungle
la temporada alta	high/busy season
el transporte público	public transportation
la vuelta	return (trip)

Verbos relacionados con los viajes

admirar	to admire
alojarse	to stay
cancelar	to cancel
comprar boletos	to buy tickets
desembarcar	to disembark, land
embarcar	to board
estar lleno/a	to be full
extrañar a (alguien)	to miss (someone)
marcharse	to leave
navegar	to sail, navigate
preparar maletas	to pack suitcases
quedarse	to stay
quejarse	to complain
recorrer	to go across; to travel
regresar	to return
reservar	to reserve
retrasar	to delay

Los servicios

el/la agente de aduanas	customs agent
los auxiliares de vuelo	flight attendants
el/la camarero/a	waiter, waitress
el/la mesero/a	waiter, waitress
el piloto	pilot
el servicio de habitación	room service
los servicios	facilities
bien cuidado/a	well-kept
recomendable	advisable
turístico/a	tourist(y)

Expresiones útiles	Véase la página 131.
Vocabulario de "El Viaje"	Véase la página 155.
Vocabulario del perfil	Véase la página 159.

Estructura 4.2	Véase las páginas 140 y 142.
Estructura 4.3	Véase las páginas 144 y 145.
Estructura 4.4	Véase las páginas 148 y 149.

La salud y el bienestar

Communicative Goals

You will expand your ability to…

- express will, emotion, doubt, or denial
- express uncertainity and indefiniteness
- convey purpose, condition, and intent
- give orders, advice, and suggestions

Contextos

páginas 166-169

- Las enfermedades
- La buena salud
- Los cuidados y los tratamientos médicos

Fotonovela

páginas 170-173

- *¿Dulces? No, gracias:* Los empleados de *Facetas* se preocupan por mantenerse sanos y en forma.

Enfoques

páginas 174-175

- El chocolate, alimento de los Dioses
- "Lo último" en el gimnacio

Estructura

páginas 176-193

- The subjunctive in noun clauses
- The subjunctive in adjective clauses
- The subjunctive in adverbial clauses
- Commands

Lecturas

páginas 194-213

- **Obra de teatro:** *1x1=1, pero 1+1=2* de Lucía Quintero
- **Perfil:** Alejandro Leal, genetista

Videoteca

páginas 214-215

- **Cortometraje:** *La hora de comer*

La salud y el bienestar

Conciencia tranquila

Susana está preocupada porque ve que su hija Inés **tiene mal aspecto**. Ha **adelgazado** y a ella le parece que su **alimentación** es mala. Cree que le falta **autoestima** y que su **estado de ánimo** no es bueno. Teme que **sufra de anorexia**. Inés dice que **está acostumbrada a** que su madre piense cosas raras. Pero para dejarla tranquila va a **portarse bien** y a **engordar** un poco.

A cuidarse

El médico le dijo a José que debía **cambiar su estilo de vida**. Debía **dejar de fumar** y de **trasnochar**, comenzar un **régimen** y sobre todo usar el **sentido común** al comer. En lugar de tomar **calmantes** y **aspirinas** para aliviar los síntomas de las enfermedades, le convenía eliminar los **factores de riesgo** para su **salud**. José **permaneció** callado y pensativo: sabía que estaba en **mala forma física**, pero nunca se lo habían dicho.

El contagio

Juana **se puso** mal, tenía **tos** y necesitaba **descansar**. Primero pensó que tenía un **resfriado**, pero como **empeoró** con el paso de las horas, empezó a pensar que tenía una **gripe**. Una semana después continuaba sintiendo este **malestar**, y entonces decidió **consultar a un especialista**. En realidad Juana tiene un **virus** que **se cura** sólo con un **tratamiento** especial. Ahora, mientras **se recupera**, Juana se pregunta cómo se **contagió**.

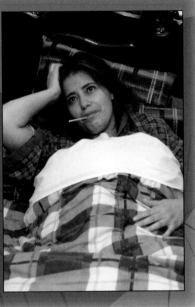

Despertar inesperado

Despertó en la **sala de emergencias** un poco **mareado**, con una **venda** en el brazo izquierdo y la mano **inflamada**. Cuando vino el enfermero a **ponerle una inyección** y darle unas **pastillas**, le preguntó qué había pasado. El enfermero le contó que se había caído en la calle y **se** había **lastimado**. Entonces Ricardo recordó todo: un anciano se había **hecho daño** en un accidente y, cuando vio al **herido** sangrando, **se desmayó**.

Las enfermedades

la depresión	depression
la enfermedad	disease/illness
la obesidad	obesity
la respiración	breathing
la tensión (alta, baja)	blood pressure (high, low)
tener fiebre	to have a fever
ponerse malo/a	to become ill
toser	to cough

La buena salud

mejorar	to improve
ponerse bien	to get well
relajarse	to relax
tener buen aspecto	to look good
sano/a	healthy

Los cuidados y tratamientos médicos

la cirugía	surgery
el/la cirujano/a	surgeon
la consulta	doctor's appointment
el consultorio	doctor's office
el jarabe	syrup
la operación	operation
los primeros auxilios	first aid
la receta	prescription
la vacuna	vaccine
la venda	bandage
prevenir	to prevent
tratar	to treat

Práctica

(1) A curarse Indica qué tiene que hacer una persona a la que le ocurre lo siguiente:

_____ 1. Se lastimó con un cuchillo.

_____ 2. Tiene fiebre.

_____ 3. Su estado de ánimo es malo.

_____ 4. Tiene tos.

_____ 5. Sufre de problemas respiratorios.

_____ 6. Está obeso.

a. Comenzar un régimen

b. Dejar de fumar

c. Hablar con un amigo/a

d. Ponerse una venda

e. Tomar una medicina

f. Tomar un jarabe que le recete el médico

(2) Asociaciones Conecta las palabras de la primera columna con las de la segunda.

a. alimentación

b. cirugía

c. medicina alternativa

d. mejorar

e. tímido

_____ acupuntura

_____ callado

_____ cortar

_____ digestión

_____ recuperarse

(3) Malos hábitos Martín tiene hábitos que no son buenos para su salud. Completa el siguiente diálogo entre Martín y su doctor con las palabras de la lista. Hay cuatro palabras que no tienes que usar.

ánimo	descansar	malestar	sano
dejar de fumar	empeorar	pastillas	trasnochar
deprimido	mala forma física	salud	vacuna

MARTÍN Doctor, a mí me gusta pasar muchas horas viendo la tele.

DOCTOR Si usted no hace ejercicio va a tener una _____.

MARTÍN También me gusta salir y acostarme tarde.

DOCTOR No es bueno _____ todo el tiempo. Es importante _____.

MARTÍN ¡Pero, doctor! ¿Puedo fumar un poco, por lo menos?

DOCTOR No, don Martín. Usted debe _____ cuanto antes.

MARTÍN ¡No puede ser, doctor! ¿Todo lo que me gusta hacer es malo para la _____? Si hago lo que me dice usted, voy a estar _____ pero _____.

DOCTOR No es así. Si usted mejora su forma física, su estado de _____ va a mejorar también. Recuerde: "Mente sana en cuerpo sano".

Comunicación

4 **Vida sana**

A. En parejas, háganse las siguientes preguntas y marquen en la lista las respuestas.

	Siempre	A menudo	De vez en cuando	Nunca
1. ¿Trasnochas más de dos veces por semana?	☐	☐	☐	☐
2. ¿Practicas algún deporte?	☐	☐	☐	☐
3. ¿Fumas?	☐	☐	☐	☐
4. ¿Comes mucha comida frita?	☐	☐	☐	☐
5. ¿Tienes dolores de cabeza?	☐	☐	☐	☐
6. ¿Sales de copas más de dos veces por semana?	☐	☐	☐	☐
7. ¿Desayunas sin prisa?	☐	☐	☐	☐
8. ¿Pasas muchas horas del día sentado/a?	☐	☐	☐	☐
9. ¿Te pones de mal humor con frecuencia?	☐	☐	☐	☐
10. ¿Tienes problemas para dormir?	☐	☐	☐	☐

B. Imagina que eres un médico. ¿Tiene tu compañero/a una vida sana? ¿Qué cosas le recomiendas que haga? Utiliza la conversación entre Martín y su médico (página 162) como modelo.

5 **Frases célebres** Muchos personajes han opinado sobre la salud, la medicina y la enfermedad. En parejas, elijan las frases que les parecen más interesantes y expliquen por qué las eligieron.

La salud

"La salud no lo es todo pero sin ella, todo lo demás es nada".
A. Schopenhauer

"El ser humano pasa la primera mitad de su vida arruinando la salud y la otra mitad intentando recuperarla".
Joseph Leonard

"Come poco y cena más poco, que la salud de todo el cuerpo se decide en la oficina del estómago".
Miguel de Cervantes

La medicina

"Antes que al médico, llama a tu amigo".
Pitágoras

"Los médicos no están para curar, sino para recetar y cobrar; curarse o no es cuenta del enfermo".
Molière

"La esperanza es el mejor médico que yo conozco".
Alejandro Dumas, hijo.

La enfermedad

"El peor de todos los males es creer que los males no tienen remedio".
Francisco Cabarrus

"La investigación de las enfermedades ha avanzado tanto que cada vez es más difícil encontrar a alguien que esté completamente sano".
Aldous Huxley

"De noventa enfermedades, cincuenta las produce la culpa y cuarenta la ignorancia".
Anónimo

Los empleados de *Facetas* se preocupan por mantenerse sanos y en forma.

DIANA ¿Johnny? ¿Qué haces aquí tan temprano?

JOHNNY Madrugué para ir al gimnasio. ¿Nunca haces ejercicio?

DIANA No mucho… A veces me dan ganas de hacer ejercicio, y entonces me acuesto y descanso hasta que se me pasa.

En la cocina…

JOHNNY *(habla con los dulces)* Los recordaré dondequiera que esté. Sé que esto es difícil, pero deben ser fuertes… No pongan esa cara de "cómeme". Por mucho que insistan, los tendré que tirar. Ojalá me puedan olvidar.

FABIOLA ¿Empezaste a ir al gimnasio? Te felicito. Para ponerse en forma hay que trabajar duro.

JOHNNY No es fácil.

FABIOLA No es difícil. Yo no hago ejercicio, pero trato de comer cosas sanas.

JOHNNY Nada de comidas rápidas.

FABIOLA ¡Cómo me gustaría tener tu fuerza de voluntad!

En la cocina…

DON MIGUEL ¡Válgame! Aquí debe haber como mil pesos en dulces. ¡Mmm! Y están buenos.

JOHNNY ¿Qué tal, don Miguel? ¿Cómo le va?

DON MIGUEL *(sonríe sin poder decir nada porque está comiendo)*

JOHNNY ¡Otro que se ha quedado sin voz! ¿Qué es esto? ¿Una epidemia?

FABIOLA ¿Qué compraste?

JOHNNY Comida bien nutritiva y baja en calorías. Juré que jamás volvería a ver un dulce.

FABIOLA ¿Qué es eso?

JOHNNY Esto es tan saludable que con sólo tocar la caja te sientes mejor.

FABIOLA ¿Y sabe bien?

En la oficina de Aguayo…

AGUAYO Mariela, insisto en que veas a un doctor. Vete a casa y no vuelvas hasta que no estés mejor. Te estoy dando un consejo. No pienses en mí como tu jefe.

DIANA Piensa en él como un amigo que siempre tiene razón.

Personajes

 AGUAYO
 ÉRIC
 JOHNNY
 FABIOLA
 MARIELA
 DIANA
DON MIGUEL

En la sala de conferencias…

AGUAYO (*dirigiéndose a Mariela*) Quiero que hagas unos cambios a estos diseños.

DIANA Creemos que son buenos y originales, pero tienen dos problemas.

ÉRIC Los que son buenos no son originales, y los que son originales no son buenos.

AGUAYO ¿Qué crees? (*Mariela no contesta*)

Mariela escribe "perdí la voz" en la pizarra.

AGUAYO ¿Perdiste la voz?

DIANA Gracias a Dios… Creí que me había quedado sorda.

AGUAYO Estás enferma. Deberías estar en cama.

ÉRIC Sí, podías haber llamado para decir que no venías.

AGUAYO Por cierto, Diana, acompáñame a entregar los diseños ahora mismo. Tengo que volver enseguida. Estoy esperando una llamada muy importante.

DIANA Vamos.

Se van. Suena el teléfono. Mariela se queda horrorizada porque no puede contestarlo.

FABIOLA ¿No ibas a mejorar tu alimentación?

JOHNNY Si no puedes hacerlo bien, disfruta haciéndolo mal. Soy feliz.

FABIOLA Los dulces no dan la felicidad, Johnny.

JOHNNY Lo dices porque no has probado la *Chocobomba*.

Expresiones útiles

Giving advice and making recommendations

Insisto en que veas/usted vea a un doctor.
I insist that you go see a doctor.

Te aconsejo que vayas a casa.
I advise you to go home. (fam.)

Le aconsejo que vaya a casa.
I advise you to go home. (form.)

Sugiero que te pongas a dieta.
I suggest you go on a diet. (fam.)

Sugiero que se ponga usted a dieta.
I suggest you go on a diet. (form.)

Asking about tastes

¿Y sabe bien?
And does it taste good?

¿Cómo sabe?
How does it taste?

Sabe a ajo/menta/limón.
It tastes like garlic/mint/lemon.

¿Qué sabor tiene? ¿Chocolate?
What flavor is it? Chocolate?

¡No! ¡Tiene sabor a mango!
No! It's mango flavored!

Tiene un sabor dulce/agrio/amargo/agradable.
It has a sweet/sour/bitter/pleasant taste.

Additional vocabulary

la alimentación *diet*
dondequiera *wherever*
estar bueno/a *to be good (i.e. fresh)*
fuerza de voluntad *willpower*
madrugar *to wake up early*
quedar sordo/a *to go deaf*

Apuntes culturales Muchos hispanos que viven en las ciudades deben comer deprisa y no pueden dedicar mucho tiempo a cocinar. Algunas tiendas de comida rápida ofrecen lo mismo que en el resto del mundo: pizza, sándwiches y hamburguesas. Pero otras ofrecen platos locales. En España hay paellas a domicilio, en Argentina asado y en Perú ceviche. En las plazas hay vendedores de maní tostado, tortillas de maíz, empanadas y manzanas con caramelo. *¿Te gusta la comida rápida?*

Comprensión

(1) Decirlo con otras palabras Selecciona con una cruz la oración que expresa la misma idea.

JOHNNY Para ponerse en forma hay que trabajar duro.

_____ a. Para mejorar la salud debes hacer mucho ejercicio.

_____ b. Para mejorar el cuerpo hay que descansar.

FABIOLA ¡Cómo me gustaría tener tu fuerza de voluntad!

_____ a. Me interesa tu fuerza física.

_____ b. Me gustaría mucho tener mucha voluntad como tú.

JOHNNY ¡Otro que se ha quedado sin voz!

_____ a. Don Miguel no puede hablar.

_____ b. Don Miguel no puede estar callado.

FABIOLA Los dulces no dan la felicidad.

_____ a. Los dulces nos alegran la vida.

_____ b. En mi vida, los dulces no son importantes.

(2) ¿Cierto o falso? Decide si lo que afirman las siguientes oraciones sobre los personajes de la **Fotonovela** es **cierto** o **falso**. Corrige las frases falsas.

	Cierto	Falso
1. Johnny llegó temprano porque madrugó para ir al gimnasio.	☐	☐
2. Cuando Diana va al gimnasio se queda dormida.	☐	☐
3. Los compañeros le insisten a Johnny para que tire los dulces.	☐	☐
4. Los primeros diseños de Mariela son malos.	☐	☐
5. Diana se quedó sorda.	☐	☐
6. Hay una epidemia en la oficina.	☐	☐
7. Johnny no continuó con su dieta.	☐	☐

(3) Buscar Busca en la **Fotonovela** la palabra adecuada para poner un título a cada lista.

_____	_____	_____	_____
chocolates	correr	salchicha	sopa de verduras
caramelos	saltar	hamburguesa	ensalada
pastel de chocolate	caminar	papas fritas	pollo asado
postre	nadar	sándwich	frutas

Ampliación

4 **La salud de Mariela** Mariela consultó a un especialista de la garganta. Lee las indicaciones del especialista. Después, escríbelas de nuevo usando **Es importante que, Es mejor que, Es necesario que** y **Es urgente que** en lugar de las expresiones subrayadas.

Usted tiene gripe.
Tiene que permanecer en
cama durante dos días. Debe tomar
dos cucharaditas de este jarabe cada seis horas.
Debe beber leche caliente y no fumar. Si empeora,
tiene que tomar una de estas pastillas. Aquí tiene
la receta. Si descansa, va a mejorar rápidamente.
Debe relajarse y quedarse en su casa
durante toda la semana.

5 **Completar** La columna de la izquierda describe hechos que provocan el resultado de la columna de la derecha. Completa el cuadro.

Hecho	Resultado
Grité mucho en el recital.	Me quedé sin voz.
Me quedé dormido.	
Me entró agua en los oídos.	
	Se está quedando muy delgado.
Me olvidé el abrigo en casa.	

6 **Consejos** En parejas, ¿qué consejos le darías a un(a) amigo/a que sufre de...? Dramaticen la situación.

a. obesidad   c. depresión   e. dolor de garganta   g. anorexia

b. gripe   d. tos   f. mareos   h. dolor de cabeza

7 **Medicina en otros tiempos**
En parejas observen la imagen.
Imaginen la historia y contesten las
preguntas. Luego cuenten la historia
a sus compañeros.

- ¿Qué le pasó al enfermo?
- ¿Qué aspecto tiene?
- ¿Cuáles son los síntomas?
- ¿Cuál es el tratamiento?
- ¿Qué le aconseja el médico?

El chocolate, alimento de los dioses

Fruto del árbol del cacao

En este capítulo de la **Fotonovela**, Johnny se quiere poner en forma y para ello ha decidido no comer más dulces. En el siguiente artículo se habla del chocolate, un producto de origen americano.

¿**S**abías que el cacao y el chocolate eran desconocidos en Europa hasta la llegada de los españoles a América?

Hoy, el chocolate es una de las delicias más apreciadas por adultos y niños de todo el mundo. El árbol del cacao, originario de las zonas tropicales de Hispanoamérica, es cultivado en México, Venezuela, Ecuador y Colombia.

Existen varias leyendas indígenas sobre el origen divino de este popular alimento. La más famosa cuenta que Quetzalcóatl, dios azteca del viento, le regaló semillas del árbol del cacao a los hombres y, de esa forma, este arbusto creció sobre la tierra. Gracias a su origen divino, existía entre los aztecas la creencia de que su consumo impartía poder y sabiduría.

La historia del chocolate es muy curiosa. Durante su cuarto viaje, Cristóbal Colón se encontró en la costa de Yucatán con una embarcación indígena que transportaba unas semillas que eran utilizadas como monedas. Este fruto también era el ingrediente principal de una misteriosa bebida sagrada, el "tchocolath". Años después, el conquistador Hernán Cortés fue el primero en probar la "bebida de los dioses" en la corte azteca del emperador Moctezuma. La preparaban mezclando el cacao con maíz, vainilla, miel y canela.

De vuelta a España, Cortés elogió sus cualidades, pero la nueva bebida no fue bien recibida por su sabor amargo. Los primeros granos de cacao llegaron al Monasterio de Zaragoza en 1522, junto con la receta para preparar el chocolate. Sólo cuando se le añadió azúcar de caña empezó su rápida propagación dentro del continente europeo.

la semilla	seed	la canela	cinnamon
el arbusto	bush	amargo	bitter
la sabiduría	wisdom	lanzarse	to take to something
la embarcación	vessel	quemar	to burn
la corte	court	el contrincante	opponent

Gracias al cacao existen los sabrosos chocolates

"Lo último" en el gimnasio

Kickboxing

Spinning

En la **Fotonovela**, Johnny ha empezado a ir al gimnasio. A continuación, vas a leer sobre la última moda en los gimnasios de los países hispanos.

En los gimnasios de España y Latinoamérica la última moda es el *spinning* y el *kickboxing*. Siguiendo las tendencias y los gustos de Europa y los Estados Unidos, muchos se han lanzado a la practica de estos dos deportes.

El *spinning* se practica en una bicicleta especial dentro del gimnasio, generalmente con un grupo de practicantes y un/una instructor(a) al frente. Los practicantes pedalean, variando la dificultad del recorrido virtual al ritmo de la música.

La bicicleta que se utiliza para hacer el *spinning* está diseñada para simular el manejo de una bicicleta real. En una clase de *spinning* tienes la impresión de estar practicando ciclismo fuera del gimnasio. Es un método excelente para mantenerte en forma y quemar calorías. Si practicas una hora de *spinning*, quemas más de seiscientas calorías.

El *kickboxing* hoy día causa furor en los gimnasios de España. Es una mezcla entre el karate y el boxeo. Sus practicantes usan guantes de boxeo, y es permitido atacar al contrincante con las piernas.

Este deporte se originó en los Estados Unidos entre los practicantes de las artes marciales. Luego se extendió al Japón y a otros países de Asia. Hoy día, hay ligas de *kickboxing* en casi todos los países y se realizan torneos internacionales, a los que acuden cientos de miles de fanáticos.

Coméntalo

Reúnete con varios compañeros/as de clase y conversa sobre los siguientes temas.

1. ¿Consideran que siguen una dieta equilibrada? ¿Comen muchos dulces? ¿De qué tipo?
2. ¿Conocen otros productos cuyo origen sea americano?
3. ¿Te gustaría practicar el *spinning* o el *kickboxing*? ¿Por qué?
4. ¿Qué tipo de ejercicio o deporte es popular donde tú vives?

5.1 The subjunctive in noun clauses

¿Te acuerdas? The subjunctive is used mainly in multiple clause sentences which express will, influence, emotion, doubt, and denial.

Quiero que hagas unos cambios en estos diseños.

Verbs of will and influence

▶ When the subject of the main clause of a sentence exerts influence or will on the subject of the subordinate clause, the verb in the subordinate clause must be in the subjunctive.

Main clause	Connector	Subordinate clause
↓	↓	↓
Yo **quiero**	que	tú **vayas** al médico.

Common verbs of will and influence

aconsejar *to advise*	insistir (en) *to insist (on)*	prohibir *to prohibit*
desear *to desire*	mandar *to order*	proponer *to propose*
exigir *to demand*	necesitar *to need*	querer *to want; to wish*
gustar *to like*	oponerse a *to oppose*	recomendar *to recommend*
hacer *to make*	pedir *to ask for; to request*	rogar *to beg; to plead*
importar *to be important*	preferir *to prefer*	sugerir *to suggest*

* esperar

Martín quiere que nos **apuntemos** en un gimnasio.
Martín wants us to join a gym.

El médico siempre me recomienda que **deje** de fumar.
The doctor always recommends that I quit smoking.

Necesito que **busques** estas pastillas
en la farmacia.
*I need you to look for these pills
in the pharmacy.*

Se oponen a que **salgas** si estás
tan enfermo.
*They object to your going out if
you're so sick.*

▶ The infinitive, not the subjunctive, is used with verbs and expressions of will and influence if there is no change in the subject in a sentence.

Yo quiero **ir** al médico esta tarde.
I want to go to the doctor this afternoon.

Felipe necesita **ponerse** a dieta.
Felipe needs to go on a diet.

¿Te gusta **hacer** ejercicio antes de ir al tabajo?
Do you like to exercise before going to work?

Prefiero **tomar** estas medicinas para el dolor.
I prefer to take these medicines for the pain.

Verbs of emotion

▶ When the main clause expresses an emotion like hope, fear, joy, pity, or surprise, the verb in the subordinate clause must be in the subjunctive if its subject is different from that of the main clause.

¡ATENCIÓN!

Some impersonal expressions are expressions of emotion.

es bueno

es malo

es mejor

es una lástima

Common verbs and expressions of emotion

alegrarse (de) *to be happy (about)*	**es una pena** *it's a pity*	**sentir** *to be sorry; to regret*
es extraño *it's strange*	**esperar** *to hope; to wish*	**sorprender** *to surprise*
es ridículo *it's ridiculous*	**gustar** *to like; to be pleasing*	**temer** *to fear*
es terrible *it's terrible*	**molestar** *to bother*	**tener miedo (de)** *to be afraid of*

Me sorprende que no **quieras** salir a correr.
I'm surprised you don't want to go jogging.

Me gusta que **tengas** una actitud positiva.
I'm glad you have a positive attitude.

▶ The infinitive, not the subjunctive, is used with verbs and expressions of emotion if there is no change in the subject in a sentence.

Temo **tener** un resfriado.
I am afraid I have a cold.

Alfredo teme no **tener** dinero para viajar.
Alfredo is afraid of not having enough money to travel.

▶ The expression **ojalá (que)** means *I hope* or *I wish* and is always followed by the subjunctive. The use of **que** with **ojalá** is optional.

Ojalá (que) te **recuperes** pronto.
I hope you recover quickly.

Ojalá (que) usted **mejore** pronto.
I hope that you get well soon.

Verbs of doubt or denial

▶ When the main clause implies doubt or uncertainty, the verb in the subordinate clause must be in the subjunctive if its subject is different from that of the main clause.

Common verbs and expressions of doubt or denial

dudar *to doubt*	**es imposible** *it's impossible*
negar *to deny*	**es improbable** *it's improbable*
no creer *not to believe*	**es poco seguro** *it's uncertain*
no es verdad *it's not true*	**(no) es posible** *it's (not) possible*
no estar seguro (de) *not to be sure (of)*	**(no) es probable** *it's (not) probable*

¡ATENCIÓN!

Some impersonal expressions are also expressions of uncertainty.

no es evidente

no es seguro

No creo que Mauricio **quiera** consultar a un especialista.
I don't think that Mauricio wants to consult a specialist.

▶ A verb of certainty can frequently become a verb of doubt or denial by adding **no**. In the same way, adding **no** to verbs of doubt or denial makes them affirmative.

No es verdad que Margarita **haya** adelgazado.
It is not true that Margarita has lost weight.

No dudamos que éste **sea** un buen tratamiento.
We do not doubt that this is a good treatment.

Práctica

1 **Ojalá** Para muchos el amor es una enfermedad. El cantante Silvio Rodríguez sugiere en esta canción una cura para el amor. Completa la canción conjugando los verbos en el modo adecuado.

Ojalá que las hojas no te _____ (tocar) el cuerpo cuando caigan
para que no las puedas convertir en cristal.
Ojalá que la lluvia _____ (dejar) de ser milagro que baja por tu cuerpo.
Ojalá que la luna _____ (poder) salir sin ti.
Ojalá que la tierra no te _____ (besar) los pasos.

Ojalá se te _____ (acabar) la mirada constante,
la palabra precisa, la sonrisa perfecta.
Ojalá _____ (pasar) algo que te borre de pronto:
una luz cegadora, un disparo de nieve.

Ojalá por lo menos que me _____ (llevar) la muerte,
para no verte tanto, para no verte siempre
en todos los segundos, en todas las visiones:
ojalá que no _____ (poder) tocarte ni en canciones.

2 **Consejos** Estás dándole consejos a un(a) amigo/a tuyo/a. Escribe nuevamente cada consejo reemplazando la orden por una sugerencia. Utiliza **Te sugiero que** o **Te aconsejo que.**

1. Si te duele la cabeza, debes tomar una aspirina.

2. Si te cortaste con el cuchillo, debes ponerte una venda.

3. Si tienes tos, debes consultar al médico.

4. Si estás mareado, debes sentarte un momento.

5. Si estás gordo, debes hacer régimen.

6. Si estás deprimido, debes salir de paseo.

7. Si tienes mucha fiebre, debes ir a la sala de urgencias.

8. Si comes demasiado, debes comenzar un régimen.

9. Si te sientes cansado, debes descansar.

10. Si tienes problemas con la respiración, debes dejar de fumar.

Comunicación

3 **El doctor Sánchez responde** Los lectores de esta revista de salud envían sus consultas. El doctor Sánchez les responde. En la columna de la izquierda están las preguntas y, a la derecha, algunas notas del médico para responder a esas preguntas. ¿Qué notas corresponden a las preguntas? Únelas y luego redacta las respuestas utilizando las expresiones de la lista.

Los lectores preguntan. El Dr. Sánchez responde.

1. Estimado Dr. Sánchez:
Tengo 55 años y quiero bajar 10 kilos. Mi médico insiste en que mejore mi alimentación. Probé distintos regímenes, pero no funcionaron. ¿Qué puedo hacer?
Ana J.

2. Querido Dr. Sánchez:
Tengo 38 años y sufro fuertes dolores de espalda *(back)*. Trabajo en una oficina y estoy muchas horas sentada. Después de varios análisis, mi médico dijo que todo está bien en mis huesos *(bones)*. Me recetó unas pastillas para los músculos. Pero no quiero tomar medicamentos. ¿Hay otra solución?
Isabel M.

3. Dr. Sánchez:
Siempre me duele mucho el estómago. Soy muy nervioso y no puedo dormir. Mi médico me aconseja que trabaje menos. Pero eso es imposible.
Andrés S.

A. *No comer con prisa.*
Pasear mucho.
No tomar café.
Practicar yoga.

B. *Caminar mucho.*
Practicar natación.
No comer las cuatro "p":
papas, pastas, pan y postres.
Tomar dos litros de agua
por día.

C. *No permanecer más de*
dos horas sentada.
Cincuenta minutos de ejercicio
por día.
Adoptar una buena postura al
estar sentada.
Elegir una buena cama.
Usar almohada delgada y dura.

le aconsejo que	le sugiero que
le recomiendo que	le propongo que
es necesario que	es improbable que
es importante que	es poco seguro que
es urgente que	no es seguro que

4 **Estilos de vida** En parejas, cada uno elige una de estas dos personalidades. Después, se dan consejos mutuamente para cambiar su estilo de vida. Utilicen el subjuntivo en su conversación.

1. Voy al gimnasio tres veces al día. Lo más importante en mi vida es mi cuerpo.
2. Me gusta salir por las noches. Trasnocho casi todos los días.

5.2 The subjunctive in adjective clauses

¿Te acuerdas? The subjunctive is used in a subordinate clause (adjective clause) that refers to a person, place, or thing that either does not exist or whose existence is uncertain or indefinite.

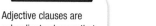

> **¡ATENCIÓN!**
>
> Adjective clauses are subordinate clauses that modify a noun or pronoun in the main clause of a sentence. That noun or pronoun is called the *antecedent*.

Busco a alguien que me acompañe a correr a las seis de la mañana.

Lo siento. No conozco a nadie que quiera salir a correr a esas horas.

▶ When the subordinate clause of a sentence refers to a person, place, thing, or idea (its antecedent) that is known to exist, the indicative is used. When the antecedent's existence is uncertain or indefinite, the subjunctive is used.

Antecedent certain = Indicative	Antecedent uncertain = Subjunctive
Necesito **el libro** que **tiene** artículos sobre nutrición. *I need the book that has articles about nutrition.*	Necesito **un libro** que **tenga** artículos sobre nutrición. *I need a book that has articles on nutrition.*
Quiero apuntarme en **el gimnasio** que **está** cerca de mi apartamento. *I want to join the gym that is close to my apartment.*	Quiero apuntarme en **un gimnasio** que **esté** cerca de mi apartamento. *I want to join a gym that is close to my apartment.*
En mi barrio hay **una tienda** que **vende** alimentos naturales. *In my neighborhood, there is a store that sells natural foods.*	En mi barrio no hay **ninguna tienda** que **venda** alimentos naturales. *In my neighborhood, there aren't any stores that sell natural foods.*

▶ When the antecedent of an adjective clause is a negative pronoun (**nadie, ninguno/a**) the verb in the subordinate clause is in the subjunctive.

En mi familia, no hay **nadie** que fume.
In my family, there is nobody who smokes.

No conocemos a **nadie** que sepa la cura.
We don't know anyone who knows the cure.

¿Un entrenador personal? Aquí no hay **ninguno** que valga la pena.
A personal trainer? There isn't anyone here who is worth it.

En mi barrio, no hay **ningún** gimnasio que tenga piscina.
In my neighborhood, there are no gyms that have pools.

▶ The personal **a** is not used with direct objects that are hypothetical. **Nadie** and **alguien**, however, are always preceded by the personal **a** when they are direct objects.

Antecendent uncertain = Subjunctive	Antecedent certain = Indicative
Busco **un médico** que **hable** inglés.	Conozco a **un médico** que **habla** inglés.
I'm looking for a doctor who speaks English.	*I know a doctor who speaks English.*
No conozco a **nadie** que **vaya** al gimnasio.	Acabo de conocer a **alguien** que **dejó** de fumar.
I don't know anyone that goes to the gym.	*I just met someone who quit smoking.*

▶ The subjunctive is commonly used in questions with adjective clauses when the speaker is trying to find out information about which he/she is uncertain. If the person who responds knows the information, the indicative is used.

—¿Me recomiendas una clínica que
  esté cerca de aquí?
—*Can you recommend a clinic
  that is near here?*

—¿Puedes enseñarme un ejercicio que me
  ayude a perder peso?
—*Can you show me an exercise
  that will help me lose weight?*

—Claro. A tres cuadras de aquí
  queda una clínica excelente.
—*Of course. Three blocks from here there
  is an excellent clinic.*

—Sí. Este ejercicio te **ayuda** a perder peso
  y mejorar la forma física.
—*Yes. This exercise helps you lose weight
  and improve your physical fitness.*

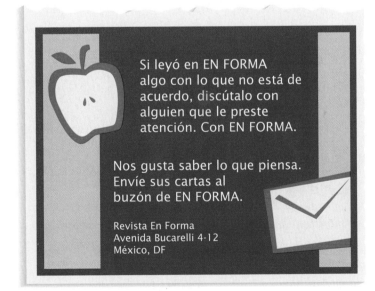

Si leyó en EN FORMA
algo con lo que no está de
acuerdo, discútalo con
alguien que le preste
atención. Con EN FORMA.

Nos gusta saber lo que piensa.
Envíe sus cartas al
buzón de EN FORMA.

Revista En Forma
Avenida Bucarelli 4-12
México, DF

Práctica

1 Buscar En la columna de la derecha, busca las cláusulas adjetivas que corresponden a las oraciones de la columna de la izquierda.

1. Un niño _____ puede enfermarse del estómago.

2. Alguien _____ puede estar nervioso durante el día.

3. Una mujer _____ no tendrá problemas graves en los huesos.

4. Un anciano _____ tendrá menos problemas del corazón (*heart*).

5. Un adulto _____ va a tener problemas con la respiración.

a. que fume mucho

b. que haga gimnasia

c. que tome mucho café

d. que controle los niveles de de colesterol

e. que come muchos helados

f. que siempre vaya de compras

2 Escribir de otra manera ¿Tienes problemas para dormir? ¿Qué se puede hacer para prevenir esos problemas? Transforma los consejos de la doctora Odaluna para que contengan cláusulas adjetivas. En la cláusula utiliza el/los verbo(s) que están entre paréntesis.

> **MODELO**
> Por las noches, debe cenar comida liviana. (ser)
> Por las noches, debe cenar comida **que sea** liviana.

1. Por las noches, debe dar un paseo largo. (ser)

2. Antes de ir a dormir, debe tomar un baño bien caliente. (estar)

3. Debe dormir en una habitación fresca y silenciosa. (estar)

4. En la cama, debe tomar un vaso de leche tibia con miel. (estar – tener)

5. Antes de acostarse, debe escuchar música suave. (ser)

6. Durante el día, debe tomar bebidas sin cafeína. (tener)

3 Unir Forma una sola oración usando una cláusula adjetiva con el verbo en subjuntivo.

> **MODELO**
> Quiero hacer un régimen. El régimen tiene que dejarme bien delgada.
> Quiero hacer un régimen que me deje bien delgada.

1. Busco una sala de urgencias. La sala de urgencias debe estar cerca.

2. Quiero conocer un chico. El chico no debe fumar.

3. Necesito consultar un médico. El médico debe ser especialista en oídos.

4. Debo comprar un libro. El libro tiene que tener información sobre vacunas.

5. Quiero un medicamento. El medicamento tiene que calmar mis dolores de cabeza.

6. Necesito hablar con una persona. La persona tiene que ir al gimnasio todos los días.

Comunicación

(4) ¿Qué debe decir Juan? Selecciona con una cruz la opción correcta para las situaciones. Después, comenten sus elecciones.

1. Juan busca un hospital. No recuerda el nombre. Pero sabe que el hospital está cerca.

   _____ a. Busco un hospital que esté cerca.

   _____ b. Busco el hospital que está cerca.

2. Juan necesita un nuevo régimen. El médico le dio hoy ese régimen.

   _____ a. Debo seguir el régimen que me da el médico.

   _____ b. Debo seguir un régimen que me dé el médico.

3. Juan quiere hacer deportes. Tiene problemas de peso. No sabe qué deporte practicar.

   _____ a. Quiero practicar un deporte que me ayude a perder peso.

   _____ b. Quiero practicar el deporte que me ayuda a perder peso.

4. Juan debe ponerse una inyección. Busca una buena enfermera para que se la ponga, pero no conoce ninguna.

   _____ a. Busco una enfermera que sea buena para poner inyecciones.

   _____ b. Busco a la enfermera que es buena para poner inyecciones.

5. Juan desea dejar de fumar y le pide a María que le dé el tratamiento que ella usó.

   _____ a. ¿Me das el tratamiento que ayuda a dejar de fumar?

   _____ b. ¿Me das un tratamiento que ayude a dejar de fumar?

(5) ¿Buscas un buen régimen? En parejas, imaginen que son médicos y que deben entregar a una revista de salud una lista con regímenes que no son buenos. Escriban la lista siguiendo el modelo. Para hacerlo, unan un verbo de la columna izquierda y una expresión de la columna derecha.

> **MODELO** prometer — adelgazar más de dos kilos por semana
> Un régimen que prometa adelgazar más de dos kilos por semana.

indicar	tomar muchas vitaminas
aconsejar	comer alimentos "que queman (burn) grasas"
sugerir	no comer nada por dos días
obligar a	comer lo que se desee
proponer	tomar remedios para adelgazar
ordenar	beber poco líquido
recomendar	no comer fruta
insistir en	comer muchos dulces

(6) La delgadez Actualmente, ser súper delgado está de moda. En parejas, imaginen que viven con alguien obsesionado/a por hacer régimen. Hagan una lista de las desventajas, siguiendo el modelo. Luego, compártanla con sus compañeros.

> **MODELO** Vivir con **alguien que cuente** calorías todo el tiempo es muy aburrido.

5.3 The subjunctive in adverbial clauses

¿Te acuerdas? In Spanish, adverbial clauses are commonly introduced by conjunctions. Certain conjunctions are always followed by the subjunctive, while others can be followed by the subjunctive or the indicative, depending on the context in which they are used.

No como dulces a menos que sean bajos en calorías.

Pues, aunque odias el chocolate, a mí me encanta.

Conjunctions that require the subjunctive

▶ Certain conjunctions are always followed by the subjunctive because they introduce actions or states that are uncertain or have not yet happened. These conjunctions commonly express purpose, condition, or intent.

a fin de que (so that / in order that)

Conjunctions that require the subjunctive	
a menos que *unless*	**en caso (de) que** *in case*
antes (de) que *before*	**para que** *so that*
con tal (de) que *provided that*	**sin que** *without, unless*

La enfermera siempre repite las instrucciones **para que** queden bien claras.
The nurse always repeats the instructions so that they are very clear.

Hay unas vendas en el botiquín **en caso de que** las necesites.
There are bandages in the medicine cabinet in case you need them.

Pedro no irá al dentista **a menos que** yo lo acompañe.
Pedro will not go to the dentist unless I go with him.

Serviré el desayuno **antes de que** te despiertes.
I'm going to serve breakfast before you wake up.

▶ If there is no change of subject in the sentence, there is no subordinate clause. Instead the prepositions **antes de, con tal de, en caso de, para,** and **sin** are used, followed by the infinitive.

Javier corre cada mañana **para** mantenerse en forma.
Javier jogs every morning to keep in shape.

Ana comió **antes de** ir al cine.
Ana ate before going to the movies.

Conjunctions followed by the subjunctive or the indicative

▶ Conjunctions of time and concession that introduce subordinate clauses are followed by the subjunctive when the main clause expresses a future action or condition that has not yet occurred.

Conjunctions of time or concession	
a pesar de que *despite*	**hasta que** *until*
aunque *although; even if*	**luego que** *as soon as*
cuando *when*	**mientras que** *while*
después (de) que *after*	**siempre que** *as long as*
en cuanto *as soon as*	**tan pronto como** *as soon as*

Cuando la doctora me vea, se va a enojar conmigo.
When the doctor sees me, she is going to be annoyed with me.

Un doctor lo examinará **en cuanto** llegue a la sala de urgencias.
A doctor will examine him as soon as he arrives in the emergency room.

Tendrás el brazo vendado **hasta que** se cure la herida.
You will have your arm bandaged until the wound heals.

Ellos van a recogerlo **tan pronto como** el enfermero les avise.
They will come get him as soon as the nurse informs them.

Después de que termines estos diseños, puedes irte a casa.

▶ If the action in the main clause habitually happens or has already happened the indicative, *not* the subjunctive, is used in the subordinate clause after the conjunction of time or concession.

El Dr. Mariátegui siempre tiene la misma disculpa **cuando** llega tarde.
Dr. Mariátegui always has the same excuse when he arrives late.

Tuve miedo de las inyecciones **hasta que** cumplí dieciocho años.
I was afraid of shots until I turned eighteen.

Práctica

(1) Decirlo de otra manera Elige la oración que expresa la misma idea.

1. En caso de que tenga fiebre, déle un baño frío.
   _____ a. Si tiene fiebre, déle un baño frío.
   _____ b. Déle un baño frío si no tiene fiebre.

2. Puede recibir visitas hasta que la llevemos a la sala de cirugía.
   _____ a. Puede recibir visitas si la llevamos a la sala de cirugía.
   _____ b. Antes de ir a la sala de cirugía, puede recibir visitas.

3. A menos que tome los medicamentos, la enfermera le va a poner inyecciones.
   _____ a. O toma los medicamentos o la enfermera le va a poner inyecciones.
   _____ b. La enfermera le va a poner inyecciones si toma los medicamentos.

4. Va a superar la anorexia mientras que su familia la apoye.
   _____ a. Si su familia la apoya, va a superar la anorexia.
   _____ b. Va curarse de la anorexia sin que su familia la apoye.

5. Tan pronto como aumente su autoestima, va a mejorar su salud.
   _____ a. Su salud va a mejorar antes de que aumente su autoestima.
   _____ b. Su salud va a mejorar en cuanto aumente su autoestima.

(2) ¿Infinitivo o subjuntivo? Completa las oraciones con el verbo en infinitivo o en subjuntivo.

1. a. Va a estar callado con tal de que los médicos lo _____ (dejar) entrar a la sala de operaciones.
   b. Va a estar callado con tal de _____ (entrar) a la sala de operaciones.

2. a. En caso de que le _____ (doler) la cabeza, tiene que tomar este medicamento.
   b. En caso de _____ (sentir) dolor de cabeza, tiene que tomar este medicamento.

3. a. María no hace ningún régimen sin _____ (consultar) con un especialista.
   b. María no hace ningún régimen sin que se lo _____ (dar) un especialista.

4. a. Juan sigue el tratamiento para _____ (mejorarse).
   b. Juan sigue el tratamiento para que _____ (mejorar) su salud.

(3) Completar Subraya *(underline)* la conjunción adecuada para completar el diálogo.

—¿Qué debo hacer ahora?

—(Cuando – con tal de que) tenga dolor de cabeza, tome dos pastillas de este medicamento.

—¿Y si además tengo vómitos?

—(Antes de que – En caso de que) también tenga vómitos, no tome las pastillas. Debe colocarse solamente paños fríos. Puede tomar un té de tilo (tan pronto como – sin que) deje de vomitar.

—¿Cuándo puedo comenzar a hacer gimnasia?

—No puede comenzar (cuando – hasta que) no termine el tratamiento con los masajes.

Comunicación

4 **Pobre Paco** Paco quiere mejorar su vida. En parejas, escriban frases sobre los problemas que tiene Paco y cómo resolverlos. Utilicen las expresiones de la lista.

hasta que
cuando
después de que
en cuanto
aunque
luego que
mientras que
siempre que
tan pronto como
a pesar de que

MODELO Cuando Paco deje de fumar, se va a sentir mejor.

5 **Imaginar situaciones** En parejas, escriban situaciones en las que sea adecuado decir las siguientes expresiones. Dramaticen una de las situaciones.

1. Se enferma con tal de que la atienda el doctor Fernández.
2. A menos que le compre lo que él pida, se porta mal en la escuela.
3. En cuanto tome un calmante, vamos a poder conversar con ella.
4. Ella hace chistes para que él se tome el jarabe.
5. No soporta que hablen mientras duerme la siesta.

6 **Indicaciones para el postoperatorio** Federico ha sido operado. Hoy vuelve a su casa. La doctora González le da una serie de indicaciones que resume en un papel. En parejas, lean las indicaciones y dramaticen la situación. Usen cláusulas adverbiales con subjuntivo y las conjunciones de la lista.

siempre que
cuando
en caso de que
para que
a menos que
aunque
a pesar de que

Postoperatorio: Instrucciones y posibles problemas

Instrucciones
si hay infección
- curar con desinfectante cada 6 horas
- consultar al médico
si hay fiebre - tomar jarabe
si tiene mucho dolor - tomar calmante cada 6 horas
si se abre la herida - poner una venda y llamar al médico

5.4 Commands

¿Te acuerdas? Formal or polite commands are used to give orders or advice to people you address as **usted**, while familar commands are used with people you address as **tú**. **Nosotros/as** commands are used to give orders or suggestions that include yourself as well as other people.

Formal (*Ud.* and *Uds.*) commands

▶ Formal command forms are identical to the present subjunctive forms for **usted** and **ustedes.**

Formal commands		
Infinitive	**Affirmative command**	**Negative command**
tomar	tome Ud.	no tome Ud.
	tomen Uds.	no tomen Uds.
volver	vuelva Ud.	no vuelva Ud.
	vuelvan Uds.	no vuelvan Uds.
salir	salga Ud.	no salga Ud.
	salgan Uds.	no salgan Uds.
levantarse	levántese Ud.	no se levante Ud.
	levántense Uds.	no se levanten Uds.
irse	váyase Ud.	no se vaya Ud.
	váyanse Uds.	no se vayan Uds.

¡ATENCIÓN!

When object and reflexive pronouns are used with affirmative commands, they are always attached to the verb.

When used with negative commands, object and reflexive pronouns appear after **no** and before the verb.

¡ATENCIÓN!

When a pronoun is attached to an affirmative command that has two or more syllables, an accent mark is added to maintain the original stress.

¡ATENCIÓN!

Although **usted** and **ustedes** may be omitted after polite commands, using them is more courteous.

¡ATENCIÓN!

In Latin America, **ustedes** commands serve as the plural of familiar (**tú**) commands.

In Spain the plural of **tú** is **vosotros/as**. The familiar **vosotros/as** command is formed by changing the –**r** of the infinitive to –**d**. If the verb is reflexive, –**r** is dropped and the reflexive pronoun is attached to the verb. The negative form is identical to the **vosotros/as** form of the present subjunctive: **bailar bailad/no bailéis**.

Familiar (*tú*) commands

▶ Regular affirmative **tú** commands have the same forms as the **él, ella,** and **usted** forms of the present indicative. Negative **tú** commands have the same forms as the **tú** form of the present subjunctive.

Familiar commands		
Infinitive	**Affirmative *tú* command**	**Negative *tú* command**
viajar	viaja	no viajes
empezar	empieza	no empieces
pedir	pide	no pidas
lavarse	lávate	no te laves
sentarse	siéntate	no te sientes

▶ Eight verbs have irregular affirmative **tú** commands.

decir	di	salir	sal
hacer	haz	ser	sé
ir	ve	tener	ten
poner	pon	venir	ven

Nosotros/as commands

▶ In Spanish, **nosotros/as** commands correspond to the English *let's* + [*verb*]. Affirmative and negative **nosotros/as** commands are generally identical to the **nosotros/as** forms of the present subjunctive.

Nosotros/as commands		
Infinitive	Affirmative command	Negative command
bailar	bailemos	no bailemos
beber	bebamos	no bebamos
abrir	abramos	no abramos
decir	digamos	no digamos

¡ATENCIÓN!

The **nosotros/as** commands for **ir** and **irse** are **vamos** and **vámonos**, respectively.

The negative commands are regular: **No vayamos.**

▶ When the pronouns **nos** or **se** are attached to an affirmative **nosotros/as** command, the final **s** of the command form is dropped.

Infinitive	Affirmative command	Negative command
sentarse	sentémonos	no nos sentemos
dárselo	démoselo	no se lo demos

¡ATENCIÓN!

When a pronoun is attached to an affirmative **nosotros/as** command, an accent mark is added to maintain the original stress: **Dejémoslo.**

Indirect *(él, ella, ellos, ellas)* commands

▶ The construction **que** + [*verb*] in the third-person subjunctive can be used to express indirect commands that correspond to the English *let someone do something.*

Que pase el siguiente.   Que lo haga ella.
Let the next person pass.   *Let her do it.*

▶ If the subject of the indirect command is expressed, it follows the verb.

Affirmative command	Negative command
Que pase José.	Que no pase José.
Que se sienten.	Que no se sienten.
Que se lo den los otros.	Que no se lo den los otros.
Que vuelvan a hacerlo.	Que no vuelvan a hacerlo.

Práctica

1 **Cambiar** Cambia estas oraciones para que sean órdenes. Usa el imperativo.

1. Te conviene descansar.
2. Intenten relajarse.
3. Es hora de que usted tome su pastilla.
4. ¿Podría describir sus síntomas?
5. ¿Y si dejamos de fumar?
6. ¿Podrías consultar con un especialista?
7. Traten de comer bien.
8. Le pido que se vaya de mi consultorio.

2 **El doctor de Felipito** Felipito es un niño muy inquieto. A cada rato tiene pequeños accidentes. Su doctor decide explicarle cómo evitarlos y cómo cuidar su salud. Para ello, le muestra unas láminas mientras le indica qué tiene que hacer y qué no debe hacer. Mira los dibujos y escribe las indicaciones del doctor. Usa el imperativo.

3 **El cuidado de los dientes** Un dentista visita una escuela y le da a un grupo de adolescentes consejos para cuidar sus dientes. Escribe los consejos que dio el dentista. Usa el imperativo formal de la segunda persona del plural.

1. Prevenir las caries *(cavities)*.
2. Cepillarse los dientes después de cada comida.
3. No comer dulces.
4. Poner poco azúcar en el café o el té.
5. Comer o beber alimentos que tengan calcio.
6. Consultar al dentista periódicamente.

4 **El cuidado de los dientes 2** El dentista le da los mismos consejos a un joven que va a su consulta. Cambia las órdenes.

Comunicación

5 **Para vivir 120 años...** ¿Qué consejos le darían a un amigo/a para que viva más y mejor? En parejas, conviertan las frases en consejos. Elijan si deben usar una construcción negativa o una afirmativa. En todos los casos, usen la segunda persona del singular **(tú)** del imperativo.

- Controlar el colesterol.
- Fumar.
- Consumir muchas comidas fritas.

- Caminar diariamente.
- Comer muchas grasas.
- Hacer gimnasia.
- Descansar.
- Tomar mucho café.
- Vacunarse.

- Hacerse daño ejercitando.
- Dormir ocho horas diarias.
- Consultar al médico.
- Vivir sin hablar con la gente.
- Beber mucho alcohol.
- Consumir pescados.
- Automedicarse.
- Practicar un deporte.
- Bañarse diariamente.
- Respetar las tres comidas diarias.

6 **Instrucciones ridículas**

A. Para muchos, ir al dentista es ir a la casa del terror. ¿Tienen un amigo/a que cree que el dentista es Drácula? En parejas, completen las instrucciones. Luego pueden regalárselas a ese/a amigo/a. Usen la imaginación, el imperativo y la segunda persona del singular. Finalmente, comparen sus instrucciones con las de sus compañeras/os.

MODELO

Antes de salir de tu casa, <u>date una ducha bien fría</u>. Así ocuparás tu mente en otra cosa. Vístete <u>muy mal</u>. Te van a mirar tanto en la calle que olvidarás que vas al dentista.

1. Cuando entres al consultorio, _____. Quizás logres olvidar tu miedo.

2. Si el dentista dice algo sobre tu ridícula ropa, no _____. No querrás que el hombre se enoje.

3. Cuando el dentista te diga que abras la boca, _____. Abrirás la boca con mucho placer.

4. No _____. Es mejor no ver su cara de preocupado.

5. Si el dentista prepara la inyección de anestesia, _____. La anestesia es el mejor invento de la historia.

6. A partir de ese momento, _____. No ver y no escuchar pueden salvarte del horror.

7. Cuando el dentista termine, _____. No querrás que el hombre piense que tenías miedo.

B. Ahora transformen las órdenes familiares *(familiar commands)* en órdenes formales *(polite commands)*.

A conversar

Una dieta equilibrada

Trabajen en pequeños grupos. Ustedes trabajan para la revista culinaria *¡Buen provecho!* y tienen que escribir un artículo sobre la buena alimentación de los adolescentes. Para ello, deciden escribir diez consejos para alimentarse bien. Compartan sus ideas con toda la clase.

A Lean los siguientes textos. A continuación tienen información importante para escribir los consejos.

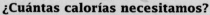

¿Cuántas calorías necesitamos?

La cantidad de calorías que necesita una persona depende de su actividad diaria. La siguiente lista es para personas que realizan poca actividad física y que tienen una talla mediana.

Edad	Varones	Mujeres
7 a 10 años	2000 calorías por día	2000 calorías por día
11 a 14 años	2500 calorías por día	2200 calorías por día
15 a 18 años	3000 calorías por día	2200 calorías por día
19 a 24 años	2900 calorías por día	2200 calorías por día
25 a 50 años	2900 calorías por día	2200 calorías por día
más de 51 años	2300 calorías por día	1900 calorías por día

Tabla de calorías

Las calorías son por cada 100 gramos del alimento sin cocinar. Si el alimento está frito, tiene el doble de calorías.

Aceite 930	Almendras *(almonds)* 620	Arroz 350
Atún 240	Azúcar 400	Banana 90
Brócoli 30	Carne de cerdo 270	Carne de res 100
Cebollas 30	Chocolate 710	Espinacas 20
Fideos 360	Galletitas *(cookies)* 440	Jamón cocido 220
Leche 70	Lechuga 15	Mantequilla 770
Manzana 60	Mayonesa 770	Naranja 40
Nueces *(nuts)* 690	Pan 210	Patatas 70
Pollo 110	Pomelo *(grapefruit)* 40	Queso 400
Salchichas 480	Tomates 20	Un huevo 60

B Los consejos son para niños entre los 11 y 14 años. Deben escribir:

- qué alimentos deben comer y qué cantidad
- qué alimentos deben comer poco y por qué
- un consejo sobre los dulces
- cuántas comidas deben hacer por día

C Revisen su texto: ¿Usaron la segunda persona del singular o del plural? ¿Usaron el imperativo? ¿Escribieron un título? Corrijan la gramática y la ortografía.

A escribir

Un decálogo

Imagina que eres un(a) médico. Sigue el **Plan de redacción** para escribir un decálogo en el que das diez consejos generales a tus pacientes para que lleven una vida sana.

Plan de redacción

Preparación Prepara un esquema *(outline)* con los diez consejos que consideras que son más importantes.

Título Elige un título para el decálogo.

Contenido Escribe los diez consejos. Utiliza el subjuntivo y el imperativo en todos los consejos. Por ejemplo: **Es necesario que aprenda a relajarse.** Puedes incluir la siguiente información.

- qué alimentos se deben comer y cuáles se deben evitar
- cuántas comidas se deben tomar al día
- horas que se deben dormir
- hábitos que se deben evitar

Cuídese:

1. Haga ejercicio tres veces a la semana como mínimo.
2. No coma muchos dulces. Son malos para el colesterol.
3. Es importante que no consuma muchas grasas.
4. Intente llevar una vida tranquila y relajada.
5. Es esencial que...

La salud y el bienestar

Naranjas, 2000.
Emmy Araf. México.

Cuando sientes que la mano de la muerte
se posa sobre el hombro, la vida se ve iluminada
de otra manera ...

— Isabel Allende

Antes de leer

1 x 1 = 1, pero 1 + 1 = 2
Lucía Quintero

Conexión personal
Uno de los personajes de *1 x 1 = 1, pero 1 + 1 = 2* le aconseja a otro, menos experto, lo siguiente: "Dude de todo, menos de sí misma porque la pondrán a prueba. Todo es una hipocresía". Piensa en tu vida. ¿Estás de acuerdo con el consejo? Compara tu respuesta con la de un(a) compañero/a.

Contexto cultural

The play *1 x 1 = 1, pero 1 + 1 = 2* is in the tradition of the Theater of the Absurd, a type of drama prevalent in the twentieth century after World War II. In these plays, modern man is out of harmony in an inhuman, indifferent universe. The world is portrayed as irrational and lacking in purpose; the characters often find themselves in incomprehensible situations where they feel powerless and isolated. In many instances, the task of the characters in these plays is to find a way to act purposefully and to forge personal meaning. In light of this, what might the title *1 x 1 = 1, pero 1 + 1 = 2* imply?

Análisis literario: el humor
Humor (**el humor**) is a tool writers sometimes use to express the absurdity, paradox, and cruelty of the world. Characters and situations might be exaggerated to the point of absurdity, while elements of tragedy and farce may be mixed to produce results that are simultaneously serious and comedic.

Estrategia de lectura: clarificar
Active reading includes pausing occasionally to reflect and to check for understanding. This strategy is called clarifying (**clarificar**). While you read *1 x 1 = 1, pero 1 + 1 = 2*, pause from time to time and review what you have read. Reflect on what is happening, what the characters are saying, and the author's purpose.

Vocabulario

aislamiento *isolation*	**estar en reposo** *to be at rest*
bromear *to joke*	**la locura** *madness, insanity*
burlarse (de) *to make fun of*	**permanecer** *to remain, to stay*
callarse *to be quiet; to be silent*	**portarse bien/mal** *to behave well/badly*
ensayar *to try; to practice*	
estar acostumbrado/a *to be used to*	**el rasgo** *characteristic*
	el sentido común *common sense*

Lucía Quintero

Hoja de vida

1919 Nace en Puerto Rico
1963 *La brea y las plumas*
1963 *Viejo con corbata colorada*
1968 *Verde angustiario*

Sobre el autor

Lucía Quintero es una escritora puertorriqueña de padres venezolanos, conocida principalmente por su original "teatro oblicuo". Este tipo de obra, normalmente breve, se caracteriza por presentar, con un lenguaje muy particular, unos conceptos ambiguos que se repiten constantemente en sus diálogos. Con estas obras, Quintero comunica su visión trágica de la realidad humana. El humor es uno de los elementos importantes de sus obras.

$1 \times 1 = 1$, pero $1 + 1 = 2$

1 ## ESCENA I

(Dividida por un tabique°, que separa celdas contiguas de un — partition
sanatorio. Hay puertas con cerrojos°; y ventanas altas con tela — bolts
metálica°. El mobiliario de las celdas es idéntico: camita de — wire netting
5 *hierro°, mesita y bacinilla°. En una celda, está un* HOMBRE — iron cot / chamber pot
joven tocando la obertura de Guillermo Tell *con los dedos*
sobre la mesita. La tararea° con alegría. La MUJER *entra* — he hums
cabizbaja° con la ENFERMERA. *Al oír el cerrojo, el* HOMBRE — head down
deja de tocar y se arrima° a la pared para oír lo que dicen.) — comes up to

10 ENFERMERA: *(Abriendo la puerta.)* Espero que esté
cómoda aquí en su cuarto. Está elaborado para su
comodidad y para la seguridad personal y comunal de

los pacientes. Permanecerá cerrada hasta que se decida
su estado de gravedad. Si algo necesita, me grita.

15 MUJER: ¿Gritar? ¡Qué primitivo!

ENFERMERA: No importa lo que le parezca. Es la
costumbre.

MUJER: ¿Llaman cuarto a esta celda? *(Busca agua.)* ¡Ni
hay agua! ¿Grito cuando tenga sed? ¿Y lo mismo para ir
20 al baño? ¿Qué hago si usted está ocupada y no llega a
tiempo?

ENFERMERA: Tiene una bacinilla. *(Se la muestra.)* Es la
costumbre.

MUJER: Una barbaridad. Nada de esto me dijo el Doctor.
25 Quiero hablarle. *(Va hacia la puerta y la* ENFERMERA *se lo
impide.)*

ENFERMERA: Le aconsejo que si quiere estar bien, no se
queje. Si quiere ir al baño, la llevaré ahora. Pero hay
horas fijas para todo. Ya se acostumbrará. Usted está en
30 reposo dirigido y hasta la comida se le servirá aquí.
¿Quiere ir al baño o no?

MUJER: ¡No! Quiero salir de aquí.

ENFERMERA: Por ahora no puede. Pórtese bien y bien

pronto saldrá. Los demás van al comedor y pasean y

35 hacen sus vidas. *(Sale.)* ¡Hasta que me necesite!

MUJER: *(Se sienta en la camita, agotada.)*
¡Encarcelada°!¡Cómo me han engañado!   imprisoned

HOMBRE: *(Se acerca a la pared y silba° la obertura.)*   he whistles
Espero que esté cómoda aquí porque aquí permanecerá

40 hasta que se decida su estado de gravedad, si me
necesita grite — y demás ¡blah! *(En tono jovial.)*
¡Bienvenida! Me alegra tener compañía otra vez. Hacía
meses...

MUJER: *(Se levanta, asustada.)* ¡Enfermera! ¡Enfermera!

45 HOMBRE: No se asuste. Soy yo.

MUJER: ¿Quién es ese yo? Parece que estuviera en el
cuarto, digo celda.

HOMBRE: Soy su vecino de la celda contigua. *(Silba.)*

MUJER: ¿Para qué silba?

50 HOMBRE: Para no aburrirme. También canto.

MUJER: ¡Enfermera!

HOMBRE: No llame a esa burra. Va a creer que está usted
peor de lo que está.

MUJER: ¿Qué sabe usted cómo estoy yo?

55 HOMBRE: Se le nota que está asustada°; eso es todo. No   *frightened*
vaya a dudar de sí misma. Yo le ayudaré.

MUJER: ¿En qué puede usted ayudarme?

HOMBRE: En divertirla. La ayudaré a pasar el tiempo
alegremente.

60 MUJER: ¿Cómo es posible estar alegre en esto? Estará
usted loco... Creía que éste era un sanatorio de
mujeres...

HOMBRE: Es mixto: pero separan sexos. Sólo estas dos
celdas están contiguas.

65 MUJER: *(Toca la pared que los separa.)* Pero la división es
frágil ¡de cartón piedra°... tenía que tocarme a mí! ¿Es   *papier-mâché*
verdad que usted no grita?

HOMBRE: Hace bien en dudar. Dude de todo menos de sí
misma porque la pondrán a prueba. Todo es una
70 hipocresía.

MUJER: Me doy cuenta de que la celda no está de
acuerdo con la entrada y el recibo lujoso...

HOMBRE: Para engañar a los familiares —a quienes se les

prohíbe la entrada a los llamados cuartos.

75 *Continúa la conversación y el* HOMBRE *le explica a la*
MUJER, *que está acostumbrado a conversar solo y que, para*
entretenerse, dibuja con un carboncillo que encontró en la
cocina. Él afirma que detesta la ineptitud y la hipocresía
del sanatorio. Ella le pide que se calle.

80 ## ESCENA II

La MUJER *cambia de idea y le dice al* HOMBRE *que hay que*
hacer ruido para sentirse vivo. Él le contesta que ya se
acostumbrará.

MUJER: No quiero llegar a silbar y a cantar... ¿Cuánto
85 tiempo hace que está usted aquí?

HOMBRE: Un año cumplido.

MUJER: ¡Qué horror! Un año en una celda como ésta.
¿Es igual?

HOMBRE: Igual. Y la prefiero al pelotón°. Dejan la luz   *firing squad*
90 encendida toda la noche... Entre luz, quejas y gritos no
se puede dormir. Me trajeron por insomnio...

MUJER: ¿Lo trajeron?

HOMBRE: Mi familia quería deshacerse de mi presencia
noctambular°.   *sleep-walking*

95 MUJER: Lo dice sin rencor.

HOMBRE: Superé la etapa. La dibujaré si me describe sus rasgos. *(Dibuja largos trazos en la pared.)* Imaginar es alucinante. Quiero saber cómo es...

MUJER: ¿Cómo es que no se dan cuenta de sus dibujos?
100 Eso de dibujar en paredes es anormal...

HOMBRE: Yo mismo borro lo que dibujo. Además es terapia...

MUJER: ¡Qué asco! Si mi ventana no estuviera tan alta, diría que está cubierta de vómitos...

105 HOMBRE: La celda la han ocupado algunas desenfrenadas°. Cuando no les gustaba la comida, la tiraban. Fíjese en los golpes en la pared, y en la puerta...

    unrestrained

MUJER: ¿Usted me ve por alguna rendija°? ¿O está acostumbrado a seguirle los pasos a uno? ¡Qué
110 inconveniente!

    crack

HOMBRE: No se preocupe. Uno oye lo que quiere y nada más. Ni las voces se oyen si uno no habla en voz alta. ¿No se ha dado cuenta de que hemos estado hablando en voz alta?

115 MUJER: *(En voz más baja.)* ¿Me oye ahora? He perdido todo el derecho a la vida privada... me siento

acorralada°... usted medirá mis pasos... *cornered*

HOMBRE: Quítese los zapatos. ¿Le desagrada mi voz?

MUJER: Francamente, no. Es agradable. Es... bueno, ¿qué
importa?

HOMBRE: ¿Y sus rasgos? Por su voz, diría es
encantadora. Me alegro de que haya venido.

MUJER: ¡Pues yo no! ¿Cómo es usted?

HOMBRE: Soy joven, alto, delgado, rubio, de facciones
finas.

MUJER: Ajá, así soy yo.

HOMBRE: *(Deja de dibujar.)* ¡Mentira! Su voz es de
morena.

MUJER: Me aburre su deseo de intimidad. ¿No puede
respetar nuestra división?

HOMBRE: Yo la respeté. Estábamos callados. Uno por
uno; usted allá y yo acá... y usted me habló.

MUJER: Si le hablo no me doy tanta cuenta del ambiente.
Me agrada más sumar el uno y uno porque la suma es
dos... dos seres distintos y separados.

HOMBRE: Al aburrirse, no existe la distinción entre suma

y multiplicación...(*Canta una canción disparatada*)

MUJER: ¿Por qué canta? Me dijo que hacía ruido cuando estaba aburrido. (*Canta al mismo son.*)

140 HOMBRE: ¡Qué voz más bella! (*Pausa en silencio.*)

MUJER: ¿Por qué el silencio repentino°? *sudden*

HOMBRE: ¿No lo dijo usted antes, que le cansaba el hablar?

MUJER: Si deja de hablar, creo está haciendo algo...

145 HOMBRE: ¿Malo? Estoy dibujándola...

MUJER: Si no me ha visto...

HOMBRE: Tengo que imaginármela...

MUJER: Soy alta, esbelta°, de piernas y brazos largos —de *slender*
adolescente— como para inspirar una caricatura. ¿De
150 veras que dibuja?

HOMBRE: ¿Por qué lo duda? ¿Y las facciones son
regulares?

MUJER: Boca larga y nariz no tan larga; ojos largos y
cejas...

155 HOMBRE: Largas también, sin duda. (*Murmura.*) ¿No

quedó el dibujo que la pincelada° oscura de tu ceja *brush stroke*
escribió velozmente en la pared con su punto decisivo?

MUJER: ¿Qué murmura? ¿No me cree?

HOMBRE: Murmuro unas palabras del poeta alemán
160   Rilke°. ¿No lo conoce?   *early 20th-century German poet*

MUJER: Sí, y me gusta mucho. ¿Puede recitar algo de él?

HOMBRE: Ahora no. Prefiero delinear su retrato.

MUJER: ¡Me imagino la pared llena de borrones° y una   *erasures*
gran línea!

165   HOMBRE: ¡La ceja larga! *(Ríen los dos.)*

ESCENA III

La ENFERMERA *de guardia entra porque le parece oír a la*
MUJER *hablando y cantando. La* MUJER *afirma que habla
con el vecino de habitación, pero la* ENFERMERA *no le cree*
170   *y piensa que son imaginaciones de la* MUJER. *El* HOMBRE *de
la habitación contigua habla y la* ENFERMERA *cree que es la
paciente cambiando la voz. Va a avisar al* DOCTOR.

ESCENA IV

La ENFERMERA *y el* DOCTOR *entran. La* ENFERMERA *insiste en*
175   *que la* MUJER *está excitada y agresiva, el* DOCTOR *no le cree.*

ENFERMERA: ¿Se ha decidido, Doctor? Supongo que ya no le quedan dudas.

DOCTOR: *(A la* ENFERMERA*)* No me apresure... que usted está más excitada que la paciente.

180 ENFERMERA: ¿Yo excitada? *(Ríe exageradamente.)*

DOCTOR: *(Reflexionando.)* Estoy sospechando... Es mucha ventriloquia cantar, silbar, hablar en doble voz y producir sonidos en la pared... *(A la* ENFERMERA*)* ¡Vaya a ver si el paciente del 545 está en su cuarto ahora
185 mismo!

ENFERMERA: Eso le toca a un enfermero... yo no entro sola al cuarto de ese loco...

DOCTOR: ¡Ya le he dicho que esa apelación no se usa! Los pacientes son enfermos, no locos... ¡Vaya en seguida
190 y traiga aquí al señor Márquez! *(Se acerca a la pared.)* Señor Márquez, ¿me oye?

ENFERMERA: ¡Ahora sí que he visto y oído todo! Ya no se sabe quién está enfermo o enferma... ¡Me voy a buscar al director! *(Sale)*

195 DOCTOR: *(A la* MUJER.*)* Tengo que seguirla. Creo que está peor que usted… De paso, le abriré al señor Márquez — sospecho que la ventriloquia es un entredós°— *(Sale y*   *is between two persons*

deja la puerta abierta. Se oye el cerrojo de otra celda.)

HOMBRE: Va a darse cuenta de todo...

200   MUJER: Dejó la puerta abierta.

HOMBRE: No se entusiasme, que el pasillo conduce al consultorio del director. Ciérrelo aquí conmigo, y no le hable en absoluto... Todavía podemos vencerlo.

MUJER: *(Sale al pasillo y cierra la puerta del HOMBRE.)*
205   ¡Que se diviertan!

DOCTOR: Señorita, ¿me oye? Abra la puerta, o le irá muy mal.

(La MUJER no contesta.)

HOMBRE: ¿A qué debo su visita, Doctor?

210   DOCTOR: Quería comprobar si ha estado usted hablando con la paciente del 546... si nos han estado engañando°.   *deceiving*
¿Y ese dibujo en la pared? Bonita mujer... se parece a su vecina. ¿La ha visto usted ya?

HOMBRE: Jamás.

215   DOCTOR: ¿Y no la conoce?

HOMBRE: No.

DOCTOR: Es impresionante el parecido°. Llámela usted, a   *resemblance*
ver si contesta...

HOMBRE: *(A la pared.)* Señorita... ¡Señorita!

220 *(La* MUJER *no contesta y sale por el pasillo.)*

DOCTOR: Entonces, ¿no se puede oír a través de la
pared?

HOMBRE: Yo no sé, Doctor.

DOCTOR: ¿Quién habrá cerrado este cuarto? Me parece
225 que al salir del 546, pasé el cerrojo. ¿Sería la burra de la
Enfermera? Ahora hay que esperar.

Telón°. ✸   *curtain*

Después de leer

1 x 1 = 1, pero 1 + 1 = 2
Lucía Quintero

(1) **Comprensión** Contesta las siguientes preguntas.

1. ¿Dónde están los personajes de la obra?
2. ¿Cómo se entretiene el Hombre en la celda?
3. ¿Cómo dice el Hombre que puede ayudar a la Mujer?
4. Al final de la obra, ¿dónde está el Doctor?
5. ¿Cómo se describe el Hombre a sí mismo?
6. ¿Cómo se describe la Mujer a sí misma?

(2) **Identificar** Escribe al lado de cada oración el nombre del personaje que la dijo.

_____ 1. No importa lo que le parezca. Es la costumbre.

_____ 2. Estará usted loco….

_____ 3. Uno por uno; usted allá y yo acá…

_____ 4. Uno oye lo que quiere y nada más.

_____ 5. ¿Sería la burra de la Enfermera? Ahora hay que esperar.

_____ 6. Me agrada más sumar el uno y uno porque la suma es dos…
dos seres distintos y separados.

(3) **Interpretar** Trabajen en parejas para contestar las siguientes preguntas.

1. ¿Por qué creen que los personajes se llaman simplemente "Hombre" y "Mujer"?
2. Según su opinión, ¿qué creen que representa cada personaje?
3. ¿Cómo evoluciona la relación entre el Hombre y la Mujer? ¿Qué significa esa evolución dentro del contexto de la obra?
4. ¿Qué elementos absurdos contiene esta obra?
5. ¿Cuál creen que es el tema?
6. ¿Por qué creen que la obra se titula *1 x 1 = 1, pero 1 + 1 = 2*? Den ejemplos del texto.

(4) **Representar** En grupos de cuatro, preparen la ESCENA IV para interpretarla delante de sus compañeros. Pueden utilizar cualquier accesorio (ropa, objetos) que facilite la representación.

(5) **Crear** En grupos, inventen un diálogo entre personas que están en un sanatorio, usando el imperativo y el subjuntivo. Después, represéntenlo delante de la clase.

Antes de leer

PERFIL

Alejandro Leal

Conexión personal

¿Conoces o has leído sobre alguien que haya sido beneficiado gracias a alguna investigación médico-científica? Comparte esta información con la clase.

Contexto cultural

Modern day networking and technological advances have aided Latin American scientists to pool their information and their talents through programs such as the United Nations University and the Howard Hughes Medical Institute. Latin American researchers have recently contributed valuable research in the fields of biotechnology and biomedicine.

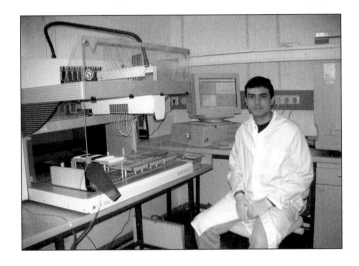

Vocabulario

ambos/as *both*   la habilidad *skill*

el gen *gene*

Alejandro Leal
Debbie Ponchner

1 Cuando el reloj marcó la medianoche que separaba el 31 de diciembre del 2000 del primer día del 2001, un grupo de científicos ticos° y sus colaboradores   *Costa Rican (nickname)*
5 alemanes celebraron por partida doble: además de festejar el Año Nuevo, ese día la revista científica *American Journal of Human Genetics* hacía público su hallazgo°   *discovery*
10 sobre la ubicación de un gen responsable de una forma del mal neurodegenerativo Charcot Marie Tooth.

El CMT es un síndrome que causa atrofia muscular. Afecta el sistema nervioso de la persona y la lleva a perder habilidades
15 motoras y sensitivas en sus extremidades.

Para ellos la noticia era vieja. Desde hacía algunos meses Alejandro Leal, genetista costarricense que forma parte del equipo, había logrado descifrar° la ubicación del gen que se   *decode, decipher*
encuentra en el cromosoma 19. "Encontré la ubicación sólo un
20 mes y medio después de haber llegado a Berlín", recuerda Leal. Mas la publicación del hallazgo fue una gran satisfacción para el equipo que había invertido° horas incontables buscando   *invested*
respuestas para un mal que afectaba a tres familias del Valle Central°.   *Central Valley of Costa Rica*

25 Aunque Leal localizó el gen en poco tiempo, la investigación de los ticos llevaba años. Todo empezó cuando Bernal Morera, también genetista costarricense, decidió empezar en serio una investigación que tenía en su mente. Él había observado la presencia de este mal neurodegenerativo en una familia. En el

30   camino, se encontró con el genealogista Ramón Villegas, quien,
     por su cuenta, había iniciado una genealogía de otra familia
     que presentaba características similares. Al comparar los
     árboles genealógicos, se percataron de° que ambas familias   *they noticed*
     eran una sola: todos descendientes del mismo colonizador. Más
35   tarde, Milagro Méndez, también genealogista, aportó° una   *contributed*
     nueva familia al estudio y ésta también resultó estar
     emparentada°.   *related*

     El equipo de especialistas salía de gira para realizar el
     diagnóstico médico de los pacientes y en esas oportunidades
40   también se les extraían muestras de sangre a ellos y a sus
     familiares. Después surgió la necesidad de actuar más aprisa°.   *rapidly*
     "Buscamos la colaboración de Alemania para tener acceso a
     equipos más rápidos", explica Barrantes, director del proyecto.
     Fue así como Alejandro Leal se trasladó hasta allá para
45   trabajar junto a un equipo de científicos especialistas en el
     CMT.

     El resto del trabajo ha estado en manos de Leal. En un
     laboratorio en Alemania él continúa buscando la mutación
     del gen. "Tenemos la ubicación del gen, pero aún no tenemos
50   la mutación", precisó en una entrevista telefónica. Identificarla
     es esencial para poder dar el paso siguiente, que es explicar la
     forma en que se desarrolla este mal e intentar buscarle un
     tratamiento o cura. "Lo hacemos por la gente. Las generaciones
     futuras de estas familias se verán beneficiadas", afirma Leal.
55   Sin embargo, el trabajo de este equipo multidisciplinario no
     terminará con el CMT. Y, a juzgar por sus frutos, seguirán
     dando de qué hablar en el ámbito científico costarricense. ✱

Alejandro Leal

(1) Comprensión Decide si lo que se afirma es **cierto** o **falso.** Corrige las frases falsas.

	Cierto	Falso
1. CMT es un síndrome que afecta el movimiento y la sensibilidad de las piernas y los brazos.	☐	☐
2. Alejandro Leal descubrió que el gen se encuentra en el cromosoma 21.	☐	☐
3. El síndrome afectaba a tres familias costarricenses no emparentadas.	☐	☐
4. Alemania buscó la colaboración del equipo costarricense.	☐	☐
5. Alejandro Leal continúa buscando la mutación del gen.	☐	☐
6. Cuando se haya identificado la mutación del gen que causa CMT, se podrá buscar una cura.	☐	☐

(2) Interpretar Contesta las siguientes preguntas con frases completas.

1. ¿A qué se dedican los genealogistas?
2. ¿Por qué trabajaron juntos los científicos de Alemania y de Costa Rica?
3. ¿Por qué fue Costa Rica el país más interesado en comenzar con este estudio?
4. ¿Cuándo y en qué forma se hizo pública la noticia del hallazgo de la ubicación del gen que causa una forma de CMT?

(3) Ampliar En parejas, contesten las siguientes preguntas.

1. ¿Qué enfermedades hay todavía en el mundo sin cura o tratamiento?
2. ¿Qué papel puede jugar la ingeniería genética en el tratamiento o cura de ciertas enfermedades?

(4) Escribir ¿Crees que va a ser posible la clonación humana? ¿Crees que es un avance necesario? Escribe un párrafo en el que das tu opinión sobre el tema. Luego, comparte tus ideas con la clase.

A conversar

Sentirse bien consigo mismo

Trabajen en grupos pequeños para preparar una presentación. Imaginen que son miembros de una asociación juvenil y que tienen que hacer una página de Internt en la que van a dar consejos para que todas las personas se sientan bien con su cuerpo.

Elegir el tema

Reúnanse y elijan un tema sobre manera de sentirse bien consigo mismo. Algunos ejemplos son: aceptación personal, práctica de deportes, alimentación sana y actitud positiva. Repartan las tareas entre todos los miembros del grupo.

Preparar

Investiguen en Internet o en la biblioteca. Una vez que tengan la información, es necesario que elijan los puntos más importantes y se ayuden con material audiovisual para ofrecer una visión más amplia de lo que quieren comentar en clase.

Organizar

Preparen un esquema *(outline)* que los ayude a clarificar y planear con mayor exactitud sus consejos. Tengan en cuenta que cada presentación durará unos 10 minutos.

Estrategia de comunicación

Cómo dar consejos

Las siguientes frases pueden ayudarlos a expresarse de forma más adecuada.

1. Nunca digas cosas negativas sobre…
2. Practica deportes que…
3. Piensa en tu cuerpo cuando...
4. No te rías de...
5. En caso que...

Presentar

Utilicen fotografías o folletos publicitarios para ilustrar mejor su presentación. Usen material audiovisual para ofrecer una idea más completa de la página de Internet que van a hacer.

Ayuda para Internet

Aquí tienen unas palabras clave para buscar información en Internet: **consejos de viaje / salud / bienestar / medicina / alcohol / dieta / ejercicio / viajar seguro / recomendaciones de viaje / alergias / vacunas / seguro médico**

La hora de comer

país Chile   **directora** Fernanda Aljaro

duración 6:10 minutos   **protagonistas** padre, madre, hija mayor, hija menor, hijo ausente

Vocabulario

el cuesco *pit*   **pasarse** *to go too far*

la guinda *morello cherry*   **el pasto** *grass*

la palta (paltita) *avocado*   **reemplazable** *something that can be substituted*

Antes de ver el corto

1 **Comentar** En parejas, contesten las siguientes preguntas.

1. ¿Les gusta comer solos o acompañados? ¿Es importante para ustedes comer en familia?
2. ¿Consideran que sus hábitos a la hora de comer son sanos? ¿Son vegetarianos? ¿Conocen a alguien que lo sea?
3. ¿Creen que es importante consumir carne para estar saludables?

Mientras ves el corto

2 **Anticipar** ¿Cómo es el carácter del padre? ¿Y el de la madre?

3 **Conectar** Conecta cada frase con el personaje que la pronuncia.

padre	la hija mayor
madre	la hija menor

1. ¿Cómo que no parece carne?
2. Soy vegetariana.
3. Eso es totalmente reemplazable.
4. Ni una palabra más.

5. Las plantas igual respiran como los animales.
6. Los cuescos son muy difícil sacarlos.
7. Y que quede claro: cuando digo algo se me obedece.
8. Me encanta la libertad de expresión de esta casa.

4 **Comprensión** Contesta las siguientes preguntas.

1. ¿Cómo son las relaciones entre los miembros de la familia?
2. ¿Por qué crees que es tan importante la hora de comer para el padre?
3. ¿Qué razones da la hija para explicar que unos necesitan comer más carne que otros?
4. ¿De qué se queja el padre del hermano?
5. ¿Qué le ocurre al final a cada uno de los personajes?

5 **Interpretar** En parejas, contesten las siguientes preguntas.

1. ¿Cómo son los personajes? Describan la personalidad de cada uno.
2. ¿Por qué termina el corto con la oración: "La hora de comer dejó de existir"? Expliquen sus respuestas.

6 **Analizar** Miren estos fotogramas y expliquen qué importancia tienen en el argumento del cortometraje.

7 **Desarrollar** En parejas, comenten qué tipo de personas hacen o pueden hacer los siguientes comentarios. ¿Creen que reflejan alguna generación en específico? ¿Por qué?

"Jamás se me habría ocurrido levantarle la voz a mi padre."

"Todo depende del tipo de sangre que uno tenga. Lo sé bien. Los RH positivo tienen menos necesidad biológica para la gordura, no así los negativos, que necesitan más la carne. No sé si es exactamente así, pero es algo parecido."

8 **Actuar** En grupos de cuatro, escriban su propia versión del cortometraje y después represéntenla delante de la clase.

9 **Escribir** Elige a uno de los personajes y escríbele una carta en la que le aconsejas la mejor forma para mejorar su vida. Usa el subjuntivo.

Las enfermedades

la enfermedad	disease, illness
la gripe	flu
el malestar	discomfort
la obesidad	obesity
el resfriado	cold
el virus	virus
contagiarse	to become infected
empeorar	to deteriorate, get worse
ponerse malo/a	to become ill
sufrir de anorexia	suffer from anorexia
tener fiebre	to have a fever
toser	to cough

Los síntomas

la depresión	depression
la herida	injury
la mala forma física	in bad (physical) shape
los factores de riesgo	risk factors
la tos	cough
desmayarse	to faint
hacerse daño	to hurt oneself
lastimarse	to hurt oneself
tener mal aspecto	to look sick
inflamado/a	inflamed
mareado/a	dizzy

La buena salud

mejorar	to improve
ponerse bien	to get well
portarse bien	to behave well
relajarse	to relax
tener buen aspecto	to look good
sano/a	healthy

La salud personal

la alimentación	diet (nutrition)
la autoestima	self-esteem
el estado de ánimo	mood
el régimen	diet
la respiración	breathing
la salud	health
el sentido común	common sense
la tensión (alta, baja)	blood pressure (high, low)
adelgazar	to lose weight
cambiar su estilo de vida	to change one's lifestyle
congeniar	to get along
dejar de fumar	to quit smoking
descansar	to rest
engordar	to gain weight
estar acostumbrado/a a	to be used to
trasnochar	to stay up all night

Los médicos y el hospital

la cirugía	surgery
el/la cirujano/a	a surgeon
la consulta	appointment
el consultorio	doctor's office
la operación	operation
los primeros auxilios	first aid
la sala de emergencias	emergency room
consultar un(a) especialista	to consult a specialist

Los remedios y tratamientos

las aspirinas	aspirin
los calmantes	painkillers, tranquilizers
el jarabe	syrup
la pastilla	pill
la receta	prescription
el tratamiento	treatment
la vacuna	vaccine
la venda	bandage
el yeso	cast
curarse	to cure
poner una inyección (a alguien)	to give (someone) a shot
prevenir	to prevent
recuperarse	recover
tratar	to treat

Otros términos

permanecer	to remain, to last
a fondo	thoroughly

Expresiones útiles	Véase la página 171.
Vocabulario de "1 x 1 = 1, pero 1 + 1= 2"	Véase la página 195.
Vocabulario del perfil	Véase la página 209.
Vocabulario de *La hora de comer*	Véase la página 214.

Estructura 5.1	Véase las páginas 176 y 177.
Estructura 5.3	Véase las páginas 184 y 185.
Estructura 5.4	Véase las páginas 188 y 189.

La naturaleza

La naturaleza

Pequeño pero valiente

José le dijo a Carlos, su hermano pequeño: "Después de la **tormenta** vendrá un **huracán** y una gran **inundación**. Habrá un **diluvio** y subirá el **nivel del mar**. Todos correremos **riesgo** de **desaparecer**. Será la **catástrofe natural** más grande y sólo se salvarán los que lleguen a **refugiarse** en las **cumbres** de las **cordilleras** más altas". Pero Carlos le contestó que él no es **miedoso** y sólo le asustan un poco los **relámpagos** y los **truenos**. No le importará **mojarse** un poco.

Pasado natural

Alfredo viene del campo y lo extraña mucho. Está acostumbrado a los colores del **bosque**, al olor de la **tierra** mojada y a trabajar **al aire libre**. Ahora que vive en la ciudad, sólo ve las frutas y las **semillas** que **cultivaba** en las estanterías del supermercado. Aunque él se siente muy nostálgico, el resto de su familia está feliz. Su mujer siempre le recuerda que "hay que **renovarse** o morir".

La tercera opción

Jorge y Gloria están **planeando** sus vacaciones. A él le gustan los **paisajes** de la **costa**, las cuevas, los **acantilados**, las olas y la playa. Ella prefiere el interior, los **ríos**, las **montañas** y caminar descalza sobre la **hierba**. Han encontrado una solución. Irán a un lugar **salvaje** que no conozcan ninguno de los dos: a una selva donde haya **loros**, reptiles y **mariposas** gigantes. Así se acabarán las discusiones.

Una ecologista muy activa

Estela está muy preocupada por el **medio ambiente**. Usa solamente el transporte público para ayudar a que no haya tanta **contaminación**. Quiere **contribuir** a la protección de la **capa de ozono** y siempre usa productos **reciclables**. Tampoco quiere gastar demasiada electricidad para ahorrar energía. Ella está decidida a no **malgastar** los **recursos naturales** y trata de fomentar el uso de otras **fuentes de energía**, como la solar. Tiene pensadas tantas cosas que no sabe por dónde empezar.

Los animales y las plantas

el ala	wing
la cola	tail
la hembra	female
el macho	male
el nido	nest
la pata	foot/leg of an animal
morder	to bite
venenoso/a	poisonous

Los paisajes

la bahía	bay
el cabo	cape
la orilla	shore
el pico	peak, summit
a orillas de	on the shore of

La naturaleza y el clima

la erosión	erosion
helar	to freeze
inundar	to flood
soplar	to blow
seco/a	dry
profundo/a	deep
puro/a	pure, clean

El uso de la naturaleza

el consumo de energía	energy consumption
la planta comestible	edible plant
atrapar	to catch, to trap
dar de comer	to feed
explotar	to exploit
extinguir	to extinguish
generar	to produce, to generate
promover	to promote

Nombres de animales

el águila	eagle
el búfalo	buffalo
la cabra	goat
el cerdo	pig
el chancho	pig
el conejo	rabbit
el gallo	rooster
el león	lion
el mono	monkey
la rata	rat
el tigre	tiger

Práctica

1 **Hablemos del medio ambiente** Conecta cada palabra con su definición.

a. desertización   _____ 1. El consumo de algo así puede causar la muerte (*death*)

b. explotar   _____ 2. Desafío

c. extinguir   _____ 3. Elemento del que se obtiene fuerza o electricidad

d. fuente de energía   _____ 4. Fenómeno de emitir rayos

e. la pata   _____ 5. Hacer desaparecer una cosa

f. radiación   _____ 6. Obtener beneficio de una cosa trabajando en ella

g. reto   _____ 7. Proceso por el cual un terreno se convierte en desierto

h. venenoso   _____ 8. Parte del cuerpo del animal con la que camina

2 **El documental** Los siguientes son títulos de una serie de documentales a los que les faltan unas palabras. Completa los títulos utilizando frases y palabras de la lista.

alas	desafíos	nido
Cordillera	en peligro de extinción	erosión
costas	medio ambiente	petróleo

1. Dos semanas después, el cóndor vuelve a su _____

2. La tarea del Instituto de Conservación de las Ballenas y su _____

3. Los _____ de la vida marina en las _____ de la Patagonia

4. Pingüinos manchados de _____. ¿Será ése el futuro?

5. La protección de las especies patagónicas desde la _____ de los Andes hasta el océano Atlántico

6. ¡Urgente! Los esfuerzos para conservar especies _____

7. Veterinarios al rescate: la cura de las _____ de un cóndor herido

3 **Una postal** Gustavo está de viaje en el río Tambopata. Allí escribió una postal para un amigo. Completa las siguientes oraciones con algunas de las palabras de la lista.

atrapar	piquen	peligro de extinción
mariposas	miedoso	naturaleza

Querido Luis:

El paisaje es muy bonito, pero estoy harto de que me _____ los mosquitos. Además soy un poco _____ y hay reptiles por todos lados... Hoy nos llevaron en unas camionetas a un lugar lleno de _____ de todos los colores. Yo me caí cuando traté de _____ una. El guía me dijo que era una especie en _____. Casi me muero de la vergüenza.

      Gustavo

Comunicación

④ **Paisajes**

A. Haces escenografías *(sets)* para una telenovela. Tienes que decidir en qué lugares transcurren los acontecimientos de un episodio. Indica qué paisaje natural prefieres para cada escena.

Escena 1:
Carlos y Hugo descubren que los dos aman a Raquel. A ambos les gusta ganar y la conversación se vuelve violenta. Carlos saca un cuchillo y ataca a Hugo. Luchan ferozmente.

Escena 2:
Finalmente el tímido José, un muchacho de una familia rica, se anima a decirle a Raquel que la ama. Se besan apasionadamente.

Escena 3:
Don Miguel ha descubierto que Raquel es su hija, que José no es su hijo y que Carlos y Hugo (sus otros hijos) están planeando asesinarlo para quedarse con la herencia. Sale a caminar porque no sabe qué hacer.

Paisaje 1:
A orillas de un lago. Es una mañana de sol brillante. Dos cisnes blancos nadan tranquilamente, mientras que unos pájaros cantan junto a sus nidos.

Paisaje 2
En un bosque. La luz atraviesa las copas de algunos árboles secos. Hay un águila comiendo los restos de un animal muerto.

Paisaje 3
Un frío atardecer al borde de un acantilado. Está nublado. Comienza a llover y hay mucho viento. Se escuchan unos truenos muy fuertes.

B. Consulta con un(a) compañero/a. ¿Eligieron los mismos paisajes? ¿Por qué eligieron esos paisajes? En grupos de cuatro, imaginen qué les sucederá a Carlos, Hugo, José, Raquel y a Miguel. Preparen dos o tres oraciones que luego leerán a la clase.

⑤ **¿Más petróleo?** Contesten esta pregunta en grupos de cuatro: ¿Qué opinión tienen sobre la explotación de nuevos pozos petrolíferos? Piensen en argumentos a favor y en contra. Luego comenten sus respuestas con el resto de la clase.

⑥ **Asociaciones** En parejas, háganse las siguientes preguntas: ¿Con cuáles de los siguientes animales/elementos de la naturaleza sientes que estás asociado? ¿Con cuáles asociarías a tu compañero/a? ¿Por qué? Comparen sus respuestas. Utilicen el vocabulario de la lección 6.

el trueno	el relámpago	la cumbre de una montaña	una semilla
el búfalo	la niebla	el león	una ciudad en una bahía
un gran árbol	la selva	un acantilado	la radiación
el tigre	la inundación	la orilla de un lago	la ola

Aguayo se va de vacaciones, dejándole su pez al cuidado de Diana y los otros empleados de la revista *Facetas*.

MARIELA ¡Es una araña gigante!

FABIOLA No seas miedosa.

MARIELA ¿Qué haces allá arriba?

FABIOLA Estoy dejando espacio para que la atrapen.

DIANA Si la rocías con esto *(muestra la botella de matamoscas)*, la matas bien muerta.

AGUAYO Pero esto es para matar moscas.

FABIOLA ¿Las arañas jamás se van a extinguir?

MARIELA Las que no se van a extinguir son las cucarachas. Sobreviven a la nieve, a los terremotos y hasta a los huracanes, y ni la radiación les hace daño.

FABIOLA ¡Vaya! Y... ¿tú crees que sobrevivirían al café de Aguayo?

AGUAYO Mariela, ¿podrías tomar mis mensajes? Voy a casa por mi pez. Diana se ofreció a cuidarlo durante mis vacaciones.

MARIELA ¡Cómo no, jefe!

AGUAYO Mañana por la tarde estaremos en el campamento.

FABIOLA ¿Cómo pueden llamarle vacaciones a eso de dormir en el suelo y comer comida enlatada?

AGUAYO Ésta es su comida. Sólo una vez al día. No le des más aunque ponga cara de perrito... Bueno, debo irme.

MARIELA ¿Cómo sabremos si pone cara de perrito?

AGUAYO En vez de hacer así *(hace gestos con la cara)*..., hace así.

JOHNNY Última llamada.

FABIOLA Nos quedaremos cuidando a Bambi.

ÉRIC Me encanta el pececito, pero me voy a almorzar. Buen provecho.

Los chicos se marchan.

DIANA No sé ustedes, pero yo lo veo muy triste.

FABIOLA Claro. Su padre lo abandonó para irse a dormir con las hormigas.

MARIELA ¿Por qué no le damos de comer?

FABIOLA Ya le he dado tres veces.

MARIELA Ya sé. Podríamos darle el postre.

Personajes

AGUAYO ÉRIC JOHNNY FABIOLA MARIELA DIANA

4

AGUAYO La idea es tener contacto con la naturaleza, Fabiola.

MARIELA Debe ser emocionante.

AGUAYO Lo es. Sólo tengo una duda. ¿Qué debo hacer si veo un animal en peligro de extinción?

FABIOLA Tómale una foto.

5

AGUAYO Chicos, les presento a Bambi.

MARIELA ¿Qué? ¿No es Bambi un venadito?

AGUAYO ¿Lo es?

JOHNNY ¿No podrías ponerle un nombre más original?

FABIOLA Sí, como *Flipper*.

9

FABIOLA Miren lo que encontré en el escritorio de Johnny.

MARIELA ¡Galletitas de animales! Hay que encontrar la ballenita. Es un pez y está solo. Supongo que querrá compañía.

DIANA Pero no podemos darle galletas.

FABIOLA Todavía se ve tan triste.

10

MARIELA Tenemos que hacerlo sentir como si estuviera en su casa. *(pegan una foto de la playa en la pec...* ¿Qué tal ésta con el mar?

DIANA ¡Perfecta! Se ve tan feliz...

FABIOLA Míralo.
Llegan los chicos.

ÉRIC ¡Bambi! Maldito pez. En un... tropical con tres mujeres.

Expresiones útiles

Asking a favor

¿Podrías hacer el favor de tomar mis mensajes? *Could you do me the favor of taking my messages? (fam.)*

¿Podría usted hacer el favor de cuidar mi pez? *Could you do me the favor of looking after my fish? (form.)*

¿Tendrías la bondad de + [*inf.*]…? *Could you please . . . ? (fam.)*

¿Tendría usted la bondad de + [*inf.*]…? *Could you please . . . ? (form.)*

Expressing perceptions

Yo lo/la veo muy triste. *He/She looks very sad to me.*

Se ve tan feliz. *He/She looks so happy.*

Parece que está triste/contento/a. *It looks like he/she is sad/happy.*

Al parecer, no le gustó. *It looks like he/she didn't like it.*

¡Qué guapo/a te ves! *How attractive you look! (fam.)*

¡Qué satisfecho/a se ve usted! *How satisfied you look! (form.)*

Additional vocabulary

la araña *spider*

> ROCIAR: to spray SOBREVIVIR: to survive
> HASTA: even DAÑO: damage
> ENLATADA: tinned/canned
> ASÍ: in this way YA: already/now
> SUPONER: to suppose TODAVÍA: even/still
> SIN EMBARGO: however/still
> HECHAR DE MENOS: to miss

Apuntes culturales Las mascotas son muy populares en España y América... embargo, no todas reciben un tratamiento especial, como sucede habitualmente en Estados Unidos. Muchas comen sobras y cumplen una función: los perros dan seguridad y los gatos se enca... de los ratones. Los latinoamericanos no suelen comprar animales de compañía, salvo los de raza... A veces adoptan perros y gatos callejeros, que son bastante comunes en las grandes ciuda... ¿Qué opinas sobre el tratamiento que reciben las mascotas en Estados Unidos?

Comprensión

1) Identificar Identifica cuál de los personajes dice las siguientes frases.

1. No podemos darle galletas.
2. Mañana por la tarde, estaremos en el campamento.
3. Tómale una foto.
4. Me encanta el pececito, pero me voy a almorzar.
5. Podríamos darle el postre.

> ÉRIC
> DIANA
> MARIELA
> FABIOLA
> AGUAYO

2) ¿Qué falta? Muchas veces, para no repetir, no decimos algunas cosas. Pero sabemos de qué se trata. ¿Qué cosas no dicen los personajes de la **Fotonovela**? Escríbelas en los espacios en blanco.

> las cucarachas   denle de comer
>
> tener contacto con la naturaleza   de comer
>
> el pez   un nombre original

1. **FABIOLA** ¿Tu crees que _____ sobrevivirán al café de Aguayo?
2. **MARIELA** Debe ser emocionante _____.
3. **FABIOLA** Sí, _____ como "Flipper".
4. **AGUAYO** _____ sólo una vez al día.
5. **MARIELA** ¿Cómo sabremos si _____ pone cara de perrito?
6. **FABIOLA** Ya le he dado tres veces _____.

3) ¿Qué dijo? Comenta lo que dijeron los personajes. Para hacerlo, utiliza el verbo entre paréntesis.

> **MODELO**
>
> **JOHNNY** ¿No podías ponerle un nombre más original? (sugerir a Aguayo)
> Johnny le sugiere a Aguayo que le ponga un nombre más original.

1. **AGUAYO** Mariela, ¿podrías hacer el favor de tomar mis mensajes? (pedir a Mariela)
2. **FABIOLA** Toma una foto. (aconsejar a Aguayo)
3. **AGUAYO** No le des más aunque ponga cara de perrito… (ordenar a Mariela)
4. **MARIELA** ¿Por qué no le damos de comer? (sugerir a Diana)

4) Preguntas y respuestas En parejas, háganse preguntas sobre la **Fotonovela**.

> **MODELO**
>
> —¿Quién se va de campamento?
> —Aguayo se va de campamento.

Ampliación

5 **Un favor** Imagina que Diana y Aguayo tienen esta conversación. Ordena el diálogo con números.

_____ —¡Cómo no, Aguayo! Pero recuerda que no tengo las llaves de tu casa.

_____ —¿Podrías pasar por mi casa esta tarde? Así te las doy.

_____ —Diana, ¿serías tan amable de cuidar de mis plantas mientras estoy de viaje?

_____ —Sí es verdad, estoy un poco nervioso, pero ya me relajaré durante las vacaciones.

_____ —Perfecto, esta tarde voy a las siete. Y tú, ¿cómo estás? Pareces muy nervioso.

6 **Carta a Aguayo** Aguayo dejó a Bambi, su pececito, al cuidado de Diana y los otros empleados de *Facetas*. Pero ellos tuvieron dos problemas. Uno: Bambi murió. El otro: deben contarle a Aguayo lo que pasó. En parejas, escriban la carta que los empleados le enviaron a Aguayo.

7 **Diálogo** En parejas, escriban un diálogo. Imaginen que uno/a de ustedes se va de vacaciones y que le pide a un(a) amigo/a que le cuide la mascota *(pet)*. Utilicen como mínimo tres de las frases y palabras de la lista.

se ve tan triste	al parecer	miedoso/a
podría(s) hacerme el favor de	buen provecho	morder

Las islas Galápagos

Mariela, Fabiola y Diana van a cuidar de Bambi, el pez de Aguayo, mientras éste está de vacaciones. A continuación, vas a leer un artículo sobre las islas Galápagos, un verdadero paraíso para los amantes de los animales.

La fauna de Hispanoamérica es de una riqueza extraordinaria. Lamentablemente, algunas especies animales están en peligro de extinción por la caza y pesca indiscriminadas, por la creciente deforestación y, por supuesto, por la contaminación. Todavía, sin embargo, se pueden encontrar paraísos en los que la naturaleza se ha salvado de la fuerza contaminadora del hombre.

En el océano Pacífico, a unos 1000 kilómetros de Ecuador, se encuentra uno de los ecosistemas más extraordinarios del planeta. Se trata de las islas Galápagos, un archipiélago compuesto por 125 islas e islotes. Su origen volcánico le imprime al paisaje un carácter extraño, como de lugar encantado. Pero no es este panorama lo que atrae a los visitantes e investigadores, sino las maravillosas especies animales que viven en estas islas.

El nombre del archipiélago proviene de la gran cantidad de tortugas gigantes que ahí viven, llamadas galápagos, y que son únicas en todo el planeta. Las islas Galápagos son un paraíso, no sólo para estas tortugas sino para muchas otras especies animales protegidas, como lagartos, aves y ballenas. En 1835, Charles Darwin concibió su teoría de la evolución en estas islas, inspirado por la singularidad de las especies que encontró.

Debido al escaso contacto que han tenido con el hombre, muchos de los animales del archipiélago no les tienen miedo a los visitantes y se acercan a ellos movidos por la curiosidad. Por ello, y para proteger el medio ambiente, hace unos años se limitó el número de turistas que puede visitar las islas anualmente. A pesar de ésta y otras medidas que se han tomado, algunas de las especies que viven en este ecosistema se encuentran actualmente en peligro de extinción.

Foca

el lagarto	*lizard*
la ballena	*whale*
escaso	*limited*
a la intemperie	*out in the open*
la cordillera	*mountain range*
cualificado	*qualified*
la caminata	*hike*

Iguana terrestre

intemperie: out in the open
amante: fond

Acampada en Bolivia

Los Andes bolivianos

A Aguayo le gusta pasar sus vacaciones en contacto con la naturaleza, por ello, en este capítulo de la **Fotonovela**, se va de acampada. Aquí vas a conocer un destino de acampada excepcional, Bolivia.

¿Te gusta acampar? ¿Dormir a la intemperie y cocinar al aire libre? En los países de habla hispana hay muchas ofertas para este tipo de vacaciones alternativas. En Costa Rica, por ejemplo, puedes disfrutar de la extraordinaria riqueza de su flora y su fauna; en México, puedes visitar sus fascinantes ruinas; y, si quieres cruzar el océano, en España puedes disfrutar de sus playas de arena blanca y de su animada vida nocturna. Aquí te proponemos sólo una de las muchas opciones para ir de acampada: Bolivia. La gran variedad topográfica del país y la riqueza de las culturas nativas, te aseguran que encontrarás el tipo de acampada que andas buscando.

El país está situado entre Brasil, Argentina, Paraguay, Perú y Chile y está compuesto por regiones muy distintas: zonas desérticas, grandes cordilleras montañosas (debido a que los Andes recorren el país de norte a sur) como la Cordillera Real, valles húmedos, llamados yungas, y la Amazonia boliviana. En el norte del país, hay otro gran atractivo para los amantes de la acampada: el lago Titicaca, el lago navegable más alto del mundo.

Puedes elegir entre acampar por tu cuenta, o bien preparar tu acampada a través de una agencia de viajes. Hay acampadas muy bien organizadas, que incluyen guía bilingüe, cocinero y transporte privado. El personal está cualificado para responder a tus preguntas acerca del variado ecosistema de la región. Aparte de las caminatas y de la estancia en campamentos, se realizan excursiones a poblaciones cercanas que conservan la cultura y las costumbres de sus ancestros.

Coméntalo

Reúnete con varios/as compañeros/as de clase y conversa sobre los siguientes temas.

1. ¿Han visto o estado alguna vez en un espacio natural que fuera extraordinario? ¿Dónde?
2. ¿Creen que se debe prohibir el acceso de los turistas a las islas Galápagos? ¿Por qué?
3. ¿Les gusta ir de acampada? ¿Por qué?
4. Si tuvieran que ir de acampada, ¿cuál sería su destino favorito?

6.1 The future tense

¿Te acuerdas? In Spanish, as in English, the future tense is used to express actions or conditions that will happen in the future.

Nos quedaremos cuidando a Bambi.

Me encanta el pececito, pero voy a almorzar. Tal vez pediré pescado.

Forms of the future tense

▶ The future tense of almost all verbs is formed by adding the endings **–é, –ás, –á, –emos, –éis,** and **–án** to the infinitive. These endings are the same for **–ar, –er**, and **–ir** verbs.

¡ATENCIÓN!

Note that all of the future tense endings carry a written accent mark except the **nosotros** form.

Future tense			
	hablar	**deber**	**abrir**
yo	hablaré	deberé	abriré
tú	hablarás	deberás	abrirás
él/ella/Ud.	hablará	deberá	abrirá
nosotros/as	hablaremos	deberemos	abriremos
vosotros/as	hablaréis	deberéis	abriréis
ellos/ellas/Uds.	hablarán	deberán	abrirán

▶ There are Spanish verbs with irregular future stems. Some drop the **-e** of the infinitive ending, and others replace the **-e** or **-i** of the infinitive ending with **-d**.

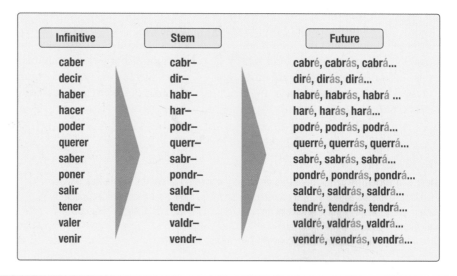

Infinitive	Stem	Future
caber	cabr–	cabré, cabrás, cabrá...
decir	dir–	diré, dirás, dirá...
haber	habr–	habré, habrás, habrá ...
hacer	har–	haré, harás, hará...
poder	podr–	podré, podrás, podrá...
querer	querr–	querré, querrás, querrá...
saber	sabr–	sabré, sabrás, sabrá...
poner	pondr–	pondré, pondrás, pondrá...
salir	saldr–	saldré, saldrás, saldrá...
tener	tendr–	tendré, tendrás, tendrá...
valer	valdr–	valdré, valdrás, valdrá...
venir	vendr–	vendré, vendrás, vendrá...

Uses of the future tense

▶ In Spanish, the future is one of several ways to express future events or ideas.

Present indicative

Llegan a la costa mañana.
They arrive at the coast tomorrow.
(conveys a sense of certainty that the action will occur)

Present subjunctive

Prefiero que **lleguen** a la costa mañana.
I prefer that they arrive at the coast tomorrow.
(refers to an action that has yet to occur)

Ir a + [Infinitive]

Van a llegar a la costa mañana.
They are going to arrive at the cost tomorrow.
(expresses the near future; is commonly used in everyday speech)

Future tense

Llegarán a la costa mañana.
They will arrive at the coast tomorrow.
(expresses an action that will occur; often implies more certainty than **ir a** + [*infinitive*])

▶ Although the English word *will* can refer to future time, it can also refer to someone's willingness to do something. To express willingness, Spanish uses the verb **querer** + [*infinitive*], not the future tense.

¿Quieres contribuir a la protección del medio ambiente?
Do you want to contribute to the protection of the environment?

Quiero ayudar, pero no sé por dónde empezar.
I want to help, but I don't know where to begin.

▶ In Spanish, the future tense may be used to express conjecture or probability. English expresses this in various ways, such as *wonder, bet, must be, may, might,* and *probably.*

— ¿Cuándo volverán de la excursión?
— *When will they come back from the trip?*

— Regresarán por la noche, **probablemente**.
— *They will probably return at night.*

▶ The future may also be used in the main clause of sentences in which the present subjunctive follows a conjunction of time like **cuando, después (de) que, en cuanto, hasta que,** and **tan pronto como.**

Cuando pase la tormenta iremos a tu casa.
When the storm stops, we will go to your house.

Estaremos aquí **hasta que** nos aburramos.
We will be here until we get bored.

Aquí tienen a Bambi.

No se preocupe, cuidaremos de él hasta que regrese.

¡ATENCIÓN!

The present subjunctive after conjunctions of time are discussed in **Lección 5**. See page 176.

Práctica

(1) Horóscopo chino En el horóscopo chino cada signo es un animal. Lee las siguientes predicciones del horóscopo chino para la serpiente. Conjuga los verbos entre paréntesis en la segunda persona del singular del futuro.

Serpiente

TRABAJO   Esta semana _____ (tener) que trabajar duro. _____ (salir) poco y no _____ (poder) divertirte. Pero _____ (valer) la pena. Muy pronto _____ (conseguir) el puesto que estás esperando.

DINERO   _____ (venir) tormentas económicas. No malgastes tus ahorros.

SALUD   _____ (resolver) tus problemas. _____ (deber) cuidar tu garganta.

AMOR   _____ (recibir) una noticia muy buena. Una persona especial te _____ (decir) que te ama. _____ (venir) días felices.

(2) Más horóscopo chino En parejas, escriban el horóscopo chino de su compañero/a. Utilicen verbos en futuro y ayúdense usando algunas de las frases de la lista. Luego compartan el horóscopo que escribieron con el resto de sus compañeros.

el caballo	la serpiente	la rata	el búfalo	el tigre	el gato

el dragón	el gallo	el mono	el perro	el cerdo	la cabra

venir amigos	empezar una relación	hacer daño
tener suerte	recibir una visita	haber sorpresa
decir secreto	poder solucionar	festejar
hacer viaje	problemas	viajar al extranjero

(3) Tus planes En parejas, deben preguntarse cuáles son, en realidad, sus planes para el futuro. Pueden hacerse preguntas que no están en la lista. Después compartan la información con la clase.

1. ¿Trabajarás en algún sitio?
2. ¿Tomarás clases en la universidad?
3. ¿Irás de vacaciones a algún sitio?
4. ¿Saldrás por las noches?
5. ¿Harás algo extraordinario?
6. ¿Intentarás llevar una vida sana?

Comunicación

④ **Catástrofe** Hay muchas historias que cuentan el fin del mundo. Aquí tienes una de ellas.

A. Primero, lean la historia y subrayen las expresiones de futuro. Después reescriban el párrafo cambiando esas expresiones por los verbos en futuro.

Los videntes aseguran que van a llegar catástrofes. El clima va a cambiar. Va a haber huracanes y terremotos. Vamos a vivir tormentas permanentes. Una gran niebla va a caer sobre el mundo. El suelo del bosque va a temblar. El mundo que conocemos también va a acabarse. En ese instante, la tierra va a volver a sus orígenes.

1. _____
2. _____
3. _____
4. _____
5. _____
6. _____
7. _____
8. _____

B. Ahora, en parejas, escriban su propia historia del futuro del planeta. Pueden inspirarse en el párrafo anterior o pueden escribir una versión más optimista.

⑤ **¿Qué será de...?** Todo cambia con el paso del tiempo. Aquí tienes una lista de cosas que puede que cambien en el futuro. En parejas, expliquen qué será de esas cosas dentro de muchos años.

- ballenas *(whales)*
- Venecia
- libros tradicionales
- televisión
- discos compactos
- hamburguesas

⑥ **¿Dónde estará en veinte años?** La fama es, en muchas ocasiones, pasajera *(fleeting)*. En grupos de tres, hagan una lista de cinco personas famosas, y digan qué será de ellas cuando pasen veinte años.

⑦ **Situaciones** En parejas, elijan uno de los temas que se ofrecen e inventen un diálogo usando el tiempo futuro.

- Dos ladrones acaban de robar un banco. Tienen el dinero en una maleta y están planeando lo que harán para huir de la policía.

- Dos locos se acaban de escapar del manicomio. Están soñando despiertos, hablando de lo que harán en los próximos años.

- Una pareja de jóvenes enamorados se ha escapado pues sus familias no aprueban su relación. Están planeando el resto de sus vidas.

6.2 The conditional

¿Te acuerdas? In Spanish, as in English, the conditional is used to express what you *would* do or what actions or conditions *would* happen under certain circumstances.

¿Podrías hacer el favor de tomar mis mensajes?

¡Cómo no!, jefe.

▶ The conditional of most verbs is formed by adding the endings **–ía**, **–ías**, **–ía**, **–íamos**, **–íais**, **–ían** to the infinitive. These endings are the same for **–ar**, **–er**, and **–ir** verbs.

Conditional tense

dar	ser	consumir
daría	sería	consumiría
darías	serías	consumirías
daría	sería	consumiría
daríamos	seríamos	consumiríamos
daríais	seríais	consumiríais
darían	serían	consumirían

▶ Verbs with irregular future stems have the same irregular stem in the conditional.

Infinitive	Stem	Conditional
caber	cabr–	cabría, cabrías, cabría...
haber	habr–	habría, habrías, habría...
poder	podr–	podría, podrías, podría...
querer	querr–	querría, querrías, querría...
saber	sabr–	sabría, sabrías, sabría...
poner	pondr–	pondría, pondrías, pondría...
salir	saldr–	saldría, saldrías, saldría...
tener	tendr–	tendría, tendrías, tendría...
valer	valdr–	valdría, valdrías, valdría...
venir	vendr–	vendría, vendrías, vendría....
decir	dir–	diría, dirías, diría...
hacer	har–	haría, harías, haría...

Uses of the conditional

▶ The conditional is generally used to express what one *would* do or what *would* happen in a certain situation or under certain circumstances.

—En Europa, ¿qué país **visitarías** primero?
—*In Europe, which country would you visit first?*

—**Iría** primero a Grecia y después a Italia.
—*First I would go to Greece and then Italy.*

▶ The conditional is used to make polite requests.

¿**Podrías** pasarme ese mapa, por favor?
Could you pass me that map, please?

¿**Sería** usted tan amable de cuidar mis plantas?
Would you be so kind as to take care of my plants?

▶ In compound sentences, the future tense is used in a subordinate clause to indicate what *will* happen *after* the action or condition of the verb in the main clause *takes place*. The conditional tense is used in the subordinate clause to express what *would* happen *after* the action or condition of the verb in the main clause *took place*.

Future in subordinate clause

Creo que mañana **hará** mucho viento.
I think it will be very windy tomorrow.

Conditional in subordinate clause

Creía que hoy **haría** mucho viento.
I thought it would be very windy today.

▶ In Spanish, the conditional can be used to express conjecture or probability about a past condition, event, or action. English expresses this in various ways, including *wondered if*, *must have been*, and *was probably*.

Eduardo **estaría** cansado de caminar por la montaña.
Eduardo was probably tired after hiking the mountain.

¿Qué hora **sería** cuando regresó de allí?
Serían las ocho.
I wonder what time it was when he returned from there. It was probably eight.

¡ATENCIÓN!

The English *would* is often used to express the conditional, but it can also mean *used to*, in the sense of habitual past action. To express habitual past actions, Spanish uses the imperfect, not the conditional. See page 100.

Cuando era pequeña, iba de campamento durante los veranos. *When I was young, I would go camping in the summer.*

¡ATENCIÓN!

Another use of the conditional is in contrary-to-fact sentences.

See page 229.

¿No sería ahora el momento justo para ir de vacaciones a la República Dominicana?

Práctica

(1) **Planes** Conjuga en condicional el verbo entre paréntesis.

ALBERTO Si yo pudiera formar parte de esta ONG *(Non-government organization)*, yo _____ (estar) dispuesto *(ready)* a ayudar en todo lo posible.

ELENA Sí, lo sé, pero tú no _____ (poder) hacer mucho. No tienes la preparación necesaria. Tú _____ (necesitar) estudios de biología.

ALBERTO Bueno, yo _____ (ayudar) con las cosas menos difíciles. Por ejemplo, _____ (hacer) el café para las reuniones.

ELENA Estoy segura de que todos _____ (agradecer) tu colaboración. Les preguntaré para ver si necesitan ayuda.

(2) **Completar** Hay distintas maneras de dar órdenes: de manera directa y de manera indirecta, como un pedido. El condicional suaviza las órdenes. Completa el cuadro.

Orden directa	Orden indirecta
Dale de comer al perro.	¿Le darías de comer al perro, por favor?
Educa a tu mascota.	
Haz el favor de callarte.	
Planta las semillas.	
Deja de molestar al gato.	
Llévame a la estación.	
Ven a primera hora.	

(3) **Futuro en el pasado** El condicional permite expresar el futuro de un hecho pasado. Escribe oraciones usando los dos verbos.

MODELO decirme / llegar
Juan me dijo que llegaría tarde.

1. pensar / comer
2. suponer / curarse
3. calcular / valer
4. decir / poner
5. imaginar / tener
6. planear / hacer ejercicio
7. escribir / venir
8. contar / querer

Comunicación

4 **¿Qué harías?** Escribe qué harías en las siguientes situaciones. En las respuestas, usa el condicional. Luego comparte tus textos con tus compañeros/as.

5 **Informe** El siguiente informe sobre la contaminación tiene que presentarse a un(a) representante del gobierno, pero antes hay que corregirlo. Las propuestas deben ser sutiles *(subtle)*.

A. Cambia las frases subrayadas por verbos en condicional.

> ## La contaminación del aire
> Reducir la contaminación del aire es posible. <u>Podemos cuidar</u> que los motores de los vehículos no funcionen mal. En las grandes ciudades <u>deben controlarse</u> a menudo los automóviles y autobuses.
> Todos los autobuses <u>deben funcionar</u> con gas. Los automóviles deben tener equipos para evitar la contaminación.
> Para combatir la contaminación, las industrias <u>deben reciclar</u> sus residuos. El gobierno <u>tiene que dar</u> dinero a las empresas que protegen el medio ambiente. Si todos tenemos en cuenta la naturaleza, desaparecerá el problema de la contaminación.

B. Después, en parejas, usen el condicional en un diálogo en el que uno/a de ustedes es el/la experto/a que ha escrito el informe y el/la otro/a es un(a) representante del gobierno.

6 **¿Qué pasaría?** En parejas, respondan a las siguientes preguntas. Contesten usando los verbos en condicional.

1. ¿Qué pasaría si los seres humanos tuviéramos raíces *(had roots)*?
2. ¿Qué pasaría si la tierra fuera plana?
3. ¿Qué pasaría si las mariposas midieran 100 metros?
4. ¿Qué pasaría si desaparecieran los árboles?
5. ¿Qué pasaría si los seres humanos viviéramos en cuevas?

6.3 The past subjunctive

¡ATENCIÓN!

The past subjunctive is also referred to as the imperfect subjunctive.

El jefe nos pidió que cuidáramos del pececito.

Temía que el pececito se sintiera solo.

¡ATENCIÓN!

See pages 96–97 for the preterite forms of regular, irregular, and stem-changing verbs.

Forms of the past subjunctive

▶ The past subjunctive of all verbs is formed by dropping the **–ron** ending from the **ustedes/ellos/ellas** form of the preterite and adding the past subjunctive endings: **–ra, –ras, –ra, –ramos, –rais, –ran.**

▶ Because the past subjunctive is formed exactly the same way for all verbs, verbs that have irregularities in the preterite have those same irregularities in the past subjunctive.

¡ATENCIÓN!

The **nosotros/as** form of the past subjunctive always has a written accent.

The past subjunctive

Infinitive	Preterite Form	Past Subjunctive
caminar	caminaron	caminara, caminaras, caminara, camináramos, caminarais, caminaran
perder	perdieron	perdiera, perdieras, perdiera, perdiéramos, perdierais, perdieran
vivir	vivieron	viviera, vivieras, viviera, viviéramos, vivierais, vivieran
dar	dieron	diera, dieras, diera, diéramos, dierais, dieran
saber	supieron	supiera, supieras, supiera, supiéramos, supierais, supieran
venir	vinieron	viniera, vinieras, viniera, viniéramos, vinierais, vinieran

Le pedí a María que **viniera** a ayudarnos.

I asked María to come help us.

Estela dudaba de que ellos **se preocuparan** por la naturaleza.

Estela doubted that they were worried about nature.

▶ In Spain and some other parts of the Spanish-speaking world, the past subjunctive is used with another set of endings **(–se, –ses, –se, –semos, –seis, –sen)**. You will also see these forms in literary selections.

Mariano no imaginaba que yo **quisiese** ir a la selva algún día.
Mariano didn't imagine that I would want to go to the jungle someday.

Era importante que nos **ayudasen** a recoger la basura.
It was important that they helped us pick up the garbage.

Uses of the past subjunctive

▶ The past subjunctive is required in the same situations as the present subjunctive, except that the point of reference is always in the past. When the verb in the main clause is in the past, the verb in the subordinate clause is in the past subjunctive.

El jefe dijo que le diéramos de comer una vez al día.

Tenemos que hacerlo sentir como si estuviera en su casa.

Present time	Past time
Mariela sugiere que **hagamos** una excursión.	Mariela sugirió que **hiciéramos** una excursión.
Mariela suggests we go on an excursion.	*Mariela suggested that we go on an excursion.*
Dudan que Eduardo **venga**.	Dudaban que Eduardo **viniera**.
They doubt that Eduardo will come.	*They doubted that Eduardo would come.*
Temo que **llueva**.	Temía que **lloviera**.
I'm afraid it's going to rain.	*I was afraid that it would rain.*

▶ The past subjunctive is commonly used with **querer** to make polite requests or to soften statements.

Quisiera papel reciclado, por favor.
I would like recycled paper, please.

¿**Quisieras** algo más?
Would you like anything else?

▶ The expression **como si** (*as if*) is always followed by the past subjunctive.

Me saludó **como si** no me **conociera**.
She greeted me as if she didn't know me.

Habla de la contaminación **como si** le **importara**.
He talks about pollution as if he cared.

Ella tira la basura en la calle **como si** no **importara**.
She throws the garbage in the street as if it didn't matter.

El señor y la señora Sánchez me tratan **como si fuera** su hija.
Mr. and Mrs. Sánchez treat me as if I were their daughter.

Emilio siempre se viste **como si fuera** verano: camiseta y pantalones cortos.
Emilio always dresses as if it were summer: tee-shirt and shorts.

Cristina y Samuel conocen las montañas **como si vivieran** allí.
Cristina and Samuel know the mountains as if they lived there.

Práctica

1 **En la montaña** Javier ha decidido ir de campamento con unos amigos. Su hermano le dio unos consejos para saber qué hacer en caso de emergencia. Ahora Javier se lo está contando a sus amigos. Completa las siguientes oraciones usando el imperfecto del subjuntivo.

> Miren, mi hermano me dijo que era importante que nosotros _____ (ir) con ropa cómoda y abrigada y que _____ (llevar) un impermeable. También me dijo que no nos _____ (separarse) mucho el uno del otro y que _____ (estar) siempre en parejas.

2 **¿Qué le pidieron?** Este fin de semana la familia de Juan no ha hecho más que pedirle cosas. En parejas, completen el cuadro y usen la información para crear y dramatizar un diálogo donde Juan les cuenta a ustedes todo lo que le pidieron que hiciera.

Persona(s)	Verbo	Actividad
Mi novia	me pidió que	casarse
Mi hermana	me pidieron que	arreglarle el coche
Mi madre		prestarle dinero
Mi padre		ir a visitarlos
Mi hermano		cortar el césped
Mis abuelos		acompañarlo/a a un funeral

MODELO

—¿Qué te pidió tu novia?
—Mi novia me pidió que me casara con ella.

3 **Recomendaciones** Ésta es una lista de los hábitos de Elena y Miguel. Imagina que les recomendaste que cambiaran de costumbres. Utiliza el imperfecto del subjuntivo.

MODELO   Utilizan detergentes nocivos (*harmful*) para el medio ambiente.
Les recomendé que no utilizaran detergentes nocivos para el medio ambiente.

1. Dejan la basura en los bosques.
2. Llevan abrigos de piel (*fur coats*).
3. Tienen un coche que consume mucha gasolina.
4. No reciclan.
5. Utilizan aerosoles (*sprays*).

Comunicación

4 **Yo creía...** En parejas, háganse estas preguntas sobre lo que pensaban cuando eran niños/as.

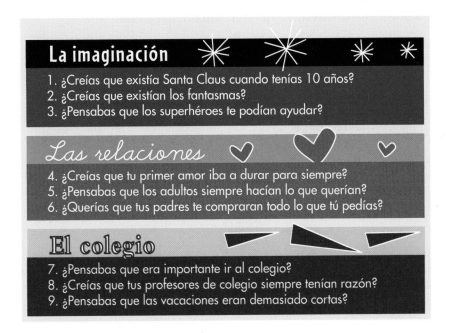

La imaginación

1. ¿Creías que existía Santa Claus cuando tenías 10 años?
2. ¿Creías que existían los fantasmas?
3. ¿Pensabas que los superhéroes te podían ayudar?

Las relaciones

4. ¿Creías que tu primer amor iba a durar para siempre?
5. ¿Pensabas que los adultos siempre hacían lo que querían?
6. ¿Querías que tus padres te compraran todo lo que tú pedías?

El colegio

7. ¿Pensabas que era importante ir al colegio?
8. ¿Creías que tus profesores de colegio siempre tenían razón?
9. ¿Pensabas que las vacaciones eran demasiado cortas?

5 **¿Qué sucedió?** En grupos, preparen un diálogo inspirado en la siguiente situación, utilizando el imperfecto del subjuntivo. Después memorícenlo y represéntenlo en clase.

1. Paola está enfadada con su novio porque este fin de semana él se quedó en casa y no quiso acompañarla a la montaña. A ella le gusta mucho esquiar y lo hace siempre que puede, pero él se aburre porque no le gustan los deportes. A él no le gusta la naturaleza y tiene muchas alergias *(allergies)*. Cuando Paola vuelve, los dos discuten sobre sus preferencias y sobre cómo podrían disfrutar de un buen fin de semana juntos.

6.4 *Si* clauses with simple tenses

¿Te acuerdas? **Si** clauses express a condition or event upon which another condition or event depends. Sentences with **si** clauses are often hypothetical statements. They contain a subordinate clause (**si** clause) and a main clause (result clause).

Si veo una planta en peligro de extinción, voy a sacarle una foto.

Si la rocías con esto, la matas bien muerta.

Hypothetical statements about the future

▶ In hypothetical statements about possible or probable *future* events or conditions, the verb in the **si** clause is in the present indicative. The verb in the result clause may be in the present indicative or the future indicative, or may use **ir a** + [*infinitive*], or a command.

SI clause — present indicative		Result clause
Si ustedes están cansados… *If you are tired…*	PRESENT TENSE	**pueden** descansar un poco aquí. *you can rest a little here.*
Si Andrés sigue el sendero… *If Andrés follows the path…*	FUTURE TENSE	**llegará** al campamento en una hora. *he will arrive at the camp in an hour.*
Si no lleva usted un suéter… *If you don't carry a sweater…*	IR A + *INFINITIVE*	**va a tener** frío. *you are going to be cold.*
Si el cartón de leche está vacío… *If the milk carton is empty…*	COMMAND	**ponlo** en la cesta de reciclaje. *put it in the recycling basket.*

Si quiere disfrutar de la naturaleza, venga al corazón de la ciudad.

Hotel Casablanca

Hypothetical statements about the present

▶ In hypothetical statements about improbable or contrary-to-fact *present* situations or conditions, the verb in the **si** clause is in the past subjunctive, and the result clause is in the conditional.

Si clause — past subjunctive	Result clause — conditional tense
Si tuviera un abrelatas,… *If I had a can opener,…*	**abriría** esta lata de frijoles ahora. *I'd open this can of beans now.*
Si no **hubiera** leyes para proteger los ríos,… *If there weren't laws to protect the rivers,…*	**estarían** muy contaminados. *they would be very contaminated.*
Si Humberto **sacara** una foto de un oso,… *If Humberto took a photo of a bear,…*	**se iría** contento de esta excursión. *he would come away from this hike happy.*

Habitual conditions and actions in the past

▶ When the **si** clause expresses a habitual *past* action or condition that is *not* contrary-to-fact, the imperfect tense is used in both the **si** clause and the result clause.

Si clause — imperfect	Result clause — imperfect
Si Pepa tenía la oportunidad,… *If Pepa had the opportunity…*	siempre **pasaba** las vacaciones cerca del mar. *she always spent her vacations near the sea.*
De niño, **si** íbamos en coche al campo,… *When I was a child, if we drove to the country…*	siempre **teníamos** comida para el camino. *we always had food for the road.*

▶ The **si** clause may be the first or second clause in a sentence.

Si tienes tiempo, visita el monumento. *If you have time, visit the monument.*	¿Me acompañarías al lago **si** te lo pidiera? *Would you accompany me to the lake if I asked you to?*

Si yo fuera él, preferiría estar nadando en una playa del Caribe.

Si estuviera en la playa, disfrutaría acostado bajo una palmera.

Práctica

(1) Quizás

A. Completa las siguientes oraciones con el tiempo verbal que corresponde.

1. Si mi tía viene a visitarme...
2. Si tuviera el coche este sábado...
3. Si llama Ana, dile que...
4. Si consiguiera ese trabajo...
5. Si fuera más atrevida/o (brave)...
6. Si voy a Madrid...

B. Ahora haz lo mismo pero de forma inversa. No repitas los verbos.

1. Si ellos _____, yo los llevaré a Nueva York.
2. Si mi padre _____, mi madre se pondría muy contenta.
3. Si yo _____, me compraría una casa en Hawai.
4. Si mi jefe _____, iré a recogerte al aeropuerto.
5. Si tu _____, me casaría contigo.
6. Si mi mujer _____, me divorciaría inmediatamente.

(2) Si nos tocara la lotería Amaya y Esther son estudiantes y han comprado un billete de lotería. Están pensando qué harían si se ganaran la lotería. Llena los espacios en blanco con el tiempo verbal adecuado.

—Pues, si nosotras nos _____ (ganar) la lotería el domingo, yo me _____ (ir) de vacaciones al Caribe. Luego, yo _____ (visitar) a mi familia y amigos en Uruguay.

—Pues, si de verdad nos _____ (tocar) la lotería, yo _____ (llamar) rápidamente a mis padres. Les diría que no _____ (preocuparse) más por ganar dinero. Los _____ (invitar) a París a un hotel de cinco estrellas.

— ¿Tú dejarías de estudiar medicina si de repente _____ (ser) rica?

— No, me gusta mucho mi profesión. Pero la verdad es que me lo _____ (tomar) con más tranquilidad y me _____ (relajarse) muchísimo.

(3) ¿Qué harías? En parejas, imaginen que tienen la oportunidad de vivir en una época y en un país diferente. ¿Dónde vivirían? ¿Quiénes serían? Sigan el modelo.

MODELO

El siglo I d.c.
Si pudiera vivir en el siglo I, viviría en Roma y sería un gladiador.

Sugerencias
La Prehistoria
La Colonia
La Guerra de la Independencia
Los años veinte
Los años sesenta

Comunicación

 4 ¡Cuidado, peligro! Miren los dibujos y, después, en parejas, pregunten a su compañero/a lo que haría si le ocurriera algo imprevisto y peligroso en ese lugar. Sigan el modelo.

MODELO Dibujo 1: Las tres de la mañana y llaman a tu puerta.

—¿Qué pasaría si alguien llamara a tu puerta a las tres de la mañana?

—Pues seguramente, si alguien llamara a mi puerta a esa hora yo tendría mucho miedo.

(1)

(2)

Una playa donde hay tiburones.

Las tres de la mañana y llaman a tu puerta.

(3)

(4)

Tu carro se para en el medio del desierto.

Las cuatro de la mañana y estás encerrado en un ascensor.

 5 ¿Qué pasaría si...? En parejas, pregúntense qué harían en las siguientes situaciones.

1. Si ves a alguien intentando robar el carro de un(a) amigo/a tuyo/a.
2. Si tuvieras ocho hijos.
3. Si suspendieran las clases durante todo el día.
4. Si sorprendieras a tu novio/a con otro/a.
5. Si tu novio/a te sorprendiera con otro/a.
6. Si te quedaras atrapado en una tormenta de nieve.
7. Si te despertaras tarde la mañana del examen final.
8. Si encontraras una maleta con mucho dinero.

 6 Si fueras... En parejas, háganse preguntas para conocer un poco más a su compañero/a.

MODELO

—Si fueras un dulce, ¿qué tipo de dulce serías?

—Si fuera un dulce, sería un pastel de chocolate.

Un carro	Un libro
Un estilo musical	Una ciudad
Una flor	Un electrodoméstico
Una película (de misterio, de risa, de terror,...)	Un paisaje

A conversar

Los Verdes y los Naranjas

El *Verde* es un grupo político ecologista. El *Naranja* es un grupo político no ecologista. Se acercan las elecciones y los dos grupos discuten sus ideas por televisión.

A Lean la siguiente información.

> Si una familia de cuatro personas usa ocho servilletas de papel por comida, ¿cuántas servilletas usaría en un año? El papel de las servilletas se fabrica con madera de árboles. Para eso, se cortan árboles. ¿Cuánto tiempo llevaría lavar y planchar servilletas de tela?

> El uso de aerosoles destruye la capa de ozono. Esta capa es muy importante porque no deja pasar los rayos ultravioleta del sol. Estos rayos son peligrosos para los seres vivos. Además, si la capa de ozono desapareciera, aumentaría la temperatura del planeta.

> La mayoría de los plásticos no se pueden reciclar. Pero podemos lavar los envases de plástico y usarlos nuevamente. Esto lleva tiempo. Los envases de vidrio se pueden reciclar. Pero el vidrio es peligroso para los niños.

> Los paquetes de comida suelen ser de plástico o de papel. Éstos generan mucha basura. Pero la comida en este tipo de paquetes es más segura para la salud.

B Ustedes son el grupo *Verde*. En grupos pequeños, discutan: ¿Qué harán para proteger el medio ambiente? Escriban una lista de promesas de lo que harán (por lo menos seis). Recuerden que deben usar el futuro.

C Intercambien la lista con otro grupo. Ahora son el grupo *Naranja*. Discutan: ¿Qué problemas podrían aparecer si se realizaran las promesas del grupo *Verde*?

D Toda la clase se divide en dos grupos: uno será el grupo *Verde* y el otro el grupo *Naranja*. Llegó el momento del debate en televisión. El/la profesor(a) será el/la moderador(a). Una persona del grupo *Verde* defenderá un cambio que propone su grupo. Una persona del grupo *Naranja* presentará el problema que ese cambio va a provocar: "Si se realizara esa promesa, ¿qué problema habría?".

A escribir

El futuro ideal

Sigue el **Plan de redacción** para escribir un párrafo de unas diez líneas en el que describes cuál sería el mundo ideal para ti.

El futuro ideal	
en economía	
en asuntos sociales	
en el transporte	
en educación	
en medicina	
otros	

Plan de redacción

Organizar Haz una lista con las cosas que te gustaría que pasaran en el mundo en un futuro ideal. Ordena la lista por orden temático.

Escribir Redacta el párrafo siguiendo la lista que has preparado. Usa el condicional o el futuro y una oración con si. Puedes usar expresiones como:

• Me gustaría que el mundo fuera...

• El futuro será...

• Si yo pudiera decidir...

• En un mundo ideal, la medicina sería…

Concluir Termina el párrafo con una oración que resuma la idea más importante.

Autorretrato con mono, 1938.
Frida Kahlo. México.

*Quien rompe una tela de araña,
a ella y a sí mismo se daña.*

— Anónimo

Antes de leer

El eclipse
Augusto Monterroso

Conexión personal
¿Hasta qué punto te guías por los astros (*heavenly bodies*)? ¿Crees que la posición de los astros afecta nuestra vida personal? Comenta el tema con un(a) compañero/a.

Contexto cultural
The Mayans, like other pre-Columbian indigenous peoples, were excellent astronomers. Their studies of the sky and astral phenomena led them to develop a calendar that was both sophisticated and extraordinarily accurate. In turn, their calendar allowed them to predict solar eclipses and the revolutions of Venus with astounding accuracy. The margin of error of their predictions was one day in six thousand years.

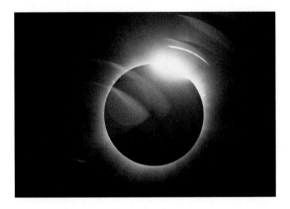

Análisis literario: el ambiente
The setting (**el ambiente**) of a literary work is the place and time where the action occurs. Aspects of setting are geographic location, historical period, the season of the year, the time of day, and the beliefs, customs, and standards of a society. Setting often plays an important role in the decisions and actions of characters. As you read "El eclipse," try to identify each of the aspects of the setting mentioned above.

Estrategia de lectura: los conocimientos previos
Active readers draw from their own knowledge and experience (**los conocimientos previos**) to help them understand a story and make connections. When you are reading a story with a historical setting, for example, you might use what you already know about that period history to make inferences and draw conclusions. What information that you already have will help you understand the decisions and actions of the characters in "El eclipse"?

Vocabulario

aislado/a *isolated*   digno/a *worthy; dignified*

Augusto Monterroso

Hoja de vida

1921 Nace en Tegucigalpa, Honduras
1959 *Obras completas (y otros cuentos)* (cuentos)
1969 *La oveja negra y demás fábulas* (cuentos)
1972 *Movimiento perpetuo* (cuentos)
1983 *La palabra mágica* (ensayo)
1988 Condecoración Águila Azteca, México
1993 Premio IILA, Instituto Ítalo-Latinoamericano, Italia
1996 Premio Juan Rulfo, México
2000 Premio Príncipe de Asturias de las Letras, España

Sobre el autor

Augusto Monterroso se destaca por el lenguaje humorístico, irónico y hasta sarcástico de sus obras. Monterroso ha publicado varios libros de cuentos, fábulas y prosas. Le gusta escribir sobre la vida de hombres y mujeres dedicados a la literatura, siempre en tono de parodia y con su particular humor negro. A pesar de haber nacido en Honduras, Monterroso se considera de Guatemala, el país donde nació su padre. Por razones políticas, Monterroso dejó su país en 1944 y se trasladó a México, donde vive actualmente.

El eclipse

1   Cuando fray° Bartolomé Arrazola se sintió perdido, aceptó que ya nada podría salvarlo. La selva poderosa de Guatemala lo había apresado°, implacable y definitiva. Ante su ignorancia topográfica se sentó con tranquilidad a esperar la muerte. Quiso
5   morir allí, sin ninguna esperanza, aislado, con el pensamiento fijo en la España distante, particularmente en el convento de Los Abrojos, donde Carlos Quinto° condescendiera una vez a bajar de su eminencia para decirle que confiaba en el celo° religioso de su labor redentora°.

Brother (title given to a monk)

captured

Charles of Hapsburg (1500–1558), King of Spain and Holy Roman Emperor / zeal

redemptive

Ya: already, now, at once
Fijo: Fixed
bajar: to go down / to come down

10   Al despertar se encontró rodeado por un grupo de indígenas

de rostro° impasible que se disponían° a sacrificarlo ante un altar, *face / were preparing*

un altar que a Bartolomé le pareció como el lecho° en que *bed*

descansaría, al fin, de sus temores, de su destino, de sí mismo.

        Tres años en el país le habían conferido un mediano dominio

15   de las lenguas nativas. Intentó algo. Dijo algunas palabras que

fueron comprendidas.

        Entonces floreció° en él una idea que tuvo por digna de su *blossomed*

talento y de su cultura universal y de su arduo conocimiento de

Aristóteles. Recordó que para ese día se esperaba un eclipse total

20   de sol. Y dispuso, en lo más íntimo, valerse de aquel conocimiento

para engañar a sus opresores y salvar la vida.

        —Si me matáis —les dijo— puedo hacer que el sol se

oscurezca en su altura.

        Los indígenas lo miraron fijamente y Bartolomé sorprendió la

25   incredulidad en sus ojos. Vio que se produjo un pequeño consejo°, *counsel*

y esperó confiado, no sin cierto desdén.

        Dos horas después el corazón de fray Bartolomé Arrazola

chorreaba° su sangre vehemente sobre la piedra de los sacrificios *was gushing*

(brillante bajo la opaca luz de un sol eclipsado), mientras uno de

30   los indígenas recitaba sin ninguna inflexión de voz, sin prisa, una

por una, las infinitas fechas en que se producirían eclipses solares y

lunares, que los astrónomos de la comunidad maya habían previsto

y anotado en sus códices sin la valiosa ayuda de Aristóteles. ✳

Después de leer

El eclipse
Augusto Monterroso

(1) Comprensión Responde a las siguientes preguntas.

1. ¿Dónde se encontraba Fray Bartolomé?

2. ¿En qué pensaba Fray Bartolomé cuando ya no tenía ninguna esperanza?

3. ¿Conocía el protagonista la lengua de los indígenas?

4. ¿Qué querían hacer los indígenas con Fray Bartolomé?

5. ¿Qué les advirtió el cura a los indígenas?

6. ¿Qué quería Fray Bartolomé que los indígenas creyeran?

7. ¿Qué sucedió al final del cuento?

8. ¿Qué recitaba un indígena mientras el corazón del fraile sangraba?

(2) Interpretar Contesta las siguientes preguntas.

1. ¿Por qué crees que Fray Bartolomé pensaba en el convento de Los Abrojos antes de morir?
2. ¿Cuál había sido la misión de Fray Bartolomé en Guatemala?
3. ¿Quién le había encomendado esa misión?
4. A pesar de los conocimientos de Aristóteles, ¿por qué el protagonista no consiguió salvarse?

(3) Ampliar En este cuento, Augusto Monterroso cuestiona la figura del fraile conquistador que subestima *(to undervalue)* la sabiduría de la cultura maya. En parejas, expliquen qué ideología representa Fray Bartolomé y comenten si conocen algún acontecimiento histórico en el que se haya subestimado la cultura indígena.

(4) Escribir Desde el comienzo del mundo, todas las culturas y países han estado, alguna vez, sometidos al poder de otros pueblos o civilizaciones. ¿Crees que esto ha cambiado hoy en día? Escribe un párrafo de cinco o seis líneas explicando cómo conquistan los países desarrollados a otros países en el mundo contemporáneo.

Antes de leer

PERFIL

Mary Axtmann

Conexión personal

¿Hay suficientes áreas verdes en tu ciudad? ¿Qué opinas de ellas? ¿Cómo cuidan el gobierno y los ciudadanos esas áreas? ¿Cómo contribuyen las áreas verdes a la vida de la ciudad? ¿Cómo reaccionaría la gente si se necesitara destruir un área verde para construir un centro comercial? Hazle estas preguntas a un(a) compañero/a, y después compara sus ideas con las tuyas. Compartan la información con la clase.

Contexto cultural

Puerto Rico, with a population of almost four million and a land area of 3,515 square miles, is among the most densely populated islands on earth. In recent years, the island has seen an impressive amount of urban growth, a process that takes a toll on the surrounding natural environment. Puerto Rico does, nevertheless, contain forested areas such as El Yunque, a rain forest on the island's eastern end. In response to the threat of urban sprawl, some local citizens have organized to protect the island's forests and wooded areas by doing volunteer work in parks and forests to safeguard their future.

Vocabulario

aumentar *to rise*	**pertenecer a** *to belong to*
las carreteras *road*	**el pulmón** *lung*
construir *to build*	**refrescar** *cooler*
la culebra *snake*	**el sapito** *little toad*
el murciélago *bat*	

La naturaleza   *doscientos cincuenta y uno* **251**

Mary Axtmann

1 ¿Crees que un bosque puede ser un recurso ecológico educativo? Mary Axtmann, coordinadora de Ciudadanos Pro Bosque San Patricio de Puerto Rico, nos explica esta idea.

Entrevistador: ¿Qué fue lo que hizo que se

5 **interesara en los bosques?**

Axtmann: Cerca de nuestra casa existe un bosque que empezó a crecer hace 30 años cuando la marina de Estados Unidos cerró una base que tenían ahí. Se había convertido 10 en un lugar precioso, un oasis con árboles inmensos. En 1998 me enteré que tenían planes de vender el terreno para construir una urbanización° de lujo. Enseguida llamé a muchas *development* personas y se corrió la voz°. Todos en la comunidad *to spread the word* 15 queríamos defender este terreno, pues habíamos visto mucha destrucción de bosques para construir casas, centros comerciales y carreteras. Y todos juntos logramos salvar este bosque.

E: ¿Por qué dice que el bosque San Patricio es una esmeralda° en *emerald* **un mar de concreto?**

20 **A:** Cuando uno observa las fotos aéreas de San Juan, entiende que el bosque San Patricio es un bosque urbano. San Juan se ve, como un mar de construcciones, casas, comercios, y carreteras. Y en medio de todo, está el bosque San Patricio con una concentración muy densa de vegetación. Tan verde como una esmeralda.

25 **E: ¿Cuáles son las ventajas de contar con este bosque ?**

A: El bosque San Patricio es un "pulmón" que produce oxígeno, absorbe contaminación, impide inundaciones, disminuye el ruido y sirve de refugio para la vida silvestre°. Además, en un país que tiene *wild* elevadas temperaturas durante todo el año como Puerto Rico, 30 tantas construcciones de cemento aumentan mucho la temperatura y la presencia de un bosque refresca el ambiente.

[handwritten margin notes:]
enterar: to inform / tell
lujo: luxury
enseguida: at once
lograr: to achieve

ventajas : advantages
aumentar : to increase

E: ¿Por qué cree que el bosque es un recurso ecológico educativo para la comunidad?

A: El Bosque San Patricio, por su mera existencia, es un recurso
35 ecológico. Pero es también un lugar donde se aprende acerca de
los árboles, los distintos componentes del ecosistema, los animales,
etc. Además el bosque pertenece a la comunidad. Tenemos un
grupo de jóvenes guías que orientan al público como mi hija Anais.
También tenemos a personas de la tercera edad° como doña   *old age*
40 Paquita Santiago y don Luis Ramírez, quien es jardinero
voluntario, a pesar de° tener casi noventa años de edad.   *despite*

E: ¿Cuáles son las actividades que organizan?

A: Hemos ofrecido conferencias sobre temas ambientales y de
avistamiento° de aves. También ofrecemos conciertos de música y   *sighting*
45 cada año se hace un censo de aves. Es importante contarlas porque
las aves son indicadores de la salud general de un ecosistema.

E: ¿Cuáles otros animales hay en el bosque San Patricio?

A: Mientras contesto esta pregunta, me acompaña un coro de
coquíes, los diminutos sapitos típicos de Puerto Rico que cantan
50 de noche como pajaritos. También hay lagartijos°, iguanas,   *lizard*
culebras y hasta la boa de Puerto Rico. La boa es una serpiente
que puede medir más de 6 pies de largo, pero es inofensiva.
Además, hay murciélagos, los únicos mamíferos nativos de aquí.

E: ¿Cree que hay una solución al problema de la deforestación de
55 **los bosques?**

A: Curiosamente, se ha dicho que la mejor manera de salvar el
campo, es salvando las ciudades. Y la mejor manera de salvar las
ciudades, tal vez es mediante la conservación de las áreas verdes de
las ciudades. Haber salvado este bosque ha sido un gran alivio°.   *relief*
60 Nosotros logramos salvar a este bosque no mediante la protesta,
sino mediante la propuesta°. Trabajamos juntos para el bien de   *proposal*
esta y las futuras generaciones. ❈

[margin note: Mediante = by (means of)]

Después de leer

Mary Axtmann

1 Comprensión Responde a las siguientes preguntas.

1. ¿Por qué empezó Mary Axtmann a llamar a mucha gente en 1998?

2. ¿Qué se observa en las fotos aéreas de San Juan?

3. ¿Qué efectos tienen los árboles en general, y particularmente en un clima como el de Puerto Rico?

4. ¿Por qué es importante contar las aves?

5. ¿Qué especies de animales se encuentran en Puerto Rico?

6. ¿Cómo se logró salvar al bosque San Patricio?

2 Comunicación En parejas, respondan a las siguientes preguntas. Después compartan sus respuestas con la clase.

1. ¿Dónde están las áreas verdes en su comunidad? ¿Necesitan protección contra la urbanización? ¿Por qué?

2. ¿En qué maneras aprovechan ustedes las oportunidades que ofrecen las áreas verdes? ¿Con qué frecuencia lo hacen?

3. ¿Hacen ustedes lo suficiente para proteger las áreas verdes de su comunidad? ¿Qué hacen ahora? ¿Qué más podrían hacer? ¿Estarían dispuestos/as (*willing*) a trabajar como voluntarios/as para asegurar el futuro de las áreas verdes?

4. ¿Qué especies de animales nativos hay en las áreas verdes de su comunidad? ¿Cuál es el estado de salud de esos ecosistemas?

3 Ampliar En grupos pequeños, elijan un lugar en su comunidad (o en su estado o en el país) donde haya demasiada urbanización y donde haga falta proteger la naturaleza urgentemente. Luego preparen un plan de estrategias incluyendo cinco pasos obligatorios que hace falta tomar para lograr esta protección. Compartan estas estrategias con la clase.

Atando cabos

El medio ambiente y las necesidades del ser humano

El turismo y otros fenómenos económicos contribuyen, a veces, a que las reservas naturales de la tierra se deterioren. Esto ha provocado que algunos gobiernos comiencen a controlar y restringir el acceso a ciertas zonas de gran importancia para la conservación de la flora y la fauna del planeta.

Trabajen e investiguen en grupos pequeños para preparar una presentación sobre alguna especie animal o vegetal que esté en peligro de extinción, o alguna reserva natural que se esté deteriorando rápidamente.

Elegir el tema

Discutan entre todos de qué prefieren hablar y dividan el trabajo de investigación.

Preparar

Investiguen a través de Internet o en la biblioteca.

Organizar

Una vez que hayan recopilado la información necesaria, organicen bien la exposición. Preparen un esquema respondiendo a las siguientes preguntas:
1. ¿De qué trata el tema que han elegido?
2. ¿Cómo afecta este fenómeno a la región y al ecosistema?
3. ¿Qué han hecho las autoridades gubernamentales para solucionarlo?
4. ¿Qué podemos hacer nosotros al respecto?

Estrategia de comunicación

Cómo dar soluciones
Las siguientes frases pueden ayudarles a expresarse de forma más adecuada.
1. El deterioro del planeta es algo preocupante, por eso...
2. Este problema se solucionaría si...
3. Creemos que los gobiernos o autoridades responsables deberían...
4. Lamentablemente, es verdad que...
5. Todos somos un poco responsables de... y por eso...

Ayuda para Internet

Pueden intentar acceder a la información utilizando las siguientes palabras clave: **especies en extinción / desertización / Las Islas Galápagos / ecotasas / ecoturismo / turismo rural**

Presentar

Antes de su presentación, cada grupo entregará una copia de su esquema al profesor. Usen medios audiovisuales (música, fotografías, fotocopias, etc.) para mostrar el tema que eligieron.

Los animales

el águila	eagle
el búfalo	buffalo
la cabra	goat
el cerdo	pig
el chancho	pig
el conejo	rabbit
el gallo	rooster
el león	lion
el loro	parrot
la mariposa	butterfly
el mono	monkey
la rata	rat
el tigre	tiger

Términos relativos a los animales y plantas

el ala	wing
la cola	tail
la hembra	female
el macho	male
el nido	nest
la pata	foot/leg of an animal
la semilla	seed
morder	to bite
refugiarse	to take refuge
venenoso/a	poisonous

Accidentes geográficos

el acantilado	cliff
la bahía	bay
el bosque	forest
el cabo	cape
la colina	hill
la cordillera	mountain range
la costa	the coast
la cumbre	summit, peak
la hierba	grass
la montaña	mountain
el nivel del mar	sea level
la orilla	shore
el paisaje	landscape, scenery
el pico	peak, summit
el río	river
la tierra	land
a orillas de	on the shore of

El clima

la catástrofe natural	natural disaster
el diluvio	heavy rain
la erosión	erosion
el huracán	hurricane
la inundación	flood
el relámpago	lightning
la tormenta	storm
el trueno	thunder
helar	to freeze
inundar	to flood
mojarse	to get wet
soplar	to blow

Descripciones

al aire libre	outdoors
miedoso/a	frightened, scared
profundo/a	deep
puro/a	pure, clean
salvaje	wild, savage
seco/a	dry

El uso y el abuso de la naturaleza

la capa de ozono	ozone layer
el consumo de energía	energy consumption
la contaminación	contamination
la fuente de energía	energy source
el medio ambiente	environment
la planta comestible	edible plant
los recursos naturales	natural resources
el riesgo	risk
atrapar	to catch, to trap
contribuir	to contribute
cultivar	to grow
dar de comer	to feed
desaparecer	to disappear
explotar	to exploit
extinguir	to extinguish
generar	to produce, generate
malgastar	to waste
promover	to promote
planear	to plan
renovarse	to be renewed, revitalized
reciclable	recyclable

Expresiones útiles	Véase la página 219.
Vocabulario de "El eclipse"	Véase la página 247.
Vocabulario del perfil	Véase la página 251.

Estructura 6.1	Véase la página 228.
Estructura 6.4	Véase las páginas 240 y 241.

La economía y el trabajo

La economía y el trabajo

Exitosa

Soledad es una alta **ejecutiva** y sabe que, si no suben **las acciones** de su **exitosa** empresa, tendrá problemas. **Actualmente** la **industria** atraviesa otra **crisis económica,** pero a ella siempre se le ocurren ideas para **administrar** bien la **inversión extranjera.** El **dueño** y los **inversores** están satisfechos, pero los **sindicatos** están planeando una **huelga.**

Pensamientos

Enrique está pensando en renunciar a su **puesto** en la empresa. Hace ya dos años que no lo **ascienden.** Está cansado de **cobrar** el **sueldo mínimo** y de que no le alcance para **estar al día** con los **impuestos** y otros gastos. Además su plan de **jubilación** es malo y el **gerente** acaba de **despedir** a su único amigo. El problema es que a Enrique le asusta estar **desempleado.**

Bajo presión

Éste es el último semestre de Ana en la universidad. Está nerviosa porque tiene muchas **deudas.** Lo peor es que todavía no sabe lo que quiere hacer para **ganarse la vida.** Cree que le gustaría trabajar para una **multinacional.** Lo primero que tiene que hacer es preparar el **currículum.** Va a asistir a una **reunión** para que la ayuden a estar bien preparada. Se pone muy nerviosa durante las **entrevistas de trabajo.**

El presupuesto

Elena González trabaja en un nuevo **proyecto** para mejorar la **publicidad** de la **compañía** en la que trabaja. Lo importante, como siempre, es **administrar** bien el **presupuesto**: ella es especialista en **ahorrarle dinero** a las empresas. Quiere presentar su propuesta en una **conferencia.** Ella sueña con **dirigir** un proyecto de **calidad**, sin preocuparse por nada más.

El dinero

el ahorro	savings
la bolsa (de valores)	stock market
la cuenta corriente	checking account
la cuenta de ahorros	savings account
el desarrollo	development
financiar	to finance
financiero/a	financial
fijo/a	permanent; fixed

El trabajo

el contrato	contract
el/la empleado/a	employee
el empleo	employment, job
la fábrica	factory
el formulario	application form
la hoja de vida	résumé
la mano de obra	labor
la solicitud	application
la sucursal	branch
firmar	to sign
jubilarse	to retire
solicitar	to apply for

El comercio

el comercio	commerce, trade
las exportaciones	exports
las importaciones	imports
el impuesto (de ventas)	(sales) tax
la marca	brand
cobrar	to charge

Las profesiones

el/la abogado/a	lawyer
el/la arqueólogo/a	archaeologist
el/la cocinero/a	chef
el/la comerciante	storekeeper, trader
el/la contador(a)	accountant
el/la funcionario/a	government employee
el/la gerente	manager
el/la ingeniero/a	engineer
el/la periodista	journalist

Práctica

(1) Lo que cada uno quiere Indica qué es lo que busca cada una de las siguientes personas.

_____ 1. el presidente de un país

_____ 2. un ministro de Trabajo

_____ 3. un empleado que lleva mucho tiempo en la empresa

_____ 4. un desempleado

_____ 5. el dueño de una empresa

_____ 6. alguien que se acaba de jubilar

a. conseguir un trabajo, aunque le paguen el mínimo

b. que el país se desarrolle y la gente vuelva a votar por él

c. un ascenso

d. seguir cobrando un buen sueldo

e. que sus ejecutivos administren bien su dinero

f. que baje el desempleo y vengan inversiones del extranjero

(2) Cosas que dice la gente

A. Completa las siguientes oraciones con los términos de la lista. Hay dos palabras que no necesitas para completar el ejercicio.

administrar	empleo	jubilar
ahorros	financiero	inversiones
sindicatos	funcionarios	reunión

a. "Ya me quiero _____. Estoy cansado y quiero disfrutar de mis nietos."

b. "Si no mejoramos nuestra forma de _____, esta empresa fracasará."

c. "El sistema _____ de nuestro país es sólido."

d. "He gastado todos mis _____. Necesito un _____."

e. "Se deben recibir más _____ para salvar la compañía."

f. "Los _____ sólo dan problemas."

B. ¿Quiénes crees que dijeron las oraciones? ¿Por qué?

_____ Carlos Gómez del Río, presidente de Medias Azabache, 50 años

_____ Dominga Domínguez, ministra de Economía, 40 años

_____ Don José, empleado, 60 años

_____ Juan Manuel Aguirre, presidente de una compañía de publicidad, 38 años

_____ María Cecilia López, desempleada, 23 años

_____ Susana Martínez, inversionista de una compañía privada, 45 años

Comunicación

3 **Búscale un trabajo**

A. Le estás haciendo una entrevista a tu compañero/a para ver qué profesión o trabajo es mejor para él/ella. Utiliza el siguiente cuestionario para entrevistarlo/a. Luego intercambien los papeles.

a. ¿Es prevenido/a?

b. ¿Puede trabajar bajo presión?

c. ¿Le gusta dirigir?

d. ¿Es organizado/a o descuidado/a?

e. ¿Se pondría nervioso/a hablando en público, en una conferencia?

f. ¿Prefiere los proyectos que duran mucho o poco?

g. ¿Le molesta seguir órdenes?

h. ¿Le gusta la gente o es huraño/a?

i. ¿Le interesa la información sobre la bolsa de valores?

j. ¿Se le ocurren muchas ideas para hacer más fácil su trabajo?

k. ¿Sufriría mucho si tuviera que despedir a un buen empleado?

l. ¿Sabe ahorrar o siempre gasta todo lo que tiene?

B. De los trabajos que aparecen en la lista de abajo, ¿cuál sería mejor para tu compañero/a? ¿Por qué? Explícale por qué los elegiste y continúen la entrevista siguiendo el modelo.

empleado de un banco	capitán	funcionario de gobierno
abogado/a	comerciante	cocinero/a
empleado de una agencia de publicidad	empleado de una fábrica	gerente de una empresa
	inversor	ingeniero/a

MODELO

—Creo que serías un buen gerente de empresa.
—¿Por qué?
—Porque no te molestaría despedir a un empleado y eres responsable.
—A mí me parece (*I think*) que...

4 **Pensamientos sobre el trabajo**

A. En parejas, escojan tres de las siguientes frases y explíquenselas a la clase.

La gente le da m s impor tancia al trabajo de la que realmente tiene.

Trabajar es de tontos.

Cuanto más difícil es un trabajo, más gratificante es.

El trabajo le da sentido a la vida.

Si te gusta tu trabajo, sentirás que no estás trabajando.

El trabajo nos dignifica y nos hace libres.

B. Un grupo explica una de las frases escogidas. ¿Alguna de las frases que ustedes escogieron coincide con la de ellos o la contradice? Si es así, díganlo y expliquen su punto de vista.

El equipo de *Facetas* celebra el segundo aniversario de la revista. Es un momento lleno de recuerdos.

1

En la sala de conferencias…

TODOS ¡ …cumpleaños feliz!

AGUAYO Antes de apagar las velas de nuestro segundo aniversario, quiero que cada uno cierre los ojos y luego pida un deseo.

2

AGUAYO ¿Recuerdas cuando viniste a tu entrevista de trabajo y Éric pensó que tu padre era millonario?

FABIOLA Sí. Recuerdo que puso esa cara.

Fabiola recuerda…

3

AGUAYO Éric, te presento a Fabiola Ledesma, nuestra nueva escritora.

ÉRIC ¿No eres tú la hija del banquero y empresario millonario Ledesma?

FABIOLA No. Mi padre es ingeniero y no es millonario.

ÉRIC Perdona. Por un momento pensé que me había enamorado de ti.

6

De vuelta en el presente…

DIANA Chicos, he estado pensando en hacerle un regalo de aniversario a Aguayo.

FABIOLA Siento no poder ayudarte, pero estoy en crisis económica.

ÉRIC Es contagiosa.

DIANA Por lo menos ayúdenme a escoger el regalo.

7

FABIOLA Debe ser algo pequeño, fino y divertido.

ÉRIC ¿Qué tal un pececito de colores?

TODOS ¡Pobre Bambi!

FABIOLA Me refiero a algo de corte ejecutivo, Éric. Algo exclusivo.

DIANA Lo último que le regalé a un hombre fueron unos calzoncillos de dinosaurios… Era mi hijo.

8

En la oficina de Aguayo.

FABIOLA Jefe, ¿tiene un minuto?

AGUAYO ¿Sí?

FABIOLA Usted sabe que tengo un gran currículum y que soy muy productiva en lo mío.

AGUAYO ¿Sí?

FABIOLA Y que mis artículos son bien acogidos, y ello le ha traído a la revista…

Personajes

 AGUAYO
 FABIOLA
 DIANA
 JOHNNY
 ÉRIC

4

De vuelta en el presente…

AGUAYO Brindo por nuestra revista, por nuestro éxito y, en conclusión, brindo por quienes trabajan duro… ¡Salud!

DIANA Esto me recuerda el primer día que Johnny trabajó en la oficina.

Diana recuerda…

5

DIANA Los empleados en esta empresa entran a las nueve de la mañana y trabajan duro todo el día. Sabes lo que es el trabajo duro, ¿verdad?

JOHNNY No hay problema, señora González. En mi trabajo anterior entraba a las cuatro de la mañana y jamás llegué tarde.

DIANA A esa hora nunca se sabe si es demasiado tarde o demasiado temprano.

9

AGUAYO ¿Qué es lo que quieres, Fabiola?

FABIOLA Un aumento de sueldo.

AGUAYO ¿Qué pasa contigo? Te aumenté el sueldo hace seis meses.

FABIOLA Lo sé, pero en este momento hay tres compañías que andan detrás de mí. Por lo tanto, merezco otro aumento.

10

Más tarde, conversando en la oficina central…

DIANA Ya sé qué regalarle a Aguayo… un llavero.
(Éric y Fabiola ponen cara de repugnancia.)

DIANA ¿Qué?

FABIOLA No lo culpo si lo cambia por un pez.

Expresiones útiles

Proposing a toast

Brindo por nuestra revista.
I toast our magazine.

Brindemos por nuestro éxito.
Let's toast our success.

¡Salud!
Cheers!

¡A tu salud!
To your health!

Additional vocabulary

el aumento de sueldo *raise*

los calzoncillos *(men's) underwear*

el empresario *entrepreneur*

el pececillo de colores *goldfish*

la vela *candle*

merecer *to deserve*

pedir un deseo *to make a wish*

bien acogido/a *well received*

de corte ejecutivo *of an executive kind; of an executive nature*

demasiado/a *too; too much*

Apuntes culturales En América Latina y España es tradicional leer el diario del domingo. Ese día periódicos importantes como *El Mercurio* de Chile o *El Universo* de Ecuador ofrecen suplementos muy variados. Pero los hispanoamericanos se caracterizan por leer muchas revistas. Algunas venden muchísimos ejemplares: las hay deportivas, como *Don Balón* de España, políticas, como *Cambio*, de Colombia; algunas dedicadas a las adolescentes, como *Tú*, de Puerto Rico, y otras a las mujeres, como *Flora Tristán*, de Perú. ¿Se puede llegar a alguna conclusión sobre la cultura de un país a partir de la calidad y cantidad de sus revistas?

Comprensión

(1) ¿Pasado o presente? En la **Fotonovela** los personajes recuerdan cosas del pasado. Decide si lo que afirman las siguientes oraciones ocurrió **en el pasado** u ocurre **en el presente**. Luego completa las oraciones con la forma adecuada del verbo.

	Pasado	Presente
1. Éric _____ (creer) que Fabiola era hija de un millonario.	☐	☐
2. Los empleados de la revista _____ (brindar) por el aniversario.	☐	☐
3. Éric _____ (pensar) que se había enamorado de Fabiola.	☐	☐
4. Diana _____ (proponer) hacerle un regalo a Aguayo.	☐	☐
5. Diana le _____ (regalar) unos calzoncillos de dinosaurios a su hijo.	☐	☐
6. Fabiola le _____ (pedir) a Aguayo un aumento de sueldo.	☐	☐

(2) Seleccionar Selecciona la oración más adecuada para reemplazar lo dicho por los personajes de la **Fotonovela**.

1. **AGUAYO** Quiero que cada uno cierre los ojos y luego pida un deseo.

_____ a. Quiero que pidan un deseo.　　　　_____ b. Deseo que me pidas lo que quieras.

2. **DIANA** Sabes lo que es el trabajo duro, ¿verdad?

_____ a. Es verdad que sabes lo que es el trabajo duro.　　　　_____ b. ¿Sabes lo que es el trabajo duro?

3. **DIANA** Por lo menos, ayúdenme a escoger el regalo.

_____ a. Ayúdenme a escoger el regalo menos caro.　　　　_____ b. Les pido solamente que me ayuden a escoger el regalo.

(3) Ordenar Indica con números el orden en que ocurrieron los hechos *(events)* de este episodio.

_____ a. Brindan por la revista.

_____ b. Cantan cumpleaños feliz.

_____ c. Fabiola pide un aumento de sueldo.

_____ d. Diana piensa regalarle a Aguayo un llavero.

_____ e. Éric sugiere regalarle a Aguayo un pececito de colores.

_____ f. Fabiola dice que está en crisis económica.

(4) Preguntas Contesta las siguientes preguntas.

1. ¿Qué celebran los empleados de *Facetas*?

2. ¿Por qué creía Éric que se había enamorado de Fabiola? Explica tu respuesta.

3. ¿Por qué Fabiola no puede ayudar con el regalo?

4. ¿Le gusta a Fabiola la idea de regalarle un llavero a Aguayo?

Ampliación

5 **El regalo de Aguayo** Diana quiere hacerle un regalo a Aguayo. Sus compañeros sugieren que le regale algo fino y divertido. ¿Qué quiere decir que algo sea fino y divertido? En parejas, discutan cuáles de los siguientes regalos les parecen más adecuados para estas personas. Luego, compartan sus respuestas con sus compañeros/as. Recuerden indicar las razones para elegir ese regalo.

un abrigo	una artesanía	una botella de vino fino
una bandera	una lámpara	una maleta
una mochila	una estampilla exclusiva	un par de guantes
un bolígrafo	una calculadora	una corbata

tu abuelo/a	un(a) compañero/a de casa	tu novio/a
un(a) vecino/a	un(a) primo/a	una pareja de recién casados
un(a) compañero/a de clase	un(a) profesor(a)	tu padre/madre
tu mejor amigo/a	alguien que no te gusta	

6 **Razones** En parejas, invéntense las excusas que los personajes dan para explicar lo que hacen. Luego, elijan una de estas situaciones y dramatícenla.

1. Fabiola le dice a Diana por qué no pondrá dinero para el regalo de Aguayo.

2. Johnny le explica a Diana por qué llegó tarde toda la semana.

3. Diana le da una excusa a Aguayo para no cerrar los ojos y pedir un deseo.

4. Aguayo le da razones a Fabiola para no aumentarle el sueldo.

7 **Recuerdos** En la **Fotonovela**, los personajes recuerdan cosas del pasado. En parejas, elijan uno de estos recuerdos y dramaticen el posible diálogo.

1. Aguayo entrevista a Diana. Diana, nerviosa, se come las uñas.

2. Es el primer día de Fabiola en la oficina. No puede recordar los nombres de sus compañeros y se equivoca al nombrarlos. Alguien se enoja.

3. Mientras festejan el segundo aniversario de *Facetas*, Aguayo salpica con crema a Diana.

¿Quieres conseguir un trabajo en Latinoamérica?

El proceso para conseguir un trabajo en Latinoamérica tiene muchos aspectos similares al de los Estados Unidos, pero también existen muchas diferencias.

Primero que todo, el factor más importante en muchos países latinoamericanos es el tipo de conexiones que tiene la persona que está buscando trabajo. Entre más importante es el puesto, más importancia tienen los contactos. El uso de los clasificados en el periódico para buscar empleo varía de país a país, pero en general se puede decir que no es muy común.

Las personas que solicitan empleo deben presentar un currículum, que probablemente no será tan conciso y que incluirá datos personales, tales como lugar y fecha de nacimiento, y hasta su foto. Muchas veces las empresas requieren este tipo de información. Debido al alto nivel de desempleo, las empresas pueden ser exigentes y poner muchas condiciones. En general, se prefiere contratar a personas jóvenes. Es muy difícil para alguien mayor de 40 años conseguir un buen empleo por los canales normales.

Las empresas también usan con frecuencia todo tipo de tests para seleccionar a sus empleados: tests de personalidad, de conocimientos, de inteligencia, etc. Y no es raro que al candidato se le hagan preguntas acerca de su estado civil, de su salud y hasta de su religión.

En las entrevistas se da mucha importancia a la apariencia personal, y aunque se le recomienda siempre al candidato que se muestre seguro de sí mismo y de sus conocimientos, por razones culturales, es mejor hacer esto de una forma discreta.

Armado ya con toda esta información, ¿estás listo para iniciar tu búsqueda?

exigente	demanding
desempeñar	to practice
escalar	to climb
hacerse cargo de	to take over
el cargo	office
la granada	grenade
el suceso	event

DATOS PERSONALES

Nombre y apellidos: **Carmelo Roca**
Fecha de nacimiento: 14 de diciembre de 1978
Lugar de nacimiento: Salamanca
D.N.I.: 7885270-R
Dirección: Calle Ferrara 17. Apt. 5, 37500 Salamanca
Teléfono: 923 270118
Email: rocac@teleline.com

FORMACIÓN ACADÉMICA
- 2001-2002 Máster en Administración y Dirección de Empresas, Universidad Autónoma de Madrid
- 1996-2001 Licenciado en Administración y Dirección de Empresas por la Universidad de Salamanca

CURSOS Y SEMINARIOS
- 2001 "Gestión y Creación de Empresas", Universidad de Córdoba.

EXPERIENCIA PROFESIONAL
- 1999-2000 Contrato de un año en la empresa RAMA, S.L., realizando tareas administrativas
- 1998-1999 Contrato de trabajo haciendo prácticas en Banco Sol

IDIOMAS
- INGLÉS Nivel alto. Título de la Escuela oficial de idiomas
- ITALIANO Nivel Medio

INFORMÁTICA/COMPUTACIÓN
- Conocimientos de usuario de Mac /Windows
- MS Office

Currículum vitae

Latinoamérica: las mujeres en el mundo del trabajo

Hace ya tiempo que en Latinoamérica las mujeres han venido desempeñando con éxito todo tipo de profesiones. A continuación te presentamos a dos mujeres que han logrado escalar a los niveles más altos de sus respectivas carreras profesionales.

El Clarín, es un diario argentino de mucha circulación y prestigio. Ernestina Herrera de Noble se hizo cargo de la dirección del periódico en 1969, después de la muerte de su esposo, Roberto Noble, quien había fundado el periódico en 1945. Este periódico ha crecido hasta llegar a convertirse en el Grupo Clarín, el cual está compuesto de diarios, revistas, emisoras de radio, canales de televisión y otros medios de comunicación. Este grupo se ha asociado con la Universidad de San Andrés y la Escuela de Periodismo de la Universidad de Columbia para la creación de un excelente programa de Maestría en Periodismo.

La Dra. Ramírez de Rincón, una reconocida abogada colombiana, es la primera mujer en ocupar el cargo de Ministra de Defensa y Seguridad en su país. Realizó estudios de postgrado en Legislación Financiera en el Centro de Asuntos Internacionales de la Universidad de Harvard y ha sido profesora en importantes universidades de su país. Fue también Ministra de Comercio Exterior durante el gobierno de Andrés Pastrana y, antes de su actual nombramiento, trabajaba como embajadora de Colombia en Francia.

El mismo día en que tomó posesión de su cargo explotaron varias granadas en Bogotá, lo cual les causó la muerte a por lo menos 19 personas. Sucesos como éstos hacen que su trabajo, en un país con un índice de violencia tan alto, sea uno de los más difíciles y peligrosos del mundo.

Dra. Marta Lucía Ramírez de Rincón, *Ministra de Defensa y Seguridad Nacional de Colombia*

Coméntalo

Reúnete con varios/as compañeros/as y habla sobre los siguientes temas.

1. Comparen la importancia que tienen en Latinoamérica las conexiones en el mundo profesional, con la importancia que tienen en Estados Unidos: ¿Creen que éstas son más importantes en Latinoamérica que en Estados Unidos? ¿Por qué?
2. ¿Creen que en Estados Unidos existe discriminación por razones de edad? Expliquen sus razones.
3. Si tuvieran que escoger entre ser director/a de un periódico o ser ministro/a de defensa en un país latinoamericano, ¿qué posición escogerían? ¿por qué?
4. ¿Qué te dice la historia de estas dos mujeres sobre el papel (*role*) actual de la mujer en Latinoamérica?

7.1 The neuter article *lo*

¿Te acuerdas? The definite articles **el, la, los,** and **las** modify masculine or feminine nouns. Spanish has another article, **lo,** that is used to refer to concepts that have no gender.

No te imaginas lo decepcionado que quedó Éric al saber que Fabiola no era hija de un millonario.

Ser puntual y trabajar duro es lo único que te pido, Johnny.

▶ In Spanish, the construction **lo** + [*a masculine singular adjective*] is used to express general characteristics and abstract ideas. The English equivalent of this construction is *the* [*adjective*] + *thing*.

Para una entrevista, **lo importante** es ser puntual.
For an interview, the important thing is to be punctual.

Lo malo de Manuel es que siempre llega tarde.
The bad thing about Manuel is that he always arrives late.

▶ To express the idea of *the most* or *the least*, **más** and **menos** can be used after **lo** and before the adjective or adverb.

Lo más difícil es encontrar un trabajo que te guste.
The most difficult thing is to find a job that you like.

Lo menos atractivo de la oferta es el sueldo.
The least appealing thing about the job offer is the salary.

▶ The construction **lo** + [*adjective* <u>or</u> *adverb*] + **que** is used to express the English *how* + [*adjective*]. In these cases, the adjective agrees in number and gender with the noun it modifies.

lo + [*adjective*] + que

lo + [*adverb*] + que

Me dijeron **lo trabajadora que** es esta empleada.
They told me how hard-working this employee is.

Recuerda **lo bien que** te fue en aquella empresa.
Remember how well you did in that company.

Se nota la crisis por **lo difícil que** es conseguir un buen trabajo.
You notice the crisis by how hard it is to find a good job.

Los periódicos indican **lo rápido que** está creciendo el desempleo.
The papers indicate how quickly the unemployment rate is rising.

▶ **Lo que** is equivalent to the English *what, that, which*. It is used to refer to an abstract idea, or to a previously mentioned situation or concept.

Lo que me impresionó fue lo caro que era vivir allí.
The thing that struck me was how expensive it was to live there.

Es importante saber **lo que** quieren los clientes.
It's important to know what the clients want.

Práctica y Comunicación

1 El trabajo Completa las oraciones con **lo** o **lo que**.

1. La empresa no quiere aceptar _____ le pide el sindicato.
2. _____ más peligroso es la crisis económica, no la social.
3. ¿Me cuentas _____ se discutió en la reunión de trabajo?
4. _____ malo de este puesto es que tienes que trabajar muchas horas.
5. _____ piden los empleados es que mejoren sus salarios.
6. _____ interesante del proyecto es que tiene mucho presupuesto.
7. _____ me gusta del banco es su servicio al cliente.

2 Otra manera Combina las frases en una oración que tenga **lo** + [*adjetivo/adverbio*] + **que**.

MODELO

Es sorprendente/¡Qué **rápido** terminas los proyectos!
Es sorprendente **lo rápido que** terminas los proyectos.

Parece mentira	¡Qué poco le pagan a Eduardo!
Me asombra	¡Qué lejos está tu trabajo!
Me sorprende	¡Qué simpática es tu jefa!
No puedo creer	¡Qué caras están las casas!
Es increíble	¡Qué bien vives con poco dinero!
Es una sorpresa	¡Qué temprano llegas a la oficina!

3 Profesiones Trabajen en parejas. Uno/a de ustedes explica lo bueno de las profesiones de la lista, y el/la otro/a habla de lo malo de cada trabajo.

abogado/a	cocinero/a	médico/a	político/a	psicólogo/a
arqueólogo/a	contador(a)	periodista	profesor(a)	
artista	gerente	policía	programador(a)	

MODELO

Lo bueno de ser un policía es proteger a la gente.
Lo malo de ser un policía es lo peligroso que es.

4 Entrevista Trabajen en parejas para hacerse entrevistas, usando las frases de la lista. Uno/a de ustedes es un(a) periodista famoso/a y el/la otro/a tiene un trabajo muy importante.

lo que más le gusta	lo más difícil
lo que menos	lo mucho que
lo que más le molesta	

7.2 Possessive adjectives and pronouns

¿Te acuerdas? Possessive adjectives and pronouns are used to express ownership or possession. Unlike English, Spanish has two types of possessive adjectives: the short, or unstressed, forms and the long, or stressed, forms. Also, in Spanish, possessive adjectives agree in gender and number with the object owned/possessed, and not with the owner/possessor.

¿Recuerdas cuando viniste a tu entrevista de trabajo?

Éric pensaba que mi padre era millonario.

¡ATENCIÓN!

Remember that definite articles, not possessive adjectives, are used with parts of the body.

Dame la mano.
Give me your hand.

Possessive adjectives (short forms)

With Singular Nouns	With Plural Nouns	
mi	mis	*my*
tu	tus	*your* (fam. sing.)
su	sus	*his; hers; its; your* (form. sing.)
nuestro/a	nuestros/as	*our*
vuestro/a	vuestros/as	*your* (fam. pl.)
su	sus	*their; your* (form. pl.)

▶ Short possessive adjectives precede the nouns they modify and agree with them in number and gender.

¿Cuánto dinero tienes en **tu** cuenta corriente?
How much money do you have in your checking account?

¡No encuentro **mis** cheques de viajero por ninguna parte!
I can't find my traveller's checks anywhere!

▶ Because **su** and **sus** have multiple meanings *(your, his, her, their, its)*, use the construction *[article]*+ *[noun]* + **de** + *[subject pronoun]* to avoid ambiguity.

su cuenta de ahorros	la cuenta de ahorros de él	*his savings account*
	la cuenta de ahorros de ella	*her savings account*
	la cuenta de ahorros de usted	*your savings account*
	la cuenta de ahorros de ustedes	*your savings account*
	la cuenta de ahorros de ellos	*their savings account*
	la cuenta de ahorros de ellas	*their savings account*

Stressed possessive adjectives

Stressed possessive adjectives				
Singular forms		**Plural forms**		
MASCULINE	FEMININE	MASCULINE	FEMININE	
mío	mía	míos	mías	*my; (of) mine*
tuyo	tuya	tuyos	tuyas	*your; (of) yours (fam.)*
suyo	suya	suyos	suyas	*your; (of) yours (form.); his; (of) his; her; (of) hers; its*
nuestro	nuestra	nuestros	nuestras	*our; (of) ours*
vuestro	vuestra	vuestros	vuestras	*your; (of) yours (fam.)*
suyo	suya	suyos	suyas	*your; (of) yours (form.); their; (of) theirs*

▶ Stressed possessive adjectives are used for emphasis or to express the English phrases *of mine, of yours, of his,* and so on. They follow the nouns they modify and must agree with them in number and gender. The nouns are usually preceded by a definite or indefinite article or a demonstrative adjective.

mi amigo		**el** amigo **mío**
my friend	▶	*friend of mine*

tus amigas		**las** amigas **tuyas**
your friends	▶	*friends of yours*

▶ Because **suyo, suya, suyos** and **suyas** have multiple meanings (*your, his, her, their, its*), the construction [*article*] + [*noun*] + **de** + [*subject pronoun*] can be used to clarify meaning.

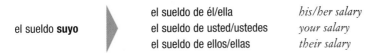

		el sueldo de él/ella	*his/her salary*
el sueldo **suyo**	▶	el sueldo de usted/ustedes	*your salary*
		el sueldo de ellos/ellas	*their salary*

Possessive pronouns

▶ Possessive pronouns are used to replace [*noun*] + [*possessive adjective*]. They have the same forms as the stressed possessive adjectives, and are preceded by a definite article.

el cheque **tuyo**		**el tuyo**
los ingresos **nuestros**	▶	**los nuestros**
la tarjeta de crédito **suya**		**la suya**

▶ A possessive pronoun agrees in number and gender with the noun it replaces.

¿Tu cuenta está en rojo?	Tranquilo, tengo suficiente dinero en **la mía**.
Is your account overdrawn?	*Don't worry, I have enough money in mine.*

¡ATENCIÓN!

After the verb **ser**, stressed possessives are used without articles.

—¿Es tuya la calculadora?
— *Is the calculator yours?*

—No, no es mía.
— *No, it is not mine.*

¡ATENCIÓN!

Neuter stressed possessive pronouns (**lo** + *singular stressed possessive*) are used to refer to abstract ideas or concepts. They express meanings like *what is mine, what is yours,* etc.

Quiero lo mío.
I want what is mine.

Práctica

(1) **¿De quién es?** Escribe preguntas y contéstalas usando el pronombre posesivo que corresponde a la(s) persona(s) indicada(s).

> **MODELO**
>
> ¿De quién es este currículum?
> Este currículum es suyo.

1. los cheques / Josefa
2. cartera / yo
3. el carro / Carmen y José
4. las deudas / tú
5. los contratos / los empleados
6. la empresa / nosotros

(2) **El mío es mejor** Felipe y Marta son dos niños que siempre están compitiendo. Completa sus diálogos con los posesivos que faltan. Luego, en parejas sigan discutiendo, usando los adjetivos y los pronombres posesivos necesarios.

1. Mi papá es gerente.

   _____ es gerente general.

2. Con mis ahorros podría comprar un carro.

   Con _____ podría comprar dos carros.

3. Y tus padres, ¿tienen una casa en la playa?

   No, pero _____ seguro que no tienen caballos, como los míos.

4. Sabes, mi bicicleta es de importación.

   Sí, pero _____ es mucho más cara.

5. _____ tocadiscos es muy bueno.

   El mío es de una marca mejor.

(3) **Empresas** Completa la siguiente conversación entre dos amigos empresarios que están hablando de sus empresas. Usa los pronombres y adjetivos posesivos correspondientes.

SALVADOR ¿Cómo está la situación en _____₁ empresa? Se dice que _____₂ empleados se niegan a trabajar.

MARISA _____₃ empresa está en pleno crecimiento. Las finanzas van bien pero _____₄ problema es que algunos de _____₅ empleados quieren reducir _____₆ horas de trabajo.

SALVADOR El _____₇ no es el único caso. Ocurre lo mismo con la empresa Ariel. _____₈ empleados quieren tener más vacaciones.

Comunicación

4 ¿Cómo es?

A. ¿Cómo se imaginan que es la persona que dice las siguientes frases? En parejas, usen los adjetivos de la lista para explicar cómo son. Luego comparen sus respuestas con las de sus compañeros/as. Den razones para defender lo que pensaron.

1. Lo tuyo es mío y lo mío es mío.
2. Mis ideas son siempre mejores que las tuyas.
3. Hazlo tú. Mi tiempo vale oro.
4. Éste es nuestro dinero y éste es el mío.
5. Todo lo mío es tuyo.

orgulloso	desagradable	romántico
generoso	soberbio	talentoso
inteligente	tonto	viejo
amable	posesivo	decidido

B. ¿Conoces a alguien así? ¿Conoces a alguna persona que haya dicho una de las frases del ejercicio anterior? En parejas, cuenten en qué situación esa persona dijo la frase.

5 Nuestros gustos

En grupos de tres, hablen de los siguientes temas y pregúntense cuáles son sus gustos. Si no coinciden, expliquen las diferencias. Usen pronombres y adjetivos posesivos.

1. escritores _____ _____ _____
2. grupos musicales _____ _____ _____
3. revistas _____ _____ _____
4. tipo de carro _____ _____ _____
5. deportes _____ _____ _____
6. tipo de película _____ _____ _____
7. programas de televisión _____ _____ _____
8. formas de viajar _____ _____ _____

6 Adiós

Dos compañeros/as de casa están preparando la mudanza *(move)* pues cada uno va a vivir en una parte diferente del país. Se preguntan de quién es cada cosa, pues ya no lo recuerdan. Algunas cosas son de ellos, pero otras son de amigos, familiares, vecinos, etc. En parejas, dramaticen la situación. Usen pronombres y adjetivos posesivos.

bicicleta	platos
peluca *(wig)*	sillón
discos	carta de amor
lámpara	plantas
libro de terror	pantalones

(7.3) Relative pronouns

¿Te acuerdas? Relative pronouns are used to connect short sentences or clauses to create longer, smoother sentences.

Que and quien(es)

▶ **Que** (*that, which, who, whom*) is the most frequently used relative pronoun. It can refer to people or things. Although the relative pronoun *that* is often omitted in English, in Spanish **que** is never omitted.

El hombre **que** limpia se llama Germán.
The man who cleans up is named Germán.

Eva recibió el aumento **que** pidió
Eva got the raise (that) she asked for.

Es algo que debes recordar siempre. Aquí se entra a las nueve.

Le prometo que nunca lo olvidaré, señora González.

▶ **Que** is also used after short prepositions like **a, con, de,** and **en** to refer to things.

El edificio **en que** trabajo es viejo.
The building I work in is old.

La empresa **de que** te hablé ha cerrado.
The business I told you about has closed.

El presupuesto **con que** comenzó la empresa ha aumentado.
The budget with which the company started has increased.

La reunión **en que** discutimos los salarios fue un éxito.
The meeting at which we discussed salaries was a success.

▶ The relative pronoun **quien** (*who, whom, that*) refers only to people and is often used after a preposition or the personal **a**. Note that **quien** has two forms: **quien** (*singular*) and **quienes** (*plural*).

Mi colega, **quien** es muy competente, obtuvo un ascenso.
My colleague, who is very competent, got a promotion.

El gerente **de quien** te hablaba tiene su oficina aquí cerca.
The manager, that I was telling you about, has his office near here.

Las compañeras **con quienes** hicimos el proyecto están en una reunión.
The co-workers, who did the project with us, are in a meeting.

El director **a quien** le dimos el diseño está de vacaciones.
The director, to whom we gave the design, is on vacation.

El que and *el cual*, and their forms

▶ The relative pronouns **el que, la que, los que** and **las que** mean *the one(s) that, the one(s) who, who, whom, that,* or *which,* while the relative pronouns **el cual, la cual, los cuales** and **las cuales** mean *who, whom, that,* or *which.* Both sets of relative pronouns agree in number and gender with the person or thing they represent.

▶ Forms of **el que** and **el cual** are used after prepositions of more than one syllable. They can also be used after short, one-syllable prepositions like **a, con, de, en,** and **por.**

La jefa **con la cual** almorcé ayer está de vacaciones.
The boss, who I had lunch with yesterday, is on vacation.

Tu cartera está en el escritorio **en el que** se sienta Enrique.
Your wallet is on the desk where Enrique is sitting.

Las empresas **para las que** trabajo me pagan muy bien.
The businesses that I work for pay me very well.

Las razones **por las cuales** abandono la empresa son evidentes.
The reasons for which I am leaving the company are obvious.

▶ When a sentence contains more than one possible antecedent (that is, the preceding person or thing the relative pronoun refers to), **el/la que** and **el/la cual** and their forms can be used to clarify meaning.

El director de la compañía, **el que** estaba en Madrid, renunció a su puesto.
The director of the company, who (the director) was in Madrid, quit his job.

El director de la compañía, **la cual** estaba en Madrid, renunció a su puesto.
The director of the company, which (the company) was in Madrid, quit his job.

▶ Clauses with non–essential information can be introduced by **quien** (for people), **que** (for things), and **el que** and **el cual** and their forms for people or things.

Juan y María, { quienes / los que / los cuales } trabajaban conmigo, se han casado.

The relative adjective *cuyo*

▶ The relative adjective **cuyo (cuya, cuyos, cuyas)** means *whose* and agrees in number and gender with the noun it precedes.

Él es el accionista **cuya** identidad ha sido revelada.
He is the investor whose identity has been revealed.

El gerente, **cuyo** proyecto aprobaron, viajó a otro país.
The manager, whose project they approved, travelled to another country.

La empleada **cuyas** ideas nos ahorraron mucho dinero ha recibido un aumento.
The employee, whose ideas saved us a lot of money, has received a raise.

Los empleados **cuyos** salarios son bajos están en una reunión.
The employees, whose salaries are low, are in a meeting.

¡ATENCIÓN!

Remember that **de quién(es)**, not **cuyo**, is used in questions to express *whose.*

¿De quién es este dinero? *Whose money is this?*

Práctica

(1) Seleccionar Selecciona la palabra o expresión adecuada y completa las oraciones.

1. La carta está en la carpeta _____ pusiste el presupuesto.
   - a. en el que
   - b. en las que
   - c. en la que

2. Los funcionarios _____ conociste ayer aprobaron el proyecto.
   - a. a quien
   - b. a quienes
   - c. en quienes

3. El empleado, _____ renuncia llegó esta mañana, trabajará hasta fin de mes.
   - a. cuyas
   - b. cuyo
   - c. cuya

4. No puedo pagar las facturas _____ te hablé.
   - a. del que
   - b. de las que
   - c. de quienes

(2) Completar Completa la siguiente carta comercial con los pronombres relativos de la lista.

a la cual
cuya
cuyo
de la que
de quien
el cual
la cual
de los cuales
los cuales
las que
que

Estimado Sr. Rodríguez:

Me alegra comunicarle que la empresa de exportaciones DEVESA, _____ represento, desea contratarlo. Le ofrecemos el puesto de gerente, _____ salario es de 50.000 pesos anuales. Hemos recibido su currículum, _____ nos parece muy interesante. Su experiencia cumple con los requisitos _____ hablamos en la entrevista. Nos gustaría que se pusiera en contacto con nosotros lo antes posible y que nos mandara sus datos personales, _____ utilizaríamos para preparar su contrato. Agradezco su atención y espero que acepte nuestra oferta.

Muchas gracias,

Malena Ríos

(3) Decirlo con otras palabras Une las dos oraciones en una, usando el pronombre relativo necesario.

MODELO
El gobierno le dio un préstamo a una fábrica. La fábrica aún tiene problemas financieros.
La fábrica a la que el gobierno le dio un préstamo aún tiene problemas financieros.

1. Nosotros habíamos preparado un proyecto con un gerente. Le dieron un ascenso a ese gerente.

2. El problema del desempleo no pudo solucionarse. El problema del desempleo fue discutido en el Congreso.

3. Esa revista anunció que la bolsa iba a subir. Esa revista se especializa en economía.

4. La empresa va a despedir a quinientos empleados. La empresa está en crisis.

5. Emilia no quiere trabajar para esa compañía. Emilia está desempleada.

6. Mi compañero de trabajo ha sido despedido. Te presenté a mi compañero de trabajo hace un mes.

Comunicación

4 Tus prioridades

A. Piensa en tu personalidad y completa el siguiente recuadro sobre tus aptitudes, hábitos, puntos fuertes y débiles.

	Sí	No	Depende
Ahora le doy más importancia a mi trabajo que a mi entorno familiar.	☐	☐	☐
Me gusta más un trabajo por horas para hacer otras actividades.	☐	☐	☐
Me interesa más el dinero que el tipo de trabajo.	☐	☐	☐
Necesito un equilibrio entre mi tiempo de trabajo y mi tiempo libre.	☐	☐	☐
Considero la movilidad y los cambios como algo positivo.	☐	☐	☐
Me gusta resolver problemas.	☐	☐	☐
Soporto (I deal) bien las situaciones de estrés.	☐	☐	☐
Soy capaz de tomar decisiones aun cuando estoy bajo presión.	☐	☐	☐
Me gusta aceptar responsabilidades.	☐	☐	☐
Prefiero cobrar menos y disponer de más tiempo libre.	☐	☐	☐
Prefiero trabajar en equipo.	☐	☐	☐
Valoro la seguridad en el trabajo por encima de cualquier cosa.	☐	☐	☐

B. En parejas, compartan esta información. Cuéntenle a la clase lo que han aprendido de su compañero/a usando los pronombres relativos. Sigan el modelo.

> **MODELO**
>
> Sofía prefiere un trabajo **el cual/ que** le deje tiempo libre. Es una persona **a quien** le gusta trabajar en equipo.

5 ¿Quién es quién?
La clase se divide en dos equipos para participar en el juego. Un integrante del equipo A piensa en un(a) compañero/a y da tres pistas sobre éste/a sin mencionar su nombre. El equipo B debe descubrir de quién se trata. Si adivina con la primera pista, tiene 3 puntos. Si adivina con la segunda pista, tiene 2 puntos. Y tiene 1 punto si adivina con la tercera pista. Gana el equipo que sume más puntos.

Las pistas tienen que contener cláusulas relativas. Además, las pistas tienen que permitir adivinar de quién se trata.

> **MODELO**
>
> Estoy pensando en alguien con quien almorzamos.
> Estoy pensando en alguien cuyos ojos son marrones.
> Estoy pensando en alguien que lleva pantalones azules.

7.4 Transitional expressions

¿Te acuerdas? Transitional words and phrases express the connections between ideas and details. Clear transitions help show how your ideas relate to each other.

▶ An important group of transition words and phrases are those used to narrate time and sequence.

primero *first*	siempre *always*
segundo *second*	por fin *finally*
al principio *in the beginning*	finalmente *finally*
antes (de) *before*	al final *at the end*
después (de) *after, afterward*	ayer *yesterday*
al mismo tiempo *at the same time*	anteayer *the day before yesterday*
mientras *while*	hoy *today*
entonces *then, at that time*	mañana *tomorrow*
luego *then, next*	pasado mañana *the day after tomorrow*

▶ Another group of transsition words and phrases compare or contrast ideas and details.

del mismo modo *similarly*	mientras que *meanwhile, whereas*
de la misma manera *similarly*	por otro lado *on the other hand*
igualmente *likewise*	por otra parte *on the other hand*
también *also*	por un lado… por el otro…
además *furthermore*	*on one hand . . . on the other . . .*
o… o… *either …or …*	por una parte… por la otra…
ni… ni… *neither … nor …*	*on the one hand …on the other*
sin embargo *however, yet*	al mismo tiempo *at the same time*
al contrario *on the contrary*	

▶ Transitional expressions and phrases are also used to express cause and effect relationships.

como *since*	por eso *therefore*
dado que *since*	por esta razón *for this reason*
porque *because*	debido a *due to*
por lo tanto *therefore*	como resultado (de) *as a result (of)*
por consiguiente *therefore*	

Práctica y Comunicación

1 **¿Cuál es el conector más adecuado?** ¿Qué conector *(transitional word or phrase)* relaciona de manera más adecuada las frases con la primera oración? Tacha el conector que no es adecuado.

1. Este año, las exportaciones de Brasil a la Argentina cayeron en un 60%.
   <Sin embargo – Igualmente> las exportaciones de la Argentina al Brasil también cayeron.

   <Sin embargo – Igualmente> Argentina acumula un saldo a favor de casi 1.300 millones de dólares.

2. Actualmente, la situación económica está tranquila.
   <Por un lado – Por otro lado> el desempleo descendió.
   <Por un lado – Por otro lado> la inversión extranjera aumentó.

3. Nuestro proyecto de publicidad fue aceptado.
   <Además – Por el contrario> el otro proyecto fue muy criticado.
   <Además – Por el contrario> nos ofrecieron un aumento de sueldo.

2 **Ordenar los hechos** ¿Cómo sucedieron los hechos en realidad? Reconstruye el orden de los hechos colocando un número a cada uno. Luego compara y discute los resultados con los de tus compañeras/os. ¿Es posible ordenarlos de otra manera? ¿Por qué?

_____ a. Primero envié mi currículum por correo.

_____ b. Después de la entrevista, el segundo gerente se despidió muy contento.

_____ c. Antes de la entrevista, tuve que escribir una carta de presentación.

_____ d. El gerente me pidió la carta, la leyó y revisó mi test.

_____ e. Mañana empiezo a trabajar.

_____ f. Al mismo tiempo que escribía la carta, un empleado me dio un test para completar.

_____ g. Después tuve una segunda entrevista con otro gerente de la empresa.

_____ h. Luego me recibió.

_____ i. Mientras esperaba que el gerente me atendiera, llené el test.

_____ j. Le gustaron los resultados de mi test.

_____ k. Dos semanas después, me citaron para una entrevista con el gerente de la empresa.

3 **El martes de Armando** El martes pasado Armando iba, como todos los días, a clase, pero algo pasó que hizo que su día acabara en una isla desierta. En parejas, imaginen qué pasó el martes en la vida de Armando. Escriban la historia utilizando los conectores que han estudiado. Cuando terminen, compartan su historia con la clase.

A conversar

Proyecto empresarial

 A Formen grupos de cuatro. Imaginen que deben presentar al directorio de una empresa un proyecto para hacer una publicidad. Elijan uno de los siguientes proyectos.

- Jeans que nunca se arrugan
- Un nuevo grupo de rock cuyo cantante es un niño
- Un teléfono celular que tome fotos
- Un producto de belleza que lleve el nombre "Cassius Clay"
- Un viaje de turismo para personas mayores de 60 años
- Una página de Internet para conseguir novio/a

B Escriban los pasos del proyecto. Para ello, respondan a las siguientes preguntas.

1. ¿Qué quieren vender con su publicidad?
2. ¿Cómo son las personas que comprarán esas cosas? ¿Qué edad tienen? ¿De qué sexo son? ¿Qué cosas les gustan?
3. ¿Qué tipos de publicidad van a hacer? (afiches (*posters*), en radio, en televisión, en cine, en Internet)
4. ¿Qué necesitan para hacer la publicidad?
5. ¿Qué problemas pueden tener?

C Preparen la presentación de su proyecto al resto de la clase. Ellos serán los gerentes de la empresa. Decidan quién presentará cada punto. Practiquen la presentación varias veces. Para ordenar su presentación, pueden utilizar las siguientes expresiones:

- Este proyecto es para...
- Sabemos que el público al que nos dirigimos...
- Por eso hemos decidido...
- En primer lugar / primero / por una parte...
- Luego / en segundo lugar...
- Después...
- Además / también / igualmente...
- Finalmente / al final...
- Esperamos que de esta manera...

D Presenten el proyecto. Den las razones de lo que han decidido hacer. Sus compañeros toman nota de su presentación.

E Los gerentes de la empresa (el resto de la clase) preparan preguntas sobre los problemas del proyecto. Tienen que tratar de encontrar problemas.

F Los gerentes de la empresa presentan sus dudas una por una. El grupo debe responder de la mejor manera posible para defender el proyecto.

A escribir

Dinero y trabajo

Sigue el **Plan de redacción** para resumir la trama de una película que hayas visto en la que se trate el tema del dinero o del trabajo.

Película: _____	
personajes	
lugar	
tiempo	
trama	
conclusión	
otros	

Plan de redacción

Presentación Inicia tu composición contando quiénes son los personajes, dónde transcurrió la historia y cuándo ocurrió.

Trama Cuenta la trama de la película que has elegido. Recuerda que debes utilizar pronombres relativos y expresiones de transición, por ejemplo: **del mismo modo, al mismo tiempo, como, por lo tanto, por consiguiente, por eso, por esta razón, debido a, además,** etc.

Conclusión Al terminar de escribir la trama, escribe una oración sobre **lo mejor** y otra sobre **lo peor** de la película.

MODELO Yo creo que lo mejor de la película son sus actores.

Mercado de flores, 1949.
Diego Rivera. México.

Cuando llegue la inspiración, que me encuentre trabajando.

— Pablo Picasso

Antes de leer

La prodigiosa tarde de Baltazar
Gabriel García Márquez

Conexión personal
¿Has dicho una mentira alguna vez por cumplir con las expectativas de los demás?¿Cuáles fueron las circunstancias?¿Tiene sentido mentir en ciertas situaciones? Comparte tus opiniones con la clase.

Contexto cultural
Social class is a universal and seemingly predictable phenomenon when seen from the outside, but when experienced from within, it becomes much more dynamic, volatile, and malleable. Economic wealth, dress, and family honor are all factors in this system, but all are subject to breakdown, depending on public opinion. As you read the selection, pay attention to how vicissitudes of social class are reinforced in the sequence of events.

Análisis literario: el símbolo
Short stories often use a symbol (**el símbolo**) as a vehicle to illustrate the particularities of certain characters or themes. As you read the story, think about what Baltazar's creation represents to each of the characters that come into contact with it. What does the cage symbolize to the town? What does it symbolize to you?

Estrategia de lectura: evaluar
You may evaluate (**evaluar**) a work of literature in terms of its entertainment value, its credibility, its originality, its emotional power, and many other regards. As you are reading "La prodigiosa tarde de Baltazar," try to articulate your evaluation of these and other aspects of García Márquez' story.

Become accustomed to reading a text actively, assessing its merits, and trusting your own interpretations and reactions to it. In fact, a writer like García Márquez invites his readers to do just that by not always providing explanations for some of the characters' motivations. He leads readers to draw their own conclusions rather than stating them explicitly.

Vocabulario

arrastrar *to drag*

asomarse *to show one's face (at a window or door)*

asustado/a *startled*

colgar *to hang (up)*

demorar *to delay*

derramar *to spill*

descolgar *to take down; to unhang*

descuidado/a *unkempt; messy*

golpear *to strike; to knock on*

la jaula *cage*

prevenido/a *cautious, wary*

Gabriel García Márquez

Hoja de vida

1928 Nace en Aracataca, Colombia

1967 *Cien años de soledad* (novela)

1975 *El otoño del patriarca* (novela)

1981 *Crónica de una muerte anunciada* (novela)

1982 Premio Nobel de Literatura

1985 *El amor en los tiempos del cólera* (novela)

1989 *El general en su laberinto* (novela)

Sobre el autor

Gabriel García Márquez es uno de los autores contemporáneos más importantes del panorama literario mundial. Su obra, que destaca por su variedad de estilos literarios, se hizo internacionalmente famosa tras la publicación de *Cien años de soledad*. Ésta popularizó el género llamado el "realismo mágico", en el que la realidad se funde con elementos fantásticos y míticos.

La prodigiosa tarde de Baltazar

1   La jaula estaba terminada. Baltazar la colgó en el alero°, por la   *eave*

fuerza de la costumbre, y cuando acabó de almorzar ya se decía

por todos lados que era la jaula más bella del mundo. Tanta gente

vino a verla, que se formó un tumulto frente a la casa, y Baltazar

5 tuvo que descolgarla y cerrar la carpintería.

    —Tienes que afeitarte —le dijo Úrsula, su mujer—. Pareces

un capuchino°.   *(bearded) Capuchin monk*

    —Es malo afeitarse después del almuerzo —dijo Baltazar.

    Tenía una barba de dos semanas, un cabello corto, duro y

10 parado como las crines° de un mulo, y una expresión general de   *mane*

muchacho asustado. Pero era una expresión falsa. En febrero había
cumplido 30 años, vivía con Úrsula desde hacía cuatro, sin casarse
y sin tener hijos, y la vida le había dado muchos motivos para estar
alerta, pero ninguno para estar asustado. Ni siquiera sabía° que

He didn't even know

15 para algunas personas, la jaula que acababa de hacer era la más
bella del mundo. Para él, acostumbrado a hacer jaulas desde niño,
aquél había sido apenas un trabajo más arduo que los otros.

—Entonces repósate un rato —dijo la mujer—. Con esa barba
no puedes presentarte en ninguna parte.

20 Mientras reposaba tuvo que abandonar la hamaca varias veces
para mostrar la jaula a los vecinos. Úrsula no le había prestado
atención hasta entonces. Estaba disgustada porque su marido
había descuidado el trabajo de la carpintería para dedicarse por
entero a la jaula, y durante dos semanas había dormido mal, dando

25 tumbos y hablando disparates°, y no había vuelto a pensar en

*nonsense, stupid
things*

afeitarse. Pero el disgusto se disipó ante la jaula terminada.
Cuando Baltazar despertó de la siesta, ella le había planchado los
pantalones y una camisa, los había puesto en un asiento junto a la
hamaca, y había llevado la jaula a la mesa del comedor. La

30 contemplaba en silencio.

—¿Cuánto vas a cobrar? —preguntó.

—No sé —contestó Baltazar—. Voy a pedir treinta pesos para
ver si me dan veinte.

—Pide cincuenta —dijo Úrsula—. Te has trasnochado mucho

35 en estos quince días. Además, es bien grande. Creo que es la jaula
más grande que he visto en mi vida.

Baltazar empezó a afeitarse.

—¿Crees que me darán los cincuenta pesos?

—Eso no es nada para don Chepe Montiel, y la jaula los vale

40 —dijo Úrsula—. Debías pedir sesenta.

La casa yacía° en una penumbra° sofocante. Era la primera   *lay / semidarkness*
semana de abril y el calor parecía menos soportable por el pito de
las chicharras°. Cuando acabó de vestirse, Baltazar abrió la puerta   *the buzzing of the cicadas*
del patio para refrescar la casa, y un grupo de niños entró en el
45   comedor.

La noticia se había extendido. El doctor Octavio Giraldo, un
médico viejo, contento de la vida pero cansado de la profesión,
pensaba en la jaula de Baltazar mientras almorzaba con su esposa
inválida. En la terraza interior donde ponían la mesa en los días de
50   calor, había muchas macetas° con flores y dos jaulas con canarios.   *flower pots*

A su esposa le gustaban los pájaros, y le gustaban tanto que
odiaba a los gatos porque eran capaces de comérselos. Pensando
en ella, el doctor Giraldo fue esa tarde a visitar a un enfermo, y
al regreso pasó por la casa de Baltazar a conocer la jaula.

55   Había mucha gente en el comedor. Puesta en exhibición sobre
la mesa, la enorme cúpula de alambre° con tres pisos interiores,   *wire*
con pasadizos° y compartimientos especiales para comer y dormir,   *passageways*
y trapecios° en el espacio reservado al recreo de los pájaros,   *swings*
parecía el modelo reducido de una gigantesca fábrica de hielo. El
60   médico la examinó cuidadosamente, sin tocarla, pensando que en
efecto aquella jaula era superior a su propio prestigio, y mucho
más bella de lo que había soñado jamás para su mujer.

—Esto es una aventura de la imaginación —dijo. Buscó a
Baltazar en el grupo, y agregó, fijos en él sus ojos maternales—:
65   Hubieras sido un extraordinario arquitecto.

Baltazar se ruborizó°.   *blushed*

—Gracias —dijo.

—Es verdad —dijo el médico. Tenía una gordura lisa y tierna
como la de una mujer que fue hermosa en su juventud, y unas
70   manos delicadas. Su voz parecía la de un cura° hablando en latín.   *priest, curate*

—Ni siquiera será necesario ponerle pájaros —dijo, haciendo girar la jaula frente a los ojos del público, como si la estuviera vendiendo—. Bastará con colgarla entre los árboles para que cante sola.

Volvió a ponerla en la mesa, pensó un momento, mirando la jaula, y dijo:

—Bueno, pues me la llevo.

—Está vendida —dijo Úrsula.

—Es del hijo de don Chepe Montiel —dijo Baltazar—. La mandó a hacer expresamente.

El médico asumió una actitud respetable.

—¿Te dio el modelo?

—No —dijo Baltazar—. Dijo que quería una jaula grande, como ésa, para una pareja de turpiales°.

El médico miró la jaula.

brightly colored birds of the Caribbean region

—Pero ésta no es para turpiales.

—Claro que sí, doctor —dijo Baltazar, acercándose a la mesa. Los niños lo rodearon°—. Las medidas están bien calculadas —dijo, señalando con el índice los diferentes compartimientos. Luego golpeó la cúpula con los nudillos°, y la jaula se llenó de acordes profundos°.

surrounded

knuckles

deep resonances

—Es el alambre más resistente que se puede encontrar, y cada juntura está soldada° por dentro y por fuera —dijo.

every joint was soldered

—Sirve hasta para un loro° —intervino uno de los niños.

parrot

—Así es —dijo Baltazar.

El médico movió la cabeza.

—Bueno, pero no te dio el modelo —dijo—. No te hizo ningún encargo preciso, aparte de que fuera una jaula grande para turpiales. ¿No es así?

—Así es —dijo Baltazar.

100   —Entonces no hay problema —dijo el médico—. Una cosa es
una jaula grande para turpiales y otra cosa es esta jaula. No hay
pruebas de que sea ésta la que te mandaron hacer.

    —Es ésta misma —dijo Baltazar, ofuscado°—. Por eso la hice.   *agitated*
El médico hizo un gesto de impaciencia.

105   —Podrías hacer otra —dijo Úrsula, mirando a su marido. Y
después, hacia el médico—: Usted no tiene apuro°.   *you are not in a hurry*

    —Se la prometí a mi mujer para esta tarde —dijo el médico.

    —Lo siento mucho, doctor —dijo Baltazar—, pero no se
puede vender una cosa que ya está vendida.

110   El médico se encogió de hombros°. Secándose el sudor del   *shrugged*
cuello con un pañuelo, contempló la jaula en silencio, sin mover la
mirada de un mismo punto indefinido, como se mira un barco que
se va.

    —¿Cuánto te dieron por ella?

115   Baltazar buscó a Úrsula sin responder.

    —Sesenta pesos —dijo ella.

    El médico siguió mirando la jaula.

    —Es muy bonita —suspiró—. Sumamente bonita.

    Luego, moviéndose hacia la puerta, empezó a abanicarse° con   *to fan himself*
120 energía, sonriente, y el recuerdo de aquel episodio desapareció
para siempre de su memoria.

    —Montiel es muy rico —dijo.

    En verdad, José Montiel no era un rico como parecía, pero
había sido capaz de todo por llegar a serlo. A pocas cuadras de allí,
125 en una casa atiborrada de arneses° donde nunca se había sentido   *jammed with suits of armor*
un olor que no se pudiera vender, permanecía indiferente a la
novedad de la jaula. Su esposa, torturada por la obsesión de la
muerte, cerró puertas y ventanas después del almuerzo y yació dos
horas con los ojos abiertos en la penumbra del cuarto, mientras
130 José Montiel hacía la siesta.

Así la sorprendió un alboroto de muchas voces. Entonces abrió la puerta de la sala y vio un tumulto frente a la casa, y a Baltazar con la jaula en medio del tumulto, vestido de blanco y acabado de afeitar, con esa expresión de decoroso candor con que los pobres
135 llegan a la casa de los ricos.

—Qué cosa tan maravillosa —exclamó la esposa de José Montiel, con una expresión radiante, conduciendo a Baltazar hacia el interior—. No había visto nada igual en mi vida —dijo, y agregó, indignada con la multitud que se agolpara en la puerta—: Pero
140 llévesela para adentro que nos van a convertir la sala en una gallera°.   *hen house*

Baltazar no era un extraño en la casa de José Montiel. En distintas ocasiones, por su eficacia y buen cumplimiento, había sido llamado para hacer trabajos de carpintería menor. Pero nunca
145 se sintió bien entre los ricos. Solía pensar en ellos, en sus mujeres feas y conflictivas, en sus tremendas operaciones quirúrgicas, y experimentaba siempre un sentimiento de piedad. Cuando entraba en sus casas no podía moverse sin arrastrar los pies.

—¿Está Pepe? —preguntó.
150 Había puesto la jaula en la mesa del comedor.

—Está en la escuela —dijo la mujer de José Montiel—. Pero ya no debe demorar.

Y agregó—: Montiel se está bañando.

En realidad José Montiel no había tenido tiempo de bañarse.
155 Se estaba dando una urgente fricción de alcohol alcanforado°   *camphorated*
para salir a ver lo que pasaba. Era un hombre tan prevenido, que dormía sin ventilador eléctrico para vigilar durante el sueño los rumores de la casa.

—Ven a ver qué cosa tan maravillosa —gritó su mujer.
160 José Montiel —corpulento y peludo°, la toalla colgada en la   *hairy*
nuca— se asomó por la ventana del dormitorio.

—¿Qué es eso?

—La jaula de Pepe —dijo Baltazar.

La mujer lo miró perpleja.

165 —¿De quién?

—De Pepe —confirmó Baltazar. Y después dirigiéndose a José Montiel—: Pepe me la mandó a hacer.

Nada ocurrió en aquel instante, pero Baltazar se sintió como si le hubieran abierto la puerta del baño. José Montiel salió en
170 calzoncillos del dormitorio.

—Pepe —gritó.

—No ha llegado —murmuró su esposa, inmóvil.

Pepe apareció en el vano de la puerta. Tenía unos doce años y las mismas pestañas rizadas° y el quieto patetismo de su madre.   *curly eyelashes*

175 —Ven acá —le dijo José Montiel—. ¿Tú mandaste a hacer esto?

El niño bajó la cabeza. Agarrándolo por el cabello, José Montiel lo obligó a mirarlo a los ojos.

—Contesta.

180 El niño se mordió° los labios sin responder.   *bit*

—Montiel —susurró la esposa.

José Montiel soltó al niño y se volvió hacia Baltazar con una expresión exaltada.

—Lo siento mucho, Baltazar —dijo—, pero has debido
185 consultarlo conmigo antes de proceder. Sólo a ti se te ocurre contratar con un menor.

A medida que hablaba, su rostro fue recobrando la serenidad. Levantó la jaula sin mirarla y se la dio a Baltazar—. Llévatela en seguida y trata de vendérsela a quien puedas —dijo—. Sobre todo,
190 te ruego que no me discutas.

Le dio una palmadita en la espalda, y explicó:

—El médico me ha prohibido coger rabia°.   *get angry*

El niño había permanecido inmóvil, sin parpadear, hasta que
Baltazar lo miró perplejo con la jaula en la mano. Entonces emitió
195 un sonido gutural, como el ronquido de un perro, y se lanzó al
suelo dando gritos.

José Montiel lo miraba impasible, mientras la madre trataba
de apaciguarlo°.   *calm him down*

—No lo levantes —dijo—. Déjalo que se rompa la cabeza
200 contra el suelo y después le echas sal y limón para que rabie con
gusto.

El niño chillaba° sin lágrimas, mientras su madre lo sostenía   *howled*
por las muñecas.

—Déjalo —insistió José Montiel.
205 Baltazar observó al niño como hubiera observado la agonía de
un animal contagioso. Eran casi las cuatro.

A esa hora, en su casa, Úrsula cantaba una canción muy
antigua, mientras cortaba rebanadas° de cebolla.   *slices*

—Pepe —dijo Baltazar.
210 Se acercó al niño, sonriendo, y le tendió la jaula. El niño se
incorporó de un salto, abrazó la jaula, que era casi tan grande
como él, y se quedó mirando a Baltazar a través del tejido°   *mesh*
metálico, sin saber qué decir. No había derramado una lágrima.

—Baltazar —dijo Montiel, suavemente—. Ya te dije que te la
215 lleves.

—Devuélvela —ordenó la mujer al niño.

—Quédate con ella —dijo Baltazar. Y luego, a José Montiel—:
Al fin y al cabo, para eso la hice.

José Montiel lo persiguió hasta la sala.
220 —No seas tonto, Baltazar —decía, cerrándole el paso—.
Llévate tu trasto° para la casa y no hagas más tonterías. No pienso   *piece of junk*
pagarte ni un centavo.

—No importa —dijo Baltazar—. La hice expresamente para
regalársela a Pepe. No pensaba cobrar nada.

225   Cuando Baltazar se abrió paso a través de los curiosos que
bloqueaban la puerta, José Montiel daba gritos en el centro de la
sala. Estaba muy pálido y sus ojos empezaban a enrojecer.

     —Estúpido —gritaba—. Llévate tu cacharro. Lo último que
faltaba es que un cualquiera° venga a dar órdenes en mi casa.   *just anybody (i.e. a nobody)*
230 ¡Carajo!

     En el salón de billar recibieron a Baltazar con una ovación.
Hasta ese momento, pensaba que había hecho una jaula mejor que
las otras, que había tenido que regalársela al hijo de José Montiel
para que no siguiera llorando, y que ninguna de esas cosas tenía
235 nada de particular.

     Pero luego se dio cuenta de que todo eso tenía una cierta
importancia para muchas personas, y se sintió un poco excitado.

     —De manera que te dieron cincuenta pesos por la jaula.

     —Sesenta —dijo Baltazar.

240   —Hay que hacer una raya en el cielo —dijo alguien—. Eres
el único que ha logrado sacarle ese montón de plata a don Chepe
Montiel. Esto hay que celebrarlo.

     Le ofrecieron una cerveza, y Baltazar correspondió con una
tanda° para todos. Como era la primera vez que bebía, al   *round*
245 anochecer° estaba completamente borracho, y hablaba de un   *nightfall*
fabuloso proyecto de mil jaulas de a sesenta pesos, y después de
un millón de jaulas hasta completar sesenta millones de pesos.

     —Hay que hacer muchas cosas para vendérselas a los ricos
antes que se mueran —decía, ciego de la borrachera—. Todos
250 están enfermos y se van a morir. Cómo estarán de jodidos que ya
ni siquiera pueden coger rabia.

Durante dos horas el tocadiscos automático estuvo por su
cuenta tocando sin parar. Todos brindaron° por la salud de   *toasted*
Baltazar, por su suerte y su fortuna, y por la muerte de los ricos,
255 pero a la hora de la comida lo dejaron solo en el salón.

Úrsula lo había esperado hasta las ocho, con un plato de carne
frita cubierto de rebanadas de cebolla. Alguien le dijo que su
marido estaba en el salón de billar°, loco de felicidad, brindando   *billiard hall*
cerveza a todo el mundo, pero no lo creyó porque Baltazar no
260 se había emborrachado jamás. Cuando se acostó, casi a la
medianoche, Baltazar estaba en un salón iluminado, donde había
mesitas de cuatro puestos con sillas alrededor, y una pista de baile
al aire libre, por donde se paseaban los alcaravanes°. Tenía la cara   *birds related to the gull*
embadurnada de colorete° y como no podía dar un paso más,   *smeared with lipstick*
265 pensaba que quería acostarse con dos mujeres en la misma cama.
Había gastado tanto, que tuvo que dejar el reloj como garantía,
con el compromiso de pagar al día siguiente. Un momento
después, despatarrado° por la calle, se dio cuenta de que le estaban   *sprawled out*
quitando los zapatos, pero no quiso abandonar el sueño más feliz
270 de su vida. Las mujeres que pasaron para la misa de cinco no se
atrevieron a mirarlo, creyendo que estaba muerto. ✳

La prodigiosa tarde de Baltazar
Gabriel García Márquez

(1) Comprensión Enumera *(number)* de uno a diez los acontecimientos en el orden en que aparecen en el cuento.

_____ a. Baltazar le regaló la jaula a Pepe Montiel.

_____ b. El médico Octavio Giraldo trató de comprar la jaula.

_____ c. José Montiel le gritó a Baltazar y lo llamó "estúpido".

_____ d. Úrsula le dijo a Baltazar que pidiera cincuenta pesos por la jaula.

_____ e. Baltazar colgó la jaula en el alero.

_____ f. Baltazar estaba despatarrado por la calle.

_____ g. Baltazar se afeitó.

_____ h. A Baltazar le quitaron los zapatos.

_____ i. Mucha gente vino a ver la jaula de Baltazar.

_____ j. Baltazar se emborrachó.

(2) Interpretar Identifica al personaje que dijo cada cita. Luego, escribe dos o tres adjetivos que describan la personalidad o el carácter del personaje.

1. Llévate tu trasto para la casa y no hagas más tonterías.

2. Hubieras sido un extraordinario arquitecto.

3. Con esa barba no puedes presentarte en ninguna parte.

4. Ven a ver qué cosa tan maravillosa.

5. No pensaba cobrar nada.

(3) Analizar Contesta las siguientes preguntas con frases completas.

1. ¿Crees que fue generoso Baltazar o, por el contrario, crees que fue irreflexivo *(unthinking)*? Explica tu respuesta.

2. ¿Qué tipo de hombre crees que llegará a ser el hijo de Montiel? ¿Por qué?

3. ¿Por qué mintió Baltazar al final sobre el precio que le pagó Montiel?

4. ¿En qué se diferencian Baltazar y Montiel?

5. ¿Cuál crees que es el tema del cuento? ¿Qué nos revelan las experiencias de Baltazar?

(4) Ampliar En parejas, imaginen que son Úrsula y Baltazar al día siguiente. ¿Qué es lo que le dice Úrsula a Baltazar? ¿Y viceversa? Escriban un diálogo para interpretar en frente de la clase.

MODELO
— Baltazar, ¿dónde está tu reloj?
— Lo dejé en el salón de billar.

Antes de leer

Carolina Herrera

Conexión personal

¿Te gusta vestirte a la moda o no te importa mucho la ropa? Llena la siguiente encuesta personal y después compara tus respuestas con las de un(a) compañero/a.

	Siempre	A veces	Nunca
1. Voy a las tiendas de ropa.			
2. Todos los años cambio mi vestuario.			
3. Mis accesorios hacen juego con mi ropa.			
4. Salgo arreglado/a *(fixed up)* de casa.			
5. Me compro ropa que veo en las revistas.			
6. Me gusta comprar ropa cara.			
7. Estoy pendiente de la última moda.			
8. Compro ropa formal.			
9. Compro ropa informal.			

Contexto cultural

When people think of fashion, they usually think about Milan, Paris, or New York, but thanks to Venezuelan-born Carolina Herrera, Latin American and Caribbean designers are now making their own fashion statements on the world's runways.

At Herrera's request, the Council of Latin American Fashion Designers, Inc. was formed in 1999. This non-profit organization works to promote Latin American and Caribbean designers, and coordinates the annual Fashion Week of the Americas, popular with celebrities, buyers, and media from around the world.

Vocabulario

diseñar *to design*	el lujo *luxury*
enérgico/a *energetic*	el privilegio *privilege*
la huella *trace, mark*	tomar en serio *to take seriously*

PERFIL

Carolina Herrera
Isabel Piquer

1   Cuando cumplió los 40, Carolina Herrera decidió hacer algo
    inaudito°: empezar a trabajar. No tenía por qué. Vivía en Caracas   *unheard of*
    en un mundo de lujo y privilegio. Pertenecía a una de las familias
    más antiguas y adineradas° de Venezuela. Estaba felizmente   *wealthy*
5   casada, tenía cuatro hijos. Llevaba casi diez años en la lista de las
    mujeres más elegantes del mundo. Era la perfecta anfitriona°, la   *hostess*
    reina de las fiestas de sociedad. Nadie se lo tomó muy en serio.

    De eso hace 22 años. "Nunca hubiera podido anticipar este
    éxito. Cuando empiezas, creo que nunca sabes muy bien adónde
10 vas ni si vas a gustar, porque tampoco lo estás pensando. Y de
    repente llega. Luego, si tienes un poquito de éxito, es imposible
    parar porque es como una droga". Sentada en uno de los sillones
    de su oficina de la Séptima Avenida, en el Garment District de
    Nueva York, Herrera habla con la voz melosa° de su acento natal.   *soft*
15 Está perfecta. Ni una arruga°. Es la imagen de la distinción que ha   *wrinkle*
    sabido crear y vender desde su primer desfile, en un apartamento
    prestado de Park Avenue.

    Carolina Herrera tiene la pose y la elegancia de una mujer de
    mundo. En Caracas vivió las legendarias fiestas de su suegra, Mimi
20 Herrera, amiga de Greta Garbo y de la duquesa de Windsor. En
    Nueva York fue la diseñadora de Jackie Kennedy en los últimos 12
    años de su vida. Warhol le hizo tres retratos, todos iguales salvo
    por el color de la sombra de ojos. Y cuando *Vanity Fair* sacó el
    pasado abril una portada plegable° sobre estrellas y leyendas de   *fold out*

25 Hollywood, no encontró mejor decorado que una réplica del salón
victoriano de su casa del Upper East Side.

Tenía 13 años cuando su abuela la llevó a París, a un desfile
de Cristóbal Balenciaga. Fue su primera introducción a la alta
costura°. Le gustó, pero no lo bastante como para pensar en   *haute couture*
30 dedicarse a la moda. "Yo no era de las que jugaban a vestir a sus
muñecas°". Sin embargo, aquella experiencia dejó huella. Aún   *dolls*
ahora asegura inspirarse en las líneas claras y sencillas del español
que triunfó en Francia.

Esta imagen elitista también ha jugado en su contra. A menudo
35 se ha relegado a Carolina Herrera a la categoría de diseñadora para
las *ladies who lunch* (las damas que almuerzan). "Si yo sólo hubiera
hecho colecciones para mis amigas habría cerrado hace veinte
años, porque una compañía no se puede basar en eso. Es
imposible. En aquel momento decidieron ponerme esa etiqueta°,   *label*
40 pero mi moda no sólo ha sido para ellas".

El tiempo le ha dado la razón. El Park Avenue chic, las faldas
por debajo de la rodilla, lo clásico, lo caro llenan las páginas de las
revistas. Todo el mundo quiere parecerse a la adinerada minoría
neoyorquina. "La moda es algo que cambia, pero ciertos elementos
45 son constantes: la sofisticación, la elegancia y, por supuesto, el
lujo", dice la diseñadora. "La moda es una fantasía, una locura,
un misterio. ¿Qué es la moda? Es algo que necesitas todos los días
porque te vistes todos los días. Cuando la gente está combinando
lo que se va a poner por las mañanas, ya está haciendo moda.
50 Moda es historia, es civilización, es arte, es un negocio".

"Cuando empecé, tenía 40 años. Acababa de nacer mi primer
nieto. A menudo me han preguntado por qué se me ocurrió
meterme en esta aventura. Creo que hay un momento en
la vida de todo el mundo en el que debes hacer lo que realmente
55 quieres". ✳

Después de leer

Carolina Herrera

1 **Comprensión** Decide si las frases son **ciertas** o **falsas.** Corrige las oraciones falsas.

	Cierto	Falso
1. Carolina Herrera comenzó a diseñar ropa a los cuarenta años.	☐	☐
2. Carolina Herrera vive ahora en París.	☐	☐
3. De pequeña, Carolina Herrera vestía a sus muñecas.	☐	☐
4. Carolina Herrera viene de una familia muy rica.	☐	☐
5. Según Carolina, la moda es arte y negocio.	☐	☐
6. Carolina siempre recibe muy buenas críticas.	☐	☐
7. Jackie Kennedy sólo le encargó algunos vestidos.	☐	☐
8. Andy Warhol le hizo tres retratos a Carolina Herrera.	☐	☐

2 **Interpretar** Contesta las siguientes preguntas con frases completas.

1. ¿Era común que las mujeres de la clase social de Carolina trabajaran?

2. ¿Pensaba Carolina que iba a tener un gran éxito cuando empezó a diseñar ropa? Razona tu respuesta.

3. ¿Crees que Carolina es una buena mujer de negocios? Explica tu respuesta; cita ejemplos del texto.

4. ¿Cómo describe la moda Carolina? ¿Con qué cosas la compara?

3 **Imaginar** En grupos, imaginen que van a montar un negocio como diseñadores de ropa. ¿Qué necesitarían para comenzarlo? Preparen una lista de cinco cosas que tendrían que tener para comenzar. Empiecen sus frases con **Lo que…**.

> **MODELO**
>
> Lo que necesitamos para montar nuestro negocio es una oficina.
> Ademas, lo que necesitaríamos son dos diseñadores/as de moda.

4 **Comunicación** En parejas, preparen una entrevista con Carolina Herrera. Ya saben algo de ella, pero todavía quieren tener más información. Pueden preguntarle sobre sus estudios, sus amistades, su vida familiar, sus viajes o su país, Venezuela. Uno/a de ustedes es la diseñadora y otro/a es el/la periodista.

Atando cabos

Las empresas en el mundo hispano

Trabajen en grupos para preparar una presentación sobre una empresa hispana.

Elegir el tema

Reúnanse y decidan la empresa de la que van a hablar o, si no conocen ninguna, investiguen entre todos los miembros del grupo para escoger la empresa a presentar.

Preparar

Vayan a la biblioteca o investiguen en Internet. Busquen información sobre la empresa elegida y tomen nota de lo que consideren interesante: qué productos venden, cómo es su publicidad, a quién va dirigido el producto, etc. No se olviden de recoger *(collect)* información audiovisual para mostrar a la clase.

Organizar

Organicen la información recogida en un esquema *(outline)*. Tengan en cuenta que cada presentación durará unos 10 minutos. No se olviden de citar las fuentes *(the sources)* que han utilizado para preparar su presentación.

Estrategia de comunicación

Cómo hablar de una empresa

Las siguientes frases pueden ayudarlos/las a expresarse de forma más adecuada.

1. La empresa de la que vamos a hablar es…
2. Lo que me/nos interesa de esta empresa es, por un lado …, por otro…
3. Esta empresa, cuyos beneficios son muy numerosos,…
4. Como resultado de su publicidad…
5. En conclusión, quiero/queremos decir que…

Presentar

Antes de su presentación, cada grupo entregará una copia de su esquema al profesor. Usen medios audiovisuales (fotografías, fotocopias, recortes de revistas, etc.) para dar a conocer la empresa que eligieron.

Ayuda para Internet

Aquí tienen unas palabras claves para buscar información en Internet: **empresarios hispanos / economía / fábrica / publicidad / empresas / éxito**

Correo celestial

país España
duración 10:09 minutos

director Gerardo Ballesteros
protagonistas joven, ángel, diablo

Vocabulario

atropellar *to run over*

la burla *mockery*

dar la vuelta al mundo *to go around the world*

el disfraz *costume*

fallecer *to die*

tal como *just as*

Antes de ver el corto

1 **Comentar** En parejas, contesten las siguientes preguntas.

1. ¿Han recibido alguna vez una carta en cadena? ¿Han hecho lo que les pedían?
2. ¿Por qué creen que existe este tipo de correo?

Mientras ves el corto

2 **Anticipar** ¿Qué piensas que le va a pasar al protagonista?

3 **Comprensión** En la lista, hay algunos sucesos que ocurren y otros que no. Indica los que sí ocurren.

_____ 1. El joven abre el buzón y recoge una carta.

_____ 2. El joven tira la carta a la basura.

_____ 3. El joven va a la fiesta de disfraces.

_____ 4. El joven se imagina que echa la carta a un buzón.

_____ 5. Constantino García recibió ocho millones de pesetas.

_____ 6. Llamaron a María Baldó para un trabajo mejor.

_____ 7. Tiene que hacer veintiuna copias.

_____ 8. Muere atropellado.

Después de ver el corto

(4) Comprensión Contesta las siguientes preguntas.

1. ¿Qué promete la carta?

2. ¿A qué persona tiene que enviar la carta?

3. ¿Qué consiguió Constantino García por enviar la carta?

4. ¿Por qué no puede dormir el joven?

5. ¿Envía las cartas?

6. ¿Qué le ocurre al final al joven?

(5) Desarrollar Contesta las siguientes preguntas con un(a) compañero/a.

1. ¿Qué relación tiene el final del cortometraje con su título? Razonen sus respuestas.
2. ¿Si recibieran una carta así, harían lo que se les pide? ¿Por qué?
3. ¿Creen que una carta en cadena puede cambiar la vida de alguien?

(6) Escribir Escribe una carta similar a la que recibe el protagonista. Utiliza pronombres relativos y palabras de transición. Después, léela delante de la clase.

(7) Conversar En parejas, uno/a de ustedes tiene que intentar convencer al/a la otro/a de que escriba y mande veinte cartas en cadena para poder conseguir el trabajo de sus sueños. El/la otro/a tiene que dar argumentos en contra.

(8) Interpretar En parejas, inventen otro final para el corto, en el que incluyen un diálogo del joven con otro personaje de su elección. Después, represéntenlo delante de la clase.

La gente del trabajo

el/la dueño/a	owner
el/la ejecutivo/a	executive
el/la empleado/a	employee
el/la inversor(a)	investor

El mundo laboral

la entrevista de trabajo	job interview
el éxito	success
la jubilación	retirement
administrar	to manage, run
ahorrar	to save
ascender	to rise, to be promoted
despedir	to fire
dirigir	to manage; to direct
estar al día	to be up-to-date
estar bajo presión	to be under stress/pressure
ganarse la vida	make a living
jubilarse	to retire
desempleado/a	unemployed
exitoso/a	successful
actualmente	currently

El trabajo

el aumento de sueldo	raise in salary
la compañía	company
la conferencia	conference
el contrato	contract
el currículum vitae	résumé
el empleo	employment, job
la empresa	company
la hoja de vida	résumé
la mano de obra	labor, force
la marca	brand
el presupuesto	budget
el proyecto	project
el puesto	position, job
la reunión	the meeting
el sueldo mínimo	minimum wage
la sucursal	branch
calidad	quality

Algunas profesiones

el/ la abogado/a	lawyer
el/la arqueólogo/a	archaeologist
el/la cocinero/a	chef
el/la comerciante	storekeeper, trader
el/la contador(a)	accountant
el/la funcionario/a	government employee
el/la gerente	manager
el/la ingeniero/a	engineer
el/la periodista	journalist

Las inversiones y el ahorro

el ahorro	savings
la acción	stock
la bolsa de valores	stock market
la crisis ecónomica	economic crisis
la cuenta corriente	checking account
la cuenta de ahorros	savings account
el desarrollo	development
la deuda	debt
el dinero	money
la inversión extranjera	foreign investment
el impuesto	tax
cobrar	to charge, to receive
financiar	to finance
firmar	to sign
financiero/a	financial
fijo/a	permanent; fixed

El comercio

el comercio	commerce, trade
el impuesto de ventas	sales tax
las exportaciones	exports
la fábrica	factory
la huelga	strike
las importaciones	imports
la industria	industry
la multinacional	multinational company
la publicidad	advertising
el sindicato	labor union

Estructura 7.1	Véase la página 268.
Estructura 7.2	Véase las páginas 270 y 271.
Estructura 7.3	Véase las páginas 274 y 275.
Estructura 7.4	Véase la página 278.

Expresiones útiles	Véase la página 263.
Vocabulario de "La prodigiosa tarde de Baltazar"	Véase la página 283.
Vocabulario del perfil	Véase la página 295.
Vocabulario de Correo celestial	Véase la página 300.

La religión y la política

La religión y la política

Un diputado enojado

El diputado liberal está cansado de que no se trate **su proyecto de ley** para proteger los **derechos civiles** de las **minorías**. Al sentir tanto rechazo, llegó a pensar que era mejor renunciar a su **cargo**. Pero cambió de idea. Al fin y al cabo fue elegido por el **pueblo** para desempeñar su papel. Además, **el líder político** ahora cree mucho más en su **discurso**, porque ya sabe cómo sufren los que se sienten **discriminados**.

Democracia

El viejo general del **ejército** quiere dar **batalla** una vez más. Dice que las **fuerzas armadas** tienen que imponer la **seguridad** en el país. Su esposa escucha esas palabras y se preocupa. Dice que no quiere **ser gobernada** por una **dictadura** sin **libertad** ni **igualdad** para todos los **ciudadanos**. Ella le explica que va a organizar una **campaña electoral** para **presentarse como candidata**, y que es bueno que se hable de política para que la gente **se informe**.

Crisis espiritual

Desde el principio de los tiempos, la humanidad se ha preguntado por el origen de **la vida**. Muchos han buscado sus respuestas en la **religión**, pues la **fe religiosa** los ayuda a comprender el mundo. Otros son **creyentes**, pero no se consideran practicantes; y otros declaran que no **creen** en nada. Juan José está leyendo muchos textos religiosos, pues quiere saber si **Dios** existe o si hay vida después de la **muerte**.

No a la corrupción

La **embajadora** firmó un **tratado** que considera **injusto**. Aunque se ha quejado ante su **partido político** y ha dicho que el tratado es **inmoral** y perjudica al país, no ha podido negarse a firmar. Ningún **juez** de ningún **tribunal** puede sentenciarla, pero ahora ella se siente culpable. Ha decidido ser sincera. Acompañada por sus hijos, está dispuesta a **confesarle** al pueblo su error y el de su partido. Después de confesarse, espera sentirse más **libre** de culpa.

Los cargos públicos y la política

el alcalde/ la alcaldesa	*mayor*
el/la diputado/a	*representative*
el/la líder (laboral)	*(labor) leader*
el/la ministro/a	*minister*
el régimen	*form of government*
el/la senador(a)	*senator*
inscribirse	*to register; to enroll*
pronunciar un discurso	*to give a speech*
votar	*to vote*
crítico/a	*critical*
estatal	*public; pertaining to the state*

Las leyes y los derechos

los derechos (humanos)	*(human) rights*
la discriminación	*discrimination*
el juicio	*trial; judgment*
la lucha	*struggle; fight*
la queja	*complaint*
aprobar (una ley)	*to approve (a law)*
avisar	*to inform; to warn*
rechazar	*to reject*

La religión y la moral

el ateísmo	*atheism*
la creencia	*belief*
perdonar	*to forgive*
rezar	*to pray*
(in)justo/a	*(un)just; (un)fair*
sagrado/a	*sacred*

Práctica

1 Zapatero a tus zapatos Distintas personas desempeñan distintos papeles en una sociedad. Indica qué función cumplen las siguientes personas.

_____ 1. alcaldes

_____ 2. embajadores

_____ 3. generales de las fuerzas armadas

_____ 4. senadores

_____ 5. jueces

a. Representan estados o provincias y aprueban proyectos de ley.

b. Protegen al país de ataques extranjeros.

c. Son responsables de los asuntos del pueblo o ciudad.

d. Trabajan en un tribunal y dictan sentencias.

e. Representan un país ante otros países.

2 El periodista insistente Completa el siguiente diálogo con las palabras de la lista.

—Diputado García, ¿qué opina usted del _____ 1 ?

—Es pésimo. Amenaza los _____ 2 de los ciudadanos. Para empezar, impide que los ministros vayan a _____ 3 .

—¿Y eso es malo?

—¡Claro que sí! El que _____ 4 debe responder ante los _____ 5 si es necesario.

—¿Por qué?

—Porque hay que controlar a las personas que tienen _____ 6 público.

—¿Por qué?

—Porque pueden ser _____ 7 .

—¿Por qué?

—Porque las personas son _____ 8 de hacer el bien o el mal.

—¿Por qué?

—Porque las primeras dos que hubo comieron de la manzana _____ 9 y fueron al infierno.

un cargo	injustas	prohibida
derechos civiles	juicio	proyecto de ley
gobierna	libres	tribunales

3 Oraciones Une las palabras de la lista para formar seis oraciones.

votar	presidente	religión	general
ley	campaña	elección	país
fuerzas armadas	fe	juez	candidato

Comunicación

4 **La hora de las elecciones**

A. En parejas, lean la siguiente lista de estereotipos sobre la política y los políticos y complétenla con tres oraciones propias. (Pueden tomar ideas de la lista.)

Los políticos hablan mucho y no dicen nada.

Los políticos prometen mucho y hacen poco.

Los conservadores no se preocupan por el medio ambiente.

Los liberales no se preocupan por la seguridad.

Los políticos sólo quieren poder *(power)*.

burocracia	el poder cambia a la gente	respeto a las minorías
libertad	(no) arriesgarse	tardar en aprobar leyes
amigos de los políticos	corrupción	gastar mucho

B. Imagina que tú y tu compañero/a trabajan para un(a) líder de tu comunidad que se va a presentar como candidato/a a diputado/a. Quieren preparar una campaña que diga que el/la candidato/a es "especial" y no como todos/as los/as otros/as. A partir de las oraciones del paso **A**, preparen un discurso de seis o siete oraciones en primera persona para el candidato.

C. Compartan su discurso con otra pareja y, entre todos, preparen el mejor discurso que puedan. Luego elijan al/a la líder del grupo para dar el discurso ante la clase. La clase votará por el/la mejor candidato/a.

5 **Las religiones**

A. Muchas religiones tienen aspectos en común. En parejas usando la lista de palabras, elaboren cuatro oraciones sobre aspectos en común de las religiones que conocen.

ayudar	igualdad	tolerancia
conciencia	libertad	valores morales
fe	perdonar	
generosidad	proteger	

B. Hagan un debate en clase sobre la siguiente pregunta: ¿te parece que las religiones dicen una cosa y la gente interpreta o hace otras?

La diputada Tere Zamora visita la redacción de *Facetas* para dar una rueda de prensa.

AGUAYO ¿Y la diputada?

MARIELA La esperé frente a la salida pero nunca llegó.

DIANA ¿Dejaste a la señora Zamora en el aeropuerto?

MARIELA ¿Cómo dijiste que se llama?

AGUAYO Zamora. Tere Zamora.

MARIELA Pensé que me habían dicho *Teresa Mora*.

AGUAYO Si no regresas con la diputada, estás despedida.

MARIELA No se preocupe, jefe. La encontraré.

DIANA Recuerda, es una mujer cuarentona con ojeras y de aspecto militar. *(Mariela se va.)* No puedo creer que se haya equivocado de nombre.

AGUAYO No sólo eso, sino que dejó a la diputada en el aeropuerto.

JOHNNY Todo se arreglará. Tómenlo con calma.

AGUAYO Invito a la política más prominente y controversial del norte del país para una entrevista en exclusiva, y una de mis empleadas la deja en el aeropuerto, y ¿debo tomarlo con calma?

ÉRIC Ya la encontrará. Son políticos. Aparecen sin que nadie los llame.

DIANA No se moleste. Yo se la leeré. *(Lee.)* "Por su aportación a la democracia, los derechos humanos, la justicia y la libertad. De la revista *Facetas* para la honorable diputada *Teresa Mora*." *(Se le cae de las manos.)* ¡Uy!... Tengo las manos tan resbaladizas. Debe ser por el hambre... ¿Almorzamos?

Diana y la diputada se van.

En la cocina...

FABIOLA ¿Viste a todos esos periodistas allá fuera?

Están viendo televisión.

ÉRIC Cualquier político que luche contra la corrupción se convierte en un fenómeno publicitario.

FABIOLA ¿Quién es ése que corre? *(Señala la tele.)*

AMBOS ¡Johnny! *(Johnny entra corriendo.)*

En la oficina, dando una rueda de prensa...

PERIODISTA Hacer cumplir la ley le ha dado una posición de liderazgo en el gobierno. ¿Cuándo sabremos si será candidata a senadora, señora diputada?

DIPUTADA Se enterarán de los detalles de mi futuro político en la próxima edición de la revista *Facetas*.

Personajes

 AGUAYO
 MARIELA
 DIANA
 JOHNNY
 ÉRIC
 LA DIPUTADA TERE ZAMORA
 FABIOLA
PERIODISTA

4

Suena el timbre del ascensor.
Aguayo está furioso, seguro de que es Mariela.

AGUAYO ¡Qué… *(entra la diputada)* gusto saludarla, señora diputada! Disculpe los inconvenientes señora Zamora. Envié a una persona a recogerla, pero, como ve, nunca se encontraron.

DIPUTADA Son cosas que pasan, pero no se preocupen; lo importante es hacer la entrevista.

5

En la oficina…

JOHNNY Como muestra de nuestro agradecimiento, le hacemos este humilde obsequio.

DIPUTADA ¡El calendario azteca!

FABIOLA Y tiene una dedicatoria en la parte de atrás escrita en caligrafía por nuestra artista gráfica.

DIANA ¿Por Mariela?

Diana toma el calendario.

9

PERIODISTA Eso es favoritismo.

DIPUTADA Favoritismo ¡no!, sino que los periodistas de *Facetas* son los únicos que tratan la política con respeto.

10

Más tarde, en la sala de conferencias…

MARIELA Lo siento, pero no encontré a ninguna cuarentona con ojeras y con aspecto militar. *(Se entera de que la diputada está presente.)* Aunque ahora mismo regreso a ver si encuentro a la guapa diputada que estaba buscando. *Mariela se va avergonzada.*

Expresiones útiles

Making an apology

Disculpe los inconvenientes, señora Zamora. *Pardon the inconveniences, Mrs. Zamora. (form.)*

Disculpa los inconvenientes, Jorge. *Pardon the inconveniences, Jorge. (fam.)*

Being assertive

Si no regresas con la diputada, estás despedida. *If you don't come back with the representative, you are fired.*

Si no llegas a la hora, me iré sin ti. *If you don't arrive on time, I will leave without you.*

Additional vocabulary

el agradecimiento *gratitude*
la aportación *contribution*
el aspecto *appearance, look*
la dedicatoria *dedication*
el inconveniente *problem, hitch (something that doesn't come off according to plan)*
el liderazgo *leadership*
la muestra *sample, example*
el obsequio *gift*
las ojeras *bags under the eyes*
la salida *exit*
confundir (con) *to confuse (with)*
luchar *to fight, struggle*
cuarentón/cuarentona *forty-year-old; in her/his forties*
despedido/a *fired*
resbaladizo/a *slippery*

Apuntes culturales El voto es obligatorio para los ciudadanos de todos los países latinoamericanos excepto en dos: Colombia y Nicaragua. Quien no vota debe justificar su ausencia o pagar multas importantes. El día de elecciones siempre es el domingo, para que los votantes puedan trasladarse al lugar de votación más fácilmente y para no interrumpir la actividad del país. En España las elecciones también son los días domingo, aunque allí el voto no es obligatorio. ¿Te parece que el voto obligatorio es una buena idea?

Comprensión

1 **Remplazar** Escoge la opción que reemplaza lo dicho por los personajes de la **Fotonovela**.

1. **MARIELA** La esperé frente a la salida pero nunca llegó.
   a. Esperé a la diputada en la salida del aeropuerto. Ella no llegó.
   b. Esperé a la diputada. Pero no llegué a la salida. La diputada tampoco.

2. **AGUAYO** No sólo eso, sino que dejó a la diputada en el aeropuerto.
   a. Eso no es lo peor: además no la dejó en el aeropuerto.
   b. Eso no es lo peor: además la dejó en el aeropuerto.

3. **AGUAYO** Envié a una persona a recogerla, pero, como ve, nunca se encontraron.
   a. Envié a una persona al aeropuerto, pero usted no la recogió.
   b. Un empleado fue a buscarla. Usted y esa persona no se vieron.

4. **DIPUTADA** Favoritismo ¡no!, sino que los periodistas de *Facetas* son los únicos que tratan la política con respeto.
   a. No estoy haciendo favoritismo. Lo que ocurre es que solamente los periodistas de *Facetas* tratan respetuosamente la política.
   b. No estoy haciendo favoritismo. Los políticos tratan con respeto solamente a los periodistas de *Facetas*.

5. **MARIELA** Lo siento, pero no encontré a ninguna cuarentona con ojeras y aspecto militar.
   a. Siento no haber encontrado a una cuarentona con ojeras y aspecto militar.
   b. Siento no encontrar las ojeras con aspecto militar.

2 **Seleccionar** Las palabras subrayadas reemplazan otras palabras o expresiones en el texto. Selecciona la(s) palabra(s) reemplazada(s).

1. **MARIELA** <u>La</u> esperé frente a la salida pero nunca llegó.
   a. a Mariela   b. a la salida   c. a la diputada

2. **AGUAYO** No sólo <u>eso</u>, sino que dejó a la diputada en el aeropuerto.
   a. Mariela se equivocó con el nombre de la diputada.
   b. La diputada es una mujer cuarentona con ojeras y aspecto militar.
   c. Mariela dejó a la diputada en el aeropuerto.

3. **ÉRIC** Aparecen sin que nadie <u>los</u> llame.
   a. los periodistas   b. los políticos   c. los compañeros de Éric

4. **DIANA** No se moleste. Yo se <u>la</u> leeré.
   a. la carta   b. el calendario azteca   c. la dedicatoria

5. **PERIODISTA** <u>Eso</u> es favoritismo.
   a. que usted sólo le dé esa información a la revista *Facetas*
   b. que usted no nos conceda una entrevista
   c. que usted no nos dé esa información

Ampliación

3 **¿Qué te pasa a ti?** A Diana se le ponen las manos resbaladizas porque tiene hambre. ¿A ti te ocurre lo mismo? Haz una lista de lo que te pasa cuando tienes hambre. Esta lista puede servirte de ayuda.

tener problemas en la visión	hacer ruido el estómago	enojarse
doler la cabeza	estar mareado/a	no poder pensar
sentir cansancio	sentir olor a comida	no tener paciencia

4 **Una nueva dedicatoria** Como a Diana se le rompió el calendario azteca, Aguayo compra uno nuevo para la diputada. Otra vez, Mariela escribe la dedicatoria, pero ahora incluye una frase hablando del desencuentro *(mix-up)* en el aeropuerto. En parejas, escriban la nueva dedicatoria.

5 **El final** Reúnanse en grupos de cuatro y relean la **Fotonovela**. Uno/a será Aguayo, otro/a la diputada, otro/a será Diana y uno/a será Mariela. La **Fotonovela** termina cuando Mariela intenta disimular *(hide)* que estaba hablando de la diputada. Continúen el diálogo y dramaticen la situación frente a la clase.

6 **Y ahora... el día después** Reúnanse en parejas. Imaginen que uno/a de ustedes es Aguayo y el/la otro/a es Mariela. La diputada ya se ha ido. Aguayo quiere decirle a Mariela algunas cosas acerca de su error. Dramaticen la situación.

7 **Un buen político** En grupos de cuatro discutan: ¿Cuáles son las cualidades de un(a) buen(a) político/a? ¿Qué cosas muestran que un(a) político/a es bueno/a? Lean los adjetivos y las acciones de la lista. Seleccionen los cuatro más importantes (pueden ser dos cualidades y dos acciones, o una cualidad y tres acciones, etc.). Luego, expliquen por qué eligieron esas acciones y cualidades.

auténtico/a	decir lo que piensa
reflexivo/a	cuidar su aspecto
conservador(a)	criticar la burocracia
crítico/a	luchar contra la corrupción
culto/a	tener creencias religiosas
flexible	defender los derechos civiles
generoso/a	pelear contra la discriminación
divertido/a	creer en la igualdad de todas las personas
inteligente	no aumentar los impuestos
liberal	ocuparse del medio ambiente
simpático/a	saber hablarle al pueblo
sincero/a	

Costa Rica: un modelo de democracia

Abel Pacheco, *presidente de Costa Rica*

Parque Central en San José, Costa Rica

Los empleados de la revista *Facetas* le hacen un regalo a la diputada mexicana Tere Zamora para agradecerle su aportación a la democracia. La República de Costa Rica, de la que se habla a continuación, es un modelo de democracia en Centroamérica.

Costa Rica, conocida por la belleza de sus selvas y playas, tiene una historia política singular dentro de Centroamérica, pues es uno de los pocos países de la región que, desde el siglo XIX, goza de paz y de estabilidad económica.

A esta pequeña república se le ha denominado "La Suiza de Latinoamérica" por tener la democracia más antigua de Centroamérica. Su constitución data de 1871, y sólo se han hecho reformas en contadas ocasiones. En el siglo XX, sus gobiernos, casi siempre de carácter moderado y ayudados por las épocas de bonanza económica, llevaron al país a disfrutar de una gran prosperidad.

Las condiciones de vida en Costa Rica son muy buenas, gracias a que el gobierno dedica gran parte de su presupuesto a gastos sociales. Cada año el 20% del presupuesto nacional es destinado a la educación y a la salud. ¿No te parece una decisión muy sabia? Este sistema de salud, que funciona desde 1942, cubre a todos los habitantes.

En la actualidad, las exportaciones costarricenses ocupan el primer lugar en Latinoamérica: desde café, bananos y cacao, hasta sofisticados programas de software. La infraestructura viaria es buena y las escuelas y las universidades son de gran calidad.

El país es, también, la sede de varias organizaciones internacionales, como el Consejo de la Tierra, la Universidad para la Paz y el Tribunal Iberoamericano de los Derechos Humanos. En 1987, se le entregó el Premio Nobel de la Paz al entonces presidente, Arias Sánchez.

¿Qué más se puede decir de este pequeño país centroamericano? Hay otro dato que te va a sorprender: Costa Rica es el único país del mundo que no tiene ejército. Lo disolvió en 1948.

La democracia y la monarquía en España

En este capítulo de la **Fotonovela**, se insiste en la importancia de los valores democráticos. En 1975, España, después de muchos años de dictadura, consiguió la democracia. Aquí tienes una breve historia de esa transición.

El rey Juan Carlos de España

La pacífica transición española a la democracia suscitó gran admiración internacional. De hecho, España ha servido de modelo para muchos países que posteriormente se han visto en las mismas circunstancias. El mérito se debe al gran consenso social y político al que llegaron, tanto la sociedad civil como los poderes políticos y militares. El rey Juan Carlos I de Borbón fue uno de los personajes clave en esta transición a la democracia.

Durante los casi cuarenta años de la dictadura de Francisco Franco, no hubo monarquía. El dictador, a la hora de buscar un sucesor, pensó en el príncipe Juan Carlos, que tenía diez años de edad y que vivía en el exilio con su familia. Franco lo organizó todo para que el príncipe completara su formación académica y militar en España, bajo su supervisión.

Franco, a su muerte, en 1975, estaba seguro de haber dejado la situación bajo control. Pero se había equivocado. Lo que el dictador nunca se imaginó es que ese heredero tenía firmes convicciones democráticas. Fue así como el rey se convirtió en el primer promotor de la transición pacífica hacia una

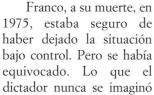
Francisco Franco

nación moderna y democrática. España, hoy día, es una democracia parlamentaria y la monarquía tiene tan sólo una función representativa.

La familia real de España es muy querida por sus súbditos. Tanto Sus Majestades, Juan Carlos y Sofía, como sus tres hijos, el príncipe Felipe y las infantas Elena y Cristina, han destacado siempre por su sencillez y amabilidad. Llevan una vida discreta, pagan impuestos y son muy amantes de los deportes.

gozar	to enjoy	el ejército	army
la bonanza	prosperity	suscitar	to raise
sabio	wise	el heredero	heir
viario	road	firme	strong
sede	headquarters	el súbdito	subject

Coméntalo

Reúnete con varios/as compañeros/as de clase y conversa sobre los siguientes temas.

1. ¿Es necesario tener un sistema de salud que cubra a todos los habitantes? ¿Por qué?
2. ¿Es importante para un país tener ejército? Expliquen sus argumentos.
3. ¿Conocen algún país que haya estado sometido (*submitted*) a alguna dictadura? ¿Cuál?
4. ¿Qué saben de la España actual?

8.1 The passive voice

¿Te acuerdas? In the active voice, the doer of the action (the agent) is the subject of the sentence, whereas in the passive voice the object of the action (the recipient) is the subject of the sentence. There are no major differences between the passive voice in English and Spanish.

Y tiene una dedicatoria en la parte de atrás escrita por nuestra artista gráfica.

La política es tratada con respeto por los periodistas de Facetas.

▶ The following sentences are in the active voice. They follow the pattern [*subject*] + [*verb*] + [*object*]. The doer of the action (the agent) is emphasized.

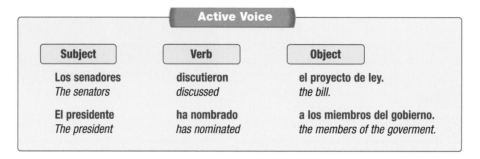

Active Voice

Subject	Verb	Object
Los senadores	**discutieron**	**el proyecto de ley.**
The senators	*discussed*	*the bill.*
El presidente	**ha nombrado**	**a los miembros del gobierno.**
The president	*has nominated*	*the members of the goverment.*

▶ In the passive voice, the agent and the recipient of the action change position. The pattern it follows is [*recipient*] + **ser** + [*past participle*] + **por** + [*agent*].

¡ATENCIÓN!

To review the formation of regular and irregular past participles, see **Lección 4**, page 136.

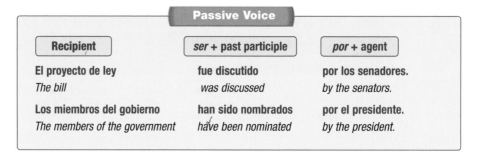

Passive Voice

Recipient	ser + past participle	por + agent
El proyecto de ley	**fue discutido**	**por los senadores.**
The bill	*was discussed*	*by the senators.*
Los miembros del gobierno	**han sido nombrados**	**por el presidente.**
The members of the government	*have been nominated*	*by the president.*

▶ Notice that the past participle must agree in gender and number with the recipient in the passive voice.

El **discurso** fue **escrito** por el presidente mismo.
The speech was written by the president himself.

Varias **enmiendas** fueron **propuestas** por el senador.
Several amendments were proposed by the senator.

Práctica y Comunicación

(1) Completar Completa las oraciones en voz pasiva con la forma adecuada del participio pasado.

1. La libertad es _____ (buscar) por todos los pueblos.
2. El discurso fue _____ (pronunciar) por la ministra.
3. La seguridad de las ciudades va a ser _____ (discutir) por los senadores.
4. Las leyes van a ser _____ (revisar) por el nuevo gobierno.
5. Aquellos dos senadores fueron _____ (elegir) el mes pasado.
6. La ley fue _____ (defender) por todos.
7. El nuevo proyecto de ley fue _____ (aceptar) por todos los líderes laborales.
8. Los derechos humanos y civiles no son _____ (respetar) por las dictaduras.

(2) Decirlo de otra manera Escribe la oración en voz pasiva que corresponde a la oración en voz activa. Recuerda que en la oración en voz pasiva, el verbo ser se conjuga en el mismo modo y tiempo que el verbo principal de la oración en voz activa.

> **MODELO**
>
> Los ciudadanos **eligieron** al candidato.
> El candidato **fue elegido** por los ciudadanos.

1. El general ya ha recibido las órdenes.
2. El juez suspendió la condena.
3. El líder laboral va a proponer una huelga.
4. La diputada recibe al embajador.
5. El secretario organizó la campaña electoral.

(3) Cambios Formen grupos de dos o cuatro para jugar.

- **¿Qué necesitan?**
  Cada equipo escribe en un papel cinco oraciones en voz activa y cinco oraciones en voz pasiva. Usen distintos tiempos verbales (presente, pasado y futuro). Luego recorten las oraciones y doblen los papelitos. Reúnan sus oraciones con las del otro equipo y mézclenlas.

- **¿Cómo se juega?**
  Juega un equipo contra el otro. Un equipo saca un papelito y lee la oración, pero con este cambio: si la oración está en voz activa, la lee en voz pasiva. Y si está en voz pasiva, la lee en voz activa. Suman 2 puntos por cada oración que lean correctamente. El equipo que acumule más puntos gana.

8.2 Constructions with *se*

¿Te acuerdas? The reflexive pronoun **se** is frequently used in passive and impersonal constructions, and in constructions that express surprise occurrences.

Todo se arreglará. Tómenlo con calma.

¿Se permite tomar una foto?

Passive *se*

▶ In passive constructions with **se**, the third person singular verb form is used with singular nouns, and the third person plural form is used with plural nouns.

Se ve el monumento desde aquí.
The monument is visible from here.

Se necesitan más políticos como él.
More politicians like him are needed.

▶ When the grammatical subject is a person, that person becomes the object of the passive verb. The verb is always singular and the person preceded by the personal **a**.

En las elecciones pasadas, se eligió **al** alcade casi por unanimidad.
In the last elections, the mayor was elected almost unanimously.

Se informó **a** los diputados del nuevo proyecto de ley.
The representatives were informed of the new law.

Impersonal *se*

▶ **Se** is also used in impersonal constructions where there is no stated grammatical subject. In English, indefinite subjects (*you, they, one*) are used.

Se habla mucho de política en sus reuniones.
They talk about politics a lot at his meetings.

Se vive bien aquí.
One lives well here.

▶ Constructions with impersonal **se** are often used on signs and warnings.

Se prohíbe fumar.
Smoking prohibited.

No se puede entrar.
Entrance forbidden.

Se to express unexpected events

▶ **Se** is also used to form statements that describe accidental or unplanned incidents. In this construction, the person who performs the action is de-emphasized, so as to imply that the accident or unplanned event is not his or her direct responsibility. Study the following pattern.

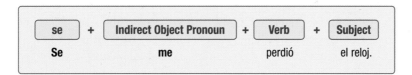

se	+	Indirect Object Pronoun	+	Verb	+	Subject
Se		**me**		perdió		el reloj.

▶ In this construction the person to *whom the event happened* is expressed as an indirect object. The thing that would normally be the direct object of the sentence becomes the subject.

	Indirect Object Pronoun	Verb	Subject
Se	me	acabó	el dinero.
	te	cayeron	las gafas.
	le	lastimó	la pierna.
	nos	dañó	el radio.
	os	olvidaron	las llaves.
	les	perdió	el documento.

¡ATENCIÓN!

Note that the verbs most frequently used with the **'se'** construction to describe unplanned events are:

caer	perder
dañar	quedar
olvidar	romper

Also note that while Spanish has a verb for *fall* (**caer**), there is no exact translation for *drop*: **dejar caer** *(let fall)* is used instead.

▶ To clarify or emphasize the person to whom the unexpected occurrence happened, the construction commonly begins with **A** + [*noun*] or **A** + [*prepositional pronoun*].

A Mario siempre se le olvida pagar los impuestos.
Mario always forgets to pay his taxes.

A mí se me cayeron todos los documentos en medio de la calle.
I dropped all the documents in the middle of the street.

A ustedes se les quedaron veinte euros sobre la mesa.
You (plural) left twenty euros behind on the table.

Al senador se le perdieron las notas del discurso que iba a pronunciar.
The senator lost the notes for the speech he was going to give.

Envié a una persona a recogerla, pero, como ve, nunca se encontraron.

¡Ay, no! Se me cayó de las manos. Las tengo tan resbaladizas.

Práctica

1 Completar Todas las oraciones tienen una construcción pasiva con *se*. Completa las oraciones con el pasado del verbo. Recuerda que el verbo concuerda en número con el sujeto gramatical.

1. Se _____ (criticar) duramente el discurso del presidente.
2. Se _____ (prohibir) las reuniones públicas.
3. Se _____ (aprobar) la nueva ley.
4. Se _____ (informar) al pueblo sobre la difícil situación.
5. Se _____ (llamar) a los líderes para hablar de la dura situación.
6. Se _____ (prohibir) a los candidatos provocar disturbios públicos.

2 Unir Une las expresiones de la columna A con las frases correspondientes de la columna B.

A	B
1. A mí	a. se le exigió controlar las empresas.
2. A nosotros	b. se te prohibió la entrada en este lugar.
3. A ti	c. se les pidió una explicación.
4. A usted	d. se me olvidó la dirección de la embajadora.
5. A Carmen	e. se nos pidió que leyéramos el proyecto de ley.
6. A los diputados	f. se le dañaron las dos computadoras.

3 Seleccionar Selecciona las respuestas que completan las oraciones correctamente.

1. A Carmen se le cayó ...
   a. la cartera.   b. los libros.   c. los lentes.

2. Se me quemaron ...
   a. la comida.   b. las papas.   c. el documento.

3. Siempre se te rompe...
   a. los platos.   b. la grabadora.   c. las sillas.

4. Nunca se nos olvida…
   a. ir a votar.   b. los informes.   c. las leyes.

5. A ustedes nunca se les dañan…
   a. las computadoras.   b. el carro.   c. la videocasetera.

4 Oraciones En parejas, formen seis oraciones con las palabras de la lista.

no se puede	los documentos	hablar de	ese tema
diputado	se presentaron	a las minorías	se critica
a este gobierno	por los derechos humanos	bien	la capital
se entrevistó	se lucha	para el programa	se vive
los nuevos candidatos	se olvidaron de	de televisión	no se discrimina

Comunicación

 (1) **Carteles** En parejas, lean los carteles e imaginen una historia para cada uno. Utilicen el pronombre **se** en sus historias.

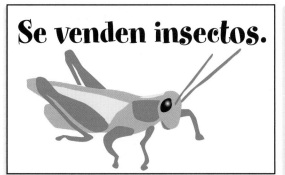

 (2) **Diarios** Un país tiene dos diarios. *Página Abierta* se opone al gobierno actual, mientras que *El Nacional* lo apoya. En parejas, lean los titulares de las noticias y decidan cuáles pertenecen a *Página Abierta* y cuáles pertenecen a *El Nacional*. Luego compartan sus respuestas con sus compañeros/as.

Página Abierta	El Nacional

1. Jóvenes manifestantes fueron agredidos.
   La policía agredió a estudiantes que reclamaban el boleto estudiantil.
2. Los partidarios del gobierno provocaron incidentes en la protesta de ayer.
   Se produjeron incidentes en la manifestación de ayer.
3. Muchos representantes del pueblo criticaron duramente la falta de seguridad.
   Se trató el tema de la falta de seguridad.
4. El presidente del país fue acusado de discriminación.
   Los partidos de la oposición atacaron nuevamente al gobierno.

8.3 Past participles as adjectives

¿Te acuerdas? Past participles are used with **haber** to form compound tenses, such as the present perfect and past perfect tenses, and with **ser** to express the passive voice. They are also frequently used as adjectives with verbs like **estar**.

No puedo creer que se haya equivocado de nombre.

Si no regresas con la diputada, estás despedida.

¡ATENCIÓN!

To review the formation of regular and irregular past participles, see **Lección** 4, pp. 136-137.

▶ When a past participle is used as an adjective, it agrees in number and gender with the noun it modifies.

una cuestión controvertida	unos niños educados
a controversial issue	*some well-behaved children*
un proceso electoral muy organizado	las estrategias políticas bien definidas
a very organized electoral process	*the well-defined political strategies*

▶ Past participles are often used with the verb **estar** to express a state or condition that results from the action of a verb.

—¿Organizaste la campaña?	—Sí, la campaña ya está organizada.
—Did you organize the campaign?	*—Yes, the campaign is already organized.*
—¿Contaron los votos?	—Sí, ya están contados.
—Did you count the votes?	*—Yes, the votes are already counted.*

¿Está cansada, señora diputada?

Práctica y Comunicación

1 **¿Cómo están ellos?** Mira los siguientes dibujos y conéctalos con los verbos de la lista. Después escribe una frase para cada uno usando **estar + participio**.

cansar
enamorar
enojar
esconder
lastimar
sorprender
preparar
aburrir

2 **¿Cómo eres?** En parejas, háganse las siguientes preguntas. Luego, compartan la información con la clase.

1. ¿Estás preocupado/a por algo estos días?
2. ¿Qué estás acostumbrado/a a hacer todos los días?
3. ¿Qué sueles hacer cuando estás aburrido/a?
4. ¿Estás soltero/a, divorciado/a o casado/a?
5. ¿Qué haces cuando estás enfadado/a?
6. ¿En qué piensas cuando estás callado/a?
7. ¿Qué te gusta hacer cuando estás cansado/a?
8. ¿Estás enamorado/a?

8.4 Pero, sino, sino que, no sólo... sino, tampoco

¿Te acuerdas? Pero, sino, sino que, no sólo, and **tampoco** are all used to introduce contradictions or qualifications of previously stated information.

> No sólo se equivocó de nombre sino que dejó a la diputada en el aeropuerto.

> Ya la encontrará. Son políticos, aparecen sin que nadie los llame.

▶ **Pero** means *but* (in the sense of *however*). It may be used after either affirmative or negative clauses.

Votaré por este partido, **pero** no me gusta su candidato.	Él no decía que era religioso, **pero** siempre iba a misa.
I will vote for this party, but I don't like its candidate.	*He didn't say he was religious, but he always went to mass.*

▶ **Sino** also means *but* (in the sense of *but rather* or *on the contrary*). It always expresses a contradicting idea that clarifies or qualifies the preceding negation.

No me gustan esos candidatos, **sino** los del otro partido.	La casa no está en el centro de la ciudad, **sino** en las afueras.
I don't like those candidates, but rather those of the other party.	*The house is not in the center of the city, but rather in the outskirts.*

▶ When **sino** introduces a subordinate clause, it must be followed by **que.**

No apoyaba la reforma electoral, **sino que** se oponía a ella.	No iba a casa, **sino que** se quedaba en la capital.
He did not support the electoral reform, but rather opposed it.	*He did not go home, but rather stayed in the capital.*

▶ *Not only... but also* is translated by **no sólo... sino.** Often **también** or **además** follow **sino.**

No sólo voy a presentarme a las elecciones, **sino que** también voy a ganarlas.	Tu voto **no sólo** cuenta, **sino que además** decide.
I'm not only going to run in the election, but also I'm going to win.	*Your vote not only counts, but also decides.*

▶ **Tampoco** means *neither* or *not either*. It is the opposite of **también. También no** is never used in Spanish.

No contaba con su apoyo, pero **tampoco** con su oposición.	¿No quieres ayudar a contar los votos? Pues, yo **tampoco.**
He didn't count on his support, but neither did he count on his opposition.	*You don't want to help to count the votes? Well, I don't either.*

Práctica y Comunicación

1 **El mundo de hoy** Dos amigos están hablando sobre su visión del mundo contemporáneo. Uno es muy optimista y el otro es pesimista. Completa el diálogo con las siguientes palabras:

ÁLVARO   El mundo de hoy es muy complejo _____ hay que reconocer que hemos avanzado mucho.

MÓNICA   Yo no estoy de acuerdo. Me da la sensación de que _____ hemos avanzado poco, _____ últimamente vamos para atrás.

ÁLVARO   ¡Cómo puedes decir eso, Mónica!

MÓNICA   El mundo no es _____ consumismo en los países ricos y miseria en los países pobres.

ÁLVARO   Ése es un problema grave pero creo que esa miseria existía antes. Aunque tienes razón, _____ vas a negar que hay inventos que han mejorado nuestra calidad de vida.

MÓNICA   La verdad yo no podría vivir sin el teléfono, el automóvil o la electricidad.

ÁLVARO   Pues a eso es a lo que me refería.

sino
no sólo
pero
tampoco
sino que

2 **Nuestros ideales** María tiene una entrevista con el banco para pedir un préstamo hipotecario. Mientras espera a que la atiendan, ella está leyendo algunos datos y corrigiéndolos. Completa las siguientes frases y decide cuándo se utiliza **sino** y cuándo **sino que**.

1. Yo no soy americana _____ española.

2. No nací en Madrid _____ en Barcelona.

3. No es que no tenga dinero _____ necesito un préstamo para una casa.

4. No sólo quiero comprar la casa, _____ también quiero comprar muebles.

5. En mi trabajo, no sólo trabajo como gerente _____ además soy la vicepresidenta.

6. No soy casada _____ soltera.

3 **Elecciones** En parejas, miren los carteles electorales y decidan por cuál de los dos candidatos votarían en las elecciones. ¿Por qué? Compartan sus opiniones con la clase.

A conversar

¿Qué opinas de las religiones?

A La revista *Opinión Abierta* ha dedicado un número al tema de la religión. En una página se han publicado las cartas de los lectores. Lee estas cartas.

Estimado director de *Opinión Abierta*:

Les daré mi opinión sobre el tema. No sólo creo que Dios existe, sino que también creo que hay muchas religiones para elegir. Además pienso que todas las religiones son buenas. En todas se habla del bien y se dice que debemos amar y perdonar a los demás.

Muchas gracias por permitirme opinar.
Gustavo

Editores de *Opinión Abierta*:

Estoy sorprendido de que se discuta este tema en el siglo XXI. No hay duda de que las religiones no sirven. No sólo nos hablan del pecado, sino que también nos hacen tener miedo. La gente elige hacer el bien porque tiene miedo. Las personas somos tratadas como niños miedosos por las religiones.

Andrea

Queridos amigos de *Opinión Abierta*:

Algunos dicen que hay muchas religiones verdaderas, pero esto es falso. Hay una sola religión verdadera, porque enseña los verdaderos valores morales. Los ateos no son felices. Tampoco son felices quienes tienen fe en religiones falsas. Sólo son felices quienes tienen fe en mis creencias.

Muchas gracias por publicar mi carta.
José Luis

Sr. Director de *Opinión Abierta*:

Yo creo en Dios. Pero no creo en las religiones. Todas tienen gente que manda y gente que obedece. Eso no es bueno. Todos somos iguales para Dios: tenemos conciencia y valores morales. Todos sabemos lo que es bueno y lo que es malo.

Felicitaciones por su revista.
Ana María

B Selecciona una carta que exprese una opinión diferente a la tuya. Luego reúnete con los/as compañeros/as que seleccionaron la misma carta. En el grupo, relean la carta. Luego discutan: ¿Qué le dirían a la persona que escribió esa carta? Pueden buscar ideas en las otras cartas.

C Compartan sus ideas con sus compañeros/as. Luego preséntenlas a la clase. Por ejemplo:

- Gustavo dice que todas las religiones son buenas. Pero nosotros creemos que…
- Gustavo dice que todas las religiones son buenas. Pero no sólo no son buenas, sino que además…
- Gustavo dice que todas las religiones son buenas. Pero no son buenas. Tampoco…

A escribir

Un suceso extraño

En las dos lecturas de esta lección ocurren hechos excepcionales. Imagina que trabajas para un periódico y tienes que escribir un pequeño artículo sobre un suceso extraño.

Plan de redacción

Organiza Piensa o inventa un suceso extraño relacionado con un personaje conocido del mundo de la política. Decide el orden cronológico de la historia. Prepara un esquema respondiendo a las siguientes preguntas.

1. ¿Quién es este personaje?
2. ¿Cuándo y dónde ocurrieron los hechos?
3. ¿Quiénes participaron en el suceso?
4. ¿Qué es lo que resultó extraño?
5. ¿Qué sucedió al final?

Después de decidir lo que vas a escribir, ponle al artículo un título atractivo y breve que atraiga al lector.

Escribir Para narrar este suceso, no olvides utilizar la voz pasiva, el pronombre **se** y, al menos una vez, un participio con el verbo **estar.**

Un suceso extraño	
personaje	
¿cuando?	
¿dónde?	
¿quiénes?	
¿qué?	
final	

San Antonio de Oriente, 1957.
José Antonio Velásquez. Honduras.

*Yo no sé si Dios existe, pero si existe, sé que
no le va a molestar mi duda.*

— Mario Benedetti

Antes de leer

Dos palabras
Isabel Allende

Conexión personal
¿Crees que expresarse con elocuencia es una forma de poder? ¿Has estado en alguna situación en la que sólo te salvó tu capacidad de persuasión? ¿Conoces a alguien que haya estado en una situación así? Describe la situación a la clase.

Contexto cultural
Long before universal education programs, the majority of Latin Americans were either illiterate or had only rudimentary literacy skills. Because of this, the **escribano público** (*public scribe*) played an important role in society. The role of the **escribano** was to fill out legal documents or write letters for people who could not do so themselves. **Escribanos** worked in open-air markets or at tables outside of public buildings. Their role was reduced in the twentieth century, thanks to many literacy campaigns in Latin America. The literacy movements in Cuba and Nicaragua have received worldwide acclaim for their success in reducing the illiteracy rate in their respective countries.

Análisis literario: el realismo mágico
Magical realism **(el realismo mágico)** is a literary technique made famous by Latin American writers of the mid-twentieth century, especially Gabriel García Márquez. Unlike fantasy, where strange and unworldly events amaze characters and readers alike, magical realism incorporates fantastic and magical details into everyday life.

Estrategia de lectura: los detalles
Paying close attention to details **(los detalles)** in a literary work will deepen your understanding and enrich your appreciation of the work. As you read "Dos palabras," jot down examples of details that you recognize as fantastic, magical, and impossible, but which are presented by the narrator as unremarkable parts of ordinary life in the fictional context of the story. What is the cumulative effect of these details?

Vocabulario

adivinar *to guess*	**enterrar** *to bury*
atar *to tie (up)*	**espantar** *to scare*
el bautismo *baptism*	**el/la guerrero/a** *warrior*
la cosecha *harvest*	**mojar** *to moisten*
el cura *priest*	**la multitud** *crowd*
desatar *to untie*	**el sillón** *armchair*
destrozar *to destroy*	**suelto/a** *loose*
el/la dueño/a *owner*	

Isabel Allende

Hoja de vida

1942 Nace en Lima, Perú
1982 *La casa de los espíritus* (novela)
1984 *De amor y de sombra* (novela)
1985 Premio a la Mejor Novela, México
1988 *Cuentos de Eva Luna* (cuentos)
1999 *Hija de la fortuna* (novela)
2000 *Retrato en sepia* (novela)

Sobre el autor

La escritora y periodista chilena **Isabel Allende** huyó de Chile tras el asesinato de su tío Salvador Allende, presidente del país, durante el golpe de estado del general Pinochet. Su primera novela, *La casa de los espíritus,* fue publicada en el exilio y tuvo una gran aceptación por parte de la crítica y de los lectores. En su obra, en muchas ocasiones, se refleja la técnica usada en el realismo mágico. La familia, el amor y el poder son algunos de los temas recurrentes que aparecen en sus escritos.

Dos palabras

1 Tenía el nombre de Belisa Crepusculario, pero no por fe de bautismo° o acierto° de su madre, sino porque ella misma lo buscó hasta encontrarlo y se vistió con él. Su oficio era vender palabras. Recorría el país, desde las regiones más altas y frías
5 hasta las costas calientes, instalándose en las ferias y en los mercados, donde montaba cuatro palos con un toldo de lienzo°, bajo el cual se protegía del sol y de la lluvia para atender a su clientela. No necesitaba pregonar° su mercadería y cuando aparecía por la aldea° con su atado° bajo el brazo hacían cola
10 frente a su tenderete°. Vendía a precios justos. Por cinco centavos entregaba versos de memoria, por siete mejoraba la calidad de los sueños, por nueve escribía cartas de enamorados, por doce inventaba insultos para enemigos irreconciliables.

baptismal certificate / good decision

poles with a canvas awning

hawk, call out
village / pack
stall

También vendía cuentos, pero no eran cuentos de fantasía, sino
largas historias verdaderas que recitaba de corrido, sin saltarse
nada°. Así llevaba las nuevas de un pueblo a otro. La gente le
pagaba por agregar una o dos líneas: nació un niño, murió
fulano°, se casaron nuestros hijos, se quemaron las cosechas.
En cada lugar se juntaba una pequeña multitud a su alrededor
para oírla cuando comenzaba a hablar y así se enteraban de las
vidas de otros, de los parientes lejanos, de los pormenores° de la
Guerra Civil. A quien le comprara cincuenta centavos, ella le
regalaba una palabra secreta para espantar la melancolía. No era
la misma para todos, por supuesto, porque eso habría sido un
engaño colectivo. Cada uno recibía la suya con la certeza de que
nadie más la empleaba para ese fin en el universo y más allá.

     Belisa Crepusculario había nacido en una familia tan mísera,
que ni siquiera poseía nombres para llamar a sus hijos. Vino al
mundo y creció en la región más inhóspita, donde algunos años
las lluvias se convierten en avalanchas de agua que se llevan
todo, y en otros no cae ni una gota del ciclo, el sol se agranda
hasta ocupar el horizonte entero y el mundo se convierte en un
desierto. Hasta que cumplió doce años no tuvo otra ocupación
ni virtud que sobrevivir al hambre y la fatiga de siglos. Durante
una interminable sequía° le tocó enterrar a cuatro hermanos
menores y cuando comprendió que llegaba su turno, decidió
echar a andar por las llanuras en dirección al mar, a ver si en el
viaje lograba burlar a la muerte. La tierra estaba erosionada,
partida en profundas grietas°, sembrada° de piedras, fósiles de
árboles y de arbustos espinudos, esqueletos de animales
blanqueados por el calor. De vez en cuando tropezaba con
familias que, como ella, iban hacia el sur siguiendo el espejismo
del agua. Algunos habían iniciado la marcha llevando sus
pertenencias al hombro o en carretillas°, pero apenas podían
mover sus propios huesos y a poco andar debían abandonar sus
cosas. Se arrastraban penosamente, con la piel convertida en
cuero de lagarto° y los ojos quemados por la reverberación de la

Marginal glosses:
without skipping anything (line 15)
so-and-so (line 17)
details (line 21)
drought (line 35)
cracks / sown (line 39)
wheelbarrows (line 44)
alligator (line 47)

luz. Belisa los saludaba con un gesto al pasar, pero no se detenía,
porque no podía gastar sus fuerzas en ejercicios de compasión.
50 Muchos cayeron por el camino, pero ella era tan tozuda° que   *stubborn*
consiguió atravesar el infierno y arribó por fin a los
primeros manantiales°, finos hilos de agua, casi invisibles, que   *springs*
alimentaban una vegetación raquítica, y que más adelante se
convertían en riachuelos y esteros. Belisa Crepusculario salvó
55 la vida y además descubrió por casualidad la escritura. Al llegar
a una aldea en las proximidades de la costa, el viento colocó a
sus pies una hoja de periódico. Ella tomó aquel papel amarillo
y quebradizo y estuvo largo rato observándolo sin adivinar su
uso, hasta que la curiosidad pudo más que su timidez. Se acercó
60 a un hombre que lavaba un caballo en el mismo charco turbio°   *murky puddle*
donde ella saciara° su sed.   *had satisfied*

      —¿Qué es esto? —preguntó.

      —La página deportiva del periódico —replicó el hombre sin
dar muestras de asombro ante su ignorancia.

65   La respuesta dejó atónita a la muchacha, pero no quiso
parecer descarada° y se limitó a inquirir el significado de las   *shameless*
patitas de mosca° dibujadas sobre el papel.   *fly specks*

      —Son palabras, niña. Allí dice que Fulgencio Barba noqueó° *knocked out*
al Negro Tiznao en el tercer *round.*

70   Ese día Belisa Crepusculario se enteró de que las palabras
andan sueltas sin dueño y cualquiera con un poco de maña°   *skill*
puede apoderárselas° para comerciar con ellas. Consideró su   *take possession of them*
situación y concluyó que aparte de prostituirse o emplearse
como sirvienta en las cocinas de los ricos, eran pocas las
75 ocupaciones que podía desempeñar°. Vender palabras le   *carry out; practice*
pareció una alternativa decente. A partir de ese momento
ejerció esa profesión y nunca le interesó otra. Al principio
ofrecía su mercancía sin sospechar que las palabras podían
también escribirse fuera de los periódicos. Cuando lo supo
80 calculó las infinitas proyecciones de su negocio, con sus ahorros
le pagó veinte pesos a un cura para que le enseñara a leer y

escribir y con los tres que le sobraron se compró un diccionario.
Lo revisó desde la A hasta la Z y luego lo lanzó al mar, porque
no era su intención estafar° a los clientes con palabras   *cheat*
85 envasadas°.   *packaged*

Varios años después, en una mañana de agosto, se encontraba
Belisa Crepusculario en el centro de una plaza, sentada bajo su
toldo vendiendo argumentos de justicia a un viejo que solicitaba
su pensión desde hacía diecisiete años. Era día de mercado y
90 había mucho bullicio° a su alrededor. Se escucharon de pronto   *racket*
galopes y gritos; ella levantó los ojos de la escritura y vio
primero una nube de polvo y enseguida un grupo de jinetes°   *riders; horsemen*
que irrumpió° en el lugar. Se trataba de los hombres del   *burst*
Coronel, que venían al mando del Mulato, un gigante
95 conocido en toda la zona por la rapidez de su cuchillo y la
lealtad hacia su jefe. Ambos, el Coronel y el Mulato, habían
pasado sus vidas ocupados en la Guerra Civil y sus nombres
estaban irremisiblemente unidos al estropicio° y la calamidad.   *mess; havoc*
Los guerreros entraron al pueblo como un rebaño en
100 estampida°, envueltos en ruido, bañados de sudor y dejando a   *stampede*
su paso un espanto de huracán. Salieron volando las gallinas,
dispararon a perderse los perros, corrieron las mujeres con sus
hijos y no quedó en el sitio del mercado otra alma viviente que
Belisa Crepusculario, quien no había visto jamás al Mulato y
105 por lo mismo le extrañó que se dirigiera a ella.

—A ti te busco —le gritó señalándola con su látigo enrollado
y antes que terminara de decirlo, dos hombres cayeron encima
de la mujer atropellando° el toldo y rompiendo el tintero°,   *knocking over / inkwell*
la ataron de pies y manos y la colocaron atravesada como un
110 bulto de marinero° sobre la grupa° de la bestia del Mulato.   *seaman's bag; duffle bag / hindquarters*
Emprendieron galope en dirección a las colinas.

Horas más tarde, cuando Belisa Crepusculario estaba a punto
de morir con el corazón convertido en arena por las sacudidas
del caballo, sintió que se detenían y cuatro manos poderosas la
115 depositaban en tierra. Intentó ponerse de pie y levantar la

cabeza con dignidad, pero le fallaron las fuerzas y se desplomó° con un suspiro, hundiéndose en un sueño ofuscado. Despertó varias horas después con el murmullo de la noche en el campo, pero no tuvo tiempo de descifrar esos sonidos, porque al abrir los ojos se encontró ante la mirada impaciente del Mulato, arrodillado a su lado.

    —Por fin despiertas, mujer —dijo alcanzándole su cantimplora° para que bebiera un sorbo de aguardiente con pólvora y acabara de recuperar la vida.

    Ella quiso saber la causa de tanto maltrato y él le explicó que el Coronel necesitaba sus servicios. Le permitió mojarse la cara y enseguida la llevó a un extremo del campamento, donde el hombre más temido del país reposaba en una hamaca colgada entre dos árboles. Ella no pudo verle el rostro°, porque tenía encima la sombra incierta del follaje y la sombra imborrable de muchos años viviendo como un bandido, pero imaginó que debía ser de expresión perdularia° si su gigantesco ayudante se dirigía a él con tanta humildad. Le sorprendió su voz, suave y bien modulada como la de un profesor.

    —¿Eres la que vende palabras? —preguntó.

    —Para servirte —balbuceó° ella oteando° en la penumbra para verlo mejor.

    El Coronel se puso de pie y la luz de la antorcha° que llevaba el Mulato le dio de frente. La mujer vio su piel oscura y sus fieros° ojos de puma y supo al punto que estaba frente al hombre más solo de este mundo.

    —Quiero ser Presidente —dijo él.

    Estaba cansado de recorrer esa sierra maldita en guerras inútiles y derrotas que ningún subterfugio podía transformar en victorias. Llevaba muchos años durmiendo a la intemperie°, picado de mosquitos, alimentándose de iguanas y sopa de culebra, pero esos inconvenientes menores no constituían razón suficiente para cambiar su destino. Lo que en verdad le fastidiaba era el terror en los ojos ajenos. Deseaba entrar a los

collapsed

canteen

face

ne'er-do-well

stammered / scanning

torch

fierce

the elements

150 pueblos bajo arcos de triunfo, entre banderas de colores y
flores, que lo aplaudieran y le dieran de regalo huevos frescos y
pan recién horneado. Estaba harto de comprobar cómo a su
paso huían los hombres, abortaban de susto las mujeres y
temblaban las criaturas°; por eso había decidido ser Presidente.   *babies*

155 El Mulato le sugirió que fueran a la capital y entraran
galopando al Palacio para apoderarse del gobierno, tal como
tomaron tantas otras cosas sin pedir permiso, pero al Coronel
no le interesaba convertirse en otro tirano; de ésos ya habían
tenido bastantes por allí y, además, de ese modo no obtendría

160 el afecto de las gentes. Su idea consistía en ser elegido por
votación popular en los comicios de diciembre.

    —Para eso necesito hablar como un candidato. ¿Puedes
venderme las palabras para un discurso? —preguntó el
Coronel a Belisa Crepusculario.

165   Ella había aceptado muchos encargos, pero ninguno como
ése; sin embargo no pudo negarse, temiendo que el Mulato le
metiera un tiro° entre los ojos o, peor aún, que el Coronel se   *would shoot her*
echara a llorar. Por otra parte, sintió el impulso de ayudarlo,
porque percibió un palpitante calor en su piel, un deseo

170 poderoso de tocar a ese hombre, de recorrerlo con sus manos,
de estrecharlo entre sus brazos.

    Toda la noche y buena parte del día siguiente estuvo Belisa
Crepusculario buscando en su repertorio las palabras
apropiadas para un discurso presidencial, vigilada° de cerca por   *watched*

175 el Mulato, quien no apartaba los ojos de sus firmes piernas de
caminante y sus senos° virginales. Descartó las palabras ásperas°   *breasts / harsh*
y secas, las demasiado floridas°, las que estaban desteñidas° por   *flowery / faded*
el abuso, las que ofrecían promesas improbables, las carentes°   *lacking*
de verdad y las confusas, para quedarse sólo con aquéllas

180 capaces de tocar con certeza el pensamiento de los hombres y la
intuición de las mujeres. Haciendo uso de los conocimientos
comprados al cura por veinte pesos, escribió el discurso en una
hoja de papel y luego hizo señas al Mulato para que desatara la

cuerda con la cual la había amarrado por los tobillos a un árbol.

185 La condujeron nuevamente donde el Coronel, y al verlo ella volvió a sentir la misma palpitante ansiedad del primer encuentro. Le pasó el papel y aguardó, mientras él lo miraba sujetándolo con la punta de los dedos.

—¿Qué carajo dice aquí°? —preguntó por último.

What the hell does this say?

190 —¿No sabes leer?

—Lo que yo sé hacer es la guerra —replicó él.

Ella leyó en alta voz el discurso. Lo leyó tres veces, para que su cliente pudiera grabárselo en la memoria. Cuando terminó vio la emoción en los rostros de los hombres de la tropa que se

195 juntaron para escucharla y notó que los ojos amarillos del Coronel brillaban de entusiasmo, seguro de que con esas palabras el sillón presidencial sería suyo.

—Si después de oírlo tres veces los muchachos siguen con la boca abierta, es que esta vaina° sirve, Coronel —aprobó el

thing, stuff, business

200 Mulato.

—¿Cuánto te debo por tu trabajo, mujer? —preguntó el Jefe.

—Un peso, Coronel.

—No es caro —dijo él abriendo la bolsa que llevaba colgada del cinturón con los restos del último botín.

205 —Además tienes derecho a una ñapa°. Te corresponden dos palabras secretas —dijo Belisa Crepusculario.

small amount of goods given free

—¿Cómo es eso?

Ella procedió a explicarle que por cada cincuenta centavos que pagaba un cliente, le obsequiaba° una palabra de uso

would give as a gift

210 exclusivo. El jefe se encogió de hombros, pues no tenía ni el menor interés en la oferta, pero no quiso ser descortés con quien lo había servido tan bien. Ella se aproximó sin prisa al taburete° de suela donde él estaba sentado y se inclinó para entregarle su regalo. Entonces el hombre sintió el olor de

stool

215 animal montuno° que se desprendía de esa mujer, el calor de incendio que irradiaban sus caderas°, el roce terrible de sus cabellos, el aliento de yerbabuena susurrando en su oreja las dos

wild, untamed

hips

palabras secretas a las cuales tenía derecho.

—Son tuyas, Coronel —dijo ella al retirarse—. Puedes
220 emplearlas cuanto quieras.

El Mulato acompañó a Belisa hasta el borde del camino sin
dejar de mirarla con ojos suplicantes de perro perdido pero
cuando estiró la mano para tocarla, ella lo detuvo con un
chorro° de palabras inventadas que tuvieron la virtud de   *spurt*
225 espantarle el deseo, porque creyó que se trataba de alguna
maldición irrevocable.

En los meses de septiembre, octubre y noviembre el Coronel
pronunció su discurso tantas veces, que de no haber sido hecho
con palabras refulgentes y durables el uso lo habría vuelto
230 ceniza. Recorrió el país en todas direcciones, entrando a las
ciudades con aire triunfal y deteniéndose también en los
pueblos más olvidados, allá donde sólo el rastro de basura
indicaba la presencia humana, para convencer a los electores
de que votaran por él. Mientras hablaba sobre una tarima° al   *platform*
235 centro de la plaza, el Mulato y sus hombres repartían caramelos
y pintaban su nombre con escarcha dorada° en las paredes,   *golden frost*
pero nadie prestaba atención a esos recursos de mercader,
porque estaban deslumbrados por la claridad de sus
proposiciones y la lucidez poética de sus argumentos,
240 contagiados de su deseo tremendo de corregir los errores de la
historia y alegres por primera vez en sus vidas. Al terminar la
arenga° del Candidato, la tropa lanzaba pistoletazos° al aire y   *rousing speech / pistol shots*
encendía petardos° y cuando por fin se retiraban, quedaba atrás   *firecrackers*
una estela de esperanza que perduraba muchos días en el aire,
245 como el recuerdo magnífico de un cometa. Pronto el Coronel
se convirtió en el político más popular. Era un fenómeno
nunca visto, aquel hombre surgido de la Guerra Civil, lleno de
cicatrices° y hablando como un catedrático, cuyo prestigio se   *scars*
regaba por el territorio nacional conmoviendo el corazón de
250 la patria. La prensa se ocupó de él. Viajaron de lejos los
periodistas para entrevistarlo y repetir sus frases, y así creció

el número de sus seguidores y de sus enemigos.

—Vamos bien, Coronel —dijo el Mulato al cumplirse doce semanas de éxitos.

255 Pero el candidato no lo escuchó. Estaba repitiendo sus dos palabras secretas, como hacía cada vez con mayor frecuencia. Las decía cuando lo ablandaba la nostalgia, las murmuraba dormido, las llevaba consigo sobre su caballo, las pensaba antes de pronunciar su célebre discurso y se sorprendía

260 saboreándolas en sus descuidos. Y en toda ocasión en que esas dos palabras venían a su mente, evocaba la presencia de Belisa Crepusculario y se le alborotaban° los sentidos con el   *stirred up* recuerdo del olor montuno, el calor de incendio, el roce terrible y el aliento de yerbabuena, hasta que empezó a andar como un

265 sonámbulo y sus propios hombres comprendieron que se le terminaría la vida antes de alcanzar el sillón de los presidentes.

—¿Qué es lo que te pasa, Coronel? —le preguntó muchas veces el Mulato, hasta que por fin un día el jefe no pudo más y le confesó que la culpa de su ánimo eran esas dos palabras que

270 llevaba clavadas en el vientre.

—Dímelas, a ver si pierden su poder —le pidió su fiel ayudante.

—No te las diré, son sólo mías —replicó el Coronel.

Cansado de ver a su jefe deteriorarse como un condenado a

275 muerte, el Mulato se echó el fusil al hombro y partió en busca de Belisa Crepusculario. Siguió sus huellas por toda esa vasta geografía hasta encontrarla en un pueblo del sur instalada bajo el toldo de su oficio, contando su rosario de noticias. Se le plantó delante con las piernas abiertas y el arma empuñada.

280 —Tú te vienes conmigo —ordenó.

Ella lo estaba esperando. Recogió su tintero, plegó° el lienzo   *folded up* de su tenderete, se echó el chal sobre los hombros y en silencio trepó al anca° del caballo. No cruzaron ni un gesto en todo el   *climbed onto the haunches* camino, porque al Mulato el deseo por ella se le había

285 convertido en rabia y sólo el miedo que le inspiraba su lengua

le impedía destrozarla a latigazos°. Tampoco estaba dispuesto a   *lashes of a whip*
comentarle que el Coronel andaba alelado°, y que lo que no   *spellbound*
habían logrado tantos años de batallas lo había conseguido un
encantamiento° susurrado al oído. Tres días después llegaron al   *enchantment*
290 campamento y de inmediato condujo a su prisionera hasta el
candidato, delante de toda la tropa.

    —Te traje a esta bruja para que le devuelvas sus palabras,
Coronel, y para que ella te devuelva la hombría° —dijo   *manhood, manliness*
apuntando el cañón de su fusil a la nuca de la mujer.

295   El Coronel y Belisa Crepusculario se miraron largamente,
midiéndose desde la distancia. Los hombres comprendieron
entonces que ya su Jefe no podía deshacerse del hechizo° de   *spell; witchcraft*
esas dos palabras endemoniadas, porque todos pudieron ver
los ojos carnívoros del puma tornarse mansos cuando ella
300 avanzó y le tomó la mano. ✹

Después de leer

Dos palabras
Isabel Allende

1 **Comprensión** Indica con números el orden cronológico en que ocurrieron los hechos *(events)* en el cuento.

_____ a. El Coronel recorrió el país para convencer a todos que votaran por él.

_____ b. El Mulato la llevó a las colinas para que viera al Coronel.

_____ c. Belisa leyó el discurso tres veces.

_____ d. Belisa enterró a sus cuatro hermanos, y pensó que iba a morir.

_____ e. Belisa y el Coronel se miraron y los ojos de él se volvieron mansos.

_____ f. El Coronel repetía las dos palabras y se acordaba de Belisa.

_____ g. Al llegar a una aldea, el viento colocó una hoja de periódico a sus pies.

_____ h. El Mulato se cansó de ver así a su jefe y volvió a buscar a Belisa.

_____ i. A Belisa le sorprendió la voz del Coronel, suave y modulada.

_____ j. Belisa le regaló al Coronel dos palabras.

_____ k. El Coronel le dijo que quería ser Presidente y necesitaba su ayuda.

_____ l. Belisa le pagó veinte pesos al cura para aprender a leer.

2 **Explicar** En parejas, lean las siguientes frases del cuento y explíquenlas con sus propias palabras.

1. "Belisa Crepusculario había nacido en una familia tan mísera, que ni siquiera poseía nombres para llamar a sus hijos."
2. "Al Coronel no le interesaba convertirse en otro tirano."
3. "Las palabras andan sueltas sin dueño y cualquiera con un poco de maña puede apoderárselas para comerciar con ellas."
4. "Ella había aceptado muchos encargos, pero ninguno como ése; sin embargo no pudo negarse, temiendo que el Mulato le metiera un tiro entre los ojos o, peor aún, que el Coronel se echara a llorar."

3 **Imaginar** En parejas, expliquen lo que ocurrió cuando Belisa y el Coronel se vieron por segunda vez. Después, imaginen cuáles eran las dos palabras que Belisa le regaló al Coronel.

4 **Escribir** No sabemos si el Coronel llegó a ganar las elecciones, pero sabemos que consiguió muchos seguidores gracias al discurso. En parejas, imagínense que quieren ser presidentes de su país y escriban un discurso político que sea diferente al que normalmente ofrecen los políticos. Den alternativas nuevas y diferentes. ¿Qué dos palabras mágicas utilizarían en su discurso?

Antes de leer

Rubén Blades

Conexión personal

Si pudieras ser un personaje conocido, ¿en qué área te gustaría trabajar? ¿La música, la política, el deporte…? ¿Por qué? Compara tu respuesta con la de un(a) compañero/a.

Contexto cultural

Panama is not just a country with a canal. Just for fun, take this quiz to test your knowledge of "the crossroads of the world."

1. Panama is
   a. an island.
   b. an isthmus.
   c. a peninsula.
   d. a cay.

2. A **mola** is a type of
   a. song.
   b. drink.
   c. dialect.
   d. textile.

3. Panama gained its independence from _____ in 1903.
   a. Colombia
   b. Nicaragua
   c. The United States
   d. Spain

4. The most common second language in Panama is
   a. Choco.
   b. Guaymi.
   c. English.
   d. Bokota.

Vocabulario

lanzar *to launch*   **el rechazo** *rejection, refusal*

Rubén Blades
José Arteaga

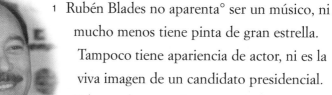

1   Rubén Blades no aparenta° ser un músico, ni   *doesn't look*
mucho menos tiene pinta de gran estrella.
Tampoco tiene apariencia de actor, ni es la
viva imagen de un candidato presidencial.
5   Tal vez a lo que más se aproxima es a su
propia profesión, a la de abogado, aunque,
a simple vista, pocas personas se arriesgarían
a dejar un caso importante en sus manos.

     En 1975, cuando su nombre apareció por primera vez
10 anunciado en la contracarátula° del disco de Willie Colón,   *back of a record jacket*
El bueno, el malo y el feo, nada hacía suponer que este hombre
pudiera ser cualquiera de las cuatro cosas que ahora es. Ni siquiera
se pensó eso cuando fue invitado a engrosar las filas° de la *Fania*   *joined the ranks*
All Stars un año después, ni cuando anunció su independencia de
15 Colón para dedicarse a cantar como solista en 1983.

     El músico Blades tiene en su haber más de veinticuatro discos
como solista y quince como invitado estelar de diferentes
orquestas. El cineasta Blades recoge los frutos de veinte
apariciones en y detrás de la pantalla como actor y como
20 compositor de bandas sonoras°. El abogado Blades guarda en   *soundtracks*
su haber el diploma que le otorgó° la Universidad de Harvard   *awarded*
por su especialización en Derecho Internacional. El político
Blades recuerda su movimiento Papá Egoró (*Madre Tierra*), que
lo llevó a ser candidato a la presidencia de Panamá en 1994.

25   Pero un nuevo Blades, diferente al músico, al actor, al abogado y
al político, sale a flote°. Su deseo interno es hacer una especie de   *is back on his feet*
fundación que pueda canalizar proyectos culturales de América

Latina. Aquellos trabajos que nunca salen a flote, aquellos talentos que no se dan a conocer. Un trabajo descomunal° en una tierra

30 donde hay todo por hacer.

Para Blades, que reanudó su amistad con Willie Colón para grabar el disco *Contra viento y marea,* la música moderna necesita continuos contactos con varios géneros y ritmos de diferentes regiones. "Hay una idea de globalizar la música y eso es lo que se

35 debe rescatar°, aunque persiste, sobre todo en la salsa actual, una fórmula que se repite y que sacrifica la individualidad. Lo que buscamos con Colón es reafirmar la falta que eso hace".

La realización de su trabajo con Sony Music, *La rosa de los vientos,* hizo que su nombre sirviera como pretexto para

40 promocionar nuevos músicos panameños. El disco viaja entre el bolero° y el vallenato°, rindiendo homenajes sonoros° a leyendas de la salsa como Richie Ray y Bobby Cruz, y también dejando verdaderas joyas como la canción "Amándote".

Rubén Blades pasa sus días en medio de gran agitación.

45 Proyectos culturales como éste no lo dejan descansar, y sus otras actividades han terminado con su tiempo libre. "Mi representante nunca sabe dónde estoy", explica. Sin embargo, de vez en cuando, vuelve a anclarse° por un tiempo en su casa de Times Square. "Allí trazo mis planes y me siento parte de la tela de Nueva York".

50 Blades, con su calvicie° prematura y rostro semiovalado y fresco, ha sufrido en carne propia el rechazo social de los latinos. Su primera incursión en Nueva York en 1971 fue tan desafortunada que regresó con el rabo entre las piernas jurando no volver a salir de Panamá. Su segunda visita acabó con aquellos sueños idealistas

55 que tenía, al no poder conseguir más que un puesto de cartero en las oficinas de Fania Records de la Séptima Avenida.

huge

rescue

romantic song / dance music typical of Colombia / paying musical tribute

to be anchored

baldness

Luego, lo experimentó con el cine, un lugar que, según él, es la fuente más grande de estereotipos del mundo. "Las oportunidades en el cine de hoy son difíciles", dice. "Primero porque hay mucho

60   artista de calidad y segundo porque en el cine te llaman de acuerdo con la nacionalidad. Nunca falta para nosotros un papel de traficante de droga, por ejemplo. No hay para el latino papeles con sustancia y eso se da también en la televisión. Eso sólo se puede cambiar estando allí, poco a poco. Aunque, por ahora, a mí me

65   matan en todas las películas".

No obstante, Blades se confiesa ilusionado° con los proyectos de   *hopeful*
cine, al igual que con los de música. Reconoce sin inconvenientes, que la razón para hacer tantas cosas es esa capacidad para ilusionarse. Al fin y al cabo, él no las ve como incompatibles,

70   aunque reconoce que confunden y enervan a ciertas personas puristas.

"Yo vengo de una familia trabajadora", recuerda. "Mi abuela era vegetariana en los 30, hacía yoga en los 40, se casó dos veces y se divorció dos veces, fue educadora, feminista, rebelde y la

75   metieron presa. A través de ella vi que las cosas son posibles de realizar, por encima de ese concepto general que imposibilita hacer más de dos cosas, aunque reconozco que, a veces, ha sido un impedimento".

Cuando Blades lanzó la campaña de su movimiento Papá Egoró,

80   mucha gente no lo tomó en serio. Los medios de comunicación lo veían como un divertimiento para las elecciones, el público como un "agringado comodón°", los comunistas como un agente de la   *well-off, Americanized*
CIA, los norteamericanos como un comunista y sus rivales como un   *person*
irrespetuoso ante la política.

85   A tanto llegó, que tuvo que hacer un examen antidopaje y sólo

tras los debates televisados, la situación cambió. Blades pudo
entonces tomar la revancha° de las acusaciones y menosprecios°. *revenge / scorn*
Había llegado el turno para que hablara. Con la palabra, como
con sus canciones, Rubén Blades es capaz de todo, incluso de

90   convencer en poco tiempo al 17% de la población votante de
Panamá y alcanzar así el tercer lugar en esas reñidas° elecciones. *hard-fought*

Cuando Pérez Balladares fue electo en 1994, Blades anunció con
cierto humor que, como los panameños no habían querido darle
empleo como presidente, volvería a cantar y componer. "Yo cometí

95   un error", confiesa. "Mi candidatura era inevitable, pues yo era la
persona más conocida del grupo. Pero un compromiso de esa
magnitud requiere estar al frente 365 días al año, trabajando
veinticuatro horas al día. Si vuelvo alguna vez, lo haré de esa forma
y no de otra".

100   "Yo veo la política como un ejercicio cívico, donde puedan
participar todas las personas, sobre todo aquellas que no tienen
representación, como los niños". Blades, que hará un disco para
niños con el compositor puertorriqueño Tite Curet Alonso, piensa
que a los chicos hay que cantarles porque "la música puede acercar

105   lo que la política separa".

"De manera que no me vean la música que hago como música
política o salsa protesta", insiste. "¡No! Eso es lo que la ha tratado
de llamar alguna gente que no sabe cómo llamarla. Mi música es
una canción urbana. Punto. Y todo lo que hago ahora con estos

110   proyectos nuevos es urbanizar cosas que poco se conocen". ✹

Después de leer

Rubén Blades

(1) Comprensión De las siguientes respuestas, indica la incorrecta.

1. Rubén Blades tiene varias profesiones, algunas de ellas son:

   a. músico

   b. político

   c. escritor

2. Algunos de los proyectos que Rubén Blades ha completado a lo largo de su carrera son:

   a. 24 discos como solista

   b. un diploma de abogado en la universidad de Columbia

   c. 20 apariciones en la pantalla como actor

3. Algunos de los objetivos que quiere lograr son:

   a. hacer una gira por Norteamérica promocionando la cultura latina

   b. hacer una especie de fundación que canalice proyectos culturales de América Latina

   c. promocionar la música de Panamá

4. Blades ha sufrido el rechazo social hacia los latinos en varias ocasiones.

   a. Cuando llegó a Nueva York en 1971, sólo conseguía trabajo como cartero.

   b. Una vez, lo confundieron con otra persona y no lo dejaron entrar en su concierto.

   c. En las películas sólo le ofrecían ser traficante de droga.

5. La abuela de Rubén influyó positivamente en él.

   a. A los 30 era vegetariana.

   b. A los 40 hacía yoga.

   c. Se casó tres veces.

6. Rubén Blades insiste en que

   a. su música es política y de protesta.

   b. su música es urbana.

   c. con su música él intenta renovar la música pop.

(2) Analizar En parejas, respondan a las siguientes preguntas.

1. ¿Qué es lo que el músico quiso decir con la frase: "La música acerca lo que la política separa"? Compara esta idea con la frase "Encadenados por el comunismo, liberados por el ritmo."

2. En este artículo, se habla de la dificultad de los actores latinos para poder acceder a la televisión o al cine norteamericano. ¿Creen que esto es cierto? ¿Por qué? ¿Conocen a algún actor o actriz que represente siempre al mismo tipo de personaje en las películas? ¿Cómo son estos personajes?

3. ¿Cuáles son las ventajas y los inconvenientes de trabajar en diferentes áreas? ¿Conocen a alguien que tenga varias profesiones al mismo tiempo? ¿Qué profesiones son?

Atando cabos

Política y religión

Trabajen en grupos pequeños para preparar una presentación sobre un político o un líder religioso que les interese.

Elegir el tema

Pueden preparar una presentación sobre Rubén Blades, o pueden elegir un personaje famoso que les interese más. Decidan en grupo de quién quieren hablar en su presentación.

Preparar

Investiguen a través de su computadora o en la biblioteca.
Una vez que tengan la información necesaria, elijan los puntos más importantes y ayúdense con material auditivo o audiovisual, para ofrecer una visión más amplia de lo que quieren comentar en clase.

Organizar

Una vez que hayan recopilado la información necesaria, preparen un esquema que les ayude a clarificar y planear con mayor exactitud su presentación. Pueden guiarse respondiendo a las siguientes preguntas.
1. ¿De dónde es este personaje?
2. ¿Cuál es su profesión?
3. ¿Qué consiguió hacer este personaje famoso?
4. ¿Qué efectos han tenido sus acciones en su país o en el mundo?

Ayuda para Internet

Pueden intentar acceder a la información utilizando las siguientes palabras clave:
Ernesto Cardenal / César Chávez / Vicente Fox / Felipe González / Rigoberta Menchú / Juan Perón / Evita Perón / Óscar Romero

Estrategia de comunicación

Cómo hablar de una persona célebre
Las siguientes frases pueden ayudarles a expresarse de forma más adecuada.
1. Se eligió a este personaje porque…
2. Se dice que él/ella...
3. Tampoco se puede...
4. Él/ella fue elegido/a para....
5. Este personaje no sólo... sino

Presentar

Antes de su presentación, cada grupo entregará una copia de su esquema al profesor. Usen medios audiovisuales (música, fotografías, fotocopias, etc.) para mostrar las obras de la persona que eligieron.

La política

la batalla	battle
la campaña	campaign
el/la candidato/a	candidate
el cargo	position
la democracia	democracy
la dictadura	dictatorship
el discurso	speech
el ejército	army
las fuerzas armadas	armed forces
el partido político	political party
la política	politics
el pueblo	people
el régimen	form of government
la seguridad	security
el tratado	treaty
crítico/a	critical
electoral	electoral
estatal	public; pertaining to the state

Verbos relacionados con la política

aprobar una ley	to pass a law
avisar	to inform; to warn
gobernar	to govern
informarse	to get information
inscribirse	to register; to enroll
presentarse como	to apply for
pronunciar un discurso	to give a speech
votar	to vote

Cargos públicos

el alcalde/la alcaldesa	mayor
el/la diputado/a	representative
el/la líder (laboral)	(labor) leader
el/la ministro/a	minister
el/la senador(a)	senator
el/la embajador(a)	ambassador

Las leyes y los derechos

el/la ciudadano/a	citizen
los derechos humanos	human rights
los derechos civiles	civil rights
la discriminación	discrimination
la igualdad	equality
el/la juez(a)	judge
el juicio	trial; judgment
la lucha	struggle; fight
la minoría	minority
el proyecto de ley	bill
la queja	complaint
el tribunal	court
rechazar	to reject
discriminado/a	discriminated
libre	free

La religión y la moral

el ateísmo	atheism
la creencia	belief
el/la creyente	believer
Dios	God
la fe	faith
la muerte	death
la religión	religion
la vida	life
espiritual	spiritual
(in)justo/a	(un)just; (un)fair
(in)moral	(im)moral
religioso/a	religious
sagrado/a	sacred

Verbos relativos a la religión y la moral

confesar	to confess
creer en	to believe in
perdonar	to forgive
rezar	to pray

Expresiones útiles	Véase la página 309.
Vocabulario de "Dos palabras"	Véase la página 327.
Vocabulario del perfil	Véase la página 339.
Estructura 8.1	Véase la página 314.
Estructura 8.2	Véase la página 317.
Estructura 8.4	Véase la página 322.

La cultura popular y los medios de comunicación

9

La cultura popular y los medios de comunicación

Sueños sí, realidades no

Esteban estaba pegado a la **pantalla de televisión** para ver el **episodio final** de la **telenovela**. Era el **televidente** más fiel: nunca cambiaba de **canal** y veía todos los **anuncios**, porque no quería perderse ni siquiera un segundo de acción. Leía religiosamente todos los **chismes** sobre el **director** y las **crónicas de sociedad** sobre los **actores** famosos. De pronto, a poco de empezar el episodio, se interrumpió la **transmisión** con una **noticia** de último momento.

El cine

A Noemí no le gustaba nada el cine extranjero, pero cuando supo que un **crítico de cine** le daba cinco estrellas a un **largometraje** de otro país, fue a verlo a la última **sesión**. El **argumento** y la **banda sonora** eran excelentes, pero la **película** no estaba **doblada** y a ella no le daba tiempo de leer los **subtítulos**.

Pan y circo

Trabajando duro, el **destacado** ex **reportero** de la **crónica deportiva** se convirtió en **conductor** del programa con mayor **índice de audiencia** del país. Él afirma que al **público** lo que le interesa es la **prensa sensacionalista:** no le interesa que sea ni **imparcial** ni inteligente y tampoco **estar al tanto** de la **actualidad**. Ahora es muy **influyente** en los **medios de comunicación**, aunque no cabe duda de que su único talento es saber qué cosas le divierten al **público**.

La radio

la emisora	radio station
el estudio de grabación	recording studio
el/la locutor(a)	announcer
transmitir	to broadcast

El cine

el cortometraje (el corto)	short film
la escena	scene
la estrella	star (male or female)
el guión	script
grabar	to record

Los periódicos

el diario	daily (newspaper)
la edición especial	special edition
el/la redactor(a)	editor
la revista semanal	weekly supplement
imprimir	to print
publicar	to publish

Los medios de comunicación

la censura	censorship
la parcialidad	bias
ser parcial	to be biased

Viejas costumbres

Aunque pueda leer artículos de la **prensa** en Internet, Fernanda prefiere comprar el **periódico impreso**. Le gusta mancharse los dedos de tinta, ver los **titulares** en la **portada**, sentirse una verdadera **lectora**. También le gusta oír **reportajes** en la radio. Es una auténtica **oyente** de **radio** pero, a veces, espera a que su **presentador de noticias** favorito le cuente qué está pasando en la **emisión** del **noticiero** de las siete en televisión. Hasta la fecha, Fernanda ha usado las páginas de Internet solamente para leer información **actualizada** sobre el tiempo.

Práctica

1 **¿Qué hace cada uno?** Indica lo que hacen las siguientes personas.

_____ 1. Dice si una película es buena o no   a. televidente

_____ 2. Escucha la radio   b. presentador(a) de noticias

_____ 3. Habla en la radio   c. locutor(a)

_____ 4. Investiga y escribe notas con información   d. director(a)

_____ 5. Les dice a los actores qué hacer   e. crítico/a de cine

_____ 6. Mira la televisión   f. reportero/a

_____ 7. Se para frente a la cámara y le dice   g. oyente
a la gente qué pasa

2 **Una persona informada** Completa los siguientes párrafos con las palabras de la lista.

Todas las mañanas cuando me levanto enciendo la _____ y mientras
desayuno veo el _____ de las siete. Antes de entrar a la oficina compro el
_____ y leo las _____ mientras subo en el ascensor. Durante el
día de trabajo visito algunos sitios de Internet.
Regreso a mi casa a las 6, justo para ver _____ . A veces, los periodistas de
mi noticiero favorito _____ alguna información, pero no hablan de
_____ como los demás. Después, si no veo un _____ en el
_____ de cable, veo un programa conducido por un gran _____
al que admiro. A las diez y media, más o menos, me conecto a Internet y hablo
con mis amigos. Bueno, no hablo, les escribo correos electrónicos. A veces paso
días enteros sin hablar.

televisión	las noticias
noticiero	censuran
periódico	chismes
crónicas deportivas	canal
documental	reportero

3 **Medios de comunicación** En parejas, escriban una frase que puede aparecer en cada uno de
estos medios.

1. portada de un periódico

2. publicidad de un largometraje

3. aviso televisivo

4. anuncio de una telenovela

5. emisión de radio

Comunicación

4 **¿Demasiada información?**

A. Marca con una cruz las frases que te parezcan acertadas. Luego, en grupos de tres, comparen sus respuestas y decidan si hoy día las personas están más y mejor informadas que antes. Compartan sus conclusiones con el resto de la clase.

☐ Los reporteros ahora nos dicen lo que debemos opinar, porque no tenemos tiempo de analizar la información.

☐ Antes la gente no estaba bien informada, por eso tenía más prejuicios que ahora.

☐ Ahora estamos mucho más informados que antes sobre cosas importantes.

☐ Como antes la gente se informaba con menos imágenes, usaba más su imaginación.

☐ Si no fuera por los medios de comunicación, el mundo sería mucho peor.

☐ Ahora hay demasiada información. Es imposible entender todo lo que pasa y por qué.

☐ Gracias a Internet, ahora se puede encontrar más información imparcial.

☐ En el pasado la gente tenía menos cosas de qué informarse y era más feliz.

☐ Ahora hay más prensa sensacionalista que antes, porque los periódicos necesitan llamar más la atención.

5 **Los medios favoritos**

A. Primero, sin consultar con tu compañero/a, marca las/los tres secciones/programas de cada uno de los medios que crees que le interesan más a él/ella.

Periódicos	Radio	Televisión
☐ las noticias del mundo	☐ los noticieros	☐ los noticieros
☐ las crónicas de sociedad y los chismes	☐ los programas de actualidad	☐ los documentales
☐ las crónicas deportivas	☐ las transmisiones de deportes	☐ los programas deportivos
☐ las tiras cómicas	☐ los reportajes	☐ los dibujos animados
☐ los reportajes	☐ el informe del tiempo	☐ las telenovelas
☐ el horóscopo	☐ los programas culturales	☐ los largometrajes
☐ las críticas de cine	☐ los programas musicales	☐ los *talk shows*
☐ el informe del tiempo	☐ las críticas de cine	☐ los programas de chismes
☐ las noticias locales	☐ los *talk shows* nocturnos	☐ el informe del tiempo

B. Ahora habla con tu compañero/a para confirmar tus predicciones.

MODELO
— Creo que lees el horóscopo del periódico/escuchas los reportajes en la radio.
— Es verdad, leo/escucho… /Te equivocas, no me interesa. ¿Y a ti?

C. ¿Hay secciones o programas que les interesan a los dos? ¿Cuáles? ¿Por qué?

Fabiola regresa de una entrevista con la estrella de la televisión Patricia Montero.

JOHNNY ¿Qué tal te fue?

FABIOLA Bien.

AGUAYO ¿Es todo lo que tienes que decir de una entrevista con Patricia Montero, la gran actriz de telenovelas?

FABIOLA Pues, mañana tengo que hacer mi gran escena en la telenovela y quiero concentrarme.

AGUAYO Y JOHNNY ¿Qué?

FABIOLA Al terminar la entrevista, un señor me preguntó si yo era la doble de Patricia Montero.

MARIELA Y ¿qué le dijiste?

FABIOLA Dije, bueno… sí. Fue una de esas situaciones en las que uno, aunque realmente no quiera, tiene que mentir.

ÉRIC Y, ¿qué pasó después?

FABIOLA Me dio estos papeles.

JOHNNY ¡Es el guión de la telenovela!

FABIOLA Mañana tengo que estar muy temprano en el canal, lista para grabar.

JOHNNY ¡Aquí hay escenas bien interesantes!

Más tarde, ensayando la escena…

FABIOLA Éric será el director.

JOHNNY ¿Por qué no puedo ser yo el director?

ÉRIC No tienes los juguetitos.

FABIOLA Tú serás Fernando, y Mariela será Carla.

JOHNNY ¿Decías?

ÉRIC Comencemos. Página tres. La escena en donde Valeria sorprende a Fernando con Carla. Tú estarás aquí y tú aquí. *(Los separa.)*

JOHNNY ¿Qué? ¿No sabes leer? *(Lee.)* "Sorprende a Fernando en los *brazos* de Carla". *(Se abrazan.)*

ÉRIC Está bien. Fabiola, llegarás por aquí y los sorprenderás. ¿Listos? ¡Acción!

FABIOLA ¡Fernando Javier! Tendrás que decidir. O estás con ella o estás conmigo.

JOHNNY ¡Valeria… ! *(Pausa.)*

JOHNNY *(Continúa.)* Ni la amo a ella, ni te amo a ti… *(Diana entra.)* Las amo a las dos.

Diana se queda horrorizada.

Personajes

JOHNNY · **FABIOLA** · **AGUAYO** · **MARIELA** · **ÉRIC** · **DIANA**

AGUAYO *(Lee.)* "Valeria entra a la habitación y sorprende a Fernando en brazos de…" ¿Carla? *(Pausa.)*

AGUAYO *(Continúa.)* "Sorprende a Fernando en brazos de Carla." ¡Lo sabía! Sabía que el muy idiota la engañaría con esa estúpida. Ni siquiera es lo suficientemente hombre para…

Aguayo se va. Los demás se quedan sorprendidos.

AGUAYO *(en su oficina)* Me alegro que hayas conseguido ese papel. El otro día pasé frente al televisor y vi un pedacito. Mi esposa no se la pierde.

FABIOLA Hablando de eso, quería pedirle permiso para tomarme el resto del día libre. Necesito ensayar las escenas de mañana.

AGUAYO Las puedes practicar en la oficina. A los chicos les encanta ese asunto de las telenovelas.

FABIOLA *(Explica la situación.)* Y por eso estamos ensayando mis escenas.

DIANA Gracias a Dios… pero yo creo que están confundidos. Los dobles no tienen líneas. Sólo hacen las escenas en donde la estrella está en peligro.

MARIELA Cierto. *(Lee.)* Página seis: "Valeria salta por la ventana".

Más tarde, Fabiola está sobre el escritorio.

ÉRIC ¡Acción!

FABIOLA Sé que decidieron casarse. Espero que se hayan divertido a mis espaldas. Adiós mundo cruel. *(Grita pero no salta.)* ¡Aaahhhggg!

ÉRIC Muy bien. Ahora ¡salta!

FABIOLA Ni loca. Primero, mi maquillaje.

Expresiones útiles

Indicating you are about to contradict or correct someone

Creo que están confundidos/as.
I believe you (pl.) are confused.

Creo que estás confundido/a.
I believe you (sing. fam.) are confused.

Creo que usted está confundido/a.
I believe you (sing. form.) are confused.

Creo que se equivocan.
I believe you (pl.) are mistaken.

Creo que te equivocas.
I believe you (sing. fam.) are mistaken.

Creo que usted se equivoca.
I believe you (sing. form.) are mistaken.

Introducing a condition

Hablando de esto,…
Speaking of that, . . .

Estando yo en tu lugar,…
If I were you, . . .

Por mi parte,… *As for me, . . .*

Para mí,… *In my opinion, . . .*

A mi parecer,… *In my opinion, . . .*

Additional vocabulary

a mis espaldas *behind my back*

la aprobación *approval*

el camerino *star's dressing room*

el doble *double*

engañar *to deceive; to trick*

Apuntes culturales Las telenovelas latinoamericanas, en especial las colombianas y venezolanas, se exportan a todo el mundo. Tradicionalmente, las telenovelas son melodramas llenos de desencuentros amorosos y personajes demasiado buenos o demasiado malos. Sin embargo, el género evoluciona, se critica a sí mismo y cambia. Últimamente han aparecido algunas telenovelas que se burlan de viejas convenciones, incluyen humor y hasta situaciones ridículas, como las colombianas *Betty la fea* y *Pedro el escamoso*. ¿Cuáles son las características que no le pueden faltar a ninguna telenovela?

Comprensión

1 **Contestar** En parejas, contesten las siguientes preguntas sobre la **Fotonovela**.

1. ¿Para qué debe concentrarse Fabiola?

2. ¿Cómo consiguió Fabiola el trabajo de doble?

3. ¿Qué ve Valeria, el personaje de la telenovela, cuando entra a la habitación?

4. ¿Cuál es el personaje de la telenovela que no le gusta a Aguayo?

5. ¿A quién ama el personaje representado por Johnny?

6. ¿Por qué Diana opina que sus compañeros están confundidos?

2 **Seleccionar** Selecciona la oración más adecuada para reemplazar lo dicho por los personajes.

1. **FABIOLA** Mañana me toca hacer unas escenas en la telenovela...

a. Mañana tengo que actuar en algunas escenas de la telenovela...

b. Mañana tengo que escribir algunas escenas de la telenovela...

2. **FABIOLA** Al terminar la entrevista, un señor me preguntó si yo era la doble de Patricia Montero.

a. Antes de la entrevista, un señor me me preguntó si yo era la doble de Patricia Montero.

b. Después de la entrevista, un señor me preguntó si yo era la doble de Patricia Montero.

3. **AGUAYO** Mi esposa no se la pierde.

a. Mi esposa se la gana.

b. Mi esposa mira siempre la telenovela.

4. **AGUAYO** A los chicos les encanta ese asunto de las telenovelas.

a. El tema de las telenovelas es conocido por todos los chicos.

b. Las telenovelas les gustan a los chicos.

5. **AGUAYO** O estás con ella o estás conmigo.

a. Estás enamorado de ella y de mí.

b. Debes decidir con quién quieres estar.

3 **Identificar** Identifica quién puede hacer las siguientes reflexiones. Puedes repetir los nombres.

1. A mí no me impresiona hablar con Patricia Montero.

2. ¡Uy! ¿Se habrán dado cuenta de que yo veo telenovelas?

3. Me gustaría ser el director.

4. Mis compañeros no saben nada sobre los dobles.

5. No salto ni loca.

JOHNNY

AGUAYO

DIANA   **FABIOLA**

Ampliación

(4) **¿Y tú?** Indica si estás de acuerdo con las oraciones. Luego, compara tus respuestas con las de tus compañeros/as.

	👍	👎
Algunas veces miento.		
Puedo enamorarme de dos personas al mismo tiempo.		
Me encantan las telenovelas.		
Me gusta el peligro.		
Me gustaría ser actor/actriz.		

(5) **Trabajo de riesgo** Un amigo de ustedes les cuenta que consiguió un trabajo como doble en una película de acción. Ustedes temen que su amigo se lastime. En parejas, uno/a de ustedes es el/la futuro/a doble y escribe cinco o seis razones para aceptar el trabajo. El/La otro/a es el/la amigo/a preocupado/a y escribe cinco o seis razones para que su amigo/a rechace el trabajo. Luego dramaticen la situación. Utilicen las expresiones de la lista.

> Para mí,… Me parece que…
> A mi parecer,… Creo que estás equivocado…
> Por mi parte,… Creo que no comprendes que…

(6) **Diseñen su propia telenovela** Trabajen en grupos pequeños. Las fotografías son de actores y actrices de telenovelas. Elijan quiénes serán los protagonistas. Luego decidan qué papeles tendrán los otros actores. Escriban un resumen de la historia. Inventen nombres para los personajes y un título para la telenovela. Compartan con sus compañeros/as la telenovela que diseñaron.

Pedro, el escamoso: una telenovela moderna

Fabiola va a ser la doble de una famosa actriz de telenovelas y sus compañeros de trabajo la ayudan a ensayar las escenas. A continuación vas a leer sobre una fotonovela que no sigue las mismas pautas que las demás.

Pedro, el escamoso

En los últimos años, un nuevo tipo de telenovela ha surgido en Colombia. Programas como *Betty, la fea* y *Pedro, el escamoso*, están cambiando el estilo y argumento tradicional de las telenovelas. En lugar de basarse en un mundo idealizado y artificial, las nuevas telenovelas están llenas de realismo y de humor.

Betty, la fea y *Pedro, el escamoso* pertenecen a este nuevo formato que utiliza un nuevo tipo de protagonista, perteneciente a la clase media o trabajadora y que no responde a los ideales de belleza habituales. Estos elementos hacen que el público se conecte más fácilmente con los personajes.

Pedro, el escamoso cuenta la historia de Pedro Coral, un atípico héroe de barrio. Pedro ayuda a amigos y vecinos y siempre tiene una palabra amable para todo el mundo. En el lenguaje coloquial colombiano, un "escamoso" es una persona que sabe salir de todas las situaciones difíciles con gracia. Como es de esperar, este personaje hace justicia a su nombre. Es también un *don Juan* pero con un corazón de oro, leal y cariñoso, que sabe ganarse las simpatías de todos.

Una de las características más originales de este personaje reside en su forma de vestir, un tanto peculiar, y que muchos llamarían de mal gusto. Este hecho, sin embargo, le imprime más personalidad. Los televidentes son conscientes de que un simple cambio lo puede convertir en un hombre atractivo y seductor. Conocen todo el potencial que tiene el protagonista y siguen sus pasos sabiendo que su bondad lo llevará a conseguir lo que quiera.

La telenovela *Pedro, el escamoso* se ha convertido en todo un éxito. También ha triunfado en Estados Unidos, donde el *Washington Post* le ha dedicado dos artículos al fenómeno social de este divertido personaje.

Los protagonistas de Pedro, el escamoso

hacer justicia	to do justice	**surgir**	to emerge
de mal gusto	in bad taste	**bajo**	under

Nuevos directores hispanos

Alejandro González Iñárritu

Alejandro Amenábar

Éric hace el papel de director de la telenovela que están ensayando en las oficinas de *Facetas*. ¿Qué directores hispanos conoces? A continuación vas a leer un poco sobre los nuevos directores.

Hoy en día, la mayoría de las películas que se presentan en Estados Unidos y Latinoamérica son producciones de Hollywood. Sin embargo, en los últimos años están surgiendo nuevos directores hispanos, realmente comprometidos con su obra. Estos jóvenes directores han conseguido que sus películas sean todo un éxito de taquilla en las grandes salas de cine de todo el mundo.

Alejandro González Iñárritu es uno de los nuevos valores del cine en México. Muy poco tiempo después del estreno de su película *Amores perros*, su debut cinematográfico, comenzó a recibir premios y reconocimientos de prestigio, entre ellos la muy celebrada nominación al Óscar de Hollywood a la mejor película extranjera.

Alejandro Amenábar, de España, consiguió aplausos, tanto del público como de la crítica, con su primera película, *Tesis*. Su segunda obra, *Abre los ojos*, también fue aclamada en el mundo hispano. Tom Cruise y Nicole Kidman compraron los derechos para realizar una versión "hollywoodiana" de esta película que se estrenó en el año 2001 bajo el título *Vanilla Sky*.

Y aunque no es muy frecuente encontrar el trabajo de mujeres directoras en las pantallas de cine, la colombiana Patricia Cardoso presentó con mucho éxito su película *Las mujeres reales tienen curvas*. Esta película obtuvo la admiración del público y de la crítica y ganó el premio del jurado en el Festival Sundance. Además, logró convertirse en la segunda mujer ganadora de la edición 50 del Festival Internacional de Cine de San Sebastián, en España.

Coméntalo

Reúnete con varios/as compañeros/as de clase y conversa sobre los siguientes temas.

1. ¿Les gustan las telenovelas? ¿Por qué?
2. ¿Por qué creen que los protagonistas de las telenovelas son normalmente ricos y bellos?
3. ¿Conocen alguna película hispana? ¿Cuál? ¿Les gustó?
4. ¿Qué prefieren: las películas independientes o las películas de Hollywood? ¿Por qué?

9.1 Infinitives

¿Te acuerdas? An infinitive is the unconjugated form of a verb and ends in **-ar**, **-er**, or **-ir**.

▶ Many verbs follow the pattern of [*conjugated verb*] + [*infinitive*]. Some of these verbs are **querer**, **poder**, **necesitar**, **deber**, **desear**, **ver**, **sentir**, **saber**, **pensar**, and **decidir**.

¿Puedes asistir a la grabación mañana?
Can you attend the recording session tomorrow?

Mis primos **saben cantar**.
My cousins know how to sing.

Necesito ensayar las escenas de mañana.

Las **puedes practicar** en la oficina.

▶ The pattern **mandar** or **hacer** + [*infinitive*], means *to have something done* or *to have someone do something.*

La profesora nos **mandó leer** la prensa de mañana.
The teacher assigned us to read tomorrow's press.

El actor **hizo callar** al público.
The actor made the audience be quiet.

▶ Many verbs follow the pattern of [*conjugated verb*] + [*preposition*] + [*infinitive*]. The prepositions for this pattern are **de**, **a**, or **en**.

tratar de *to try (to)*	**tardar en** *to take time (to)*
enseñar a *to teach (to)*	**quedar en** *to agree (to)*
llegar a *to arrive (at)*	**pensar en** *to think (about)*

Me **enseñó a** hablar en público.
She taught me to speak in public.

Sus CDs **tardan en** venderse.
Their CDs take time to sell.

Pensamos en publicar una revista.
We are thinking about publishing a magazine.

Quedamos en hacerlo.
We agreed to do it.

Tengo ganas de saber cómo termina la telenovela.

▶ After prepositions, the infinitive is used.

Al terminar la entrevista me preguntó si yo era la doble.

¿Y qué le dijiste?

Al firmar el contrato para la película, se hizo millonario.
Upon signing the contract, he became a millionaire.

Para conocer a la estrella, se hizo amigo de su vecina.
In order to meet the star, he became friends with her neighbor.

Antes de publicar el ensayo, lo editó con cuidado.
Before publishing the essay, she edited it carefully.

Dio la entrevista, **sin considerar** las consecuencias.
He granted the interview, without considering the consequences.

▶ The infinitive is used after verbs of perception like **sentir**, **escuchar**, **oír**, and **ver**.

Oigo hablar al crítico.
I hear the critic talking.

Vemos transmitir el programa.
We see the program being broadcasted.

▶ Impersonal expressions such as **es importante** and **hay que** are followed by the infinitive. **Tener que** also requires the infinitive.

Es importante practicar la escena.
It is important to practice the scene.

Hay que llamar al productor.
It is necessary to call the producer.

▶ The subject of a sentence can be an infinitive. A command can also be written as an infinitive.

Ver es creer.
Seeing is believing.

No **fumar**.
No smoking.

LEER ES PODER

Práctica

(1) Seleccionar Combina las expresiones de la segunda columna con las de la primera para formar oraciones completas.

1. Doblar películas es más difícil que
2. Para estar al día con las noticias hay que
3. Los periodistas de elite suelen
4. Publicar un libro parece
5. El cortometraje sobre los problemas sociales no consigue
6. El crítico de cine trata
7. El presentador de noticias se negó
8. El director del diario mandó

a. a entrevistar al famoso dictador.
b. leer el diario y mirar los noticieros todos los días.
c. gustar al público.
d. de encontrar lo mejor de la película.
e. poner subtítulos.
f. quejarse de la prensa sensacionalista.
g. ser más fácil en la actualidad que hace cincuenta años.
h. escribir el artículo.

(2) Unir las oraciones Une las dos oraciones usando *al + infinitivo.*

> **MODELO**
> El estudio de grabación abrió. Los actores entraron.
> Al abrir el estudio de grabación, los actores entraron.

1. El largometraje comenzó. El público se calló.
2. Los actores vieron el doblaje de su película. Se quejaron.
3. El director leyó el chisme en el diario. Se desmayó.
4. El reportero entrevistó a la famosa actriz. Se enamoró de ella.
5. El redactor escribió la crónica deportiva. Tuvo muchas dudas.

(3) Un director difícil Felipe Matías es un director de teatro muy exigente *(demanding)*. Les dice a sus actores todo lo que tienen que hacer. Uno de los actores le cuenta a un amigo lo que Felipe Matías les manda hacer. Escribe las órdenes del director desde el punto de vista del actor, usando los verbos de la lista.

> **MODELO**
> Lleguen temprano.
> Nos manda llegar temprano.

1. Báñense antes de venir al estudio de grabación.
2. Coman después de la filmación.
3. Salgan del estudio para que yo pueda pensar.
4. No lean diarios ni miren las noticias el día anterior a la filmación.
5. No trabajen en televisión.

hacer	obligar a	mandar	prohibir

Comunicación

4. **Vidas de famosos** En parejas, cuenten la historia que ven en las ilustraciones usando las palabras de la lista. Invéntense un final y luego compartan su historia con la clase.

| antes de | era necesario | para | creer | mandó | después de |

5. **Una entrevista** Trabajen en parejas. Imaginen que son integrantes del grupo de actores de la película *Treinta días en Perú*. Contesten las preguntas del reportero. Usen infinitivos.

E N T R E V I S T A ....

Fabián Mateos y Verónica Britos después de un año en Perú

PREGUNTA Me dijeron que la filmación acaba de terminar. ¿Es así?
RESPUESTA _____

PREGUNTA ¿Se acostumbraron a vivir en Perú?
RESPUESTA _____

PREGUNTA ¿Por qué no pudieron terminar en la fecha prevista?
RESPUESTA _____

PREGUNTA ¿Qué mensaje trata de transmitir la película?
RESPUESTA _____

PREGUNTA ¿Hubo problemas? ¿Tuvieron que dejar de filmar en algún momento?
RESPUESTA _____

PREGUNTA ¿Qué van a hacer ahora?
RESPUESTA _____

(Pretérito Perfecto)

9.2 **Present Perfect Subjunctive**

¿Te acuerdas? Like the present subjunctive, the present perfect subjunctive **(el presente perfecto del subjuntivo)** is used mainly in multiple-clause sentences which express states and conditions such as will, influence, emotion, commands, indefiniteness and non-existence.

▶ The present perfect subjunctive is formed with **haber** in the present subjunctive + [*the past participle*] of the verb.

	Present Perfect Subjunctive		
	cerrar	**perder**	**asistir**
yo	haya cerrado	haya perdido	haya asistido
tú	hayas cerrado	hayas perdido	hayas asistido
él/ella/Ud.	haya cerrado	haya perdido	haya asistido
nosotros/as	hayamos cerrado	hayamos perdido	hayamos asistido
vosotros/as	hayáis cerrado	hayáis perdido	hayáis asistido
ellos/ellas/Uds.	hayan cerrado	hayan perdido	hayan asistido

▶ The difference between the present subjunctive and the present perfect subjunctive is *when* the action in the dependent clause takes place. When the verb in the main clause is in the present tense, but the action in the dependent clause is in the past, use the present perfect subjunctive.

Espero que **reciba** el guión el próximo viernes.

I hope he receives the script next Friday.

Espero que **haya recibido** el guión esta mañana.

I hope he received the script this morning.

Me alegro de que ustedes **vean** a sus padres con frecuencia.

I am happy that you see your parents frequently.

Me alegro de que ustedes **hayan visto** a sus padres esta semana.

I am happy that you have seen your parents this week.

Espero que **se hayan divertido** a mis espaldas.

▶ **Ojalá** can be used with the present perfect subjunctive.

Ojalá Mauricio haya ido al estreno de la película.
I hope Mauricio has gone to the movie premiere.

Ojalá que la revista se haya vendido bien.
Hopefully the magazine has sold well.

▶ **Ya** *(already)* is often used with the present perfect subjunctive. Remember that **ya** must come either before or after **haber** and the participle, which are never separated.

Ojalá **ya** haya terminado el noticiero.
I hope that the news broadcast has finished already.

Espero que Eugenia lo haya visto **ya**.
I hope that Eugenia has seen it already.

¡ATENCIÓN!

Keep in mind that "perfect" (**perfecto**) in a tense's name signals that it will be formed with the verb "have" (**haber**).

Ojalá que la entrevista haya salido bien.

Es imposible que hayan visto algo igual...

Práctica

(1) **Seleccionar** Selecciona entre el presente perfecto del indicativo o del subjuntivo para completar las oraciones.

1. Necesito contratar un músico que (ha – haya) estado en Venezuela.
2. Quiero conocer al actor que (ha – haya) trabajado en *Amores Perros*.
3. Hasta que no (has – hayas) conocido a las personas que leen la prensa sensacionalista no sabrás por qué la leen.
4. Tan pronto como (ha – haya) llegado, ha comenzado a molestar a todos los actores.
5. Cuando (has – hayas) leído esta noticia estarás de acuerdo conmigo.
6. Busco al reportero que (ha – haya) trabajado en crónicas de sociedad.

(2) **Opuestas** Escribe la oración que expresa lo opuesto en cada ocasión. En algunos casos debes usar el presente perfecto del subjuntivo y en otros el presente perfecto del indicativo.

> **MODELO**   Dudo que ese actor haya aprendido a actuar bien.
> No dudo que ese actor ha aprendido a actuar bien.

1. El canal cree que sus periodistas han hablado con el dictador.
2. No creo que el director les haya dado pocas órdenes a sus actores.
3. Estoy seguro de que la mayoría del público ha leído la noticia.
4. No es seguro que la prensa sensacionalista haya publicado esa noticia.
5. Es evidente que la banda sonora ha sido elegida por el director.
6. Pienso que ese actor ha sido el protagonista de *El año de la bestia*.

(3) **Completar** El cantante de un grupo musical escribe una carta de queja al encargado de sus relaciones públicas. Escribe la forma apropiada del presente perfecto del subjuntivo para completarla.

Estimado Javier,

Espero que tú _____ (leer) la crítica del concierto que apareció en la revista Rock. Es ridículo que ese crítico _____ (estar) a cargo de escribir el artículo. A mí me dijeron que no lo iba a hacer él y me molesta mucho que él lo _____ (hacer), porque no es imparcial. A ese crítico le parece mal que nosotros _____ (firmar) un contrato con una compañía independiente. Me parece injusto que los encargados de relaciones públicas no _____ (ser) más cuidadosos. No me sorprende que su empresa de relaciones públicas _____ (perder) a todos sus clientes.

Hasta nunca,
Juan Chaos

Comunicación

4 **¡Despedido!** En parejas, usen las frases para escribir el diálogo en el que un(a) presentador(a) de televisión es despedido/a *(fired)* por el director del programa. Usen el presente perfecto del indicativo y el del subjuntivo. Después, representen el diálogo delante de la clase.

Es increíble que	los anuncios
Es necesario	el canal
Es verdad	los chismes
Espero que	los televidentes
Me han dicho que tú	mi deber
Pienso que	el comportamiento *(behavior)*

5 **Dos viejas amigas** Marcela y Julieta se conocieron hace 40 años en una escuela para actores. Hace 35 años que no se ven. La semana pasada, Marcela Serrano consiguió la dirección de su vieja amiga y le envió una carta. En parejas, lean la carta de Marcela. Luego escriban la respuesta de Julieta. Ella no ha logrado trabajar como actriz. Está celosa y duda que Marcela haya tenido tanto éxito. En la respuesta usen el presente perfecto del subjuntivo.

¡Julieta!

¡Qué alegría saber de ti! Hace tiempo que quería llamarte, pero no tenía tu número de teléfono. Cuando terminé en la escuela de teatro hice obras en Nueva York, Boston y Miami. Después fui a París. Allí viví durante siete años y luego volví a Nueva York. Un famoso director de cine me llamó para hacer películas y desde entonces trabajo en Hollywood. Tengo mucho éxito y recibo muchas cartas de admiradores. ¿Sabías que me casé y tuve cinco hijos? Los mayores ya están en la universidad. Espero que tú también hayas continuado tu carrera. Espero que hayas tenido éxito en lo que más te gusta: el teatro. También deseo que hayas logrado formar una familia. Llámame pronto. Muchos besos.

Marcela

6 **Competencia entre actores** Trabajen en parejas. Imaginen que son dos actores que han estado en un reparto de papeles *(casting)* y sólo uno ha sido elegido. Cuando salen del estudio, se encuentran y discuten. Dramaticen la situación. Usen el presente perfecto del subjuntivo.

MODELO
— Me sorprende que hayas conseguido el trabajo.
— Me alegro de que no te lo hayan dado a ti.

La cultura popular y los medios de comunicación

9.3 Prepositions I

The preposition *a*

▶ The preposition **a** can mean *to, at, for, upon, within, of, from,* or *by,* depending on the context. Sometimes it has no direct translation in English.

Terminó **a** las doce.
*It ended **at** midnight.*

Fui **a** la última sesión.
*I went **to** the last performance.*

Lucy estaba **a** mi derecha.
*Lucy was **on** my right.*

Le compré la entrada **a** un amigo.
*I bought the ticket **from/for** a friend.*

Al llegar a casa, me sentí feliz.
***Upon** returning home, I felt happy.*

El cine estaba **a** 12 millas de aquí.
The movie theatre was 12 miles from here.

▶ The preposition **a** introduces indirect objects.

Le prometió **a** su hijo que irían al cine.
He promised his son that they would go to the movies.

Le entregó el guión **a** su secretaria esta mañana.
She gave the script to her secretary this morning.

▶ The preposition **a** can be used in commands.

¡A comer!
Let's eat!

¡A dormir!
Time for bed!

▶ When a direct object noun is a person (or a pet), it is preceded by a. This is called the *personal* **a**. There is no equivalent in English. The personal **a** is also used with the words **alguien**, **nadie**, and **alguno**.

¿Conoces **a** alguien que quiera ir a ese estreno?
Do you know anyone who would want to go to this premiere?

No, lo siento. No conozco **a** nadie.
No. I'm sorry. I don't know anyone.

▶ The personal **a** is not used when the person in question is not specific.

El periódico busca un redactor bilingüe.
The newspaper is looking for a bilingual editor.

Sí, necesitan periodistas para la sección Internacional.
Yes, they need reporters for the International section.

The preposition *hacia*

▶ With movement, either literal or figurative, **hacia** means *toward* or *to.*

La actitud del actor **hacia** mí fue negativa.
The actor's attitude toward me was negative.

El periodista se dirige **hacia** Chile para la entrevista.
The reporter is going to Chile for the interview.

▶ With time, **hacia** means approximately, *around, about* or *toward.*

El programa que queremos ver empieza **hacia** las 8.
The show that we want to watch will begin around 8:00.

La televisión se hizo popular **hacia** la segunda mitad del siglo XX.
Television became popular toward the second half of the twentieth century.

¡ATENCIÓN!

Some verbs require the preposition **a** before an infinitive, such as **ir a**, **comenzar a**, **ayudar a**, **volver a**, **enseñar a**.

¡ATENCIÓN!

There's no accent mark on the **i** in the preposition **hacia**. The stress falls on the first **a**. The word **hacía** is a form of the verb **hacer**.

The Preposition *con*

▶ The preposition **con** means *with*.

El actor sale **con** una periodista.
*The actor is going out **with** a journalist.*

Es una película **con** grandes actores.
It is a movie with great actors.

▶ Many English adverbs can be expressed in Spanish with **con** + [*noun*].

La presentadora habló del tema **con** cuidado.
The presenter spoke about the issue carefully.

Hablaba **con** cariño.
He spoke affectionately.

▶ If **con** is followed by **mí**, it forms a contraction: **con** + **mí** = **conmigo**. This happens with all the singular forms:

con	+	mí		conmigo
con	+	ti		contigo
con	+	él		consigo
con	+	ella		consigo
con	+	Ud.		consigo

¿Quieres venir **conmigo** al concierto?
***Do** you want to come with me to the concert?*

Claro que quiero ir **contigo**.
***Of** course I want to go with you.*

O estás con ella o estás **conmigo.**

Ni estoy con ella ni estoy **contigo.** Estoy con las dos.

▶ The preposition **con** is also used rhetorically to emphasize the value or the quality of something or someone, contrary to a given fact or situation. In this case, **con** conveys surprise at an apparent conflict between two known facts. In English, the words *but*, *even though*, and *in spite of* are used.

No quisieron comer nada.
They did not want to eat anything.

No ha podido encontrar un buen trabajo.
He has not been able to find a good job.

¡**Con** lo buena que estaba la paella!
But the paella was so good.

¡**Con** lo inteligente que es!
But he is so intelligent!

Práctica

(1) Unir Une las expresiones de la primera columna con las expresiones de la segunda columna para formar oraciones.

1. La telenovela comenzará
2. El crítico de cine se negó
3. Trata de estar al día
4. Cuando terminó la obra, caminó
5. Manchó el guión
6. Las palabras del director hicieron reír

a. hacia la salida.
b. con las noticias.
c. con el café.
d. a la actriz.
e. a ser parcial con la película.
f. hacia las siete y media.

(2) Completar ¿En qué casos debes colocar la preposición **a**?

1. Vio _____ la película con interés.
2. Vio _____ la actriz que andaba por la calle.
3. Le presentó _____ la redactora la noticia sobre el accidente.
4. El periódico publicó _____ un buen artículo sobre la conferencia.
5. El productor recibió _____ el guión por correo.
6. El embajador recibió _____ los periodistas con amabilidad.
7. _____ la directora no le gustan los chismes.

(3) ¿Cuáles fueron las respuestas? El reportero olvidó su grabadora. Por eso escribió en su libreta las respuestas del autor del guión de la famosa novela. Pero sólo escribió algunas palabras importantes. Tú debes armar las respuestas a partir de las notas del reportero. Usa las preposiciones **a**, **con** y **hacia**.

1. ¿Con quién se queda finalmente Fernando?
   _____ (Valeria).

2. ¿Cuándo van a grabar el último capítulo?
   _____ (segunda semana agosto).

3. ¿Con quién va a escribir el próximo guión?
   _____ (escritor venezolano Federico García).

4. ¿Viajará a los Estados Unidos?
   _____ (No. Yo Venezuela).

5. ¿A quiénes les dará los papeles principales?
   _____ (actriz Patricia Montero y actor Rodrigo de la Sota).

Comunicación

4 **Escenas** En parejas, tienen que inventarse una escena de una película. Elijan los personajes y narren la escena usando las preposiciones **a**, **con** y **hacia**. Las escenas pueden ser: una escena romántica, una escena de celos, una fiesta, un robo.

> **MODELO** Una pelea: Armando camina **hacia** Gustavo, **con** las manos en los bolsillos.
> Gustavo mira **a** Armando y le dice que no haga tonterías…

5 **Inventar una noticia** En parejas, escriban una noticia usando al menos cuatro frases de la lista. Luego, compartan su noticia con la clase.

hacia la playa	a comprar
a su esposo/a	hacia el carro verde
con un libro	con un guante

6 **El chisme** En grupos de cuatro, transformen las noticias en chismes. Formen un círculo. El primero le dice al segundo la noticia, añadiendo *(adding)* algo. El segundo le repite el chisme al tercero añadiendo otra cosa. El tercero y el cuarto continúan. Lo que añadan al chisme debe comenzar con una de estas preposiciones: **a**, **con** o **hacia**.

> **MODELO** El director tiene una relación sentimental.
> Jugador 1: El director tiene una relación sentimental con la actriz <u>principal</u>.
> Jugador 2: El director tiene una relación sentimental con la actriz <u>principal</u>.
>   <u>A diario se encuentra con ella.</u>
>
> Jugador 3: El director tiene una relación sentimental con la actriz <u>principal</u>.
>   A diario se encuentra con ella <u>al salir del estudio de grabación</u>.
> Jugador 4: El director tiene una relación sentimental con la actriz <u>principal</u>.
>   A diario se encuentra con ella al salir del estudio de grabación
>   <u>hacia las tres de la tarde</u>.

1. La actriz tiene problemas.   3. El crítico de cine fue parcial.
2. El redactor está enojado.   4. El actor principal tropezó.

9.4 Expressing choice and negation

¿Te acuerdas? In Spanish, double negatives are perfectly acceptable: **¡No quiero ni ir al cine ni ver televisión!**

o...o

▶ The word **o** means *or*. The conjunction **o...o** means *either...or.* It is used when there is a choice to be made between two options.

Tendrás que decidir.
O estás con ella **o** estás conmigo

O el presentador es muy malo
o el director es malísimo.
Either the presenter is very bad or the director is terrible.

O trabajas para mi periódico **o** no vuelves a trabajar nunca más.
Either you work for my newspaper or you will never work again.

ni...ni

▶ The conjunction **ni...ni** means *neither...nor.*

Ni la amo a ella, **ni** te amo a ti.

Ni quieren leer **ni** ver las noticias.
They don't want to read or watch the news.

Ese actor no puede **ni** bailar **ni** cantar.
This actor can neither dance nor sing.

ni siquiera

▶ The conjunction **ni siquiera** means *not even.* **Ni siquiera** emphasizes the meaning.

No quería **ni siquiera** leer las crónicas de sociedad.
She did not even want to read the lifestyle page.

Ni siquiera el mejor director podría salvar la carrera de ese actor.
Not even the best director could save that actor's career.

Práctica y Comunicación

1 **El productor** Un productor de cine está hablando solo. Une las dos oraciones en una sola, usando las expresiones entre paréntesis para saber lo que dice.

MODELO　Marcela no vio la película. Matías no vio la película. (ni... ni...)
Ni Marcela ni Matías vieron la película.

1. El público no se cansa de ver películas. No se cansa de ver anuncios.
(ni... ni...)
2. El director no revisó el guión. Tampoco revisó la banda sonora. (ni... ni...)

3. No se encargará del largometraje. Tampoco se encargará del cortometraje.
(ni... ni...)
4. ¿Hablarás con el director? ¿Hablarás con los actores? (o... o...)

5. Debes comenzar a buscar otro director. También debes empezar a buscar otra actriz. (o... o...)

6. ¿Veo televisión? ¿Voy al cine? (o... o...)

2 **¡Qué desastre!** Gustavo es el encargado de entrevistar a las siguentes personas. Los resultados de las entrevistas son un desastre. En parejas, completen los comentarios finales de Gustavo sobre las personas que ha entrevistado. Usa ni…ni para unir las dos primeras frases.

MODELO　El actor Pablo Ragonetti no sabe cantar. Tampoco sabe _____.
Ni siquiera sabe _____.
El actor Pablo Ragonetti ni sabe cantar ni sabe actuar. Ni siquiera sabe hablar.

1. El director Marcelo Arias no sabe dar órdenes. Tampoco sabe _____ .
Ni siquiera sabe _____.
2. La redactora Mirta Castedi no sabe corregir. Tampoco sabe _____.
Ni siquiera sabe _____.
3. La actriz Dorotea Liber no puede recordar un guión. Tampoco puede _____.
Ni siquiera puede _____.
4. La cantante Mercedes Albano no puede cantar siguiendo la música. Tampoco puede _____. Ni siquiera puede _____.
5. La especialista en publicidad Adriana Manfredo no conoce los gustos del público. Tampoco conoce _____. Ni siquiera conoce _____.

3 **¿Cómo son, qué hacen?** En parejas, escriban cómo son, qué hacen y qué no les gusta a las personas. Sigan el modelo.

MODELO　El director es un aburrido. **O** está enfermo **o** deprimido. **No** le gusta
ni bailar **ni** hacer deporte. **Ni siquiera** le gusta ver las películas que él dirige.

1. La actriz es una antipática.
2. El periodista es muy generoso.
3. El cantante es extraño.
4. La crítica de cine es influyente.

A conversar

¿Qué opinas de las telenovelas?

A En la **Fotonovela**, se ve que Aguayo tiene vergüenza de decir que él mira telenovelas. En parejas, discutan por qué ha tenido ese sentimiento. Luego compartan su opinión con sus compañeros/as. ¿Están de acuerdo? Para expresar sus acuerdos y desacuerdos usen las expresiones:
(no) creo que / (no) estoy seguro/a de que / (no) es probable que / (no) dudo de que / (no) es evidente que + ha / haya.

B La maestra Sagerati opinaba sobre las telenovelas en el siguiente informe para la escuela. Lean el informe y contesten las preguntas, en grupos pequeños.

---

12 de julio de 1999

La semana pasada estaba terminando de explicar a mis alumnos un tema de historia. En ese momento, una niña dijo que esa historia se parecía a la de la telenovela *Marcela, una mujer*. La mayoría de mis niños dijo que veía esa telenovela.
¿No es increíble que los padres dejen a sus hijos ver telenovelas? Cuando intento recordar de qué se tratan estos programas, no recuerdo ninguno en que no haya habido mentiras, niños abandonados, una relación sentimental difícil, una suegra autoritaria. En las telenovelas todo es negro, triste y falso. Las historias son lentas y los personajes son demasiado simples: o son buenos o son malos. En estas historias, ni siquiera hay lugares interesantes: todo ocurre dentro de unas pocas habitaciones. Me parece que los padres o bien deberían prohibir a sus hijos ver telenovelas o bien deberían verlas con ellos y criticarlas. No estoy hablando de censura, sino que creo que entre todos (padres y maestros) debemos educar a los niños. Esperemos no tener que llorar después porque la televisión los haya educado.

---

1. ¿Cómo supo la maestra que sus alumnos veían telenovelas?
2. ¿Qué criticó de las telenovelas?
3. ¿Están de acuerdo con esas críticas? ¿Cuáles otras pueden añadir?
4. ¿Qué tienen de bueno las telenovelas?
5. ¿Qué soluciones propuso la maestra?
6. ¿Por qué dijo que los adultos deberían educar a los niños?

C Ya han pasado unos años desde que la maestra Sagerati escribió esta carta. ¿Creen que ocurrió lo que ella escribió? Discutan en pequeños grupos. Luego presenten sus opiniones a sus compañeros/as. Para expresar sus acuerdos y desacuerdos con la maestra Sagerati usen, entre otras, las expresiones del **Paso A**.

A escribir

Crítica de un libro

Eres un(a) periodista que trabaja en la sección cultural de un periódico muy conocido. Sigue el **Plan de Redacción** para escribir la reseña de un libro.

Plan de redacción

Introducción Contesta las siguientes preguntas: ¿De qué libro es la reseña? Tienes que incluir la fecha de su publicación y el autor. También debes incluir el argumento de la obra, los personajes, el tiempo, el lugar y si lo recomiendas o no.

Crítica Escribe tu evaluación de la obra.
- ¿Qué piensas del libro y por qué?
- ¿Qué es lo que hace bien el/la autor(a)?
- ¿Qué hace mal?
- ¿Recomiendas la obra?

No olvides usar **o... o, ni... ni** y, al menos una vez, el presente perfecto de subjuntivo.

Conclusión Resume brevemente tu evaluación de la obra. También debes decir por qué vale la pena *(it's worthwhile)* leer el libro o por qué no vale la pena hacerlo.

UNA MUJER ESPECIAL
★★★★
Lorenzo Ríos

Lorenzo Ríos, escribe sobre la vida de una viuda que debe cuidar a siete hijos. La historia ocurre en México, hacia el año 1900 y comienza cuando la viuda Henríquez debe pagar las deudas de su marido. El autor logra mostrar los sentimientos más profundos de sus personajes. Un libro excelente. Se lo recomiendo.

LA REVUELTA DE LOS ESTUDIANTES ★
Nicolás Piaggio

Ojalá usted no lo haya leído. Si ya lo leyó, sabrá que tengo razón. Es un libro que no vale la pena leer por la pobreza de su contenido. El argumento comienza en una universidad y tiene todo lo que suelen tener las historias de este tipo: jóvenes delgados y guapos, y, por supuesto, un protagonista con problemas. Es increíble que Nicolás Piaggio haya escrito este ridículo libro. Es poco probable que lo haya pensado dos veces antes de comenzar a escribir. Si usted no lo ha leído, por favor no lo haga.

TERROR EN LA CASA EMBRUJADA ★★★★★
María Plachetko

Una historia del año 1965. Es posible que *Terror en la casa embrujada* haya sido uno de los primeros libros de terror escritos por una mujer. Me alegro de que la editorial Arcadia haya decidido volver a publicar este clásico de la lietratura. Vale la pena leerlo.

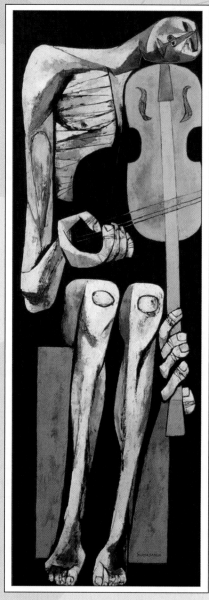

El violinista, 1967.
Oswaldo Guayasamín. Ecuador.

*Modestamente, la televisión no es culpable
de nada. Es un espejo en el que nos miramos
todos, y al mirarnos nos reflejamos.*

— Manuel Campo Vidal

Antes de leer

Tiempo libre
Guillermo Samperio

Conexión personal

¿Lees el periódico? ¿Lo lees todos los días o sólo ocasionalmente? ¿Ves el noticiero de la televisión? ¿Escuchas los programas de noticias en la radio? ¿Consideras que estás bien informado/a? Comenta estas cuestiones con un(a) compañero/a.

Contexto cultural

Spanish-language newspapers published in the United States are becoming more and more influential. In 1970, there were 232 such newspapers circulating one million copies; by 2000, the number of Spanish-language newspapers had reached 543 publications circulating approximately 14.1 million copies.

Some of the most important publications are Miami's *El Nuevo Herald*, which prints about one hundred thousand copies daily, and Los Angeles' *La Opinión*, which circulates an average of one hundred twenty thousand copies daily.

Análisis literario: el símbolo

A symbol (**el símbolo**) is anything that stands for or represents something else. We encounter and interpret symbols every day. A dove with an olive branch in its beak, for instance, is a widely recognized symbol of peace. As you read "Tiempo libre," identify the symbolism of the event described.

Estrategia de lectura: sacar conclusiones

Active readers draw conclusions (**sacar conclusiones**) about what they are reading by combining pieces of information to make an inference. This information can come from the details the writer presents in the work, on previous inferences the reader has made about the text, or the reader's prior knowledge of the subject, genre, or writer's literary style. As you read "Tiempo libre," try to draw conclusions using the details the author presents, as well as what you know about newspapers, mass media, and newspaper reading.

Vocabulario

colgar *to hang up*

enterarse de *to find out about; to learn about*

estar al día *to be up-to-date*

la hormiga *ant*

la mancha *spot; mark; stain*

manchar *to stain*

el suelo *floor*

Guillermo Samperio

Hoja de vida

1948 Nace en México, D.F.

1977 Premio Casa de las Américas, Cuba

1982 *De este lado y del otro* (poesía)

1985 *Gente de la Ciudad* (cuentos)

1988 Premio Nacional de Periodismo
Literario, México

1994 *Anteojos para la abstracción* (novela)

1995 *¿Por qué Colosio?* (ensayo)

2000 Premio Instituto Cervantes de París

Sobre el autor

El escritor mexicano **Guillermo Samperio** ha sido acreedor de muchas distinciones en el ámbito literario. Sus relatos se caracterizan por una sobresaliente narración detallada de los sucesos. Con su particular sentido del humor, Samperio ha realizado importantes aportaciones literarias. El autor también se ha destacado por su participación como promotor cultural, columnista de varios periódicos y especialista en las artes plásticas.

Tiempo libre

1   Todas las mañanas compro el periódico y todas las mañanas, al leerlo, me mancho los dedos de tinta. Nunca me ha importado ensuciármelos con tal de estar al día en las noticias. Pero esta mañana sentí un gran malestar apenas

5   toqué el periódico. Creí que solamente se trataba de uno de mis acostumbrados mareos°.   *dizziness*   Pagué el importe del diario y regresé a mi casa. Mi esposa había salido de compras. Me acomodé en mi sillón favorito, encendí un cigarro y me puse a leer la primera página. Luego de enterarme de que un jet se

10   había desplomado°,   *plunged, plummeted*   volví a sentirme mal; vi mis dedos y los

encontré más tiznados° que de costumbre. Con un dolor de *blackened*
cabeza terrible, fui al baño, me lavé las manos con toda calma
y, ya tranquilo, regresé al sillón. Cuando iba a tomar mi
cigarro, descubrí que una mancha negra cubría mis dedos.

15 De inmediato retorné al baño, me tallé con zacate°, piedra *scourer, scrubber*
pómez°, y, finalmente, me lavé con blanqueador°; pero el *pumice stone / bleach*
intento fue inútil, porque la mancha creció y me invadió
hasta los codos. Ahora, más preocupado que molesto, llamé
al doctor y me recomendó que lo mejor era que tomara unas
20 vacaciones, o que durmiera. En el momento en que hablaba
por teléfono, me di cuenta de que, en realidad, no se trataba
de una mancha, sino de un número infinito de letras
pequeñísimas, apeñuzcadas°, como una inquieta multitud de *crammed*
hormigas negras. Después, llamé a las oficinas del periódico
25 para elevar mi más rotunda protesta°; me contestó una voz *to raise an emphatic protest*
de mujer, que solamente me insultó y me trató de loco.
Cuando colgué, las letritas habían avanzado ya hasta mi
cintura. Asustado, corrí hacia la puerta de entrada; pero,
antes de poder abrirla, me flaquearon° las piernas y caí *began to weaken*
30 estrepitosamente°. Tirado bocarriba° descubrí que, además *with a crash / stretched out face-up*
de la gran cantidad de letras hormiga que ahora ocupaban
todo mi cuerpo, había una que otra fotografía. Así estuve
durante varias horas hasta que escuché que abrían la puerta.
Me costó trabajo hilar° la idea, pero al fin pensé que había *string together*
35 llegado mi salvación. Entró mi esposa, me levantó del suelo,
me cargó bajo el brazo, se acomodó en mi sillón favorito, me
hojeó° despreocupadamente y se puso a leer. ✳ *leafed through*

Después de leer

Tiempo libre
Guillermo Samperio

1 **Comprensión** Contesta las siguientes preguntas con frases completas.

1. ¿Qué hace el protagonista todas las mañanas?

2. ¿Qué le pasa siempre que lee el periódico?

3. Al leer la primera página, ¿de qué se enteró el narrador?

4. ¿Cómo se sintió después?

5. ¿Qué hizo luego?

6. Cuando iba a tomar su cigarro, ¿qué descubrió?

7. Después, ¿adónde regresó y para qué?

8. ¿De qué se dio cuenta cuando hablaba con el médico?

9. ¿Cómo eran las letras y qué parecían?

10. ¿Adónde llamó para protestar?

11. Al colgar el teléfono, ¿qué le pasó al protagonista?

12. ¿En qué se convirtió el protagonista al final del cuento?

2 **Interpretar** Contesta las siguientes preguntas.

1. ¿Por qué crees que el protagonista siente un gran malestar cuando lee la prensa? Razona tu respuesta.

2. Según tu opinión, ¿por qué al final el protagonista se convierte en un periódico?

3. ¿Qué crees que simbolizan las manchas en las manos?

4. ¿Está relacionado el título del cuento "Tiempo libre" con el desenlace de la historia? Explica tu respuesta.

3 **Ampliar** En parejas, analicen las diferentes actitudes que el doctor y el protagonista tienen ante el problema. ¿Con cuál de los dos se identifican más? ¿Por qué?

Doctor	Protagonista

4 **Escribir** Piensa en una noticia que leíste en el periódico o que viste en la televisión, que te causó mucha tristeza o alegría. Escribe un párrafo corto en el que describes lo que hacías y dónde estabas cuando te enteraste de la noticia. Describe también cómo influyó en tu vida esa noticia.

Antes de leer

PERFIL

Carmen Maura

Conexión personal

¿Quiénes son tu actor y actriz favoritos? ¿Por qué? Compara tus preferencias con las de tres compañeros/as.

Contexto cultural

Spanish cinema has flourished in the past quarter of a century, attracting critical attention from around the world. Movies by Spanish filmmakers have won the Academy Award for Best Foreign Film on three occasions. Pedro Almodóvar was awarded the Oscar in 2000 for *Todo sobre mi madre,* while José Luis Garci's *Volver a empezar* won the Award in 1983; Fernando Truebas's *Belle Epoque* won in 1993. Meanwhile, Hollywood is now home to two very well-known film stars who began their acting careers in their native Spain. Can you name them?

Pedro Almodóvar

Vocabulario

empeño *determination; undertaking; effort*

hacerle gracia (a alguien) *to be funny (to someone)*

hasta la fecha *up until now*

Carmen Maura

Sergio Burstein

1 En 1969, nada hacía presagiar° que
   Carmen Maura, de 24 años, se
   convertiría con el transcurso
   de los años en una de las
5 actrices más notables y
   arriesgadas del cine español.
   Descendiente del político
   conservador Antonio Maura,
   estaba casada desde hacía cinco
10 años, y dirigía una galería de arte en
   su Madrid natal. Pero súbitamente le
entró el bichito de la actuación°, y decidió cambiar su aburri-
da comodidad por lo que entonces se le planteaba como una
verdadera aventura.

15   "Fue como un regalo del cielo, 20 minutos de lucidez",
ha declarado ella misma. "Yo era una inconsciente°. Y todo
tras una conversación con el crítico de teatro Alfredo
Marquerie, que me llevó a la realidad y me dijo: '¿Por qué no
haces lo que más te gusta en la vida?'. Llegué a casa, lo dije y
20 se armó la de San Quintín°. Y a partir de ahí, claro, soy tan
cabezota° que bastó que se enfrentaran conmigo mi familia y
mi marido para que yo me cabreara° más al darme cuenta de
que no era libre, no podía hacer lo que me daba la gana°".

nothing would have predicted

she was bitten by the acting bug

irresponsible person

there was a tremendous fight
pig-headed

would get infuriated

I couldn't do just as I pleased

La decisión no sólo le costó la ruptura de su matrimonio, sino también la separación de sus hijos, a los que no pudo ver ni visitar en años. Pero la senda° artística ya estaba marcada.

path

Empezó con actuaciones en clubes nocturnos hasta debutar en la pantalla grande con *Los gatos tienen frío* (1969), aunque llamó realmente la atención con *Tigre de papel* (1977), una película dirigida por Fernando Colomo. Pero el verdadero detonante° de su carrera fue su encuentro con el director manchego° Pedro Almodóvar, quien le dio el papel principal de su ópera prima°, *Pepi, Lucy, Bom y otras chicas del montón* (1980). Carmen aceptó el proyecto, aunque resultaba evidente que no se trataba de nada precisamente convencional.

the thing that really set off

from La Mancha

first work

Sólo la buena preparación y empeño de Maura logró sacar adelante lo que parecía ser una comedia disparatada° y absolutamente plagada de excesos post-franquistas°.

outrageous, absurd

riddled with post-Franco excesses

"Cuando conocí a Pedro, no teníamos nada que ver: él era supermoderno, y yo era una niña bien° que hacía teatro, pero inmediatamente conectamos", ha dicho la española. "En un rodaje, con 40 personas, Pedro decía algo y de repente yo era la única a la que le hacía gracia, mientras los otros 40 se quedaban callados".

rich girl

La colaboración ya estaba establecida: en los años siguientes, Maura se convertiría en la actriz favorita del nuevo prodigio del cine español, participando en cintas° como *Entre tinieblas* (1983), *¿Qué he hecho yo para merecer esto?* (1985), *La ley del deseo* (1987). A esas alturas, Carmen ya era comparada por la prensa internacional con Anna

films

Magnani y Bette Midler, y se incorporaba al reparto de
exitosas comedias dirigidas por otro celebrado director,
Fernando Trueba, como *Sal gorda* (1984) y *Sé infiel y no*
55 *mires con quién* (1985).

La cumbre de su trabajo con Almodóvar llegó en 1988
con *Mujeres al borde de un ataque de nervios,* divertido filme
que alcanzó una inusitada° difusión internacional y que le   *unusual*
permitió compartir la pantalla con Fernando Guillén, María
60 Barranco, la actriz de indescriptible rostro Rossy de Palma y
el aún° jovencito Antonio Banderas.   *still*

Curiosamente, la película marcó el fin de la relación
entre Maura y el director de *Tacones lejanos,* que no han
vuelto a trabajar juntos hasta la fecha. Sin embargo, la actriz
65 no ha negado nunca la posibilidad de volver a colaborar con
el cineasta que la lanzó a la fama: "Eso podría suceder algún
día, pero él tiene que tener un personaje que le apetezca°   *he might want*
que haga yo. Yo, desde luego, no iré detrás de él, ni me haré
la encontradiza°. Si un día a él le apetece y a mí me gusta lo   *nor will I pretend to just bump into him*
70 que quiere que haga para él, lo haré, pero no es fácil.
Tampoco sé lo que pasa por su mente porque hace mucho
tiempo que no hablo con él. No es que yo me niegue, pero
no ha surgido la ocasión".

Carmen Maura tiene una filosofía de vida que la define
75 como una verdadera luchadora°, y no se preocupa en exagerar   *fighter*
sus pesares° frente a la prensa. "Cada uno tiene sus propios   *sorrows, regrets*
problemas", ha asegurado. "Uno tiene vecinos insoportables,
a otro le persigue Hacienda°, el de más allá tiene problemas   *tax collector*
con su novia que es una borde°". Sus perspectivas familiares   *jerk*

80   también están mejorando: hace poco se volvió a encontrar
     con su hijo Pablo, de 28 años, con quien no convivía° desde   *with whom she had not*
     que éste era un bebé.   *lived*

        Además, los últimos años han visto el resurgimiento de
     su carrera profesional, algo que ya se veía venir desde su
85   participación en *Sombras de una batalla* (1993), filme de
     Mario Camus por el que recibió un premio Goya, equivalente
     español del Oscar. Pero su verdadero lanzamiento internacional
     se produjo en los últimos años con *La Comunidad* (2000),
     excelente largometraje de comedia-suspense dirigido por
90   Álex de la Iglesia, una de las mayores revelaciones del cine
     fantástico europeo.

        La cosa no ha quedado allí, porque actualmente Maura,
     que vive entre su país y Francia, se encuentra en pleno rodaje°   *in the middle of filming*
     de *800 balas,* el nuevo largometraje de Álex de la Iglesia, que
95   se filma en Almería, España. Todo parece indicar que, a rey
     muerto, rey puesto°; en otras palabras, a falta de Pedro,   *"The (old) king is dead;*
     bueno es Álex. ✸   *long live the (new) king!*

Después de leer

Carmen Maura

(1) Comprensión Pongan los acontecimientos de la vida del Carmen Maura en orden del uno al diez.

_____ a. Conoció a Pedro Almodóvar.

_____ b. Se volvió a encontrar con su hijo.

_____ c. Tuvo una conversación que le cambió la vida.

_____ d. Actuó en *La ley del deseo.*

_____ e. Se crió en un ambiente acomodado y conservador.

_____ f. Trabajó en clubes nocturnos.

_____ g. Actuó en *Mujeres al borde de un ataque de nervios.*

_____ h. Se casó.

_____ i. Recibió un premio Goya.

_____ j. Se separó de su esposo.

(2) Interpretar Contesta las siguientes preguntas.

1. ¿Cómo se consideraba Carmen Maura a los veinticuatro años de edad?

2. ¿Cómo cambió su vida personal después de hacerse actriz?

3. Carmen Maura se caracterizó a sí misma como "una niña bien". ¿Qué crees que significa esto?

4. ¿Cómo era y cómo es en la actualidad la relación entre Carmen Maura y Almodóvar?

5. ¿Cuándo y con qué película se hizo internacionalmente famosa?

6. ¿Cómo describirías la personalidad de la actriz? Pon ejemplos del texto.

7. Explica, en tus propias palabras, qué significa la expresión "a rey muerto, rey puesto".

(3) Ampliar Carmen Maura decidió hacer realidad sus sueños y para ello se enfrentó a su familia. ¿Harías tú lo mismo? En parejas, comenten qué harían si estuvieran en la misma situación que la actriz española. Luego, compartan sus ideas con la clase.

MODELO Si yo estuviera en la misma situación, intentaría explicarle a mi familia que lo más importante para mí es trabajar en lo que me gusta.

(4) Conversar En grupos pequeños, digan lo que sepan de la historia reciente de España. ¿Quién fue Franco y cómo llegó al poder? Después de su muerte, ¿cómo cambió la sociedad española? ¿Cómo fue la época post-franquista?

Atando cabos

Una noticia de interés

Trabajen en grupos pequeños para presentar una noticia de interés a la clase.

Elegir el tema

Pueden preparar su presentación sobre alguna noticia relacionada con el mundo hispano que hayan escuchado recientemente. Si no conocen ninguna, repartan la tarea de búsqueda entre todos los miembros del grupo.

Preparar

Compren periódicos en español, vayan a la biblioteca o investiguen en Internet. Busquen una noticia que despierte su interés y tomen nota de lo que consideren interesante. No se olviden de recoger *(collect)* información audiovisual para mostrar a la clase.

Organizar

Su presentación debe incluir una pequeña introducción sobre la noticia: el país donde ocurrió, cuándo, antecendentes políticos o sociales que pueden explicar las causas, etc. Organicen la información recogida en un esquema *(outline)*. Tengan en cuenta que cada presentación durará unos 10 minutos. No se olviden de citar las fuentes *(the sources)* que han utilizado para preparar su presentación.

Estrategia de comunicación

Cómo presentar una noticia.
1. La noticia que hemos elegido trata de…
2. Ni los testigos *(witnesses)* ni las víctimas saben cómo pudo ocurrir…
3. El presidente del país espera que el peligro haya pasado…
4. La policía piensa que el cupable o es el/la esposo/a…
5. Para terminar, todavía no se sabe cuáles van a ser las consecuencias…

Ayuda para Internet

Aquí tienen unas palabras clave para buscar información en Internet:
noticias / El País España / Semana Colombia / política internacional / sucesos / Clarín Argentina / La Tercera Chile / El Nacional Venezuela / Reforma México

Presentar

Antes de su presentación, cada grupo entregará una copia de su esquema al profesor. Usen medios audiovisuales (carteles, fotografías, mapas, etc.) para que el resto de la clase pueda comprender mejor la noticia.

La cultura popular y los medios de comunicación

trescientos ochenta y cinco **385**

El milagro

país México

duración 15 minutos

director Ernesto Contreras Flores

protagonistas Margarita, Alfonso, Faustina, Juanita (la hija de Faustina)

Vocabulario

el argüende *gossip*   **necio/a** *stupid*

chulo/a *pretty*   **tarugo/a** *blockhead*

méndigo/a *stingy*   **zoquete** *dimwit*

Antes de ver el corto

1. **Comentar** En Latinoamérica, los milagros son una parte muy importante de la cultura popular. Los milagros se relacionan principalmente con la religión, los astros y la santería. Las personas hacen ofrendas, promesas y oraciones para que el milagro que tanto desean se haga realidad. ¿Qué sabes sobre este tema? Comparte tus conocimientos con un(a) compañero/a.

Mientras ves el corto

2. **Ordenar** Numera del uno al ocho los sucesos según van ocurriendo en la historia.

_____ a. Alfonso toma la invitación y corre buscando a Margarita.

_____ b. Margarita está llorando.

_____ c. Alfonso y Margarita están juntos en el Cerro Azul.

_____ d. Faustina y Juanita están subiendo al Cerro Azul.

_____ e. Margarita le da su canasta con comida a Faustina.

_____ f. Un turista pasa corriendo.

_____ g. Faustina y Juanita llegan a casa de Margarita.

_____ h. Margarita lee la invitación.

Después de ver el corto

(3) Comprensión Decide si lo que afirma la frase es **cierto** o **falso**.

	Cierto	Falso
1. Todo el pueblo recibió una invitación.	☐	☐
2. Margarita no quiere ir a ver el milagro.	☐	☐
3. Faustina va con su hija al evento.	☐	☐
4. Juanita, la hija de Faustina, lleva puesto un vestido azul.	☐	☐
5. Todo el pueblo va al Cerro Azul.	☐	☐
6. Faustina quiere que Margarita también vaya.	☐	☐
7. Alfonso tiene muchas ganas de ir a ver el milagro.	☐	☐
8. Margarita le da su canasta con comida a Faustina.	☐	☐
9. Todos saben quién envió las invitaciones.	☐	☐
10. Alfonso y Margarita nunca suben al Cerro Azul.	☐	☐

(4) Escribir ¿Cuál crees que es el tema del cortometraje *El milagro?* En parejas, hagan una lista de ideas sobre el tema de *El milagro* y al terminar, seleccionen uno. Luego, compartan su trabajo con el resto del grupo y decidan entre todos cuál es el tema principal de esta historia.

(5) Comentar Contesta las siguientes preguntas con frases completas.

1. ¿Por qué Alfonso no quiere ir a ver el milagro?
2. ¿Por qué no deja que Margarita vaya?
3. ¿Por qué está llorando Margarita?
4. ¿Por qué Alfonso finalmente decide ir al Cerro Azul?
5. ¿Qué se puede concluir de la última conversación entre Margarita y Faustino?
6. ¿Quién crees que ha mandado las invitaciones?

(6) Analizar Discutan, en parejas y luego en grupos, las diferentes interpretaciones que tiene el final del corto. Expliquen también el significado de la pregunta de Margarita: "¿Nos salvamos?".

(7) Imaginar En el cortometraje, todo el pueblo está contento porque el día 14 habrá un milagro. Imagina que en este momento se te pueden cumplir tres deseos. ¿Cuáles escogerías?

(8) Interpretar En parejas, imaginen y escriban un final diferente que le dé otro significado a la historia. Al terminar, representen el nuevo final para el resto de la clase.

(9) Inventar En parejas, piensen en algún evento al que a sus comunidades les interesaría asistir. Luego, escriban una invitación formal como la que recibió Margarita en *El milagro*. Al final, muestren su trabajo a la clase explicando por qué decidieron seleccionar ese tipo de evento.

9 VOCABULARIO

La televisión

el anuncio	commercial, advertisement
el canal	channel
el chisme	gossip
el/la conductor(a)	announcer
el episodio final	final episode
el índice de audiencia	ratings
la noticia	news
la pantalla de televisión	television screen
el público	public
el reportaje	story
el reportero/a	reporter
la telenovela	soap opera
el televidente	television viewer
la transmisión	transmission

La radio

la emisión	broadcast
la emisora	radio station
el estudio de grabación	recording studio
el/la locutor(a)	announcer
el noticiero	news program
el/la oyente	listener
el/la presentador(a) de noticias	news reporter
el/la radio	radio
transmitir	to broadcast

El cine

el actor	actor
la actriz	actress
el argumento	plot
la banda sonora	soundtrack
el cortometraje (el corto)	short film
el/la crítico/a de cine	film critic
el/la director(a)	director
doblado/a	dubbed
la escena	scene
la estrella	star (male or female)
el guión	script
grabar	to record
el largometraje	full-length film
la película	movie
la sesión/función	showing
subtítulos	subtitles

Los periódicos

la crónica de sociedad	lifestyle section
la crónica deportiva	sports page, sports section
el diario	daily (newspaper)
la edición especial	special edition
el/la lector(a)	reader
el periódico impreso	newspaper
la portada	front page
la prensa (sensacionalista)	(sensationalist) press
el/la redactor(a)	editor
la revista semanal	weekly supplement
el titular	headline
imprimir	to print
publicar	to publish

Los medios de comunicación

la actualidad	current affairs
la censura	censorship
los medios de comunicación	media
la parcialidad	bias
el público	audience
estar al tanto	to be informed
ser parcial	to be biased
actualizado/a	up-to-date
destacado	prominent, distinguished
imparcial	impartial, unbiased
influyente	influential

Expresiones útiles	Véase la página 353.
Vocabulario de "Tiempo libre"	Véase la página 375.
Vocabulario del perfil	Véase la página 379.
Vocabulario de El milagro	Véase la página 386.

Estructura 9.1	Véase la página 358.
Estructura 9.3	Véase las páginas 366 y 367.
Estructura 9.4	Véase la página 370.

La literatura y el arte

La literatura y el arte

El admirador

La nieta se sentó en el rincón más iluminado para pintar su **obra maestra**: un **retrato** de su abuelo Emilio. El anciano es un modelo paciente y espera que ella termine su **llamativa obra**. El improvisado **estudio** es también una **exposición** de otras **obras de arte** de la artista: **autorretratos**, paisajes ... y manchas. El abuelo admira la creatividad de su nieta. Cada **trazo** le resulta conmovedor, cada color le parece maravilloso.

Personaje de gran calibre

Eugenia quiere que el argumento de su **cuento se desarrolle** de una manera única. La **trama** comenzará con un crimen, relatado desde **el punto de vista** de la bala. Como parte de la acción ocurre en un revólver, la mano del asesino será un **personaje secundario** y el pecho de la víctima un **personaje principal**. A ella le resulta **intrigante** la **corriente** del realismo mágico, pero no quiere imitar a nadie. Por consiguiente, en su cuento no habrá **paradojas**: el **desenlace** será la muerte de la víctima, de la que sólo una mariposa será **testigo**.

Obras valiosas

Romina y Esteban vieron todas las **acuarelas**, esculturas y pinturas **al óleo** de la galería de arte. Inspirados por las intrigantes **imágenes** y formas que vieron, quisieron ir a visitar el **taller** de un escultor y comprarle una de sus obras. Él les dijo que sus obras estarían a la **venta** en una **subasta** en una tienda famosa de Londres. Les molestó pensar que las obras que ellos podían acariciar y tenían al alcance de la mano estaban tan lejos de sus bolsillos.

El peligro del éxito

El célebre **dramaturgo** recuerda la **cita** que dice que las segundas partes nunca son buenas. Está escribiendo la continuación de su **obra de teatro** más famosa. En esta etapa de su carrera sabe que el peso del **reconocimiento** que ya recibió puede **hundirlo**. No repetirá el ingenioso **tono satírico** de la primera parte, ni las extrañas **caracterizaciones** de los personajes.

La literatura

el capítulo	chapter
el/la ensayista	essayist
el ensayo	essay; rehearsal
el esbozo	outline; sketch
la estrofa	stanza
el manuscrito	manuscript
el movimiento	movement
el/la narrador(a)	narrator
la nota a pie de página	footnote
la rima	rhyme
la sátira	satire
hojear	to skim
narrar	to narrate
en sentido figurado	figuratively

El arte

el/la conservador(a)	curator
el cuadro	painting
la mezcla	mixture
la naturaleza muerta	still life
el rasgo	trait, characteristic
diseñar	to design
esbozar	to sketch
trazar	to trace
contemporáneo/a	contemporary
inquietante	disturbing
luminoso/a	bright
nítido/a	sharp
ornamentado/a	ornate
al estilo de	in the style of
de colores (muy) vivos	colorful
de buen/mal gusto	in good/bad taste

Práctica

1 **Un crítico sin inspiración** Un crítico de arte y literatura dejó oraciones a medio completar porque no se le ocurría qué palabras utilizar. Completa sus oraciones con algunos de los términos de la lista.

1. Sus obras son demasiado _____; en todas usa muchos colores brillantes.
2. La _____ escena en la que aparece el fantasma del padre está inspirada en su novela anterior.
3. El _____ a la obra de este pintor no es merecido, ya que nunca se ha visto en ninguna galería.
4. Por favor, lean el cuento. Tal vez alguien pueda explicarme el _____, por que no entendí el final.
5. Tan admirada es, que todos en la nueva generación desean también pintar _____ su maestra.

al estilo de	llamativas
desenlace	reconocimiento
inquietante	obra de teatro

2 **Analogías** En parejas, unan cada par de palabras o frases de la columna de la izquierda con el par de la columna de la derecha que corresponda. Decidan cuál es la conexión y luego explíquenle sus ideas a otra pareja.

a. galería: cuadros   _____ escritor: autobiografía
b. pintor: autorretrato   _____ exhibir: exhibición
c. modelo: retrato   _____ librería: libros
d. vender: subasta   _____ personaje principal: cuento

3 **Discusión** En parejas, inventen una discusión entre un(a) artista y un(a) coleccionista de arte. Utilicen las palabras de la lista.

subasta	apreciar
exposición	taller
retrato	óleo
estudio	cuadro
venta	reconocimiento

4 **El arte** En parejas, contesten las siguientes preguntas.

1. Según ustedes, ¿es importante el arte en la sociedad?
2. ¿Creen que es correcto que se paguen millones por una obra de arte? ¿Por qué?

Comunicación

5 **Críticas**

A. En parejas, hagan el papel de críticos literarios o de cine. Escojan una obra de teatro, novela o película que hayan leído o visto recientemente. Para hacer la crítica de la obra que hayan escogido, analicen estos puntos:

Caracterización: ¿Es la caracterización de los personajes adecuada? ¿Se sintieron identificados con alguno de ellos?

Trama y argumento: ¿Hay sorpresas? ¿Hay acción sin sentido? ¿Se hace lento el desarrollo? ¿Es predecible lo que sucede? ¿Tiene la obra algún mensaje en particular?

Desenlace: ¿Cumple el desenlace con las expectativas creadas en la trama? ¿Termina todo demasiado bien?

Estética: ¿Les resultó la obra conmovedora (*moving*)? ¿Inquietante? ¿Utiliza un humor inteligente? ¿Es original? ¿Es creativa?

B. Ahora preparen una breve crítica sobre la obra que hayan escogido. Escriban al menos una oración sobre cada uno de los puntos analizados. Luego presenten el párrafo que prepararon a la clase.

6 **¿Qué es el arte?** El arte siempre ha sido difícil de definir. Como todos los términos sin una definición clara, es más fácil hablar de lo que no son que de lo que son. Comparte tus opiniones con un(a) compañero/a y escriban su propia definición del arte y de lo que es una obra de arte.

7 **El museo de arte**

A. En parejas, comparen sus experiencias de una visita a un museo de arte. Escriban dos breves descripciones sobre lo que vieron. ¿Qué sintieron cuando estaban ahí y por qué?

B. Formen un grupo de cuatro con otros/as dos compañeros/as. A partir de sus respuestas a la pregunta del paso A, respondan a la siguiente pregunta: ¿Creen que apreciamos más ciertas obras porque estamos influenciados por la información que tenemos de ellas? Den ejemplos. Compartan sus conclusiones con la clase.

Andy Warhol
Campbell's Soup I (Tomato).
1968.

Johnny enseña a sus compañeros de trabajo cómo se debe criticar una obra de arte.

1

JOHNNY Chicos, ésas son las pinturas de las que les hablé. Las conseguí muy baratas. Voy a escribir un artículo sobre ellas. ¿Les dicen algo?

MARIELA Sí, me dicen *iahhgg*.

2

JOHNNY ¿Cómo que son feas? Es arte. No pueden criticarlo así.

MARIELA Es lo que la gente hace con el arte. Sea modernismo, surrealismo o cubismo, si es feo es feo.

JOHNNY Les mostraré cómo se critica una obra de arte correctamente. Hagamos como si estuviésemos observando las pinturas en una galería. ¿Quieren?

3

Fingiendo que están en una galería de arte...

JOHNNY Me imagino que habrán visto toda la exposición. ¿Qué les parece?

ÉRIC Habría preferido ir al cine. Estas pinturas son una porquería.

JOHNNY No puedes decir eso en una exposición. Si las obras no te gustan, tu debes decir algo más artístico como que son primitivas o son radicales.

6

Luego, en la cocina...

JOHNNY El artista jamás cambiará los colores. ¿Por qué me hiciste decirle que sí?

MARIELA No hubieras vendido ni una sola pieza.

JOHNNY No quiero venderlas, tengo que escribir sobre ellas.

MARIELA No está de más. Podrías llegar a ser un gran vendedor de arte.

7

JOHNNY *(imaginando que dirige una subasta de arte)* Nadie hubiera imaginado un final mejor para esta subasta. Les presento una obra maestra: La *Mona Lisa*.

AGUAYO Quinientos millones de pesos.

JOHNNY ¿Quién da más por esta pintura?

FABIOLA Mil millones de pesos.

JOHNNY Se lo lleva la señorita.

8

Más tarde, en la oficina...

JOHNNY Me alegra que hayas decidido no cambiar la obra.

FABIOLA Hubiera sido una falta de respeto.

JOHNNY Claro. Bueno, que la disfrutes.

JOHNNY

MARIELA

ÉRIC

FABIOLA

MARIELA Si hubiera pensado que son primitivas o que son radicales lo habría dicho. Pero son horribles.

JOHNNY Mariela, *horrible* ya no se usa.

Fabiola llega a la oficina.

FABIOLA ¡Qué hermoso! Habré visto arte antes pero esto es especial. ¿Está a la venta?

MARIELA ¡Claro! Johnny te puede conseguir un buen precio.

FABIOLA Hay un detalle. No tiene amarillo. ¿Podrías hablar con el artista para que le cambie algunos colores?

JOHNNY ¡Imposible!

En el escritorio de Mariela…

ÉRIC Perdiste la apuesta. Págame.

MARIELA Todavía no puedo creer que la haya comprado.

ÉRIC Oye, si lo prefieres, en vez de pagar la apuesta, puedes invitarme a cenar.

MARIELA *(sonriendo)* Ni que me hubiera vuelto loca.

Entra Aguayo.

AGUAYO ¿Son las obras para tu artículo?

JOHNNY Sí. ¿Qué le parecen, jefe?

AGUAYO Diría que éstas son… primitivas. Pero la del medio *(mirando el cuadro de Fabiola)* definitivamente es… horrible.

Expresiones útiles

Expressing your opinion

Me parece hermoso/a.
I think it's pretty.

Me parece que sí/no.
I think so/not.

Opino que es feo/a.
In my opinion, it's ugly.

Considero que es horrible.
I consider it to be horrible.

Diría que es bonito/a.
I'd say that it is pretty.

No diría que es tan horrible.
I wouldn't say that it is that horrible.

Reacting to someone's opinion

¿Cómo que son feos/as?
What do you mean they're ugly?

¿Cómo que son caros/as?
What do you mean they're expensive?

Additional vocabulary

la pieza *piece (art)*

la porquería *garbage, poor quality*

estar a la venta *to be for sale*

Apuntes culturales En América Latina, muchos personajes históricos expresaron sus ideas a través de obras literarias. Sor Juana Inés de la Cruz defendió en su poesía la igualdad entre hombres y mujeres. Y el artista Diego Rivera representó en sus murales las clases sociales de México. *¿Qué obras de arte te parecen más valiosas, las que sólo buscan objetivos estéticos o las "comprometidas" con la realidad?*

Comprensión

1) Ordenar Ordena los hechos de la **Fotonovela** por medio de números.

_____ a. Después de mirar las pinturas, Éric y Mariela dicen que son horribles.

_____ b. Aguayo opina sobre las pinturas de Johnny.

_____ c. Johnny les dice a sus compañeros que se imaginen que están en una galería de arte.

_____ d. Mariela y Éric hablan de su apuesta.

_____ e. Fabiola quiere comprar una de las pinturas de Johnny.

_____ f. Johnny sueña con ser un gran vendedor de arte.

2) ¿Cierto o falso? Decide si lo que afirman las siguientes oraciones sobre los personajes de la **Fotonovela** es **cierto** o **falso**. Sólo debes marcar como cierto lo que verdaderamente ocurrió. Corrige las frases falsas.

Cierto	Falso	
☐	☐	Los empleados de *Facetas* fueron a una galería de arte.
☐	☐	Fabiola quiso comprar un cuadro que a Mariela le parecía horrible.
☐	☐	El pintor agregó amarillo a su cuadro para que Fabiola lo comprara.
☐	☐	Lo que Johnny debe hacer es escribir sobre las pinturas.
☐	☐	Johnny vendió la Mona Lisa en una subasta.

3) ¿Quién? Decide quién dijo o posiblemente diría las siguientes frases.

AGUAYO   **ÉRIC**   **JOHNNY**   **FABIOLA**   **MARIELA**

1. No pueden criticar el arte diciendo que es *feo*. _____

2. A esta pintura le falta color amarillo. _____

3. Todavía no puedo creer que Fabiola haya comprado la pintura. _____

4. ¿Por qué no me invitas a cenar, Mariela? _____

5. Podrías llegar a ser un gran vendedor de arte. _____

Ampliación

4 **Dramatizar** En parejas, elijan una de las siguientes situaciones y dramatícenla:

- La conversación de Mariela y Éric en la que hacen la apuesta.
- La conversación entre Johnny y el pintor: Johnny le pide al pintor que le cambie los colores al cuadro.
- La discusión entre Fabiola y su novio cuando éste ve la pintura en la pared de la casa de Fabiola.

5 **Sueños** En la **Fotonovela**, Johnny tiene un sueño donde cree que es un famoso vendedor de pinturas. Escoge a otros dos personajes de la **Fotonovela** e inventa sus sueños y fantasías. Después, compara tus ideas con las de un(a) compañero/a de clase. Luego, habla con tu compañero/a sobre tus propios sueños.

6 **Críticos de arte** Reúnanse en parejas. Elijan uno de los siguientes cuadros y contesten por escrito las preguntas siguientes:

- ¿Qué ven?
- ¿Qué sentimientos les produce?
- ¿Hay colores variados o domina un solo grupo de colores? ¿Cuáles?
- Escriban cinco adjetivos para la obra.
- Preparen un breve texto sobre la pintura. Luego, compartan el texto con sus compañeros/as.

Oswaldo Guayasamín
(1919–1999), ecuatoriano.
Madre y niño en azul, 1986.
Óleo sobre tela.

Fernando Botero
(1932–), colombiano.
Mona Lisa, 1977.
Óleo sobre tela.

Jorge Luis Borges

Éric, Johnny y Mariela están hablando de arte, y Johnny les quiere explicar cómo se debe criticar correctamente una obra de arte. Ahora van a leer un poco sobre Borges, un escritor argentino que tenía una visión crítica muy sofisticada.

Jorge Luis Borges es uno de los escritores latinoamericanos con mayor proyección internacional. Poeta, cuentista y ensayista es, sin duda, uno de los más brillantes y polémicos intelectuales latinoamericanos. Borges nació en 1899, en el seno de una familia adinerada de Buenos Aires. Estudió y residió en Europa durante los difíciles tiempos de la Primera Guerra Mundial. En 1921 regresó a Argentina. Allí siguió escribiendo, y participó en varias publicaciones literarias. A causa de un accidente, comenzó a perder la visión y hacia 1955 quedó completamente ciego. A pesar de esto, fue director de la Biblioteca Nacional, profesor de literatura inglesa en la Universidad de Buenos Aires y con sus escritos se convirtió en una de las figuras más prominentes de Latinoamérica.

Borges comenzó a escribir desde muy joven siguiendo diferentes movimientos literarios. Pasó por el ultraísta, el regionalista y, finalmente, el fantástico. En los años cuarenta, escribió dos de sus más aclamadas obras, sus cuentos *Ficciones* y *El Aleph*.

Jorge Luis Borges

Con éstas nos obliga a reflexionar sobre sus temas favoritos: el absurdo, el concepto del infinito, la eternidad y la relación entre el espacio y el tiempo. *Ficciones* es una colección de cuentos, verdaderos enigmas metafísicos, que describen magistralmente mundos mágicos, misteriosos y surrealistas. *El Aleph* es un cuento de índole fantástica en el que Borges nos hace sentir que la realidad no existe. Nos describe una ventana abierta al mundo. A través de ella se puede percibir el infinito, ese punto que contiene todos los puntos.

A través de su vida, recibió innumerables reconocimientos a nivel mundial, pero nunca recibió el Premio Nobel de Literatura, cuestión que hasta la fecha ha sido muy criticada. Borges, considerado como uno de los intelectuales más eruditos del siglo XX, murió en Ginebra, Suiza, en 1986.

el seno	bosom	percibir	to perceive
adinerado	wealthy	vinculado	linked
ciego	blind	plasmado	expressed
obligar	to force	cargado	loaded
magistralmente	brillantly	flecha	arrow
índole	nature	destacar	to stand out

La pintura de Obregón, Varo y Sosabravo

Sólo por un día, las oficinas de *Facetas* se van a convertir en un museo, pues Johnny tiene que escribir una crítica de arte. Ahora puedes leer un breve artículo sobre algunos importantes pintores hispanos.

Son muchos los pintores hispanos considerados maestros de la pintura universal, pero no todos han alcanzado la proyección internacional que pintores como Picasso o Dalí han conseguido. Tres de estos maestros de la pintura son: Alejandro Obregón de Colombia, Remedios Varo de España y Alfredo Sosabravo de Cuba.

Alejandro Obregón es, sin duda, uno de los pintores modernos más reconocidos de Colombia, por su peculiar forma de tratar el paisaje caribeño y la realidad de su país en el espacio pictórico. Su pintura expresionista, muy vinculada al contexto socio-político colombiano, expresa el lado secreto de la vida, lo maravilloso y lo horrible escondido debajo de las apariencias. La dura realidad, constituida por la continua lucha de los opuestos, como la vida y la muerte, o la belleza y la destrucción, está magníficamente plasmada en *La violencia*, obra que le valió el Premio Nacional en 1962.

Por su parte, Remedios Varo, pintora española, logró también alcanzar el reconocimiento de la crítica. Sus pinturas están cargadas de simbolismos, con un cierto aire mágico, y suelen tratar temas esotéricos. En 1940, Varo tuvo que salir de Europa y exiliarse en México. Ella fue quien introdujo el estilo surrealista a este país.

Allí algunas de sus obras se encuentran en exposición permanente en el Museo de Arte Contemporáneo de la Ciudad de México.

Otro artista contemporáneo muy original, calificado como "genio de lo cotidiano", es el cubano Alfredo Sosabravo, pintor, escultor, dibujante y ceramista. Sosabravo ha sabido utilizar múltiples materiales para expresar su mensaje, a través de complicados símbolos de flechas, peces y aves. Sus cuadros destacan por su peculiar fuerza poética y por su colorido. En 1997, recibió el Premio Nacional a las Artes Plásticas de Cuba.

Armonía de Remedios Varo

Coméntalo

Reúnete con varios/as compañeros/as de clase y conversa sobre los siguientes temas.

1. ¿Qué tipo de lecturas prefieren: las complicadas o las sencillas? ¿Por qué?
2. ¿Qué autores hispanos conocen?
3. ¿Qué es el arte para ustedes?
4. ¿Les gusta el arte? ¿Por qué? En caso afirmativo, ¿qué tipo de arte?

10.1 The future perfect and the conditional perfect

¿Te acuerdas? Like other compound tenses, the future perfect and the conditional perfect tenses are constructed from a form of **haber** and a past participle.

The future perfect tense

Me imagino que habrán visto toda la exposición. ¿Qué les parece?

Habría preferido ir al cine. Estas pinturas son una porquería.

Future perfect		
pintar	**vender**	**escribir**
habré pintado	habré vendido	habré escrito
habrás pintado	habrás vendido	habrás escrito
habrá pintado	habrá vendido	habrá escrito
habremos pintado	habremos vendido	habremos escrito
habréis pintado	habréis vendido	habréis escrito
habrán pintado	habrán vendido	habrán escrito

▶ The future perfect tense is used to express what *will have happened* at a certain point. A phrase made up of **para** + [*time expression*] is often used with the future perfect tense.

Para el mes que viene, ya **habré leído** su novela.
By next month, I will already have read her novel.

La cantante de ópera **habrá grabado** el disco para el martes.
The opera singer will have recorded the album by Tuesday.

▶ The future perfect may also express supposition or probability regarding a past action.

¿Habrá tenido éxito la exposición de este fin de semana?
I wonder if this weekend's show was a success.

No lo sé, pero **habrá ido** mucha gente a verla.
I don't know, but lots of people might have gone to see it.

The conditional perfect tense

The conditional perfect

dibujar	leer	describir
habría dibujado	habría leído	habría descrito
habrías dibujado	habrías leído	habrías descrito
habría dibujado	habría leído	habría descrito
habríamos dibujado	habríamos leído	habríamos descrito
habríais dibujado	habríais leído	habríais descrito
habrían dibujado	habrían leído	habrían descrito

▶ The conditional perfect tense is used to express what *would have occurred* but didn't.

La actriz chilena **habría aceptado** ese papel,
pero ya tenía otros planes.
The Chilean actress would have accepted
that role, but she already had other plans.

Con ella, la obra **habría sido** un éxito.
With her, the play would have been a success.

Otros actores **habrían representado**
mejor esta obra.
Other actors would have performed
this play better.

Creo que Andrés **habría sido** un gran pintor.
I think Andrés would have been a great painter.

▶ The conditional perfect may also be used to express probability or conjecture about the past.

¿**Habrían apreciado** los críticos su gran creatividad?
I wonder if the critics had appreciated
her great creativity.

¿No fuiste a la exposición? ¡Te **habría gustado**!
You didn't go to the exhibit? You would have
liked it!

Los **habría sorprendido** con su talento.
She had probably surprised them
with her talent.

¿**Habría vendido** ese cuadro si no fuera famoso?
Would he have sold that painting if he were
not famous?

He visto arte antes pero esto es especial. ¿Está a la venta?

Habría dicho que es... horrible.

Práctica

(1) Completar Escribe la forma adecuada del verbo para el futuro perfecto.

1. Me imagino que ustedes _____ (leer) el ensayo para mañana.

2. ¿_____ (conocer) Juan a la famosa autora?

3. Para la próxima semana, Ana y yo _____ (terminar) de leer el guión.

4. Le dije al pintor que yo _____ (conseguir) una modelo para el jueves.

5. Me imagino que las obras ya se _____ (vender).

(2) Completar Escribe la forma adecuada del verbo para el condicional perfecto.

1. No me gustó para nada. Otro autor _____ (imaginar) una trama más interesante.

2. Creyó que tú ya _____ (obtener) el reconocimiento del público.

3. Los autores _____ (escribir) el esbozo final para la semana pasada.

4. Nosotros _____ (hacer) con gusto el trabajo.

5. ¿_____ (poner) tus cuadros en la exposición cuando te lo ofrecieron?

(3) Diálogos En parejas, completen los pequeños diálogos con la pregunta o con la respuesta. Deben usar el futuro perfecto o el condicional perfecto. Luego compartan las respuestas con sus compañeros/as.

1. – Esta novela es un poco lenta.
   – (preferir / poema de Neruda) _____
   – ¡No! Prefiero una novela lenta y no un poema sin argumento.

2. – ¿Terminó de leer el manuscrito?
   – (terminar / próximo miércoles) _____
   – No creo que podamos esperar tanto tiempo.

3. – (me imagino / ir / subasta) _____
   – No. Lo lamento. No pude ir a la subasta.

4. – ¿Qué les pareció el desenlace del capítulo?
   – (preferir / otro final) _____
   – Te comprendo. Fue un final triste.

Comunicación

4 **Otro final** Trabajen en parejas. Aquí tienen dos listas: una con historias y otra con sus finales. Conéctenlos y después inventen finales diferentes para esas historias usando el condicional perfecto. Sigan el modelo.

MODELO En nuestra historia, Romeo y Julieta se habrían casado y...

E.T.
La Bella Durmiente
Lo que el viento se llevó (*Gone with the wind*)
Romeo y Julieta
Titanic

El barco se hunde (*sink*).
El matrimonio se separa.
Los novios se mueren.
Se casa con el príncipe.
Vuelve al espacio.

5 **¿Qué habrían hecho ustedes?** Trabajen en parejas. Miren los dibujos. Uno de ustedes es la persona señalada por una flecha. El compañero es la otra persona. El primero dice qué habría hecho frente a esa situación. El compañero dice que habría hecho frente a lo que hace el/la otro/a. Pueden seguir las pistas (*cues*) que se les dan u otras.

MODELO Hermano: Le habría quitado el chupete (*pacifier*). Luego habría puesto cara de bueno.
Bebé: Habría llorado muy fuerte para que me escuchara mi mamá.

quitar chupete/llorar

mostrar pintura fea/ no decir

lastimarse el dedo/llamar al médico

ensuciar el traje/no enojarse

10.2 The past perfect subjunctive

¿Te acuerdas? The past perfect subjunctive **(el pluscuamperfecto del subjuntivo)** is formed with the past subjunctive of **haber** + [*past participle*].

No fue posible que ustedes hubieran imaginado un mejor final.

Me molestó que hubieras pedido este cambio.

Past perfect subjunctive

apreciar	entretener	dirigir
hubiera apreciado	hubiera entretenido	hubiera dirigido
hubieras apreciado	hubieras entretenido	hubieras dirigido
hubiera apreciado	hubiera entretenido	hubiera dirigido
hubiéramos apreciado	hubiéramos entretenido	hubiéramos dirigido
hubierais apreciado	hubierais entretenido	hubierais dirigido
hubieran apreciado	hubieran entretenido	hubieran dirigido

▶ The past perfect subjunctive is used in subordinate clauses under the same conditions for other subjunctive forms, and in the same way the past perfect is used in English (*I had talked, you had spoken*, etc.). It refers to actions or conditions that had taken place before another action or condition in the past.

Le molestó que los escritores no **hubieran asistido** a su conferencia.
It annoyed her that the writers hadn't attended her lecture.

No era cierto que el museo **hubiera cerrado** sus puertas definitivamente.
It was not true that the museum had closed its doors permanently.

▶ The alternative past subjunctive forms of **haber (hubiese, etc.)** may also be used with the past participle to form the past perfect subjunctive: **hubiera apreciado → hubiese apreciado.**

Me **hubiese gustado** leer el final de ese libro.
I would have liked to read the end of that book.

Ojalá **hubieses visto** la obra de teatro.
I wish you had seen the play.

Práctica y Comunicación

1 **Completar** Aguayo está muy enojado. Sus empleados trataron de manera poco amable a un famoso dramaturgo. Completa sus quejas con la forma adecuada del verbo **haber** para el pluscuamperfecto del subjuntivo.

1. Nunca me _____ imaginado un tratamiento tan poco amable hacia un artista.

2. Fabiola, me sorprendió que tú no _____ hecho una pregunta sobre el premio que ganó en Bélgica.

3. Mariela y Diana, no me gustó que ustedes no _____ dicho ni una palabra.

4. Y me enojó mucho que Éric no _____ tomado una fotografía con todo el grupo.

5. Por un momento dudé que _____ salido bien de esa situación.

2 **Comentarios sobre el arte** Une los elementos de las columnas para crear diez frases. Tienes que conjugar los verbos en infinitivo en el tiempo verbal adecuado.

Dudábamos	María	venir a la exposición
Dudamos	la subasta	ser valioso/a
Era improbable	el escultor	terminar a tiempo
Es improbable	la pintura	ser bueno/a
No está segura	el guión	llegar
No estaba segura		
Se alegran		
Se alegraron		

3 **Excusas** En parejas, lean nuevamente el ejercicio 1. Discutan qué excusas pueden darle los empleados de *Facetas* a Aguayo. En todos los casos, utilicen el pluscuamperfecto del subjuntivo. Luego dramaticen la situación. La lista de palabras sugiere algunas expresiones que requieren el subjuntivo en la cláusula subordinada.

tener miedo de que...	dudar que...
no estar seguro de que...	temer que...
no creer que...	sorprender que...

10.3 *Si* clauses with compound tenses

¿Te acuerdas? As you know from **Lección 6**, **si** clauses describe a condition or event upon which another condition or event depends. You have already learned how to make hypothetical or contrary-to-fact situations in the future and the present.

Review of *si* clauses with simple tenses

Condition	Main clause	Si clause
Possible or likely Ella compra el cuadro si no es caro.	Present	**Si** + present
Possible or likely Voy a comprar el cuadro si no es caro.	Near future (**ir** + **a**)	**Si** + present
Possible or likely Comprará el cuadro si no es caro.	Future	**Si** + present
Possible or likely Compra el cuadro si no es caro.	Command	**Si** + present
Habitual in the past Compraba el cuadro si no era caro.	Imperfect	**Si** + imperfect
Hypothetical Compraría el cuadro si no fuera caro.	Conditional	**Si** + past subjunctive

¡ATENCIÓN!

For detailed information about **si** clauses with simple tenses, see **Lección 6,** pp.240–241.

¡ATENCIÓN!

The **si** clause may be the first or second clause in a sentence. Note that a comma is used only when the **si** clause comes first.

Si vienes, voy.
Voy si vienes.

Si hubiera pensado que son primitivas o radicales, lo habría dicho.

Si le hubieras pedido al pintor que cambiara la obra, habría sido una falta de respeto.

▶ A **si** clause in the past describes what *would have happened* if an event or condition *had occurred.* In these sentences, the verb in the **si** clause is in the past perfect subjunctive while the verb in the main clause is in the conditional perfect.

Si Clause (Past Perfect Subjunctive)	→	Main Clause (Conditional Perfect)
Si ella **no hubiera restaurado** la pintura, *If she had not restored the painting,*		no la **habríamos comprado.** *we wouldn't have bought it.*
Si ellos **hubieran conocido** al autor, *If they had known the author,*		el argumento **habría sido** más divertido. *the plot would have been more enjoyable.*

Práctica y Comunicación

(1) Si... Usa el pluscuamperfecto del subjuntivo y el condicional perfecto para completar cada frase con la forma correcta del verbo entre paréntesis.

1. Si _____ (llover), yo no _____ (ir) a la tertulia.

2. Si _____ (publicar) mi libro, mis primos _____ (comprar) muchas copias.

3. _____ (ser) muy interesante si le _____ (dar) el premio al escritor peruano.

4. Si tú _____ (poder) venir al estreno, me _____ (llamar).

5. Si Linda _____ (escribir) más, ella _____ (tener) más poemas.

6. Si nosotros _____ (trabajar) más, _____ (tener) más éxito.

(2) La fiesta de anoche Es domingo y son las once de la mañana. Unas amigas están reunidas en un café para hablar de los eventos de la fiesta que tuvo lugar el sábado en honor de un poeta famoso. Termina sus oraciones.

1. Si el poeta me hubiera invitado a leer en voz alta, ...

2. El poeta te habría invitado a leer si ...

3. Si el poeta hubiera hablado más fuerte, ...

4. Yo habría salido de la función antes si ...

5. Si ustedes no hubieran tomado tanto café, ...

6. Habría invitado a mi compañera de cuarto si ...

(3) ¡A quejarse! Paulino es escritor y Graciela es pintora. Son muy buenos amigos. Cuando se ven, siempre se quejan de las oportunidades que se les han presentado para hacerse famosos y luego han desaparecido. En parejas, escriban su conversación y luego compártanla con la clase.

La literatura y el arte

(10.4) How to say *to become*

¿Te acuerdas? The construction **ponerse** + [*adjective*] is one way of expressing *to become*. **Ponerse** expresses a change in a mental, emotional, or physical state that, generally, is not long-lasting.

Podrías llegar a ser un gran vendedor de arte.

Hay que estudiar mucho para hacerse pintor.

▶ **Volverse** expresses a radical mental or psychological change. It may only be followed by an adjective. Generally it expresses a gradual, irreversible change. In English this is often expressed as *to have become + adjective*.

Durante los últimos años, el dramaturgo **se ha vuelto muy antipático**.	Con el tiempo, el compositor **se volvió perfeccionista**.
In recent years, the playwright has become very unpleasant.	*Over time the composer became a perfectionist.*

▶ **Hacerse** implies a change that is a result of the subject's effort. It often expresses changes in profession or social and political status.

Elena y Claudio **se hicieron** millonarios subastando obras de arte.	Mi primo Gustavo **se ha hecho** cantante de ópera.
Elena and Claudio became millionaires by auctioning artwork.	*My cousin Gustavo has become an opera singer.*

▶ **Llegar a ser** indicates a change over time. It does not imply the subject's voluntary effort.

La novela que escribí el año pasado **ha llegado a ser** un *best seller*.	Las esculturas de esa artista **han llegado a ser** muy caras.
The novel that I wrote last year has become a best seller.	*That artist's sculptures have become very expensive.*

▶ There are often reflexive verb equivalents for **ponerse** + [*adjective*].

> alegrarse = ponerse alegre
>
> contentarse = ponerse contento/a
>
> entristecerse = ponerse triste

Práctica y Comunicación

1 Seleccionar Subraya *(underline)* la opción correcta del verbo.

1. Siempre (se pone – se vuelve) nervioso cuando está frente al público.
2. Al principio era un dramaturgo fácil. Con el tiempo (se puso – se volvió) satírico.
3. Nunca (se pone – se vuelve) triste cuando está pintando.
4. Después de quedarse viudo, (se puso – se volvió) un hombre solitario.

2 Completar Completa las oraciones con la opción correcta.

1. Con los años, Enrique _____ más inseguro.
   a. se ha vuelto
   b. ha hecho

2. Las pinturas de Picasso _____ ser muy caras.
   a. han llegado a
   b. se han hecho

3. Antes era pintora, pero ahora _____ abogada.
   a. se ha hecho
   b. se ha puesto

4. _____ muy contento porque ayer vendió su guión.
   a. Se ha puesto
   b. Ha llegado a ser

3 El final de la historia En parejas, miren los dibujos y lean las pequeñas historias. Escriban un final para ellas. Usen las expresiones: **ponerse, volverse, hacerse, llegar a ser.**

Ella es tímida. Él le regala una flor.

El anciano soñó con un número. Compró diez billetes de lotería con ese número.

Su esposa lo dejó porque era aburrido. Sus hijos no le hablan porque siempre está malhumorado. Perdió el trabajo por discutir con el jefe.

A conversar

Ana Karenina

A Lean el resumen de *Ana Karenina*. Luego, en grupos pequeños respondan a las preguntas.

Ana Karenina estaba casada con Karenin, un funcionario importante de San Petersburgo. Tenían un hijo llamado Sergio.

En Moscú, Ana conoció al conde Wronsky. Él era un militar importante. Ambos se sintieron profundamente atraídos. Días después, Ana y el conde volvieron a encontrarse en una fiesta. Cuando Ana regresó a San Petersburgo, él la siguió. En el tren le dijo que la amaba. Aunque también estaba enamorada de él, Ana lo rechazó.

1. ¿Qué habrían hecho en el lugar de Ana?

2. Si hubieran sido el conde Wronsky, ¿habrían hecho lo mismo que él? ¿Por qué?

En San Petersburgo, Wronsky siguió buscando el amor de Ana. Tiempo después ella lo aceptó y se hicieron amantes. Cuando Karenin supo de la relación, le prohibió verlo y le dijo que si continuaba viendo al conde, le quitaría a su hijo.

Ana quedó embarazada de Wronsky y él le pidió que huyeran juntos, pero ella no aceptó.

1. ¿Qué opinan sobre lo que hizo Karenin?

2. ¿Qué habrían hecho ustedes? ¿Por qué?

3. ¿Por qué Ana no habrá aceptado huir con Wronsky?

Cuando su hija nació, Ana se enfermó y le pidió perdón a su esposo. Karenin la perdonó.

1. ¿Ustedes la habrían perdonado, como Karenin? ¿Por qué?

Más tarde, Ana se curó. Ella, Wronsky y la niña huyeron a Italia. Pero no pudieron ser felices. Ana extrañaba a su hijo Sergio y Wronsky deseaba volver al ejército. Por eso, regresaron a San Petersburgo. Allí, le pidieron a Karenin que le diera el divorcio a Ana. También le pidieron que le diera permiso a Ana para ver a su hijo. Pero Karenin no aceptó.

1. ¿Por qué Wronsky y Ana no habrán podido ser felices?

2. Si ustedes hubieran estado en el lugar de Karenin, ¿le habrían dado el divorcio a Ana?

Ana sintió una gran depresión. No podía ver a su hijo. No podía casarse con el conde Wronsky. Y creyó que Wronsky le era infiel. Comenzó a sentir terribles celos de él. Y aunque el conde le era fiel, ella no lo creía. Su estado mental se agravó. Finalmente, Ana se suicidó en una estación de trenes.

1. ¿Cómo habrían actuado ustedes en el lugar de Ana?

2. ¿Y en el lugar de Wronsky?

B Elijan uno de los tres personajes principales de la historia. Comenten con sus compañeros/as cómo habrían actuado en su lugar en los distintos momentos de la historia.

C En grupos, discutan sobre la siguiente pregunta: ¿Deberíamos buscar la felicidad a cualquier precio? Compartan sus opiniones con toda la clase.

A escribir

Un cuento

Imagina que eres un(a) escritor de prestigio y que tienes que escribir un cuento para una editorial importante. Escríbelo y no olvides incluir el condicional perfecto, una oración con **si** con tiempos perfectos y la perífrasis **llegar a ser**.

Plan de redacción

Organización de los hechos Piensa en una historia en la que intervienen uno o dos personajes. Haz un esquema respondiendo a las siguientes preguntas.

1. ¿Quién es el protagonista de la historia?
2. ¿A qué se dedica? ¿Dónde vive? ¿Con quién?
3. ¿Qué le sucedió?
4. ¿Cómo y dónde ocurrieron los hechos?
5. ¿Quiénes participaron?
6. ¿Qué sucedió al final?

Después de saber con exactitud sobre lo que vas a escribir, es muy importante que escojas un título breve que atraiga al lector.

Explicar y concluir Una vez que hayas contado los hechos, intenta explicar por qué sucedió el acontecimiento. En caso de que no se pueda dar una explicación lógica a la historia, explica cómo afectó este hecho a los demás personajes.

Nombre del cuento:_____	
protagonista	
¿qué hace?	
¿dónde vive?	
¿qué pasó?	
¿dónde? ¿cómo?	
final	

La literatura y el arte

Cantata, 1985.
Armando Barrios. Venezuela.

La literatura nace del paso entre lo que el hombre es y lo que quisiera ser.
— Mario Vargas Llosa

Antes de leer

Continuidad de los parques
Julio Cortázar

Conexión personal
¿Has leído alguna vez una novela tan interesante y fascinante que simplemente no la podías dejar de leer? ¿Qué novela era? ¿Tenías ganas de ser uno de los personajes?

Contexto cultural
The interweaving of fiction and reality has become a recurring device in Latin American literature. It is particularly prevalent in the work of writers such as Argentineans Jorge Luis Borges and Julio Cortázar. Latin American literature frequently expresses different dimensions of a character's experiences by reflecting them in mirrors facing one another. The true image of the character gazing into the figurative mirrors is left to the reader's interpretation.

Análisis literario: las imágenes
Figurative language that appeals to the senses is called imagery **(las imágenes)**. Imagery is visual, inviting the reader to form a mental picture of what he or she is reading, but imagery can also appeal to other senses. As you read "Continuidad de los parques," note the images that Cortázar uses to bring his story to life.

Estrategia de lectura: visualizar
When you form a mental picture based on a written or oral description, you are visualizing **(visualizar)**. Active readers use the details provided by writers to picture characters, settings, and events in their minds. As you read "Continuidad de los parques," use the sensory details Cortázar provides to create a mental image of the characters and the setting.

Vocabulario

acariciar *to caress*	**la mejilla** *cheek*
al alcance *within reach*	**el pecho** *breast; chest*
el arroyo *stream*	**el testigo** *witness*
el azar *chance*	**la trama** *plot*

Julio Cortázar

Hoja de vida

1914 Nace en Bruselas, Bélgica
1963 *Rayuela* (novela)
1966 *Todos los fuegos al fuego* (cuentos)
1973 Premio Médicis, París
1980 *Queremos tanto a Glenda* (cuentos)
1984 Muere en París, Francia

Sobre el autor

A pesar de haber vivido más de treinta años en Francia, **Julio Cortázar** siempre se mostró preocupado por la situación política y social de Latinoamérica, especialmente de Argentina. En sus textos representa al mundo como un gran laberinto del que el ser humano debería escapar. Se le considera uno de los creadores de la corriente literaria denominada "realismo fantástico", en la que la realidad se confunde con la fantasía.

Continuidad de los parques

Había empezado a leer la novela unos días antes. La abandonó por
negocios urgentes, volvió a abrirla cuando regresaba en tren a la
finca°; se dejaba interesar lentamente por la trama, por el dibujo   *farm*
de los personajes. Esa tarde, después de escribir una carta a su
5   apoderado° y discutir con el mayordomo° una cuestión de   *agent / foreman*
aparcerías°, volvió al libro en la tranquilidad del estudio que   *sharecroppers*
miraba hacia el parque de los robles°. Arrellanado° en su sillón   *oak trees / Settled*
favorito, de espaldas a la puerta que lo hubiera molestado como
una irritante posibilidad de intrusiones, dejó que su mano
10   izquierda acariciara una y otra vez el terciopelo° verde y se puso   *velvet*
a leer los últimos capítulos. Su memoria retenía sin esfuerzo los
nombres y las imágenes de los protagonistas; la ilusión novelesca
lo ganó casi enseguida. Gozaba del placer casi perverso de irse
desgajando° línea a línea de lo que lo rodeaba, y sentir a la vez   *tearing off*
15   que su cabeza descansaba cómodamente en el terciopelo del alto
respaldo°, que los cigarrillos seguían al alcance de la mano, que   *back (of chair or sofa)*
más allá de los ventanales danzaba el aire del atardecer bajo los

SILLÓN: armchair
ESPALDAS: shoulders

robles. Palabra a palabra, absorbido por la sórdida disyuntiva° de
los héroes, dejándose ir hacia las imágenes que se concertaban y

20 adquirían color y movimiento, fue testigo del último encuentro en
la cabaña del monte°.

Primero entraba la mujer, recelosa°; ahora llegaba el amante,
lastimada la cara por el chicotazo de una rama°. Admirablemente
restañaba° ella la sangre con sus besos, pero él rechazaba sus

25 caricias, no había venido para repetir las ceremonias de una pasión
secreta, protegida por un mundo de hojas secas y senderos
furtivos. El puñal se entibiaba° contra su pecho y debajo latía° la
libertad agazapada°. Un diálogo anhelante° corría por las páginas
como un arroyo de serpientes, y se sentía que todo estaba decidido

30 desde siempre. Hasta esas caricias que enredaban° el cuerpo del
amante como queriendo retenerlo y disuadirlo, dibujaban
abominablemente la figura de otro cuerpo que era necesario
destruir. Nada había sido olvidado: coartadas°, azares, posibles
errores. A partir de esa hora cada instante tenía su empleo

35 minuciosamente atribuido. El doble repaso despiadado° se
interrumpía apenas para que una mano acariciara una mejilla.
Empezaba a anochecer.

Sin mirarse ya, atados rígidamente a la tarea que los esperaba,
se separaron en la puerta de la cabaña. Ella debía seguir por la

40 senda que iba al norte. Desde la senda opuesta él se volvió un
instante para verla correr con el pelo suelto. Corrió a su vez,
parapetándose° en los árboles y los setos°, hasta distinguir en la
bruma malva del crepúsculo la alameda° que llevaba a la casa. Los
perros no debían ladrar°, y no ladraron. El mayordomo no estaría

45 a esa hora, y no estaba. Subió los tres peldaños° del porche y
entró. Desde la sangre galopando° en sus oídos le llegaban las
palabras de la mujer: primero una sala azul, después una galería,
una escalera alfombrada°. En lo alto, dos puertas. Nadie en la
primera habitación, nadie en la segunda. La puerta del salón, y

50 entonces el puñal en la mano, la luz de los ventanales, el alto
respaldo de un sillón de terciopelo verde, la cabeza del hombre en
el sillón leyendo una novela. ✳

dilemma

the cabin in the woods

suspicious(ly)

his face stung by the lash of a branch
staunched

The dagger was becoming warm / was beating
crouched (in wait) /
eager; yearning

were entangling

alibis

pitiless

taking cover / hedges

violet mist of twilight the cottonwood-lined path
bark

steps

pounding

carpeted

Después de leer

Continuidad de los parques
Julio Cortázar

1 Comprensión Ordena de forma cronológica lo que sucede en el cuento.

_____ a. Sentado en su sillón de terciopelo verde, volvió al libro en la tranquilidad del estudio.

_____ b. Finalmente, ella se fue hacia el norte y él llegó hasta la casa del bosque.

_____ c. Un hombre regresó a su finca después de haber terminado unos negocios urgentes.

_____ d. Llegó hasta el salón y apuñaló al hombre que, sentado en el sillón de terciopelo verde, estaba leyendo una novela.

_____ e. Ese día los perros no ladraron y el mayordomo no estaba.

_____ f. En la novela, una mujer y su amante se encontraban en una cabaña.

_____ g. Él subió los tres peldaños del porche y entró en la casa.

_____ h. Se habían reunido allí para terminar de planear un asesinato.

2 Interpretar Contesta las preguntas.

1. Según se deduce de sus costumbres, ¿cómo crees que es la personalidad del hombre que estaba sentado en el sillón? Presenta ejemplos del cuento.

2. ¿Quiénes se reúnen en la cabaña del monte y para qué?

3. Describe con tus propias palabras cómo es la personalidad de la pareja de la cabaña.

4. ¿Por qué crees que el mayordomo no trabajaba ese día?

5. ¿Qué relación hay entre la pareja de la cabaña y el hombre que está leyendo la novela?

6. ¿Quién crees que es la víctima? Haz una lista de las claves que hay en el cuento que te ayudan a saberlo.

7. ¿Cómo logra el escritor mantener la atención de sus lectores?

3 Analizar En "Continuidad de los parques", Julio Cortázar mezcla la realidad con la ficción. En parejas, contesten las siguientes preguntas.

1. ¿Qué habría pasado si el hombre del sillón hubiera cerrado el libro antes?

2. Imaginen que la novela que está leyendo el hombre es de otro género (*genre*): humor, romance, ciencia ficción, etc. ¿Cuál hubiera sido el final en ese caso? Escríbanlo y luego, compártanlo con la clase.

3. Expliquen por qué creen que este cuento se titula "Continuidad de los parques".

4 Escribir Escribe un breve resumen del cuento con los hechos más importantes. Después, escribe un párrafo en el que cuentes qué habrías hecho de forma diferente si tú hubieras sido la persona que estaba leyendo la novela en el sillón verde.

Antes de leer

Wifredo Lam

Conexión personal

¿Hay un(a) artista hispano/a cuya obra te guste especialmente? ¿Quién es? ¿Por qué te gusta tanto? ¿Cuáles son los temas característicos de este/a artista? Comparte tus respuestas con la clase.

Contexto cultural

Since the sixteenth century, the Caribbean has been the meeting place of many cultures. Here, Native American, African, Spanish, French, and English influences have come into contact (and often into conflict), and have created a rich, varied, and uniquely Caribbean culture. This mixing is certainly true of Cuba, whose culture fuses those of the native Taíno people, conquering Spaniards, enslaved Africans, French colonials and immigrants from Corsica, France, Italy, and China.

Wifredo Lam

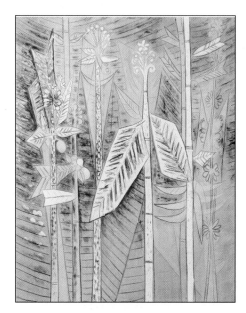

Vegetación Tropical, 1948
Wilfredo Lam. Cuba.

Vocabulario

a causa de *because of*

el/la anciano/a *elderly gentleman; elderly lady*

la etapa *stage; phase*

el reconocimiento *recognition*

el respeto *respect*

el taller *workshop*

Wifredo Lam
Milko A. García Torres

1 Wifredo Lam nació en la aldea° cubana de Sagua la Grande.   village
Era hijo de Lam Yam, un escribano° chino afincado° en la   court clerk / settled
isla caribeña, y de Ana Serafina Castilla, mulata por cuyas
venas corría también sangre india. Además del anciano padre
5 —que cuando nace Lam cuenta ochenta y cuatro años—, un
curioso personaje ejercerá una poderosa influencia en la
infancia del pintor. Se trata de su madrina°, Mantonica   godmother
Wilson, una curandera y sacerdotisa de la santería°.   a folk healer and a priestess of santería (Afro-Cuban religion combining aspects of Catholicism and African animism) / contradicting / predicted / witch doctor / Law
Contradiciendo° los deseos de su madrina, que auguraba°
10 para él un brillante futuro como hechicero°, el joven es
enviado a La Habana a estudiar Derecho° y, al mismo
tiempo, desarrollará sus inclinaciones artísticas en la
Academia de San Alejandro. Poco interesado en las leyes,
Lam se concentra en la pintura y, aunque soporta con cierta
15 resignación el rancio academicismo dominante°, prefiere   dominant old-fashioned academic painting
dibujar la frondosa° vegetación del jardín botánico a los   leafy
motivos clásicos que sus maestros le imponen°.   the classic motifs that his teachers required of him

El limitado horizonte cultural de la capital cubana pronto
despierta en Lam el deseo de viajar a Europa y, en 1923, con
20 veintiún años, se embarca hacia España gracias a una beca°   scholarship
del Ayuntamiento° de Sagua la Grande. En Madrid, donde el   town hall
panorama de la pintura oficial apenas difiere° del que deja en   differs
Cuba, entra en el taller de Álvarez de Sotomayor, un pintor
académico que dirigía, además, el Museo del Prado. Al
25 mismo tiempo, asiste a la Academia Libre del Pasaje de la
Alhambra, centro de reunión de pintores jóvenes e inquietos,

[Margin notes: Además: moreover; desarrollar: develop; aunque: though; soportar: to bear / carry; apenas: scarcely; dejar: to leave; inquietos: worried anxious]

etapa : stage

y, sobre todo, visita el Prado, donde sus preferencias se
inclinan por la obra de pintores como Brueghel o Goya°. La
afinidad lingüística y los lazos afectivos° hacen que lo que en
un principio no debía ser más que una etapa de su viaje hacia
París, se convierta en una estancia° de catorce años. De esta
época es una serie de dibujos de gentes del campo, de
factura° convencional, en los que el pintor muestra ya su
interés por cuestiones sociales. Poco a poco, su pintura va
asumiendo un lenguaje moderno que combina una estructura
geometrizante° con cierta vena surrealista°. En 1929 se casa
con su primera mujer, Eva Píriz, y al año siguiente nace su
hijo Wifredo; ambos morirán en 1931 de tuberculosis.

Su compromiso con el país que lo acoge lo lleva a
defender la causa republicana tras el estallido° de la Guerra
Civil, llegando a trabajar en una fábrica de armamento,
donde se encarga de instalar las espoletas en las granadas
antitanque°. Sin embargo, una enfermedad intestinal lo
obliga a dejar esta actividad y ha de ser internado en el
sanatorio de la localidad de Caldes de Montbui; allí conoce
al escultor Manolo Hugué, quien, ante el deseo manifestado
por el pintor cubano de viajar a París, le da una carta de
presentación para Picasso. Lam, que había tenido ocasión de
asistir a la exposición de Picasso que se celebró en Madrid en
1936, definió esta experiencia como "una conmoción". Su
relación personal con el artista malagueño° será muy intensa:
desde que, en 1938, ambos se conocen en París, recién
instalado Lam en la ciudad, la sintonía afectiva se ve
reforzada por el mutuo respeto ante sus trabajos. Entre los
amigos que Picasso presentó a su "primo cubano" se

Jan Brueghel (1568–1625), Francisco Goya (1746–1828), painters who dealt with violent and sometimes grotesque subject matter / bonds of affection / stay

construction

"geometrizing" / a certain surrealist vein

outbreak

install detonators in anti-tank grenades

of Málaga (the city where Picasso was born)

asumiendo : assuming

encontraba Pierre Loeb, un marchante que le brinda° la
posibilidad de exponer su obra en julio de 1939. De nuevo la
guerra irrumpe bruscamente en la vida de Lam. El color de
su piel y su condición de luchador antifascista le hacen temer
60 por su integridad° y, ante la inminente entrada de las tropas
alemanas en París, se dirige hacia el sur, dejando sus obras al
cuidado de Picasso. Tras un azaroso° viaje llega a Marsella°,
ciudad en la que se encuentra una nutrida representación de
la vanguardia artística francesa esperando para embarcar con
65 destinos diversos. Allí se estrecha su relación con el círculo
de los surrealistas, especialmente con André Breton°, quien,
fascinado por la obra pictórica del cubano, le pide que ilustre
su poema *Fata Morgana.*

Tras unos meses en Marsella y ante el hostigamiento° de
70 las autoridades de Vichy, Lam se embarca, en compañía de
otros trescientos intelectuales y artistas, con destino a La
Martinica°. Después de un pintoresco° viaje —donde las
penosas° condiciones de vida no impiden que los pasajeros
mantengan elevadas discusiones sobre arte y estética°— y de
75 permanecer internado durante cuarenta días en un campo de
concentración de la isla caribeña, Lam llega a Cuba en 1941;
el viaje había durado siete meses. Paradójicamente, el
reencuentro con su país es muy amargo: al sentimiento de
desarraigo° que le provocan los diecisiete años de ausencia,
80 se une la indignación por las lamentables condiciones en que
se desarrolla la vida de sus gentes, especialmente la de sus
hermanos de raza. Este sentimiento le lleva a superar la
postración inicial y a iniciar una actividad artística basada
en las raíces de un pueblo que, en opinión de Lam, debía

a merchant who offers him

fear for his well-being

*risky; turbulent / Marseille
(French port on the
Mediterranean Sea)*

*André Breton (1896–1966)
French theorist of
Surrealism*

harassment

*Martinique (French
Caribbean island)
picturesque / terrible,
awful
aesthetics*

*feeling of being separated
from one's roots*

85 recuperar su dignidad. De esta forma, los referentes
autóctonos se funden con el lenguaje formal aprendido en
Europa para producir obras tan importantes como *La jungla*
(1942–1943), donde aparecen ya los personajes del panteón
yoruba° que poblarán gran parte de su producción posterior.

Yoruban pantheon (refers to the gods of the Afro-Cuban religion)

90   En la segunda mitad de la década de los cuarenta, Lam
alterna su residencia entre Cuba, Nueva York y París, ciudad
en la que se instala en 1952. El alejamiento de su país no le
impide implicarse en los acontecimientos políticos que allí se
suceden: apoya los movimientos de oposición al régimen de
95 Batista y recibe con entusiasmo la caída del dictador y el
triunfo de la revolución en 1959. Lam, que en ningún
momento deja de pintar, goza ya de un reconocimiento
internacional. Desde 1964, pasa largas temporadas en
Albisola Mare; en este pueblecito italiano, cercano a
100 Génova°, el artista danés Asger Jorn, creador del grupo
COBRA, lo inicia en la cerámica. Sin embargo, Lam no
perdió el contacto con París, donde fallece en 1982, año en el
que se muestra una importante retrospectiva de su obra. ✹

Genoa (Italian port city)

Tercer Mundo, 1966.
Wifredo Lam. Cuba.

Después de leer

Wifredo Lam

1 **Comprensión** Elige cuál de las respuestas es la correcta.

1. Un personaje que ejerció mucha influencia en su vida fue
   a. su madrina.
   b. su abuelo.
   c. su padre.

2. En 1923, decide dejar Cuba para avanzar con sus estudios de pintura y se va a
   a. París, Francia.
   b. Milán, Italia.
   c. Madrid, España.

3. En España se siente tan cómodo que se queda por
   a. dos años.
   b. nueve años.
   c. catorce años.

4. Durante la Guerra Civil apoya al bando republicano, pero una enfermedad intestinal lo obliga a internarse en un hospital. Allí conocerá a
   a. Manolo Hugué.
   b. Pablo Picasso.
   c. Joan Miró.

5. En París, conoce a muchos artistas, entre ellos a Picasso y a
   a. André Breton.
   b. Pierre Loeb.
   c. Salvador Dalí.

6. Debido a la Segunda Guerra Mundial decide volver a su país, y en este período produce una de sus obras más importantes:
   a. *La selva.*
   b. *La persistencia de la memoria.*
   c. *La jungla.*

7. En 1952 ya había adquirido prestigio internacional y vivía entre Cuba, Nueva York y Europa. Muere en 1982 en
   a. La Habana.
   b. Albisola Mare.
   c. París.

2 **Analizar** En parejas, hablen de dos hechos que consideren que marcaron profundamente la vida de Lam y la obra de este pintor cubano. Expliquen de forma lógica sus respuestas.

3 **Ampliar** En parejas, imaginen que son parte del grupo de artistas que estaba en el viaje a La Martinica. Preparen un diálogo en el que hablan de sus vidas. Expliquen por qué están en el barco y qué les habría gustado hacer en sus vidas, si no hubieran sido artistas. Utilicen oraciones con **si**, con tiempos compuestos, y al menos una de las siguientes expresiones: **hacerse, llegar a ser, volverse** o **convertirse en.**

Atando cabos

Literatura y arte

Trabajen en grupos pequeños para preparar una presentación sobre un escritor, un escultor o un pintor que les interese.

Elegir el tema

Pueden preparar una presentación sobre alguno de los escritores o pintores famosos de esta lección, o pueden elegir otro que les agrade más. En grupo, decidan de quién quieren hablar en su presentación.

Preparar

Investiguen en Internet o en la biblioteca. Una vez que tengan la información sobre el/la artista, elijan los puntos más importantes a tratar. Ayúdense de material auditivo o audiovisual para ofrecer una visión más amplia del tema.

Organizar

Una vez que hayan recopilado la información necesaria, escriban un esquema que les ayude a organizar su presentación. Pueden guiarse respondiendo a las siguientes preguntas.

1. ¿Dónde nació este personaje?
2. ¿A qué se dedicó o dedica?
3. ¿Cómo llegó a ser conocido?
4. ¿Qué logros alcanzó con su obra?

Estrategia de comunicación

Cómo hablar de arte

Las siguientes frases pueden ayudarles a expresarse de forma más adecuada.

1. No habríamos elegido a este artista si su obra no fuera...
2. Se hizo famoso/a gracias a…
3. A veces, los temas que trata llegan a ser un poco....
4. Uno de los rasgos que caracteriza a este/a artista es…
5. En esta obra podemos ver ciertos rasgos del movimiento cubista/surrealista/indigenista…

Ayuda para Internet

Pueden intentar acceder a la información utilizando las siguientes palabras clave:
**Eduardo Chillida /
Jorge Luis Borges /
Elena Poniatowska /
Pablo Neruda /
Antoni Tàpies /
Jacobo Borges /
Alejandra Pizarnik**

Presentar

Antes de su presentación, cada grupo entregará una copia de su esquema al profesor. No olviden usar medios audiovisuales.

La literatura

el capítulo	chapter
la caracterización	characterization
la cita	quotation
desarrollarse	to take place
el desenlace	ending
el/la ensayista	essayist
el esbozo	outline; sketch
la estrofa	stanza
el manuscrito	manuscript
el/la narrador(a)	narrator
la nota a pie de página	footnote
el personaje principal	main character
el personaje secundario	secondary character
el/la testigo	witness
el trama	plot
hojear	to skim
narrar	to narrate

Estilos literarios

la corriente	trend
el cuento	short story
el ensayo	essay; rehearsal
el movimiento	movement
la obra de teatro	play (theather)
la paradoja	paradox
la rima	rhyme
la sátira	satire

En el museo

la acuarela	watercolor
el autorretrato	self-portrait
el/la conservador(a)	curator
el cuadro	painting
la exposición	exhibition
la naturaleza muerta	still life
el reconocimiento	recognition
el retrato	portrait
la subasta	auction
valioso/a	valuable
la venta	sale

El arte

el dramaturgo/a	playwright
el estudio	study
la imagen	image
la mezcla	mixture
el punto de vista	point of view
el rasgo	trait, characteristic
el taller	workshop
el trazo	(brush) stroke
diseñar	to design
esbozar	to sketch
trazar	to trace
hundir	to sink
la obra de arte	work of art
la obra maestra	masterpiece

Descripciones

contemporáneo/a	contemporary
inquietante	disturbing
intrigante	intriguing
llamativo/a	striking, bright
luminoso/a	bright
nítido/a	sharp
ornamentado/a	ornate
tono satírico	satirical tone
al estilo de	in the style of
(pinturas) al óleo	oil (paintings)
de colores (muy) vivos	colorful
de buen/mal gusto	in good/bad taste
en sentido figurado	figuratively

Expresiones útiles	Véase la página 395.
Vocabulario de "Continuidad de los parques"	Véase la página 413.
Vocabulario del perfil	Véase la página 417.

Estructura 10.3	Véase la página 406.
Estructura 10.4	Véase la página 408.

La tecnología y la ciencia

La tecnología y la ciencia

La programadora

Se prepara para **descargar** el nuevo sistema, rápidamente **borra** los archivos viejos e instala los nuevos. Se siente cómoda con la **computación** y sus mecanismos. Le gusta experimentar y alterar programas para perfeccionarlos o ponerlos a prueba. A ella le fascinan los **avances** tecnológicos y le molesta que haya gente que sólo usa la computadora para **ingresar datos** y usar el **corrector ortográfico**.

El experimento cuestionable

Mañana Raquel y Simón comenzarán un **experimento** en el laboratorio que los tiene preocupados. Su jefe planea alterar los **genes** en todo el **ADN** de un mono y luego permitir que se reproduzca con un mono normal. El descendiente **heredará** la alteración **bioquímica** y será utilizado para transplantes **quirúrgicos** en humanos. Ellos dos no están convencidos de que todo eso sea **ético**, pero como los científicos más famosos dicen que lo es, no cuestionan la investigación.

Futuro astronauta

Todos los días César observa por Internet las imágenes que envía el **transbordador espacial**. Ayer vio un antiguo **satélite** que flota desde hace 40 años en el **espacio** y una imagen del **agujero** en la capa de ozono. Hace unos días pudo ver el interior del laboratorio espacial, donde unos astronautas trabajaban en un reactor para un **cohete** que intentará detectar vida **extraterrestre**. Cuando apaga su computadora, César **aterriza** de golpe y se siente atrapado por la **gravedad**.

Por el telescopio

Gerardo pasaba horas con su telescopio tratando de ver **ovnis** y **estrellas fugaces**. Incluso compró una antena para captar **ondas** del espacio y una enorme **pantalla líquida** para observar imágenes del universo. Ayer llamó a un amigo a las 2 de la mañana por su **teléfono celular**. Le dijo que había **comprobado** la **teoría** científica de que los **agujeros negros** producen **saltos en el tiempo**. Aseguró que minutos después de medir la velocidad con que se alejaba una estrella, vio la misma estrella en el lugar donde había estado antes.

El espacio y la ciencia ficción

la luna (llena)	(full) moon
la nave espacial	spaceship
la prueba espacial	space probe
la superficie	surface
la supervivencia	survival
avanzado/a	advanced

Los inventos y la ciencia

el arma	weapon
el desafío	challenge
el descubrimiento	discovery
la ética	ethics
la herramienta	tool
el invento	invention
la patente	patent
caducar	to expire
fabricar	to manufacture; to make
formular	to formulate
inventar	to invent; to create
especializado/a	specialized

La energía

el combustible	fuel
emitir	to emit

La biotecnología

la célula	cell
el frasco	flask
clonar	to clone
(poco) ético/a	(un)ethical

Práctica

(1) Cuestiones celulares Indica la letra de la palabra que corresponde a cada definición.

a. ADN

b. bioquímica

c. clonar

d. gen

e. heredar

_____ 1. Determina la herencia de una característica específica

_____ 2. El estudio de la química de los organismos biológicos

_____ 3. Ácido desoxirribonucleico

_____ 4. Producir un clon, duplicar

_____ 5. Recibir de un antepasado

(2) Investigaciones y descubrimientos Completa las siguientes oraciones con algunos de los términos de la lista.

a. Se puede decir que los _____ son como los "caníbales" de los astros.

b. Las _____ son producidas por partículas provenientes del espacio.

c. Nuestra gran dependencia en los automóviles es, entre otros factores, causa del alto consumo de _____.

d. El Columbia fue el primer _____.

e. Los _____ son, supuestamente, unos discos brillantes que vuelan sin hacer ruido.

agujeros negros	ovnis
combustible	transbordador espacial
estrellas fugaces	capa de ozono

(3) La tecnofóbica A Ester no le gustan los avances tecnológicos y habla de ellos con mucho pesimismo. Completa las siguientes oraciones con términos del nuevo vocabulario.

1. Gastan demasiado en los transbordadores. ¿Para qué? El Apolo 11 igual llegó a la _____.

2. Los _____ seguramente producen radiaciones malas para el cerebro.

3. Eso de identificar la composición genética de las personas con el _____ es un invento de algún científico loco.

4. ¿Para qué comprar las nuevas _____ si los televisores normales funcionan bien?

5. Con la tecnología que tenemos nunca nos comunicaremos con _____ de otros planetas.

6. Hay tantos _____ orbitando la Tierra que en algún momento alguno va a caer en medio de una ciudad.

Comunicación

4 Genes y gente

A. Los investigadores de la genética se dedican a buscar genes que explican las características de las personas. El paso siguiente será alterarlos. ¿Qué opinas al respecto? Marca con una cruz las frases con las que estás de acuerdo.

- ☐ Es importante analizar todos los genes humanos para luchar contra las enfermedades.

- ☐ Si los genes explican todo lo que hacemos y somos, en realidad no somos culpables de nada.

- ☐ La genética llegó demasiado lejos. Los seres humanos no pueden jugar con esas cosas.

- ☐ Es injusto dedicarse a la genética mientras haya gente que sufra enfermedades simples y hambre.

- ☐ Tarde o temprano descubriremos el gen de la felicidad. Será maravilloso.

- ☐ La genética es una manera artificial y rápida de hacer algo que la naturaleza tarda en lograr.

- ☐ Es peligroso alterar los genes humanos. Producirá, más que nada, sufrimiento.

B. Ahora comparte tus opiniones con un(a) compañero/a. ¿Cuáles son los aspectos positivos y negativos de la manipulación genética?

5 Predicciones futuristas

A. La tecnología avanza rápidamente, pero la imaginación puede ir más allá. Leonardo da Vinci imaginó un helicóptero en el siglo XV y Julio Verne escribió una novela sobre un viaje a la Luna en 1865. Escribe tu propia predicción o crea una a partir de las siguientes ideas.

- teletransportación
- colonias humanas en el espacio
- la máquina del tiempo
- cyborgs (mitad humanos, mitad robots)
- computadoras que lean la mente
- el encuentro con seres extraterrestres
- vehículos que funcionen con agua

B. Comparte con tu compañero/a tu predicción futurista, cuándo te parece que ocurrirá, cómo y por qué. Deja volar tu imaginación.

C. Elijan una de las dos predicciones, preparen un párrafo y preséntenlo a la clase. Recuerden que es importante dar detalles sobre la tecnología que imaginen.

En la oficina de la revista *Facetas* se recibe la entrega de una pantalla líquida.

HOMBRE 1 Aquí está la pantalla líquida que pidieron. Tiene imagen digital, sonido de alta definición, control remoto universal y capacidad para conexión de satélite e Internet desde el momento de la instalación.

JOHNNY ¿Y está en esa caja tan grandota?

HOMBRE 1 Si es tan amable, me da su firmita en la parte de abajo, por favor.

Johnny se desmaya.

HOMBRE 2 ¿Por qué no piden una ambulancia?

MARIELA No se preocupe. Fue sólo una pequeñísima sobredosis de euforia.

HOMBRE 1 Esto es tan emocionante. Nunca se había desmayado nadie.

HOMBRE 2 Eso es lo que yo llamo "el poder de la tecnología".

ÉRIC Jefe, pruebe con esto a ver si despierta. *(Le entrega un poco de sal.)*

AGUAYO ¿Qué se supone que haga?

ÉRIC Ábralo y páseselo por la nariz.

AGUAYO Esto no funciona.

DIANA Yo conozco un remedio infalible.

ÉRIC ¡¿Qué haces?!

Diana le pone sal en la boca a Johnny. Johnny se despierta.

Más tarde… Ellos van a poner la pantalla en la pared.

AGUAYO Johnny, ¿estás seguro de que sabes lo que haces?

JOHNNY Tranquilo, jefe, no es tan difícil.

FABIOLA Es sólo un agujerito en la pared.

El teléfono suena.

MARIELA Revista *Facetas*. Buenas tardes. Jefe, tiene una llamada de su esposa en la línea tres.

AGUAYO Pregúntale dónde está y dile que la llamo luego. Estaré en mi oficina. No quiero ver este desorden.

Aguayo se va a su oficina.

Mientras trabajan, se va la luz.

FABIOLA ¡Johnny!

JOHNNY ¿Qué pasó?

AGUAYO No es tan difícil. Es sólo un agujerito en la pared… ¡No funciona ni el teléfono!

JOHNNY

HOMBRE 1

HOMBRE 2

MARIELA

ÉRIC

AGUAYO

DIANA

FABIOLA

4

JOHNNY ¿Sabían que en el transbordador espacial de la NASA tienen este tipo de pantallas?

MARIELA Espero que a ningún astronauta le dé por desmayarse.

AGUAYO ¿Dónde vamos a instalarla?

DIANA En esta pared, pero hay que buscar quien lo haga porque nosotros no tenemos las herramientas.

5

JOHNNY ¿Qué? ¿No tienes una caja (de herramientas)?

ÉRIC A menos que quieras pegar la pantalla con cinta adhesiva y luego ponerle aceite lubricante, no.

FABIOLA Hay una construcción allá abajo.

Jonny y Fabiola se van a buscar las herramientas.

9

Más tarde, en la sala de conferencias…

AGUAYO Rodeados de la mejor tecnología para terminar alumbrados por unas velas.

DIANA Nada ha cambiado desde los inicios de la humanidad.

10

MARIELA Hablando de cosas profundas… ¿Alguna vez se han preguntado adónde se va la luz cuando se va?

Expresiones útiles

Asking someone to do something

Si es tan amable, me da su firma por favor. *Be (form. sing.) so kind as to sign here, please.*

Tenga la bondad de firmar aquí, por favor. *Be (form. sing.) so kind as to sign here please.*

¿Sería tan bueno/a de poner la caja aquí? *Would you be so nice as to put the box here?*

¿Podría usted abrirla? *Could you (form. sing.) open it?*

Reassuring someone

No se preocupe. *Don't worry. (form. sing.)*

No hay por qué preocuparse. *There's no reason to worry. (form. sing. and pl.)*

No tienes por qué preocuparte. *There's no reason (for you) to worry. (fam. sing.)*

Additional vocabulary

agujerito *small hole*

desorden *disorder, mess*

imagen *image*

rodeado/a *surrounded*

sobredosis *overdose*

Apuntes culturales Aunque cada vez más latinoamericanos tienen computadoras, aún no es tan común como en EE.UU. Sin embargo, la popularidad de Internet crece. Para utilizarla, muchos van a "cibercafés", para buscar información, enviar correos electrónicos y hasta conversar con alguien por videocámaras mientras toman café. Otros van a sitios con cubículos individuales donde se paga por hora. *¿De qué depende el éxito de los cibercafés?*

Comprensión

1 Relacionar Forma oraciones uniendo las frases de las columnas por medio de **porque**.

1. Alguien propone pedir una ambulancia
2. Éric le explica a Aguayo cómo despertar a Johnny
3. Diana propone buscar a alguien para instalar la pantalla
4. Aguayo se encierra en su oficina
5. Los empleados alumbran la oficina con velas

a. no tienen herramientas.
b. no hay luz.
c. Aguayo no sabe cómo hacerlo.
d. no quiere ver el desorden.
e. Johnny se desmayó.

2 Órdenes y pedidos Indica con una "**P**" las expresiones de los personajes de la **Fotonovela** que son pedidos y con una "**O**" las que son órdenes.

_____ 1. **HOMBRE 1** Si es tan amable, me da su firmita en la parte de abajo, por favor.

_____ 2. **HOMBRE 2** ¿Por qué no piden una ambulancia?

_____ 3. **ÉRIC** Jefe, pruebe con esto a ver si despierta.

_____ 4. **ÉRIC** Ábralo y páseselo por la nariz.

_____ 5. **AGUAYO** Pregúntale dónde está y dile que la llamo luego.

3 ¿Cómo son? ¿Cómo están? En parejas, describan a Johnny, Diana, Aguayo, los hombres que llevan la pantalla y Mariela. Utilicen los verbos **ser** y **estar** y los adjetivos de la lista en la forma adecuada. También pueden usar otros adjetivos. Luego compartan sus descripciones con sus compañeros/as.

eufórico/a	disgustado/a	gracioso/a
sorprendido/a	ansioso/a	nervioso/a
eficiente	tranquilo/a	desordenado/a

Ampliación

4 **¿Por qué lo dicen?** En parejas, expliquen por qué los personajes de la **Fotonovela** dicen lo que dicen. Luego compartan sus explicaciones con sus compañeros/as.

1. **HOMBRE** Eso es lo que yo llamo "el poder de la tecnología".

2. **MARIELA** Fue sólo una pequeñísima sobredosis de euforia.

3. **AGUAYO** ¿Estás seguro de que sabes lo que haces?

4. **ÉRIC** A menos que quieras pegar la pantalla con cinta adhesiva y luego ponerle aceite lubricante...

5. **DIANA** Nada ha cambiado desde los inicios de la humanidad.

6. **MARIELA** Hablando de cosas profundas... ¿Alguna vez se han preguntado adónde se va la luz cuando se va?

7. **AGUAYO** ¡No funciona ni el teléfono!

8. **DIANA** Yo conozco un remedio infalible.

5 **¿Qué dijo Mariela?** En la columna de Éric están algunas respuestas que él le podría haber dado a Mariela. En parejas, discutan y escriban en la primera columna qué pudo haber dicho Mariela para que Éric contestara así. Luego compartan lo que escribieron con sus compañeros/as. Sigan el modelo.

MARIELA

ÉRIC

1. ___¿Podrías traerme un café?___   a. Sí, te lo traeré en seguida.

2. _____   b. Lo haré con mucho gusto.

3. _____   c. No te preocupes. Ya va a llegar.

4. _____   d. Tranquila. Entiendo algo de computadoras.

5. _____   e. Por supuesto. Para mí sería un placer acompañarte.

6. _____   f. Claro que sí. Te daré las fotos para él.

6 **Inventos importantes** En grupos pequeños, hagan dos listas: una con los inventos que creen que han sido muy importantes para el desarrollo de la sociedad y otra con los que creen que no lo han sido. Compartan sus listas con la clase.

Internet en el mundo hispanohablante

Joven usando los servicios de Internet de Telemex en México

En la **Fotonovela**, Aguayo ha comprado una pantalla líquida para la oficina. Esta pantalla, de última generación, tiene, entre otras muchas cosas, acceso a Internet. Ahora vas a leer un breve artículo sobre Internet en Hispanoamérica.

Internet ha cambiado nuestras vidas, de eso no hay duda. Las ventajas son muchas: ha mejorado la educación a distancia, da acceso rápido a información y ofrece posibilidades de trabajar y comprar desde el hogar. No hay que olvidar, sin embargo, que Internet no está establecido en todos los países de la misma forma. Los internautas latinos representan solamente el 5.5% del total en el mundo, después de Europa, Asia y Norteamérica.

El deseo de los dirigentes hispanoamericanos de formar parte de la revolución digital es evidente, pues son conscientes de que el desarrollo tecnológico va unido al desarrollo social.

Se han logrado algunos avances: el número de dueños de computadoras en los países hispanos está creciendo a buen ritmo. Por ejemplo, en el año 2001, las ventas de computadoras personales habían bajado en todo el mundo a excepción de Hispanoamérica, donde ascendió un 10 por ciento. Las previsiones con respecto a Internet también son optimistas: si hoy hay 25 millones de latinos conectados a la Red, en el año 2007 serán 65 millones.

Por otra parte, aunque las ventas por Internet son cada vez más comunes en Estados Unidos, en Hispanoamérica no están teniendo el mismo crecimiento. El problema es la falta de credibilidad en la tecnología, por parte de los compradores y la falta de credibilidad en los sistemas de crédito, por parte de los vendedores. Se sabe que el aumento del uso de Internet para realizar compras será más lento en Hispanoamérica que en Estados Unidos, pero se espera que esta situación mejore poco a poco. Es muy posible que próximamente el Internet deje de ser una novedad en Hispanoamérica, y su uso sea tan común como lo es actualmente en Estados Unidos.

Anuncios callejeros promocionando el uso de Internet

el dirigente	leader	encender	to switch on
la previsión	prediction	la comodidad	comfort
el crecimiento	growth	provenir	to come from
próximamente	soon	luchar	to fight

El petróleo como fuente de energía

El primer ministro británico Tony Blair y el presidente mexicano Vicente Fox en una plataforma petrolífera en el Golfo de México

Turbinas de viento para generación de electricidad

En la **Fotonovela**, las oficinas de *Facetas* se quedan sin luz y los personajes se dan cuenta de lo mucho que dependen de la energía eléctrica. A continuación tienen un artículo sobre el petróleo, una de las fuentes de energía más importantes.

Cada día, hagamos lo que hagamos, gastamos energía. Estamos tan acostumbrados a encender la luz o a escuchar música, que no valoramos lo suficiente todas las comodidades que tenemos.

El petróleo es un recurso natural limitado, pero algunos países de Hispanoamérica ven en su extracción una de las fuentes de ingresos más valiosas. Según la Comisión Económica para América Latina y el Caribe, los principales exportadores de petróleo son México y Venezuela. De los 3.404.894 de barriles de crudo que Estados Unidos importó en el año 2001, 471.243 provenían de Venezuela y 508.715 de México.

El transporte de este producto, tan peligroso para el medio ambiente, ha provocado desastres ecológicos irreparables. Las pérdidas de crudo de petróleo en los mares son cada día más frecuentes, lo cual trae como consecuencia la contaminación de las aguas y de la fauna marina. Aunque muchos han estado luchando por terminar con este problema, la demanda de petróleo sigue creciendo, al igual que el índice de población mundial.

La buena noticia es que aunque el petróleo se consideraba la única fuente de energía, hoy en día existen fuentes de energía alternativa. Las fuentes solares, eólicas e hidráulicas están experimentando un fuerte impulso. Estas fuentes aprovechan, de forma limpia y continua, los recursos naturales como el sol, el viento y el agua. Pero, aunque se han encontrado fuentes alternativas, debemos ser más conscientes de las consecuencias que nuestras comodidades diarias tienen para al medio ambiente, pues el futuro del mundo depende de ello. ¿De qué manera crees que podrías contribuir para solucionar este problema?

Coméntalo

Reúnete con varios/as compañeros/as de clase y conversa sobre los siguientes temas.

1. ¿De qué manera creen que el aumento en el uso de Internet ayudará a los países de Hispanoamérica?
2. En el artículo se habla de las contribuciones de Internet. ¿Creen que tiene algún aspecto negativo?
3. En su vida diaria, ¿intentan ahorrar energía? ¿Por qué?
4. ¿Opinan que se debe invertir dinero en desarrollar fuentes alternativas de energías? ¿En cuáles?

11.1 Diminutives and augmentatives

▶ Diminutives and augmentatives are frequently used in conversational Spanish, especially among family members and close friends. They express shades of meaning like affection, scorn, or ridicule and can also emphasize size. They are formed by adding a suffix to the end of nouns or adjectives.

¿Y está en esa caja tan grandota?

Me da su firmita en la parte de abajo, por favor.

¡ATENCIÓN!

Final **c** changes to **qu** and final **g** changes to **gu** before **–ito/a** or **–illo/a**. Final **z** becomes **c** before **e**. Also note that words ending in **–n** or **–r** add an initial **c** to the suffix.

chico – chiquito

barco – barquito

amigo – amiguito

voz – vocecita

joven – jovencito

amor – amorcito

Diminutives

Suffix	Root	Diminutive	English equivalent
-ito/a	abuela	abuelita	dear grandma
	libro	librito	little book
	Isabel	Isabelita	little Isabel
	bajo	bajito	very short, quietly
	cerca	cerquita	very near
-cito/a	joven	jovencito	very young man
	amor	amorcito	dear love
-cillo/a	pan	panecillo	roll (bread)
	ventana	ventanilla	little window

Augmentatives

Suffix	Root	Augmentative	English equivalent
-ón/-ona	hombre	hombrón	big man
	mujer	mujerona	big woman
	cabeza	cabezón	big head, stubborn
-ote/-ota	grande	grandote	really big
	libro	librote	big book
	palabra	palabrota	swearword

Práctica y Comunicación

1 Completar Completa las oraciones con la palabra indicada. Recuerda que el diminutivo debe concordar en género y número con la palabra.

Cuando yo era (pequeño, –ito) _____ jugaba siempre en la calle. Mi (abuela, –ita) _____ me decía que no fuera con los (amigos, –ote) _____ de mi hermano. Porque ellos eran mayores que yo, y ya eran unos (hombres –ón) _____. Yo entonces, era muy (cabeza, –ón) _____ y nunca hacía lo que ella decía. Una tarde, estaba jugando al fútbol, y uno de ellos me dio un (rodilla, –azo) _____ que me rompió la (nariz, –ota) _____. Nunca más jugué con ellos, y desde entonces, sólo salí con mis (amigos, –ito) _____ .

2 El señor Ordóñez El señor Ordóñez odia los diminutivos. Opina que son para los niños. Por eso propuso cambiar los títulos de los cuentos infantiles famosos. Pero su propuesta fue rechazada. Cambia las palabras subrayadas para que los títulos vuelvan a su forma original.

1. El <u>soldado</u> de plomo *(tin soldier)*
2. La <u>sirena</u> *(mermaid)*
3. Blanca Nieves y los siete <u>enanos</u>
4. <u>Pulgar</u> *(thumb)*
5. Cenicienta *(Cinderella)* y el <u>zapato</u> de cristal
6. El <u>pato</u> *(duck)* feo
7. El sueño del <u>pastor</u> *(shepherd)*
8. El <u>pez</u> rojo y el viejo pescador
9. <u>Caperuza</u> *(hood)* Roja
10. El <u>sastre</u> *(tailor)* valiente

3 ¿Qué palabra es? Trabajen en equipos. Un equipo lee una definición y el equipo contrario dice a qué palabra corresponde esa definición. Si el equipo da la respuesta correcta, gana un punto. Luego los equipos cambian los papeles. Gana el equipo que sume más puntos.

1. Una onda cortita
2. Un agujero pequeño
3. Muy grande
4. Un lago pequeñísimo
5. Pantalla pequeña
6. Nave pequeña
7. Taza grande como un tanque
8. Silla para niños
9. Un frasco pequeño
10. Estrella grande
11. Libro grande y grueso

11.2 *Pedir/preguntar* and *saber/conocer*

▶ **Pedir** and **preguntar** both mean *to ask*, while **saber** and **conocer** mean *to know*. Since these verbs are frequently used in Spanish, it is important to know the circumstances in which to use them.

Aquí está la pantalla líquida que pidieron.

Conozco un remedio infalible.

Pedir vs. preguntar

▶ **Pedir** means *to ask for/request* (something) or *to ask* (someone to do something).

El ingeniero **pidió** los resultados.
The engineer asked for the results.

El director le **pide** que lo investigue.
The director asks her to investigate it.

▶ **Preguntar** means *to ask* (a question).

Los niños **preguntan** acerca de los ovnis.
The children ask about UFOs.

Preguntó sobre el avance tecnológico.
She/he asked about the technological advance.

▶ **Preguntar por** means *to ask about* (someone) or *inquire* (about something).

¿**Preguntaste por** el científico famoso?
Did you ask about the famous scientist?

Sí, **pregunté por** el profesor Juan Ojalvo.
Yes, I asked about Professor Juan Ojalvo.

Saber vs. conocer

▶ **Saber** means *to know* (a fact or piece of information).

¿**Sabías** que Júpiter es el planeta más grande del sistema solar?
Did you know that Jupiter is the largest planet of the solar system?

No **sé** quién fue el primer astronauta en ir a la Luna. ¿Lo **sabes** tú?
I don't know who the first astronaut to go to the moon was. Do you know?

▶ **Saber** + [*infinitive*] means *to know how* (to do something).

Yo **sé medir** la fuerza de la gravedad.
I know how to measure the force of gravity.

Ella **sabe escribir** programas de computación.
She knows how to write computer programs.

▶ **Conocer** means *to know* or *to be familiar/acquainted* with (a person, place, or thing).

Conocen los riesgos de utilizar energía nuclear.
They know the risks of using nuclear energy.

Conoce al científico que hizo el experimento.
She knows the scientist who did the experiment.

Práctica y Comunicación

1 **¿Cuál no es?** Cada grupo de frases se puede completar de dos maneras distintas. ¿Cuáles son? Marca las dos opciones correctas para cada grupo.

1. Carmen pidió
   _____ a. el teléfono celular.
   _____ b. por el teléfono celular.
   _____ c. que le prestara el teléfono celular.

2. El ingeniero sabe
   _____ a. cómo arreglar el control remoto.
   _____ b. que el control remoto está roto.
   _____ c. el control remoto.

3. El periodista preguntó
   _____ a. sobre el ADN.
   _____ b. que Juan respondiera.
   _____ c. acerca de la capa de ozono.

4. Los especialistas en genética conocen
   _____ a. que el ADN puede ser modificado.
   _____ b. al famoso científico.
   _____ c. el laboratorio del doctor García.

2 **¿Qué hizo el doctor García?** En parejas, imaginen que son los/las ayudantes del doctor García. Al final del día, le cuentan a un compañero qué les pidió y preguntó el doctor.

> **MODELO**   ¿Serían tan amables de abrir los archivos?
> El doctor nos pidió que abriéramos los archivos.

1. ¿Cuál es el consumo de energía eléctrica de Los Ángeles?

2. Ingresen estos datos en la computadora.

3. ¿Quién es el científico que dirige la prueba espacial?

4. Denme el dibujo del reactor nuclear.

3 **La pregunta adecuada** En parejas, un(a) compañero/a le pregunta al/a la otro/a si conoce o sabe sobre los temas de la lista. El/La compañero/a responde y agrega más información. Luego cambien los roles.

> **MODELO**   que la energía eólica (wind) no contamina el medio ambiente
> —¿Sabes que la energía eólica no contamina el medio ambiente?
> —No. Sólo sé que la energía solar no contamina el medio ambiente.
>   Sí. Y además sé que la energía solar no contamina el medio ambiente.

1. algún programa de procesamiento de textos (word processing)

2. quién inventó la pantalla líquida

3. que el corrector ortográfico no es totalmente seguro

4. un especialista en bioquímica

5. alguna estación espacial

6. que los países del primer mundo envían la basura nuclear a los países del tercer mundo

7. medir la fuerza de gravedad

11.3 Prepositions II: *de, desde, en*

The prepositions **de, desde,** and **en** are frequently used in Spanish, and they have various meanings. Because of this, it is important to know the circumstances in which to use them.

The preposition *de*

▶ **De** often corresponds to *of* or the possessive endings *'s/s'* in English.

Uses of *de*					
Possession	**Description**	**Material**	**Position**	**Origin**	**Contents**
las máquinas de la universidad *the university's machines*	**el hombre de cuarenta años** *the forty-year-old man*	**el recipiente de vidrio** *the glass container*	**el frasco de atrás** *the flask that's behind*	**volviendo del laboratorio** *coming back from the laboratory*	**el vaso de agua destilada** *the glass of distilled water*
la superficie del sol *the sun's surface*	**la fórmula de larga duración** *the long-lasting formula*	**la capa de plástico** *the plastic coating*	**la pantalla de enfrente** *the facing screen*	**El científico es de Europa.** *The scientist is from Europe.*	**la bolsa de herramientas** *the bag of tools*

Some idioms and adverbial phrases	
de cierta manera *in a certain way*	**de repente** *suddenly*
de nuevo *again*	**de todos modos** *in any case*
de paso *passing through, on the way*	**de vacaciones** *on vacation*
de pie *standing up*	**de vuelta** *back*

Eso es lo que yo llamo "el poder de la tecnología".

No se preocupe. Fue sólo una pequeñísima sobredosis de euforia.

The preposition *desde*

▶ **Desde** expresses *direction from* and *time since*.

Uses of *desde*

Direction from	Time since
El cohete viajó desde **la Tierra a la Luna.** *The rocket traveled from Earth to the Moon.*	desde **el principio del tiempo** *since the beginning of time*
El telescopio espacial Hubble manda información desde **el espacio profundo.** *The Hubble Space Telescope sends information from deep space.*	desde **la invención del auto** *since the invention of the car*

The preposition *en*

▶ **En** corresponds to several English prepositions, such as *in, on, into, onto, by*, and *at*.

El microscopio está **en** la mesa.
The microscope is on the table.

Los resultados se encuentran **en** el cuaderno.
The results are found in the notebook.

El investigador se quedó **en** el laboratorio.
The researcher stayed in the laboratory.

Se encontraron **en** el museo.
They met at the museum.

El profesor de astrofísica entró **en** la clase.
The astrophysics professor went into the class.

Fuimos a la conferencia **en** tren.
We went to the conference by train.

Some idioms and adverbial phrases

en broma *as a joke*	**en serio** *seriously*
en contra *against*	**en vano** *in vain*
en fila *in a row*	**en tren/bicicleta/avión** *by train/bicycle/plane*

Tiene capacidad para conexión de satélite e Internet desde el momento de la instalación.

Es sólo un agujerito en la pared.

Práctica

1 Completar Completa el texto con las preposiciones **de, desde** o **en**.

_____ la Tierra puedes ver hasta 3.000 estrellas. _____ una noche clara también puedes ver una nube _____ estrellas llamada Vía Láctea. Podrás descubrir rayos _____ luz que se llaman estrellas fugaces. La estrella que está más cerca _____ la Tierra es el Sol. El Sol es una pelota _____ gas muy grande. _____ el Sol hasta la Tierra hay 149 millones _____ kilómetros.

_____ ¿Sabías que _____ los inicios de la humanidad los hombres creen que el Sol es una pelota _____ fuego? Los chinos, por ejemplo, pensaban que el Sol había salido _____ la boca _____ un dragón.

_____ el Sol llegan a la Tierra varios tipos _____ rayos. La capa _____ ozono no deja pasar todos los rayos ultravioletas, que son peligrosos para la salud _____ animales y plantas. Por eso, los agujeros _____ la capa _____ ozono son estudiados todo el tiempo _____ los laboratorios científicos.

2 Descripción Escribe por lo menos diez oraciones que describan el siguiente dibujo. En todas las oraciones usa las preposiciones **en**, **de** y **desde**. Luego comparte tus oraciones con tus compañeros/as.

3 A contar historias En parejas, elijan una de las frases e inventen una historia con ella. Tienen que usar las preposiciones **de, desde** y **en**. Despues, compartan su historia con la clase

1. Juan está esperando en su jardín…

2. El libro de cocina estaba abierto…

3. En ese momento, el frasco se cayó al suelo y se rompió…

4. Estaba observándolo desde la ventana…

Comunicación

4 **Con otras palabras** En parejas, imaginen que están en el laboratorio haciendo un experimento para la clase de química. De repente todo sale muy mal y nada funciona. Escriban ocho frases sobre este tema. ¡OJO! Tienen que escribir la misma frase de dos maneras. La segunda debe incluir **de**, **desde** o **en**. Sigan el modelo.

La especialista **que estudió** bioquímica rompió el frasco.	La especialista **en** bioquímica rompió el frasco.

5 **¡Estás perdido!** Has llegado a Buenos Aires para asistir a una conferencia importante sobre la genética. En el camino, te das cuenta de que estás perdido/a. Paras a una persona para pedirle ayuda, y le explicas de dónde eres, de dónde vienes, adónde quieres ir y cuánto tiempo hace que estás perdido/a. Esta persona te da indicaciones (*directions*). Con un(a) compañero/a, preparen un diálogo en el que una persona es la que se encuentra perdida y la otra es la que da ayuda.

6 **¿Cuánto sabes de tus compañeros?**

A. Reúnete con un(a) compañero/a y hazle preguntas sobre dónde vive, desde cuándo vive ahí, dónde nació, de dónde son sus padres, en qué mes cumple años, desde cuándo estudia español, etc.

B. En un papel, anota sólo los datos de las respuestas. No es necesario escribir oraciones completas. No pongas el nombre de tu compañero/a. Luego cambien los roles.

C. Mezclen los papeles de toda la clase y repártanlos.

D. Cuando todos tengan sus nuevos papeles, cada estudiante debe leer en voz alta los datos, usando oraciones completas y las preposiciones **en**, **desde** y **de**.

E. El resto de la clase debe tratar de adivinar de qué estudiante se trata.

A conversar

Descubrimientos e inventos

 A Se dice que el ser humano es un animal tecnológico, porque inventa cosas para que el mundo sea como lo necesita. Lean el siguiente cuadro.

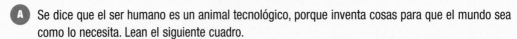

SIGLO	INVENTOS
I	brújula *(compass)*
II	papel
X	lentes
XII	cañón
XIII	relojes mecánicos
XIV	armas de fuego
XV	imprenta moderna y barco de vapor
XVI	reloj de mano
XVII	telescopio
XVIII	máquinas de vapor
XIX	batería, lámpara eléctrica, telégrafo, motor eléctrico, auto con motor eléctrico y de gasolina, fotografía, teléfono eléctrico, heladera, ascensor eléctrico, rayos X
XX *1900 – 1930*	barco de petróleo, máquina para fabricar botellas, vitaminas, televisión, control remoto
1931 – 1960	automóvil moderno, reactor nuclear, bomba nuclear, primera computadora, electricidad con energía nuclear, nave espacial
después de 1960	pantalla líquida, teléfono celular, control remoto, clonación

 B Para conocer mejor la información del cuadro, háganle preguntas a un(a) compañero/a. Por ejemplo: ¿Desde cuándo existe...? ¿En qué siglo se inventó...?

C Esta lista no está completa. ¿Conocen otros inventos importantes? ¿Cuándo se inventaron? Pónganlos en el cuadro.

D En grupos pequeños, discutan cuáles son, en su opinión, los cinco inventos más importantes de los últimos 50 años y por qué. Discutan cómo cambiaron la vida de la gente.

E Compartan sus conclusiones con la clase. ¿Hubo grupos que eligieron los mismos inventos? ¿Pensaron en los mismos cambios?

A escribir

Un encuentro sorpresa

Imagina que viste un(a) extraterrestre. Sigue el **Plan de Redacción** para escribir sobre tu encuentro con el/la extraterrestre. No olvides incluir diminutivos y aumentativos y los verbos **pedir, preguntar, conocer** y **saber**.

Plan de redacción

Contexto Decide el lugar, la hora, y el año en que ocurrió el encuentro. Piensa en lo que hacías tú en ese momento. ¿Cuántos años tenías entonces? ¿Cómo era el/la extraterrestre?

Encuentro ¿Cómo reaccionó el/la extraterrestre? ¿Cómo reaccionaste tú? ¿Cómo se comunicaron? ¿Se entendieron?

Desenlace ¿Qué pasó después del encuentro? ¿Cuál fue el resultado? ¿Cómo termina la historia?

El encuentro	
Contexto	
Encuentro	
Desenlace	

Automóvil vestido, 1941.
Salvador Dalí. España.

> *Ninguna ciencia, en cuanto a ciencia, engaña;*
> *el engaño está en quien no sabe.*
>
> — Miguel Cervantes

Antes de leer

Primer encuentro
Álvaro Menen Desleal

Conexión personal
La llegada a la Tierra de seres extraterrestres, sobre todo a partir de la carrera espacial de los años cincuenta, se ha convertido en el tema favorito de la ciencia ficción. Las novelas, las películas, los programas de televisión y las tiras cómicas han familiarizado al público con imágenes de extraterrestres. ¿Cómo crees tú que son estos seres? ¿Qué aspecto tienen? Escribe diez características que tiene un ser extraterrestre según la cultura popular. Después, comparte tus ideas con la clase.

Características de los seres extraterrestres	
1. _____	6. _____
2. _____	7. _____
3. _____	8. _____
4. _____	9. _____
5. _____	10. _____

Contexto cultural
Several Hispanic astronauts from countries outside the United States have participated in NASA space missions. These astronauts include Michael E. López Alegría and Pedro Duque from Spain, Costa Rican Dr. Franklin Chang-Díaz, and Carlos Noriega from Peru. Dr. Ellen Ochoa from Los Angeles was the first Hispanic from the United States to be chosen as a NASA astronaut.

Análisis literario: un final inesperado
A surprise ending (**un final inesperado**) is a sudden and unexpected plot twist at the end of a narrative. Such an ending is a surprise in the sense that the reader does not anticipate it, but not because the writer has not prepared for it. Throughout the text, the writer plants details that make the surprise ending the logical and consistent outcome of what has preceded.

Estrategia de lectura: predecir
Active readers gather information as they read and combine it with prior knowledge to predict (**predecir**) upcoming events in a story. As you read "Primer encuentro," pause occasionally to think about what you have read and what you already know about the conventions of science fiction. Can you predict the ending of the story?

Vocabulario	
el gesto *gesture*	**la suavidad** *smoothness*
herir *to wound; to hurt*	**la superficie** *surface*

Álvaro Menen Desleal

Hoja de vida

1931 Nace en Santa Ana, El Salvador

1963 *Cuentos breves y maravillosos* (cuentos)

1964 *El extraño habitante* (poesía)

1965 *Luz Negra* (obra de teatro)

1965 Premio de Juegos Florales de Quetzaltenango (Guatemala)

1968 Premio Nacional de Cultura (El Salvador)

1970 Premio Miguel Ángel Asturias (Guatemala)

1972 *La ilustre familia androide* (cuentos)

2000 *La bicicleta al pie de la muralla* (obra de teatro)

2000 Muere en San Salvador, El Salvador

Sobre el autor

Aunque su nombre de cuna es Álvaro Menéndez Leal, este escritor salvadoreño decidió cambiarse su nombre y llamarse a sí mismo **Álvaro Menen Desleal**. Su más reconocida obra es *Luz Negra,* pieza teatral representada con mucho éxito en diferentes regiones del mundo. Menen estudió en España y trabajó en universidades en Argelia, Francia, Alemania y los Estados Unidos. Además de sus obras teatrales, Menen también publicó cuentos, poesías y algunos ensayos, experimentando siempre con temas relacionados con mitos y leyendas universales.

Primer encuentro

1 No hubo explosión alguna. Se encendieron, simplemente, los retrocohetes, y la nave se acercó a la superficie del planeta. Se apagaron los retrocohetes y la nave, entre polvo y gases, con suavidad poderosa, se posó°. *landed*

5 Fue todo.

Se sabía que vendrían. Nadie había dicho cuándo; pero la visita de habitantes de otros mundos era inminente. Así, pues, no fue para él una sorpresa total. Es más: había sido entrenado, como todos, para recibirlos. "Debemos estar preparados", le instruyeron

10　en el Comité Cívico; "un día de éstos (mañana, hoy mismo...),
pueden descender de sus naves. De lo que ocurra en los primeros
minutos del encuentro dependerá la dirección de las futuras
relaciones interespaciales... Y quizás nuestra supervivencia. Por
eso, cada uno de nosotros debe ser un embajador dotado del más

15　fino tacto°, de la más cortés de las diplomacias". *endowed with the finest tact*
hesitate

　　Por eso caminó sin titubear° el medio kilómetro necesario para
llegar hasta la nave. El polvo que los retrocohetes habían levantado
le molestó un tanto; pero se acercó sin temor alguno, y sin temor
alguno se dispuso a esperar la salida de los lejanos visitantes,

20　preocupado únicamente por hacer de aquel primer encuentro un
trance grato° para dos planetas, un paso agradable y placentero°. *agreeable time / pleasant*

　　Al pie de la nave pasó un rato de espera, la vista fija en el
metal dorado que el sol hacía destellar° con reflejos que le herían *sparkle*
los ojos; pero ni por eso parpadeó°. *blinked*

25　　Luego se abrió la escotilla° por la que se proyectó sin *hatch*
tardanza° una estilizada escala de acceso. *delay*

　　No se movió de su sitio, pues temía que cualquier movimiento
suyo, por inocente que fuera, lo interpretaran los visitantes como
un gesto hostil. Hasta se alegró de no llevar sus armas consigo.

30　　Lentamente, oteando°, comenzó a insinuarse°, al fondo de la *scanning / appear*
escotilla, una figura.

　　Cuando la figura se acercó a la escala para bajar, la luz del sol
le pegó de lleno. Se hizo entonces evidente su horrorosa, su
espantosa forma.

35　　Por eso, él no pudo reprimir un grito de terror.

　　Con todo°, hizo un esfuerzo supremo y esperó, fijo en su sitio, *Nevertheless*
el corazón al galope. La figura bajó hasta el pie de la nave, y se
detuvo frente a él, a unos pasos de distancia.

　　Pero él corrió entonces. Corrió, corrió y corrió. Corrió hasta

40　avisar a todos, para que prepararan sus armas: no iban a dar la
bienvenida a un ser con dos piernas, dos ojos, una cabeza, una
boca... ✱

Después de leer

Primer encuentro
Álvaro Menen Desleal

(1) Comprensión Contesta las siguientes preguntas.

1. ¿Cómo esperaba el Comité Cívico que se portaran sus ciudadanos en esas circunstancias?

2. ¿Qué hizo el protagonista cuando vio la nave?

3. ¿Cómo era la figura que comenzó a bajar de la escala?

4. ¿Qué hizo el protagonista cuando la figura se detuvo frente a él?

5. Al final del cuento, ¿de qué quería avisar a toda la población?

(2) Interpretar Contesta las siguientes preguntas con frases completas.

1. ¿Por qué creía el Comité Cívico que debían estar preparados para la visita?
2. ¿Por qué no se movió de su sitio?
3. ¿Por qué se asustó el protagonista?
4. Explica, con tus propias palabras, qué pasa al final del cuento.
5. ¿Qué piensas de la manera en que el autor habla de los seres humanos?

(3) Imaginar Según el autor, la historia ocurre en el planeta Venus. El protagonista, por lo tanto, es venusiano. En grupos, imaginen cómo eran estos seres. ¿Cómo era la vida allí? ¿Cómo se comunicaban entre ellos? ¿Cómo eran sus armas? Cuando todos los grupos hayan terminado, un(a) estudiante de cada grupo compartirá sus ideas con el resto de la clase.

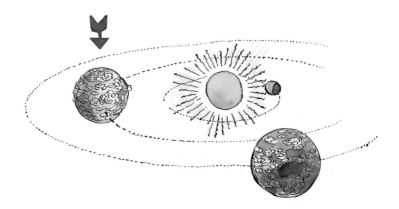

(4) Conversar En parejas, imaginen la conversación que habrían tenido los dos seres del cuento si el venusiano no hubiera salido corriendo. Utilicen los verbos **pedir, preguntar, conocer, saber** y algunos diminutivos y aumentativos. Cuando hayan terminado, interprétenla en frente de la clase.

Antes de leer

Jeff Bezos

Conexión personal

¿Haces compras por Internet? ¿Qué compras? Con tres compañeros/as, comenten las ventajas y desventajas de las compras electrónicas.

Contexto cultural

The respect for reading as a cultural activity is reflected in the national, regional, and local **ferias del libro** held annually throughout the Spanish-speaking world. Showcasing new publications by both native authors and international writers, these events allow people access to books of all types in a casual and social street setting. In Barcelona, **el Día de San Jorge** (St. George's Day), is celebrated with the exchange of books and flowers between sweethearts. The annual book fair in Guadalajara, Mexico, is renouned throughout the world and is the largest publishing event in the Spanish-speaking world.

Vocabulario

los beneficios *benefits*

disponer de *to have available*

disponible *available*

la empresa *business*

la informática *computing*

el/la propietario/a *(property) owner*

Jeff Bezos
Felipe Cuna y Olalla Cernuda

1 Empezó su emprendedora° carrera hace *enterprising*
pocos años, vendiendo libros por correo
desde el sótano° de su casa, que él *basement*
mismo empaquetaba° y distribuía en su *packed*
5 viejo carro. Una pequeña página Web, un
almacén donde guardar los pedidos y… el
comercio de libros por Internet no había hecho más que
empezar. Hoy ha logrado que medio mundo piense instintiva-
mente en su empresa cuando se habla de comercio electrónico.

10 Jeff Bezos, creador y presidente de Amazon.com, fue
elegido "Hombre del Año" en 1999 por la revista *Time,*
galardón° que recibió por "reunir en sí mismo las dos palabras *award, prize*
de moda: comercio electrónico y 'puntocommanía'".

Este empresario° estadounidense, hijo de un emigrante *businessman*
15 cubano, tiene hoy en día una fortuna personal valorada en
unos 10.000 millones de dólares y es el propietario de la
empresa de más renombre° de la Red, con más de cinco *fame*
millones de visitantes semanales.

Después de graduarse *cum laude* en Princeton en Ciencias
20 de la Computación, Bezos trabajó unos años en Nueva York
para diversas compañías. Hasta el año 1995, fecha en que
decidió sacarse de la manga° el mejor negocio de los albores° *pull out of the top of his*
del siglo XXI: la venta de libros por Internet. ¿Y por qué *head / dawn*
libros? Él mismo aseguraba, en una entrevista publicada por *El*
25 *Mundo,* los motivos de su elección: "Con más de tres millones

de títulos en venta y disponibles a través de todo el mundo, la categoría libros dispone de más artículos que cualquier otra. Las mayores librerías físicas tienen sólo 170.000 libros, y que conste que no hay muchas de este tamaño". Pero un catálogo en Internet no tiene límites, se pueden tener todos los títulos, y el costo es mínimo, tanto que se pueden abaratar° mucho los precios. No hace falta almacenamiento°, sólo un buen sistema de distribución, contactos con las editoriales y un almacén donde empaquetar y distribuir los pedidos.

Tres estaciones de trabajo de Sun°, 300.000 dólares y 300 clientes-conejillos de indias° bastaron para dar vida a Amazon en un suburbio de Seattle. Costos mínimos, inversión ridícula y un negocio que en sólo tres años desbancó° en Estados Unidos al líder del comercio mundial de libros: Barnes and Noble. Hoy tienen 13 millones de clientes fijos.

En el año 1999, cuando sus competidores comprendieron que por haber llegado tarde a la Red les correspondería el eterno papel de segundones°, Bezos decidió la salida a la Bolsa de su compañía. Esta decisión fue fuertemente criticada, puesto que se trataba de una empresa que hasta la fecha nunca había obtenido beneficios, pero significó el comienzo de las astronómicas cotizaciones de las compañías relacionadas con Internet.

Pese a su fama en la Red y fuera de ella, Bezos ha procurado siempre mantener su imagen de chico amable°, cercano y emprendedor. Tanto, que le valió que la revista *Upside* lo incluyera en la lista de los veinte hombres más influyentes del mundo de la informática, las telecomunicaciones y las nuevas tecnologías. Y su carrera, como él mismo aseguraba, no había hecho más que empezar. ✹

lower

warehousing

Sun work stations,

guinea pigs

displaced

second–raters

nice guy

30
35
40
45
50
55

Después de leer

Jeff Bezos

1 **Comprensión** Numera los acontecimientos de la vida de Jeff Bezos del uno al seis, para ponerlos en orden cronológico.

_____ a. Se graduó en Princeton en Ciencias de la Computación.

_____ b. Fue elegido "Hombre del Año" por la revista *Time.*

_____ c. Decidió fundar Amazon.

_____ d. Su padre emigró de Cuba a Estados Unidos.

_____ e. Trabajó en Nueva York para diversas compañías.

_____ f. La revista *Upside* lo nombró uno de los veinte hombres más influyentes del mundo de la informática.

2 **Interpretar** Contesta las siguientes preguntas con frases completas.

1. ¿Por qué pensó Jeff Bezos en vender libros?

2. ¿Con qué recursos (*resources*) empezó Bezos su negocio?

3. ¿Qué decisión importante tomó en 1999?

4. ¿Por qué criticaron su decisión?

5. ¿Por qué crees que se le ha considerado uno de los veinte hombres más influyentes del mundo de la informática?

6. Según afirma él mismo, ¿en qué punto de su carrera está?

3 **Ampliar** En parejas, contestan las siguientes preguntas.

1. ¿Qué productos tecnológicos usas?

2. ¿Qué importancia tienen estos productos en tu vida personal y profesional? Explica tu respuesta.

3. ¿Piensas que sabes lo suficiente del mundo de la computación? ¿Qué más te gustaría saber?

4. ¿Qué avances tecnológicos piensas que habrá en el futuro?

4 **Crear** En grupos pequeños, inventen su propio negocio por Internet. Tienen que ponerse de acuerdo sobre lo siguiente.

1. ¿Qué producto o servicio quieren vender?

2. ¿Por qué creen que tendrá éxito? ¿Será más barato, más asequible (*accessible*), de mejor calidad?

3. ¿Cómo será la página Web? ¿Tendrá un eslogan o lema (*motto*)?

4. ¿Qué recursos van a necesitar para poder comenzar?

Atando cabos

Un científico o un inventor hispano

Trabajen en grupos pequeños para preparar una presentación sobre un(a) científico/a o un(a) inventor(a) hispano/a que les interese.

Elegir el tema
Reúnanse y elijan al personaje que quieren presentar a la clase y repartan las tareas entre todos los miembros del grupo.

Preparar
Vayan a la biblioteca o investiguen en Internet. Busquen información sobre el/la científico/a o inventor(a) elegido/a y tomen nota de lo que consideren interesante. No se olviden de recoger información audiovisual para mostrar a la clase.

Organizar
Organicen la información recogida en un esquema *(outline)*. Recuerden que cada presentación durará unos 10 minutos. No se olviden de citar las fuentes *(the sources)* que han utilizado para su presentación.

Estrategia de comunicación

Cómo hablar de un(a) inventor(a) o un(a) científico/a
Estas frases les pueden ayudar a hacer una buena presentación.
1. Voy/Vamos a hablar de alguien a quien seguramente conocen…
2. Ya, desde muy joven, él/ella…
3. Su descubrimiento/invento cambió la forma en que nosotros…

Presentar
Antes de su presentación, cada grupo entregará una copia de su esquema al profesor. No olviden usar medios audiovisuales.

> **Ayuda para Internet**
>
> Aquí tienen unas palabras clave para buscar información en Internet:
> **inventores hispanos / científicos / descubrimientos / Guillermo González Camarena / Ladislao Biro / Severo Ochoa**

Lluvia

país España

duración 23:27 minutos

director Roberto Pérez

protagonistas Marian, Alberto, Emma, Jorge, Verónica, Dani

Vocabulario

angustioso/a *distressing*

cundir *to grow*

dar asco *to be disgusting*

echar a correr *to take off running*

poner los cuernos *to cuckold*

rebuscado/a *complicated*

Antes de ver el corto

1 **Comentar** En parejas, contesten las siguientes preguntas.

1. ¿Han visto alguna vez una lluvia de estrellas o algún otro fenómeno similar?

2. ¿Creen que los fenómenos naturales influyen en nuestras vidas? ¿Pueden nombrar alguno?

3. ¿Piensan que este tipo de creencia está basado en la ciencia o en la superstición? Razonen sus respuestas.

2 **Anticipar** Mira los fotogramas. ¿De qué crees que va a tratar la historia?

Mientras ves el corto

3 **Conectar** Conecta cada pareja con la historia correspondiente.

_____ 1. Marian y Alberto

_____ 2. Emma y Jorge

_____ 3. Verónica y Dani

a. Se reconcilian.

b. Se conocen.

c. Rompen su relación.

4 **Comprensión** Decide si lo que afirman estas oraciones es **cierto** o **falso**.

	Cierto	Falso
1. El fenómeno de Las Leónidas es una lluvia de estrellas.	☐	☐
2. En 1833, el pánico se apoderó de la población mundial.	☐	☐
3. Marian quiere ser la novia de Alberto.	☐	☐
4. Alberto piensa que Marian es muy complicada.	☐	☐
5. Verónica y Dani se conocen desde hace mucho tiempo.	☐	☐
6. Dani sintió que había estado casado con Verónica en otra vida.	☐	☐
7. Emma y Jorge siempre se han llevado muy bien.	☐	☐
8. Jorge sabía que Emma iba a estar en casa de Marian.	☐	☐

5 **Analizar** En parejas, lean las siguientes citas del corto y comenten su contenido y la importancia que tienen en el cortometraje.

MARIAN "Las Leónidas son en realidad una metáfora rebuscada *(over-elaborate)* de nuestras relaciones amorosas. Destinadas a brillar intensamente al principio para luego caer en picada, desintegrándose".

NARRADOR "Si tienes suerte y a tu lado está la persona a la que quieres, abrázala fuerte, muy fuerte y, cuando lo hayas hecho, pide un deseo, si es que acaso eres capaz de desear algo más".

6 **Desarrollar** En parejas, elijan una de las parejas y escriban un diálogo que ocurre al día siguiente de la lluvia de estrellas. Después, represéntenlo delante de la clase.

7 **Escribir** Jorge le pregunta a Emma cómo cree que será ella dentro de diez años. Escribe una pequeña composición hablando de cómo te imaginas que serás tú dentro de diez años.

Las computadoras

la computación	computer science
el corrector ortográfico	spell check
borrar	to erase
descargar	to download
ingresar datos	to enter data

El universo y la astronomía

el/la astronauta	astronaut
el agujero (negro)	(black) hole
el espacio	space
la estrella (fugaz)	(shooting) star
la gravedad	gravity
la luna (llena)	(full) moon
el ovni	U.F.O
el salto en el tiempo	time warp
la superficie	surface
la supervivencia	survival
aterrizar	to land (an airplane)
avanzado/a	advanced
extraterrestre	alien

La tecnología

el cohete	rocket
la nave espacial	spaceship
la pantalla líquida	LCD screen
la prueba espacial	space probe
el satélite	satellite
el teléfono celular	cellular phone
el telescopio	telescope
el transbordador espacial	space shuttle

Los inventos y la ciencia

el arma	weapon
el avance	advance, breakthrough
el desafío	challenge
el descubrimiento	discovery
el experimento	experiment
la herramienta	tool
el invento	invention
la patente	patent
la teoría	theory
especializado/a	specialized

Verbos científicos

caducar	to expire
comprobar	to prove
fabricar	to manufacture; to make
formular	to formulate
inventar	to invent; to create

La energía

el combustible	fuel
la onda	wave
emitir	to emit

La biotecnología

el ADN (ácido desoxirribonucleico)	DNA
la célula	cell
el frasco	flask
el gen	gene
clonar	to clone
heredar	to inherit
bioquímico/a	biochemical
(poco) ético/a	(un)ethical
quirúrgico/a	surgical

Expresiones útiles	Véase la página 431.
Idioms and adverbial phrases	Véase las páginas 440, 441.
Vocabulario de "Primer encuentro"	Véase la página 447.
Vocabulario del perfil	Véase la página 451.
Vocabulario de *Lluvia*	Véase la página 456.

Estructura 11.1	Véase la página 436.
Estructura 11.3	Véase las páginas 440 y 441.

La historia y la civilización

La historia y la civilización

La ciudad o el campo

Luisa es ciudadana mexicana y vive en los **alrededores** de la ciudad de México, donde estudia **arqueología**. Su **aldea** está lejos de la ciudad y no le gusta pasar tanto tiempo en su automóvil todos los días. Quiere **residir** en una zona más **urbana** y más cerca de la universidad. Piensa que los **suburbios** son demasiado **pacíficos** y tranquilos. Por eso, ayer les dijo a sus padres que pronto se mudará de su **hacienda** rural para vivir en la ciudad con unas amigas. Su nuevo apartamento estará en un viejo **barrio** de la ciudad, cerca de los museos de **civilización** antigua.

Buenos o malos

Leonardo les explica a sus alumnos que los **emperadores** incas dirigían una **sociedad** organizada que admiraba el **conocimiento** y que acumuló gran **sabiduría.** Su **imperio** explotaba y **esclavizaba** a pueblos más débiles que **poblaban** zonas cercanas a los Andes. Cuando los españoles descubrieron oro en Tahuantinsuyu, el imperio inca, se interesaron en la región y se propusieron **conquistarla** para sus **reyes.** A Leonardo le es difícil hablar de la historia. No sabe muy bien si en realidad hubo buenos y malos.

Heroísmo descubierto

El jefe decidió **rendirse** para **salvar** a su gente. Su pueblo había quedado **aislado** y el fin de la lucha estaba decidido. Nadie los podría **rescatar**, y él pensó que era mejor convertirse en **esclavo** que llevar a todo su pueblo a la **derrota** y a la muerte. Los historiadores nunca supieron de su **sacrificio**, y siempre dijeron que él no fue **digno** de su cargo. Rubén, un investigador, acaba de descubrir un dato histórico que comprueba que el jefe actuó con **coraje**.

Pasados oscuros

A Camila le preocupa lo que aprendió sobre la historia del país: parece que siempre ha estado luchando. Primero, los **conquistadores** pelearon con los **indígenas** para establecer sus **colonias**. Después, los **criollos** y **mestizos** lucharon para conseguir su **soberanía**. Y después de salir **victoriosos**, siguieron años de **guerras civiles** en que se enfrentaban los más **poderosos**. En este momento hay paz en el país. Camila se pregunta si en algún momento volverán los **guerreros**.

Los gobiernos

el caudillo	leader
el/la monarca	monarch
la reina	queen
el reino	reign; kingdom
la tribu	tribe

Los períodos históricos

el cambio (político)	(political) change
la década	decade
la Edad Media	Middle Ages
la enseñanza	teaching; doctrine
la época	era; period in time; epoch
el país en vías de desarrollo	developing country
el siglo	century
encabezar	to lead
érase una vez	once upon a time
a largo plazo	long-term

Los descubrimientos y las conquistas

el/la descubridor(a)	discoverer
la esclavitud	slavery
la explotación	exploitation
el/la habitante	inhabitant
derribar	to bring down
derrotar	to defeat
expulsar	to expel
huir	to flee
invadir	to invade
limitar	to border, to limit
oprimir	to oppress
pelear	to fight
perseguir	to pursue, to persecute
suprimir	to abolish, to suppress
armado/a	armed

Práctica

(1) América Latina Ignacio es estudiante de historia, y le hace algunas preguntas a la profesora Molina sobre la historia de América Latina. Completa las preguntas y respuestas del diálogo con las palabras de la lista.

IGNACIO ¿Después que Cristóbal Colón llegó a América, ordenaron los _____ Fernando e Isabel la colonización de "Las Indias"?

PROFESORA MOLINA Sí, y así se inició la _____ de los pueblos _____, los habitantes nativos de los territorios.

IGNACIO Siglos más tarde, grupos _____ y _____ lucharon por su independencia contra España. ¿Correcto?

PROFESORA MOLINA Sí, y durante la formación de los estados nacionales, los criollos se enfrentaron en _____.

| conquista | criollos | guerras civiles | indígenas | mestizos | reyes |

(2) Expresiones incompletas

A. ¿Conoces las siguientes expresiones? Complétalas con términos del nuevo vocabulario.

a. Abraham Lincoln y la abolición de la _____

b. Ascenso y caída del _____ Romano

c. _____ una princesa que durmió por muchos años

d. La _____ de los sesenta y la Guerra de Vietnam

e. _____ de Centroamérica, ¡celebremos nuestra doble cultura!

B. Ahora, indica de dónde provienen las expresiones anteriores.

_____ 1. El título de un larguísimo libro de historia

_____ 2. Un artículo en la revista *Épocas recientes*

_____ 3. Un capítulo sobre la Guerra Civil de los Estados Unidos

_____ 4. Una canción de un festival de música indígena

_____ 5. Un libro de cuentos para niños

(3) Analogías Empareja las palabras de la columna de la izquierda con las palabras de la columna de la derecha. Sigue el modelo.

a. conquistador: conquistar   _____ rey: reino

b. dictador: libertad   _____ descubridor: descubrir

c. esclavo: esclavitud   _____ civilizado: civilización

d. emperador: imperio   _____ armado: pacífico

e. victorioso: victoria   _____ poderoso: poder

Comunicación

4 **La reacción de los indígenas** En parejas, imaginen que son algunos de los indígenas que vieron a Cristóbal Colón cuando llegó a América. ¿Qué habrían pensado de estos extraños europeos? ¿Cómo habrían reaccionado? ¿Qué habrían hecho? Compartan sus opiniones con la clase.

5 **Definición**

A. En parejas, preparen una definición de la palabra **esclavitud.**

B. Lean el siguiente pasaje sobre la vida de Julio, teniendo en cuenta la definición que crearon.

> Me levanto todos los días a las 6, tomo un café y salgo para la oficina. Voy en un autobús lleno de gente. Trabajo desde las 8 hasta las 5:30, pero muchas veces me quedo hasta más tarde porque me lo pide mi jefe. Cuando regreso a mi casa, a veces ya son más de las 8. Llego tan cansado que sólo quiero ver algo de televisión e irme a dormir, porque al día siguiente debo levantarme temprano. Me gustaría renunciar a este trabajo pero no puedo porque el desempleo es muy alto. También me gustaría viajar, pero no tengo tiempo ni dinero suficiente. Después de todo no puedo quejarme, sólo trabajar.

C. Espartaco, un esclavo y gladiador durante el Imperio Romano, supuestamente dijo: "No hay peor esclavo que el que ignora que lo es". En parejas, comenten estas preguntas: ¿Puede decirse que Julio es un esclavo? ¿Por qué? ¿Somos todos esclavos de alguna manera?

6 **¿Hemos progresado?**

A. Hay quienes piensan que el pasado siempre fue mejor que el presente. Otros no están de acuerdo y creen que el ser humano ha progresado. En parejas, completen las siguientes listas.

Cuatro razones por las que las personas de hoy son mejores que las de antes

1. Hay más tolerancia y respeto entre las personas.
2. La esclavitud y las guerras de conquista son consideradas inmorales.
3. _____
4. _____

Cuatro razones por las que las personas de hoy son peores que las de antes

1. Las personas sólo piensan en sí mismas y son egoístas.
2. Los seres humanos destruyen el planeta y lo contaminan.
3. _____
4. _____

B. La clase se divide en dos grupos. Cada grupo toma una de las dos posiciones anteriores y la defiende. Den ejemplos concretos y razones por las que los seres humanos de hoy son peores o mejores que los de antes.

El equipo de *Facetas* va a asistir a la ceremonia de premios para los mejores periodistas del año.

MARIELA ¿Qué haces vestido así tan temprano?

DIANA La ceremonia no comienza hasta las siete.

JOHNNY Tengo que practicar con el traje puesto.

AGUAYO ¿Practicar qué?

JOHNNY Ponerme de pie, subir las escaleras, sentarme, saludar y todo eso. "Quisiera darles las gracias..."

Aguayo sale corriendo de su oficina.

AGUAYO ¡Llegó la lista! ¡Llegó la lista! *(Lee.)* "En la categoría de mejor serie de fotos por las fotos de las pirámides de Teotihuacán, Éric Vargas."

JOHNNY Felicidades.

AGUAYO *(Lee.)* "En la categoría de mejor diseño de revista... por la revista *Facetas*, Mariela Burgos."

MARIELA Gracias.

AGUAYO *(Lee.)* "En la categoría de mejor artículo por 'Historia y civilización en América Latina', José Raúl Aguayo." No lo puedo creer. Tres nominaciones.

Todos están muy contentos, pero Johnny tiene cara de tristeza.

Al mismo tiempo, en la cocina...

JOHNNY ¿Con quién vas a ir esta noche?

ÉRIC Entre boletos, comida y todo lo demás, me arruinaría.

JOHNNY No creo que debas ir solo. ¿Y qué tal si invitas a alguien que *ya* tiene boleto?

ÉRIC ¿A quién?

JOHNNY A Mariela.

JOHNNY Éric, es esta noche o nunca. ¿En qué otra ocasión te va a ver vestido con traje? Además, tienes que aprovechar que ella está de buen humor. Creo que antes te estaba mirando de una manera diferente...

ÉRIC No sé...

Más tarde, en el escritorio de Mariela...

ÉRIC ¿Qué tal?

MARIELA Todo bien.

ÉRIC Muy bonitos zapatos.

MARIELA Gracias.

AMBOS *(al mismo tiempo)* Quería preguntarte si...

ÉRIC Disculpa, tú primero...

MARIELA No, tú primero.

Personajes

 JOHNNY

 MARIELA

 ÉRIC

 AGUAYO

 DIANA

 FABIOLA

DIANA Johnny, ¿cómo te van a nominar para un premio?... ¡si no presentaste ningún trabajo!

JOHNNY Claro... pues, es verdad.

Más tarde, en el escritorio de Mariela...

MARIELA Mira qué zapatos tan bonitos voy a llevar esta noche.

FABIOLA Pero... ¿tú sabes andar con eso?

MARIELA ¡Llevo toda mi vida andando con tacón alto!

FABIOLA De todas formas, te aconsejo que no te los pongas sin probártelos antes.

Esa noche...

DIANA ¡Qué nervios!

FABIOLA ¿Qué fue eso?

JOHNNY *(con una herradura en la mano)* Es todo lo que necesitamos esta noche.

Éric y Mariela hablan a solas.

ÉRIC ¿Estás preparada para la gran noche?

MARIELA Lista.

Expresiones útiles

Degrees of formality in expressing wishes

Direct

Quiero invitarte a venir conmigo a la ceremonia. *I want to ask you to come to the ceremony with me.*

More formal

Quería invitarte a venir conmigo a la ceremonia. *I wanted to ask you to come to the ceremony with me.*

Most formal

Quisiera invitarte a venir conmigo a la ceremonia. *I would like to invite you to come to the ceremony with me.*

Additional vocabulary

de todas formas *in any case*

la nominación *nomination*

ponerse de pie *to stand up*

el premio *prize*

el tacón (alto) *(high) heel*

la herradura *horseshoe*

Apuntes culturales En la historia de las civilizaciones antiguas suelen mezclarse mitos con hechos históricos. Eso sucede también en América Latina. Aztlán es un lugar mítico de la cultura azteca. Supuestamente, los primeros aztecas salieron de allí en busca de la tierra prometida. Se ha especulado mucho sobre su ubicación, pero la teoría más aceptada es que Aztlán habría sido una isla situada en el noroeste del país. ¿Conoces algún lugar o personaje mítico en la historia de una cultura?

Comprensión

1 El resumen

A. Señala con una cruz los hechos que ocurren en la **Fotonovela** y ordénalos cronológicamente.

_____ a. Diana le explica a Johnny por qué él no fue nominado.

_____ b. Aguayo irá con su esposa y le aconseja a Éric que invite a Mariela.

_____ c. Cuando llega la lista, el equipo de *Facetas* descubre que los nominados son Aguayo, Mariela y Éric.

_____ d. Mariela sabe caminar con tacón alto.

_____ e. Fabiola no va a ir a la ceremonia.

_____ f. Éric y Mariela hablan.

_____ g. Johnny viene al trabajo vestido elegantemente.

_____ h. Johnny gana un premio.

B. En parejas, piensen en lo que va a pasar en la ceremonia. Escriban cuatro frases con sus predicciones. Luego, compartan sus ideas con la clase.

2 Preguntas Responde a las siguientes preguntas.

1. ¿Adónde iba a ir el equipo de *Facetas* esa noche?

2. ¿Por qué Johnny se vistió con un traje elegante tan temprano?

3. ¿Por qué Johnny no fue nominado?

4. ¿Por qué Johnny cree que Éric debe invitar a Mariela a ir con él?

5. ¿Crees que Mariela y Éric van a llegar a ser novios? ¿Por qué?

3 Consejos Johnny se preocupa cuando se da cuenta de que él no está nominado. Imagina que tú lo quieres tranquilizar. Usa las expresiones de la lista para escribir cinco consejos que le darás. Sigue el modelo.

es necesario	es verdad
es importante	no es cierto
creo que	ojalá
no dudo de	nadie que

MODELO

Es necesario que presentes tu trabajo a tiempo *(on time)* el próximo año.

Ampliación

(4) Gracias, muchas gracias En la ceremonia, cuando Éric, Mariela y Aguayo reciben sus premios, dicen unas palabras. En grupos de tres, preparen los pequeños discursos. El discurso de Aguayo debe ser adecuado y formal. El discurso de Éric, aburrido y nervioso. El de Mariela, gracioso e informal. Luego representen la situación ante la clase.

MODELO

Acepto este premio de parte de la revista
Facetas y todos sus empleados.
Primero, me gustaría agredecer a …

(5) Muchas gracias, otra vez Ahora, imagina que eres tú la persona que va a recibir un premio. Escribe tu discurso de agradecimiento y léelo delante de la clase.

(6) Éric y Mariela La **Fotonovela** tiene un final abierto porque es casi al final cuando Éric y Mariela tratan de invitarse el uno al otro para ir a la ceremonia de gala. En parejas, preparen la continuación del diálogo entre Éric y Mariela y representen la situación.

(7) El futuro de _Facetas_ En parejas, imaginen cómo será la vida de cada uno de los personajes de la **Fotonovela** dentro de veinte años.

JOHNNY   **MARIELA**   **ÉRIC**   **AGUAYO**   **DIANA**   **FABIOLA**

(8) En parejas, imaginen cómo serán sus vidas dentro de veinte años. Contesten las siguientes preguntas:

1. ¿Cuál será su profesión?
2. ¿Estarán solteros/as o casados/as?
3. ¿Cuántos hijos tendrán?
4. ¿En qué estado/ciudad vivirán?
5. ¿Qué harán en su tiempo libre?

La independencia de Hispanoamérica

Simón Bolívar

Aguayo ha sido nominado para un premio por su artículo sobre historia y civilización latinoamericana. ¿Qué saben de la historia de Hispanoamérica? Aquí pueden leer un pequeño resumen de las luchas de independencia de estos países.

Los países hispanoamericanos dejaron de ser colonias españolas en el siglo XIX. En pocos años, todos ellos se declararon estados libres y se independizaron. En 1898, Cuba y Puerto Rico lograron su independencia de España.

El descontento de las llamadas colonias frente a la corrupta administración y la política económica española era enorme. Los rebeldes, inspirados en los ideales de la Revolución Francesa, pedían el cese de los impuestos y del monopolio comercial y productivo que la metrópoli les imponía.

Durante esos años, la Guerra de Independencia estalló en España. Ésta era una guerra contra Napoleón, que había invadido al país y, tras la victoria, había nombrado rey de España a su hermano, José Bonaparte. En Hispanoamérica, se crearon las "juntas de gobierno" como reacción contra la invasión napoleónica a España. Pero estas juntas no estaban tanto en contra del rey que había puesto Napoleón, como en contra de la idea de tener un rey con autoridad sobre los territorios americanos.

La ola revolucionaria empezó en 1810 en Colombia, Argentina, Chile y Venezuela, encabezada por Simón Bolívar, convencido de la necesidad de que todas las colonias se unieran en la lucha por la libertad.

En México, los jefes de la rebelión armada fueron los curas Miguel Hidalgo y José María Morelos. Después de sangrientas batallas, la independencia mexicana fue declarada en 1821. En el sur, la lucha argentina duró hasta 1816. Esta lucha fue liderada por José de San Martín, quien cruzó los Andes con cinco mil hombres para ayudar a los rebeldes chilenos de Bernardo O'Higgins, que luchaban por lograr la libertad definitiva de Chile.

José de San Martín

En 1822, en Ecuador, Simón Bolívar y José de San Martín se reunieron secretamente para organizar la liberación de Perú, último territorio dominado por la resistencia española. En 1825, se acordó la creación de Bolivia, que hasta el momento había sido territorio peruano.

el cese	cessation	encabezada	headed up	la caza	hunt
la metrópoli	mother country	lucha	struggle	la rueda	wheel
estallar	to break out	sangriento	bloody	labrado	carved
tras	after	cruzar	to cross		
ola	wave	esculpir	to sculpt		

Culturas precolombinas

Cabeza colosal olmeca

La pirámide de los Nichos

Éric recibe una nominación por unas fotografías que había tomado de las pirámides de Teotihuacán. Éstas son unas famosas pirámides aztecas. A continuación, vas a leer un breve artículo sobre algunas culturas indígenas americanas.

Al hablar de las culturas indígenas precolombinas, pensamos inmediatamente en las civilizaciones azteca, inca y maya. Pero estas culturas no eran las únicas que existían antes de la llegada de Cristóbal Colón. Existieron muchísimas otras, las cuales contaban con sus propios dialectos, creencias y estructuras sociales.

La civilización olmeca se asentó en el sur de México. Ellos fueron los primeros en utilizar la piedra para construir pirámides y esculpir colosales cabezas humanas. Trabajaban también piedras semipreciosas, como el jade y la amatista. Se dedicaban a la caza, a la pesca, al comercio y al cultivo del maíz y del frijol. Crearon un calendario astronómico, utilizado después por los mayas, pero no conocían la rueda ni utilizaban animales de carga. Sus dioses tenían facciones animales, sobre todo de jaguares y cocodrilos. Una de las ciudades más importantes de los olmecas se encuentra en el estado de Veracruz y se llama El Tajín.

Otra civilización importante precolombina fue la tolteca, que en náhuatl significa "gran artista". Esta civilización se desarrolló en el centro de México donde fundaron su capital, Tula. Uno de los elementos más particulares de Tula son los Atlantes, impresionantes estatuas labradas en piedra que miden 4.8 metros de altura. Se cree que estas estatuas fueron construidas para proteger al templo de Quetzalcóatl, su dios principal. Los toltecas fueron importantes ceramistas, hábiles comerciantes y grandes escultores.

Por su parte, la civilización araucana, conformada por diferentes grupos de motuches y aucas, se estableció en Chile y en Argentina. En tiempos precolombinos, estos grupos vivían principalmente de la caza, la pesca y el cultivo. Domesticaban llamas, alpacas y otros animales para el cultivo y transporte de sus productos. Todavía hoy en día, hay más de 250.000 indios araucanos que viven en las zonas rurales de Chile y Argentina.

Coméntalo

Reúnete con varios/as compañeros/as de clase y conversa sobre los siguientes temas.

1. ¿Qué creen que tienen en común la independencia de Hispanoamérica con la de Estados Unidos?
2. ¿Conocen algún héroe hispano? ¿Cuál?
3. ¿Creen que es necesario conocer la historia de las culturas? ¿Por qué?
4. Según su opinión, ¿es importante mantener las tradiciones? Razonen sus respuestas.

12.1 Prepositions III: *entre, hasta, sin*

▶ Sometimes prepositions correspond to one equivalent word in English, as is the case with **sin**. Sometimes they correspond with more than one, which is why it is important to understand how they function.

Nunca habría salido sin esto.

Entre boletos, comida y todo lo demás, me arruinaría.

The preposition *entre*

▶ **Entre** generally corresponds to the English prepositions *between* and *among*.

entre Honduras y Costa Rica
between Honduras and Costa Rica

entre 1976 y 1982
between 1976 and 1982

entre ellos
among themselves

entre cuatro países de Suramérica
among four nations of South America

The preposition *hasta*

▶ **Hasta** corresponds to English *as far as* in spatial relationships, *until* in time relationships, and *up to* for quantities. It can also be used as an adverb to mean *even, including*.

Ese año, el ejército avanzó **hasta** las murallas del palacio.
That year, the army advanced as far as the walls of the palace.

A veces, él tiene que leer **hasta** doce libros para la clase.
Sometimes he has to read up to twelve books for the class.

Hasta 1898, Cuba fue colonia de España.
Until 1898, Cuba was a colony of Spain.

Hasta el presidente quedó sorprendido.
Even the president was surprised.

The preposition *sin*

▶ **Sin** corresponds to *without* in English. It is often followed by a noun, but it can also be followed by the infinitive form of a verb.

sin estudios
uneducated

un país **sin** ejército
a country without an army

Habla de historia **sin** saber.
He talks about history without knowing about it.

El presidente vino **sin** su asesor.
The president came without his advisor.

¡ATENCIÓN!

Entre is not followed by **ti** and **mí**, the usual pronouns that serve as objects of prepositions. Instead, the subject pronouns **tú** and **yo** are used.

Entre tú y yo…
Between you and me . . .

Práctica y Comunicación

1 **Mesoamérica** En parejas, lean el esquema sobre la historia de los primeros mexicanos. Luego, háganse preguntas y contéstenlas usando **entre** o **hasta**.

> **MODELO** ¿Cuándo aparece el maíz?
>
> El maíz aparece entre el siete mil doscientos antes de Cristo y el cinco mil setecientos antes de Cristo.

21000 a.C. Aparecen los primeros indicios de emigrantes en México.

7200 al 5700 a.C. Primeros pasos hacia la agricultura. Aparece el maíz.

4300 al 3000 a.C. Primeras poblaciones. Aparece la cerámica. Se cultiva el maíz, el algodón y dos tipos de frijol.

2000 al 200 a.C. Surge el comercio. Se practica el juego de pelota. Existen grupos de especialistas en religión.

200 a.C. al 800 d.C. Los pueblos se dedican más a mantener una cultura de paz.

100 a.C. al 100 d. C. Alto desarrollo de las artes, la religión y el comercio.

2 **¿Quién es quién?** Éstos son el rey Arturo y algunos de los Caballeros de la Mesa Redonda. A partir de los datos, indica el nombre de los caballeros. Comparte tus resultados con tus compañeros/as.

Datos:

- Parsifal caminó hasta la puerta. Le prohíbe pasar a la reina Ginebra.
- Galahad tiene entre 18 y 20 años. Es el caballero más joven del grupo.
- Bedivere se hizo caballero entre los años 450 y 452. Es el caballero más viejo de la mesa.

- Kay es un típico guerrero. Lleva su espada hasta a las reuniones con el rey.
- Erec está sentado entre Kay y Lancelot.
- El rey Arturo está entre Gawain y la silla vacía de Parsifal.

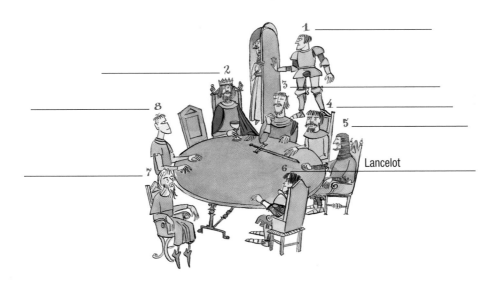

1 _____

2 _____

3 _____

4 _____

5 _____

6 _____

7 _____

8 _____

Lancelot

12.2 Summary of the indicative

Forms of the indicative

▶ Since Lesson 1, you have been using indicative verb forms and learning new ones. This section will help you synthesize what you have learned about these verb tenses.

¡ATENCIÓN!

The indicative
You will find the various forms of the indicative mood discussed in the following sections:

Present
1.2, pp. 18–19
1.3, pp. 22–23

Preterite
3.1, pp. 96–97

Imperfect
3.2, p. 100

Future
6.1, pp. 228–229

Conditional
6.2, pp. 232–233

Present Perfect
Past Perfect
4.1, pp. 136–137

Future Perfect
Conditional Perfect
10.1, pp. 400–401

Summary of indicative forms

–ar verbs		–er verbs		–ir verbs	
PRESENT					
canto	cantamos	bebo	bebemos	recibo	recibimos
cantas	cantáis	bebes	bebéis	recibes	recibís
canta	cantan	bebe	beben	recibe	reciben
PRETERITE					
canté	cantamos	bebí	bebimos	recibí	recibimos
cantaste	cantasteis	bebiste	bebisteis	recibiste	recibisteis
cantó	cantaron	bebió	bebieron	recibió	recibieron
IMPERFECT					
cantaba	cantábamos	bebía	bebíamos	recibía	recibíamos
cantabas	cantabais	bebías	bebíais	recibías	recibíais
cantaba	cantaban	bebía	bebían	recibía	recibían
FUTURE					
cantaré	cantaremos	beberé	beberemos	recibiré	recibiremos
cantarás	cantaréis	beberás	beberéis	recibirás	recibiréis
cantará	cantarán	beberá	beberán	recibirá	recibirán
CONDITIONAL					
cantaría	cantaríamos	bebería	beberíamos	recibiría	recibiríamos
cantarías	cantaríais	beberías	beberíais	recibirías	recibiríais
cantaría	cantarían	bebería	beberían	recibiría	recibirían

PRESENT PERFECT		PAST PERFECT		FUTURE PERFECT		CONDITIONAL PERFECT	
he		había		habré		habría	
has		habías		habrás		habrías	
ha	⊕ cantado	había	⊕ cantado	habrá	⊕ cantado	habría	⊕ cantado
hemos	bebido	habíamos	bebido	habremos	bebido	habríamos	bebido
habéis	recibido	habíais	recibido	habréis	recibido	habríais	recibido
han		habían		habrán		habrían	

Verbs in the Indicative Mood

▶ The following chart explains when each of the indicative verb tenses is appropriate.

PRESENT	timeless events: habitual events that still occur: events happening right now: future events expected to happen:	La gente quiere vivir en paz. Mi madre sale del trabajo a las cinco. El dictador habla con sus consejeros. Te llamo este fin de semana.
PRETERITE	actions or states beginning/ending at a definite point in the past:	Ayer firmaron el acuerdo de paz.
IMPERFECT	past events without focus on beginning, end, or completeness: habitual past actions: telling time: events or actions that were in progress:	Los emperadores explotaban a la población. Le gustaba cenar a las siete. Eran las diez de la mañana. Yo leía mientras mi hermano estudiaba.
FUTURE	future events: probability regarding present event:	El rey dará un discurso la próxima semana. La profesora estará dando una clase ahora.
CONDITIONAL	what would happen: future events in past-tense narrations: conjecture about past action: polite requests:	Él pelearía por sus tierras. Me dijo que lo haría él mismo. Tendría cincuenta años cuando aceptó el cargo. ¿Podría dármelo?
PRESENT PERFECT	what has occurred:	Han firmado el acuerdo hoy.
PAST PERFECT	what had occurred:	Lo habían hablado hace ya mucho tiempo.
FUTURE PERFECT	what will have occurred:	Habrán encontrado tesoros arqueológicos.
CONDITIONAL PERFECT	what would have occurred:	Si hubieran sabido las intenciones de los españoles, habrían luchado por sus imperios.

Práctica

1 **Seleccionar** En 1948, la ONU (Organización de las Naciones Unidas) aprobó la *Declaración Universal de los Derechos Humanos*. A continuación se presentan algunas ideas relacionadas con la libertad del hombre. Subraya *(underline)* la forma adecuada del verbo que completa cada frase.

Todos las personas (nacen-nacerán) libres e iguales. No se (discrimina-discriminará) por ninguna razón: ni nacionalidad, ni raza, ni ideas políticas, ni sexo, ni edad, ni otras.

Todas las personas (tendrían-tendrán) derecho a la vida y a la libertad.
No (hay-habrá) esclavos. En los países en que aún (hay-habrá) esclavos, se (prohíbe-prohibirá) su compra y venta.

Nadie (sufre-sufrirá) torturas ni tratos crueles.

Todos (son-eran) iguales ante la ley y (tienen-tuvieron) los mismos derechos legales. La discriminación (era-será) castigada.

Nadie (va-irá) a la cárcel sin motivo. Se (juzga-juzgará) de una manera justa a todos los presos.

2 **Pasado, presente y futuro** David y Sandra son novios. Antes de conocerse tenían vidas muy distintas. En parejas, escriban sobre el pasado, el presente y el futuro de esta pareja usando frases positivas y negativas. Pueden utilizar las ideas de la lista o cualquier idea propia.

PASADO	PRESENTE	FUTURO
vivir en la ciudad/campo	estudiar en la universidad	trabajar
viajar con la familia	salir con amigos	casarse
hacer deportes	ir al cine	tener hijos
divertirse	viajar	vivir en los suburbios

3 **¿Quién es?** En parejas, escojan una persona famosa. Escriban una lista de los acontecimientos de su vida (pasados, presentes y los que pueden ocurrir en el futuro). Cuando hayan terminado, lean en voz alta la lista de los acontecimientos y el resto de la clase tiene que adivinar de quién se trata.

4 **Antes y ahora** En parejas, comparen cómo han cambiado sus vidas desde que eran niños.

MODELO —Cuando era niño/a, vivía con mis padres. Ahora vivo con un(a) amigo/a.
—Cuando era niño/a, iba al parque los fines de semana. Ahora voy al cine.

Comunicación

5 Acontecimientos

A. Lee la lista de acontecimientos históricos y ordénalos según su importancia.

Acontecimientos de la historia

_____ La independencia de los Estados Unidos

_____ La abolición de la esclavitud

_____ La invención del automóvil

_____ La Segunda Guerra Mundial

_____ La llegada del hombre a la Luna

_____ La caída del muro de Berlín

_____ La invención de Internet

B. En parejas, expliquen por qué ordenaron los acontecimientos de esa manera.

C. Compartan con la clase sus conclusiones. Después, toda la clase se pone de acuerdo para crear una lista común.

6 ¿Qué me sucederá?
En parejas, imaginen que pueden consultar un oráculo. ¿Qué preguntas le harían? ¿Qué les gustaría escuchar? Dramaticen la situación. Uno/a es el oráculo y el otro/la otra hace las preguntas. Luego, intercambien los papeles.

7 Historias extrañas
En las siguientes historias hay un hecho extraño. En grupos pequeños, lean las historias y contesten las preguntas. Luego, compartan sus respuestas con sus compañeros/as.

1. Un rey regresó victorioso a su reino. Había conquistado enormes territorios y había traído muchas riquezas. Dos días después desapareció.
   - ¿Qué le pasó?

2. Un emperador guerrero y poderoso derrotó a los integrantes de una tribu indígena. Durante años los explotó cruelmente como esclavos. Un buen día, les dio a todos la libertad.
   - ¿Por qué el emperador habrá liberado a los esclavos?

12.3 Summary of the subjunctive

Forms of the subjunctive

▶ The following chart summarizes the forms of the subjunctive mood. This section will help you synthesize what you have learned about these verb tenses.

No creo que debas ir solo.

No creo que Mariela esté interesada en ir conmigo.

¡ATENCIÓN!

The subjunctive
You will find the various forms of the subjunctive mood discussed in the following sections:

Present subjunctive
4.4, pp. 148–149

Imperfect subjunctive
6.3, pp. 236–237

Present perfect subjunctive
9.2, pp. 362–363

Past perfect subjunctive
10.2, pp. 404–405

Summary of subjunctive forms

−ar verbs		−er verbs		−ir verbs	

PRESENT SUBJUNCTIVE

hable	hablemos	beba	bebamos	viva	vivamos
hables	habléis	bebas	bebáis	vivas	viváis
hable	hablen	beba	beban	viva	vivan

PAST SUBJUNCTIVE

hablara	habláramos	bebiera	bebiéramos	viviera	viviéramos
hablaras	hablarais	bebieras	bebierais	vivieras	vivierais
hablara	hablaran	bebiera	bebieran	viviera	vivieran

PRESENT PERFECT SUBJUNCTIVE

haya hablado	haya bebido	haya vivido
hayas hablado	hayas bebido	hayas vivido
haya hablado	haya bebido	haya vivido
hayamos hablado	hayamos bebido	hayamos vivido
hayáis hablado	hayáis bebido	hayáis vivido
hayan hablado	hayan bebido	hayan vivido

PAST PERFECT SUBJUNCTIVE

hubiera hablado	hubiera bebido	hubiera vivido
hubieras hablado	hubieras bebido	hubieras vivido
hubiera hablado	hubiera bebido	hubiera vivido
hubiéramos hablado	hubiéramos bebido	hubiéramos vivido
hubierais hablado	hubierais bebido	hubierais vivido
hubieran hablado	hubieran bebido	hubieran vivido

Verbs in the subjunctive mood

▶ The following chart explains when each of the subjunctive verb tenses is appropriate.

Present	*main clause is in the present:*	**Queremos que las ciudades** estén **limpias.**
	main clause is in the future:	**Los campesinos se reunirán para que el gobierno les** dé **mejores préstamos.**
	*commands (except for affirmative **tú**):*	Respete **los derechos humanos.**
Past	*main clause is in the past tense:*	**El gobierno dudaba que el Congreso** aprobara **el proyecto de ley.**
	hypothetical or future events:	**Si** viviéramos **en un mundo ideal, no habría dictadores.**
Present Perfect	*main clause is in the present tense while subordinate clause is in the past:*	**Esperamos que los conflictos se** hayan resuelto **en las últimas semanas.**
Past Perfect	*hypothetical statements about the past:*	**Si no** hubieran encontrado **tesoros arqueológicos, no habríamos conocido bien su cultura.**

Es importante que **estudiemos** historia para entender mejor otras culturas.
It is important that we study history to better understand other cultures.

Los indígenas no querían que el conquistador **invadiera** los territorios donde habían vivido por generaciones.
The natives did not want the conqueror to invade the lands where they had lived for generations.

Cristóbal Colón no **hubiera llegado** a América sin el apoyo de la corona de España.
Christopher Columbus wouldn't have arrived at the Americas without the support of the Spanish crown.

El éxito del arqueólogo depende de las ruinas que **haya descubierto** durante su última expedición.
The archeologist's success depends on the ruins that he might have discovered during his last expedition.

Me hubiera gustado ser nominado.

Te aconsejo que no te los pongas sin probártelos.

Subjunctive vs. Indicative

▶ The following chart contrasts the uses of the subjunctive with those of the indicative (or infinitive).

Use the subjunctive with...

impersonal expressions that do not signal certainty.	**Es necesario que** se respeten **los derechos humanos.** *It is necessary to respect human rights.*
expressions of will and influence when there are two different subjects.	**Los senadores insistieron en que el ministro** renunciara. *The senators insisted that the minister resign.*
expressions of emotion when there are two different subjects.	**Lamento que el gobierno no** mantenga **mejor la Biblioteca Nacional.** *I regret that the government does not take better care of the national library.*
expressions of doubt, disbelief, and denial.	**Dudo que los documentos originales** se encuentren **en esta biblioteca.** *I doubt that the original documents are in this library.*
the conjunctions **a menos que, antes (de) que, con tal (de) que, en caso (de) que, para que,** and **sin que.**	**Es importante promover la enseñanza para que las sociedades** se desarrollen. *It is important to promote education so that societies develop.*
cuando, después (de) que, en cuanto, hasta que, and **tan pronto como** when they refer to future actions.	**Entenderemos mejor la cultura maya cuando** se descubran **otras pirámides.** *We will understand the Mayan culture better when other pyramids are discovered.*
si when it expresses a hypothesis contrary to fact.	**Si el presidente** hubiera dicho **eso, todo el mundo lo habría apoyado.** *If the president had said that, everybody would have supported him.*
ojalá.	**Ojalá (que) realmente se** dé **un cambio político.** *I hope that a real policy change happens.*
unknown objects in the main clause.	**Buscamos una región que** tenga **muchas pirámides.** *We are looking for a region that has a lot of pyramids.*

Use the infinitive with...

expressions of will and influence when there is only one subject.	**Mario insiste en** tomar **la clase de historia.** *Mario insists on taking the history class.*
expressions of emotion when there is only one subject.	**A veces lamento no** poder **viajar a través del tiempo.** *Sometimes I regret that I can't travel through time.*

impersonal expressions that signal certainty.	**Es cierto que la vida rural** ha cambiado. *It is true that rural life has changed.*
expressions of certainty and belief.	**Estoy segura de que los documentos originales** se encuentran **bajo llave.** *I am sure that the original documents are locked up.*
the conjunctions **a menos de, antes de, con tal de, en caso de, para,** and **sin** when there is no change in subject.	**La tribu hará una ceremonia antes de** observar **la luna nueva.** *The tribe will have a ceremony before observing the new moon.*
cuando, después (de) que, en cuanto, hasta que, and **tan pronto como** when they do not refer to future actions.	**Se tienen más oportunidades cuando** se vive **en la ciudad.** *One has more opportunities when one lives in the city.*
si when it expresses a factual statement.	**Si no** es **período de elecciones, la gente está menos interesada en la política.** *If it is not an election year, the people are less interested in politics.*
known objects in the independent clause.	**Necesito el libro que** contiene **el ensayo sobre Simón Bolívar.** *I need the book that has the essay about Simón Bolívar.*

¡Ya en las librerías!

En esta obra van a leer sobre:

Los que invadieron

Los que conquistaron

Los que pelearon

Los que huyeron

Usted los conocerá

a todos aquí,

a través de los siglos.

Indígena, conquistador, criollo: entre explotación y liberación

de Claudia Sánchez

Práctica

1 **Seleccionar** Selecciona en las oraciones la forma adecuada del verbo y subráyala.

1. La ley venezolana les prohibía a los militares que (votaron-votaran-votar) en las elecciones presidenciales.
2. Te recomiendo que (estudias-estudies-estudiar) los cambios políticos en el Perú.
3. Me gustaría (lucho-luche-luchar) por los derechos de los indígenas.
4. Los primeros hombres que (poblaron-poblaran-poblar) América llegaron desde Asia.
5. Es una lástima que los conquistadores (destruyeron-destruyeran-destruir) algunas culturas americanas.
6. No es cierto que todos los indígenas americanos se (han rendido-hayan rendido-rendir) pacíficamente.
7. Sé que la dictadura (es-sea-ser) la peor forma de gobierno.
8. ¡Ojalá los pueblos americanos (habían luchado-hubieran luchado-luchar) más por sus derechos!

2 **Unir** Une las frases de las columnas. Usa las formas y los tiempos verbales apropiados.

A
1. El historiador busca el libro que
2. El historiador busca un libro que
3. El historiador buscó un libro que

  a. explicara los últimos cambios políticos.
  b. explique los últimos cambios políticos.
  c. explica los últimos cambios políticos.

B
1. En su viaje, el historiador no conoció ningún indígena que
2. En su viaje, el historiador había conocido a un solo indígena que
3. En su viaje, el historiador conoció a un solo indígena que

  a. se comunicaba bien con los hombres blancos.
  b. se había comunicado bien con los hombres blancos.
  c. se comunicara bien con los hombres blancos.

C
1. Eva no conocía a nadie que
2. Eva conocía a un solo profesor que
3. Eva conoce a un solo profesor que

  a. había estudiado la cultura china.
  b. ha estudiado la cultura china.
  c. hubiera estudiado la cultura china.

3 **¿En qué tiempo?** Conjuga el verbo entre paréntesis en la persona y el tiempo verbal apropiados del subjuntivo.

1. Antes de que los primeros españoles (pisar) _____ el suelo americano, los vikingos ya habían viajado a América.
2. El profesor Gómez viajará al Amazonas. Cuando (llegar) _____ allí, investigará algunas tribus aisladas.
3. Siempre que (haber) _____ democracia, habrá libertad de prensa.
4. Cuando (terminar) _____ la guerra civil, el país mejorará.
5. El caudillo les habló a sus guerreros para que (luchar) _____ con entusiasmo.

Comunicación

4 Discusión entre investigadores Martín González y Lucía Álvarez son dos investigadores que estudian la historia del colonialismo. Ellos dos siempre están discutiendo porque no opinan lo mismo. En parejas, cada uno de ustedes será uno de ellos. Preparen un diálogo basándose en la siguiente información y usando las expresiones de la lista. Después, representen el diálogo delante de la clase.

Los países que colonizaron a otros decían que:

- tenían derecho a conquistar otros territorios.

- debían enseñar su religión y destruir las religiones de los territorios que colonizaban.

- los pueblos indígenas no tenían soberanía.

- conquistar territorios era bueno porque solamente los conquistadores eran civilizados.

- los pueblos indígenas eran salvajes.

- podían explotar las riquezas naturales de los nuevos territorios.

- aumentarían la riqueza de los territorios conquistados.

(no) dudo de que	es (im)probable que
(no) creo que	(no) es una suerte que
(no) estoy seguro/a de que	(no) niego que
(no) es (poco) seguro que	(no) considero que
(no) es cierto que	(no) es una lástima que
(no) es evidente que	(no) es bueno que

5 La historia

A. En parejas, elijan un período histórico. Después, tienen que inventar un diálogo entre dos personas de esa época. El diálogo debe estar en el contexto socio-político adecuado. Usen el subjuntivo. Después, representen el diálogo delante de la clase.

Períodos históricos

La Prehistoria

La Edad Media

La época de la Colonia

La Guerra de Independencia

Primera mitad del siglo XX

B. Si tuvieras una máquina para viajar en el tiempo, ¿en qué época te gustaría haber vivido? ¿Por qué? ¿En qué época no te hubiera gustado vivir? ¿Por qué?

A conversar

La escritura y la civilización

 A ¿Qué pasaría si no hubiera escritura, si sólo habláramos y nunca pusiéramos nada por escrito? En grupos, discutan los puntos a continuación.

Se dice que la escritura cambió nuestra forma de vida.

- ¿Están de acuerdo con esta afirmación?
- ¿Están seguros de que la escritura nos permite hacer muchas cosas que no podríamos hacer sin ella?
- ¿Qué cosas no podríamos hacer si no existiera la escritura?

 B Imaginen que las siguientes situaciones ocurren en la Edad Media. Coméntenlas con sus compañeros/as y contesten las preguntas.

Un hombre tiene una vaca y un vecino se la pide por un mes. Cuando el primer hombre le pide que se la devuelva, el vecino no quiere, e insiste en que él se la había regalado.

- ¿Cómo solucionarían ustedes el problema?
- ¿Cómo habría sido la situación si el acuerdo (*agreement*) se hubiera hecho por escrito?

Una mujer y un hombre se casan. Después de tres meses, el marido se muere y ella decide regresar a la casa de sus padres, adonde quiere llevarse sus cosas. La familia del marido dice que todo era de él, y no quiere que ella se lleve nada.

- ¿Cómo solucionarían el problema si ustedes fueran los padres de la mujer?
- ¿Cómo habría sido la situación si, antes de casarse, ellos hubieran escrito un contrato de matrimonio?

 C En grupos pequeños, imaginen otras dos situaciones concretas en las que no se puede solucionar un problema por la falta de escritura. Presenten esas situaciones a la clase. Los otros grupos deben pensar en soluciones para esos problemas y compartirlas con ustedes.

A escribir

Un hecho histórico

Imagina que eres un escritor de prestigio y que un periódico importante te ha pedido que escribas un artículo sobre un acontecimiento histórico. Escribe el artículo utilizando verbos en modo indicativo y subjuntivo y las preposiciones **entre, hasta** y **sin.**

Plan de redacción

Organización de los hechos Piensa en un acontecimiento histórico que te interese especialmente. Usa las siguientes preguntas para organizar tu artículo.

1. ¿Quiénes fueron los protagonistas de la historia?
2. ¿Cómo y dónde ocurrieron los hechos?
3. ¿Qué sucedió?
4. ¿Cómo terminó?
5. ¿Cuál es la conclusión de la historia?

Título Después de saber con exactitud sobre qué vas a escribir, es muy importante darle al artículo un título conciso que atraiga al lector. Ponle un título a tu artículo y comienza a escribir.

Explicar y concluir Una vez que hayas expuesto los hechos, intenta explicar por qué sucedió el acontecimiento, y si crees que va a volver a ocurrir algo parecido en el futuro.

Título:	
¿quiénes?	
¿cómo?	
¿dónde?	
final	
otros	

El indio alcalde de Chinceros: Varayoc, 1925.
José Sabogal. Perú.

Los que no creen en la inmortalidad creen en la historia.

— José Martí

Antes de leer

El prócer
Cristina Peri Rossi

Conexión personal

Escribe una lista de cinco personas a las que consideras héroes/heroínas históricos/as. En grupos de tres, comenten sus elecciones.

Contexto cultural

Throughout the Spanish-speaking world, one finds monuments built to national heroes. National heroes, however, are seldom free of controversy. Some honored individuals are listed below in the first column. Can you match them with the information in the second column?

_____ 1. Simón Bolívar	a. Key figure in the independence of Bolivia, Panama, Colombia, Ecuador, Peru, and Venezuela
_____ 2. Ernesto Guevara	b. Leader of the Mexican Revolution
_____ 3. El Cid Campeador	c. Legendary hero of Spain
_____ 4. Emiliano Zapata	d. Argentine by birth, but national hero of Cuba

Análisis literario: la ironía

Irony (**la ironía**) refers to literary techniques that involve contradictions. In verbal irony, words are used to suggest the opposite of their usual meanings. In dramatic irony, there is a contradiction between what a character thinks and what the reader knows to be true. In situation irony, an event occurs that contradicts the expectations of the characters or the reader. As you read "El prócer," identify the types of irony present.

Estrategia de lectura: interpretar

Interpreting (**interpretar**) literature refers to the restatement of the writer's story and message by the reader. As you read "El prócer," stop at key points in the story to ask yourself what the author has written and what the author is trying to tell you.

Vocabulario

avergonzado/a *ashamed; embarassed*

harto/a *fed up*

el/la guerrero/a *warrior*

inconveniente *trouble, difficulty*

el marinero *sailor*

el/la mendigo/a *beggar*

pelear *to fight*

el prócer *hero*

el retrato *portrait*

sabio/a *wise*

Cristina Peri Rossi

Hoja de vida

1941 Nace en Montevideo, Uruguay
1963 *Viviendo* (novela)
1971 *Evohé* (poesía)
1984 *La nave de los locos* (novela)
1987 *Europa después de la lluvia* (poesía)
1994 *Otra vez Eros* (poesía)
1997 *Desastres íntimos* (cuentos)

Sobre el autor

Por razones políticas, **Cristina Peri Rossi** dejó su país de origen y se exilió en España, hecho que marcó un antes y un después en su producción literaria. En sus primeros años, Peri Rossi escribió sobre las injusticias y las opresiones sociales, mientras que en sus obras literarias posteriores, llenas de simbolismos, empezó a tratar temas más intimistas.

El prócer

1　Era un enorme caballo con un héroe encima. Los visitantes y los numerosos turistas solían detenerse a contemplarlos. La majestuosidad del caballo, su tamaño descomunal°, la   *out of the ordinary* perfección de sus músculos, el gesto, la cerviz°, todo era   *neck*

5　motivo de admiración en aquella bestia magnífica.

　　Había sido construido por un escultor profesional subvencionado° varias veces por el gobierno y que se había   *subsidized* especializado en efemérides°. El caballo era enorme y casi   *commemorations* parecía respirar. Sus magníficas ancas° suscitaban siempre   *haunches*

10　el elogio. Los guías hacían reparar al público en la tensión de sus músculos, sus corvas°, el cuello, las mandíbulas   *back of the knee* formidables. El héroe, entre tanto, empequeñecía.

—Estoy harto de estar aquí —le gritó, por fin, una
mañana. Miró hacia abajo, hacia el lomo° del caballo que   *back*
lo sostenía y se dio cuenta cuán° mínimo, diminuto,   *how*
disminuido, insignificante había quedado él. Sobre el
magnífico animal, verde, él parecía una uva. El caballo no
dio señales de oírlo: continuó en su gesto aparatoso°,   *flamboyant, showy*
avanzando el codo y el remo°, en posición de marcha. El   *stretching in front of him his knee and leg*
escultor lo había tomado de un libro ilustrado que relataba
las hazañas de Julio César, y desde que el caballo se
enteró de cuál había sido su modelo, trataba de estar en
posición de marcha el mayor tiempo posible.

—Schttttttttttt —llamó el prócer.

El caballo miró hacia arriba. Arqueó las cejas° y elevó   *He arched his eyebrows*
los ojos, un puntito negro, muy alto, muy por encima de
él parecía moverse. Se lo podía sacudir de encima apenas
con uno de esos estremecimientos de piel con los cuales
suelen espantarse las moscas y los demás insectos. Estaba
ocupado en mantener el remo hacia adelante, sin
embargo, porque a las nueve de la mañana vendría una
delegación nipona° a depositar una ofrenda floral y tomar   *Japanese*
fotografías. Esto lo enorgullecía mucho. Ya había visto
varias ampliaciones, con él en primer plano ancho,
hermoso, la plataforma del monumento sobre el césped
muy verde, la base rodeada de flores, flores naturales y
flores artificiales regaladas por los oficiales, los marineros,
los ministros, las actrices francesas, los boxeadores
norteamericanos, los bailarines checoslovacos, el embajador
pakistaní, los pianistas rusos, la misión Por La Paz y La

Amistad de los Pueblos, la Cruz Roja, Las Juventudes
Neofascistas, el Mariscal del Aire y del Mar y el Núcleo
de los Pieles Rojas Sobrevivientes. Esta interrupción en el
momento justo de adelantar el remo le cayó muy mal.

45   —Schtttt —insistió el héroe.

  El caballo al fin se dio por aludido°.   *quit pretending not to hear*

  —¿Qué desea usted? —interrogó al caudillo° con   *leader*
tono imperioso y algo insolente.

  —Me gustaría bajar un rato y pasearme por ahí, si
50 fuera posible —contestó con humildad el prócer.

  —Haga lo que quiera. Pero le advierto —le reconvino°   *scolded*
el caballo— que a las nueve de la mañana vendrá la
delegación nipona.

  —Ya lo sé. Lo he visto en los diarios —dijo el caudillo—.
55 Pero tantas ceremonias me tienen un poco harto.

  El caballo se negó a considerar una respuesta tan poco
protocolar°.   *formal*

  —Es por los huesos, ¿sabe? —se excusó el héroe—.
Me siento un poco duro. Y las fotografías, ya no sé qué
60 gesto poner —continuó.

  —La gloria es la gloria —filosofó baratamente el
caballo. Éstas frases tan sabias las había aprendido de los
discursos oficiales. Año a año los diferentes gobernantes,
presidentes, ministros, secretarios, se colocaban delante
65 del monumento y pronunciaban sus discursos. Con el
tiempo, el caballo se los aprendió de memoria, y además,
casi todos eran iguales, de manera que eran fáciles de
aprender hasta para un caballo.

—¿Cree que si me bajo un rato se notará? —preguntó
el héroe.

La pregunta satisfacía la vanidad del caballo.

—De ninguna manera. Yo puedo ocupar el lugar de
los dos. Además, en este país, nadie mira hacia arriba.
Todo el mundo anda cabizbajo°. Nadie notará la ausencia *head down*
de un prócer; en todo caso, debe estar lleno de aspirantes° *contenders*
a subirse a su lugar.

Alentado, el héroe descendió con disimulo y dejó al
caballo solo. Ya en el suelo, lo primero que hizo fue mirar
hacia arriba —cosa que nadie hacía en el país—, y observar
el lugar al que durante tantos años lo habían relegado.
Vio que el caballo era enorme, como el de Troya, pero
no estaba seguro si tenía guerreros adentro o no. En
todo caso, de una cosa estaba seguro: el caballo estaba
rodeado de soldados. Éstos, armados hasta los dientes,
formaban dos o tres filas alrededor del monumento, y él
se preguntó qué cosa protegerían. ¿Los pobres? ¿El
derecho? ¿La sabiduría? Tantos años en el aire lo tenían un
poco mareado°: hasta llegó a pensar que lo habían *dizzy*
colocado tan lejos del suelo para que no se diera cuenta
de nada de lo que sucedía allá abajo. Quiso acercarse
para interrogar a uno de los soldados (¿Cuál es su
función? ¿A quién sirve? —le preguntaría) pero no bien
avanzó unos metros en esa dirección, los hombres de la
primera fila apuntaron° todos hacia él y comprendió que *aimed their guns*
lo acribillarían° si daba un paso más. Desistió de su idea. *would riddle him with*
Seguramente, con el tiempo, y antes de la noche, *bullets*

averiguaría por qué estaban allí los soldados, en la plaza pública, qué intereses defendían, al servicio de quién estaban. Por unos instantes tuvo nostalgias de su
100 regimiento, integrado voluntariamente por civiles que se plegaron a sus ideas° y avanzaban con él, peleando hasta con las uñas. En una esquina compró un diario pero su lectura le dio asco.

composed of civilians who enlisted voluntarily because they supported his ideas

      Él pensaba que la policía estaba para ayudar a cruzar
105 la calle a los ancianos, pero bien se veía en la foto que traía el diario a un policía apaleando° a un estudiante. El estudiante esgrimía° un cartel con una de las frases que él había pronunciado una vez, pero algo había pasado con su frase, que ahora no gustaba; durante años la había
110 oído repetir como un sonsonete° en todas las ceremonias oficiales que tenían lugar frente a su monumento, pero ahora se veía que había caído en desuso, en sospecha o algo así. A lo mejor era que pensaban que en realidad él no la había pronunciado, que era falsa, que la había
115 inventado otro y no él. "Fui yo, fui yo, la dije, la repito" tuvo ganas de gritar, pero quién lo iba a oír, mejor no la decía, era seguro que si se ponía a gritar eso en medio de la calle terminaba en la cárcel, como el pobre muchacho de la fotografía. ¿Y qué hacía su retrato, su propio retrato
120 estampado° en la puerta de ese ministerio? Eso no estaba dispuesto a permitirlo. Un ministerio acusado de tantas cosas y su retrato, el único legítimo, el único que le hacía justicia colocado en la puerta...
      Esta vez los políticos habían colmado la medida°.

beating

brandished

monotonous refrain

printed

had gone too far

125 Estaba dispuesto a que su retrato encabezara° las hojas de
   cuaderno, las tapas° de los libros, mejor aún le parecía
   que apareciera en las casas de los pobres, de los humildes,
   pero en ese ministerio, no. ¿Ante quién podría protestar?
   Ahí estaba la dificultad. Era seguro que tendría que
130 presentar la reclamación en papel sellado, con timbres de
   biblioteca° en una de esas enormes y atiborradas° oficinas.
   Luego de algunos años es posible que algún jerarca° se
   ocupara del caso, si él le prometía algún ascenso°, pero
   bien se sabía que él no estaba en condiciones de ofrecer
135 nada a nadie, ni nunca lo había estado en su vida. Dio
   unos pasos por la calle y se sentó en el cordón de la vereda°,
   desconsolado. Desde arriba, nunca había visto la cantidad
   de pobres y mendigos que ahora podía encontrar en la
   calle. ¿Qué había sucedido en todos estos años? ¿Cómo se
140 había llegado a esto? Algo andaba muy mal, pero desde
   arriba no se veía bien. Por eso es que lo habían subido
   allí. Para que no se diera cuenta de nada, ni se enterara
   de cómo eran las cosas, y pudieran seguir pronunciando
   su nombre en los discursos en vano, ante la complacencia
145 versallesca° de los hipócritas extranjeros de turno°.

   Caminó unas cuantas cuadras y a lo largo de todas
   ellas se encontró con varios tanques y vehículos del
   ejército que patrullaban° la ciudad. Esto lo alarmó
   muchísimo. ¿Es que estaría su país —su propio país, el
150 que había contribuido a forjar°— a punto de ser
   invadido? La idea lo excitó. Sin embargo, se dio cuenta de
   su error: había leído prolijamente el diario de la mañana y

would be at the top of

covers

on official paper bearing the national library's stamps / stuffed / party leader

promotion

on the curb

royal complacency / of the moment

were patrolling

forge

no se hablaba de eso en ninguna parte. Todos los países
—por lo menos aquéllos de los que se sabía algo—
mantenían buenas relaciones con el suyo; claro que uno
explotaba a casi todos los demás, pero esto parecía ser
natural y aceptado sin inconvenientes por los otros
gobiernos, los gobiernos de los países explotados.

155

Desconcertado, se sentó en un banco de otra plaza.
No le gustaban los tanques, no le gustaba pasearse por la
ciudad —una vez que se había animado a descender del
monumento— y hallarla así, constantemente vigilada,
maniatada°, oprimida°. ¿Dónde estaba la gente, su gente?
¿Es que no habría tenido descendientes?

160

restrained / oppressed

Al poco tiempo, un muchacho se sentó a su lado.
Decidió interrogarlo, le gustaba la gente joven, estaba
seguro que ellos sí podrían responder todas esas
preguntas que quería hacer desde que había bajado,
descendido de aquel monstruoso caballo.

165

—¿Para qué están todos esos tanques entre nosotros,
joven? —le preguntó al muchacho.

170

El joven era amable y se veía que había sido
recientemente rapado°.

with hair cut to the skin

—Vigilan el orden° —contestó el muchacho.

They're guarding the order

—¿Qué orden? —interrogó el prócer.

175

—El orden oficial —contestó rápidamente el otro.

—No entiendo bien, discúlpeme —el caudillo se
sentía un poco avergonzado de su ignorancia— ¿por qué
hay que mantener ese orden con los tanques?

—De lo contrario, señor, sería difícilmente aceptado°

180

would be unlikely to be
accepted

—respondió el muchacho con suma amabilidad.

    —¿Y por qué no sería aceptado? —el héroe se sintió protagonista de una pieza° absurda de Ionesco°. En las vacaciones había tenido tiempo de leer a ese autor. Fue
185 en el verano, cuando el gobierno trasladaba° sus oficinas y sus ministros hacia el este, y por suerte, a nadie se le ocurría venir a decir discursos delante del monumento. Él había aprovechado el tiempo para leer un poco. Los libros que todavía no habían sido decomisados°, que eran
190 muy pocos. La mayoría ya habían sido o estaban a punto de ser censurados.

    —Porque es un orden injusto —respondió el joven.
El héroe se sintió confundido.

    —Y si es injusto, ¿no sería mejor cambiarlo? Digo,
195 revisarlo un poco, para que dejara de serlo.

    —Ja —el joven se había burlado° por primera vez—.
Usted debe estar loco o vivir en alguna isla feliz.

    —Hace un tiempo me fui de la patria y recién he regresado, discúlpeme —se turbó el héroe.
200   —La injusticia siempre favorece a algunos, eso es —
explicó el joven.

    El prócer había comprendido para qué estaban los tanques. Decidió cambiar de tema.

    —¿A qué se dedica usted? —le preguntó al muchacho.
205   —A nada —fue la respuesta tajante° del joven.

    —¿Cómo a nada? —el héroe volvió a sorprenderse.

    —Antes estudiaba —accedió a explicarle—, pero ahora el gobierno ha decidido clausurar° indefinidamente

play / Eugène Ionesco (1912-1994) French playwright, father of the Theater of the Absurd transferred

confiscated

had made fun

categorical

shut down

los cursos en los colegios, los liceos y las universidades.

210 Sospecha que la educación se opone al orden, por lo cual, nos ha eximido° de ella. Por otra parte, para ingresar° a la administración sólo será necesario aprobar examen de integración al régimen°. Así se proveerán° los puestos públicos; en cuanto a los privados, no hay problemas:

215 jamás emplearán a nadie que no sea de comprobada solidaridad con el sistema.

exempted / to enter; to join

to pass the test of being an adherent of the regime / will be provided

—¿Qué harán los otros? —preguntó alarmado el héroe.

—Huirán del país o serán reducidos por el hambre. Hasta ahora, este último recurso ha sido de gran

220 utilidad, tan fuerte, quizás, y tan poderoso, como los verdaderos tanques.

El caudillo deseó ayudar al joven; pensó en escribir una recomendación para él, a los efectos de obtenerle algún empleo, pero no lo hizo porque, a esa altura, no

225 estaba muy seguro de que una tarjeta con su nombre no enviara directamente al joven a la cárcel.

—Ya he estado allí —le dijo el joven, que leyó la palabra cárcel en el pensamiento de ese hombre maduro vuelto a su patria—. Por eso me han cortado el pelo —

230 añadió.

—No le entiendo bien. ¿Qué tiene que ver el pelo con la cárcel?

—El cabello largo se opone al régimen, por lo menos eso es lo que piensa el gobierno.

235 —Toda mi vida usé el cabello largo —protestó el héroe.

—Serían otras épocas —concluyó serenamente el joven.

Hubo un largo silencio.

—¿Y ahora qué hará? —interrogó tristemente el viejo.

—Eso no se lo puedo decir a nadie —contestó el joven;
240 se puso de pie, lo saludó con la mano y cruzó la plaza.

Aunque el diálogo lo había llenado de tristeza, la
última frase del joven lo animó bastante. Ahora estaba
seguro de que había dejado descendientes. ✷

El prócer
Cristina Peri Rossi

1 **Comprensión** Numera los siguientes acontecimientos del uno al ocho, para ponerlos en orden cronológico.

_____ a. El joven le explica que el orden oficial es injusto.

_____ b. El prócer se sienta en un banco de la plaza.

_____ c. El caudillo quiere bajar del caballo.

_____ d. El joven dice que ya no estudia porque se han cancelado las clases.

_____ e. El caudillo se siente animado por la frase del joven.

_____ f. El caudillo le pregunta al joven por qué hay tantos tanques.

_____ g. El caudillo ve que el caballo está rodeado de soldados.

_____ h. El joven se despide sin explicar lo que va a hacer.

2 **Interpretar** Responde a las siguientes preguntas con frases completas.

1. ¿Qué régimen político crees que se ha establecido en el país? Razona tu respuesta con ejemplos del texto.

2. ¿Por qué crees que el gobierno clausuró las clases?

3. Al ver cómo estaba el país, al héroe le pareció insólito que en el ministerio usaran su imagen. ¿Por qué?

4. ¿Cuál es la esperanza del héroe al despedirse del estudiante?

5. ¿Qué similitudes encuentras entre el héroe y el estudiante?

3 **Ampliar** En parejas, discutan y expliquen qué quiere expresar Christina Peri Rossi con las siguientes frases.

1. "Miró hacia abajo, hacia el lomo del caballo que lo sostenía y se dio cuenta cuán mínimo, diminuto, disminuido, insignificante había quedado él. Sobre el magnífico animal, verde, él parecía una uva".

2. "Con el tiempo, el caballo se los aprendió de memoria [los discursos de los políticos], y además, casi todos eran iguales, de manera que eran fáciles de aprender hasta para un caballo".

3. "Era seguro que tendría que presentar la reclamación en papel sellado, con timbres de biblioteca en una de esas enormes y atiborradas oficinas. Luego de algunos años es posible que algún jerarca se ocupara del caso, si él le prometía algún ascenso, pero bien se sabía que él no estaba en condiciones de ofrecer nada a nadie, ni nunca lo había estado en su vida".

Antes de leer

Malintzin

Conexión personal
Piensa en una ocasión en la que tu vida cambió por la decisión de otra(s) persona(s). ¿Tuvo consecuencias positivas o negativas?

Contexto cultural
In popular Mexican culture, "La Malinche" is the contemptuous name given to the woman whose fate was to become the interpreter for Hernán Cortés, leader of the Spanish invaders, as he encountered different groups of indigenous peoples. Some historical versions establish that La Malinche's abilities allowed Cortés to garner the native people's support and overthrow the powerful Aztec Empire, a feat his small band of adventurers would never have been able to accomplish on its own.

Other versions affirm that La Malinche became Cortés' concubine and one of his more powerful lieutenants. For these reasons, La Malinche represents the native people who were violated by the Spaniards; she became a symbol, in the popular mind, of one who prostitutes herself to foreigners and betrays her own people.

In the past 50 years, however, through a rethinking of Mexican history and experience, La Malinche's role has been reconsidered. Instead of seeing her as a symbol of betrayal, La Malinche is now seen by some as a bridge between two cultures, the Spanish and the indigenous people, that fused to become modern Mexican culture.

Vocabulario

atrapar *to catch; to trap*   **desalentado/a** *discouraged*

el/la esclavo/a *slave*   **más bien** *rather*

Malintzin

Sonia García y Rayo Luengo

1 Su vida antes de la llegada de los españoles constituye un
misterio. Un misterio que se inicia con su nacimiento en
Painala, región de Coatzacoalcos°. Lo que sí parece estar   *city on the Gulf of Mexico*
claro es el punto de arranque° que la va a llevar a su destino, la   *starting point*
5 piedra que moverá el molino de su existencia: su compra-venta.
Pero en este apartado°, al igual que en otros de su vida, los   *section*
historiadores no se ponen de acuerdo o no coinciden; existen
diversas versiones acerca de quién y cómo la vendió.

Una primera versión nos aclara que el padre de Malinalli —
10 voz náhuatl°— era un cacique feudatario de Tenochtitlán° y   *Nahuatl word / Feudal chief from Tenochtitlan (the Aztec capital)*
que, al morir éste, su madre contrajo segundas nupcias con un
hombre que vendió a la regia india como esclava en una
localidad maya, en Tabasco. El motivo era preservar la herencia°   *inheritance*
de poder para el medio hermano de Malinalli —hijo de su
15 madre y de su padrastro°— ya que en el Nuevo Mundo las   *stepfather*
mujeres tenían la preponderancia que les era negada en el Viejo,
pudiendo llegar incluso a ser cacicas°.   *female chiefs*

Pero existe otra versión que apunta a que fue su propia
madre quien la vendió con tan sólo ocho años, al morir su padre
20 —el cual, según esta versión, era el cacique de Oluta— a unos
mercaderes° de Tabasco. Y aún queda una tercera y última   *traders*
narración de los hechos en la que se afirma que fue el mismo
progenitor° de la niña quien la entregó a unos mercaderes.   *father*

Obviamente, la verdad se encuentra en una de estas tres
25 historias o en una mezcolanza° de las mismas. Pero, en este   *mixture*

caso, da igual. Ninguna de las tres narraciones acerca del
origen de la leyenda de Malinalli nos alivia, sosiega° o gusta. *calms*
Sólo vemos a una niña, de unos ocho años más o menos,
asustada y confusa. Debió de sentirse muy poco querida o
30 valorada al verse vendida a tan temprana edad con el
consentimiento —o iniciativa— de su madre. Y éste, sin lugar a
dudas, es el capítulo más importante, la pieza clave de la vida de
esta mujer: el germen de la posterior traición que Malinalli
infringió a su pueblo° lo encontramos aquí, en su infancia. El *infringed upon her people*
35 hecho de verse traicionada por los suyos, su propia familia,
asentaría° en la pequeña Malinalli la nociva° idea de que la *would consolidate* / *noxious*
traición es, cuando menos, algo natural.

Su existencia, a partir de este momento, será una odiosa° *hateful*
repetición, a modo de estribillo°, de aquel suceso en el que *refrain*
40 ella fue vendida como esclava. Y como rememorando aquella
cita que reza° que "seremos lo que fuimos", Malinalli estará *recalling that quotation that goes*
condenada a ser lo que desde un principio fue: un objeto de
intercambio.

El segundo gran trueque° del que ella será de nuevo víctima *trade*
45 tiene lugar el 12 de marzo de 1519. Malintzin —la desinencia
tzin revela rango y respeto°— es ofrecida, en esta ocasión, como *the ending -tzin reveals rank and respect*
"presente" junto con otras veinte esclavas. Los destinatarios de
tan peculiar regalo son Cortés y sus hombres, y los emisores, los
caciques de Tabasco que, con este "premio", pretendían calmar
50 los ánimos de un Cortés bravucón y pretencioso°. *swaggering and pretentious*

Así nace Malinalli, por segunda vez, a la leyenda y, para este
bautizo histórico contará con dos nombres: doña Marina, el
nombre oficial tras su bautizo cristiano, siempre conservando
el *doña,* indicador de nobleza y rango; y el segundo nombre,

55 Malinche, voz desvirtuada° de Malintzin, usada por los   *distorted*
españoles.

El conquistador español, en un primer momento, no debió
de darle mucha importancia a ese "presente" ya que se apresuró
a regalar a la que sería su futura compañera desde 1519 hasta
60 1524, a un hidalgo de nombre Puertocarrero. Sin embargo,
pasados cuatro meses, Puertocarrero regresa a España y doña
Marina pasa a ser de nuevo un regalo sin dueño. Pero no por
mucho tiempo.

Los españoles se percatan° de la habilidad de La Malinche   *notice*
65 para los idiomas y para ganarse el respeto y la confianza de
su pueblo. No hay que olvidar que era una princesa india,
poseedora de una vasta cultura, que dominaba a la perfección
las lenguas maya y náhuatl, y que, en poco tiempo, llegó a
dominar el idioma español. Ahora pasa a ser de Cortés, quien
70 la utiliza en su Conquista de México, como su intérprete, su
"lengua", probablemente excelente diplomática en las
relaciones entre las dos culturas y, finalmente, como su
amante, en un principio enamorada.

A pesar del amor que los cronistas dicen que ella le
75 profesaba al español, a estas alturas, doña Marina ya debe de
estar bastante cansada de ser moneda de intercambio. Entre el
ocaso° de una civilización que muere y el asentamiento°, a la   *decline / settlement*
fuerza, de otra, queda atrapada° esta mujer, de la que se ha   *caught*
llegado a decir que todo lo que hizo tenía su base en la pasión
80 hacia Cortés. Pero los hechos no pueden tener una explicación
tan simplista. Más bien, imagino a una Malinalli desalentada por
el escaso amor que su hombre le devolvía, demasiado
ensimismado° consigo mismo y con su epopeya°.   *(self) absorbed / epic*

Tal vez sería más acertado afirmar que se necesitaban. A
Cortés le era muy útil el prestigio y respeto de que Marina
gozaba entre los suyos, los indígenas. Por otra parte, ella, al
convivir con el enemigo invasor, había iniciado un viaje sin
retorno posible a una vida normal, con su gente y su pueblo. La
india y el español tuvieron un hijo, Martín, el único fruto de
una relación de intereses.

En 1524, el conquistador la casó con Juan Jaramillo, uno de
sus capitanes. Cuentan las crónicas que Cortés estaba
borracho°. O puede que demasiado lúcido, una vez consumada   *drunk*
la Conquista de México, La Malinche estaba de más°.   *was superfluous*
Curiosamente a partir de este momento, de este "deshacerse°"   *to get rid of*
de Malinalli, Cortés, sin saberlo, se deshizo también de su
buena suerte: sus fuerzas comienzan a mermar°. Al cabo del   *diminish*
tiempo regresa a España y muere a los 62 años de edad en
Castilleja de la Cuesta (Sevilla), pero su cuerpo descansa en
México.

¿Y ella? Se cree que fue feliz junto a Juan Jaramillo, para
el que fue una buena esposa, y con él tuvo una hija, María.
En 1527, con tan sólo 23 años, muere La Malinche. No se sabe
con seguridad de que murió, quizás de viruela°, un mal común   *smallpox*
de la época. Sea como fuere°, tengo la certeza de que afrontó   *Be that as it may*
la muerte con la misma elegancia y dignidad con que afrontó
su difícil y azarosa° vida: con una actitud digna de   *eventful*
una princesa. ✳

Después de leer

Malintzin

1 **Comprensión** Elige cuál de la siguientes respuestas es la correcta.

1. Malintzin nace en
   a. Tenochtitlán.
   b. Painala.
   c. Tabasco.

2. Su padre era un
   a. cacique de Tenochtitlán.
   b. jefe indio de Coatzacoalcos.
   c. mercader de Tabasco.

3. La primera versión que hay sobre la compra-venta de la Malinche es que
   a. su padre la vendió.
   b. su hermano la vendió.
   c. el hombre que contrajo matrimonio con su madre la vendió.

4. El segundo gran trueque sucedió el 12 de marzo de 1519 donde Malintzin es ofrecida
   a. a unos caciques de Puertocarreño.
   b. a Cortés y a sus hombres.
   c. a los caciques de Tabasco.

5. A partir de ahora, Malintzin va a tener dos nombres:
   a. Malina, nombre cristiano, y Malinalli.
   b. Marina, nombre cristiano, y Malincha.
   c. Marina, nombre cristiano, y Malinche.

6. Malinche tuvo una gran facilidad para los idiomas y hablaba
   a. maya, quechua y español.
   b. náhuatl, guaraní y español.
   c. maya, náhuatl y español.

7. Finalmente, Cortés se volvió a España y la casó
   a. en 1523 con Alberto Jaramillo.
   b. en 1524 con Juan Jaramillo.
   c. en 1522 con Juan Jaramillo.

8. Aunque Malintzin fue feliz con su último marido, ella
   a. murió en 1527 a los 43 años.
   b. murió en 1527 a los 22 años.
   c. murió en 1527 a los 23 años.

2 **Analizar** Discutan, en parejas y luego en grupos, qué es lo que los autores de esta historia quisieron decir con la frase "El hecho de verse traicionada por los suyos, su propia familia, asentaría en la pequeña Malinalli la nociva idea de que la traición es, cuando menos, algo natural". ¿Están de acuerdo con ese análisis?

3 **Dialogar** En parejas, imaginen que le pueden hacer una entrevista a la Malinche. Inventen la entrevista y después represéntenla en la clase.

4 **Escribir** Imagina que tu país está en guerra y que estás enamorado/a de una persona del país enemigo. Escribe una breve composición explicando qué harías si tuvieras que elegir entre la lealtad *(loyalty)* a tu pueblo en guerra y el amor de tu vida.

Atando cabos

Historia y civilización

Trabajen en grupos pequeños para preparar la presentación.

Elegir el tema

Preparen una presentación sobre un personaje o un acontecimiento histórico que esté relacionado con el mundo hispano. Decidan en grupo de qué o de quién quieren hablar en su presentación.

Preparar

Investiguen sobre el tema elegido en la biblioteca o en Internet. Elijan los puntos más importantes y ayúdense de material audiovisual para ofrecer una visión más amplia de lo que quieren comentar en clase.

Organizar

Escriban un esquema que los ayude a clarificar y planear con mayor exactitud su presentación. Pueden guiarse respondiendo a las siguientes preguntas:

Sobre un personaje

1. ¿De dónde es este personaje?
2. ¿Cuál es/fue su profesión?
3. ¿Qué consiguió hacer este personaje famoso?

Sobre un acontecimiento

1. ¿Dónde ocurrió el acontecimiento?
2. ¿Quiénes intervinieron?
3. ¿Qué consecuencias ha tenido ese acontecimiento en la historia?

Estrategia de comunicación

Cómo hablar de la historia

Las siguientes frases pueden ayudarles a expresarse de forma más adecuada.

1. El personaje histórico que hemos elegido hoy es…
2. La labor que este personaje realizó en…
3. Creemos que uno de los acontecimientos históricos más importantes de la historia de… fue…
4. Para finalizar, nos gustaría comentar que…

Presentar

Antes de su presentación, cada grupo entregará un esquema al profesor. Usen medios audiovisuales (fotografías, fotocopias, películas, etc.) para dar a conocer el personaje o acontecimiento histórico que eligieron.

> **Ayuda para Internet**
>
> Pueden intentar acceder a la información utilizando las siguientes palabras claves:
> **Pancho Villa / Simón Bolívar / Evita Perón / Rey Juan Carlos I / Hernán Cortés / La Malinche / Lempira / Rigoberta Menchú**

La civilización

la aldea	village
los alrededores	the outskirts
la arqueología	archaeology
el barrio	neighborhood
la civilización	civilization
el conocimiento	knowledge
la hacienda	ranch
el país en vías de desarrollo	developing country
la sabiduría	wisdom
la sociedad	society
el suburbio	suburb

Los gobiernos

el caudillo	political leader
la guerra civil	civil war
el emperador	emperor
la emperatriz	empress
el imperio	empire
el/la monarca	monarch
la reina	queen
el reino	reign; kingdom
el rey	king
la soberanía	sovereignty
la tribu	tribe

Los períodos históricos

el cambio (político)	(political) change
la década	decade
la Edad Media	Middle Ages
la enseñanza	teaching; doctrine
la época	era; period in time; epoch
el siglo	century
érase una vez	once upon a time
a largo plazo	long-term

Los descubrimientos y las conquistas

la colonia	colony
el/la conquistador(a)	conquistador, conqueror, explorer
el coraje	courage
el/la criollo/a	creole
la derrota	defeat
el/la descubridor(a)	discoverer
la esclavitud	slavery
el/la esclavo/a	slave
la explotación	exploitation
el/la guerrero/a	warrior
el/la habitante	inhabitant
el/la indígena	native
el/la mestizo/a	person of mixed race
el sacrificio	sacrifice

Verbos relativos a la historia

conquistar	to conquer
derribar	to bring down
derrotar	to defeat
encabezar	to lead
esclavizar	to enslave
expulsar	to expel
huir	to flee
invadir	to invade
limitar	to border, to limit
oprimir	to oppress
pelear	to fight
perseguir	to pursue, persecute
poblar	to settle, populate
rendirse	to surrender
rescatar	to rescue
residir	to reside
salvar	to save
suprimir	to abolish, suppress

Adjetivos relativos a la historia

aislado/a	isolated
armado/a	armed
culto/a	cultured; educated; refined
digno/a	worthy
pacífico/a	peaceful
poderoso/a	powerful
urbano/a	urban
victorioso/a	victorious

Expresiones útiles	Véase la página 465.
Vocabulario de "El prócer"	Véase la página 485.
Vocabulario del perfil	Véase la página 497.

Estructura 12.1	Véase la página 470.
Estructura 12.2	Véase las páginas 472 y 473.
Estructura 12.3	Véase las páginas 476 y 479.

Verb conjugation tables

Guide to the Verb Lists and Tables

Below you will find the infinitive of the verbs introduced as active vocabulary in **ENFOQUES**. Each verb is followed by a model verb conjugated on the same pattern. The number in parentheses indicates where in the verb tables, pages 506-515, you can find the conjugated forms of the model verb.

abrirse like vivir (3) *except* past participle is abierto
aburrir(se) like vivir (3)
acariciar like hablar (1)
acercarse (c:qu) like tocar (43)
acoger (g:j) like proteger (42)
acordar(se) (o:ue) like contar (24)
acostarse (o:ue) like contar (24)
acudir like vivir (3)
adelgazar (z:c) like cruzar (37)
adivinar like hablar (1)
administrar like hablar (1)
admirar like hablar (1)
adorar like hablar (1)
afligirse (g:j) like proteger (42)
agitar like hablar (1)
ahogarse (g:gu) like hablar (1)
ahorrar like hablar (1)
alcanzar (z:c) like empezar (26)
alejarse like hablar (1)
alojarse like hablar (1)
amanecer (c:zc) like conocer (35)
amar like hablar (1)
amarrar like hablar (1)
añadir like vivir (3)
andar like hablar (1)
animar like hablar (1)
aplaudir like vivir (3)
apostar (o:ue) like contar (24)
apreciar like hablar (1)
aprobar (o:ue) like contar (24)
aprovechar like hablar (1)

arrancar (c:qu) like tocar (43)
arrastrar like hablar (1)
arreglarse like hablar (1)
arriesgar(se) (g:gu) like llegar (41)
ascender like comer (2)
asegurar(se) like hablar (1)
asomarse like hablar (1)
asombrar(se) like hablar (1)
atar like hablar (1)
aterrizar (z:c) like cruzar (37)
atraer like traer (21)
atrapar like hablar (1)
atreverse like comer (2)
atropellar like hablar (1)
averiguar like hablar (1)
avisar like hablar (1)
bailar like hablar (1)
barrer like comer (2)
besar like hablar (1)
borrar like hablar (1)
bostezar (z:c) like cruzar (37)
brindar like hablar (1)
bromear like hablar (1)
burlarse like hablar (1)
caber (4)
caducar (c:qu) like tocar (43)
caer (5)
calentar (e:ie) like pensar (30)
callarse like hablar (1)
cancelar like hablar (1)
clonar like hablar (1)
cobrar like hablar (1)
cocinar like hablar (1)
coger (g:j) like proteger (42)
coleccionar like hablar (1)

colgar (o:ue) like jugar (28)
colocar (c:qu) like tocar (43)
comer(se) (2)
comprobar (o:ue) like contar (24)
conducir (c:zc) (6)
confesar (e:ie) like pensar (30)
confundir like vivir (3)
congeniar like hablar (1)
conocer (c:zc) (35)
conquistar like hablar (1)
considerar like hablar (1)
consultar like hablar (1)
contagiarse like hablar (1)
contar (o:ue) (24)
contentarse like hablar (1)
contratar like hablar (1)
contribuir (y) like destruir (38)
convertirse (e:ie) like vivir (3)
coquetear like hablar (1)
corresponder like comer (2)
creer (y) (36)
cruzar (z:c) (37)
cuidar(se) like hablar (1)
cultivar like hablar (1)
cumplir like vivir (3)
curarse like hablar (1)
dar(se) (7)
decir (e:i) (8)
dejar(se) like hablar (1)
demorar like hablar (1)
derramar like hablar (1)
derribar like hablar (1)
derrotar like hablar (1)
desafiar (desafío) like enviar (39)

desanimarse like hablar (1)
desaparecer (c:zc) like conocer (35)
desarrollar like hablar (1)
desatar like hablar (1)
descansar like hablar (1)
descargar (g:gu) like llegar (41)
descolgar (o:ue) (g:gu) like jugar (28)
descubrir like vivir (3) *except* past participle is descubierto
desembarcar (c:qu) like tocar (43)
desempeñar like hablar (1)
desmayarse like hablar (1)
despedir(se) (e:i) like pedir (29)
destacar (c:qu) like tocar (43)
destrozar (z:c) like cruzar (37)
destruir (y) (38)
dirigir (g:j) like proteger (42)
discutir like vivir (3)
diseñar like hablar (1)
disfrutar like hablar (1)
disimular like hablar (1)
disminuir (y) like destruir (38)
disponer like poner (15)
divertirse (e:ie) like sentir (33)
doblar like hablar (1)
doler (o:ue) like volver (34) *except* past participle is regular
dormir(se) (o:ue) (25)
echar like hablar (1)
educar (c:qu) like tocar (43)
elegir (g:j) like proteger (42)
embarcar (c:qu) like tocar (43)

emitir like vivir (3)
empeñarse like hablar (1)
empeorar like hablar (1)
empezar (e:ie) (z:c) (26)
emprender like comer (2)
empujar like hablar (1)
enamorarse like hablar (1)
encabezar like cruzar (37)
encantar like hablar (1)
encender (e:ie) like entender (27)
enfrentar like hablar (1)
engañar like hablar (1)
engordar like hablar (1)
enrojecer like conocer (35)
ensayar like hablar (1)
entender(se) (e:ie) (27)
enterarse like hablar (1)
enterrar (e:ie) like pensar (30)
entretenerse (e:ie) like tener (20)
enviar (envío) (39)
equivocarse (c:qu) like tocar (43)
esbozar like cruzar (37)
esclavizar like cruzar (37)
espantar like hablar (1)
estar (9)
exigir (g:j) like proteger (42)
experimentar like hablar (1)
explotar like hablar (1)
expulsar like hablar (1)
extinguir like destruir (38)
extraer like traer (21)
extrañar(se) like hablar (1)
fabricar (c:qu) like tocar (43)
fallecer like conocer (35)
faltar like hablar (1)
fastidiar like hablar (1)
festejar like hablar (1)
financiar like hablar (1)
firmar like hablar (1)
formular like hablar (1)
freír (e:i) (frío) like reír (31)
ganar(se) like hablar (1)
generar like hablar (1)
gobernar (e:ie) like pensar (30)
golpear like hablar (1)
gozar (z:c) like cruzar (37)
grabar like hablar (1)
graduar(se) (gradúo) (40)
gustar like hablar (1)

haber (10)
hablar (1)
hacer(se) (11)
heredar like hablar (1)
herir (e:ie) like sentir (33)
hervir (e:ie) like sentir (33)
hojear like hablar (1)
hospedarse like hablar (1)
huir (y) like destruir (38)
hundir like vivir (3)
impedir (e:i) like pedir (29)
importar like hablar (1)
impresionar like hablar (1)
imprimir like vivir (3)
inclinar(se) like hablar (1)
informarse like hablar (1)
ingresar like hablar (1)
inscribirse like vivir (3)
invadir like vivir (3)
inventar like hablar (1)
investigar (g:gu) like llegar (41)
ir (12)
jubilarse like hablar (1)
jugar (u:ue) (g:gu) (28)
lanzar (z:c) like cruzar (37)
lastimar(se) like hablar (1)
levantar(se) like hablar (1)
limitar like hablar (1)
limpiar like hablar (1)
llegar (g:gu) (41)
llevar(se) like hablar (1)
lograr like hablar (1)
luchar like hablar (1)
madrugar (g:gu) like llegar (41)
malgastar like hablar (1)
manchar like hablar (1)
mantenerse (e:ie) like tener (20)
marcharse like hablar (1)
masticar (c:qu) like tocar (43)
mejorar like hablar (1)
merecer (c:zc) like conocer (35)
meterse like comer (2)
mojar(se) like hablar (1)
morirse (o:ue) like dormir (25) *except* past participle is muerto
narrar like hablar (1)
navegar (g:gu) like llegar (41)
nombrar like hablar (1)
oír (y) (13)
olvidarse like hablar (1)

opinar like hablar (1)
oprimir like vivir (3)
parecer(se) (c:zc) like conocer (35)
pasar(se) like hablar (1)
pedir (e:i) (29)
pelear like hablar (1)
pensar (e:ie) (30)
perdonar like hablar (1)
permanecer (c:zc) like conocer (35)
perseguir like seguir (32)
planificar (c:qu) like tocar (43)
poblar (o:ue) like contar (24)
poder (o:ue) (14)
poner(se) (15)
portarse like hablar (1)
preguntarse like hablar (1)
premiar like hablar (1)
preocupar(se) like hablar (1)
presentarse like hablar (1)
prevenir like venir (22)
promover (o:ue) like volver (34) *except* past participle is regular
pronunciar like hablar (1)
proponer like poner (15)
proporcionar like hablar (1)
proteger (g:j) (42)
provenir (e:ie) like venir (22)
publicar (c:qu) like tocar (43)
quedar(se) like hablar (1)
quejarse like hablar (1)
querer (e:ie) (16)
quitar(se) like hablar (1)
rechazar (z:c) like cruzar (37)
recordar (o:ue) like contar (24)
recorrer like comer (2)
recuperarse like hablar (1)
reducir (c:zc) like conducir (6)
reír(se) (e:i) (río) (31)
regresar like hablar (1)
relajarse like hablar (1)
rendirse (e:i) like pedir (29)
renovarse (o:ue) like contar (24)
rescatar like hablar (1)
reservar like hablar (1)
residir like vivir (3)
retrasar like hablar (1)
reunirse like vivir (3)
revolver (o:ue) like volver (34)

rezar like cruzar (37)
rociar like hablar (1)
rodear like hablar (1)
romper like comer (2) *except* past participle is roto
rozar (z:c) like cruzar (37)
saber (17)
salir (18)
salvar like hablar (1)
seguir (e:i) (g:gu) (32)
señalar like hablar (1)
sentir(se) (e:ie) (33)
ser (19)
sintonizar (z:c) like cruzar (37)
sobrevivir like vivir (3)
soñar (o:ue) like contar (24)
soplar like hablar (1)
soportar like hablar (1)
suceder like comer (2)
sufrir like vivir (3)
superar like hablar (1)
suprimir like vivir (3)
tener (20)
tirar like hablar (1)
titularse like hablar (1)
tocar (c:qu) (43)
tomar like hablar (1)
traer (21)
transmitir like vivir (3)
trasnochar like hablar (1)
tratar like hablar (1)
trazar like cruzar (37)
tropezar (z:c) like hablar (1)
vencer (c:z) like comer (2)
venir (22)
ver(se) (23)
vigilar like hablar (1)
vivir (3)
volver (o:ue) (34)

Regular verbs: simple tenses

Infinitive	INDICATIVE					SUBJUNCTIVE		IMPERATIVE
	Present	Imperfect	Preterite	Future	Conditional	Present	Past	
1 hablar	hablo	hablaba	hablé	hablaré	hablaría	hable	hablara	
	hablas	hablabas	hablaste	hablarás	hablarías	hables	hablaras	habla tú (no hables)
Participles:	habla	hablaba	habló	hablará	hablaría	hable	hablara	hable Ud.
hablando	hablamos	hablábamos	hablamos	hablaremos	hablaríamos	hablemos	habláramos	hablemos
hablado	habláis	hablabais	hablasteis	hablaréis	hablaríais	habléis	hablarais	hablad (no habléis)
	hablan	hablaban	hablaron	hablarán	hablarían	hablen	hablaran	hablen Uds.
2 comer	como	comía	comí	comeré	comería	coma	comiera	
	comes	comías	comiste	comerás	comerías	comas	comieras	come tú (no comas)
Participles:	come	comía	comió	comerá	comería	coma	comiera	coma Ud.
comiendo	comemos	comíamos	comimos	comeremos	comeríamos	comamos	comiéramos	comamos
comido	coméis	comíais	comisteis	comeréis	comeríais	comáis	comierais	comed (no comáis)
	comen	comían	comieron	comerán	comerían	coman	comieran	coman Uds.
3 vivir	vivo	vivía	viví	viviré	viviría	viva	viviera	
	vives	vivías	viviste	vivirás	vivirías	vivas	vivieras	vive tú (no vivas)
Participles:	vive	vivía	vivió	vivirá	viviría	viva	viviera	viva Ud.
viviendo	vivimos	vivíamos	vivimos	viviremos	viviríamos	vivamos	viviéramos	vivamos
vivido	vivís	vivíais	vivisteis	viviréis	viviríais	viváis	vivierais	vivid (no viváis)
	viven	vivían	vivieron	vivirán	vivirían	vivan	vivieran	vivan Uds.

All verbs: compound tenses

PERFECT TENSES

INDICATIVE

Present Perfect		Past Perfect		Future Perfect		Conditional Perfect	
he		había		habré		habría	
has	hablado	habías	hablado	habrás	hablado	habrías	hablado
ha	comido	había	comido	habrá	comido	habría	comido
hemos	vivido	habíamos	vivido	habremos	vivido	habríamos	vivido
habéis		habíais		habréis		habríais	
han		habían		habrán		habrían	

SUBJUNCTIVE

Present Perfect		Past Perfect	
haya		hubiera	
hayas	hablado	hubieras	hablado
haya	comido	hubiera	comido
hayamos	vivido	hubiéramos	vivido
hayáis		hubierais	
hayan		hubieran	

PROGRESSIVE TENSES

	INDICATIVE				SUBJUNCTIVE	
	Present Progressive	Past Progressive	Future Progressive	Conditional Progressive	Present Progressive	Past Progressive
	estoy	estaba	estaré	estaría	esté	estuviera
	estás	estabas	estarás	estarías	estés	estuvieras
	está hablando	estaba hablando	estará hablando	estaría hablando	esté hablando	estuviera hablando
	estamos comiendo	estábamos comiendo	estaremos comiendo	estaríamos comiendo	estemos comiendo	estuviéramos comiendo
	estáis viviendo	estabais viviendo	estaréis viviendo	estaríais viviendo	estéis viviendo	estuvierais viviendo
	estan	estaban	estarán	estarían	estén	estuvieran

Irregular verbs

Infinitive	INDICATIVE					SUBJUNCTIVE		IMPERATIVE
	Present	Imperfect	Preterite	Future	Conditional	Present	Past	
4 caber	**quepo**	cabía	**cupe**	**cabré**	**cabría**	**quepa**	**cupiera**	
	cabes	cabías	**cupiste**	**cabrás**	**cabrías**	**quepas**	**cupieras**	cabe tú (no **quepas**)
	cabe	cabía	**cupo**	**cabrá**	**cabría**	**quepa**	**cupiera**	quepa Ud.
Participles:	cabemos	cabíamos	**cupimos**	**cabremos**	**cabríamos**	**quepamos**	**cupiéramos**	**quepamos**
cabiendo	cabéis	cabíais	**cupisteis**	**cabréis**	**cabríais**	**quepáis**	**cupierais**	cabed (no **quepáis**)
cabido	caben	cabían	**cupieron**	**cabrán**	**cabrían**	**quepan**	**cupieran**	**quepan** Uds.
5 caer(se)	**caigo**	caía	**caí**	caeré	caería	**caiga**	**cayera**	
	caes	caías	**caíste**	caerás	caerías	**caigas**	**cayeras**	cae tú (no **caigas**)
	cae	caía	**cayó**	caerá	caería	**caiga**	**cayera**	**caiga** Ud. (no **caiga**)
Participles:	caemos	caíamos	**caímos**	caeremos	caeríamos	**caigamos**	**cayéramos**	**caigamos**
cayendo	caéis	caíais	**caísteis**	caeréis	caeríais	**caigáis**	**cayerais**	caed (no **caigáis**)
caído	caen	caían	**cayeron**	caerán	caerían	**caigan**	**cayeran**	**caigan** Uds.
6 conducir (c:zc)	**conduzco**	conducía	**conduje**	conduciré	conduciría	**conduzca**	**condujera**	
	conduces	conducías	**condujiste**	conducirás	conducirías	**conduzcas**	**condujeras**	conduce tú (no **conduzcas**)
	conduce	conducía	**condujo**	conducirá	conduciría	**conduzca**	**condujera**	**conduzca** Ud. (no **conduzca**)
Participles:	conducimos	conducíamos	**condujimos**	conduciremos	conduciríamos	**conduzcamos**	**condujéramos**	**conduzcamos**
conduciendo	conducís	conducíais	**condujisteis**	conduciréis	conduciríais	**conduzcáis**	**condujerais**	conducid (no **conduzcáis**)
conducido	conducen	conducían	**condujeron**	conducirán	conducirían	**conduzcan**	**condujeran**	**conduzcan** Uds.

	Infinitive	INDICATIVE Present	Imperfect	Preterite	Future	Conditional	SUBJUNCTIVE Present	Past	IMPERATIVE
7	dar	doy	daba	di	daré	daría	dé	diera	
		das	dabas	diste	darás	darías	des	dieras	da tú (no des)
		da	daba	dio	dará	daría	dé	diera	dé Ud.
	Participles:	damos	dábamos	dimos	daremos	daríamos	demos	diéramos	demos
	dando	dais	dabais	disteis	daréis	daríais	deis	dierais	dad (no deis)
	dado	dan	daban	dieron	darán	darían	den	dieran	den Uds.
8	decir (e:i)	digo	decía	dije	diré	diría	diga	dijera	
		dices	decías	dijiste	dirás	dirías	digas	dijeras	di tú (no digas)
		dice	decía	dijo	dirá	diría	diga	dijera	diga Ud.
	Participles:	decimos	decíamos	dijimos	diremos	diríamos	digamos	dijéramos	digamos
	diciendo	decís	decíais	dijisteis	diréis	diríais	digáis	dijerais	decid (no digáis)
	dicho	dicen	decían	dijeron	dirán	dirían	digan	dijeran	digan Uds.
9	estar	estoy	estaba	estuve	estaré	estaría	esté	estuviera	
		estás	estabas	estuviste	estarás	estarías	estés	estuvieras	está tú (no estés)
		está	estaba	estuvo	estará	estaría	esté	estuviera	esté Ud.
	Participles:	estamos	estábamos	estuvimos	estaremos	estaríamos	estemos	estuviéramos	estemos
	estando	estáis	estabais	estuvisteis	estaréis	estaríais	estéis	estuvierais	estad (no estéis)
	estado	están	estaban	estuvieron	estarán	estarían	estén	estuvieran	estén Uds.
10	haber	he	había	hube	habré	habría	haya	hubiera	
		has	habías	hubiste	habrás	habrías	hayas	hubieras	
		ha	había	hubo	habrá	habría	haya	hubiera	
	Participles:	hemos	habíamos	hubimos	habremos	habríamos	hayamos	hubiéramos	
	habiendo	habéis	habíais	hubisteis	habréis	habríais	hayáis	hubierais	
	habido	han	habían	hubieron	habrán	habrían	hayan	hubieran	
11	hacer	hago	hacía	hice	haré	haría	haga	hiciera	
		haces	hacías	hiciste	harás	harías	hagas	hicieras	haz tú (no hagas)
		hace	hacía	hizo	hará	haría	haga	hiciera	haga Ud.
	Participles:	hacemos	hacíamos	hicimos	haremos	haríamos	hagamos	hiciéramos	hagamos
	haciendo	hacéis	hacíais	hicisteis	haréis	haríais	hagáis	hicierais	haced (no hagáis)
	hecho	hacen	hacían	hicieron	harán	harían	hagan	hicieran	hagan Uds.
12	ir	voy	iba	fui	iré	iría	vaya	fuera	
		vas	ibas	fuiste	irás	irías	vayas	fueras	ve tú (no vayas)
		va	iba	fue	irá	iría	vaya	fuera	vaya Ud.
	Participles:	vamos	íbamos	fuimos	iremos	iríamos	vayamos	fuéramos	vamos
	yendo	vais	ibais	fuisteis	iréis	iríais	vayáis	fuerais	id (no vayáis)
	ido	van	iban	fueron	irán	irían	vayan	fueran	vayan Uds.
13	oír (y)	oigo	oía	oí	oiré	oiría	oiga	oyera	
		oyes	oías	oíste	oirás	oirías	oigas	oyeras	oye tú (no oigas)
		oye	oía	oyó	oirá	oiría	oiga	oyera	oiga Ud.
	Participles:	oímos	oíamos	oímos	oiremos	oiríamos	oigamos	oyéramos	oigamos
	oyendo	oís	oíais	oísteis	oiréis	oiríais	oigáis	oyerais	oíd (no oigáis)
	oído	oyen	oían	oyeron	oirán	oirían	oigan	oyeran	oigan Uds.

		INDICATIVE						SUBJUNCTIVE		IMPERATIVE
Infinitive	Present	Imperfect	Preterite	Future	Conditional		Present	Past	
14 poder (o:ue)	**puedo**	podía	**pude**	**podré**	**podría**		**pueda**	**pudiera**	
	puedes	podías	**pudiste**	**podrás**	**podrías**		**puedas**	**pudieras**	**puede** tú (no **puedas**)
	puede	podía	**pudo**	**podrá**	**podría**		**pueda**	**pudiera**	**pueda** Ud.
Participles:	podemos	podíamos	**pudimos**	**podremos**	**podríamos**		podamos	**pudiéramos**	podamos
pudiendo	podéis	podíais	**pudisteis**	**podréis**	**podríais**		podáis	**pudierais**	poded (no **podáis**)
podido	**pueden**	podían	**pudieron**	**podrán**	**podrían**		**puedan**	**pudieran**	**puedan** Uds.
15 poner	**pongo**	ponía	**puse**	**pondré**	**pondría**		**ponga**	**pusiera**	
	pones	ponías	**pusiste**	**pondrás**	**pondrías**		**pongas**	**pusieras**	**pon** tú (no **pongas**)
	pone	ponía	**puso**	**pondrá**	**pondría**		**ponga**	**pusiera**	**ponga** Ud.
Participles:	ponemos	poníamos	**pusimos**	**pondremos**	**pondríamos**		**pongamos**	**pusiéramos**	**pongamos**
poniendo	ponéis	poníais	**pusisteis**	**pondréis**	**pondríais**		**pongáis**	**pusierais**	poned (no **pongáis**)
puesto	ponen	ponían	**pusieron**	**pondrán**	**pondrían**		**pongan**	**pusieran**	**pongan** Uds.
16 querer (e:ie)	**quiero**	quería	**quise**	**querré**	**querría**		**quiera**	**quisiera**	
	quieres	querías	**quisiste**	**querrás**	**querrías**		**quieras**	**quisieras**	**quiere tú** (no **quieras**)
	quiere	quería	**quiso**	**querrá**	**querría**		**quiera**	**quisiera**	**quiera** Ud.
Participles:	queremos	queríamos	**quisimos**	**querremos**	**querríamos**		queramos	**quisiéramos**	**queramos**
queriendo	queréis	queríais	**quisisteis**	**querréis**	**querríais**		queráis	**quisierais**	quered (no **queráis**)
querido	**quieren**	querían	**quisieron**	**querrán**	**querrían**		**quieran**	**quisieran**	**quieran** Uds.
17 saber	**sé**	sabía	**supe**	**sabré**	**sabría**		**sepa**	**supiera**	
	sabes	sabías	**supiste**	**sabrás**	**sabrías**		**sepas**	**supieras**	sabe tú (no **sepas**)
Participles:	sabe	sabía	**supo**	**sabrá**	**sabría**		**sepa**	**supiera**	**sepa** Ud.
sabiendo	sabemos	sabíamos	**supimos**	**sabremos**	**sabríamos**		**sepamos**	**supiéramos**	**sepamos**
sabido	sabéis	sabíais	**supisteis**	**sabréis**	**sabríais**		**sepáis**	**supierais**	sabed (no **sepáis**)
	saben	sabían	**supieron**	**sabrán**	**sabrían**		**sepan**	**supieran**	**sepan** Uds.
18 salir	**salgo**	salía	salí	**saldré**	**saldría**		**salga**	saliera	
	sales	salías	saliste	**saldrás**	**saldrías**		**salgas**	salieras	**sal** tú (no **salgas**)
	sale	salía	salió	**saldrá**	**saldría**		**salga**	saliera	**salga** Ud.
Participles:	salimos	salíamos	salimos	**saldremos**	**saldríamos**		**salgamos**	saliéramos	**salgamos**
saliendo	salís	salíais	salisteis	**saldréis**	**saldríais**		**salgáis**	salierais	salid (no **salgáis**)
salido	salen	salían	salieron	**saldrán**	**saldrían**		**salgan**	salieran	**salgan** Uds.
19 ser	**soy**	**era**	**fui**	seré	sería		**sea**	**fuera**	
	eres	**eras**	**fuiste**	serás	serías		**seas**	**fueras**	**sé** tú (no **seas**)
	es	**era**	**fue**	será	sería		**sea**	**fuera**	**sea** Ud.
Participles:	**somos**	**éramos**	**fuimos**	seremos	seríamos		**seamos**	**fuéramos**	**seamos**
siendo	**sois**	**erais**	**fuisteis**	seréis	seríais		**seáis**	**fuerais**	sed (no **seáis**)
sido	**son**	eran	**fueron**	serán	serían		sean	**fueran**	sean Uds.
20 tener (e:ie)	**tengo**	**tenía**	**tuve**	**tendré**	**tendría**		**tenga**	**tuviera**	
	tienes	**tenías**	**tuviste**	**tendrás**	**tendrías**		**tengas**	**tuvieras**	**ten** tú (no **tengas**)
	tiene	**tenía**	**tuvo**	**tendrá**	**tendría**		**tenga**	**tuviera**	**tenga** Ud.
Participles:	tenemos	**teníamos**	**tuvimos**	**tendremos**	**tendríamos**		**tengamos**	**tuviéramos**	**tengamos**
teniendo	tenéis	**teníais**	**tuvisteis**	**tendréis**	**tendríais**		**tengáis**	**tuvierais**	tened (no **tengáis**)
tenido	**tienen**	**tenían**	**tuvieron**	**tendrán**	**tendrían**		**tengan**	**tuvieran**	**tengan** Uds.

21 traer

Infinitive / Participles	INDICATIVE					SUBJUNCTIVE		IMPERATIVE
	Present	Imperfect	Preterite	Future	Conditional	Present	Past	
traer	**traigo**	traía	**traje**	traeré	traería	**traiga**	**trajera**	
	traes	traías	**trajiste**	traerás	traerías	**traigas**	**trajeras**	trae tú (no **traigas**)
Participles:	trae	traía	**trajo**	traerá	traería	**traiga**	**trajera**	**traiga** Ud.
trayendo	traemos	traíamos	**trajimos**	traeremos	traeríamos	**traigamos**	**trajéramos**	**traigamos**
traído	traéis	traíais	**trajisteis**	traeréis	traeríais	**traigáis**	**trajerais**	traed (no **traigáis**)
	traen	traían	**trajeron**	traerán	traerían	**traigan**	**trajeran**	**traigan** Uds.

22 venir (e:ie)

Infinitive / Participles	INDICATIVE					SUBJUNCTIVE		IMPERATIVE
	Present	Imperfect	Preterite	Future	Conditional	Present	Past	
venir (e:ie)	**vengo**	venía	**vine**	**vendré**	**vendría**	**venga**	**viniera**	
	vienes	venías	**viniste**	**vendrás**	**vendrías**	**vengas**	**vinieras**	**ven** tú (no **vengas**)
Participles:	**viene**	venía	**vino**	**vendrá**	**vendría**	**venga**	**viniera**	**venga** Ud.
viniendo	venimos	veníamos	**vinimos**	**vendremos**	**vendríamos**	**vengamos**	**viniéramos**	**vengamos**
venido	venís	veníais	**vinisteis**	**vendréis**	**vendríais**	**vengáis**	**vinierais**	venid (no **vengáis**)
	vienen	venían	**vinieron**	**vendrán**	**vendrían**	**vengan**	**vinieran**	**vengan** Uds.

23 ver

Infinitive / Participles	INDICATIVE					SUBJUNCTIVE		IMPERATIVE
	Present	Imperfect	Preterite	Future	Conditional	Present	Past	
ver	**veo**	**veía**	vi	veré	vería	**vea**	**viera**	
	ves	**veías**	viste	verás	verías	**veas**	**vieras**	**ve** tú (no **veas**)
Participles:	ve	**veía**	vio	verá	vería	**vea**	**viera**	**vea** Ud.
viendo	vemos	**veíamos**	vimos	veremos	veríamos	**veamos**	**viéramos**	**veamos**
visto	veis	**veíais**	visteis	veréis	veríais	**veáis**	**vierais**	ved (no **veáis**)
	ven	**veían**	vieron	verán	verían	**vean**	**vieran**	**vean** Uds.

Stem changing verbs

24 contar (o:ue)

Infinitive / Participles	INDICATIVE					SUBJUNCTIVE		IMPERATIVE
	Present	Imperfect	Preterite	Future	Conditional	Present	Past	
contar (o:ue)	**cuento**	contaba	conté	contaré	contaría	**cuente**	contara	
	cuentas	contabas	contaste	contarás	contarías	**cuentes**	contaras	**cuenta** tú (no **cuentes**)
Participles:	**cuenta**	contaba	contó	contará	contaría	**cuente**	contara	**cuente** Ud.
contando	contamos	contábamos	contamos	contaremos	contaríamos	contemos	contáramos	contemos
contado	contáis	contabais	contasteis	contaréis	contaríais	contéis	contarais	contad (no **contéis**)
	cuentan	contaban	contaron	contarán	contarían	**cuenten**	contaran	**cuenten** Uds.

25 dormir (o:ue)

Infinitive / Participles	INDICATIVE					SUBJUNCTIVE		IMPERATIVE
	Present	Imperfect	Preterite	Future	Conditional	Present	Past	
dormir (o:ue)	**duermo**	dormía	dormí	dormiré	dormiría	**duerma**	**durmiera**	
	duermes	dormías	dormiste	dormirás	dormirías	**duermas**	**durmieras**	**duerme** tú (no **duermas**)
Participles:	**duerme**	dormía	**durmió**	dormirá	dormiría	**duerma**	**durmiera**	**duerma** Ud.
durmiendo	dormimos	dormíamos	dormimos	dormiremos	dormiríamos	**durmamos**	**durmiéramos**	**durmamos**
dormido	dormís	dormíais	dormisteis	dormiréis	dormiríais	**durmáis**	**durmierais**	dormid (no **durmáis**)
	duermen	dormían	**durmieron**	dormirán	dormirían	**duerman**	**durmieran**	**duerman** Uds.

26 empezar (e:ie) (c)

Infinitive / Participles	INDICATIVE					SUBJUNCTIVE		IMPERATIVE
	Present	Imperfect	Preterite	Future	Conditional	Present	Past	
empezar (e:ie) (c)	**empiezo**	empezaba	**empecé**	empezaré	empezaría	**empiece**	empezara	
	empiezas	empezabas	empezaste	empezarás	empezarías	**empieces**	empezaras	**empieza** tú (no **empieces**)
	empieza	empezaba	empezó	empezará	empezaría	**empiece**	empezara	**empiece** Ud.
Participles:	empezamos	empezábamos	empezamos	empezaremos	empezaríamos	**empecemos**	empezáramos	**empecemos**
empezando	empezáis	empezabais	empezasteis	empezaréis	empezaríais	**empecéis**	empezarais	empezad (no **empecéis**)
empezado	**empiezan**	empezaban	empezaron	empezarán	empezarían	**empiecen**	empezaran	**empiecen** Uds.

27 — entender (e:ie) · Participles: entendiendo, entendido

	INDICATIVE					SUBJUNCTIVE		IMPERATIVE
	Present	Imperfect	Preterite	Future	Conditional	Present	Past	
	entiendo	entendía	entendí	entenderé	entendería	entienda	entendiera	
	entiendes	entendías	entendiste	entenderás	entenderías	entiendas	entendieras	entiende tú (no entiendas)
	entiende	entendía	entendió	entenderá	entendería	entienda	entendiera	entienda Ud.
	entendemos	entendíamos	entendimos	entenderemos	entenderíamos	entendamos	entendiéramos	entendamos
	entendéis	entendíais	entendisteis	entenderéis	entenderíais	entendáis	entendierais	entended (no entendáis)
	entienden	entendían	entendieron	entenderán	entenderían	entiendan	entendieran	entiendan Uds.

28 — jugar (u:ue) (gu) · Participles: jugando, jugado

	INDICATIVE					SUBJUNCTIVE		IMPERATIVE
	Present	Imperfect	Preterite	Future	Conditional	Present	Past	
	juego	jugaba	jugué	jugaré	jugaría	juegue	jugara	
	juegas	jugabas	jugaste	jugarás	jugarías	juegues	jugaras	juega tú (no juegues)
	juega	jugaba	jugó	jugará	jugaría	juegue	jugara	juegue Ud.
	jugamos	jugábamos	jugamos	jugaremos	jugaríamos	juguemos	jugáramos	juguemos
	jugáis	jugabais	jugasteis	jugaréis	jugaríais	juguéis	jugarais	jugad (no juguéis)
	juegan	jugaban	jugaron	jugarán	jugarían	jueguen	jugaran	jueguen Uds.

29 — pedir (e:i) · Participles: pidiendo, pedido

	INDICATIVE					SUBJUNCTIVE		IMPERATIVE
	Present	Imperfect	Preterite	Future	Conditional	Present	Past	
	pido	pedía	pedí	pediré	pediría	pida	pidiera	
	pides	pedías	pediste	pedirás	pedirías	pidas	pidieras	pide tú (no pidas)
	pide	pedía	pidió	pedirá	pediría	pida	pidiera	pida Ud.
	pedimos	pedíamos	pedimos	pediremos	pediríamos	pidamos	pidiéramos	pidamos
	pedís	pedíais	pedisteis	pediréis	pediríais	pidáis	pidierais	pedid (no pidáis)
	piden	pedían	pidieron	pedirán	pedirían	pidan	pidieran	pidan Uds.

30 — pensar (e:ie) · Participles: pensando, pensado

	INDICATIVE					SUBJUNCTIVE		IMPERATIVE
	Present	Imperfect	Preterite	Future	Conditional	Present	Past	
	pienso	pensaba	pensé	pensaré	pensaría	piense	pensara	
	piensas	pensabas	pensaste	pensarás	pensarías	pienses	pensaras	piensa tú (no pienses)
	piensa	pensaba	pensó	pensará	pensaría	piense	pensara	piense Ud.
	pensamos	pensábamos	pensamos	pensaremos	pensaríamos	pensemos	pensáramos	pensemos
	pensáis	pensabais	pensasteis	pensaréis	pensaríais	penséis	pensarais	pensad (no penséis)
	piensan	pensaban	pensaron	pensarán	pensarían	piensen	pensaran	piensen Uds.

31 — reír(se) (e:i) · Participles: riendo, reído

	INDICATIVE					SUBJUNCTIVE		IMPERATIVE
	Present	Imperfect	Preterite	Future	Conditional	Present	Past	
	río	reía	reí	reiré	reiría	ría	riera	
	ríes	reías	reíste	reirás	reirías	rías	rieras	ríe tú (no rías)
	ríe	reía	rió	reirá	reiría	ría	riera	ría Ud.
	reímos	reíamos	reímos	reiremos	reiríamos	riamos	riéramos	riamos
	reís	reíais	reísteis	reiréis	reiríais	riáis	rierais	reíd (no riáis)
	ríen	reían	rieron	reirán	reirían	rían	rieran	rían Uds.

32 — seguir (e:i) (gu) · Participles: siguiendo, seguido

	INDICATIVE					SUBJUNCTIVE		IMPERATIVE
	Present	Imperfect	Preterite	Future	Conditional	Present	Past	
	sigo	seguía	seguí	seguiré	seguiría	siga	siguiera	
	sigues	seguías	seguiste	seguirás	seguirías	sigas	siguieras	sigue tú (no sigas)
	sigue	seguía	siguió	seguirá	seguiría	siga	siguiera	siga Ud.
	seguimos	seguíamos	seguimos	seguiremos	seguiríamos	sigamos	siguiéramos	sigamos
	seguís	seguíais	seguisteis	seguiréis	seguiríais	sigáis	siguierais	seguid (no sigáis)
	siguen	seguían	siguieron	seguirán	seguirían	sigan	siguieran	sigan Uds.

33 — sentir (e:ie) · Participles: sintiendo, sentido

	INDICATIVE					SUBJUNCTIVE		IMPERATIVE
	Present	Imperfect	Preterite	Future	Conditional	Present	Past	
	siento	sentía	sentí	sentiré	sentiría	sienta	sintiera	
	sientes	sentías	sentiste	sentirás	sentirías	sientas	sintieras	siente tú (no sientas)
	siente	sentía	sintió	sentirá	sentiría	sienta	sintiera	sienta Ud.
	sentimos	sentíamos	sentimos	sentiremos	sentiríamos	sintamos	sintiéramos	sintamos
	sentís	sentíais	sentisteis	sentiréis	sentiríais	sintáis	sintierais	sentid (no sintáis)
	sienten	sentían	sintieron	sentirán	sentirían	sientan	sintieran	sientan Uds.

34

Infinitive	INDICATIVE					SUBJUNCTIVE		IMPERATIVE
	Present	Imperfect	Preterite	Future	Conditional	Present	Past	
volver (o:ue)	vuelvo	volvía	volví	volveré	volvería	vuelva	volviera	
	vuelves	volvías	volviste	volverás	volverías	vuelvas	volvieras	vuelve tú (no **vuelvas**)
	vuelve	volvía	volvió	volverá	volvería	vuelva	volviera	**vuelva** Ud.
Participles:	volvemos	volvíamos	volvimos	volveremos	volveríamos	volvamos	volviéramos	volvamos
volviendo	volvéis	volvíais	volvisteis	volveréis	volveríais	volváis	volvierais	volved (no **volváis**)
vuelto	vuelven	volvían	volvieron	volverán	volverían	vuelvan	volvieran	**vuelvan** Uds.

Verbs with spelling changes only

35

Infinitive	INDICATIVE					SUBJUNCTIVE		IMPERATIVE
	Present	Imperfect	Preterite	Future	Conditional	Present	Past	
conocer	**conozco**	conocía	conocí	conoceré	conocería	**conozca**	conociera	
(c:zc)	conoces	conocías	conociste	conocerás	conocerías	**conozcas**	conocieras	conoce tú (no **conozcas**)
	conoce	conocía	conoció	conocerá	conocería	**conozca**	conociera	**conozca** Ud.
Participles:	conocemos	conocíamos	conocimos	conoceremos	conoceríamos	**conozcamos**	conociéramos	**conozcamos**
conociendo	conocéis	conocíais	conocisteis	conoceréis	conoceríais	**conozcáis**	conocierais	conoced (no **conozcáis**)
conocido	conocen	conocían	conocieron	conocerán	conocerían	**conozcan**	conocieran	**conozcan** Uds.

36

Infinitive	INDICATIVE					SUBJUNCTIVE		IMPERATIVE
	Present	Imperfect	Preterite	Future	Conditional	Present	Past	
creer (y)	creo	creía	**creí**	creeré	creería	crea	**creyera**	
	crees	creías	**creíste**	creerás	creerías	creas	**creyeras**	cree tú (no **creas**)
	cree	creía	**creyó**	creerá	creería	crea	**creyera**	crea Ud.
Participles:	creemos	creíamos	**creímos**	creeremos	creeríamos	creamos	**creyéramos**	creamos
creyendo	creéis	creíais	**creísteis**	creeréis	creeríais	creáis	**creyerais**	creed (no creáis)
creído	creen	creían	**creyeron**	creerán	creerían	crean	**creyeran**	crean Uds.

37

Infinitive	INDICATIVE					SUBJUNCTIVE		IMPERATIVE
	Present	Imperfect	Preterite	Future	Conditional	Present	Past	
cruzar (c)	cruzo	cruzaba	**crucé**	cruzaré	cruzaría	**cruce**	cruzara	
	cruzas	cruzabas	cruzaste	cruzarás	cruzarías	**cruces**	cruzaras	cruza tú (no **cruces**)
	cruza	cruzaba	cruzó	cruzará	cruzaría	**cruce**	cruzara	**cruce** Ud.
Participles:	cruzamos	cruzábamos	cruzamos	cruzaremos	cruzaríamos	**crucemos**	cruzáramos	**crucemos**
cruzando	cruzáis	cruzabais	cruzasteis	cruzaréis	cruzaríais	**crucéis**	cruzarais	cruzad (no **crucéis**)
cruzado	cruzan	cruzaban	cruzaron	cruzarán	cruzarían	**crucen**	cruzaran	**crucen** Uds.

38

Infinitive	INDICATIVE					SUBJUNCTIVE		IMPERATIVE
	Present	Imperfect	Preterite	Future	Conditional	Present	Past	
destruir (y)	**destruyo**	destruía	destruí	destruiré	destruiría	**destruya**	**destruyera**	
	destruyes	destruías	destruiste	destruirás	destruirías	**destruyas**	**destruyeras**	**destruye** tú (no **destruyas**)
	destruye	destruía	**destruyó**	destruirá	destruiría	**destruya**	**destruyera**	**destruya** Ud.
Participles:	destruimos	destruíamos	destruimos	destruiremos	destruiríamos	**destruyamos**	**destruyéramos**	**destruyamos**
destruyendo	destruís	destruíais	destruisteis	destruiréis	destruiríais	**destruyáis**	**destruyerais**	destruid (no **destruyáis**)
destruido	**destruyen**	destruían	**destruyeron**	destruirán	destruirían	**destruyan**	**destruyeran**	**destruyan** Uds.

39

Infinitive	INDICATIVE					SUBJUNCTIVE		IMPERATIVE
	Present	Imperfect	Preterite	Future	Conditional	Present	Past	
enviar	**envío**	enviaba	envié	enviaré	enviaría	**envíe**	enviara	
(envío)	**envías**	enviabas	enviaste	enviarás	enviarías	**envíes**	enviaras	**envía** tú (no **envíes**)
	envía	enviaba	envió	enviará	enviaría	**envíe**	enviara	**envíe** Ud.
Participles:	enviamos	enviábamos	enviamos	enviaremos	enviaríamos	**enviemos**	enviáramos	enviemos
enviando	enviáis	enviabais	enviasteis	enviaréis	enviaríais	**enviéis**	enviarais	enviad (no **enviéis**)
enviado	**envían**	enviaban	enviaron	enviarán	enviarían	**envíen**	enviaran	**envíen** Uds.

	Infinitive	INDICATIVE					SUBJUNCTIVE		IMPERATIVE
		Present	Imperfect	Preterite	Future	Conditional	Present	Past	
40	graduarse (gradúo) **Participles:** graduando graduado	gradúo gradúas gradúa graduamos graduáis gradúan	graduaba graduabas graduaba graduábamos graduabais graduaban	gradué graduaste graduó graduamos graduasteis graduaron	graduaré graduarás graduará graduaremos graduaréis graduarán	graduaría graduarías graduaría graduaríamos graduaríais graduarían	gradúe gradúes gradúe graduemos graduéis gradúen	graduara graduaras graduara graduáramos graduarais graduaran	gradúa tú (no gradúes) gradúe Ud. graduemos graduad (no graduéis) gradúen Uds.
41	llegar (gu) **Participles:** llegando llegado	llego llegas llega llegamos llegáis llegan	llegaba llegabas llegaba llegábamos llegabais llegaban	**llegué** llegaste llegó llegamos llegasteis llegaron	llegaré llegarás llegará llegaremos llegaréis llegarán	llegaría llegarías llegaría llegaríamos llegaríais llegarían	**llegue** **llegues** **llegue** **lleguemos** **lleguéis** **lleguen**	llegara llegaras llegara llegáramos llegarais llegaran	llega tú (no **llegues**) **llegue** Ud. **lleguemos** llegad (no **lleguéis**) **lleguen** Uds.
42	proteger (j) **Participles:** protegiendo protegido	**protejo** proteges protege protegemos protegéis protegen	protegía protegías protegía protegíamos protegíais protegían	protegí protegiste protegió protegimos protegisteis protegieron	protegeré protegerás protegerá protegeremos protegeréis protegerán	protegería protegerías protegería protegeríamos protegeríais protegerían	**proteja** **protejas** **proteja** **protejamos** **protejáis** **protejan**	protegiera protegieras protegiera protegiéramos protegierais protegieran	protege tú (no **protejas**) **proteja** Ud. **protejamos** proteged (no **protejáis**) **protejan** Uds.
43	tocar (qu) **Participles:** tocando tocado	toco tocas toca tocamos tocáis tocan	tocaba tocabas tocaba tocábamos tocabais tocaban	**toqué** tocaste tocó tocamos tocasteis tocaron	tocaré tocarás tocará tocaremos tocaréis tocarán	tocaría tocarías tocaría tocaríamos tocaríais tocarían	**toque** **toques** **toque** **toquemos** **toquéis** **toquen**	tocara tocaras tocara tocáramos tocarais tocaran	toca tú (no **toques**) **toque** Ud. **toquemos** tocad (no **toquéis**) **toquen** Uds.

Guide to Vocabulary

Contents of the glossary

This glossary contains the words and expressions listed on the **Vocabulario** page found at the end of each lesson in **ENFOQUES**. A numeral following an entry indicates the lesson where the word or expression was introduced. Check the **Estructura** sections of each lesson for words and expressions related to those grammar topics.

Abbreviations used in this glossary

adj.	adjective	*fam.*	familiar	*prep.*	preposition
adv.	adverb	*form.*	formal	*pron.*	pronoun
conj.	conjunction	*m.*	masculine	*sing.*	singular
f.	feminine	*pl.*	plural	*v.*	verb

Note on alphabetization

In the Spanish alphabet **ñ** is a separate letter following **n**. Therefore in this glossary you will find that **añadir** follows **anuncio**.

Spanish-English

A

abadesa *f.* abbess
abogado/a *m., f.* lawyer **7**
abrir(se) *v.* to open; **abrirse paso** to make one's way
abrocharse *v.* to fasten; **abrocharse el cinturón de seguridad** to fasten one's seatbelt
aburrir *v.* to bore
aburrirse *v.* to be bored; to get bored **2**
acá *adv.* here
acantilado *m.* cliff **6**
acariciar *v.* to caress
accidente *m.* accident
acción *f.* stock **7**
acercarse (a) (c:qu) *v.* to approach
acoger (g:j) *v.* to welcome; to take in; to receive
acogido/a *adj.* received; **bien acogido/a** *adj.* received favorably **7**
aconsejar *v.* to advise; to suggest; **Le aconsejo que vaya a casa.** I advise you to go home. (*form.*) **5**; **Te aconsejo que vayas a casa.** I advise you to go home. (*fam.*) **5**
acontecimiento *m.* event
acordar (o:ue) *v.* to agree
acordarse (de) *v.* to remember
acostarse (o:ue) *v.* to go to bed
acostumbrado/a *adj.* accustomed to **5**; **estar acostumbrado/a a** to be used to **5**
acto: en el acto immediately; on the spot **3**
actor *m.* actor **9**
actriz *f.* actress **9**
actualidad *f.* current affairs **9**

actualizado/a *adj.* up to date **9**
actualmente *adv.* currently **7**
acuarela *f.* watercolor **10**
acudir (a) *v.* to come to the aid of
adelgazar (z:c) *v.* to lose weight **5**
adivinar *v.* to guess
administrar *v.* to manage **7**
admirar *v.* to admire **4**
ADN (ácido desoxirribonucleico) *m.* DNA (deoxyribonucleic acid) **11**
adorar *v.* to adore **1**
aduana *f.* customs
afeitarse *v.* to shave
afición *f.* love, liking, hobby **2**
aficionado/a *adj.* fan; **ser aficionado/a de** be a fan of **2**
afligirse *v.* to get upset
afortunado/a *adj.* lucky
agarrar *v.* to grab, to hold fast
agente *m., f.* agent; officer; **agente de aduanas** customs agent **4**
agitar *v.* to wave
agobiado/a *adj.* overwhelmed
agradecimiento *m.* gratitude **8**
águila *m.* eagle **6**
agujero *m.* hole **11**; **agujero en la capa de ozono** hole in the ozone layer; **agujero negro** black hole **11**; **agujerito** *m.* small hole **11**
ahogarse (g:gu) *v.* to smother, to drown
ahorrar *v.* to save **7**
ahorro *m.* savings **7**
aire libre outdoors **6**
aislado/a *adj.* isolated **12**
aislamiento *m.* isolation
ajedrez *m.* chess **2**
ajeno/a *adj.* somebody else's **3**
ala *m.* wing **6**
alcalde/alcaldesa *m., f.* mayor **8**
alcance *m.* reach; range
al alcance de within reach
alcanzar (z:c) *v.* to reach; to achieve; to succeed in

aldea *f.* small village **12**
alejado/a *adj.* distant
alejarse *v.* to move away
alimentación *f.* diet (nutrition) **5**
allá *adv.* there
alma (el) *f.* soul
alojarse *v.* to stay at **4**
alrededores *m., pl.* the outskirts **12**
alterar *v.* to modify; to alter
altoparlante *m.* loudspeaker
alumbrado/a *adj.* lit
amable *adj.* nice, kind; **Si es tan amable, me da su firma por favor.** Be (*form. sing.*) so kind as to sign here, please. **11**
amado *adj.* loved one, sweetheart
amanecer *m.* sunrise; morning
amar *v.* to love
amarrar *v.* to tie
ambos/as *pron., adj.* both
amenaza *f.* menace
amor *m.* love **1**; **amor (no) correspondido** (un)requited love **1**
amueblado/a *adj.* furnished
anciano/a *adj.* elderly **anciano/a** *m., f.* elderly gentleman; elderly lady
andar *v.* to walk **3**; **andar + pres. participle** to be (doing something) **3**
angustioso/a *adj.* distressing
animar *v.* to cheer up; to encourage; **¡Anímate!** Cheer up! (*sing.*) **2**; **¡Anímense!** Cheer up! (*pl.*) **2**
ánimo *m.* spirit **1**
anorexia *f.* anorexia; **sufrir de anorexia** suffer from anorexia **5**
ansia *f.* anxiety **1**
ansioso/a *adj.* anxious **1**
antemano: de antemano beforehand
antena *f.* antenna; **antena parabólica** satellite dish
antes que nada first and foremost
antigüedad *f.* antiquity; ancient times

antiguo/a *adj.* antique
antipático/a *adj.* mean, unpleasant
anuncio *m.* commercial, advertisement **9**
añadir *v.* to add
apagar (g:gu) *v.* to turn off **3**
apenas *adv.* hardly; scarcely **3**
aplaudir *v.* to applaud **2**
aportación *f.* contribution **8**
apostar (o:ue) *v.* to bet **2**
apoyarse (en) *v.* to lean (on)
apreciado/a *adj.* to be appreciated **1**
apreciar *v.* to appreciate **1**
aprendizaje *m.* learning; training period
aprobación *f.* approval **9**
aprobar (o:ue) *v.* to approve; to pass (a class); **aprobar una ley** to approve a law; to pass a law **8**
aprovechar *v.* to make good use of, to take advantage of **2**
apuesta *f.* bet **2**
apuro *m.* fix, jam; rush; **tener apuro** to be in a hurry; to be in a rush
araña *f.* spider **6**
árbitro *m.* referee **2**
árbol *m.* tree
archivo *m.* file
argumento *m.* plot **9**
argüende *m.* gossip
arma *m.* weapon **11**
armado/a *adj.* armed **12**
arqueología *f.* archaeology **12**
arqueólogo/a *m., f.* archaeologist **7**
arrancar (c:qu) *v.* to start (a car)
arrastrar *v.* to drag
arreglarse *v.* to get ready **3**
arrepentirse (de) (e:ie) *v.* to repent
arriesgado/a *adj.* risky **4**
arriesgar (g:gu) *v.* to risk
arriesgarse (g:gu) *v.* to risk, to take a risk
arroyo *m.* stream
arruga *f.* wrinkle
ascender *v.* to rise; to be promoted **7**
asco *m.* nausea; revulsion
asegurar *v.* to assure; to guarantee
asegurarse *v.* to make sure
aseo *m.* cleanliness; hygiene; **aseo personal** *m.* personal care **3**
así *adv.* like this; so **3**
asiento *m.* seat **2**
asomarse *v.* to show one's face (at a window or door)
asombrar *v.* to amaze
asombrarse *v.* to be astonished
asombro *m.* amazement; astonishment **3**
asombroso/a *adj.* astonishing **3**
aspecto *m.* appearance, look **8**; **tener buen aspecto** to look okay **5**; **tener mal aspecto** to look ill **5**
aspirinas *f.* aspirin **5**
astronauta *m., f.* astronaut **11**

asunto *m.* matter, topic **3**
asustado/a *adj.* startled
atar *v.* to tie (up)
ateísmo *m.* atheism **8**
aterrizar (z:c) *v.* to land (an airplane) **11**
atleta *m., f.* athelete **2**
atletismo *m.* track-and-field events **2**
atracción *f.* attraction
atraer *v.* to attract
atrapar *v.* to catch, to trap **6**
atrasar *v.* to delay **2**
atreverse (a) *v.* to dare (to) **3**
atropellar *v.* to run over
audiencia *f.* audience (television)
aumento *m.* increase; **aumento de sueldo** raise in salary **7**
ausente *adj.* absent
auténtico/a *adj.* real; genuine **3**
autoestima *f.* self-esteem **5**
autoritario/a *adj.* authoritarian, stern **1**
autorretrato *m.* self-portrait **10**
auxiliares de vuelo *m., f.* flight attendants **4**
auxilio *m.* help; **primeros auxilios** first aid
avance *m.* advance, breakthrough **11**
avanzado/a *adj.* advanced **11**
avaro/a *m., f.* miser
aventura *f.* adventure **4**
aventurero/a *m., f.* adventurer **4**
avergonzado/a *adj.* ashamed; embarassed
averiguar *v.* to find out; to check **3**
avisar *v.* to inform; to warn **8**
aviso *m.* notice; warning **4**
azar *m.* (random) chance

B

bahía *f.* bay **6**
bailar *v.* to dance **2**
bailarín, bailarina *m., f.* dancer
bajar *v.* to lower; **bajar un archivo** download a file
balcón *m.* balcony **3**
bancario/a *adj.* banking
banda sonora *f.* sound track **9**
bandera *f.* flag
bañarse *v.* to take a bath
bar *m.* bar **2**
barato/a *adj.* cheap **3**
barrer *v.* to sweep **3**
barrio *m.* neighborhood **12**
bastante *adv.* sufficiently **3**
batalla *f.* battle **8**
bautismo *m.* baptism
beneficios *m. pl.* benefits
besar *v.* kiss
bien acogido/a *adj.* well received **7**
bienestar *m.* well-being **1**
bienvenida *f.* welcome **4**
billar *m.* pool **2**

bioquímico/a *adj.* biochemical **11**
boleto *m.* admission ticket; **comprar boletos** to buy tickets **4**
boliche *m.* bowling **2**
bolsa *f.* bag; sack; stock market; **bolsa de valores** stock market **7**
bondad *f.* goodness **¿Tendría usted la bondad de** + *inf.*...**?** Could you please . . . ? (*form.*) **6**; **¿Tendrías la bondad de** + *inf.*...**?** Could you please . . . ? (*fam.*) **6**; **Tenga la bondad de firmar aquí, por favor.** Be (*form. sing.*) so kind as to sign here please. **11**
bordo: a bordo on board **4**
borrar *v.* to erase **11**
bosque *m.* forest **6**
bostezar (z:c) *v.* to yawn **3**
botar *v.* to throw away
bravo/a *adj.* wild, untamed
brindar *v.* to make a toast **2**; **Brindemos por nuestro éxito.** Let's toast our success. **7**; **Brindo por nuestra revista.** I toast our magazine. **7**
broma *f.* joke
bromear *v.* to joke
buceo *m.* scuba-diving **4**
bueno/a *adj.* good; **¿Sería tan bueno/a de poner la caja aquí?** Would you be so nice as to put the box here? **11**; **¿Sería usted tan bueno/a para** + *inf.*...**?** Would you be so good as to . . . ? (*form.*); **¿Serías tan bueno/a para** + *inf.*...**?** Would you be so good as to . . . ?. (*fam.*); **estar bueno** to (still) be good (i.e. fresh); **ser bueno** to be good (by nature); **¡Buen fin de semana!** Have a nice weekend! **2**; **Buen provecho.** Enjoy your meal. **6**
búfalo *m.* buffalo **6**
burla *f.* mockery
burlarse (de) *v.* to make fun of
burocracia *f.* bureaucracy
bullicio *m.* hurly burly **2**
buscador *m.* (web) browser; search engine
búsqueda *f.* search
buzón *m.* mailbox **3**

C

caber (*irreg.*) *v.* to fit **1**; **no caber duda** to be no doubt
cabo *m.* cape **6**; end (rope, string); **al fin y al cabo** sooner or later, after all; **llevar a cabo** to carry out (an activity)
cabra *f.* goat **6**
cadena de televisión *f.* television network **2**

caducar *v.* to expire 11
caer (*irreg.*) *v.* to fall; **caer bien/mal** to (not) get along well with; to (not) suit
caja *f.* box; **caja de herramientas** toolbox 3
cajero/a *m., f.* cashier
calentamiento global *m.* global warming
calentar (e:ie) *v.* to warm up 3
calidad *f.* quality 7
callado/a *adj.* quiet, silent
callarse *v.* to be quiet, silent
calmantes *m., pl.* painkillers, tranquilizers 5
calmarse *v.* to calm down; to relax; **Cálmate.** Calm down. (*fam.*) 4; **Cálmese.** Calm down. (*form.*) 4
calzoncillos *m. pl.* underwear (men's) 7
camarero/a *m., f.* waiter, waitress 4
cambiar *v.* to change; **cambiar su estilo de vida** to change one's lifestyle 5
cambio *m.* change; **a cambio de** in exchange for; **cambio político** *m.* political change 12
camerino *m.* star's dressing room 9
campaña *f.* campaign 8
campeón, campeona *m., f.* champion 2
canal *m.* canal; channel 9; **canal de televisión** television channel 2
cancelar *v.* to cancel 4
cáncer *m.* cancer
candidato/a *m., f.* candidate 8
cansancio *m.* fatigue; tiredness
cansarse *v.* to become tired
cantante *m., f.* singer 2
capa *f.* layer 11; **capa de ozono** ozone layer 6
capitán *m.* captain
capítulo *m.* chapter 10
caracterización *f.* characterization 10
cargo *m.* position 8; **estar a cargo de** to be in charge of
cariño *m.* affection, fondness 1
cariñoso/a *adj.* affectionate 1
carne *f.* meat; flesh; **uña y carne** inseparable 1
casi *adv.* almost 3
castigo *m.* punishment
casualidad *f.* chance; **por casualidad** by chance 3
catástrofe *f.* catastrophe; disaster; **catástrofe natural** natural disaster 6
caudillo *m.* leader 12
causa *f.* cause; **a causa de** because of
celda *f.* cell
celebrar *v.* to celebrate
célebre *adj.* famous
celos *m. pl.* jealousy; **tener celos de** to be jealous of 1
célula *f.* cell 11

censura *f.* censorship 9
centavo *m.* cent 4
centro comercial *m.* mall 3
cepillarse *v.* to brush
cerdo *m.* pig 6
cerro *m.* hill
certeza *f.* certainty 6
chancho *m.* pig 6
chisme *m.* gossip 9
chiste *m.* joke 2
choque *m.* collision 4
chulo/a *adj.* pretty
cicatriz *f.* scar
ciencia ficción *f.* science fiction
científico/a *m., f.* scientist
cierto/a *adj.* certain, sure; **¡Cierto!** Sure! 3; **No es cierto.** That's not so.
cine *m.* movie theater, cinema 2
cinturón *m.* belt 4; **cinturón de seguridad** seatbelt 4
circo *m.* circus 2
cirugía *f.* surgery 5
cirujano/a *m., f.* surgeon 5
cita *f.* date 1; quotation 10; **cita a ciegas** *f.* blind date 1
ciudadano/a *m., f.* citizen 8
civilización *f.* civilization 12
civilizado/a *adj.* civilized
clima *m.* climate
clonar *v.* to clone 11
club *m.* club; **club nocturno/deportivo** night/sports club 2
cobrar *v.* to charge; to receive 7
cocinar *v.* to cook 3
cocinero/a *m., f.* chef 7
codo *m.* elbow
coger (g:j) *v.* to take; to grasp
cohete *m.* rocket 11
cola *f.* tail 6
coleccionar *v.* to collect 2
coleccionista *m., f.* collector 2
colgar (o:ue) (g:gu) *v.* to hang (up) 3
colina *f.* hill 6
colocar *v.* to place; to put in place
colonia *f.* colony 12
colonizar *v.* to colonize; to settle
colores *m., pl.* colors; **de colores (muy) vivos** colorful 10
combatiente *m., f.* combatant
combustible *m.* fuel 11
comerciante *m., f.* storekeeper; trader 7
comercio *m.* commerce, trade 7
comerse *v.* to eat up
comestible *adj.* edible; **planta comestible** *f.* the edible plant 6
cómo *adv.* how; **¡Cómo no!** Of course! 3; **¿Cómo que son caras/os?** What do you mean they're expensive? 10; **¿Cómo que son feas/os?** What do you mean they're ugly? 10
compañía *f.* company 7

completo/a *adj.* complete; filled up; **El hotel está completo.** The hotel is filled.
compositor(a) *m., f.* composer
compra *f.* purchase; **ir de compras** to go shopping 3
comprobar (o:ue) *v.* to check; to verify; to test; to prove 11
compromiso *m.* commitment, responsibility 1
computación *f.* computer science 11
conciencia *f.* conscience
concierto *m.* concert 2
conductor(a) *m., f.* announcer 9
conejo *m.* rabbit 6
conferencia *f.* conference 7
confesar (e:ie) *v.* to confess 8
confianza *f.* trust, confidence, 1
confundido/a *adj.* confused; **Creo que están confundidos.** I believe you (pl.) are confused. 9; **Creo que estás confundido/a.** I believe you (*sing. fam.*) are confused. 9; **Creo que usted está confundido/a.** I believe you (*sing. form.*) are confused. 9
confundir (con) *v.* to confuse (with) 8
congelado/a *adj.* frozen 3
congelar *v.* to freeze
congeniar *v.* to get along 5
congestionado/a *adj.* congested
congestionamiento *m.* traffic jam 4
conjunto *m.* collection; **conjunto (musical)** (musical) group, band 2
conmovedor(a) *adj.* moving
conocimiento *m.* knowledge 12
conquista *f.* conquest
conquistador(a) *m., f.* conquistador; conqueror; explorer 12
conquistar *v.* to conquer 12
conservador(a) *adj.* conservative; *m., f.* curator 10
considerar *v.* to consider; **Considero que es horrible.** In my opinion, it's horrible. 10
consiguiente *adj.* resulting; consequent; **por consiguiente** consequently; as a result
consulta *f.* appointment 5
consultar una expecialista *v.* consult a specialist 5
consultorio *m.* doctor's office 5
consumo *m.* consumption; **consumo de energía** energy consumption 6
contador(a) *m., f.* accountant 7
contagiarse *v.* to become infected 5
contaminación *f.* pollution 6
contar (o:ue) *v.* to count; to tell 2; **contar con** to count on
contemporáneo/a *adj.* contemporary 10
contentarse (con) *v.* to be content (with) 1
continuación *f.* sequel
contratar *v.* to hire, to contract

contrato *m.* contract **7**

contribuir *v.* to contribute **6**

control remoto *m.* remote control

convertirse (en) (e:ie) *v.* to become

copa *m.* (drinking) glass; goblet; **Copa del Mundo** World Cup **2**; **ir de copas** to go have a drink

coquetear *v.* to flirt **1**

coraje *m.* courage **12**

corazón *m.* heart

cordial *adj.* cordial

cordillera *f.* mountain range **6**

coro *m.* choir; chorus

corrector ortográfico *m.* spell check **11**

corresponder *v.* to return, to share (affection) **1**

correspondido/a *adj.* returned; **amor (no) correspondido** (un)requited love **1**

corriente *f.* current; trend **10**

corrupción *f.* corruption

corte *m.* cut; **de corte ejecutivo** of an executive kind; of an executive nature **7**

corto *m.* short film **9**

cortometraje *m.* short film **9**

cosecha *f.* harvest

conservador(a) *m., f.* curator

costa *f.* coast **6**

costoso/a *adj.* costly, expensive **3**

costumbre *f.* custom, habit **3**; **de costumbre** usually **3**

cotidiano/a *adj.* everyday **3**

creatividad *f.* creativity

crecimiento *m.* growth

creencia *f.* belief **8**

creer en (y) *v.* to believe in **8**; **No creas.** Don't you believe it. **3**

creyente *m., f.* believer **8**

criar *v.* to raise; **haber criado** to have raised **1**

criollo/a *adj.* Creole **12**; **cocina criolla** national cuisine (i.e. Peruvian, Argentinian, etc.)

crisis *f.* crisis; **crisis económica** economic crisis **7**

crítico/a *m., f.* critic; criticism; **crítico/a de cine** movie critic **9**; **crítico/a** *adj.* critical **9**

crónica *f.* column (newspaper); **crónica de sociedad** lifestyle section **9**; **crónica deportiva** *f.* sports article **9**

crucero *m.* cruise ship **4**

cuadro *m.* painting **10**

cuarentón/cuarentona *adj.* forty-year-old; in her/his forties **8**

cucaracha *f.* cockroach **6**

cuenta *f.* calculation, sum; bill; **tener en cuenta** to keep in mind; **cuenta corriente** checking account **7**; **cuenta de ahorros** savings account **7**

cuento *m.* short story

cuerpo *m.* body; **cuerpo y alma** heart and soul

cuesco *m.* pit

cueva *f.* cave **4**

cuidado *m.* care **1**; **bien cuidado/a** *adj.* well-kept **4**

cuidadoso/a *adj.* careful **1**

cuidar *v.* to take care of **1**

cuidarse *v.* to take care of oneself **3**

cultivar *v.* to grow **6**

culpa *f.* guilt

culto *m.* worship; **culto/a** *adj.* cultured **1**; educated; refined **12**

cultura *f.* culture; **cultura popular** pop culture

cumbre *f.* summit; peak **6**

cumplir *v.* to complete; **cumplir con** to do one's duty toward

cundir *v.* to grow

cura *m.* priest

curarse *v.* to cure **5**

currículum vitae *m.* resumé **7**

D

dar (*irreg.*) *v.* to give; **dar a** to look out upon **4**; **dar con alguien** to find (somebody) **9**; **dar de comer** to feed **6**; **dar el primer paso** to take the first step **1**; **dar la vuelta (al mundo)** to go around (the world); **dar paso a** to give way to; **dar un paseo** to take a stroll/walk **2**; **dar una vuelta** to take a walk/stroll **8**; **dar asco** to be disgusting

darse (*irreg.*) *v.* to grow; to occur; **darse cuenta** to realize; **darse por vencido** to give up

dato *m.* piece of data; **dato histórico** *m.* historical data; fact

deber + *inf.* *v.* ought + *inf.;* **Deberá usted dejar algunas cosas.** You should leave some things behind. (*form.*) **4**; **Deberás dejar algunas cosas.** You should leave some things behind. (*fam.*) **4**

década *f.* decade **12**

decir (*irreg.*) *v.* to say; **Diría que es bonita/o.** I'd say that it is pretty. **10**; **No diría que es tan horrible.** I wouldn't say that it was that horrible. **10**

dedicatoria *f.* dedication **8**

dejar *v.* to leave (something behind) **3**; **dejar de fumar** quit smoking **5**; **¿Me dejas ver tu pasaporte?** May I see your passport? (*fam.*) **4**; **Déjame ver tu pasaporte, por favor.** Let me see your passport, please. (*fam.*) **4**

dejarse *v.* to neglect oneself

demás: los/las demás *pron.* others; other people

demasiado/a *adj., adv.* too; too much **7**

democracia *f.* democracy **8**

demorar *v.* to delay

dependencia *f.* dependence; **dependencia física y psíquica** *f.* physical and psychological dependence

depresión *f.* depression **5**

deprimido/a *adj.* depressed **1**

derecho *m.* law; right; **derechos civiles** civil rights **8**; **derechos humanos** human rights **8**

derramar *v.* to spill

derribar *v.* to bring down **12**

derrotado/a *adj.* defeated

derrotar *v.* to defeat **12**; **derrota** *f.* defeat **12**;

desafiar *v.* to challenge

desafío *m.* challenge **11**

desalentado/a *adj.* discouraged

desanimarse *v.* to get discouraged

desánimo *m.* the state of being discouraged **1**

desaparecer (c:sz) *v.* to disappear **6**

desarrollarse *v.* to take place **10**

desarrollo *m.* development **7**; **país en vías de desarrollo** developing country

desatar *v.* to untie

descansar *v.* to rest **5**

descargar (g:gu) *v.* to download **11**

descolgar (o:ue) (g:gu) *v.* to unhang; to take down

desconocido/a *m., f.* stranger; *adj.* strange, unknown, unfamiliar

descubridor(a) *m., f.* discoverer **12**

descubrimiento *m.* discovery **11**

descubrir *v.* to discover; to uncover

descuidado/a *adj.* unkempt; messy; **estar descuidado/a** to be neglected; **ser descuidado/a** to be careless

desembarcar *v.* to disembark, land **4**

desempeñar *v.* to play; to perform; **desempeñar un papel** to play a role (in a play); to carry out

desempleado/a *adj.* unemployed **7**

desempleo *m.* unemployment

desenlace *m.* ending **10**

deseo *m.* desire; wish; **pedir un deseo** *v.* to make a wish **7**

desilusión *f.* disappointment

desmayarse *v.* to faint **5**

desorden *m.* disorder, mess **11**

despacho *m.* office

despedida *f.* farewell **4**

despedido/a *adj.* fired **8**

despedir (e:ie) *v.* to fire **7**

despedirse (e:ie) *v.* to say goodbye

despertarse (e:ie) *v.* to wake up

destacar (c:qu) *v.* to emphasize; to point out; **destacado** *adj.* prominent, distinguished **9**

destino *m.* destination **4**

destrozar (z:c) *v.* to destroy

detestar *v.* to detest **3**

deuda *f.* debt **7**

día *m.* day; **estar al día con las noticias** to keep up with the news

diario *m.* daily (newspaper) **9**

dictadura *f.* dictatorship **8**

digestión *f.* digestion

digno/a *adj.* worthy **12**

diluvio *m.* heavy rain **6**

dinero *m.* money **7**

Dios *m.* God **8**

diputado/a *m., f.* representative **8**

directo/a *adj.* direct

director(a) *m., f.* director **9**

dirigir (g:j) *v.* to manage; to direct **7**

discoteca *f.* disco **2**

discriminación *f.* discrimination **8**

discriminado/a *adj.* discriminated **8**

disculpar *v.* to excuse, apologize; **Disculpe los inconvenientes** Pardon the inconveniences… (*form.*) **8**; **Disculpa los inconvenientes** Pardon the inconveniences… (*fam.*) **8**

discurso *m.* speech **8**

discutir *v.* to argue **1**

diseñar *v.* to design **10**

disfraz *m.* costume

disfrazado/a *adj.* disguised; in costume

disfrutar *v.* to enjoy **2**

disfrutar (de) *v.* to make use (of)

disgustado/a *adj.* upset **1**

disgustar *v.* to upset

disimular *v.* to hide **1**

disminuir *v.* to decrease

disponer (de) (*irreg.*) *v.* to have available

disponible *adj.* available

distinguido/a *adj.* honored

distraído/a *adj.* distracted

divertido/a *adj.* fun **2**

divertirse (e:ie) *v..* to have fun; to enjoy oneself **2**; **¡Que se diviertan!** Have fun! (*pl.*) **2**; **¡Que te diviertas!** Have fun! (*sing.*) **2**

divorcio *m.* divorce **1**

doblada *adj.* dubbed **9**

doblaje *m.* dubbing (film)

doblar *v.* to dub (film) **9**; to fold; to turn (a corner)

doble *m.* double **9**

documental *m.* documentary

doler (o:ue) *v.* to hurt; to ache

dominó *m.* dominoes **2**

dondequiera *adv.* wherever **5**

dormirse (o:ue) *v.* to go to sleep, to fall asleep

dramaturgo(a) *m., f.* playwright **10**

ducharse *v.* to take a shower

dueño/a *m., f.* owner **7**

E

echar *v.* to put, throw; **echar un vistazo** *v.* to take a look; **echar a correr** to take off running

Edad Media *f.* Middle Ages **12**

edición especial *f.* special edition **9**

educar (c:qu) *v.* to educate, inform **6**; to raise, to bring up **1**

efectivo *m.* cash; **dinero en efectivo** *m.* cash **3**

eficiente *adj.* efficient

ejecutivo/a *m., f.* executive **7**; **de corte ejecutivo** of an executive nature **7**

ejército *m.* army **8**

electoral *adj.* electoral **8**

electrónico/a *adj.* electronic

elegido/a *adj.* chosen; elected; **ser elegido/a** to be elected

elegir (e:i) (g:gu) *v.* to vote for; to elect; to choose **3**

embajador(a) *m., f.* ambassador **8**

embarcar (c:qu) *v.* to board **4**

emisión *f.* broadcast **9**; **emisión en vivo/directo** *f.* live transmission

emisora *f.* (radio) station **9**

emitir *v.* to emit **11**

empatar *v.* to tie (games) **2**

empeñarse en *v.* to strive to, to make an effort to

empeño *m.* determination; undertaking; effort

empeorar *v.* to deteriorate, get worse **5**

emperador(a) *m., f.* emperor **12**

empleado/a *m., f.* employee **7**

empleo *m.* employment, job **7**

emprender *v.* to undertake; to embark on **3**

empresa *f.* company **7**

empresario/a *m., f.* entrepreneur **7**

empujar *v.* to push

enamorado/a (de) *adj.* in love (with) **1**

enamorarse (de) *v.* to fall in love (with) **1**

encabezar *v.* to lead **12**

encantar *v.* to like very much; to love (inanimate objects)

encargar: encargado/a *m., f.* person in charge; **estar encargado/a de** to be in charge of **1**; **se encarga de** is in charge of **1**

encender (e:ie) *v.* to turn on **3**

encogerse (g:j) *v.* shrink; **encogerse de hombros** *v.* to shrug

energía *f.* energy; **energía nuclear** nuclear energy

enérgico/a *adj.* energetic

enfermarse *v.* to get sick

enfermedad *f.* disease; illness **5**

enfrentar *v.* to confront **4**

engañar *v.* to deceive; to trick **9**

engordar *v.* to gain weight **5**

enojo *m.* anger **4**

enrojecer (c:sz) *v.* to turn red; to blush **1**

ensayar *v.* to try; to practice

ensayista *m., f.* essayist **10**

ensayo *m.* essay; rehearsal **10**

enseñanza *f.* teaching; doctrine **12**

entenderse (e:ie) *v.* to understand each other

enterarse (e:ie) **(de)** *v.* to find out (about)

enterrar (e:ie) *v.* to bury

entonces *adv.* then; **en aquel entonces** at that time **3**

entrada *f.* admission ticket **2**

entrega *f.* delivery **9**

entrenador(a) *m., f.* trainer **2**

entretenerse (*irreg.*) *v.* to amuse oneself **2**

entrevista de trabajo *f.* job interview **7**

eólico/a *adj.* related to the wind; **energía eólica** wind energy; wind power

episodio *m.* episode **9**; **episodio final** final episode **9**

época *f.* era; period in time; epoch **12**

equipaje *m.* luggage

equipo *m.* team **2**

equivocarse *v.* to be mistaken; to make a mistake; **Creo que se equivocan.** I believe you (*pl.*) are mistaken. **9**; **Creo que te equivocas.** I believe you (*sing. fam.*) are mistaken. **9**; **Creo que usted se equivoca.** I believe you (*sing. form.*) are mistaken. **9**

erosión *f.* erosion **6**

esbozar *v.* to sketch **10**

esbozo *m.* outline; sketch **10**

escalada *f.* climb (mountain)

escalador(a) *m., f.* climber

escalera *f.* staircase **3**

escena *f.* scene **9**

escenario *m.* scenery; stage **2**

esclavitud *f.* slavery **12**

esclavizar *v.* to enslave **12**

esclavo/a *m., f.* slave **12**

escoba *f.* broom **3**

escondidas: a escondidas secretly; clandestinely **3**

escultor(a) *m., f.* sculptor

escultura *f.* sculpture

espacial *adj.* related to (outer) space; spacial

espacio *m.* space **11**

espacioso/a *adj.* spacious **3**

espalda *f.* back; **a mis espaldas** behind my back **9**; **estar de espaldas a** to have one's back to

espantar *v.* to scare

especialista *m., f.* specialist

especializado/a *adj.* specialized **11**

especie en peligro de extinción *f.* endangered species

espectáculo *m.* show 2
espera *f.* wait
espiritual *adj.* spiritual 8
estado de ánimo *m.* mood 5
estar *v.* to be; **estar al día** to be up-to-date 7; **estar bajo presión** *v.* to be under stress/pressure 7; **estar bueno a** to be good (i.e., fresh) 5; **estar a cargo de** *v.* to be in charge of; **estar lleno** to be full 4; **estar al tanto** to be informed 9; **estar a la venta** *v.* to be for sale 10
estatal *adj.* public; pertaining to the state 8
estereotipo *m.* stereotype
estilo *m.* style 10; **al estilo de**… in the style of . . . 10
estrecho/a *adj.* narrow
estrella *f.* star; **estrella fugaz** *f.* shooting star 11; **estrella** *m., f.* (movie) star 9
estreno *m.* premiere; debut 2
estrofa *f.* stanza 10
estudio *m.* studio 10; **estudio de grabación** *m.* recording studio 9
etapa *f.* stage; phase
eterno/a *adj.* eternal
ético/a *adj.* ethical 11; **poco ético/a** unethical 11
etiqueta *f.* label; tag
excitante *adj.* exciting
excursionismo *m.* sightseeing 4
exigir *v.* to require, to demand
éxito *m.* success 7; **exitoso/a** *adj.* successful 7
exótico/a *adj.* exotic
experimentar *v.* to experience; to feel 3; **experimentar con** to experiment on
experimento *m.* experiment 11
exploración *f.* exploration
explorar *v.* to explore
explotación *f.* exploitation 12
explotar *v.* exploit 6
exportaciones *f., pl.* exports 7
exposición *f.* exhibition 10
expulsar *v.* to expel 12
extinguir *v.* to extinguish 6
extraer *v.* to calculate, to extract
extrañar *v.* to miss; **extrañar a (alguien)** *v.* to miss (someone) 4
extrañarse de algo *v.* to be surprised about something 3
extraterrestre *adj.* alien 11

F

fábrica *f.* factory 7
fabricar (c:qu) *v.* to manufacture; to make 11
facción *f.* feature
factor *m.* factor; **factores de riesgo** risk factors 5
falda *f.* skirt
fallecer *v.* to die

falso/a *adj.* insincere 1
faltar *v.* to lack; to need 2
farándula *f.* entertainment 1
fascinar *v.* to fascinate; to love (inanimate objects)
fastidiar *v.* to annoy
favor *m.* favor; **¿Podría usted hacer el favor de cuidar mi pez?** Could you do me the favor of looking after my fish? (*form.*) 6; **¿Podrías hacer el favor de tomar mis mensajes?** Could you do me the favor of taking my messages? (*fam.*) 6
fe *f.* faith 8
felicidad *f.* happiness; **¡Felicidades a todos!** Congratulations to all!
feria *f.* fair 2
festejar *v.* to celebrate 2
festival *m.* festival 2
fiabilidad *f.* reliability
fijarse (en) *v.* to take notice (of)
fijo/a *adj.* permanent; fixed 7
fin *m.* end; **al fin y al cabo** sooner or later, after all
financiar *v.* to finance 7
financiero/a *adj.* financial 7
finanza(s) *f.* finance(s)
firmar *v.* to sign 7
físico/a *adj.* physical
flexible *adj.* flexible
foco *m.* lightbulb 3
fondo *m.* bottom; **a fondo** *adv.* thoroughly 5
forma *f.* form; shape; **mala forma física** *f.* bad physical shape 5; **de todas formas** in any case 12
formular *v.* to formulate 11
fortaleza *f.* strength
frasco *m.* flask 11
freír (e:i) (frío) *v.* to fry 3
frontera *f.* frontier 4
fuente *f.* fountain; source; **fuente de energía** energy source 6
fuerza *f.* force; power; **fuerza de voluntad** will power 5; **fuerza laboral** labor force; **fuerzas armadas** *f., pl.* armed forces 8
función *f.* performance (movie; theater) 2; showing 9
funcionario/a *m., f.* government employee 7
futurístico/a *adj.* futuristic

G

galería *f.* gallery
gallo *m.* rooster 6
gana *f.* desire; **sentir ganas de** to want to, to have an urge to; to feel like; **tener ganas de** to want to, to have an urge to 1
ganar *v.* to win 12; **ganarse la vida** to earn a living 7
ganga *f.* bargain 3
gen *m.* gene 11

generar *v.* to produce, generate 6
generoso/a *adj.* generous
genética *f.* genetics
gerente *m., f.* manager
gesto *m.* gesture
gimnasio *m.* gymnasium 2
gobernar *v.* to govern 8
golpear *v.* to strike; to knock on
gozar de algo (z:c) *v.* to enjoy something 3
grabar *v.* to record 9
gracioso/a *adj.* funny, pleasant 1
gravedad *f.* gravity 11
gripe *m.* flu 5
gritar *v.* to shout 2
grupo *m.* group; **grupo musical** *m.* musical group, band 2
guerra *f.* war; **guerra civil** civil war 12
guerrero *m., f.* warrior 12
guinda *f.* morello cherry
guión *m.* script 9
gusano *m.* worm
gustar *v.* to like 2; **¡No me gusta nada**…**!** I don't like . . . at all! 3
gusto *m.* taste; **con mucho gusto** gladly; **de buen/mal gusto** in good/bad taste 10

H

habilidad *f.* skill
hábilmente *adv.* skillfully 3
habitante *m., f.* inhabitant 12
hablar *v.* to speak; **Hablando de esto,**… Speaking of that, . . . 9
hacer (*irreg.*) *v.* to do; to make; **hacer algo a propósito** to do something on purpose; **hacer cola** to wait in line 2; **hacerle caso (a alguien)** to pay attention (to someone) 1; **hacerle daño a alguien** to hurt someone; **hacer el favor** do me the favor 6; **hacerle gracia a alguien** to be funny (to someone); **hacerse daño** to hurt oneself 5
hacienda *f.* ranch 12
hambriento/a *adj.* hungry 3
harto/a *adj.* tired; fed up (with); **estar harto/a de** to be fed up with 3
hasta *adv.* until; **hasta la fecha** up until now
hazaña *f.* exploit; feat; accomplishment
hecho *m.* fact
helar (e:ie) *v.* to freeze 6
hembra *f.* female 6
heredar *v.* to inherit 11
herencia *f.* heritage; **herencia cultural** cultural heritage
herida *f.* injury 5
herido/a *adj.* injured
herir (e:ie) *v.* to wound; to hurt
herradura *f.* horseshoe 12

herramienta *f.* tool **11**
hervir (e:ie) *v.* to boil **3**
hierba *f.* grass **6**
higiénico/a *adj.* hygienic
histórico/a *adj.* historical; factual; memorable
hogar *m.* home; fireplace **3**
hoguera *f.* campfire
hoja de vida *f.* résumé **7**
hojear *v.* to skim **10**
hombro *m.* shoulder; **encogerse de hombros** *v.* to shrug
hondo/a *adj.* deep
hora *f.* hour; **a primera hora** at the crack of dawn
horario *m.* schedule; timetable **4**
horas de visita *f., pl.* visiting hours **4**
hormiga *f.* ant
hospedarse *v.* to stay, to lodge **4**
hoyo *m.* hole
huelga *f.* strike **7**
huella *f.* trace, mark
huerto *m.* orchard
huir *v.* to flee **12**
hundir *v.* to sink **10**
huracán *m.* hurricane **6**
huraño/a *adj.* unsociable, shy **1**

I

iglesia *f.* church **8**
igualdad *f.* equality **8**
ilusión *f.* illusions, hopes
imagen *f.* image **10**
imaginación *f.* imagination
imparcial *adj.* impartial; unbiased **9**
impedir (e:i) *v.* to prevent; to hinder
imperio *m.* empire **12**
importaciones *f., pl.* imports **7**
importar *v.* to be important to; to matter
impresionar *v.* to impress **1**
imprimir *v.* to print **9**
improviso: de improviso *adv.* unexpectedly **3**
impuesto *m.* tax **4**; **impuesto de ventas** *m.* sales tax **7**; **pagar el impuesto de…** to pay duty on…
inclinar *v.* to bend (something) downward; **inclinarse** *v.* to bend down
incluido/a *adj.* inclusive
inconveniente *m.* problem, hitch; **Disculpa los inconvenientes, Jorge.** Pardon the problems, Jorge. (*fam.*) **8**; **Disculpe los inconvenientes, señora Zamora.** Pardon the problems, Mrs. Zamora. (*form.*) **8**
índice *m.* index; **índice de audiencia** ratings **9**
indígena *m., f.* native **12**
industria *f.* industry **7**
infancia *f.* childhood
inflamado/a *adj.* inflamed **5**

inflamarse *v.* to become inflamed
inflexible *adj.* inflexible
influyente *adj.* influential **9**
informarse *v.* to get information **8**
informática *f.* computing, computer science, technology
ingeniero/a *m., f.* engineer **7**
ingresar *v.* to enter; to enroll in; to become a member of; **ingresar datos** to enter data **11**
injusto/a *adj.* unjust; unfair **8**
inmoral *adj.* immoral **8**
inquietante *adj.* disturbing **10**
inscribirse *v.* to register; to enroll **8**
inseguro/a *adj.* insecure **1**
insistir en *v.* to insist on; **Insisto en que usted vea a un doctor.** I insist that you go see a doctor. (*form.*) **5**; **Insisto en que veas a un doctor.** I insist that you go see a doctor. (*fam.*) **5**
inspirado/a *adj.* inspired
inteligente *adj.* intelligent **1**
interesar *v.* to be interesting to; to interest
Internet *m.* Internet
intrigante *adj.* intriguing **10**
inundación *f.* flood **6**
inundar *v.* to flood **6**
inútil *adj.* useless **2**
invadir *v.* to invade **12**
invención *f.* invention
inventar *v.* to invent; to create **11**
invento *m.* invention **11**
inversión *f.* investment; **inversión extranjera** foreign investment **7**
inversor(a) *m., f.* investor **7**
investigar (g:gu) *v.* to research
ir (*irreg.*) *v.* to go; **¡Qué va!** Of course not! **3**
irresponsable *adj.* irresponsible
irse (de) (*irreg.*) *v.* to go away (from)
isla *f.* island **4**
itinerario *m.* itinerary **4**

J

jarabe *m.* syrup **5**
jaula *f.* cage
jornada *f.* (work) day
jubilación *f.* retirement **7**
jubilarse *v.* to retire **7**
judío/a *m., f.* Jewish person
juez(a) *m., f.* judge **8**
juicio *m.* trial; judgment **8**
justo/a *adj.* just; fair **8**

L

laboratorio *m.* laboratory; **laboratorio espacial** *m.* space lab
ladrillo *m.* brick
ladrón/ladrona *m., f.* thief **3**
lágrimas *f. pl.* tears

lanzar (z:c) *v.* to throw **4**; to launch
largo/a *adj.* long; **a lo largo de** along; beside; **a largo plazo** long-term **12**
largometraje *m.* full length film **9**
lastimar *v.* to injure
lastimarse *v.* to hurt oneself **5**
lavar *v.* to wash **3**
lavarse *v.* to wash
lector(a) *m., f.* reader **9**
león *m.* lion **6**
levantar *v.* to pick up **3**
levantarse *v.* to get up
ley *f.* law
liberal *adj.* liberal
libertad *f.* freedom
libre *adj.* free **8**
líder *m., f.* leader; **líder laboral** labor leader **8**
liderazgo *m.* leadership **8**
ligero/a *adj.* light, superficial
limitar *v.* to border, to limit **12**
limpiar *v.* to clean **3**
limpieza *m.* cleaning; **hacer la limpieza** to do the cleaning **3**
llamativo/a *adj.* striking, bright **10**
llegada *f.* arrival **4**
llegar *v.* to arrive; **si no llegas a la hora, me iré sin ti**. If you don't arrive on time, I will leave without you. (*fam.*) **8**
llevar *v.* to carry; **llevar a cabo** to carry out (an activity); **llevar… años de (casados)** to be (married) for . . . years **1**
llevarse *v.* to carry away; **llevarse bien/mal** to get along well/poorly **1**
locura *f.* madness, insanity
locutor(a) *m., f.* announcer **9**
lograr *v.* to attain; to achieve **3**
loro *m.* parrot **6**
lotería *f.* lottery **2**
lucha *f.* struggle; fight **8**
luchar *v.* to fight, struggle **8**; **luchar por** to fight (for)
lugar *m.* place; **Estando yo en tu lugar,…** If I were you, . . . **9**
lujo *m.* luxury; **de lujo** luxurious
lujoso/a *adj.* luxurious **4**
luminoso/a *adj.* bright **10**
luna *f.* moon; **luna llena** full moon **11**

M

macho *m.* male **6**
madera *f.* wood
madre soltera *f.* single mother
madrugar *v.* to get up early **5**
madrugador(a) *m., f.* early riser; **ser buen madrugador(a)** to be an early riser
maduro/a *adj.* mature **1**
magia *f.* magic, allure
maldición *f.* curse
malestar *m.* discomfort **5**

malgastar *v.* to waste **6**
malhumorado/a *adj.* ill tempered; in a bad mood
manatial *m.* spring **4**
mancha *f.* stain
manchar *v.* to stain
manejar *v.* to drive
mano de obra *f.* labor **7**
manta *f.* blanket
mantenerse (*irreg.*) *v.* to maintain oneself; to keep oneself; **mantenerse en contacto** *v.* to keep in touch **1**
manuscrito *m.* manuscript **10**
maquillarse *v.* to put on makeup
maratón *m.* marathon **2**
marca *f.* brand **7**
marcar (c:qu) *v.* to mark; **marcar (un gol/punto)** *v.* to score (a goal/point) **2**
marcharse *v.* to leave **4**
marco *m.* frame
mareado/a *adj.* dizzy **5**
marido *m.* husband **1**
marinero *m.* sailor
mariposa *f.* butterfly **6**
más *adj., adv.* more; **más allá de** beyond **1**; **más bien** rather
masticar (c:qu) *v.* to chew **3**
matiz *m.* subtlety
matrimonio *m.* marriage
mayor de edad to be of age
mecánico/a *adj.* mechanical
mecanismo *m.* mechanism
medicina alternativa *f.* alternative medicine
medida *v.* means; measure; **medidas de seguridad** *f. pl.* security measures **4**
medio *m.* half; middle; means; **medio ambiente** environment **6**; **medios de comunicación** media **9**
medir (e:i) *v.* to measure
mejilla *m.* cheek
mejorar *v.* to improve **5**
mendigo/a *m., f.* stingy; beggar
mentira *f.* lie **1**
mentiroso/a *adj.* lying; mendacious **1**
menudo: a menudo *adv.* frequently; often **3**
mercadeo *m.* marketing **1**
mercado al aire libre *m.* open-air market
mercancía *f.* merchandise
merecer (c:sz) *v.* to deserve **7**
mesero/a *m., f.* waiter, waitress **4**
mestizo/a *m., f.* person of mixed race **12**
meta *f.* finish line **2**
meterse *v.* to break in (to a conversation)
mezcla *f.* mixture **10**
mezquita *f.* mosque
miedoso/a *adj.* frightened, scared **6**

milagro *m.* miracle
ministro/a *m., f.* minister **8**; **ministro/a protestante** *m., f.* Protestant minister
minoría *f.* minority **8**
mirada *f.* look, glance, gaze **1**
mismo/a *adj.* same **1**; **Lo mismo digo yo.** The same here. **3**; **él/ella mismo/a** himself, herself **1**
mitad *f.* half **3**
modelo *m., f.* model (fashion)
moderno/a *adj.* modern
modificar (c:qu) *v.* to modify; to reform
modo *m.* means; manner; **¡Ni modo!** No way! **3**
mojar *v.* to moisten **8**; **mojarse** *v.* to get wet **6**
molestar *v.* to bother; to annoy
momento *m.* moment; **en el último momento** at the last moment; **noticia de último momento** last-minute news
monarca *m., f.* monarch **12**
monja *f.* nun
mono *m.* monkey **6**
montaña *f.* mountain **6**
moral *adj.* moral **8**
morder (o:ue) *v.* bite **6**
morirse de (o:ue) de *v.* to die of
mosca *f.* fly **6**
movimiento *m.* movement **10**
mudar *v.* to change; **mudarse** *v.* to move (change residence)
muebles *m. pl.* furniture **3**
muerte *f.* death **8**
muestra *f.* sample; example **8**
mujer *f.* woman; wife **1**
multa *f.* fine
multinacional *f.* multinational company **7**
multitud *f.* crowd
museo *m.* museum
musulmán/musulmana *m., f.* Muslim person

N

narrador(a) *m., f.* narrator **10**
narrar *v.* to narrate **10**
nativo/a *adj.* native **12**
naturaleza muerta *f.* still life **10**
nave *f.* ship; **nave espacial** *f.* spaceship **11**
navegar (g:gu) *v.* to sail, to navigate **4**; **navegar en Internet** to surf the web **9**
necio/a *adj.* stupid
negocio *m.* business
nervioso/a *adj.* nervous
ni... ni... *conj.* neither . . . nor . .
nido *m.* nest **6**
niebla *f.* fog

nítido/a *adj.* sharp **10**
nivel *m.* level; **nivel del mar** *m.* sea level **6**
nombrar *v.* to name
nominación *f.* nomination **12**
nominado/a *adj.* nominee
nota a pie de página *f.* footnote **10**
noticia *f.* news **9**
noticiero *m.* news **9**

O

o... o... *conj.* either . . . or . . .
obesidad *f.* obesity **5**
obra *f.* work; **obra de arte** work of art **10**; **obra de teatro** play (theater) **10**; **obra maestra** masterpiece **10**
obsequio *m.* gift **8**
ocio *m.* leisure **2**
ocurrírsele a alguien to occur to someone
odiar *v.* to hate **3**
ofrecerse (a) *v.* to offer (to)
ojeras *f. pl.* bags under the eyes **8**
olas *f.* waves **4**
Olimpiadas *f. pl.* Olympics **2**
olvidarse (de) *v.* to forget (about)
olvido *m.* forgetfulness, oblivion
onda *f.* wave **11**
operación *f.* operation **5**
operar *v.* to operate **11**
opinar *v.* to think; to be of the opinion; **Opino que es fea/o.** In my opinion, it's ugly. **10**
oprimir *v.* to oppress **12**
orgulloso/a *adj.* proud; **estar orgulloso/a de** to be proud of **1**
orilla *f.* shore **6**; **a orillas de** on the shore of **6**
ornamentado/a *adj.* ornate **10**
oso *m.* bear
ovni (objeto volador no identificado) *m.* U.F.O. (unidentified flying object) **11**
oyente *m., f.* listener **9**

P

pacífico/a *adj.* peaceful **12**
padre soltero *m.* single father
página *f.* page
país en vías de desarrollo *m.* developing country **12**
paisaje *m.* landscape **6**
palmera *f.* palm tree
palta (paltita) *f.* avocado
pantalla *f.* screen; **pantalla de computadora** computer screen; **pantalla de televisión** television screen **9**; **pantalla líquida** *f.* LCD screen **11**
papel *m.* role

para *prep.* for; **Para mí,**... In my opinion, ... 9; **para nada** not at all 1

paradoja *f.* paradox 10

parcial *adj.* partial; biased; **ser parcial** to be biased 9

parcialidad *f.* bias 9

parecer (c:sz) *v.* to seem 1; **A mi parecer,**... In my opinion, ... 9; **Al parecer, no le gustó.** It looks like he/she didn't like it. 6; **Me parece hermosa/o.** I think it's pretty. 10; **Parece que está triste/contento/a.** It looks like he/she is sad/happy. 6; **Me parece que sí/no.** I think so./I think not. 10; **parecerse** *v.* to look like

pareja *f.* couple, partner 1

parque *m.* park; **parque de atracciones** amusement park 2

parte *f.* part; **de parte de** on behalf of; **Por mi parte,**... As for me, ... 9

particular *adj.* private; personal; particular

partido *m.* party; **partido político** political party 8

pasajero/a *adj.* fleeting, passing

pasar *v.* to pass; to make pass (across, through, etc.); **pasar la aspiradora** to vacuum 3; **pasarlo bien/mal** to have a good/bad time 1; **pasarlo fatal** to be miserable, to have a bad time 1

pasarse *v.* to go too far

paseo *m.* stroll 2

paso *m.* passage; pass; step; **abrirse paso** to make way

pastilla *f.* pill 5

pasto *m.* grass

pata *f.* foot/leg of an animal 6

patente *f.* patent 11

paz *f.* peace

pecado *m.* sin

pececillo de colores *m.* goldfish 7

pecho *m.* chest, breast

pedir *v.* to ask; **pedir un deseo** *v.* make a wish 7

pegar (g:gu) *v.* to stick

peinarse *v.* to comb one's hair

peldaño *m.* step

pelear *v.* to fight 12

película *f.* film

peligroso/a *adj.* dangerous 4

pena *f.* pity; **¡Qué pena!** What a pity! 3

pensión *f.* bed and breakfast inn

pérdida *f.* loss 6

perdonar *v.* to forgive 8; **Ha sido culpa mía. Perdóname.** It was my fault. Forgive me. (*fam.*); **Ha sido culpa mía. Perdóneme.** It was my fault. Forgive me. (*form.*); **Perdone que lo moleste** Pardon me for bothering you (*form.*) 4

perfeccionar *v.* to improve; to perfect

periódico impreso *m.* newspaper 9

periodista *m., f.* journalist 7

perjudicar (c:qu) *v.* damage, harm

permanecer (c:zc) *v.* to remain; to last 5

permisivo/a *adj.* permissive, easy-going 1

permiso *m.* permission; **Con permiso.** Pardon me. (Excuse me.) 4

perseguir (e:i) *v.* to pursue; to persecute 12

personaje *m.* character; **personaje principal/secundario** main/secondary character 10

pesadilla *f.* nightmare 3

pesimista *m., f.* pessimist; **No sean pesimistas.** Don't be pessimistic. (*pl.*) 2; **No seas pesimista.** Don't be pessimistic. (*sing.*) 2

peso *m.* weight

picadura *f.* insect bite

picar (c:qu) *v.* sting, peck

picnic *m.* picnic 2

pico *m.* peak, summit 6

pieza *f.* piece (art) 10

piloto *m., f.* pilot

pincelada *f.* brush stroke

pintor(a) *m., f.* painter

pintura *f.* painting 10; **pinturas al óleo** *f.* oil paintings 10

plancha *f.* iron 6

planear *v.* to plan 6

plantear *v.* to set out (an idea/project); to create; to cause

poblador(a) *m., f.* settler; inhabitant of a town

poblar *v.* to settle, populate 12

poder *v.* to be able to; **¿Podría usted abrirla?** Could you open it? (*form.*) 11; **¿Podrías hacer el favor del tomar mis mensajes?** Could you do me the favor of taking my messages? (*fam.*) 6; **¿Podría usted hacer el favor de cuidar mi pez?** Could you do me the favor of looking after my fish? (*form.*) 6

poderoso/a *adj.* powerful 12

política *f.* politics 8

poner (*irreg.*) *v.* to put; **poner a prueba** to test; to challenge; **poner cara (de hambriento/a)** to make a (hungry) face; **poner un disco compacto** to put a CD on 2; **poner una cara** to make a face; **poner una inyección (a alguien)** to give (somebody) a shot 5

ponerse *v.* to put on (clothing); **ponerse (el cinturón)** to fasten (the seatbelt) 4; **ponerse bien/malo/a** to get well/ill 5; **ponerse de pie** to stand up 12; **ponerse pesado/a** to become annoying 1; **poner los cuernos** to cuckold

porquería *f.* garbage, poor quality 10

¡Por supuesto! Of course! 3

portada *f.* front page 9

portarse bienl *v.* to behave well 5

portátil *adj.* portable

posible *adj.* possible; **en todo lo posible** as much as possible 1

pozo *m.* well 6; **pozo petrolero** oil well

precolombino/a *adj.* pre-Colombian

preguntarse *v.* to wonder 1

premiar *v.* to give a prize 3

premio *m.* prize 12

prensa *f.* the press 9; **prensa sensacionalista** sensacionalist press 9

preocupado/a (por) *adj.* worried (about) 1

preocupar *v.* to worry

preocuparse (de) *v.* to worry (about) 2; **No te preocupes.** Don't worry. (*fam.*) 4; **No se preocupe usted.** Don't worry. (*form.*) 4; **No hay por qué preocuparse.** There's no reason to worry. (*form.*) 11; **No tienes por qué preocuparte.** There's no reason (for you) to worry. (*fam.*) 11

preparar maletas *v.* to pack suitcases 4

presentador(a) de noticias *m., f.* news reporter 9

presentarse como *v.* to apply for 8

presentir (e:ie) *v.* to foresee

presionar *v.* to pressure; to stress

presupuesto *m.* budget 7

prevenido/a *adj.* cautious

prevenir (*irreg.*) *v.* to prevent 5

primeros auxilios *m. pl.* first aid 5

privilegio *m.* privilege

prócer *m.* hero

profundo/a *adj.* deep 6

programador(a) *m., f.* programmer

prohibido/a *adj.* forbidden 4

promover (o:ue) *v.* to promote 6

pronunciar *v.* to pronounce; **pronunciar un discurso** *v.* to give a speech 8

propensión *f.* tendency

propietario/a *m., f.* (property) owner

proponer (*irreg.*) *v.* to propose; **proponer matrimonio** *v.* to propose (marriage) 1

proporcionar *v.* to provide; to supply 3

propósito: a propósito on purpose 3

protagonista *m., f.* main character

proteger (g:j) *v.* to protect

provecho *m.* benefit; **¡Buen provecho!** Enjoy your meal!

proveniente (de) *adj.* originating (in); coming from

provenir (de) (*irreg.*) *v.* to come from; to originate from

proyecto *m.* project 7; **proyecto de ley** bill 8

prueba espacial *f.* space probe **11**
publicar (c:qu) *v.* to publish **9**
publicidad *f.* advertising **7**
público *m.* the public; audience **9**
pueblo *m.* people **8**
puesto *m.* position, job **7**
punto de vista *m.* point of view **10**
puro/a *adj.* pure, clean **6**

Q

quedar *v.* to be left over; to fit (clothing); **quedar sordo/a** to go deaf **5**;
quedarse *v.* to stay **4**; **quedarse viudo** to be widowed **1**
quehaceres *m. pl.* chores **3**
queja *f.* complaint **8**
quejarse *v.* to complain **4**
querer (*irreg.*) *v.* to love; to want **1**; **Quería invitarte a acompañarme a la ceremonia.** I wanted to ask you to come to the ceremony with me. **12**; **Quiero invitarte a acompañarme a la ceremonia.** I want to ask you to come to the ceremony with me. **12**; **Quisiera invitarte a acompañarme a la ceremonia.** I would like to invite you to come to the ceremony with me. **12**
¡Qué va! Of course not! **3**
quirúrgico/a *adj.* surgical **11**
quitar *v.* to take away; to remove; **quitar el polvo** to dust **3**;
quitarse *v.* to take off (clothing)

R

rabino/a *m., f.* rabbi
radiación *f.* radiation
radio *f.* radio **9**
raíz *f.* root
rasgo *m.* trait, characteristic **10**
rata *f.* rat **6**
raya *f.* warpaint, stripe **4**
rayo *m.* ray, lightning; **¿Qué rayos…?** What on earth…? **4**
reactor *m.* reactor
rebeldía *f.* rebelliousness
rebuscado/a *adj.* complicated
recado *m.* message
receta *f.* prescription **5**
rechazar (z:c) *v.* to reject **8**
rechazo *m.* refusal, rejection
reciclable *adj.* recyclable **6**
recital *m.* recital **2**
recomendable *adj.* advisable **4**; **poco recomendable** not advisable; inadvisable
reconocimiento *m.* recognition **10**
recordar (o:ue) *v.* to remember **1**
recorrer *v.* to go across; to travel **4**

recuerdo *m.* memory
recuperarse *v.* to recover **5**
recursos naturales *m.* natural resources **6**
redactor(a) *m., f.* editor; **redactor(a) jefe** *m., f.* editor-in-chief **9**
redondo/a *adj.* round
reducir (c:sz) *v.* to reduce; **reducir (la velocidad)** *v.* to slow down (the speed) **4**
reembolso *m.* refund **3**
reemplazable *adj.* something that can be substituted
reforma *f.* reform; **reforma económica** *f.* economic reform
refugiarse *v.* to take refuge **6**
régimen *m.* diet **5**; form of government **8**
regla *f.* rule
regresar *v.* to return **4**; **Si no regresas con la diputada, estás despedida.** If you don't come back with the representative, you are fired. (*fam.*) **8**
regreso *m.* return (trip)
reina *f.* queen **12**
reino *m.* reign; kingdom **12**
relacionado/a *adj.* related; **estar relacionado** to have good connections **2**
relajarse *v.* to relax **5**
relámpago *m.* lightning **6**
relato *m.* story; narrative
religión *f.* religion **8**
religioso/a *m., f.* religious **8**
remitente *m.* sender
rendimiento *m.* performance
rendirse (e:i) *v.* to surrender **12**
renovarse *v.* to be renewed; revitalized **6**
renunciar *v.* to renounce; to resign; **renunciar a un cargo** to resign a post
repertorio *m.* repertoire **2**
reportaje *m.* story **9**
reportero/a *m., f.* reporter **9**
reposo *m.* rest; **estar en reposo** to be at rest
repostería *f.* pastry
represa *f.* dam
reproducirse (c:sz) *v.* to reproduce
resbaladizo/a *adj.* slippery **8**
resbalar *v.* to slip
rescatar *v.* to rescue **12**
reservación *f.* reservation
reservar *v.* to reserve **4**
resfriado *m.* cold **5**
residir *v.* to reside **12**
respeto *m.* respect
respiración *f.* breathing **5**
responsable *adj.* responsible
reto *m.* challenge
retrasar *v.* to delay **4**
retraso *m.* delay

retrato *m.* portrait **10**
retrovisor *m.* rearview mirror
reunión *f.* meeting **7**
reunirse *v.* to get together; to gather **2**
revista semanal *f.* weekly supplement **9**
revolver (o:ue) *v.* to stir; to mix up
rey *m.* king **12**
rezar *v.* to pray **8**
riesgo *m.* risk **6**
rima *f.* rhyme **10**
rincón *m.* corner **4**
río *m.* river **6**
rociar *v.* to spray **6**
rodeado/a *adj.* surrounded **11**
rodear *v.* to surround
romper (con) *v.* to break up (with) **1**
rozar (z:c) *v.* to brush against, to touch lightly
ruido *m.* noise **3**
rumbo a bound for
rústico/a *adj.* rustic; rural

S

saber (*irreg.*) *v.* to know; to taste like/of **5**; **¿Cómo sabe?** How does it taste? **5**; **¿Y sabe bien?** And does it taste good? **5**; **Sabe a ajo/menta/limón.** It tastes like garlic/mint/lemon. **5**
sabiduría *f.* wisdom **12**
sabio/a *adj.* wise
sabor *m.* taste; flavor **5**; **¡No! ¡Tiene sabor a mango!** No! It's mango flavored! **5**; **¿Qué sabor tiene? ¿Chocolate?** What flavor is it? ¿Chocolate? **5**; **Tiene un sabor dulce/agrio/amargo/agradable.** It has a sweet/sour/bitter/pleasant taste. **5**
sacerdote *m.* priest
saciar *v.* to satisfy; to quench
sacrificio *m.* sacrifice **12**
sagrado/a *adj.* sacred **8**
sala *f.* room; hall; **sala de conciertos** *f.* concert hall **2**; **sala de emergencias** *f.* emergency room **5**
salida *f.* departure; exit **8**
salir (*irreg.*) *v.* to go out; **salir (a comer)** to go out (to eat) **2**; **salir con** to go out with **1**
salto *m.* jump; **salto en el tiempo** time warp **11**
salud *f.* health **5**; **¡A tu salud!** To your health! **7**; **¡Salud!** Cheers! **7**
salvaje *adj.* wild, savage **6**
salvar *v.* to save **12**
sano/a *adj.* healthy **5**
satélite *m.* satellite **11**
sátira *f.* satire **10**
satírico/a: tono satírco/a *adj.* satirical tone **10**

secarse *v.* to dry off
seco/a *adj.* dry 6
seguridad *f.* security 8
seguro/a *adj.* sure, confident 1;
  seguro *m.* insurance 4
seleccionar *v.* to select; to pick out 3
sello *m.* seal; stamp
selva *f.* jungle 4
semana *f.* week; **¡Buen fin de
  semana!** Have a nice weekend! 2
semanal *adj.* weekly; **revista
  semanal** *f.* weekly supplement
  (newspaper)
semilla *f.* seed 6
senador(a) *m., f.* senator 8
sensato/a *adj.* sensible
sensible *adj.* sensitive 1
sentido *m.* sense; **en sentido figurado**
  figuratively 10; **sentido común** *m.*
  common sense 5
sentimiento *m.* feeling, emotion 1
sentirse *v.* to feel 1
señalar *v.* to point out, to signal
señales *m. pl.* identifying
  information, signals
serpiente *f.* snake
servicio de habitación *m.* room
  service 4
servicios *m., pl.* facilities 4
sesión *f.* showing 9
sierra *f.* mountain range
siglo *m.* century 12
silbar *v.* to whistle
sillón *m.* armchair
simpatía *f.* congeniality 1
simpático/a *adj.* nice 1
sin *prep.* without; **sin ti** without you
  (*fam.*) 8
sinagoga *f.* synagogue
sincero/a *adj.* sincere
sindicato *m.* labor union 7
síntoma *m.* symptom
sintonizar *v.* to tune into (radio or
  television)
siquiera *conj.* even; **ni siquiera** *conj.*
  not even
sitio *m.* place; website
situado/a *adj.* situated; located; **estar
  situado/a en** to be set in
soberanía *f.* sovereignty 12
sobre *m.* envelope
sobredosis *f.* overdose 11
sobrevivencia *f.* survival
sobrevivir *v.* to survive
sociable *adj.* sociable
sociedad *f.* society 12
solar *adj.* solar
soledad *f.* solitude, loneliness 3
soler (o:ue) *v.* to tend to 3
solo/a *adj.* alone, lonely 1
soltero/a *adj.* single 1; **madre soltera**
  single mother; **padre soltero** single
  father
soñar (o:ue) *v.* to dream; **soñar con**
  to dream about, to dream of 1

soplar *v.* to blow 6
soportar *v.* to support; **soportar
  alguien** to put up with someone;
  No soportar not to be able to stand
  3
sordo/a *adj.* deaf
sorprenderse (de) *v.* to be surprised
  (about)
sospecha *f.* suspicion
sospechar *v.* to suspect
suavidad *f.* smoothness
subasta *f.* auction 10
subdesarrollo *m.* underdevelopment
subida *f.* ascent
subtítulos *m., pl.* subtitles 9
suburbio *m.* suburb 12
suceder *v.* to happen
sucursal *f.* branch 7
sueldo *m.* salary; **aumento de sueldo**
  raise; **sueldo mínimo** minimum
  wage 7
suelo *m.* floor
suelto/a *adj.* loose
sufrimiento *m.* pain, suffering
sugerir (e:ie) *v.* to suggest; **Sugiero
  que se ponga usted a dieta.** I
  suggest you go on a diet. (*form.*) 5;
  Sugiero que te pongas a dieta. I
  suggest you go on a diet. (*fam.*) 5
superar *v.* to overcome
superficie *f.* surface 11
supermercado *m.* supermarket 3
supervivencia *f.* survival 11
suprimir *v.* to abolish, to suppress 12
supuesto/a *adj.* false; so-called;
  supposed; **¡Por supuesto!** Of
  course! 3
susto *m.* shock, fright

T

tacaño/a *adj.* cheap, stingy 1
tacón (alto) *m.* (high) heel 12
tal como *conj.* just as
talento *m.* talent 1
talentoso/a *adj.* talented 1
taller *m.* workshop 10
tapa *f.* lid, cover
taquilla *f.* box office 2
tarjeta *f.* card; **tarjeta de crédito** *f.*
  credit card 3
tarugo/a *adj.* blockhead
teatro *m.* theater 2
teclado *m.* keyboard
teléfono celular *m.* cellular phone 11
telenovela *f.* soap opera 9
telescopio *m.* telescope 11
televidente *m., f.* television viewer 9
templo *m.* temple; church
temporada *f.* season; period;
  temporada alta *f.* high/busy
  season 4
tendencia *f.* tendency; bias;
  tendencia izquierdista/derechista

  f. left-wing/right-wing bias
tener (*irreg.*) *v.* to have **Tendrá usted
  que dejar algunas cosas.** You'll
  have to leave some things behind.
  (*form.*) 4; **Tendrás que dejar
  algunas cosas.** You'll have to leave
  some things behind. (*fam.*) 4;
  ¿Tendrías la bondad de…? Could
  you please?… (*fam.*) 6; **¿Tendría
  usted la bondad de…?** Could you
  please?… (*form.*) 6; **tener fiebre** to
  have a fever 5
tensión (alta/baja) *f.* (high/low) blood
  pressure 5
teoría *f.* theory 11
térmico/a *adj.* thermal
terremoto *m.* earthquake
testigo *m., f.* witness 10
tiempo *m.* time; **a tiempo** on time 3
tierra *f.* land 6
tigre *m.* tiger 6
timbre *m.* doorbell; tone
timidez *f.* shyness 1
tímido/a *adj.* shy 1
típico/a *adj.* typical; traditional
tira cómica *f.* comic strip
tirar *v.* to throw
titular *m.* headline 9
titularse *v.* to graduate
tocar (c:qu) + me/te/le, etc. *v.* to be
  my/your/his turn; to be up to
  me/you/him; **¿A quién le toca
  pagar la cuenta?** Whose turn is it
  to pay the tab? 2; **¿Todavía no me
  toca?** Is it my turn yet? 2; **A
  Johnny le toca hacer el café.** It's
  Johnny's turn to make coffee. 2;
  Siempre te toca lavar los platos.
  It's always your turn to wash the
  dishes. 2; **tocar el timbre** to ring
  the doorbell 3
tomar *v.* to take; **tomar en serio** to
  take seriously; **tomar lugar en…** to
  take place in…; **tomarse el pelo** to
  joke
tormenta *f.* storm 6
torneo *m.* tournament 2
tos *f.* cough 5
toser *v.* to cough 5
tradicional *adj.* traditional 1
tragar (g:gu) *v.* to swallow
trama *m.* plot 10
tranquilo/a *adj.* calm 1; **Tranquilo/a.**
  Calm, Relax. 11
transbordador espacial *m.* space
  shuttle 11
tránsito *m.* traffic 4
transmisión *f.* transmission 9
transmitir *v.* to broadcast 9
transplantar *v.* to transplant
transporte público *m.* public
  transportation 4
trasnochar *v.* to stay up all night 5
trastorno *m.* disorder
tratado *m.* treaty 8

tratamiento *m.* treatment **5**
tratar *v.* to treat **5**; **tratar de…** to deal with, to be about
trazar *v.* to trace **10**
trazo *m.* (brush) stroke **10**
tribu *f.* tribe **12**
tribunal *m.* court **8**
tropezar (con) (z:c) *v.* to stumble (across); to trip; to come up against
tropical *adj.* tropical
trueno *m.* thunder **6**
trueque *m.* barter; exchange
turístico/a *adj.* tourist **4**

U

ubicar (c:qu) *v.* to put in a place; to locate
ubicarse *v.* to be located
único/a *adj.* unique
uña *f.* fingernail; **uña y carne** *adj.* inseparable **1**
urbano *adj.* urban **12**

V

vacuna *f.* vaccine **5**
valioso/a *adj.* valuable **10**
valor *m.* bravery; value; **valores morales** moral values
veces: a veces sometimes **3**
vela *f.* candle **7**
venado *m.* deer
vencer (c:z) *v.* to defeat **2**
vencido/a *adj.* expired **4**
venda *f.* bandage **5**
veneno *m.* poison
venenoso/a *adj.* poisonous **6**
venta *f.* sale; **estar a la venta** to be for sale **10**
ventaja *f.* advantage
vergüenza *f.* shame, embarrassment **1**; **tener vergüenza de** to be ashamed of **1**
verse (*irreg.*) *v.* to look; to appear **6**; **Se ve tan feliz.** He/She looks so happy. **6**; **¡Qué guapo/a te ves!** How attractive you look! (*fam.*) **6**; **¡Qué satisfecho/a se ve usted!** How satisfied you look! (*form.*) **6**; **Yo lo/la veo muy triste.** He/She looks very sad to me. **6**
verso *m.* verse, line (poem)
vestido/a de negro *adj.* dressed in black
vestidor *m.* fitting room **3**
vestirse (e:i) *v.* to get dressed
vez *f.* time; **a veces** sometimes; **de vez en cuando** now and then **3**; **por primera/última vez** for the first/last time; **érase una vez** once upon a time **12**

victoria *f.* victory **2**
victorioso/a *adj.* victorious **12**
vida *f.* life **8**; **vida cotidiana** everyday life
vigente *adj.* valid **4**
vigilar *v.* to watch
virus *m.* virus **5**
vistazo *m.* glance; **echar un vistazo** *v.* to take a look
viudo/a *m., f.* widower/widow
votar *v.* to vote **8**
vuelo *m.* flight
vuelta *f.* return (trip) **4**

Y

yeso *m.* cast **5**

Z

zoológico *m.* zoo **2**
zoquete *adj.* dimwit

English-Spanish

A

abbess abadesa *f.*

abolish suprimir *v.* **12**

absent ausente *adj.*

accident accidente *m.*

accomplishment hazaña *f.*

account: take into account tener en cuenta

accountant contador(a) *m., f.* **7**

accustomed to acostrumbrado/a *adj.*

ache doler (o:ue) *v.*

achieve alcanzar (z:c) *v.*; lograr *v.* **3**

actor *m.* actor **9**; **actriz** actress *f.* **9**

add añadir *v.*

admire admirar *v.* **4**

admission ticket entrada *f.* boleto *m.* **2**

adore: to adore adorar *v.* **1**

advance avance *m.* **11**; **technological advance** avance tecnológico *m.*

advanced avanzado/a *adj.* **11**

advantage ventaja *f.* **5**, **to take advantage of** aprovechar *v.* **2**

adventure aventura *f.* **4**

adventurer aventurero/a *m., f.* **4**

advertisement anuncio *m.* **9**

advertising publicidad *f.* **7**

advisable recomendable *adj.* **4**

advise aconsejar *v.*; **I advise you to go home.** Te aconsejo que vayas a casa. (*fam.*) **5**; Le aconsejo que vaya a casa. (*form.*) **5**

affair asunto *m.*

affection cariño *m.* **1**; **affectionate** cariñoso/a *adj.* **1**; **to return or share affection** corresponder *v.* **1**

after all al fin y al cabo

age edad *f.*; **to be of age** mayor de edad

agent agente *m., f.*; **customs agent** agente de aduanas

agree acordar (o:ue) *v.*

alien extraterrestre *adj., m. f.* **11**

almost casi *adv.* **3**

alone solo/a *adj.* **1**

along a lo largo de

alter alterar *v.*

alternative medicine medicina alternativa *f.*

allure magia *f.*

amaze asombrar *v.*

amazement asombro *m.* **3**

ambassador embajador(a) *m., f.* **8**

amuse oneself entretenerse (*irreg.*) *v.* **2**

amusement park parque de atracciones *m.* **2**

anchor (news) presentador(a) de noticias *m., f.*

anger enojo *m.* **4**

announcement anuncio *m.*

announcer locutor(a); conductor(a) *m., f.*

annoy fastidiar *v.*; molestar *v.*

annoyance enojo *m.*

annoying: to become annoying ponerse pesado/a *v.* **1**

anorexia anorexia *f.*; **suffer from anorexia** sufrir de anorexia *v.* **5**

ant hormiga *f.*

antenna antena *f.*

antique antigüedad *f.*; antiguo/a *adj.*

antiquity antigüedad *f.*

anxiety ansia *f.* **1**

anxious ansioso/a *adj.* **1**

appear verse (*irreg.*) *v.*

appearance aspecto *m.* **8**

applaud aplaudir *v.* **2**

apply for presentarse como *v.* **8**

appointment (with doctor) consulta *f.* **5**

appreciate: to appreciate apreciar *v.* **1**

appreciated apreciado/a *adj.* **1**

approach acercarse (c:qu) (a) *v.*

approval aprobación *f.* **9**

archaeology arqueología *f.* **12**; **archaeologist** arqueólogo/a *m., f.* **7**

argue: to argue discutir *v.* **1**

armchair sillón *m.*

armed armado/a *adj.* **12**; **armed forces** fuerzas armadas *f., pl.* **8**

army ejército *m.* **8**

arrival llegada *f.* **4**

ascent subida *f.*

ashamed avergonzado/a *adj.*; **to be ashamed of** tener vergüenza de *v.* **1**

aspirin aspirina *f.* **5**

assure asegurar *v.*

astonished: be astonished asombrarse *v.*

astonishing asombroso/a *adj.* **3**

astonishment asombro *m.* **3**

astronaut astronauta *m., f.* **11**

atheism ateísmo *m.* **8**

athlete atleta *m., f.* **2**

attain lograr *v.* **3**

attention: to pay attention to someone hacerle caso a alguien *v.* **1**

attract: to attract atraer *v.* **1**

attraction atracción *f.*

auction subasta *f.* **10**

audience público *m.* **9**; **television audience** audiencia *f.*

authoritarian autoritario/a *adj.* **1**

available disponible *adj.*; **have available** disponer (*irreg.*) (de) *v.*

avocado aguacate *m.;* palta *f.*

B

back: have one's back to estar de espaldas a

bags (under the eyes) ojeras *f. pl.* **8**

balcony balcón *m.* **3**

band conjunto/ grupo musical *m.* **2**

bandage venda *f.* **5**

bank banco *m.;* **(river)** orilla *f.*

banking bancario/a *adj.*

baptism bautismo *m.*

bar bar *m.* **2**

bargain ganga *f.* **3**

barter trueque *m.*

bathe bañarse *v.*

battle batalla *f.* **8**

bay bahía *f.* **6**

be quiet callarse *v.*

beach playa *f.*

bear oso *m.*

because of a causa de

become convertirse (e:ie) (en) *v.*; **to become annoying** ponerse pesado/a *v.*

bed and breakfast (inn) pensión *f.*

bed: go to bed acostarse (o:ue) *v.*

beforehand de antemano

beggar mendigo/a *m., f.*

behalf: on behalf of de parte de

behave well portarse bien *v.* **5**

behind my back a mis espaldas **9**

belief creencia *f.* **8**

to believe (in) creer (y) en *v.* **8**; **Don't you believe it.** No creas. **3**; **believer** el/la creyente *m., f.* **8**

belt cinturón *m.*

bend (something) downward inclinar *v.*; **bend (oneself) down/near** inclinarse *v.*

benefits beneficios *m. pl.*

beside a lo largo de

bet apostar (o:ue) *v.* **2**; apuesta *f.* **2**

better: get better curarse *v.*

beyond más allá de **1**

bias parcialidad *f.* **9**; tendencia *f.*; **left-wing bias** tendencia izquierdista *f.*

biased (to be) parcial (ser) *adj.* **9**

bill cuenta *f.*; **legislative bill** proyecto de ley *m.* **8**

biochemical bioquímico/a *adj.* **11**

bite morder (o:ue) *v.* **6**

black hole agujero negro *m.* **11**

blanket manta *f.*

blind date cita a ciegas *f.* **1**

blockhead tarugo(a) *m.,f.*

blood sangre *f.* **high/low blood pressure** la tensión alta/baja *f.* **5**

blow soplar *v.* **6**

blush: to blush enrojecer (c:sz) *v.* **1**

board embarcar *v.* **4**; **on board** a bordo **4**

boil hervir (e:ie) *v.* **3**
border límite *m.*; limitar *v.* **12**
bore aburrir *v.*
bored aburrirse *v.* **2**
both ambos/as *pron.*, *adj.*
bother molestar *v.*
bound (for) rumbo a
bowling boliche *m.* **2**
box caja *f.*; **box office** taquilla *f.* **2**
branch sucursal *f.* **7**
brand marca *f.* **7**
bravery valor *m.*
break up: to break up (with) romper (con) *v.* **1; break in (to a conversation)** meterse *v.*
breakthrough avance *m.* **11**
breast pecho *m.*
breathing respiración *f.* **5**
brick ladrillo *m.*
bright llamativo/a *adj.* **10**; luminoso/a *adj.* **10**
bring down derribar *v.* **12; bring up (to raise)** educar *v.* **1**
broadcast emisión *f.* **9**; emitir *v.*; transmitir *v.* **9**
broom escoba *f.* **3**
browser (Internet) buscador *m.*
brush cepillarse *v.*; **brush against** rozar (z:c) *v.*; **brush stroke** pincelada *f.*
budget presupuesto *m.* **7**
buffalo búfalo *m.* **6**
bureaucracy burocracia *f.*
bury enterrar (e:ie) *v.*
business negocio *m.*; empresa *f.*
butterfly mariposa *f.* **6**

C

cage jaula *f.*
calculate extraer *v.*
calm tranquilo/a *adj.* **1; calm down** cálmate (fam.) cálmase (form.) **4**
campaign campaña *f.* **8**
campfire hoguera *f.*
cancel cancelar *v.* **4**
cancer cáncer *m.*
candle vela *f.* **7**
candidate el/la candidato/a *m.*, *f.* **8**
cape (geography) cabo *m.* **6**
captain capitán *m.*
care cuidar *v.* cuidado *m.* **1; to take care of** cuidar *v.* **1; take care of oneself** cuidarse *v.* **3**
careful cuidadoso/a *adj.* **1**
careless descuidado/a (ser) *adj.*
caress acariciar *v.*
carry llevar *v.*; **carry away** llevarse *v.*; **carry out (an activity)** llevar a cabo
case: in any case de todas formas **12**
cash (dinero en) efectivo *m.* **3**

cashier cajero/a *m.*, *f.* **3**
cast (broken bone) yeso *m.* **5**
catch atrapar *v.* **6; catch (disease)** contagiarse *v.*
cautious prevenido/a *adj.*
cave cueva *f.* **4**
celebrate festejar *v.* **2**
cell celda *f.*; célula *f.* **11**
cellular phone teléfono celular *m.* **11**
censorship censura *f.* **9**
cent centavo *m.* **4**
century siglo *m.* **12**
certainty certeza *f.*
challenge desafiar *v.*; **challenge** desafío *m.* **11; challenge** reto *m.*
champion campeón, campeona *m.*, *f.* **2**
chance azar *m.*; casualidad *f.* **by chance** por casualidad **3**
change mudar *v.*; **to change one's lifestyle** cambiar su estilo de vida **5**
channel canal *m.* **9**
chapter capítulo *m.* **10**
character (literature) personaje *m.* **10; main/secondary character** personaje principal/secundario **10; main character** protagonista *m.*, *f.*
characteristic rasgo *m.* **10**
characterization caracterización *f.* **10**
charge cobrar *v.* **7; in charge of** encargado/a de; estar a cargo de; encargarse **1**
cheap tacaño/a *adj.* **1**; barato/a *adj.* **3**
check averiguar *v.* **3**; comprobar (o:ue) *v.*
checking account cuenta corriente *f.* **7**
cheek mejilla *f.*
Cheer: Cheer up! ¡Anímense! (pl.) **2; Cheer up!** ¡Anímate! (*sing.*) **2; Cheers!** ¡Salud! **7**
chef cocinero/a *m.*, *f.* **7**
chess ajedrez *m.* **2**
chest pecho *m.*
chew masticar (c:qu) *v.* **3**
childhood infancia *f.*
choir coro *m.*
choose elegir (e:i) (g:j) *v.* **3**
chores quehaceres *m. pl.* **3**
chorus coro *m.*
church iglesia *f.*; templo *m.*
cinema cine *m.*
circus circo *m.*
citizen el/la ciudadano/a *m.*, *f.* **8**
civil: civil rights derechos civiles *m.*, *pl.*; **civil servant** funcionario/a *m.*, *f.*; **civil war** guerra civil *f.* **12**
civilization civilización *f.* **12**
civilized civilizado/a *adj.*
clandestinely a escondidas **3**
clean puro/a *adj.* **6**; limpiar *v.* **3**
cleaning limpieza *m.* **3; to do the cleaning** hacer la limpieza *v.* **3**
cleanliness aseo *m.*
cliff acantilado *m.* **6**

climate clima *m.*
climb (mountain) escalada *f.*
climber escalador(a) *m.*, *f.*
clone clonar *v.* **11**
coast costa *f.* **6**
cockroach cucaracha *f.* **6**
cold resfriado *m.* **5**
collect coleccionar *v.* **2**
collector coleccionista *m.*, *f.* **2**
collision choque *m.* **4**
colonize colonizar *v.*
colony colonia *f.* **12**
colorful de colores (muy) vivos **10**
comb (one's hair) peinarse *v.*
combatant combatiente *m.*, *f.*
come: come from provenir (*irreg.*) (de) *v.*; **come to the aid of** acudir (a) *v.*; **come up against** tropezar (z:c) (con) *v.*
comic strip tira cómica *f.*
coming from proveniente de *adj.*
commerce comercio *m.* **7**
commercial anuncio *m.* **9**
commitment compromiso *m.* **1**
common sense sentido común *m.* **5**
company compañía, empresa *f.* **7**
complain (about) quejarse (de) *v.* **4**
complaint queja *f.* **8**
complicated rebuscado/a *m.*, *f.*
composer compositor(a) *m.*, *f.*
computer science la computación *f.* **11**
concert concierto *m.* **2; concert hall** sala de conciertos *f.* **2**
conference conferencia *f.* **7**
confess confesar (e:ie) *v.* **8**
confidence confianza *f.* **1**
confident seguro/a *adj.* **1**
confront enfrentar *v.* **4**
confuse (with) confundir (con) *v.* **8**
confused confundido/a *adj.*; **I believe you are confused.** Creo que están confundidos. (pl.) **9**; Creo que estás confundido/a. (*sing. fam.*) **9**; Creo que usted está confundido/a. (*sing. form.*) **9**
congeniality simpatía *f.* **1**
congested congestionado/a *adj.*
Congratulations to all! ¡Felicidades a todos!
connections: to have good connections estar relacionado *v.* **2**
conquer conquistar *v.* **12**
conqueror conquistador(a) *m.*, *f.* **12**
conquest conquista *f.*
conquistador conquistador(a) *m. f.* **12**
conscience conciencia *f.*
consequently por consiguiente
conservative conservador(a) *adj.*
consult consultar *v.*; **to consult a specialist** consultar un(a) especialista *v.* **5**
consumption consumo *m.*
contamination contaminación *f.* **6**

contemporary contemporáneo/a *adj.* 10
content contento/a *adj.*; **to be content with** contentarse con *v.* 1
contract contratar *v.* 4; contrato *m.* 7
contribute contribuir *v.* 6
contribution aportación *f.* 8
cook cocinar *v.* 3
cordial cordial *adj.*
corner (inside) rincón *m.* 4
corruption corrupción *f.*
costly costoso/a *adj.* 3
costume disfraz *m.*; **in costume** disfrazado/a *adj.*
cough toser *v.* 5; **cough** tos *f.* 5
count contar (o:ue) *v.*; **count on** contar con
couple pareja *f.* 1
courage coraje *m.* 12
course: Of course not! ¡Qué va! 3; **Of course!** ¡Cómo no! 3; ¡Por supuesto! 3
court tribunal *m.* 8
cover tapa *f.*
crash choque *m.*
create inventar *v.* 11
creativity creatividad *f.*
credit card tarjeta de crédito *f.* 3
Creole criollo/a *adj.* 12
crisis crisis *f.*; **economic crisis** crisis económica 7
critic crítico/a *m.,f.*; **film critic** crítico/a de cine *m.,f.* 9
critical crítico/a *adj.* 8
cross (back and forth) recorrer *v.*
crowd multitud *f.*
cruise ship crucero *m.* 4
cuckold poner los cuernos
culture cultura *f.*; **pop culture** cultura popular
cultured culto/a *adj.* 1
curator conservador(a) *m.,f.* 10
cure curarse *v.* 5
current corriente *f.*; **current affairs** actualidad *f.* 9
currently actualmente *adv.* 7
curse maldición *f.*
custom costumbre *f.* 3
customs aduana *f.*; **customs agent** agente de aduanas *m.,f.* 4
cut corte *m.*

daily (newspaper) diario *m.* 9
dam represa *f.*
damage perjudicar (c:qu) *v.*
dance bailar *v.* 2
dancer bailarín(a) *m.,f.*
dangerous peligroso/a *adj.* 4
dare (to) atreverse (a) *v.* 3
date cita *f.* 1

dawn: at the crack of dawn a primera hora
day (work) jornada *f.*
deaf sordo/a *adj.* 5; **to go deaf** quedar sordo/a 5
deal with tratar de *v.*
death muerte *f.* 8
debt deuda *f.* 7
debut estreno *m.* 2
decade década *f.* 12
deceive engañar *v.* 9
decrease disminuir *v.*
dedication dedicatoria *f.* 8
deed (heroic) hazaña *f.*
deep hondo/a *adj.*; profundo/a *adj.* 6
deer venado *m.*
defeat derrotar *v.* 12; vencer (c:z) *v.* 2; derrota *f.* 12
defeated derrotado/a *adj.*
delay atrasar *v.* 2; demorar *v.*; retrasar *v.* 4
delete borrar *v.*
delivery entrega *f.*
demand exigir *v.*
democracy democracia *f.* 8
departure salida *f.*
dependence dependencia *f.*; **physical and psychological dependence** dependencia física y psíquica *f.*
depressed deprimido/a *adj.* 1
depression depresión *f.* 5; desánimo *m.*
deserve merecer (c:sz) *v.* 8
design diseñar *v.* 10
desire deseo *m.* 1
despondency desánimo *m.*
destination destino *m.* 4
destroy destrozar (z:c) *v.*
determination empeño *m.*
deteriorate empeorar *v.* 5
detest detestar *v.* 3
develop desarrollar *v.*; **developing country** país en vías de desarrollo 12
development desarrollo *m.* 7
dictatorship dictadura *f.* 8
die fallecer *v.*; **die of** morirse (o:ue) de *v.*
diet alimentación *f.* 5; régimen *m.* 5
difficulty inconveniente *m.*
digestion digestión *f.*
dignified digno/a *adj.*
dimwit zoquete *m.*
direct directo/a *adj.*; dirigir (g:j) *v.* 7
director director(a) *m.,f.* 9
disappear desaparecer *v.* 6
disappointment desilusión *f.*
discomfort malestar *m.* 5
disco discoteca *f.* 2

discouraged desalentado/a *adj.*; **get discouraged** desanimarse *v.* **the state of being discouraged** desánimo *m.* 1
discover descubrir *v.*
discoverer descubridor(a) *m.,f.* 12
discovery descubrimiento *m.* 11
discrimination discriminación *f.* 8, **discriminated** discriminado/a *m.,f.* 8
disease enfermedad *f.* 5
disembark desembarcar *v.* 4
disguised disfrazado/a *adj.*
disgusting (to be) (dar) asco
dismiss despedir (e:ie) *v.*
disorder trastorno *m.*
distance oneself alejarse *v.*
distant alejado/a *adj.*
distracted distraído/a *adj.*
distressing angustioso(a) *m.,f.*
disturbing inquietante *adj.* 10
divorce divorcio *m.* 1
dizzy mareado/a *adj.* 5
DNA (deoxyribonucleic acid) ADN (ácido desoxirribonucleico) *m.* 11
doctor's office consultorio *m.* 5
doctrine enseñanza *f.* 12
documentary documental *m.*
dominoes dominó *m.* 2
doorbell timbre *m.*
double (actor) doble *m.*
doubt: be no doubt no caber duda
download descargar (g:gu) *v.* 11; **download a file** bajar un archivo
downpour diluvio *m.*
drag arrastrar *v.*
dream: dream about soñar con *v.* 1
dressed: dressed (in black) vestido/a (de negro) *adj.*; **get dressed** vestirse (e:i) *v.*
dressing room camerino *m.* 9
drink: go have a drink ir de copas *v.* 2
drive (automobile) manejar *v.*
drown ahogarse (g:gu) *v.*
dry seco/a *adj.* 6; **dry off** secarse *v.*
dub (film) doblar *v.*
dubbed doblado/a *adj.* 9
dubbing (film) doblaje *m.*
dump dejar *v.*
dust quitar el polvo 3
duty impuesto *m.*; **pay duty on...** pagar el impuesto de...; **do one's duty toward** cumplir con *v.*

eagle águila (el) *f.* 6
early riser madrugador(a) *m.,f.*; **be an early riser** ser buen madrugador(a)

earn ganar *v.*; **earn a living** ganarse la vida

earth tierra *f.* **What on earth...?** ¿Qué rayos...? 4

earthquake terremoto *m.* 6

easy-going permisivo/a *adj.* 1

eat up comerse *v.*

edge orilla *f.*

edible comestible *adj.*; **edible plant** planta comestible *f.* 6

editor redactor(a) *m.f.*; **editor-in-chief** redactor(a) jefe *m., f.*

educate educar (c:qu) *v.* 6; **educated** culto/a *adj.*

effort empeño *m.*; **make an effort** empeñarse en *v.*

efficient eficiente *adj.*

either . . . or . . . o... o... *conj.*

elbow codo *m.* 5

elderly anciano/a *adj.* ; **elderly gentleman**; **elderly lady** anciano/a *m., f.*

elect elegir (e:i) (g:gu) *v.*

elected elegido/a (ser) *adj.*

electoral electoral *adj.* 8

electronic electrónico/a *adj.*

embarassed avergonzado/a *adj.*

embark embarcar (c:qu) *v.*; **embark on** emprender *v.* 3

embarrassment vergüenza *f.*

emergency room sala de emergencias *f.* 5

emit emitir *v.* 11

emotion sentimineto *m.* 1

emperor, empress emperador *m.*, emperatriz *f.* 12

emphasize destacar (c:qu) *v.*

empire imperio *m.* 12

employee empleado/a *m., f.* 7

employment empleo *m.* 7

end (rope, string) cabo *m.*

end fin *m.*

ending (plot) desenlace *m.* 10

energetic enérgico/a *adj.*

energy energía *f.*; **energy source** fuente de energía *f.* 6; **energy consumption** consumo de energía *m.* 6; **nuclear energy** energía nuclear *f.*

engineer ingeniero/a *m., f.* 7

enjoy disfrutar *v.* 2 gozar (z:c) (de) *v.* 3; **Enjoy your meal!** ¡Buen provecho! 6; **enjoy oneself** divertirse (e:ie) *v.* 2

enough bastante *adj.*

enroll inscribirse *v.* 8; **enroll in** ingresar *v.*

ensemble (music) conjunto musical *m.*; grupo musical *m.*

enslave esclavizar *v.* 12

enter: enter data ingresar datos *v.* 11

entertainment farándula *f.* 1

entrepreneur empresario/a *m., f.* 7

envelope sobre *m.*

environment medio ambiente *m.* 6

episode episodio *m.*

epoch época *f.* 12

equality igualdad *f.* 8

era época *f.* 12

erase borrar *v.* 11

erosion erosión *f.* 6

essay ensayo *m.* 10; **essayist** *m., f.* ensayista 10

eternal eterno/a *adj.*

ethical ético/a *adj.* 11

ethics ética *f.*

even siquiera *conj.*

event acontecimiento *m.*

everyday cotidiano/a *adj.* 3; **everyday life** vida cotidiana

example muestra *f.* 8

exchange: in exchange for a cambio de

exciting excitante *adj.*

executive ejecutivo/a *m.f.* 7; **of an executive kind** de corte ejecutivo 7; **of an executive nature** de corte ejecutivo 7

exhibit exposición *f.*

exhibition exposición *f.* 10

exit salida *f.* 8

exotic exótico/a *adj.*

expel expulsar *v.* 12

expensive costoso/a *adj.* 3

experience experimentar *v.*

experiment experimento *m.* 11

expire caducar *v.* 11; **expired** vencido/a *adj.* 4

exploit explotar *v.* 6; hazaña *f.*

exploitation explotación *f.* 12

exploration exploración *f.*

explore explorar *v.*

explorer conquistador(a) *m., f.* 12

exports exportaciones *f., pl.* 7

extinct: become extinct desaparecer (c:sz) *v.*

extinguish extinguir *v.* 6

extract extraer *v.*

extraterrestial extraterrestre *m. f.*, *adj.*

F

face cara *f.*; **make a (hungry) face** poner cara (de hambriento/a); **make a face** poner una cara; dar a *v.* 4; **face up to** enfrentar *v.*

facilities los servicios *m. pl.* 4

fact hecho *m.*; dato histórico *m.*

factory fábrica *f.* 7

faint desmayarse *v.* 5

fair feria *f.* 2; justo/a *adj.* 8

faith fe *f.* 8

fall caer (*irreg.*) *v.*; **fall asleep** dormirse (o:ue) *v.*; **to fall in love (with)** enamorarse (de) *v.* 1

famous célebre *adj.*

fan: be a fan ser aficionado *adj.* 2

farewell despedida *f.* 4

fascinate fascinar *v.*

fasten abrocharse *v.*; **fasten (the seatbelt)** ponerse el cinturón de seguridad 4

fatigue cansancio *m.*

fault culpa *f.*; **It was my fault. Forgive me.** Ha sido culpa mía. Perdóname. (*fam. sing.*); Ha sido culpa mía. Perdóneme. (*form.*); Ha sido culpa mía. Perdónenme. (*form. pl.*)

favor favor *m.* **Could you do me the favor of...?** ¿Podrías hacer el favor de...? (*fam.*) ¿Podría usted hacer el favor de...? (*form.*) 6

feat hazaña *f.*

feature facción *f.*; rasgo *m.*; **feature film** largometraje *m.*

fed up with harto/a *adj.*; **I am fed up with…** Estoy harto/a de… 3

feed (animals) dar de comer 6

feel: to feel sentir(se) *v.* 1; **feel like** sentir ganas de

feeling sentimiento *m.* 1

female hembra *f.* 6

festival festival *m.* 2

fever fiebre *f.*; **to have a fever** tener fiebre *v.* 5

fight lucha *f.* 8; luchar *v* 8; pelear *v.* 12; **fight (for)** luchar por *v.*

figuratively en sentido figurado 10

figure out adivinar *v.*

file archivo *m.*

film película *f.*

final episode episodio final *m.* 9

finance financiar *v.* 7 **finance(s)** finanza(s) *f.(pl.)*

financial financiero/a *adj.* 7

find: to find (somebody) dar con (alguien) *v.*; **find out (about)** averiguar; enterarse (de) *v.*; averiguar *v.* 3

fine multa *f.*

finish: finish line meta *f.* 2

fire despedir (e:i) *v.* 7

fired despedido/a *adj.* 8

fireplace hogar *m.* 3

firm empresa *f.*

first primer, primero/a *adj.*; **for the first time** por primera vez; **first aid** primeros auxilios *m. pl.* 5; **first and foremost** antes que nada

fit (clothing) quedar *v.*; **fit** caber (quepamos) 1

fitting room vestidor *m.* 3

fix: fix oneself up arreglarse *v.*

fixed fijo/a *adj.* **7**
flag bandera *f.*
flamboyant llamativo/a *adj.*
flask frasco *m.* **11**
flavor sabor *m.* **What flavor is it? Chocolate?** ¿Qué sabor tiene? ¿Chocolate? **5**
flee huir *v.* **12**
fleeting pasajero/a *adj.*
flexible flexible *adj.*
flight vuelo *m.*; **flight attendant** auxiliar de vuelo *m., f.* **4**
flirt: to flirt coquetear *v.* **1**
flood inundación *f.* **6**; inundar *v.* **6**
floor suelo *m.*
flu gripe *m.* **5**
fly mosca *f.* **6**
fog niebla *f.*
fold doblar *v.*
foot (animal) pata *f.* **6**
footnote nota a pie de página *f.* **10**
footprint huella *f.*
forbidden prohibido/a *adj.* **4**
foresee presentir (e:ie) *v.*
forest bosque *m.* **6**
forget (about) olvidarse (de) *v.*
forgetfulness olvido *m.*
forgive perdonar *v.* **8**
formulate formular *v.* **11**
forty-year-old cuarentón/cuarentona *adj.*
frame marco *m.*
free libre *adj.* **8**
freedom libertad *f.*
freeze congelar *v.*; helar (e:ie) *v.* **6**
frequently a menudo *adv.* **3**
fresh: be fresh estar bueno/a
fright susto *m.*
frightened miedoso/a *adj.* **6**
front page portada *f.* **9**
frontier frontera *f.* **4**
frozen congelado/a *adj.* **3**
fry freír (i:e) (frío) *v.* **3**
fuel combustible *m.*; **fossil fuel** combustible fósil *m.*
full completo/a **to be full** estar lleno/a *v.* **4**
full–length film largometraje *m.* **9**
fun divertido *adj.* **2 have fun** divertirse (e:ie) *v..* **2**; **Have fun!** ¡Que se diviertan! *(pl.)* **2**; ¡Que te diviertas! *(sing.)* **2**; **make fun of** burlarse (de) *v.*
funny gracioso/a *adj.* **1**; **to be funny (to someone)** hacerle gracia a alguien
furnished amueblado/a *adj.*
furniture muebles *m. pl.* **3**
futuristic futurístico/a *adj.*

G

gain weight engordar *v.*
gallery galería *f.*
garbage porquería *f.* **10**
gather reunirse *v.* **2**
gaze mirada *f.* **1**
gene gen *m.* **11**
generate generar *v.* **6**
generous generoso/a *adj.*
genetics genética *f.*
genuine auténtico/a *adj.* **3**
gesture gesto *m.*
get obtener *v.*; **to get along well/ badly/terribly** llevarse bien/mal/fatal *v.* **1**; **get together** reunirse *v.* **2**; **get ready** arreglarse *v.* **3**; **get along** congeniar *v.* **5**; **to get worse** empeorar *v.* **5**
gift obsequio *m.* **8**
give dar (*irreg.*) *v.*; **give a prize** premiar *v.* **3**; **give a speech** pronunciar un discurso **8**; **give someone a shot** ponerle una inyección a alguien **5**; **give up** darse por vencido; **give way to** dar paso a *v.*
gladly con mucho gusto *adv.*
glance echar un vistazo *v.*; mirada *f.* **1**; vistazo *m.*
global warming calentamiento global *m.*
go out salir (*irreg.*) *v.*; **to go out with** salir con *v.* **1**; **go too far** pasarse *v.*; **go around the world** dar la vuelta al mundo **7**; **go out to eat** salir a comer *v.* **2**; **go across** recorrer *v.* **4**
goat cabra *f.* **6**
gobble up comerse *v.*
God Dios *m.* **8**
goldfish pececillo de colores *m.* **7**
good bueno/a *adj.*; **to be good (fresh)** estar bueno/a **5**; **Would you be so good as to . . . ?** ¿Sería usted tan bueno/a para + inf…. ? *(form.)*; ¿Serías tan bueno/a para + inf…. ? *(fam.)* **6**; **Would you be so nice as to put the box here?** ¿Sería tan bueno/a de poner la caja aquí?
goodbye: say goodbye despedirse (e:ie) *v.*
gossip chisme *m.* **9**; argüende *m*; **gossip column** crónica de sociedad *f.*
govern gobernar *v.* **8**
government employee funcionario/a *m., f.* **7**; **form of government** régimen *m.* **8**
grab agarrar *v.*
graduate titularse *v.*
grasp coger (g:j) *v.*
grass hierba *f.* **6**; pasto *m.*

gratitude agradecimiento *m.* **8**
gravity gravedad *f.* **11**
group grupo *m.* **2**; **musical group** grupo musical *m.* **2**
grow cultivar *v.* **6**; cundir *v.*
growth crecimiento *m.*
guarantee asegurar *v.*
guess adivinar *v.*
guilt culpa *f.*
gymnasium gimnasio *m.* **2**

H

habit costumbre *f.* **3**
half mitad *f.* **3**
hall: concert hall sala de conciertos *f.*
hang (up) colgar (o:ue) (g:gu) *v.* **3**
happen suceder *v.*
hardly apenas *adv.* **3**
harm perjudicar (c:qu) *v.*
harvest cosecha *f.*
hate odiar *v.* **3**
have tener *v.*; **to have a good/bad time** pasarlo bien/mal *v.* **1**; **to have a fever** tener fiebre *v.* **5**
headline titular *m.* **9**
health salud *f.* **5**; **To your health!** ¡A tu salud! **7**
healthy sano/a *adj.* **5**
heart corazón *m.*; **heart and soul** en cuerpo y alma
heel tacón *m.* **12**
heritage herencia *f.*; **cultural heritage** herencia cultural
hero prócer *m.*
herself ella misma *f.* **1**
hide: to hide disimular *v.* **1**
hill cerro *m.*; colina *f.* **6**
himself él mismo *m.* **1**
hinder impedir (e:i) *v.*
hire contratar *v.*
historical histórico/a *adj.*; **historical data** dato histórico *m.*
hitch inconveniente *m.* **8**
hobby afición *f.* **2**
hold agarrar *v.*
hole agujero *m.*; hoyo *m.*; **small hole** agujerito *m.* **11**; **hole in the ozone layer** agujero en la capa de ozono
holy sagrado/a *adj.*
home hogar *m.* **3**
honored distinguido/a *adj.*
hope ilusión *f.* **1**
horseshoe herradura *f.* **12**
host conductor(a) *m., f.*
hungry hambriento/a *adj.* **3**
hurricane huracán *m.* **6**
hurry: be in a hurry tener apuro
hurt doler (o:ue) *v.*; **hurt oneself** hacerse daño, lastimarse **5**; **hurt**

someone hacerle daño a alquien; **hurt** herir *v.*

husband marido *m.* **1**

hygiene aseo *m.*; **personal hygiene** aseo personal *m.*

hygienic higiénico/a *adj.*

I

ill enfermo/a *m.,f.* **to become ill** enfermarse *v.* **5** ponerse malo/a *v.* **5**

illness enfermedad *f.* **5**

image imagen *f.* **10, 11**

imagination imaginación *f.*

immediately en el acto *adv.* **3**

immoral inmoral *adj.* **8**

impartial imparcial *adj.* **9**

important: be important importar *v.* **2**

imports importaciones *f.* **7**

impress: to impress impresionar *v.* **1**

improve mejorar *v.* **5**

inadvisable poco recomendable

inclusive incluido/a *adj.*

increase aumento *m.*

indisposition malestar *m.*

industry industria *f.* **7**

infected (become) contagiarse *v.* **5**

inflamed inflamado/a *adj.* **5**

inflexible inflexible *adj.*

influential influyente *adj.*; **be influential** ser influyente

inform avisar *v.* **8**; educar (c:qu) *v.*

information: get information informarse *v.* **8**; **identifying information** señales *m. pl.*; **to be informed** estar al tanto *v.* **9**

inhabitant (of a town) poblador(a) *m.,f.*; habitante *m.,f.* **12**

inherit heredar *v.* **11**

injure lastimar *v.*; **injure oneself** hacerse daño

injury la herida *f.* **5**

insanity locura *f.*

insect bite picadura *f.*

insecure inseguro/a *adj.* **1**

inseparable uña y carne *adj.* **1**

insincere falso/a *adj.* **1**

insist on insistir en *v.*; **I insist that you go see a doctor.** Insisto en que veas a un doctor. *(fam.)* **5**; Insisto en que usted vea a un doctor. *(form.)*

inspired inspirado/a *adj.*

insurance seguro *m.* **4**

intelligent inteligente *adj.* **1**

interest interesar *v.*

Internet Internet *m.*

interview (job) entrevista de trabajo *f.* **7**

intriguing intrigante *adj.* **10**

invade invadir *v.* **12**

invent inventar *v.* **11**

invention invento *m.* **11**

investment: foreign investment inversión extranjera **7**

investor inversor(a) *m.,f.* **7**

iron plancha *f.*

irresponsible irresponsable *adj.*

island isla *f.* **4**

isolated aislado/a *adj.* **12**

isolation aislamiento *m.* **5**

itinerary itinerario *m.* **4**

J

jealous: to be jealous of tener celos de *v.* **1**

jealousy celos *m.pl.*

Jewish judío/a *m.,f.*

job puesto; empleo *m.*

joke bromear *v.*; tomarse el pelo *v.* **6**; broma *f.*; chiste *m.* **2**

journalist periodista *m.,f.* **7**

judge juez(a) *m.,f.* **8**

judgment juicio *m.* **8**

jungle selva *f.* **4**

just justo/a *adj.* **8**; **just as** tal como *adv.*

K

keep mantener *v.*; **to keep in touch** mantenerse en contacto *v.* **1**; **keep in mind** tener en cuenta *v.* **keep up with the news** estar al día con las noticias

keyboard teclado *m.*

king rey *m.* **12**

kingdom reino *m.* **12**

kiss besar *v.*

knock on golpear *v.*

knowledge conocimiento *m.* **12**

L

label etiqueta *f.*

labor force mano de obra *f.* **7**; **labor union** sindicato *m.* **7**

lack faltar *v.*

land tierra *f.* **6**; **land (airplane)** aterrizar (z:c) *v.* **11**; desembarcar *v.* **4**

landscape paisaje *m.* **6**

last permanecer (c:zc) *v.* **5**; **for the last time** por última vez; **last-minute news** noticia de último momento

launch lanzar (z:c) *v.*

law derecho *m.*; ley *f.*

lawyer abogado/a *m.,f.* **7**

layer capa *f.* **11**

LCD screen pantalla líquida *f.* **11**

lead encabezar *v.* **12**

leader líder *m.,f.* **8**; **labor leader** líder laboral *m.,f.* **8**; **political leader** caudillo *m.* **12**; líder político

leadership liderazgo *m.* **8**

lean (on) apoyarse (en) *v.*; **lean down/near** inclinarse *v.*

learning aprendizaje *m.*

leave (go away from) irse (de) *v.*; marcharse *v.* **4**; dejar *v.*; **to leave something behind** dejar *v.* **3**

left: be left over quedar *v.*

leg (animal) pata *f.* **6**

leisure ocio *m.* **2**

let: Let me see your passport, please. Déjame ver tu pasaporte, por favor. *(fam.)* **4**

level nivel *m.*

liberal liberal *adj.*

lid tapa *f.*

lie mentira *f.* **1**

life vida *f.* **8**

lifestyle section crónica de sociedad *f.* **9**

light ligero/a *adj.* **4**; **lightbulb** foco *m.* **3**

lightning relámpago *m.* **6**

like gustar *v.* **2**; **like this** así **3**; **I don't like...at all!** ¡No me gusta nada...! **3**; **like very much** encantar *v.*

liking afición *f.* **2**

limit límite *m.*; limitar *v.* **12**

lion león *m.* **6**

listener oyente *m.,f.* **9**

lit alumbrado/a *adj.*

live transmission emisión en vivo/directo *f.*

locate ubicar (c:qu) *v.*

located situado/a *adj.*; **to be located** ubicarse *v.*

lodge alojarse *v.*; hospedarse *v.*

lonely solo/a *adj.* **1**; **loneliness** soledad *f.* **3**

long-term a largo plazo **12**

look echar un vistazo; mirada *f.* **1**; verse *(irreg.) v.* **He/She looks so happy.** Se ve tan feliz. **6**; **He/She looks very sad to me.** Yo lo/la veo muy triste. **6**; **How satisfied you look!** ¡Qué satisfecho/a se ve usted! *(form.)* **6**; **It looks like he/she didn't like it.** Al parecer, no le gustó. **6**; **It looks like he/she is sad/happy.** Parece que está triste/contento. **6 look like** parecerse *v.*; **look sick/good** tener mal/buen aspecto **5**

loose suelto/a *adj.*

loss pérdida *f.*

lottery lotería *f.* **2**

loudspeaker altoparlante *m.*
love amor *m.*; **(un)requited love** amor (no) correspondido *m.* **1**; querer (*irreg.*) *v.* **1**; afición *f.* **2**; **(inanimate objects)** encantar *v.*; **(inanimate objects)** fascinar *v.*; **in love (with)** enamorado/a (de) *adj.* **1**
lower bajar *v.*
luck suerte *f.*
lucky afortunado/a *adj.*
luggage equipaje *m.*
luxurious de lujo; lujoso/a *adj.* **4**
luxury lujo *m.*
lying mentiroso/a *adj.* **1**

M

madness locura *f.*
magic magia *f.*
mailbox buzón *m.* **3**
make hacer *v.*; fabricar *v.* **11**; **to make one's way** abrirse paso *v.*; **make a wish** pedir un deseo *v.* **7**; **make a living** ganarse la vida *v.* **7**
male macho *m.* **6**
mall centro comercial *m.* **3**
manage administrar *v.* **7**; dirigir (g:j) *v.* **7**
manager gerente *m., f.* **7**
manufacture fabricar (c:qu) *v.* **11**
manuscript manuscrito *m.* **10**
marathon maratón *m.* **2**
mark huella *f.* **7**; mancha *f.*
market: open-air market mercado al aire libre *m.*
marketing mercadeo *m.* **1**
marriage matrimonio *m.*
married: to be (married) for . . . years llevar… años de (casados) *v.* **1**
masterpiece obra maestra *f.* **10**
matter asunto *m.* **3**
mature maduro/a *adj.* **1**
mayor alcalde/alcaldesa *m., f.* **8**
mean antipático *adj.* **1**
measure medir (e:i) *v.*
mechanical mecánico/a *adj.*
mechanism mecanismo *m.*
media medios de comunicación *m., pl.* **9**
meeting reunión *f.* **7**
member: become a member of ingresar *v.*
memory recuerdo *m.*
menace amenaza *f.*
mendacious mentiroso/a *adj.*
merchandise mercancía *f.*
mess desorden *m.* **11**
message recado *m.*
messy descuidado/a *adj.*
Middle Ages Edad Media *f.* **12**
minimum wage sueldo mínimo *m.* **7**
minister ministro/a *m., f.* **8**;

Protestant minister ministro/a protestante *m., f.*
minority minoría *f.* **8**
miracle milagro *m.*
misbehave portarse mal *v.*
miser avaro/a *m., f.*
miserable: to be miserable pasarlo fatal *v.* **1**
miss extrañar *v.* **4**
mistake: to make a mistake equivocarse *v.*; Creo que se equivocan. (pl.) **9**; Creo que te equivocas. (*sing. fam.*) **9**; Creo que usted se equivoca. (*sing. form.*) **9**
mix: mix up revolver (o:ue) *v.*
mixture mezcla *f.* **10**
mockery burla *f.*
model (fashion) modelo *m., f.*
modern moderno/a *adj.*
modify alterar *v.*; modificar (c:qu) *v.*
moisten mojar *v.*
moment: at the last moment en el último momento
monarch monarca *m., f.* **12**
money dinero *m.* **7**
monkey mono *m.* **6**
mood estado de ánimo *m.* **5**; **be in a bad mood** estar malhumorado/a *adj.*
moon: full moon luna llena *f.* **11**
moral moral *adj.* **8**
morello cherry guinda *f.*
morning (early) amanecer *m.*
mosque mezquita *f.*
mountain montaña *f.* **6**
mountain range cordillera *f.* **6**; sierra *f.*
mountaintop cumbre *f.*
move (change residence) mudarse *v.*; **move away** alejarse *v.*; **movement** movimiento *m.* **10**
movie película *f.* **9**
movie theater cine *m.* **2**
moving conmovedor(a) *adj.*
multinational company multinacional *f.* **7**
museum museo *m.*
Muslim (person) musulmán/ musulmana *m., f.*

N

name nombrar *v.*
narrative relato *m.*
narrate narrar *v.* **10**; **narrator** *m., f.* narrador(a) **10**
narrow estrecho/a *adj.*
native indígena *m., f.* **12**
natural disaster catástrofe natural *f.* **6**; **natural resources** recursos naturales *m., pl.* **6**
nausea asco *m.* **11**

navigate navegar (g:gu) *v.* **4**
need faltar *v.*
neglect oneself dejarse *v.*
neglected descuidado/a *adj.*
neighborhood barrio *m.* **12**
neither . . . nor . . ni… ni… *conj.*
nervous nervioso/a *adj.* **1**
nest nido *m.* **6**
news noticia *f.* **9**
news program (broadcast) noticiero *m.* **9**
newspaper periódico *m.* **9**
nice simpático *adj.* **1**
nice–looking bello/a **1**
nightclub club nocturno *m.* **2**
nightmare pesadilla *m.* **3**
no: No way! ¡Ni modo!
noise ruido *m.* **3**
nomination nominación *f.* **12**
nominee nominado/a *adj.*
not at all para nada **1**
not even ni siquiera *conj.*
notice aviso *m.* **4**; fijarse (en) *v.*
now and then de vez en cuando **3**
nun monja *f.*

O

obesity obesidad *f.* **5**
oblivion olvido *m.*
occur ocurrir *v.* **occur to someone** ocurrírsele a alguien
offer (to) ofrecerse (a) *v.*
office despacho *m.*
often a menudo *adv.* **3**
Olympics Olimpiadas *f. pl.* **2**
once upon a time érase una vez **12**
operate operar *v.*
operation operación *f.* **5**
opinion opinión *f.*; **be of the opinion** opinar *v.*; **In my opinion,** . . . A mi parecer,… **9**; Para mí,… **9**; **In my opinion, it's horrible.** Considero que es horrible. **10**; **In my opinion, it's ugly.** Opino que es fea/o. **10**
oppress oprimir *v.* **12**
orchard huerto *m.*
originating in proveniente de *adj.*
ornate ornamentado/a *adj.* **10**
others los/las demás
outcome desenlace *m.*
outdoors al aire libre **6**
outline esbozo *m.* **10**
outskirts alrededores *m. pl.* **12**
overcome superar *v.*
overdose sobredosis *f.* **11**
overwhelmed agobiado/a *adj.* **1**
owner dueño/a *m., f.* **7**; propietario/a *m., f.*
ozone layer capa de ozono *f.* **6**

P

pack (suitcases) prepara (maletas) *v.* 4

pain sufrimiento *m.*

painkiller calmante *m.* 5

painter pintor(a) *m.*, *f.*

painting cuadro *m.* 10; **oil painting** pintura al óleo *f.* 10

palm tree palmera *f.*

paradox paradoja *f.* 10

Pardon me. (Excuse me.) Con permiso.; **Pardon me for bothering you** Perdone que lo moleste (*form.*) 4; **Pardon the problems, Jorge.** Disculpa los inconvenientes, Jorge. (*fam.*) 8; **Pardon the problems, Mrs. Zamora.** Disculpe los inconvientes, señora Zamora. (*form.*) 8

parrot loro *m.* 6

partial parcial *adj.*

particular particular *adj.* 9

partner pareja *f.* 1

party: political party partido político *m.* 8

pass (a law) aprobar (o:ue) una ley *v.* 8

passing pasajero/a *adj.*

pastry repostería *f.*

patent patente *f.* 11

peace paz *f.*

peaceful pacífico/a *adj.* 12

peak pico *m.* 6; cumbre *f.* 6

peck picar (c:qu) *v.*

people pueblo *m.* 8

perfect perfeccionar *v.*

performance (movie; theater) función *f.* 2; rendimiento *m.*

period temporada *f.*; **period in time** época *f.* 12

permanent fijo/a *adj.* 7

permissive permisivo/a *adj.* 1

persecute perseguir (e:i) *v.* 12

personal particular *adj.*; **personal care** aseo personal 3

pessimist pesimista *m.*, *f.* **Don't be pessimistic.** No sean pesimistas. (*pl.*) 2; No seas pesimista. (*sing.*) 2

phase etapa *f.*

physical físico/a *adj.*

pick out seleccionar *v.* 3; **pick up** levantar *v.* 3

picnic picnic *m.*

picture imagen *f.*

piece pieza *f.* 10

pig cerdo; chancho *m.* 6

pill pastilla *f.* 5

pilot piloto *m.*, *f.* 4

pit cuesco *m.*

pity pena *f.* ; **What a pity!** ¡Qué pena! 3

place colocar *v.*; sitio *m.*; **to take place in**... tener lugar en...; **take**

place desarrollarse *v.* 10

plan (a project) planificar (c:qu); planear *v.* 6

play desempeñar *v.*; **play (theater)** obra de teatro 10; *f.* **play a role (in a play)** desempeñar un papel **to play a CD** poner un disco 2

playwright dramaturgo/a *m.*, *f.* 10

pleasant gracioso/a *adj.* 1

please: Could you please . . . ? ¿Tendrías la bondad de + inf.... ? (*fam.*) 6; ¿Tendría usted la bondad de + inf.... ? (*form.*) 6

plot argumento *m.* 9; trama *m.* 10

point of view punto de vista *m.* 10; **point out** destacar (c:qu) *v.*; señalar *v.*

poison veneno *m.* 6

poisonous venenoso/a *adj.* 6

political change cambio político *m.* 12; **politics** política *f.* 8

pollution contaminación *f.*

pool piscina *f.* ; billar *m.* 2

populate poblar *v.* 12

portable portátil *adj.*

portrait retrato *m.* 10

position puesto *m.* 7, cargo *m.* 8

possible: as much as possible en todo lo posible *adv.* 1

powerful poderoso/a *adj.* 12

practice ensayar *v.* 5

pray rezar *v.* 8

precolombian precolombino/a *adj.*

premiere estreno *m.* 2

prescription receta *f.* 5

press prensa *f.*; presionar *v.*; **sensationalist press** prensa sensacionalista *f.* 9

pretty chulo(a) *m.f.*

prevent impedir (e:i) *v.*; prevenir (*irreg.*) *v.* 5

priest cura *m.* 8; sacerdote *m.*

print imprimir *v.* 9

private particular *adj.*

privilege privilegio *m.*

prize premio *m.* 12

problem inconveniente *m.* 8

produce generar *v.* 6

programmer programador(a) *m.*, *f.*

prohibited prohibido/a *adj.*

project proyecto *m.* 7

promote (be promoted) ascender *v.* 7; promover (o:ue) *v.* 6

propose (an idea/project) plantear *v.*; proponer (*irreg.*) *v.*; **propose marriage** proponer matrimonio *v.* 1

protect proteger (g:j) *v.*

Protestant protestante *adj.*

proud orgulloso/a *adj.* 1; **to be proud of** estar orgulloso/a de *v.* 1

prove comprobar *v.* 11

provide proporcionar *v.* 3

public público *m.* 9; estatal *adj.* 8; **public employee** funcionario/a *m.*, *f.*; **public transportation** transporte público *m.* 4

publish publicar (c:qu) *v.* 9

punishment castigo *m.*

pure puro/a *adj.* 6

purpose propósito *m.* 3; **do something on purpose** hacer algo a propósito 3

pursue perseguir (e:i) *v.* 12

push empujar *v.*

put: put a CD on poner un disco compacto; **put in a place** ubicar (c:qu) *v.*; **put on (clothing)** ponerse *v.*; **put on makeup** maquillarse *v.*; **to put up with someone** soportar a alguien *v.* 1

Q

quality calidad *f.* 7

queen reina *f.* 12

quench saciar *v.*

question asunto *m.*

quiet: to be quiet callarse *v.*

quit smoking dejar de fumar 5

quotation cita *f.* 10

R

rabbi rabino/a *m.*, *f.*

rabbit conejo *m.* 6

race raza *f.*; **mixed–race** mestizo/a *adj.* 12

radiation radiación *f.* 6

radio radio *m.*, *f.* 9

rain (heavy) diluvio *m.* 6

raise: to raise educar *v.* 1; **(in salary)** aumento de sueldo *m.* 7; **have raised** han criado 1

ranch hacienda *f.* 12

rat rata *f.* 6

rather bastante *adj.*, *adv.*; más bien

ratings índice de audiencia *m.* 9

reach alcance *m.*; alcanzar (z:c) *v.*; **within reach of** al alcance de

reactor reactor *m.*

reader lector(a) *m.*, *f.* 9

real auténtico/a *adj.* 3

realize darse cuenta *v.*

rearview mirror retrovisor *m.*

rebelliousness rebeldía *f.*

receive acoger (g:j) *v.*; cobrar *v.* 7; **receive favorably** bien acogido/a *adj.*

recipe receta *f.*

recital recital *m.* 2

recognition reconocimiento *m.* 10

recommended recomendable *adj.*

record grabar *v.* 9

recover curarse *v.* **5**; recuperarse *v.* **5**
recyclable reciclable *adj.* **6**
red: to turn red enrojecer (c:sz) *v.* **1**
referee árbitro *m.* **2**
refined culto/a *adj.*
reform reforma *f.*; modificar (c:qu) *v.*; **economic reform** reforma económica *f.*
refuge (to take) refugiarse *v.* **6**
refund reembolso *m.* **3**
refusal rechazo *m.*
register inscribirse *v.* **8**
rehearsal ensayo *m.* **10**
reign reino *m.* **12**
reject rechazar (z:c) *v.* **8**
rejection rechazo *m.*
relax relajarse *v.* **5**; **Relax, please.** Cálmate, por favor. (*fam.*); Cálmese, por favor. (*form.*)
reliability fiabilidad *f.*
religion religión *f.* **8**
religious religioso/a *m., f.* **8**
remain permanecer (c:zc) *v.* **5**
remember acordarse (de) *v.*; **to remember** recordar (o:ue) *v.* **1**
remote control control remoto *m.*
renewed (to be) renovarse *v.* **6**
repent arrepentirse (e:ie) (de) *v.*
repertoire repertorio *m.* **2**
report (news) reportaje *m.*; **news reporter** presentador(a) de noticias *m., f.* **9**
reporter reportero/a *m., f.* **9**
representative diputado/a *m., f.* **8**
reproduce reproducirse (c:sz) *v.*
reptile réptil *m.*
require exigir *v.*
rescue rescatar *v.* **12**
research investigar (g:gu) *v.*
reservation reservación *f.*
reserve reservar *v.* **4**
reside residir *v.* **12**
resign a post renunciar un cargo *v.* **8**
resource recurso *m.*
respect respeto *m.*
responsibility compromiso *m.* **1**
responsible responsable *adj.*
rest descansar *v.* **5**; **be at rest** estar en reposo
résumé currículum vitae *m.*; hoja de vida *f.* **7**
retire jubilarse *v.* **7**
retirement jubilación *f.* **7**
return regresar *v.* **4**; **return (trip)** vuelta *f.* **4**
revitalized (to be) renovarse *v.* **6**
revulsion asco *m.*
rhyme rima *f.* **10**
rights: civil rights derechos civiles *m. pl.* **8**; **human rights** derechos humanos *m. pl.* **8**
right-wing bias tendencia derechista *f.*

ring: ring the doorbell tocar el timbre *v.* **3**
rise (in business) ascender *v.* **7**; **be an early riser** ser buen madrugador(a)
risk arriesgar (g:gu) *v.* **6**; riesgo *m.* **6**; **risk factors** factores de riesgo *m. pl.* **5**
risky arriesgado/a *adj.*
river río *m.* **6**
rocket cohete *m.* **11**
role papel *m.*
room service servicio de habitación *m.* **4**
rooster gallo *m.* **6**
root raíz *f.*
round redondo/a *adj.*
run: run a business administrar **7**; **run for office** presentarse como candidato/a; **run into someone** dar con alguien; **run over** atropellar *v.*
rush: to be in a rush tener apuro
rustic rústico/a *adj.*

S

sacred sagrado/a *adj.* **8**
sacrifice sacrificar *v.*; sacrificio *m.* **12**
sail navegar *v.* **4**
sailor marinero *m.*
salary sueldo *m.*
sale venta *f.* **10**; **on sale** a la venta **10**; **to be for sale** *v.* estar a la venta **10**; **sales tax** impuesto de ventas *m.* **7**
same mismo/a *adj.* **1**; **The same here.** Lo mismo digo yo. **3**
sample muestra *f.* **8**
satellite satélite *m.* **11**; **satellite dish** antena parabólica *f.*
satire sátira *f.* **10**
satirical satírico/a *adj.*; **satirical tone** tono satírico *m.* **10**
satisfy saciar *v.*
savage salvaje *adj.* **6**
save ahorrar *v.* **7**; salvar *v.* **12**
savings ahorro *m.* **7**; **savings account** cuenta de ahorros *f.* **7**
say decir (*irreg.*) *v.*; **I wouldn't say it was that horrible.** No diría que es tan horrible. **10**; **I'd say it is pretty.** Diría que es bonita/o. **10**
scar cicatriz *f.*
scarcely apenas *adv.* **3**
scare espantar *v.*
scared miedoso/a *adj.* **6**
scene escena *f.* **9**
scenery escenario *m.* **2**; paisaje *m.* **6**
schedule horario *m.* **2**
science fiction ciencia ficción *f.*
scientist científico/a *m., f.*
score a goal/a point marcar un gol/un punto *v.* **2**

screen pantalla *f.*; **computer screen** pantalla de computadora *f.*; **television screen** pantalla de televisión *f.* **9**
script guión *m.* **9**
scuba-diving buceo *m.* **4**
sculptor escultor(a) *m., f.*
sculpture escultura *f.*
sea level nivel del mar *m.* **6**
seal sello *m.*
search búsqueda *f.*; **search engine** buscador *m.*
season temporada *f.*; **busy/high season** temporada alta *f.* **4**; **slow season** temporada baja *f.* **4**
seat asiento *m.* **3**
seatbelt cinturón de seguridad *m.* **4**
secretly a escondidas **3**
security seguridad *f.* **8**; **security measures** medidas de seguridad *f. pl.* **4**
sedative calmante *m.*
seed semilla *f.* **2**
seem: to seem parecer (c:sz) *v.* **1**
select seleccionar *v.* **3**
self-esteem autoestima *f.* **5**
self-portrait autorretrato *m.* **10**
senator senador(a) *m., f.* **8**
sender remitente *m.*
sense: common sense sentido común *m.*
sensible sensato/a *adj.* **1**
sensitive sensible *adj.* **1**
sequel continuación *f.*
serious: take seriously tomar en serio
session sesión *f.*
set: be set in estar situado/a en
settle poblar *v.* **12**
settler poblador(a) *m., f.*
shame vergüenza *f.*
shape: bad physical shape mala forma física *f.* **5**; **good physical shape** buena forma física *f.*
sharp nítido/a *adj.* **10**
shave afeitarse *v.*
shock susto *m.*
shooting star estrella fugaz *f.* **11**
shopping: go shopping ir de compras **3**
shore orilla *f.* **6**; **on the shore of** a orillas de **6**
short film cortometraje *m.* **9**; corto *m.* **9**
short story cuento *m.* **10**
show espectáculo *m.* **2**; **show one's face (at a window or door)** asomarse *v.*
shower ducharse *v.*
showing sesión; función *f.* **9**
shrug encogerse de hombros *v.*
shy tímido/a *adj.* **1**; huraño/a *adj.* **1**
shyness timidez *f.* **1**
sightseeing excursionismo *m.* **4**
sign firmar *v.* **7**

signal señalar *v.* 2; **signals** señales *f.*,
  pl.
silent: to be silent callarse *v.*
sin pecado *m.*
sincere sincero/a *adj.*
singer cantante *m.*, *f.* 2
single soltero/a *adj.* 1; **single father**
  padre soltero *m.*; **single mother**
  madre soltera *f.*
sink hundir *v.* 10
situated situado/a *adj.*
sketch esbozo *m.* 10; **sketch**
  esbozar *v.* 10
skill habilidad *f.*
skillfully hábilmente *adv.* 3
skim hojear *v.* 10
skirt falda *f.*
slave esclavo/a *m.*, *f.* 12
slavery esclavitud *f.* 12
slim down adelgazar (z:c) *v.*
slip resbalar *v.*
slippery resbaladizo/a *adj.* 8
slow down reducir la velocidad *v.* 4
smother ahogarse *v.*
smoothness suavidad *f.*
snake serpiente *f.*
so así *adv.* 3
soap opera telenovela *f.* 9
sociable sociable *adj.*
society sociedad *f.* 12
solar solar *adj.*
solitude soledad *f.* 3
somebody else's ajeno/a *adj.* 3
something that can be substituted
  reemplazable *adj.*
sometimes a veces 3
sooner or later al fin y al cabo
soul alma (el) *f.*
soundtrack banda sonora *f.* 9
sovereignty soberanía *f.* 12
space espacio *m.* 11; **space lab**
  laboratorio espacial *m.*; **space
  probe** prueba espacial *f.* 11;
  space shuttle transbordador
  espacial *m.* 11
spaceship nave espacial *f.* 11
spacial espacial *adj.*
spacious espacioso/a *adj.* 3
Speaking of that, . . . Hablando de
  esto,... 9
special edition (newspaper) edición
  especial *f.* 9
specialist especialista *m.*, *f.*
specialized especializado/a *adj.* 11
species: endangered species especie
  en peligro de extinción *f.*
speech discurso *m.* 8; **give a
  speech** pronunciar un discurso *v.*
spell check corrector ortográfico *m.*
  11
spider araña *f.* 6
spill derramar *v.* 7
spirit ánimo *m.* 1
spiritual espiritual *adj.* 8

sports deportes *m.*, *pl.* deportivo/a
  adj.; **sports page section** crónica
  deportiva *f.* 9; **sports club** club
  deportivo *m.* 2;
spot mancha *f.*; **on the spot** en el
  acto 3
spray rociar *v.* 6
spring manantial *m.* 4
stage escenario *m.* 2; etapa *f.*;
stain manchar *v.*
staircase escalera *f.* 3
stamp sello *m.*
stand: I can't stand up No soporto...;
  stand up ponerse de pie 12
stanza estrofa *f.* 10
star (movie) estrella *f.* **(male or
  female)** 9
start (a car) arrancar (c:qu) *v.*
startled asustado/a *adj.*
state estatal *adj.*
station (radio) emisora *f.* 9
stay hospedarse *v.*, quedarse *v.* 4; **stay
  at (lodging)** alojarse *v.* 4; **stay up all
  night** trasnochar *v.* 5
step (stairs) peldaño *m.*; **to take the
  first step** dar el primer paso *v.*
stereotype estereotipo *m.*
stern autoritario/a *adj.* 1
stick pegar (g:gu) *v.*
still life naturaleza muerta *f.* 10
sting picar (c:qu) *v.*
stingy tacaño/a *adj.* 1; méndigo/a
  m., *f.* 9
stir revolver (o:ue) *v.*
stock acción *f.* 7; **stock market**
  bolsa de valores *f.* 7
storekeeper comerciante *m.*, *f.* 7
storm tormenta *f.* 6
story (news) reportaje *m.* 9; relato
  m.; **short story** cuento *m.* 10
stranger desconocido/a *m.*, *f.*
stream arroyo *m.*
strength fuerza *f.*, fortaleza *f.*
strike golpear *v.*; huelga *f.* 7
striking llamativo/a *adj.* 10
stripe raya *f.* 4
strive (to) empeñarse en *v.*
stroke trazo *m.* 10
stroll dar un paseo *v.* 2; dar una
  vuelta 8; paseo *m.* 2
struggle lucha *f.* 8
studio estudio *m.* 10; **recording
  studio** estudio de grabación *m.* 9
study estudio *m.* 10
stumble (across) tropezar (z:c)
  (con) *v.*
stupid necio(a) *m.*, *f.*
style estilo *m.* 10; **in the style of** al
  estilo de 10
submerge hundir *v.*
subtitles subtítulos *m.*, *pl.* 9
subtlety matiz *m.*
suburb suburbio *m.* 12
succeed in alcanzar (z:c) *v.*

success éxito *m.* 7
successful exitoso/a *adj.* 7
suffer (from) sufrir (de) *v.*
suffering sufrimiento *m.*
sufficiently bastante *adv.* 3
suffocate ahogarse (g:gu) *v.*
suggest: I suggest you go on a diet.
  Sugiero que te pongas a dieta.
  (*fam.*) 5; Sugiero que se ponga
  usted a dieta. (*form.*) 5
summit cumbre *f.* 6; pico *m.* 6
sunrise amanecer *m.*
superficial ligero/a *adj.*
supermarket supermercado *m.* 3
supply proporcionar *v.* 3
support apoyar *v.*
supposed supuesto/a *adj.*
suppress suprimir *v.* 12
sure seguro/a *adj.* 1; **Sure!** ¡Cierto!
  3; **make sure** asegurarse *v.*
surf the web navegar en Internet
surface superficie *f.* 11
surgeon cirujano/a *m.*, *f.* 5
surgery cirugía *f.* 5
surgical quirúrgico/a *adj.* 11
surprised: be surprised (about)
  sorprenderse (de) *v.* 2; extrañarse
  (de) *v.* 3
surrender rendirse (e:i) *v.* 12
surround rodear *v.* 8; **surrounded**
  rodeado/a *m.f.* 11
survival supervivencia *f.* 11
survive sobrevivir *v.*
suspect sospechar *v.*
suspicion sospecha *f.*
swallow tragar (g:gu) *v.*
sweep barrer *v.* 3
sweetheart amado/a *adj.*
symptom síntoma *m.*
synagogue sinagoga *f.*
syrup jarabe *m.* 5

T

tabloid newspaper prensa
  sensacionalista
tail cola *f.* 6
take coger (g:j) *v.*; tomar *v.*; **take in**
  acoger (g:j) *v.*; **take off (clothing)**
  quitarse *v.*; **take down** descolgar;
  take seriously tomar en serio; **take
  a walk** dar una vuelta *adv.* **take
  off running** echar a correr *v.*; **to
  take the first step** dar el primer
  paso *v.* 1
talent talento *m.* 1; **talented**
  talentoso/a *adj.* 1
taste sabor *m.* 5; saber *v.*; **And
  does it taste good?** ¿Y sabe bien?
  5; **How does it taste?** ¿Cómo sabe?
  5; **It has a
  sweet/sour/bitter/pleasant taste.**
  Tiene un sabor dulce/agrio

/amargo/agradable. **5; It tastes like garlic/mint/lemon.** Sabe a ajo/menta/limón. **5; in good/bad taste** *adj.* de buen/mal gusto **10**

tax impuesto *m.* **7; pay duty on…** pagar el impuesto de…

teaching enseñanza *f.* **12**

team equipo *m.* **2**

tears lágrimas *f. pl.*

telescope telescopio *m.* **11**

television channel canal de televisión *m.* **2; televisión network** cadena de televisión *f.* **2; television screen** pantalla de televisión *f.*

tell contar *v.* **2**

temple templo *m.*

tend to soler (o:ue) *v.* **3**

tendency propensión *f.*

test comprobar (o:ue) *v.*; poner (*irreg.*) a prueba

then entonces *adv.*

theory teoría *f.* **11**

thermal térmico/a *adj.*

thief ladrón/ladrona *m., f.* **3**

think opinar *v.* **8; I don't think so.** Me parece que no. **10; I think it's pretty.** Me parece hermosa/o. **10; I think so/I don't think so.** Me parece que sí/no. **10 What did you think of…?** ¿Qué te pareció…? **1; I thought…** Me pareció **1**

thoroughly a fondo *adv.* **5**

throw tirar *v.* **3**; lanzar *v.* **4**; botar *v.*

thunder trueno *m.* **6**

thus así *adv.*

tickets (to buy) comprar boletos *v.* **4**

tie atar *v.* **8**; amarrar *v.*; **tie (games)** empatar *v.* **2**

tiger tigre *m.* **6**

time: have a bad time pasarlo fatal; **for the first/last time** por primera/última vez; **on time** a tiempo **3; at that time** en aquel entonces **3**

time warp salto en el tiempo *m.* **11**

timetable horario *m.* **4**

tired (become) cansarse *v.*; **tired (fed up)** harto/a *adj.*

toast: to make a toast brindar *v.* **2; A toast for our magazine** Brindo por nuestra revista. **7; Let's toast our success.** Brindemos por nuestro éxito. **7**

tone tono *m.*; timbre *m.*

too much demasiado/a *adj., adv.* **7**

tool herramienta *f.* **11**

toolbox caja de herramientas *f.* **3**

topic asunto *m.* **3**

touch lightly rozar (z:c) *v.*; **keep in touch** mantenerse en contacto *v.*

tourist turístico/a *adj.* **4**

tournament torneo *m.* **2**

trace huella *f.* **7**; trazar *v.* **10**

track-and-field events atletismo *m.* **2**

trade comercio *m.* **7; trader** comerciante *m., f.* **7**

traditional tradicional *adj.* **1**

traffic tránsito *m.* **4; traffic jam** congestionamiento *m.* **4**

trainer entrenador(a) *m., f.* **2**

training period aprendizaje *m.*

trait rasgo *m.* **10**

tranquilizer calmante *m.* **5**

transmission tranmisión *f.* **9**

transmit emitir *v.*

transplant transplantar *v.*

trap atrapar *v.* **6**

travel (around/across) recorrer *v.* **4**

treat tratar *v.* **5**

treatment tratamiento *m.* **5**

treaty tratado *m.* **8**

tree árbol *m.* **6**

trend corriente *f.* **10**

trial juicio *m.* **8**

tribe tribu *f.* **12**

trick engañar *v.* **9**

trip on tropezar (z:c) (con) *v.*

tropical tropical *adj.*

trouble incoveniente *m.*

trust confianza *f.* **1**

tune in to (radio or television) sintonizar *v.*

turn (a corner) doblar *v.*; **turn (around, over)** dar la vuelta; **turn off** apagar (g:gu) *v.* **3; turn on** encender (e:ie) *v.* **3; be my/your/his turn** tocar (c:qu) + me/te/le, etc. *v.*; **Is it my turn yet?** ¿Todavía no me toca? **2; It's always your turn to wash the dishes.** Siempre te toca lavar los platos. **2; It's Johnny's turn to make coffee.** A Johnny le toca hacer el café. **2**

typical típico/a *adj.*

U

U.F.O. (unidentified flying object) ovni (objeto volador no identificado) *m.* **11**

unbiased imparcial (ser) *adj.* **9**

uncover descubrir *v.* **11**

under stress/pressure (to be) (estar) bajo presión **7**

underdevelopment subdesarrollo *m.*

understand: to understand each other entenderse (e:ie) *v.* **1**

undertake emprender *v.* **3**

undertaking empeño *m.*

underwear (men's) calzoncillos *m., pl.* **7**

unemployed desempleado/a *m., f.* **7**

unemployment desempleo *m.*

unethical poco ético/a **11**

unexpectedly de improviso *adv.* **3**

unfair injusto/a *adj.* **8**

unfamiliar desconocido/a *adj.*

unhang descolgar (o:ue) (g:gu) *v.*

union (labor) sindicato *m.*

unique único/a *adj.*

unjust injusto/a *adj.* **8**

unkempt descuidado/a *adj.*

unknown desconocido/a *adj.*

unpleasant antipático/a *adj.* **1**

unsociable huraño/a *adj.* **1**

untamed bravo/a *adj.*

untie desatar *v.*

up until now hasta la fecha *adv.*

updated actualizado/a *adj.*

upset disgustado/a *adv.* **1**; disgustar *v.*; **get upset** afligirse *v.*

up-to-date (to be) (estar) al día **7**; actualizado/a *adj.* **9**

urban urbano/a *adj.* **12**

urge: have an urge to sentir ganas de; tener ganas de *v.* **1**

use: make good use of aprovechar *v.* **2; use: make use (of)** disfrutar (de) *v.*; **to be used to** estar acostumbrado/a a **5**

useless inútil *adj.* **2**

usually de costumbre **3**

V

vaccine vacuna *f.* **5**

vacuum pasar la aspiradora **3**

valid vigente *adj.* **4**

valuable valioso/a *adj.* **10**

value: moral values valores morales *m. pl.* **8;**

vanish desaparecer (c:sz) *v.*

verify comprobar (o:ue) *v.*

verse verso *m.*

victorious victorioso/a *adj.* **12**

victory victoria *f.* **2**

viewer (television) televidente *m., f.* **9**

viewpoint punto de vista *m.* **10**

village aldea *f.* **12**

virus virus *m.* **5**

visiting hours horas de visita *f. pl.* **4**

vote votar *v.* **8**

W

wage sueldo *m.*; **minimum wage** sueldo mínimo *m.*

wait espera *f.* **4; wait in line** hacer cola *v.* **2**

waiter, waitress camarero/a *m., f.* **4**; mesero/a *m., f.* **4**

wake up despertarse (e:ie) *v.* **2; to**

wake up early madrugar *v.* **5**
walk andar *v.* **3**; **walk away**
marcharse *v.* **4**; **take a walk** dar un
paseo *v.* **2**
want querer *v.* **1**; **want to** tener ganas
de **1**; **I want to ask you to come to
the ceremony with me.** Quiero
invitarte a acompañarme a la
ceremonia. **12**; **I wanted to ask
you to come to the ceremony with
me.** Quería invitarte a
acompañarme a la premiación. **12**;
**I would like to invite you to come
to the ceremony with me.** Quisiera
invitarte a acompañarme a la
premiación. **12**
war guerra *f.*; **civil war** guerra
civil *f.*
warlike bélico/a *adj.*
warm up calentar (e:ie) *v.* **3**
warn avisar *v.* **8**
warning aviso *m.* **4**
warpaint raya *f.* **4**
warrior guerrero/a *m., f.* **12**
wash lavarse *v.* **2**; lavar *v.* **3**
waste malgastar *v.* **6**
watch vigilar *v.*
watercolor acuarela *f.* **10**
wave (radio) onda *f.* **11**; **wave
(water)** ola *f.* **4**; **wave** agitar *v.*
way: No way! ¡Ni modo! **3**; **make
way for** dar paso a; **make way**
abrirse paso
weapon arma (el) *f.* **11**
web browser buscador *m.*
website sitio *m.*
week semana *f.*
weekend fin de semana *m.* **Have a
nice weekend!** ¡Buen fin de
semana! **2**
weekly supplement (newspaper)
revista semanal *f.* **9**
weight peso *m.* **7** ; **to lose weight**
adelgazar *v.* **5**; **to gain weight**
engordar *v.* **5**
welcome acoger (g:j) *v.*; bienvenida
f. **4**
well bien *adv.* **get well** ponerse bien **5**;
well-kept bien cuidado/a *adj.* **4**;
well-received bien acogido/a *adj.*
7; **well-being** bienestar *m.* **1**
well pozo *m.*; **oil well** pozo
petrolero *m.*
wet (to get) mojarse *v.* **6**
wherever dondequiera *adv.* **5**
whistle silbar *v.*
widower, widow viudo/a *m., f.* **1**; **to
be widowed** quedarse viudo/a **1**
wife mujer *f.* **1**
wild bravo/a *adj.*; salvaje *adj.* **6**
will-power fuerza de voluntad *f.* **5**
win ganar *v.*

wind energy energía eólica *f.*
wing ala (el) *f.* **6**
wisdom sabiduría *f.* **12**
wise sabio/a *adj.*
wish: make a wish pedir un deseo *v.*
7
witness testigo *m., f.* **10**
woman mujer *f.* **1**
wonder: to wonder preguntarse *v.* **1**
wood madera *f.*
work of art obra de arte *f.* **10**
workday jornada *f.*
workshop taller *m.* **10**
World Cup Copa del Mundo **2**
worm gusano *m.*
worried (about) preocupado/a (por)
adj. **1**
worry preocupar *v.* **11**; **worry
(about)** preocuparse (de) *v.* **11**;
Don't worry. No te preocupes.
(*fam.*) **4**; No se preocupe usted.
(*form.*) **4**
worsen empeorar
worship culto *m.*
worthy digno/a *adj.* **12**
wound herir (e:ie) *v.*
wrinkle arruga *f.*

Y

yawn bostezar (z:c) *v.* **3**

Z

zoo zoológico *m.* **2**

Índice

Text Credits

Fine Art Credits

32 Pablo Picasso. Les Amoreux. 1923. ©2002. Estate of Picasso/Artists Rights Society (ARS) New York.

37 Carmen Lomas Garza. Barbacoa de cumpleaños. 1993. © Carmen Lomas Garza.

74 Graciela Rodo Boulanger. Altamar. 2000. © Courtesy Edmund Newman Inc.

110 Antonio Berni. La siesta. 1943. Óleo sobre tela 155 x 220 cm. Colección Privada.

154 Jaqueline Brito Jorge. Etatis Sue XX (Hecho a los veinte años). 1996. Óleo sobre lienzo (letras en relieve) 122 x 73 cm (48 x 28.8"). Arizona State University Art Museum. Gift of Howard Hirsch and the Advisory Board of 100% Cuban Campaign.

246 Frida Kahlo. Autorretrato con mono. 1938. Oil on masonite, overall 16 x 12" (40.64 x 30.48 cms). Albright-Knox Art Gallery, Buffalo, New York. Bequest of A. Conger Goodyear, 1966.

282 Diego Rivera. Mercado de flores. 1949. Óleo/tela 180 X 150 cms. Colección Museo Español de Arte Contemporáneo. Madrid, España. FOTO: Fondo Documental Diego Rivera. CENIDIAP.INBA. CONACULTA. México.

296 Andy Warhol (1928-1987). Carolina Herrera. 1979. 40" x 40". Synthetic polymer paint and silkscreen ink on canvas. © The Andy Warhol Foundation, Inc. Art Resource NY.

326 José Antonio Velásquez. San Antonio de Oriente. 1957. Colección: Art Museum of the Americas, Organization of American States. Washington D.C.

374 Oswaldo Guayasamín. Violinista. 1967. Cortesía Fundación Guayasamín. Quito, Ecuador.

393 Andy Warhol (1928-1987). Campbell's Soup I (Tomato). 1968. One from portfolio of ten screenprints on paper. 35" x 23". ©The Andy Warhol Foundation for the Visual Arts/ARS & Art Resource NY.

397 Fernando Botero. Monalisa. 1977. Óleo sobre lienzo 183 x 166 cms. Colección Banco de la República. Bogotá, Colombia.

397 Oswaldo Guayasamín. Violinista. 1967. Cortesía Fundación Guayasamín. Quito, Ecuador.

399 Remedios Varo. Armonia. ©Christie's Images/Corbis.

412 Armando Barrios. Cantata. 1985. Óleo sobre tela. 150 x 150 cms. Nº catálogo general: 868. Fundación Armando Barrios. Caracas, Venezuela.

417 Wifredo Lam. Tropical Vegetation. 1948. Óleo sobre tela 61 x 49 5/8" (154.9 x 126 cms). Moderna Museet. Estocolmo, Suecia.

421 Wifredo Lam. Tercer Mundo. 1966. Óleo sobre tela 251 x 300cms. ©2002 Artists Rights Society (ARS). New York / ADAGP Paris.

446 Salvador Dalí. Automovil vestido. 1941. ©2002 Salvador Dalí, Gala-Salvador Dalí Foundation. Artists Rights Society (ARS), New York.

468 *Simón Bolívar*. attributed to Antonio Salas.

482 Still Life with Setter to Mr. Lask by William Michael Harnett.

484 José Sabogal. EL alcade de Chinceros; Varayoc. 1925. Óleo sobre lienzo. Municipalidad Metropolitana de Lima. Pinacoteca "Ignacio Merino." Lima, Perú.

Photography Credits

Corbis Images: 34 Bettmann. **69 70** (t) Lester Lefkowitz, (mr) Stephen Welstead, (bl), (bm). **76** Reuters NewMedia Inc. Andres Stapff. **79** (l) Abilio Lope, (m) Torleif Svensson, (r) Lawrence Manning. **80** Reuters NewMedia Inc. Peter Morgan. **82** (l) Mitchell Gerber, (ml) Reuters NewMedia Inc. Fred Prouser-Files, (mr) Manuel Zambrana, (mr) Ariel Ramerez. **108** Arthur W.V. Mace. **126** (r) Steve Raymer. **143** (tl) Nik Wheeler. **195** Tony Frank. **233** David Stoecklein. **284** Francoise de Mulder. **328** <TK Isabel Allende> **339** Danny Lehman. **340** Emilio Guzman. **379** Manuel Zambrana. **380** Eric Robert. **414** Bettmann. **428** James Leynse. **441** Paul A. Souders. **442** Toni Albir. **486** Isabel Steva Hernandez. **495** Pablo Corral Vega. **497** Bettmann.

Latin Focus: 82 (m) Jimmy Dorantes, (r).

160 © Oronoz